바이마르공화국의 해체 ①

민주주의에서 권력붕괴 문제에 관한 연구

나남
nanam

한국연구재단 학술명저번역총서
서양편 325

바이마르공화국의 해체 ①

민주주의에서 권력붕괴 문제에 관한 연구

2011년 2월 28일 발행
2011년 2월 28일 1쇄

지은이_ 칼 디트리히 브라허
옮긴이_ 이병련 · 이대헌 · 한운석
발행자_ 趙相浩
발행처_ (주) 나남
주소_ 413-756 경기도 파주시 교하읍
출판도시 518-4
전화_ (031) 955-4600 (代), FAX : (031) 955-4555
등록_ 제 1-71호(1979.5.12)
홈페이지_ http://www.nanam.net
전자우편_ post@nanam.net

ISBN 978-89-300-8557-1
ISBN 978-89-300-8215-0 (세트)
책값은 뒤표지에 있습니다.

'한국연구재단 학술명저번역총서'는 우리 시대 기초학문의 부흥을 위해
한국연구재단과 (주)나남이 공동으로 펼치는 서양명저 번역간행사업입니다.

바이마르공화국의 해체 ①

민주주의에서 권력붕괴 문제에 관한 연구

칼 디트리히 브라허 지음

이병련·이대헌·한운석 옮김

나남
nanam

Dei Auflösung der Weimarer Republik
Eine Studie zum Problem des Machtverfalls in der Demokratie

by Karl Dietrich Bracher

옮긴이 머리말

이 책은 독일의 대표적인 정치학자 칼 디트리히 브라허의 명저인 《바이마르공화국의 해체》를 번역한 것이다. 브라허는 이른바 '고사포대 보조원 세대'(*Flakhelfergeneration*)에 속하며 바이마르공화국 말기와 나치 시대에 청소년기를 보냈고 제2차 세계대전에 참전했다가 미군 포로로 미국 본토에 끌려가 소련군 포로들과는 전혀 색다른 경험을 하였다. 이러한 청소년기의 경험은 전후 그의 학문형성에 지속적 영향을 미쳤다. 그 세대 학자들의 주된 인식관심은 바이마르의 파국을 피하고 전후 민주주의를 어떻게 하면 안정된 기반 위에 구축할 것인가의 문제였다. 그는 바이마르 민주주의가 좌파와 우파 전체주의, 곧 공산주의와 나치운동으로부터 협공을 받아 위기에 처하게 되었다고 믿었다. 이러한 인식은 전후 그의 정치적 현안들에 대한 인식을 깊이 각인하였다. 그는 구동독 사통당(SED)의 독재를 처음으로 독일 "제2의 독재"라고 규정했다. 기본조약 체결 이후 동서독 간의 관계가 정상화되고 내독관계가 화해와 협력을 지향하는 분위기 속에서 그의 이러한 태도는 별로 지지를 얻지 못했다. 그러나 1989년 이후 동독의 사통당 정권이 무너지고 국가안전부를 통한 사통당 독재의 실상이 적나라하게 드러나면서 그는 자신의 진단이 맞았음을 재확인하였다. 그는 동시에 현실사회주의의 붕괴와 더불어 동유럽 및 동남부유럽의 탈냉전 국가들에서 민족주의가 새로운 대체 이데올로기로서 민주주의를 위협하는 것에 대해서도 경각심을 촉구했다.

그가 학문적인 경력을 출발했던 아데나워 시기는 총리민주주의(*Kanzlerdemokratie*) 시기라고 일컬어지며 권위주의적 요소가 아직 많이 잔존했었다. 이 시기에 그는 정치적으로 사민당과 더 가까운 입장을 취했지만, 이 시기 자신의 입장을 '좌파자유주의적'(*linksliberal*) 이었다고 보지는 않는다. 그는 한 인터뷰에서 자신의 정치적 입장을 "달만(Friedrich Christoph Dahlmann) 이나 테오도어 호이스(Theodor Heuss), 토크빌(Alexis de Tocqueville)과 존 스튜어트 밀(John Stuart Mill)의 의미에서 구자유주의적이거나 온건자유주의적"이라고 밝혔다. 1960년대 중반에 신좌파 학생운동이 격렬해지면서 그는 이에 대해 비판적 입장을 취하였다. 좌파급진주의가 아직 충분히 공고화되지 않았다고 생각한 서독 민주주의의 정당성을 약화시킬 것을 두려워했기 때문이었다. 1960년대 후반부터 나치 지배에 대한 파시즘적 해석이 헤게모니를 장악했지만 그는 수미일관 단호하게 전체주의 개념을 대변하였다. 그는 파시즘론이 독일의 나치즘과 이탈리아 무솔리니의 지배형태 사이의 근본적 차이를 무시하고 있으며 나치즘의 반유태주의를 제대로 설명할 수 없다고 믿었다. 그의 전체주의론은 하지만 나치 지배체제에서 히틀러의 역할을 지나치게 강조하여 '의도주의자'(*intentionist* 혹은 *intentionalist*) 라는 비판을 받기도 하였다.

그의 저서는 '민주주의와 독재'라는 20세기 '극단의 시대'의 본질적인 화두와 씨름한 현대적 고전으로서 민주주의 사회를 위협하는 위험요소들과 구조들을 경계하고 자기방어 능력을 갖춘 건강하고 힘 있는 민주주의('*wehrhafte Demokratie*')를 모색하는 데 교훈을 줄 것이다.

이 책은 한국연구재단 명저번역 지원사업의 도움을 받아 공동번역을 한 것이다. 브라허의 원저가 워낙 문장호흡이 길고 난삽하여 번역에 많은 어려움을 겪었다. 공동번역이라서 많은 정당 및 정치단체들과 행정조직들의 명칭 그리고 다양한 개념들을 통일하기가 쉽지 않았다. 교정작업을 통해서 통일을 기하고자 노력했지만 놓친 것도 있지 않을까 염려된다. 필요한 경우에는 역주들을 통해서 독자들의 이해를 돕고자 했지만 더 많은 역주를 삽입하지 못한 점이 아쉽다.

예정보다 출간이 늦어졌는데, 인내를 가지고 기다려준 한국연구재단과 좋은 책으로 만들어준 나남출판사에 감사드린다.

2011년 2월

옮긴이 일동

문고판 머리말

(제6판, 1978년)

이 책이 저술·출판된 1950년대 초는 나치 독재가 종식된 지 얼마 지나지 않은 시점이었다. 히틀러와 그의 전체주의 운동이 권력을 장악하는 데 발판이 된 바이마르공화국의 파국도 그러했다. 이 주제와 씨름하는 것은 의문을 제기하고 그에 답하는 실존적 직접성을 갖고 있었다. 오늘날 "바이마르 파국"의 동시대인들은 소수에 지나지 않고, 정치적 문제제기도 독일문제[1]와 유럽문제로부터 동서 및 남북문제로의 깊은 변화를 보였다. 이 시기에 "과거극복"이 많이 요구되어 이를 둘러싼 각축이 있었고, 그후 역사-정치적인 개별연구들과 이론적 방법과 해석의 문제들을 둘러싼 논쟁이 이어졌으며, 이것은 정치-이데올로기적 및 사회-경제적 해석방식, 결국 파시즘과 전체주의 이론을 둘러싼 논쟁으로 발전하였다. 자본주의와 민주주의를 일반화시켜 비판하는 것을 흔히 현대사의 중심 테마로 설정하려는 경향으로 충실한 개별연

1) 〔역주〕 Deutschlandproblem 혹은 Deutsche Frage는 제2차 세계대전에서 독일제국이 패배한 이후 독일의 분단으로부터 비롯되는 문제들에 대한 국제적으로 일반화된 명칭이다. 1989년 가을 구동독(DDR)의 평화혁명, 국경개방 그리고 사회주의통일당(SED) 정권의 붕괴를 통해서 독일의 통일과정이 시작되었다. "2+4" 협상에서 구(舊)승전열강들의 독일 통일에 대한 동의와 1990년 10월 3일의 통일과 함께 독일문제는 해결되었다고 할 수 있다.

구들은 너무 소외되었다.

그러한 획일화된 설명모델에 맞서 역사과정에서 다양한 요소들과 가능성들에 대한 인식을 확고히 지킬 필요가 있다. 차이와 비교를 신중하게 관찰하는 것은 한 가지 원인에만 근거한 역사적 설명의 유혹에 맞설 수 있으며, 경험에 기초하면서도 진정으로 열려 있는 현대사 연구라는 실질적 요구에 부합할 수 있다.

시대와 세대가 바뀌고 시간적 거리가 커졌음에도 불구하고, 바이마르공화국은 당혹스럽게도 여전히 현재의 관심거리로 남아 있다. 수많은 전문적 연구들로부터 기대했던 것과는 달리 사건사 및 구조사의 중요한 쟁점들 중 그 어떤 것도 오늘까지 명쾌한 해답을 얻지 못하고 있다. 오히려 그와는 반대로 바이마르공화국과 그 실패, 안팎으로부터 민주주의의 파괴와 해체는 학문과 정치의 다양한 방향들이 기초하는 패러다임으로서 분명히 논란거리로 남아 있다. 이것은 독일적 척도에서건 국제적 척도에서건 권위주의적이고 전체주의적인 유혹과 위협에 맞서 민주주의의 보호, 유지 및 기능역량이 문제가 될 경우에는 항상 나타난다. 독일연방공화국(서독)에서는 극단주의자 방지책의 비판자건 지지자건 모두—후자는 좋은 이유에서, 전자는 때로 사실을 왜곡한 채—바이마르를 전거로 삼는다. 바이마르는 이탈리아공화국이 1970년대 이후 처한 위기의 지평에서도 나타난다. 즉, 정치과정의 권력공백과 마비는 권력붕괴의 지표들이다. 여기서 권력붕괴는 좌우의 극단적 운동들에, 그리고 실제로는 독재적 지배형태로의 퇴행을 의미하는, "새로운" 질서를 약속하는 데 호기를 제공한다.

바이마르공화국의 문제에서 변함없이 논란이 되는 연구와 해석의 수준은 많은 중점들에서 나타난다. 1918/1919년 혁명의 성격과 민주주의 및 평의회 문제를 둘러싼 논쟁, 정치발전의 전환점을 미리 제공한 헌법구조 및 권력구조에 대한 논의, 독일제국에서 공화국을 거쳐 독재에 이르는 독일사의 연속성과 단절을 둘러싼 논쟁, 정치과정에서 개인과 집단의 역할 — 이는 특히 공화국의 초기와 말기에 결정적 의미를 가지며 사건사와 구조사의 끊임없는 연관성을 요구한다 —, 마지막으로 1929/1930년 이후 지속적으로 일어나지만 일련의 결정들에 근거하고 결코 필연적이지는 않은 해체과정 자체의 요소들 등이 그러한 중점들이다.

이 "사례들"은 각기 단선적이거나 최종적인 설명모델의 문제점을 보여줄 뿐만 아니라, 부차적 특징들, 가능성 있는 대안들이나 "사라져버린 원인들" 등을 연구하고 설명해 낼 필요성이 있음을 보여준다. 왜냐하면 이들은 시간이 지난 후 다시 떠오를 수 있고, 최종적인 것으로 보이는 결정들을 상대화시킬 수 있으며, 원인과 조건, 자유와 우연 그리고 필연에 대한 문제를 새롭게 조명할 수 있게 해주기 때문이다. 최종적인 역사적 설명의 대변자들은 "좋은" 혁명개념과 "잘못된" 전체주의 비교를 대비시키거나 세계사를 간단히 세계법정으로 이해하여[2] 우리를 속이려 한다. 그러나 일정한 해석의 틀에 맞는 한 그 어떤 주장도 막아서는 안 된다. 사건의 경과들과 관계들이 사전이나 사후에 논리적이고 일관된 것으로 또는 심지어 역사적으로 필연적이며 사회적으로 조건지어진 것으로 주장된다할지라도 이러한 사실에는 거의 변함이 없다.

1. 먼저 확실히 해두어야 할 것은 모든 평의회[3] 해결책이 다원주의

2) 〔역주〕 세계사를 세계법정이라고 처음 말한 것은 헤겔이었다.

3) 〔역주〕 러시아에서는 소비에트라 불림. 원래 모든 주민들이 지배의 행사와 통제에 참여하는 민주주의 형태를 의미. 평의회 민주주의의 모델은 대의제 민주주의의 대립 모델로 이해된다. 왜냐하면 평의회는 입법권, 행정권, 사

적 대의제의 의회민주주의 원칙에 반대되었고, 문제가 많은 이중지배로서(10월 혁명 이전의 러시아에서처럼), 전체주의적 일당지배의 전단계로서(뒤이은 레닌의 권력장악에서와 같이), 혹은 연방적·의사민주주의적이긴 하지만 야당이 없는 당 독재를 떠받치기 위한 수단으로 (오늘날의 유고슬라비아 "모델"에서처럼) 입증되었다는 점이다.

경험적 연구를 통해 많은 노력이 기울여졌음에도 불구하고, 평의회국가의 원리와 의회민주주의 원리가 합치될 수 있다는 주장은 여전히 가설적 영역에 머물러 있다. 반면에 파리코뮌[4] 이후의 모든 중요한 역사적 사례들을 통해서 우리는 대의제적-다원주의적 의회민주주의와 반(反)다원주의적이고 반(反)대의제적이며 결국 전체주의적인 결과들을 가진 (루소적으로 각인된) 국민투표에 따라 일치를 추구하는 민주주의 개념을 구분하는 근본적 차이를 인식할 수 있다. 그래서 평의회국가적 형태를 지닌 일당정권들이 취하는 의회적 틀도 실제 민주주의적 종합으로서가 아니라 단순한 은폐나 위장으로 보인다. 인민의 총체적 통일이라는 허상에 기초하면서 민주주의를 한 정당 또는 한 지도자[5]

법권을 자체 속에 결합하고 선출된 평의회들은 선거주민들에게 직접 책임을 지며 그들의 감사를 받고 언제든 소환이 가능하다. 역사적으로 평의회는 특히 혁명적 과도기에, 1918년 독일에서나 1905년과 1917년의 러시아 혁명들에서처럼, 형성된다. 하지만 소련에서 평의회는 곧 공산당의 지배도구가 되었다.

4) 〔역주〕 1871년 3월 18일 파리코뮌의 선언과 함께 보불전쟁의 결과 봉쇄된 파리시에서 72일간의 봉기가 시작되었다. 마르크스는 파리코뮌을 19세기 사회혁명의 시작이라고 찬미하였으며 여기서 미래 사회주의 국가의 제도적 모델을 찾았다. 파리코뮌은 프랑스대혁명(1789~1793)의 전통에 접목하여 전통적인 공화주의적 요구들과 형식들을 수용하였다. 그러나 보통선거권을 통해 구성된 코뮌평의회는 입법, 행정, 사법권을 동시에 장악하였다.

5) 〔역주〕 20세기에 지도자, 지도자원리, 지도자국가의 역사적 의미는 파시즘,

의 독재와 동일시하는 민주주의 개념의 이름으로가 아니라면 말이다.

2. 바이마르공화국 전체를 평가하고 그 실패의 원인을 찾는 데 중요한 인식들은 이로부터 생겨난다. 독일의 첫 민주주의의 구조문제와 고통의 역사를 1918/1919년 반혁명적 근본결정들의 처음부터 결정된 결과로서 해석하고 정리해버리는 것은 이제 더 이상 가능하지 않아 보인다. 의회화 대신 일관된 "실질적" 혁명이 독일의 민주주의를 보장하지 않았을까 라는 물음은 처음부터 바이마르공화국의 위기와 실패를 설명하는 데 유용한 답변을 전혀 포함하고 있지 않다. 러시아의 사회주의적 혁명관의 독재적 결과들을 보면, 잘못은 "완전한" 혁명이 — 그 척도와 연관점들이 불분명해 보인다 — 일어나지 않은 데 있는 것이 아니라, 오히려 완전한 의회화, 즉 정당국가적 민주주의의 분명한 실현 앞에서 주저한 데 있다. 향수적이고 선동적인 역사전설은 — 흔히 레닌의 독재적 권력장악을 민주주의 혁명의 원형으로 찬미하면서 — 우리에게 뭔가를 시사하고자 한다. 그러나 이후 바이마르공화국의 역사에 너무도 치명적인 영향을 미친 것은 — 전쟁의 결과와 좌우 급진주의의 반대운동 이외에 — 혁명문제와 평의회 문제가 아니라 공화국의 이원주의적인 태생적 결함, 곧 의회체제와 대통령제[6] 사이의 애매한 권력

특히 나치즘과 아돌프 히틀러라는 인물과 뗄 수 없이 결합되어 있다. 지도자를 스페인에서는 까우디요(*Caudillo*), 이탈리아에서는 두체(*Duce*)라 불렀다. 지도자는 혼자서 입법권과 사법권과 행정권을 독점하며 권력분립을 허용하지 않는다. 그는 정당성을 필요로 하지 않으며 무조건적 순종을 요구한다. 지도자국가는 지도자원리에 따라 기능한다. 권위는 국가 및 당 조직에서 하향식으로 행사된다. 지도자원리는 민족공동체 이데올로기를 통해 보완된다.

6) 〔역주〕 Präsidialsystem, 바이마르공화국 헌법에 따르면 대통령은 총리를

구조였다.

바이마르 헌법에서 근대 민주주의의 근본문제를 형성하는 대의제적 요소들과 국민투표적 요소들을 결합시킨 것이 적절하지 못했던 이유는 아마도 — 막스 베버(Max Weber)로부터도 영감을 얻은 — 대통령제 구상에 있었던 듯하다. 권력 및 정부의 형성에 두 가지 길이 존재함으로써 의회민주주의의 귀결인 타협의 불가피성은 축소되었다. 즉, 정당들은 책임을 피할 수 있었던 반면에, 대통령 지배의 영역은 더 확장될 수 있었고 아무튼 정상적인 의회민주주의적 다수파 정부는 규칙으로 되지 못했던 것이다.

헌법제정자들은 그 열의에도 불구하고 이러한 가능한 결과들을 예상하지 못했다. 그들은 여러 정치체제들(과 전통들)로부터 근본요소들을 결합할 수 있으리라고 믿었지만, 국민이 선출한 두 권력인 의회와 대통령의 약화 또는 충돌을 가져올 수도 있는 서로 이질적인 헌법적 이성(*ratinoes constitutionis*)을 충분히 생각하지 못했다. 종합적인 헌법 구성물이 의회와 정부의 관계에 극히 부정적 영향을 미쳤고, 이는 결국 정당들이 책임 있는 정부 및 야당 기능들, 그리고 타협과 협력에 익숙해지는 것을 방해했다. 그것은 세력권이 세계관에 따른 당파들과 이해관계에 따른 당파들로 분열되는 것을 막지 못했다. 의회 다수당이

포함하여 군·관의 모든 요직을 임명하였으며, 군대의 최고사령관이었다. 대통령만이 하원을 소집 또는 해산할 수 있었으며, 악명 높은 헌법 제48조에 의해서 매우 광범위한 권한이 대통령에게 부여되었다. 1919년에는, 혼란기에 행정권력을 강화하기 위해 비상대권이 필수적이라고 생각되어 하원의 동의를 얻어 발효하도록 만들었다. 불행하게도 하원은 이 특수한 권력의 사용에 관해 적절한 규제장치를 만들지 않았다. 그리하여 1930년 이후 계속된 비상시에 정부는 하원이 아니라 대통령으로부터 실제적인 권력을 이끌어낼 수 있었다.

아직 좌파 및 우파 극단주의의 소용돌이에 소멸되지 않은 한, 이것은 ―대공황 이전에―아직 가능했을 터인데 말이다.

3. 바이마르는 새로 불붙은 파시즘과 전체주의를 둘러싼 논쟁들 그리고 히틀러 정치의 이데올로기적 성격 및 연속성과의 연관 속에서도 특별한 독일문제인 동시에 현대사적 논쟁의 복판에서 민주주의 해체의 보다 더 일반적인 사례로 머물러 있다. 해석문제들은 브뤼닝 회고록을 둘러싼 논쟁을 통해서뿐만 아니라 사회경제적 관점의 강화를 통해서도 심화되었다. 민주주의에 대한 논의가 발전함에 따라 경험적 세부연구, 비교연구들, 그리고 이론문제들에 대해 매우 상이한 접근이 이루어지고 있다.

논란이 되는 연속성 문제에서 중요한 것은 비스마르크와 히틀러 사이의 독일 제국주의 정책에서 일관성 또는 모순, 즉 전통과 혁명이다. 왜냐하면 이 문제는 대공황과 반민주적 세력들의 대외정책 및 경제정책에 포함된 요소들을 평가하는 데 특히 중요하기 때문이다. 관료제와 이익단체에 대한 연구, 산업 및 중간계급 분석들은 경제적 해석에 추동력을 제공했지만, 한 가지 원인에만 귀착한 파시즘론적 추론들 및 근대 민주주의의 "통치가능성"을 둘러싸고 다양한 논쟁을 야기하기도 했다.

4. 1950년대에 이 책이 출간된 후 논란거리가 된 중심문제, 곧 의회를 중심으로 조직된 정당민주주의의 무력화 또는 권력상실을 초래하고, 대통령제 국가가 권위주의적인, 결국에는 독재형태의 정부체제로 이행하게 만든 발전이 불가피했는가 하는 문제는 그대로 남아 있다. 나의 비판자들은 정당국가가 기능을 상실했다는 것에 우선적 의미를 부여하는 테제를 대변하고 있다. 이들은 1929/1930년의 전환점에 불

가피한 성격을 부여한다. 그것은 권력 및 결정구조를 제대로 정확히 인식하지 않은 일련의 의심스러운 가정들에 근거하고 있다. 순수한 "정당국가"는 1930년 이전에도 존재하지 않았다. "초당적" 내각형성을 가능하게 만들었으며 정당들을 "헌법외적 구성체"로서 보이게 한 정부체제의 이중성격과 대부분의 독일 국가법 학자들의 헌법관이 이미 그 실현을 방해했다. 대통령적 해결책의 귀결은 비의회적 결정, 의회민주주의적인 길을 배제하는 데 기초했다. 1930년 이후 대안에 대한 모색은 더 이상 없었으며, 연립내각을 형성할 의무도 고려되지 않았다. 경제공황 아래 있던 정당들은 모두 엄청난 책임을 느끼고 있었음에 틀림없다. 그러나 대통령정부로의 탈출로가 항상 열려 있었기 때문에 이 책임으로부터 쉽게 도피할 수 있었다. 이리하여 결국 1930년에는 아직 선택가능했던 것, 곧 제국대통령과 그 측근의 소망에 따른 권위주의적 실험이 불가피해졌다.

그러한 이의에도 불구하고 1929/1930년에 이미 존재했던 대립의 심각성을 부인하는 것은 아니다. 그러나 — 비상령 조치가 진행되는 가운데 나치가 선거에서 승리한 이후와는 달리 — 물론 소집되지는 않았지만 의회 다수내각이 구성될 수 있었던 시점에서 브뤼닝 해결책으로의 도피가 일어났다. 대통령제 소수당 정부가 보다 효과적이고 보다 편안한 것으로 여겨진 해결책으로서 항상 준비되어 있었기 때문이었다. 그 배후에는 확실히 바이마르 정부위기들의 전체 고통스런 역사가 있었다: 그러나 이 위기들은 단순히 "정당국가"의 결정적 실패라는 의미에서보다는 오히려 영향력 있는 세력들에 의해서 의회민주주의에 반대하여 추동된 (반정당국가적) 대통령제로의 압박과 헌법이중성의 결과로서 보아야 한다. 나의 결론은 따라서 여전히 1930년에 수적으로는 가능했음에도 불구하고 의회적 해결책이 전혀 시도되지 않았다는 것이다. 이러한 사실은 브뤼닝의 재빠른 정부구성(강조하건대 정당들의 참여 없이)으로부터뿐만 아니라 의회적 해결책에 관심이 없었으며 따라서 대안의 가능성과 문제에 아무런 여지를 주지 않은 힌덴부르크와 그의 조언자들을 둘러싼 내밀한 전사(前史)로부터도 드러난다.

내게는 본질적으로 보이는 이 차이에서 여전히 확실히 해두어야 한다: 의회에 (문자 그대로 마지못해) 부차적 역할만을 인정하고 그 비중을 급속히 실추시킨 권위주의적 대통령제의 브뤼닝 노선이 불가피했다는 주장은 따라서 아직 입증되지 않았다. 치명적 "권력공백"을 그후 비로소 확정하고 그 공백 속에서 나치 권력장악을 비로소 거의 합법적으로 가능하게 만든 요소들의 위기와 복잡성에 논란의 여지가 없지만 말이다. 우리의 논쟁들은 단순히 역사적 관찰방식과 정치학적 관찰방식 사이의 이른바 근본적 차이 탓으로 간단히 돌릴 수도 없다: 그보다는 사건사적 의미에서건 구조사적 의미에서건 역사적 상황이 열려있음을 진지하게 받아들이는 것이 중요하다.

5. 바이마르공화국과 그 나치독재로의 이행에 관한 연구 및 해석상의 문제들은 파시즘[7]을 둘러싸고 새로 불붙은 논쟁을 통해서도 관심

7) 〔역주〕 원래 제1차 세계대전 이래 이탈리아에서 부상하는 민족주의적이고 권위주의적이며 베니토 무솔리니(Benito Mussolini)의 지도 아래 제국주의적 정복을 목표로 하는 운동을 의미한다. 이 개념은 곧 다른 극단적으로 민족주의적이고 전체주의적인 정당들과 운동들로 확대되었다(독일: 나치즘; 스페인: 팔랑헤). 1930년 이후 독일의 파시즘은 점점 더 다른 국가들에서의 파시즘들을 위한 모범이 되었다. 공통 특징은 반민주주의적이고 반의회주의적이며, 반자유주의적이고 반마르크시즘적인 이데올로기이다. 여기서 전투와 군사주의는 찬미되고 노동운동의 조직들이 제거되고 인종적, 민족적 혹은 종교적 소수집단이 배제된다. 브라허는 나치즘을 스탈린주의와 함께 전

의 한가운데에 남아 있다. 방법론의 연마와 사료의 확장에서 어떤 성취가 이루어졌든, 어떤 새로운 전망들이 제 3제국에서 경제와 정치, 내정과 외정, 혹은 1인지배와 다수지배의 관계와 같은 중심적 문제제기들의 심화를 가져왔든 그것들은 너무나 명백하게도 1960년대 이후 현대사의 새로운 정치화의 연관 속에 서 있는 논쟁들에 분명히 혹은 암묵적으로 연관된다. 전체주의 개념[8]은 정치적으로 "냉전"에 밀착되어 있기 때문에 비학문적이라는 일괄적 주장을 어떻게 생각해야 할지 여기서 이미 인식할 수 있다: 거꾸로 우리는 오히려 정치화와 재이데올로기화가 사회과학도 물들이고 양극화를 심화시키는 정도에 따라 설전(舌戰)이 증가한다는 것을 관찰할 수 있다. 여기서 우리는 거의 의사소통 파이프와 같은 형태의 상호관계를 관찰할 수 있다: 한쪽에서는 전체주의 개념을 불신하거나 그것을 우파 독재에 국한하려는 경향이 있는 반면 다른 쪽에서는 파시즘 이론을 거의 무제한의 총체적 징후군

체주의로 규정하고 있으며 파시즘론에 대해 비판적 입장을 견지하고 있다.

8) 〔역주〕 전체주의론은 전후 특히 냉전시대에 히틀러와 스탈린의 폭력정권을 권력독점과 지배기술의 측면에서 비교하면서 전체주의적 지배를 이전의 독재들과는 분명히 다른 현상으로서 파악했다. 한나 아렌트(H. Arendt)는 나치즘의 무정형적 지배구조를 서술하면서 특히 "그것에 선행하는 역사-이데올로기적 및 역사-사회적 기형화 과정"을 추적하였다. 반면에 칼 프리드리히(C. J. Friedrich)는 전체주의적 지배의 이상형적인(*idealtypisch*) 모델을 발전시키고자 시도했다. 그는 그 여섯 가지 특징으로서 이데올로기, 당, 테러적인 비밀경찰, 보도의 독점, 무기의 독점, 중앙집권적 경제를 설정하였다. 브라허는 그의 경험적 분석을 통해서 이 체계적-정체적(停滯的) 관찰방식을 보완하였으며 전체주의적 지배의 역동적이고 과정적인 요소들과 다양한 층위들을 제시하였다. 전체주의론은 냉전시대의 이데올로기적 함의를 통해서도 1960년대 이후 좌파적 파시즘론으로부터 강한 도전에 직면했다가 유럽 현실사회주의 붕괴 및 독일통일 이후 다시 주목받고 있다.

으로 확장하려는 시도가 있다. 공산주의 이외의 운동이나 정권 중에 일반적인 파시즘 혐의를 받지 않는 것은 거의 없다.

파시즘이라는 개념을 유보조건에도 불구하고 독일에도 적용되는 집합개념으로서 사용하려는 경향에 대해 하지만 근본적 망설임이 있다. 비교와 분석을 위해 정확히 관찰하려면 우리는 결국 개별국가들, 정권들, 운동들에 따라 분리하여 살펴볼 필요가 있다. 그러나 우리가 이탈리아 파시즘 외에도 "독일 파시즘"이나 다른 파시즘들에 대해 말하면 오늘날의 어휘사용의 상황하에서 우리는 실제 학문적 명료성을 얻기보다는 잃게 된다. 더 나아가 기껏해야 민족적 경력을 쌓았던 자기 어휘들을 가지고, 곧 독일에서는 항상 독일 파시즘이 아니라 나치즘[9]으로써, 더 정확하고 더 유익하게 표시될 수 있는 개별현상들과 개별고찰들을 만나게 된다. 그러나 독일의 주요 사례가 빠지게 되면 일반개념인 파시즘은 그만큼 더 의심스럽게 된다.

전체주의 개념 자체에는 이미 내용적 규정이 — 총체적 지배에 대한 요구, 국가와 사회, 통치자와 피치자의 총체적 통합과 일치 — 포함되어 있는 반면 파시즘 개념은 그것을 이탈리아의 청중들에게만 제공한다; 반면에 나치즘 개념은 그러한 운동들이 "제 3의 길", 곧 위대한 시

9) 〔역주〕 Nationalsozialismus, 한국에서는 나치즘을 거의 대부분 "국가사회주의"로 번역하고 있다. 이것은 분명히 잘못된 번역이다. 독일어에서 Nation은 영어에서와는 달리 국가라는 의미로 사용되는 경우는 드물다. 히틀러와 그의 추종자들도 Nationalsozialismus라는 복합어에서 National을 분명히 (극우) 민족주의와의 밀접한 연관 속에서 사용하였다. 국가사회주의에 해당하는 개념으로는 독일어에서 "Staatssozialismus"가 분명히 따로 존재하며 이것은 특히 국가가 경제를 전담하며 권위주의적으로 조직된 공산주의 국가를 지칭한다. 따라서 나치즘은 우리말로 구태여 번역할 경우 "민족사회주의"로 번역하는 것이 정확하고 바람직하며 혼돈을 피할 수 있다.

대적 조류들의 종합으로서의 암시력을 전개했던(그리고 전개하는) 그 정치적 공식 자체를 표현한다. 여기에 근본적인 역사적 이의제기가 있다. 그것은 사람들에게 익숙해진 그동안 상용화된 일반적 언어사용, 곧 "파시스트적"이라는 말을 자세한 역사적 규정이 없이 정치적 투쟁어로 사용함으로써 해소할 수는 없다.

믿을 만한 자칭의 문제와 일반적인 파시즘 개념에 특별히 이탈리아의 급진 민족주의적이고 사회적인 핵심개념으로서 그것이 주장하는 내용적 규정이 비로소 병합되어야 한다는 사실 외에도, 무엇보다도 두 주요 사례인 이탈리아와 독일에서 나타나는 사회경제적 규정과 근거제시에서 깊은 차이는 남아 있다. 파시즘은 개발독재로서 규정되어야 하나 아니면 고도 자본주의 사회의 현상으로서 규정되어야 하나? 동질적인 파시즘 개념은, 남부유럽과 발칸, 독일과 서유럽, 마지막으로 남아메리카와 개발도상국들에 똑같이 적용될 경우, 사회과학들에서도 결코 완전히 해명되지 않은 사회경제적 개념규정 시도의 이 주요 문제에서 실패한다. 파시즘과 전체주의 테제는 그 발견적 가치에 따라 평가해야지 상호비방적으로나 독단적으로 유일한 설명방식이라고 확언해서는 안 된다.

우파 및 좌파 전체주의 운동들을 통해 에워싸인 것이 바이마르공화국의 실질적인 치명적 위협을 형성한다. 그러한 한에서 전체주의 개념은 시대구속적 투쟁모델이라고 차치해버릴 수는 없다. 경험적 전체주의 해석의 결정적 출발점, 곧 현대적 형태의 독재, 그 광범위한 독점요구, 그리고 전체주의 정치의 의사(疑似)민주주의적 정당화를 보지 않고 그것을 완결된 "이론"으로서 보고 너무 과다한 요구를 부과하지 않는다면 말이다. 역사-정치적 개념 형성은 그 유연성과 수정능력, 동시에 그것이 기초한 정치현실과 정치경험을 항상 염두에 두는 것과 함께 서고 함께 지는 것이다. 추동력과 현실로서의 전체주의적 유혹은 우리 세기의 그렇게 근본적인 경험이다. 비교를 배제하는 것이 아니라 그것을 더욱 신중하게 수행하는 것이 역사학 및 사회과학의 틀 내에서 전형화, 일반화, 일반개념들의 역할과 가치를 규정한다. 그런데 이러한 학문들은 역사-정치적 현실의 조사, 서술과 설명에서 가장 우선적으로 개방성을 의무로 하는 한 그 문제에 원칙적으로 상이한 입장을 취하고 있지 않다.

바이마르공화국의 해체는 사회경제적 위기의 중압들, 정치-이데올로기적 폭파력들의 쇄도, 국가와 사회의 우파 및 좌파급진주의 경향들과 반자유주의적이고 전체주의적인 경향들을 통한 유혹들 아래서 의회민주주의의 취약성에 대한 연구를 하는 데 모범적 사례로 남아 있다. 1932년의 권력공백 속에서 독재운동에 대한 무기력증으로 고조된 자유국가의 마비와 붕괴는 혼란스런 가치기준, 약화된 방어능력, 민주주의의 적에 대한 관용에 관한 잘못된 환상의 결과이기도 하다. 이것은 오늘날 이탈리아의 상황에서, "유로코뮤니즘 운동"을 길들일 수 있다는 데 대한 환상, 제 2의 독일공화국에서도 민주주의를 의사(疑似)민주주의적으로 침식하는 것에 대한 새로운 오인에서 다시 확인할 수 있다. 나치즘을 "합법적으로 길들이려는" 시도는 독재운동을 민주화하는 대신에 민주주의를 독재화하는 데서 끝이 났다. **들어가는 흔적은 많이 있지만 나오는 흔적은 하나도 없구나**(*Vestigia terrent*).[10)]

본(Bonn), 1978년 7월

칼 디트리히 브라허(Karl Dietrich Bracher)

10) 〔역주〕 이솝우화에서 여우가 사자의 굴 앞에서 한 말.

머리말

이 연구의 대상은 여전히 정치적 의견대립의 영역에 있으며 그 학문적 취급은 그것과 결합된 위험에 노출되어 있는 것으로 보인다. 왜냐하면 바이마르공화국의 운명과 경험들은 아주 본질적으로 독일 전후정치의 얼굴, 구조 그리고 경향들을 규정하기 때문이다. 그것은 이미 밖으로 볼 때 도처에서 인식할 수 있다: 현재의 정치영역에서 어떠한 조치도, 어떠한 논의도, 어떠한 가치평가도 바이마르공화국의 "사례"와 관련되지 않은 것이 없고, 그 "교훈"에 의존해서 평가되지 않는 것이 없다. 우리의 공공생활의 일관된 민주적 형성을 포괄하며 그 실패가 독일인의 정치의식에 오늘도 아직 극복되지 않았거나 건설적 의미에서 생산적으로 변하지 않은 쇼크를 남겨 놓았다. 나치즘을 통한 바이마르공화국의 해체는 책임과 잘못의 문제를 넘어서 현재의 우리 정치생활에서 계속 작용하며 면밀한 진단을 필요로 한다.

우리 정치의 심리적 기반을 제공하는 문제에 관계되기도 한 이 실제적 필요성에 좁은 의미에서의 학문적 관심이 갔다. 역사연구의 분야에서 그러한 조사를 정당화하는 것은 실제 어떠했었는가, 어떻게 그리 될 수 있었는가 라는 랑케적 질문만은 아니다. 그것을 넘어서 현대사에 속할 뿐만 아니라 동시에 그렇게 분명히 느낄 수 있을 만큼 우리의 정치적 삶에 영향을 미치는 저 시대는 바이마르공화국에서, 일정한 한계에서 정치권력의 획득과 유지, 약화와 상실에 대한 "전형적" 모델을 포착하는, "정치학"의 순수한 문제를 포괄한다. 그렇게 예리하게 경계짓고, 그 구성성분에서 그렇게 해부학적으로 분명하고, 그 역동적인 과정에서 그렇게 단계적으로 추적할 수 있으며, 수많은 상황들이 결국 하나의 시대적 사건으로 결합되는 것이 그렇게 강렬하게 일관적으로 보이는 그림을 제공하는 시대는 사실 별로 없다. 바이마르공화국 해체의 역사에서 우리는, 그 실제적이고 방법론적인 결론들이 현재를 관찰하고 이전의 이행시대와 역사적 강조점의 변화를 검토하기 위한 새로운 관점들과 해석가능성들을 열어줄 수 있을, 권력이동의 유형론에 대한 시각들을 발전시킬 수 있다.

이러한 의미에서 여기서 해체과정의 마지막 시기를 그 전 과정의 배경 앞에서 서술하려는 시도가 이루어졌다. 체계적 개별분석에서(제 1부) 먼저 민주적인 화해시도들의 성격과 실패가 고찰되고 공화국의 권력붕괴로 가는 분수령의 권력구조가 요약되는데, 이 붕괴를 거쳐 브뤼닝, 파펜, 슐라이허 정부의 징후 속에서 나치 권력장악의 길이 열렸다(제 2부). 이로써 이 연구의 중점과 한계가 시사되었다. 그것은 이 시기 역사의 흠결 없는 개요를 제공할 수는 없으며 모든 입수가능한 사료들을 모두 재생산할 수도 없다. 이 연구는 그보다는 바이마르공화국의 최종시기와 나치독재로의 이행을 규정하는 내정적 구조요인들과 역동적 발전경향들을 분석하고 서술하려 노력한다.

나치즘의 승리에 능동적으로나 수동적으로 기여한 요소들의 분석에는 이렇게 역사적 문제제기가 민주적 국가질서의 해체과정이 거치는 현상형태들과 단계들에 대한 정치-학문적 관심과 결합된다. 이 문제제기는 일반적인 역사적 상황의 틀 속에서 이 시기의 위치로 향하고 있다; 방법적 명료성을 위하여 이 발전 속에 저장된 몇 년의 시기를 고립시킨다고 해서 오늘도 여전히 조망하기 어려운 보다 큰 관계에 대한 관심을 상실해서는 안 된다. 대중민주주의의 시기에 수행되는 권력이동은 단지 조건적으로만 이전 시기의 정치적 변동과정들과 비교될 수 있다. 항상 주목해야 하는 현재의 정치적 삶과 행동의 특수한 상황들, 조건들, 기술들은 특정한 역사를 가지고 있으며 그것으로부터만 그 기능과 영향을 이해할 수 있다.

그 때문에 많은 것들이 개별화 연구와 유형론적 연구를 결합하는 데 얼마나 성공할 것인지에 달려 있다. 대상에 대한 지금까지의 연구들은 흔히 너무 단호하게 두 방향 중의 하나에 정향지어 있다; 그 연구들은 너무 기꺼이, 흔히 개인적 자기정당화에서, 그리고 그보다 더 자주 방법론의 일방성에서 근거를 찾는 발전의 불가피성에 대한 결정론적 테제에서 끝을 맺는다. 현재 독일의 정치적 발전의 관찰자에게 바이마르 공화국에 대한 조망을 열어주는 흥미 있는 비교점들과 유추와 더불어 아주 결정적인 차이들도 확인할 수 있다. 이것은 외정적 상황을 평가하는 데 가장 해당되지만 독일정치의 정신적 및 심리적 전제들에 대해서도 적용될 수 있다. 패배한 전쟁은 내적 성찰과 현실적으로 보다 온건한 정책의 계기가 되기보다는 심리적으로는 적개심으로, 사회학적으로는 편견이데올로기로, 정치적으로는 빼앗긴 땅을 되찾으려는 반동적 구상으로 작용할 수 있는 비합리적 불만의 효소로 되기가 더 쉽다.

전쟁패배의 영향과 함께 주어진 "위기"에 대한 진지한 학문적 고찰은 하지만 1918년 이후보다 오늘 그러한 감정들을 통해 방해받고 의문시되는 바는 더 적다. 객관적으로 보아 훨씬 더 큰 1945년의 패배보다 주민 다수가 기대하지 않았던 제 1차 세계대전 패배 이후의 충격은 분명히 훨씬 더 심각하였다. 극우-민족주의적 출판허가와 함께 언론출판계가 다시 흥분하고 있지만 현재의 적개심 파동은 바이마르의 "민족적 반대파"의 예에 비할 바가 못 된다; 도외시하기 어려운 정권타도의 부도덕성에 직면하여 고집불통들조차도 자의식을 회복하기 위한 다른 길을 찾는다.

그러나 특히 학문적 문제제기의 중점이 너무나 변하였다. 역사가들은 더 이상 전쟁책임론을 부정하는 데 집중하지 않는다면, 국민경제학자들의 논의는 배상금 문제와 자급자족적 경제문제를 지향하지 않는다. 헌법학자에게는 대중민주주의의 제도들이 그의 이론적 고찰들과 실제활동의 대상이 되었다; 그는 더 이상 복고적 구조들의 덤불 속에서 헤매지 않는다. 그 배후에서 그는 과거에, 바이마르공화국을 그 헌법적 구조 속에서도 단지 에피소드로서 보이게 한, 군주적 반(半) 절대주의에 오랫동안 순응하였었다. 사회학도 빈번히 오용된 사회적 및 정치적 사상과 개념들로부터 비합리적 모호함을 제거하고, 모호한 구호들을 탈신화화하고, 비판적 분석에서 그 구성요소들과 그것이 기초하는 편견들에 따라 해부하고 정치의 사회적 규정성에 대한 통찰을 심화시키기 위하여 전망이 풍부한 노력들을 기울였다.

1920년대 독일 바이마르공화국으로서는 유감스럽게도 정치학이 그 때는 아무런 영향력도 미칠 수 없었던 반면 이해하기 어려운 사건, 불투명한 권력조작의 영역으로부터 진지한 성찰의 수준으로 끌어올리기 위한 도구가 드디어 이렇게 정치학에 제공되었다. 1930/1933년의 내정적 파국의 반복을 피하고 정치발전을 이 시기의 흥분의 소용돌이와 유사한 난국에 다시금 빠뜨리지 않게 하기 위해서는 이 출발점들로부터 독일 정치에 대한 학문적 성찰을 더욱 발전시킬 필요가 있다.

학문과 언론출판계는 바이마르공화국에서 패전과 불행한 타협을 통하여 신뢰를 상실한 새로운 국가질서에 역사적으로 이해할 수 있고 독일의 민주적 전통에 기초한 틀을 제공하는 것을 태만히 했다. 새로운 민주주의를, 한때는 강력했으나 관헌국가(*obrigkeitsstaat*)[1]의 성공철학에 밀려버린 정치운동의 의미 있는 발전단계로서 정당화하고 독일사의 연관 속으로 수용하려는 미약한 시도들은 지속적으로 성공을 거두지 못한 가운데 바이마르공화국의 즉흥적 급조는 내외 반대자의 공격들에 노출되었다. 이 "체제"는 빌헬름시대 관헌국가의 정치적 영광과 경제적 번영에서 마지막 정상에 도달했던 전통의 단절로 보였다. 이 암울한 상황은 사회학적 및 정치학적 관찰방식의 위대한 발단들을 시들게 한 전쟁 전 독일의 정신적 발전의 결과일 뿐만 아니라 모순적인 문화정책의 결과이기도 하다.

제1차 세계대전의 선전에 상당히 개입한 뒤 학문은—1945년과는 달리—다수 국민이나 거의 마찬가지로 갑작스런 붕괴에 당황했다; "이성적 민주주의자"로의 길을 간 학자들은 소수에 지나지 않았으며 이해할 수 없는 패배에 대한 설명의 모색은 너무도 자주 역사와 정치의 신화화를 초래하였으며 여기에 "등에 칼 꽂기 전설"(*Dolchstoßlegende*)[2]이 아주 쉽게 성공적으로 자리잡았다.

이렇게 오늘에야 비로소 보다 폭넓은 기초 위에서 "수정", 곧 정당정치적인 의심을 곧바로 받지는 않거나 일반적 역사인식을 왜곡하지 않으며, 관헌국가의 척도들과 민족주의적 과잉으로부터 자유로운, 바이마르공화국의 전사(前史)에 대한 연구와 비판이 가능하게 되었다.

---

1) 〔역주〕 관헌국가: 인민이나 그들의 참여보다 권위주의적 국가, 그 지배자, 공직자들 및 여타 지지자들을 더 중시한 비스마르크 주도의 프로이센과 독일제국의 왕조적·권위주의적인 국가체제를 지칭.

2) 〔역주〕 Dolchstßlegende, 곧 전선에서 병사들이 조국을 지키기 위해 피를 흘리는 사이에 후방에서 사회주의자들과 유대인들이 혁명을 일으켜 전쟁에 지게 되었다는 주장.

그동안 바이마르공화국의 역사와 그것을 독일 민주주의 전통의 발전 속에 자리매김하는 문제를 상투적 왜곡으로부터 구제하고 대중민주주의의 시대에 정치적 경험뿐만 아니라 학문적 관점들과 방법론들에 비추어 보다 심도 있게 파악하려는 저명한 시도들이 수행되었다. 바이마르공화국의 해체와 나치의 권력장악을 통한 그것의 교체 역시 현대사나 헌법적 종류의 부분분석들에서 그리고 수많은 회고록이나 일반적인 정치적·도덕적 고찰들에서 다루어졌다. 그러나 요약연구들은 여전히 바이마르공화국의 일반사와 구조에 대한 상당한 사전작업을 함께 수행해야 한다. 그것은 그 밖에도 문제제기의 종류와 그것을 통해 조건지어지는 방법론적 문제들을 통해서 여기 놓인 이 시도도 충분히 해결할 수 없었던 학문이론적 어려움에 빠진다.

이 저작은 1951년부터 1954년 사이에 집필되었다. 저자는 특히 항상 기꺼이 도와주시고 인내를 가지고 원고를 읽어 주신 헤르츠펠트(H. Herzfeld) 교수께 감사드린다. 피셔발링(E. Fischer-Baling) 교수와 프랭켈(E. Fraenkel) 교수도 이 책의 일부를 읽어주셨으며 고맙게도 비판과 자극을 주셨다. 나는 더 나아가 정치학연구소의 연구참모진과 소장들인 가블렌츠 교수(O. H. v. d. Gablentz), 구를란트 박사(A. R. L. Gurland)와 슈탐 교수(O. Stammer)를 통해 이해심 많은 도움을 얻었다. 힐러 폰 게르트링엔 박사(F. Frhr. Hiller v. Gärtringen)의 대단한 친절 덕분에 나는 베스타르프(Kuno Graf Westarp)의 미출간 유고의 중요한 부분들을 평가할 수 있었다. 여러 문서고와 도서관들, 특히 뮌헨 현대사연구소가 우리에게 귀중한 사료를 볼 수 있게 해주었다. 이 책에서 다루어진 시대의 수많은 정치인들과 관찰자들이 중요한 정보들을 준 데 감사한다. 제1부의 제9장은 자우어 박사(Wolfgang

Sauer) 가 썼는데, 나는 이 책이 집필되는 기간 내내 그와 계속 생각을 주고받았다; 그와 슐츠(Albrecht Schultz) 에게 나는 교정과 색인의 작성을 도와준 데 대해서도 감사한다.

베를린-달렘, 1955년 1월

시간강사 Dr. K. D. Bracher

바이마르공화국의 해체 ①

민주주의에서 권력붕괴 문제에 관한 연구

차 례

제 2 권 차 례

바이마르공화국의 해체 ②
민주주의에서 권력붕괴 문제에 관한 연구

제 2 부 공화국의 해체과정

A. 권력의 상실과정 : 브뤼닝 시대

제3권 차례 바이마르공화국의 해체 ③
민주주의에서 권력붕괴 문제에 관한 연구

제 2 부 공화국의 해체과정

B. 권력공백의 단계 : 파펜-슐라이허 시기

제 1 부

권력구조의 문제

제1장

바이마르공화국의 형성에 대하여

1. 19세기 민주주의의 딜레마

서유럽과 미국에서는 민주주의의 개념과 현실이 근본적으로 인정을 받고 실질적인 의미를 얻게 된 것과는 반대로 독일에서는 그것이 분열적인 평가를 받고 있다. 제 2차 세계대전에서 마지막으로 표현된 이러한 차이는 다른 다층적 동기들과 함께 계몽사상의 자유주의적이고 민주주의적인 사상과 경향들이 그 속에 흘러들어간 거대한 정치실험인 프랑스대혁명이라는 세계적 사건의 역사적 영향으로 보인다. 프랑스, 미국, 그리고 발원지인 영국[1]에서의 부르주아 민주주의 운동의 승리는 정치·사회적 공동체로서의 국가를 오로지 인간 이성에 따라서 형성하려는 혁명적 시도를 통해서 종교적, 형이상학적, 정통주의적 구속들로부터 의식의 해방을 완성한 정치적 해방과정의 표현이었다. 그것은 거기서 절대주의적 관헌국가(*Obrigkeitsstaat*)를 물리치고—특히

1) 후대의 수정과 일시적 후퇴도 이러한 기본사실을 바꾸지 못한다. 여기서 유럽적-"대륙적" 민주주의와 앵글로색슨적-"도서(島嶼)적" 민주주의 사이의 차이를 지적할 수 있다: 이를 다음 문헌은 특히 강조하고 있다: G. Ritter, *Die Dämonie der Macht*, 6. Aufl., München 1948, S. 126ff.; 같은 이, "Ursprung und Wesen der Menschenrechte", *HZ* 169(1949), S. 253f., 그리고 *Europa und die deutsche Frage*(München, 1948), S. 42ff.

개혁이 가장 성공적이었던 미국에서 — 합리적이고 낙관적인 정치의식의 전통에 길을 열어줄 수 있었다.

그에 반하여 독일 지역에서는 군주제적 절대주의가 훨씬 더 확고한 기반 위에 서 있었다.[2] 프리드리히 대왕의 프로이센과 요셉 2세의 오스트리아에서는, 프랑스의 경우 혁명을 야기했던 내부의 과다한 폐해들을[3] 위로부터의 제한된 개혁을 통하여 다만 경감시키고, 그렇게 함으로써 국가의 근본적 변혁을 회피하려는 노력이 보다 일관되게 진행되었으며 또한 보다 성공적이었다. 비록 독일인들이 혁명운동에 대해 크게 공감하고 있었지만, 그것은 독일이 장기간에 걸쳐서 유럽과 동일한 사상에 의해 지배받고 비슷한 정치운동에 의해 이끌려지던 마지막 국면이었다. 그러나 몇 년이 지나지 않아서 계몽사상 출판업자들, 정치가들, 철학자들, 작가들은 유럽적 경향으로부터 등을 돌린 채 독일에 독자적 해결책을 모색하기 시작했다.

프랑스혁명이 내정적 변형, 절대주의적 독재, 끊임없이 팽창하는 대중사회에서 부르주아층의 정치적 각성에만 국한하지 않았다는 것이 결정적 역할을 했다. 그들의 계획을 용이하게 함과 동시에 초민족적 소명감을 표현하기 위해 그들은 대외적 성공을 찾았으며 프랑스의 민족적 이해관계의 의미에서 민주혁명의 사상을 프랑스 국경을 넘어 전파하기 시작했다. 처음에는 그러한 침략군의 장군이었던 나폴레옹은 프랑스의 젊은 민주주의에 대한 독재권력을 획득했으며 그의 정복전쟁

---

2) 사회정치적 분위기에서의 차이를 특히 Rudolf Stadelmann의 연구가 입증했다: *Soziale und politische Geschichte der Revolution von 1848* (Muenchen, 1948); "Deutschland und die westeuropaeischen Revolutionen", *Deutschland und Westeuropa* (Laupheim, 1948), S. 11ff.

3) 이에 대한 Martin Göhring의 상세한 설명으로는 *Die Ämterkäuflichkeit im Ancien Regime* (Berlin, 1938); *Weg und Sieg der modernen Staatsidee in Frankreich* (Tübingen, 1947); *Geschichte der Großen Revolution*, Bd. I (Tübingen, 1950), S. 89ff.

을 전 유럽으로 확장했다. 이것은 아직도 여전히 진보적 혁명의 이름으로, 곧 인민들을 절대주의 지배의 멍에로부터 해방시킨다는 명분하에 일어났다. 그러나 프랑스 점령이 주는 부담이 절대주의 지배 못지않게 무거운 것으로 드러나게 됨에 따라, 그에 대한 열광과 신뢰는 즉시 무너졌다. 자유주의적 자유사상은 이제 — 외정적인 것으로의 심각한 전환과 함께 — 나폴레옹적인 제국주의에 대한 민족적 저항이데올로기로 변하였다. 그것은 동시대인들의 눈에 이 독재를 야기한 혁명을 반대했다. 프랑스와 독일 사이의 지속적 불신, 그 치명적 영향을 프랑스혁명의 경과가 입증하는 것으로 보였던 민주주의의 원리에 대한 독일의 민족의식의 불신이 발전하였다. 처음에는 문화정책의 영역에 국한되어 전개되었던 반(反)'서구화' 투쟁이 이제는 본래적인 정치의 차원에서 벌어지게 되어, 서구적 사상에 대립하여 독일적 자생성이라는 구호를 제시하기에 이르렀다.

이렇게 근대적 민족주의를 풀어놓은 나폴레옹에 맞선 인민들의 봉기와 함께 서유럽과 중부유럽 사이의 옛 정치적이고 정신적인 유대가 분열되기 시작했다: 계몽사상은 서방국가들에서의 발전에 비견할 만한 어떤 정치적 영향력도 독일에서는 행사하지 못했다.[4] 낭만주의로의 이행과 계몽사상으로부터 관념론적 형이상학으로의 발전은 독일의 국가사상이 고립주의적인 동시에 보수적-보편주의적 노선으로 전락한 시기에 이루어졌다. 그에 반해 정치적 계몽운동의 긍정적 결과는 100년 뒤에 서방 강대국들의 단결된 전선으로서 독일에 맞서게 될 강대국들을 점점 더 결합시켰다: 그들은 공동의 정치적 및 국가론적 신념, 전통과 제도들을 기반으로 한 명확한 동일집단 소속의식에 기초하고 있었

---

4) Karl Buchheim의 흥미 있는 연구, *Leidensgeschichte des zivilen Geistes-oder die Demokratie in Deutschland* (Muenchen, 1951), S. 6ff. 참고. Fritz Valjavec, *Die Entstehung der politischen Stroemungen in Deutschland 1770-1815* (Muenchen, 1951), 특히 S. 146ff. 는 근본적인 문헌이다.

다. 이제 독일을 지배하게 된 민족주의 성향의 반서구주의(*Antiwestlertum*)는 서방으로부터의 모든 정치적 영향들에 적대적이었으며 반면에 정치 사회적 반동은 독일 땅에 뿌리박은 것으로 스스로를 내세우고 독일의 "고유가치"라는 철학을 자기 것으로 주장할 수 있었다. 특히 사회적 특권을 가진 프로이센 군대는 모든 개혁들과 개혁 약속들에도 불구하고 이 진영에 끌려들어갔다. 18세기에 귀족을 절대주의 국가에 순종시킨 사회의 군사화가 진행되었고, 이어 부르주아층의 해방 노력에 대해서도 위로부터 예봉을 꺾으려는 시도가 이루어졌다.[5)]

외정적 발전이나 심리적 발전에 쫓겨 민주주의 운동은 정치적 변형의 실현을 위하여 새로운 길들을 모색했다. 여기서 "민주주의"의 원리는 헌법적으로만이 아니라 사회적 현실로부터도 이해되어야 한다. 그러면 정치적·군사적으로 뒷받침된 독재에 맞선 민주주의적 운동들의 끊임없는 투쟁을 통해 19세기가 어떻게 실제로 각인되었는지가 분명해진다 — 독일의 정치적 발전은 재삼재사 이 독재로 전락했다[6)] : 이것은 비스마르크하에서, 빌헬름 2세하에서, 루덴도르프의 독단적 결정의 시기에, 힌덴부르크의 대통령제 독재하에서, 그리고 마침내 히틀러하에서 그러했다.

슈타인 개혁[7)] 하의 프로이센에서도 프리드리히 대왕 시대의 사회적

---

5) "군국주의"라는 말은 여기서 단순히 강화된 군사 및 무장정책(예컨대, Gerhard Ritter, "Das Problem des Militarismus in Deutschland", *HZ* 177, 1954, S. 21ff.)이 아니라 내정적 구조의 군사적 조직화를 의미하며 본질적으로 사회학적 현상이다. 이런 의미에서 Delisle Burns, "Militarism", *Encyclopedia of the Social Sciences*, Bd. IX (New York, 1950), S. 446ff. ; 또한 Friedrich Meinecke, *Die deutsche Katastprophe* (Wiesbaden, 1946), S. 64ff. ; 보다 상세히는 S. 213ff. 를 참고하라.

6) Veit Valentin이 제안하는 자유 "민주주의"와 군사적으로 뒷받침된 "독재" 사이의 대조는 〔*Geschichte der deutschen Revolution 1848/49*, Bd. I (Berlin, 1930), S. 323; S. 480〕 물론 개별적으로 신중히 분화되어야 한다.

7) 〔역주〕 슈타인 개혁: 1806년 예나와 아우어슈테트에서 프로이센이 나폴레

으로 특권이 부여된 군사절대주의를 거부하고 민간주의적인 서유럽적 "공동정신"을 모델로 삼은 강하게 의식화된 민주적-반체제적 정신이 살아있었다.[8] 프랑스혁명을 성공으로 이끈 일반적 병역의무의 기초 위에서 군대개혁을 하려는 사상은 시민적 질서의 민주적 개혁을 위한 시도들에 따른 것이었다. 그러나 이 유망한 조짐들은 결코 유기적으로 지속되지 못했다. 해방전쟁들[9]에서의 무장봉기는 예고된 사회질서의 개혁을 가져오지 못했다: 많은 개혁조치들은 단순한 비상령으로 선언되고 다시 취소되었다.

그런데 국가의 복고정치는 가톨릭적인 라인란트와 그보다 더 정치적으로 분화된 남부독일에서 강한 반대세력을 만났다. 이 지역에서는 프랑스 점령기간의 개혁들이 자유주의적 부르주아층과 확산되는 산업발전의 성장에 도움이 되었다. 운동은 권위주의적 조치들의 강화와 더불어 성장했고 특히 새로이 조직되고 곧 금지된 대학생단체들(*Burschenmschaften*: 부르셴샤프트)과 체조운동에서[10] 나폴레옹에 맞선 해방투쟁

옹의 프랑스군에 패한 후 나온 일련의 개혁조치들로 프로이센 개혁 또는 슈타인-하르덴베르크 개혁이라고도 함.

8) Heinrich Heffter, *Die deutsche Selbstverwaltung im 19. Jahrhundert, Geschichte der Ideen und Instututionen* (Stuttgart, 1950), S. 93ff. 참고. 그는 군사적 관헌국가에 대한 반대투쟁과 자율행정을 위해 공헌한 쾨니히스베르크의 경찰총감인 Johann Gottfried Frey를 소개한다. 프라이는 1808년 슈타인 백작의 협력자로서 시규정의 초안 서문에 다음과 같이 썼다: "우리는 공동체가 지배하는 모든 나라들에서 넘어서는 안 될 한계를 군대에 제시하지 않는다면 영국인과 프랑스인의 공공심이 우리에게서 성장하는 것을 기대하는 것은 부질없는 일이다." 이에 대해서는 Theodor Winkler, *Jahann Gottfried Frey und die Entstehung der preussischen Selbsverwaltung* (Stuttgart-Berlin, 1936), S. 125ff. 를 보라.

9) 〔역주〕 해방전쟁: 1813~1815년에 당시 유럽의 지배자인 나폴레옹의 지배에 맞서 유럽에서 벌인 모든 전쟁. 자유의 전쟁이라고도 했으나, 1915년의 빈 회의의 결과 해방전쟁이라는 개념이 일반화됨.

10) 〔역주〕 체조운동(*Turn-Bewegung*): 독일의 민족주의자 얀(Friedrich Ludwig

이 일깨워 놓은 독일민족적 사상과 결합하였다. 젊은 독일의 영방의회들에서도 소유시민적인 대의제 헌법의 공고화를 넘어서 민주적 헌법을 가진 독일제국을 세우려는 노력들이 강화되었다. 그러한 노력들은 부분적으로 나폴레옹 이전 시기에 접속하였고 부분적으로는 파리의 7월혁명[11]의 사상을 지향하였고, 부분적으로는 영국의 보다 온건한 입헌주의적 발전을 지향하였다. 사람들이 독일민주주의의 최초의 위대한 열병식이라 일컬은[12] 함바하 민족축제의[13] 강력한 시위는 아직 공화주의적 국가형태는 아니지만 그래도 국민주권의 인정, 전체 독일을 위한 공동정부의 구성, 모든 영방국가들에서의 대의제 헌법, 자율행정과 귀족의 폐지를 그 강령으로 내걸었다.

이 목표들을 협상을 통해서 도달하려는 낙관적 기대는 그러나 충족되지 못했다. 점점 더 세력이 커진 운동은 신뢰를 상실한 프랑스의 혁명모델을 따르기를 마지막까지 두려워했다. 민주주의의 정치적 이해에서도 차이가 나타났다: 옛날 방식의 온건한 자유주의에 이제 평등주의-민주주의적인 종류의 급진적 노력들이 대립하였다. 반면에 탄압도 증가하였다: 언론검열, 정치적 결사, 민중축제, 집회 및 흑-적-황색 깃발[14]의 금지와 대학들의 감시; 부르센샤프트 가입자는 국가 공

Jahn)이 나폴레옹에 대항한 해방전쟁 과정에서(1811년) 젊은 세대의 신체적 단련을 위해서 시작한 운동.

11) 〔역주〕 7월 혁명: 왕정복고 이후 유지되던 샤를르 10세의 부르봉 왕조를 무너뜨리고 1830년 7월 파리에서 시위로 부르주아지가 권력을 장악하게 된 혁명.

12) Buchheim, *Leidensgeschichte*(주 I/4), S. 31; Veit Valentin, *Das Hambacher Nationalfest*(Berlin, 1932) 참고.

13) 〔역주〕 함바하 민족축제(*Hambacher Volksfest*): 1832년 5월 27~31일에 팔츠의 노이슈타트에 있는 함바하 성에서 벌어진 축제. 통일, 자유, 민주주의 등을 내세웠다. 본래 이 축제는 정부의 언론탄압에 대해 항의하여 조직되었음.

14) 〔역주〕 흑-적-황색깃발: 독일 민족주의 운동의 상징으로서 나폴레옹 지배에 맞선 해방전쟁시 학생의용군에서 처음 사용되고 바이마르공화국에서 독일국기로 사용되기 시작했음.

직을 맡을 수 없었고, 함바하의 연사들은 감옥에 갇히거나 이민을 떠나야 했다. 그러나 민주주의 운동은 스스로에 대해 자의식을 갖게 되었다. 그것은 곧 부르주아-자유주의적인 남부독일의 그 주요 기반으로부터 — 특히 라인란트에서의 정치적 가톨릭주의의 반프로이센적 양상들의 도움을 받아 — 전체 독일영역으로 확산되었다; 헌법운동의 보편적 진보를 통해 준비된 그들의 승리를 통해서 독일의 발전은 다시 일반적인 유럽의 발전에 순응하는 것으로 보였다.

일련의 유럽적 소요들 이후에 결국 1848년의 파리혁명15)의 발발에 대한 소식은 수많은 정치적 및 언론적 이니셔티브들로 분열된, 오랫동안 자제되었던 에너지를 분출케 했다. 1848년 독일혁명은 특히 프로이센에서는 절대주의의 군사적 지지기반을 겨냥했으며 처음에는 일정한 성공을 거두었다. 그러나 이러한 혁명 초기의 성공적 전개보다는, 독일의 양 대국인 프로이센과 오스트리아를 하나의 민족적 민주주의로 결합하려는 시도의 실패가 독일 민주주의 운동의 운명에 그리고 독일적 국가의식과 "서방적" 국가의식의 관계에도 결정적 의미를 갖게 되었다. 프랑크푸르트의 파울교회에서의 원대한 계획은16) 국민의 손으로부터 국민의 호의에 의해 주어지는 독일 황제의 제관을 거부한 구권력의 저항에 부딪쳐 실패했다: 독일의 유럽적 발전은 중단되었다. 부

15) 〔역주〕 1848년 2월 24일 파리에서 시작되어 전 유럽으로 파급된 부르주아-민주주의 혁명. 이 혁명으로 제 2공화정이 성립되었으나, 6월 봉기의 실패 후 12월에 나폴레옹의 조카 루이 나폴레옹 보나파르트가 대통령으로 선출됨.

16) 〔역주〕 파울교회 계획: 1848년 3월 혁명 후 독일 국민의회가 이 교회에서 모임. 국민의 대표들은 여기서 처음에 독일연방에 속하는 오스트리아 주들만 새로운 독일제국에 편입시키고자 했다. 그러나 합스부르크 왕국의 실질적 해체를 의미하는 이 안에 대한 오스트리아의 반대로 국민의회의 다수는 프로이센을 지도권력으로서, 그리고 프로이센 왕을 독일황제로서 원했다. 그러나 프로이센의 왕인 프리드리히 빌헬름 4세는 국민의회가 제공한 제관을 그 혁명적 기원 때문에 거부함으로써 독일의 부르주아 혁명은 치명적 타격을 입는다.

르주아 자유주의를 민주주의의 일로부터 밀어낸 이 결정적 실패와 더불어 옛 권력들, 왕실, 귀족, 관료와 군대의 절대주의로부터 그 지지 기반을 제거하는 방식으로 사회질서를 개혁하고 그것에 정치적으로 적합한 형태를 부여하려는 시도도 실패했다.

여기서 1848년의 혁명에서는 아직 비교적 부차적인 역할을 수행했지만 그후 모든 유럽 국가들에서 산업화와 점점 더 정치화된 대중사회의 확장이 더욱 진전됨에 따라 기반을 얻은 새로운 사회주의 운동이 시작되었다. 독일 부르주아층의 자유주의와 민주주의 운동이 1848년의 타격으로부터 더 이상 회복할 수 없었고 오랫동안 고대하던 통일성을 강요한 비스마르크의 관헌국가에 결국 순응하였던 반면 처음에는 단지 조국을 모르는 것으로 낙인찍힌 사민당과 프로테스탄트적인 국가의 억압조치들에 맞서 싸우는 중앙당[17]이 정치적 야당으로서 남아 있었다. 물론 비스마르크는 긴급한 외정적 문제들의 해결과 유럽 세력균형의 보존에서 탁월한 능력을 입증했다. 그러나 비스마르크 치하에서 그가 외정을 무조건 우선시하고 애국적 심리를 가차없이 이용함으로써 내정적 발전에 심각한 결과가 초래되었다.

19세기 전반기에 부르주아층은 정치의식이 새로이 각성되어 복고적

---

17) 〔역주〕 중앙당(*Zentrum*): 독일 역사상 가장 중요한 종교정당. 1870년 12월 베를린의 프로이센 의회의 50명의 가톨릭 의원들이 창당. 독일제국 시기의 중심강령은 교회의 독립성과 그 권리의 방어였다. 가톨릭 신앙의 자유로운 전개(예를 들면, 종교학교) 외에도 중앙당은 연방 주들의 권리를 보장하는 제국의 연방적 구조를 요구했으며 프로이센적-개신교적 지배에 반대했다. 가톨릭교회의 권리에 대한 집중, 대독일적-연방주의적 및 교황주의적 태도는 중앙당을 곧 비스마르크뿐만 아니라 반교회적 자유주의자들과의 공개적 대립에 들어가게 만들었다. 이 대결국면은 1873년부터 프로이센에서 교회의 권리가 상당한 제약을 받은 이른바 “문화투쟁”으로 발전하였다. 중앙당은 이 상황에서 가톨릭 유권자들을 동원하고 제국의회 선거에서 1874년 27.8%의 득표로 91석을 얻는 성공을 거두었다. 그리하여 비스마르크는 1876년부터 그의 대(對) 가톨릭 강경정책을 철회하지 않을 수 없었다.

조치들에 맞서 싸웠고 민주주의 운동을 실제적으로 담당했지만, 이제 거의 정치적 책임으로부터 물러나 경제적 경기변동을 이용하는 데 헌신하고자 했다. 기술화된 산업의 엄청난 성장이 낳은 근대 자본주의는 제고된 경제적 문제들을 해결할 수는 없었다. 그것은 그럼에도 불구하고 그 성장에 기여한 자유주의 운동을 분열시켰으며 이익정치적 전술을 위해 그 순수한 정치적 에너지를 억눌렀다. 민족자유주의적 산업자본주의와 보수주의적 농업자본주의 사이의 물론 깨끗하지 않은 이 이해관계 동맹이 시작되었다. 그 가운데서 인구증가와 하층계급들의 성장하는 정치적 자의식으로부터 국가의 내적 구조에 초래한 긴급한 문제들이 뒤로 밀리거나 심지어 자유주의의 과거 선구자들의 동의와 함께 폭력적으로 억압당했다.

비스마르크 자신이 그의 실각 후에도 이 태만을 비난했으며 그 영향을 어렴풋이 예견한 가운데 태만히 한 것을 단호히 회복할 것, 특히 정부에 대한 의회의 통제[18]를 요구했다. 사민당의 강력한 성장은 폭풍경보가 되었어야 할 것이다. 그러나 이에 대해 국가의 담당자들은 사회주의자법[19]과 같은 탄압조치, 혹은 대중을 정치체제와 화해시키

18) 1892년 7월 31일 예나 시장에서 학생들이 경의를 표시할 때 행한 그의 연설 참고; Otto v. Bismarck, *Die gesammelten Werke*, Bd. XIII (Reden) (Berlin, 1930), S. 473ff.

19) 〔역주〕 사회주의자법: 비스마르크가 도입한 1878년 10월 21일의 "사회민주주의의 공동체 위협적인 노력들에 맞서는" 법. 비스마르크는 두 차례의 빌헬름 1세 암살기도에 대해 사실과 달리 그러나 여론에 효과적으로 사민당에 책임을 물었으며 부르주아층이 그렇지 않아도 가지고 있던 사회주의자에 대한 두려움을 부추길 수 있었다. 사민당의 당 기관지와 사회주의 노조가 금지되었고 당 자체는 아니라도 당집회가 금지되었다. "사회민주주의적, 사회주의적 혹은 공산주의적 활동을 통하여 … 기존 국가와 사회질서의 전복을 목표로 하는" 협회들을 금지했다. 사민당 제국의회 의원들의 활동만 허용되었다. 그러나 이 법은 사회민주주의를 억누를 수 없었다. 사민당은 이 법이 존속했던 1878~1890년에 제국의회 선거에서 거의 150만 표로 그 득표율을

고 동시에 두려워했던 양보를 방해하려는 사회개혁들을 가지고 반응했다. 제국정책의 방향을 결정했던[20] 프로이센에서도 정치적 세력관계에 결코 진정한 의회적 대표를 허용하지 않았던 금권적 선거질서가 유지되었다. 그 밖에 비스마르크가 보편선거에서 구성된 제국의회를 포괄적으로 배제하거나 자기가 원하는 대로 지시할 줄 알았기 때문에 "제2제국"에서의 민주주의 운동은 입헌적 헌법에도 불구하고, 엄격하게 재조직화된 관료제와 강력한 군대에 의해 뒷받침된 군주정의 사실상의 절대주의(*De-facto-Absolutismus*)에 대해 항상 수세에 처해 있었다.

이 시기에 독일 자유주의는 앞으로 더 이상 회복할 수 없는 약화를 경험했다. 여기서 민주적인 중간정당들이 사라지기 시작했으며 이것은 후에 바이마르공화국의 실질적 공고화를 방해하고 나치즘의 승리를 가능케 할 것이었다. 비스마르크는 독일 부르주아층이 1848년 강력한 독일 왕조들과 국가들에 대한 배려 없이 민족적 제국을 건설하려 했던 것을 그들의 결정적 잘못이라고 간주했다. 그의 "현실정치"[21]의 길은 프로이센의 군사적 귀족과 독일 부르주아층의 결합을 거쳤다. 그리하여 1870/1871년의 승리는 혁명의 정신에 대한 보수주의자들의 결산일 뿐만 아니라 독일적 정치발전과 서방적 정치발전 사이의 분열을 확대하기 위한 수단이기도 하였다. 이 민족적 성공들은 민주적 이상의 빛바랜 광채보다 통일의 사상과 성공의 경험으로부터 더 강한 인상을 받았던 자유주의자 다수를 비스마르크 지지자로 만들었다. 민족적 이데올

20%로 끌어 올렸다.

20) Richard Thoma, "Das Staatsrecht des Reiches", *Handbuch des deutschen Staatsrechts*, Bd. I (Tuebingen, 1930), S. 80 (Bd. II: Tuebingen, 1932).

21) 〔역주〕 현실정치(*Realpolitik*): 현실적인 것으로 인정된 조건들과 가능성들을 추구하는 정책. 이 정책은 신속한 결정과 여론의 광범위한 수긍을 목표로 할 뿐 가치를 중요하게 여기지 않는다. 즉, 이 정책에서는 특정의 목표가 달성될 수 있다면 가치 및 그것에 기초한 여러 수단들은 언제든 협상가능한 것으로 간주된다.

로기 앞에서의 시민적 자의식의 이 내적 붕괴는 독일 민주주의 발전의 결정적 단절을 표시했다. 봉건적 사회구조와 강력한 관료제에 기초한 "민주적 장식물로 치장한 군주적 국가"[22]는 이제 시민을 안전하게 길들일 줄 알았다. "전문가들"에게 맡겨진 좋은 행정이 최상의 내정(內政)이라는 것이다. 비스마르크의 헌법조작, 사회·경제적 이해관계들, 프로이센 지배의 군사정치적 및 정신적 전통을 통하여 대의제적·민주적 발전은 저지당했고 세기 전반기의 징후들 뒤로 내던져버려졌다.

1871년 민족적 통일이 자유민주주의적 기반 위에서도 가능했을지, 비스마르크의 해결이 막중한 결과를 남긴 우회로였는지 묻는 것은 부질없는 일이다. 1848년의 사건들은 옛 사회적·군사적, 왕조적·관료적 권력들이 독일의 조직력과 끈질김 덕분에, 그리고 독일에서 프랑스혁명이 신뢰를 상실한 덕분에, 혁명적 부르주아층의 열광보다 더 큰 비중을 유지했다는 사실을 입증했다. 그리고 그사이에 상황을 더욱 혼란스럽게 만든 새로운 정치적 요소로서 저돌적으로 성장하는 도시 프롤레타리아트가 부상했다. 처음에 사회주의자들이 자유주의자들과 함께 지배권력에 맞서 싸우려는 경향을 보이자 사회주의가 기존관계에 어떤 위험을 제공하는지에 대한 인식으로 비스마르크는 "빨갱이들"에 대한 보호장벽으로서 부르주아층과의 동맹이 더욱 긴요하다고 생각했다. 비스마르크의 해결책은 그가 부르주아-민주주의 운동의 내적 허약성과 저항력이 약함을 인식하는 한 그럴듯한 것이었다. 이 운동은 3개의 심각한 패배들로—곧 프랑스혁명의 경과, 부르주아 혁명의 실

22) 이렇게 Werner Naef, *Die Epochen der neueren Geschichte*, Bd. II(Aarau, 1946), S. 266. Theordor Eschenburg, "Die improvisierte Demokratie der Weimarer Republik von 1919", *Schweizer Beitraege zur Allgemeinen Geschichte*(Bern, 1951), S. 161ff. (이제 다음 제목하에 따로 출간되었음: *Die improvisierte Demokratie der Weimarer Republik*(Laupheim, 1954), S. 5ff.).

패, 헌법투쟁[23]과 민족통일—초래된 분열로부터 헤어 나오지 못했다. 이 운동은 옛 권력들하에서 민족적 사상의 승리가 앞으로의 민주주의적 해결을 더욱더 복잡하게 만든다는 인식을 억압했다.[24]

독일정치의 부르주아화, 그리고 그와 함께 군주정의 민주적 의회화가 실패했으며 독일은 50년도 지나지 않아 치명적 목표에 도달할 특수한 발전의 길로 들어섰다. 옛 국가권력들의 지도하에서 군사적 권력을 가지고 제2의 제국은 건설되었다. 복고적 세력들은 민주주의 운동의 이상인 선출황제 사상도 그들에게 유리하게 이용했고, 비스마르크의 민족적 성공들로 대두한 애국적 심리를 철저히 이용하여 우려를 약화시켰다. 군사적으로 뒷받침된 관헌국가는 민족적 사상으로부터 그 민주적 기원을 제거하고 온전히 자체만을 위해 독점했으며, 정치적 여론과 주민의 절대다수가 민주적 제국사상의 이러한 왜곡을 받아들일 준비가 되어 있었다. 더욱이 중앙당과 사회민주주의자들에 대한 자유주의자들의 적대관계는 그 뒤에도 국가의 구조와 지도에 아직 영향을 미칠 수 있었을 민주세력들의 결집을 방해했으며, 비스마르크는 대립을 크게 부추기고 그것을 당장의 목표설정에 따라 자기의 독단적 정책을 위해 이용했다.

물론 외정적 성공들과 경쟁적 제국주의 시대에 경제적 번영의 광채도 지속적인 내정적 위기를 감추기는 어려웠다. 이 위기는 문화투쟁으로부터 1918년의 혁명[25]에까지 지속되었으며 그 외정적 대칭은 이제

---

23) 〔역주〕 헌법투쟁: 1859년에서 1866년 사이에 프로이센 국왕 빌헬름 1세와 자유주의자들이 다수를 차지하던 프로이센 하원 사이에 벌어졌던 갈등을 지칭. 갈등의 핵심은 군제개혁과 양자 사이의 권력배분 문제였다.

24) 전체 관련에 대해서는 특히 Arthur Rosenberg, *Die Entstehung der deutschen Republik 1871-1918* (Berlin, 1928), S. 11ff.; Friedrich C. Sell, *Die Tragoedie des deutschen Liberalismus* (Stuttgart, 1953). 자유주의의 이 붕괴의 심리적 양상들에 대해서는 당시에 이미 Friedrich Naumann, *Die politischen Parteien* (Berlin, 1910), S. 12ff.

막 시작한 일반적 군비확장의 열기였다. 이 내정적 위기는 결코 해결되지 못했으며 결국 비스마르크의 작품을 파멸시켰다. 다양한 내정적 세력들의 진정한 통합과 포괄적인 정치적 투입은 성공하지 못했다. 비스마르크는 외정 우선의 영향하에서 대립적 경향들과 집단들을 군사황제정(*Militärkaisertum*)의 상위권력하에 결속시킬 수는 있었다. 그러나 그 자신에게 전적으로 맞춰진 이 체제는 미래를 위한 어떤 적절한 양상들도 발전시키지 못했다; 그것은 실제로 한 시대의 종결을 의미한 비스마르크의 퇴각 후에 결국 다양한 구성요소들로 분열되어야 했다.

그 때문에 비스마르크적 헌법은 비스마르크 없이 존재할 수 없었으며 동시에 민주적-의회적 개혁을 시사한 징후들을 억압했다는 사실에 대한 비판도 존재한다. 특히 자유주의 운동은 비스마르크 시대가 경과하는 동안 그 기회주의적 변덕 정치로 영향력을 심각하게 상실하여 미래에 더 이상 제 1위의 역할을 수행할 수 없었다. 1874년과 1881년 사이에 민족자유주의적 제국의회 분파는 그 원래 의석의 1/3 이하로 줄어들었으며 자유주의는 4개의 군소정당들로 분열되었다. 그 유권자의 대부분은 좌나 우로 이동하였고 중간에서는 모든 것이 유동적이었다: 바이마르공화국에서는 자유주의적 중간이 심각하게 결여될 것이었고 나치즘은 이 계층들의 정치적 무지향성을 자기 목적을 위해 능숙하게 이용하였다. 비스마르크의 아류들이 거장의 작품을 망쳐놓았다고 사람들이 재삼재사 언급했을 때 이것은 저 비판을 결코 약화시키지는 않는다.

비스마르크 자신도 그의 실각 후에 일반적 비굴함과 빌헬름 2세의

25) 〔역주〕 1918년 혁명: 11월 혁명이라고도 불린다. 이 1918년의 독일 혁명은 제국에서 군주제를 폐지했으며 의회민주주의 공화국으로의 이행을 가져왔다. 혁명의 발발원인은 제 1차 세계대전에서 독일의 군사적 붕괴, 내정개혁을 너무 늦게 착수한 것, 노동자들과 군인들 사이에서 급진적 사회주의 집단들의 혁명적 선동 등이었다.

궁정—군사적 독재에 대항하는 활발한 부르주아 반대당의 부재에 대해 놀랐다; 그는 이것이 독일 부르주아층에 대한 그의 독단적 조작과 의회에 대해 적대적이었던 그의 내정의 결과라는 사실을 잊었다.

1890년 이후 이제 내정적으로 정체된 옛 체제의 어려움들을 항상 성공적이면서도 신중한 외교정책을 통해서 극복할 수 있는 정치가의 능숙한 손이 없었다. 외교정책은 한 걸음 한 걸음 포기된 한편 문제가 많은 내정노선은 전체적으로 변치 않았고 사회문제와 의회민주주의 문제가 계속 지연되었다. 러시아와의 관계가 소원해진 뒤로, 그리고 서방에 대한 우유부단한 정책과 함께 독일의 외정적 상황이 점점 더 곤란해졌음에도 불구하고, 빌헬름 2세는 미지근한 조언자들의 도움으로 단기적인 사회정책적 시험을 한 뒤 그의 권위주의적 지위, 위험스러운 현상유지를 확고히 견지했으며 국민을 "민족적인 부분"과 "제국의 적"[26][27]으로 계속해서 과시적으로 구분했다. 이것이 긴장된 상황과, 국가와 사회의 민주화를 통해서 사회·정치적 평등을 실현하려는 쪽으로 나아가는 가속화된 발전에 결코 부합될 수 없음에도 불구하고 말이다. 확실히 많은 것이 국민을 위해 수행되었지만 아무것도 국민에 의해서 수행되지는 않았다; 정치 형성은 여전히 경제적 및 사회적 발전과 보조를 맞추지 못했다. 비스마르크 시대의 타격으로부터 단지 느리게 회복했던 정당들도, 마침내 국가의 의회화를 통해서 정치를 폭넓은 기초 위에 세우고 빌헬름의 "개인적 통치"를 중단시키려는 정치적 이니셔티브를 별로 보여주지 못했다. 제 1차 세계대전 발발에서 독일의 책임은 이 태만들에 있었다. 이 전쟁은 민족적 권력정책의 모든 폭발력을 결합시킨 열강간의 제국주의적 대립이 마지막으로 첨예하게 맞붙

---

26) Naumann (주 I/24), S. 18ff.

27) 〔역주〕 제국의 적: 비스마르크가 통일을 달성한 후 독일제국에 충성하지 않으려는 집단, 즉 자신의 정치적 반대파들을 지칭할 때 사용한 용어. 사회주의자들, 공산주의자들, 그리고 가톨릭교도들 등이 여기에 포함됨.

은 것이다. 열강의 이러한 대립은 오랫동안 억제되어 있던 내정문제들을 다시 분출시켰다.

2. 세계대전으로부터 혁명으로

새로운 세기의 첫 몇 년간에도 시대에 뒤떨어진 군주적인 반(半) 절대주의는 의회의 다수로부터 별로 심한 공격을 받지 않았다. 1913년의 차베른사건[28]은 정부에 대한 제국의회의 압도적인 불신임 결의를 초래했지만 비스마르크적 헌법체계와 프로이센적 전통으로 어떤 법적 및 실제적 효과도 보지 못했다. 비슷한 이유에서 사라예보의 암살과 1914년의 전쟁발발 사이에 결정적 사건들이 제국의회의 어떤 영향력도 없이 파국으로 치닫게 된 것이 가능하였다. 물론 특히 황제의 불충분한 통치와 오만불손함에 대한 불만이 커져갔다. 정치적 공동의사를 선거 뒤까지 지속적으로 조직화할 줄 알았으며 다른 정당들도 의회활동으로부터 주민들 속에서의 당 사업으로 비중을 옮기도록 강제한[29] 사민당이 1912년의 선거에서 제국의회의 가장 강력한 정당이 되었을 때 이러한 불만은 의회에서도 영향을 미치기 시작했다. 이 "제국의 적"은 이제 중앙당과 함께 의회의 다수석을 차지했으며 경우에 따라 좌파 자유주의자들로부터 더욱 강한 지지를 받을 수 있었다. 여기서 이미

---

28) 〔역주〕 차베른사건(*Zabernaffäre*) : 1913년 말 알자스 지방의 차베른이라는 소도시에서 프로이센군의 한 장교가 현지 주민들에게 모욕을 주자 현지인들이 항의하였고, 이에 군대가 자의적으로 개입하여 현지인들을 억압함으로써 야기된 독일제국의 정치위기. 이 사건은 제국의회에서 독일사회의 군국주의적 구조에 대한 논쟁을 촉발시켰고, 총리의 불신임 결의안 가결로 이어졌다. 그러나 황제는 이 불신임 결의안을 인정하지 않음으로써 그 위신이 크게 손상되었다.

29) *Ibid.*, S. 20f. ; 복잡한 의회적 상황에 대해서는 S. 44ff.

제 1차 세계대전 말기와 공화국의 설립시 결정적 역할을 한 의회의 세력관계가 형성되었다.

제 1차 세계대전은 군사적 사건이라기보다는 더 정치적 사건이었다.[30] 그것은 오랫동안 억압되었던 내정적 문제들을 꿈틀거리게 했다. 물론 사민당까지도 전쟁이 발발하자 내부적 갈등을 거친 후 "성의 평화"(*Burgfrieden*)[31] 하에 다른 정당들의 편에 섰으며 전쟁채권을 승인했다. 그러나 사민당의 소수파가 사민당의 타협에 반대하고 결국 독립사민당(USPD)이라는 독자적인 정당을 만들었다. 당의 공산주의적 요소들이 민주적 요소들로부터 분명히 결별한 것은 하지만 스파르타쿠스 동맹[32]의 결성과 함께였다.[33] 이미 러시아 혁명 이전에 징후가 시작되었던 이 분당이 다수파 사민당에게 부르주아 정당들과의 동맹가능성을 높여 주었기 때문에 유리한 점이 있기는 했다. 그러나 그들은 이 새로운 상황을 정치의 실질적 의회화와 폭넓은 대중의 대표들을 정부에 참여시키는 데 활용할 수 없었다. 아마도 그들은 이미 1916년에 중앙당과 좌파 자유주의자들을 끌어들여 제국의회의 다수석을 차지할 수

---

30) 이에 대해서는 이제 다음 책의 요약적 해석도 참고하라: Hans Herzfeld, *Die moderne Welt 1789-1945*. 2. Teil: *Weltmaechte und Weltkriege*, *Die Geschichte unserer Epoche 1890-1945* (Braunschweig, 1952), S. 111ff.

31) 〔역주〕 성의 평화(*Burgfrieden*): 정치에서 위기나 외정적 위협의 시기에 예컨대, 정당간의 내부적 싸움들을 중지하기로 약속한 것을 일컬음. 특히 제 1차 세계대전중에 사민당과 자유노조는 이 정책을 공식 채택하였음.

32) 〔역주〕 제 1차 세계대전중 독일 사민당 내부에서 결성된 급진좌파 연합. 사민당에서 이탈한 후에 독립사민당을 창설했고, 이 그룹의 좌파는 1918~1919년 전환기에 독일공산당 창당. 그 지도자는 로자 룩셈부르크와 칼 리프크네히트.

33) 당 분열을 둘러싼 과정들에 대해서는 특히 Carl Severing, *Mein Lebensweg*, Bd. I (Koeln, 1950), S. 198ff., S. 206ff.; 요약적으로 Ossip K. Flechtheim, *Die Kommunistische Partei Deutschlands in der Weimarer Republik* (Offenbach a. M., 1948), S. 7ff.

있었을 것이다. 그러나 세계대전은 군사적으로뿐만 아니라 정치적으로도 기회를 놓친 전쟁이었다.

제국의회는 피동적이고 우유부단한 상태로 정부에 대한 충성을 지켰다. 제국의회는 전쟁이 발발했을 때처럼 전쟁수행을 효율적으로 통제하는 것을 포기하고 군대에 주도권을 넘겨주었다. 의회의 다수의석을 점유한 야당의 망설임은 이미 1916년 군 최고사령부의 군사독재에 길을 열어주었다. 루덴도르프는 황제에 대한 제어력을 가지고 사실상의 정치권력을 얻었으며 그에게 저항하는 총리를 쓰러뜨릴 수 있었다. 이 사실상의 독재는 황제권의 철수 뒤에 점점 더 강해지는 민주주의 및 사회주의 운동에 맞서 구질서가 권력을 장악하도록 지탱해주었다. 이제 더 이상 빌헬름2세가 아니라 힌덴부르크와 루덴도르프 주위에 관헌국가적 "신뢰"가 형성되었다. 지도계층과 군대는 독재를 하기에 충분할 만큼 세력이 성장하였다.

여론의 압력에 밀려 힌덴부르크-루덴도르프를 임명한 것은—아무런 헌법적 변동이 없이도—이미 비스마르크체제의 종말과 혁명의 실질적 시작을 의미했다. 왜냐하면 이와 함께 내외적 권력행사가 황제와 그 총리로부터 군부로 넘어갔기 때문이다. 여론에서 힌덴부르크와 루덴도르프의 권위는 아주 증대하여 황제에게는 그들에게 자신의 의지를 강요하거나 사퇴하겠다는 압력을 인정하지 않거나 그들을 해임하는 것이 권력심리적으로 불가능했을 것이다. 이 군사독재에서 황제가 하야할 때의 과정들은 이미 불길한 전조를 보여주었다. 왜냐하면 전쟁 전 평화시에는 치명적 실정들을 했음에도 불구하고 전쟁이 일어난 뒤 정치적으로 완전히 발을 뺀 빌헬름 2세는 어떤 방어도 생각하지 않았기 때문이다. 그는 이로써 구질서의 권력을 군사독재에 위임했으며 후자가 실패하자 민주혁명이 권력을 넘겨받았다. 황제의 통수권 역시 단순한 장식에 지나지 않았으며 군주정 통합의 구심점이 결코 아니었다. 이 권력의 공백은 기존체제의 흔들림과 함께 군사적 권력찬탈의 길을 열어놓았다. 새로운 권력자들 역시 대표성을 갖고 있는 인민대표들을 인정해줌으로써 내정적 상황의 긴장을 완화하고 외정적 가능성들을 충분히 활용하거나 혁명의 위협에 그 예봉을 꺾고 유기적 이행을 중재할 것을 생각지 않았다. 그들은 오히려 바로 전쟁의 막바지 단계에 권위주의적 전쟁정책의 거대한 과잉상승 그리고 실제와는 거리가 먼 점령주의적 전쟁목표에 여지와 심리적 영향력을 제공했다. 그들에게 정치적 대립들의 급진화와 독일의 내적 붕괴를 야기한 1차적 책임이 있었다. 이 대립은 1918년 11월 파괴적 결과를 낳았으며 전쟁 뒤에 국가 및 사회질서의 새로운 건설을 치명적으로 어렵게 만들었다.

루덴도르프는 따라서 독일사의 두 시대 사이의 대리역이라 불릴 수 있을 것이다.[34] 그는 전체 공공생활에 계엄상태를 선포했으며, 미국을 전쟁으로 끌어들인 무제한적인 U-보트 전쟁을 개시함으로써 다시금 정치의 우위를 손상시킴으로써 러시아 군주정의 붕괴 후에 민주주의의 십자군 출정과 반동 열강 사이의 이데올로기적 대립은 마지막 정점에 도달하였다. 그는 또한 제국의회 다수의 평화결의를 거부했다. 루덴도르프는 마지막으로 결국 내정적으로나 외정적으로나 호전적인 "조국당"[35]의 결성을 통해 구멍이 뚫린 허구적인 성의 평화를 고수한

---

34) Rosenberg(주 I/24), S. 122.

35) 〔역주〕 조국당(*Vaterlandspartei*): 제1차 세계대전중인 1917년에 제국의회의 평화결의안에 대한 반동으로 창건된 극우 민족주의 정당. 이 당은 루덴도르프와 힌덴부르크를 인민의 황제로 떠받친 카이사르적 지배이념(카이사르주의: 본질적으로 카리스마적인 개인의 지배에 의존하는 정부형태를 지칭하기 위해 19세기 중엽에 등장한 개념이다. 여기서 카리스마적인 개인은 상속이나 다른 헌법상의 개입으로 정당화되지 않는다. 로마 공화정 시기의 율리우스 카이사르를 모델로 하여 폭력을 통한 권력장악이 이루어지고, 거대한 정당, 대중이나 대규모 군대를 기반으로 한다. 단순한 권위주의적 독재와 구별되는 본질적인 특징은 지배자에 대한 대중의 후원이다. 카이사르주의는 대중이 정치화될 때 등장한다. 국가의 제도들은 대개 형식적으로 존속하게 하지만, 실제로 그 기능을 행사할 수 없게 된다. 카이사르주의 개념은

것, 러시아 및 루마니아와의 근시안적인 승리강화안, 유리한 종전의 마지막 기회를 없애버린 유럽에서의 비현실적 팽창정책에 책임이 있다. 권력관계는 이제 제국의회의 다수 야당과 정치적 권력문제가 명료해지지 않은 채 자기 의지를 자신감 있게 관철시킬 수 있었던(이것은 정치에 대한 우위를 점하고 "총력전"이라는 생각을 실현시키고자 시도했던 군국주의에 다름 아니었는데) 군대 수뇌부의 끊임없는 평행선과 대립을 통해서 결정되었다. 모든 위기들을 겪으면서도 의회에 책임을 지는 정부를 통해 전쟁에 대한 통일적인 정치적 지도력을 지킬 수 있었던 서방의 의회민주주의들은 이들보다 훨씬 우월한 위치에 있었다.

1918년 여름의 마지막 공세가 실패한 후에야 루덴도르프는 갑작스런 방향전환을 하고 정치적 수준들, 특히 제국의회에서 적시에 상황에 대해 알리지도 않고 돌연 평화협상을 요구했다. 그러나 이제는 군사적 상황이 매우 불리하여 대외적 파국도 막을 수 없었으며 오랫동안 거부된 민주화를 통해서 내정적 딜레마의 만족스러운 해결도 기대할 수 없었다. 독일의 의회화가 이 순간 제국의회에 의해서가 아니라 루덴도르프에 의해 —"위로부터의 혁명"으로서 — 졸속으로 강요되었다는 사실은 결정적 의미를 갖게 되었다. 그 때문에 특이하면서도 차후의 경과에 치명적 혁명의 시작이 있었던 것이다. 루덴도르프의 사퇴는 물론 1916년 이후의 일반적 혼란 속에서 다른 어떤 권력집단, 어떤 건설적 정치원리도 책임있는 세력으로서 스스로를 관철시킬 수 없었기 때문에 장군이 독재자가 되었다는 사실을 보여주었다. 의회적 다수당 정부의 소집은 하지만 너무 늦어서 내정과 외정에 유리한 영향을 미칠 수 없었다. 협상 수용기간은 너무 짧게 설정되었으며 현실적으로나 심리적으로 충분히 준비될 수 없었으며 독일에서의 의회화를 시사함으로써

보나파르티즘의 그것과도 밀접히 관련되어 있으며, 특히 루이 나폴레옹의 지배체제를 설명할 때 사용되었다)을 신봉, 1918년 여름에 당원은 125만 명 이상에 달했으나, 11월 혁명 이후 해체됨.

지금까지의 폭력행위들에 대한 연합국 측의 염려를 불식시키는 데 성공하지도 못했다.[36]

아무튼 킬 항구의 해군에서 최초의 혁명운동이 시작되기 전에 민주적·의회적 군주정이 군사절대주의를 마침내 대체했다. 황제와 그 측근은 어떻게 행동할 것인가? 4년간의 전쟁에 기력이 쇠진하고 환상을 버리게 된 대중은 무엇을 할 것인가? 자유주의 정당들과 사회주의 정당들은 어떤 태도를 취할 것이고 옛 권력기구들은 그들의 정책의 최종적 붕괴에 어떤 반응을 보일 것인가? 1914년의 심각한 손실 이래로 군대는 더 이상 군주정의 확고한 기반으로 간주될 수 없으며 장교단의 사회구조 역시 현저히 변해버렸는데, 그러한 군대가 어떤 역할을 수행할 것인가? 패전한 독일은, 윌슨의 선언에 따르면 독일 인민이 아니라 독일 군사절대주의에 맞선 전쟁을 수행했던, 협상국 측으로부터 결국 무엇을 기대할 수 있었는가? 협상국 측은 독일에서의 보다 정의로운 새로운 질서를 지지할 것인가? 구질서의 폐허로부터 성장할 독일 국가는 어떤 모습을 가질 것인가? 혁명적 소요가 시작되고 군대의 양보와 함께 거의 150년의 옛 권력집단들이 오랫동안 저지했던 정치개혁이 개시되었을 때 이러한 의문들과 그 밖의 다른 의문들에 모든 독일인이 직면하게 되었다.

전쟁은 — 처음에 그런 인상을 주었듯이 — 빌헬름 시대의 내적 긴장들과 긴급한 문제들은 분명히 해결했을 순수한 소나기로서 작용하지는 않았다. 필요한 개혁들은 너무 오래 지연되었다. 제 2제국의 잘못들과 태만들은 물질적 부강과 외형적 견고성으로 오랫동안 버텨왔지만 4년간의 전쟁을 통해 결국 쓰디쓴 결과들과 붕괴에 이르렀다. 비스마르크가 50년 전에 다른 조건들하에서 강요했던 길이 결국 건설적인 지속발전을 가져 오지 않은 것이다.

---

36) 이제 Erich Eyck, *Geschichte der Weimarer Republik*, Bd. I (Erlenbach-Zuerich-Stuttgart, 1954), S. 55ff. 참고.

이미 1917년 여름 해군병사들의 반란은 파국의 첫 징후였다. 정치적 원인들은 물론 물질적 원인들도 바꾸지 못한 것을 당시 사람들은 비판했다. 궁핍으로 고생한 고향에서뿐만 아니라 군대에서도 특히 1918년 봄 대공세의 마지막 힘겨운 동원으로 불만이 높아졌다. 그러나 '등에 칼 꽂기' 전설이 기반으로 삼은 이 모든 징후들은 부차적인 종류였다. 패배는 결코 "배신"과 "내적인 잘못들"을 통해 설명할 수 있는 현상이 아니었다.[37] 체제의 붕괴는 루덴도르프가 낙관적 선전으로부터 비관적 상황평가로 돌변함으로써 분명해졌으며 옛 질서에 대한 믿음을 대중심리적으로 파괴했는데, 이 체제붕괴가 패배의 영향을 결정했다.

의회의 새 질서로의 사려 깊은 전환은 성공하지 못했다. 준비되지 않은 공론장(公論場)의 혼란과 무질서에 직면하여, 그리고 성공적인 연합군 공세의 압력하에 이 시기에 어떤 정치적 세력집단도 더 이상 제어할 수 없는 사건들이 일어났다. 전쟁 마지막 단계에 민주주의적인 윌슨 강령이 독일의 공론장에 상당한 심리적 영향을 가했지만 혁명의 직접적인 돌발 배후에는 구체적인 정치적 및 사회적 요구들과 계획들보다는 단순히 이제는 갑자기 그 의미와 통합력을 상실한 전쟁을 끝내라는 일반적 외침들이 있었다. 킬 항구의 폭동을 유발한 쉐르 제독의 무의미한 함대 기동들과 군주정의 몰락을 자초한 빌헬름 2세의 퇴위 지연이라는 2개의 마지막 잘못을 통해서, 물러나는 권력기구들은 혁명과정을 촉진시켰다.

의회화와 평등선거권, 지금까지 정치적으로 배제된 노동자 대중의 내적 급진화, 러시아 혁명의 심리적 영향, 예기치 않았던 파국에 직면한 대중의 깊은 실망과 쇠진, 패전의 막중한 책임으로부터 권력 담당자들의 무질서한 피신에 대한 분노가 운동의 확산을 초래하였다.

---

37) 이에 대해서는 Herzfeld(주 I/30), S. 182ff.; 특히 S. 188ff.

3. 1918년 신질서의 문제들

모든 전쟁은 기존 국가질서의 시험대를 형성한다. 이것은 특히 그 정당성이 헌법적 측면에서도 인민의 근본적인 정치적 경향들과 이해관계들을 대변하는 것이 아니라 초정치적으로 재가된 전통으로부터 결정된 권위적 관계에서 도출되는 권위주의적으로 통치되는 국가들에 해당한다. 서방 열강은 반면에 이데올로기적으로나 내정적으로 경직된 중부유럽 열강에 대해 정치적으로 우월한 전쟁수행을 가능하게 만든 민주적 기반을 보유하고 있었다. 독일에서 사람들이 여전히 믿었던 것처럼 반(半)절대주의적 군주정의 권위주의적 수단이 대중민주주의와 국민군의 시대에 가장 효과적인 힘의 결집을 보장해 준 것이 아니다. 모든 세력들의 보다 강력한 국가관과 보다 유연하고 보다 나은 기능적 통합은, 그 정치적 메커니즘이 아무리 번거로워 보일지라도, 근대적 의회민주주의 편에 있는 것이다.

이미 전쟁 발발시 독일 정치의 책임자들은 군대의 제한적인 전문가식 사고방식에 굴복했다. 권력분배의 성격을 잘 보여주는 이러한 진전으로 보아 그것이 황제의 너무 제어되지 않은 행위, 관료 및 군대기구의 과도한 권력, 농업, 공업 및 민족주의적 이해집단들의 과도한 비중, 그리고 의회의 피동성을 통해 적나라하게 드러났고, 사회적 긴장들을 해결하고 폭넓은 권력기반을 얻을 능력이 없음이 증명되었기 때문에 이제 마침내 비스마르크체제에 대한 내정적 뒷받침이 확대되고 심화되리라는 것을 거의 기대할 수 없었다. 전쟁채권의 만장일치 승인이 정신적으로나 사회적으로 그리고 헌법정책적으로 정체하는 체제의 유연화와 변동을 시사했음에도 불구하고 사회민주주의자들을 정부에 끌어들이는 것은 계속 지연되었다. 황제가 "나는 어떤 정당도 더 이상 알지 못한다. 나는 단지 독일인만을 안다"고 했는데, 이것을 이 불가피한 도정(道程)의 첫 걸음이라고 간주한 사람들은 실망했다; 민족감정에 대한 이 호소는 모든 개혁 시도들을 차단하고 전쟁의 부담이 초래한 두려운 내정적 파급효과들을 예방하려는 것이었다. 그것은 바이마르공화국 시기에도 결코 스스로 초당파적이 아니었던 민족주의적 이익집단들이 자연스러운 민주적 토론 및 통제요구를 통해 위협을 느낄 때마다 외쳤던 "초(超) 당파성"에 대한 요구였다.

게다가 특별한 상황의 압력하에서 그럼에도 불구하고 시작된 밑으로부터의 민주화 과정에는 효율적인 정신적 준비와 목적의식을 가지고 조직화된 지도력이 부재하였다. 그렇게 오랫동안 정치적 감각, 순수한 시민의식과 긴급한 내정문제들과의 의식적 씨름을 대신했던 훌륭한 행정만으로는 이제 충분치 못했다. 단지 소수의 정치가들과 시사평론가들만이 전쟁으로 인한 낡은 반서방적 감정의 지나친 고조와 독일적 자생성과 독특성에 대한 민족주의적으로 확장된 낭만주의적 이데올로기로부터 벗어나 있었다. 특히 소수의 자유주의적 학자들이 국가의 조직과 지도에서 오랫동안 지연되어 온 독일의 내정적 구조에 대한 숙고를 요구했다.[38] 특히 사회주의 운동의 영향하에서 의회 내에서도 부르주아 명사들의 지배를 종식시키고, 근본적으로 더 일관적이고 더 급진적인 민주적 특성을 지녔으며 새로운 형태의 당 교육, 지도 및 선전을 가지고 공적 여론형성의 기술과 의미에서 현대적 국가지도에도 중요한 변화를 가져온 새로운 유형의 대중정당이 형성되어갔다. 이데올로기적 지도와 선전은 뒤로 물러나고 집단형성의 새로운 법칙들, 대중에게 정보를 제공하고 영향을 미치기 위한, 그리고 민주화를 위한 새로운 수단들이 효과적으로 되었다.

그러나 전쟁 동안에 다면적으로 가속화된 이 발전문제들을 적절하게 고려하기 위한 모든 노력들은 주로 제도적 요소들과 특히 심리적

---

38) 여기서는 특히 Max Weber와 Alfred Weber, Georg Jellinek, Hugo Preuss, Walther Schueckling, Robert Redslob와 Robert v. Piloty를 일컬을 수 있다.

요소들을 통하여 차단되어 실패하였다. 신중한 정치개혁들이나 통찰과 정당들의 단호함이 아니라 공론장의 갑작스런 각성과 절대주의의 군사적 붕괴가 결국 숨통을 터 주었다. 왜냐하면 전쟁은 동시에 — "당"이 "민족" 뒤로 물러섬과 함께 — 그것이 정당을 통하여 수행된 한 민주적 경향들을 압박했다는 것을 우리는 덧붙여야 한다. 전쟁은 당구조의 과두정치적 특징들을 강화시켰으며 그 정치적 및 심리적 압력은 당 지도부를 더욱 강하게 자만스럽고 관료주의적인 국가지도부에 추종하게 만들었던 것이다.[39]

이렇게 1918년의 발전은 준비된 것이 아니며 대중 분위기의 급변은 우선적으로 생계의 구제를 겨냥하였다. 에버트 역시 황제의 본부에서의 무분별한 혼란들 이후 개인적 우려에도 불구하고 더 이상 민주주의의 공화주의화를 막을 수 없었다. 그런데 이 민주주의는 패배한 전쟁의 청산과 함께 심각한 부담을 떠안아야 했다. 민주주의는 민주주의적 진화의 끝에 필연적으로 도래한 것이 아니라 "응급처방이자 전술적 방편"[40]으로서 베르사유 조약이 전쟁 종결에 대한 환상을 깨트렸을 때 많은 사람들은 그것을 다시 팽개쳐버렸다. 이로써 제도로서의 새로운 민주주의도 금세 다시 공격받았고 패전의 비참함과 그 결과에 대한 책임이 전가되었다.

물론 그 때문에 혁명이 바이마르공화국의 역사를 기초하고 결정하는 기본적 사건으로서 가지고 있는 모든 의미마저 거부할 수는 없다. 그러나 혁명적 사건들은 동시에 민주주의의 건설에도 관계되는 폭넓은

---

39) 이에 대해서는 Robert Michels, *Zur Soziologie des Parteiwesens in der modernen Demokratie, Untersuchungen ueber die oligarchischen Tendenzen des Gruppenlebens*, 2. Aufl. (Leipzig, 1925), S. XXIIf.

40) Eschenburg(주 I/22), S. 195(신판 S. 34). 문제 전체에 대해서는 이제 Walter H. Kaufmann, *Monarchism in the Weimar Republic*(New York, 1953), S. 12ff.

의미에서 '등에 칼 꽂기' 전설의 형성을 촉진했다. 베르사유의 영향은 따라서 특히 심리적, 선전적 잠재력으로 보아야 한다.[41] 그것은 불충분하고 즉흥적인 민주화로 즉각 다시 확고하고 거의 공격할 수 없는 위치를 차지할 수 있었던 반혁명가들의 기반이 되었다. 혁명은 양면성을 가진 사건이었으며, 공화국은 국가질서를 전혀 근본적으로 변화시키지 않았고 강력한 봉건적 및 관헌국가적인 기구들은 자신들과 자신들의 요구들을 힘들이지 않고 보존할 수 있었다.

그러한 상황하에서 대두하였으며 그 존재가 독일제국의 패전과 연결되어 있으며 지속적으로 부담을 안고 있었던 바이마르공화국의 약체성은 이중의 원인을 가지고 있다. 그 하나는 민주주의 사상의 정착과 젊은 국가의 역사적 기초에 대한 의식의 심화가 어떤 시기에도 성공하지 못했다는 것이다. 다른 한편 활발한 반대세력들은 겉보기에만 그리고 단기간에만 움츠러들었다; 그들은 심지어 혁명이 일어났던 몇 주간에도 영향력을 행사할 수 있었으며, 패전을 받아들이지 못하고 전쟁전과 전쟁중의 선전을 벗어나지 못한 정치적으로 피동적인 대중을 곧 다시 장악하였다.

이렇게 바이마르공화국의 대두와 발전을 결정한 혁명의 타협적 성격도 제도적·사회심리적 내용에 비추어 볼 때, 특히 그 권력정치적 영향에서 나폴레옹 시대 이후 독일의 정치를 움직였고, 산업화의 대중심리적이고 경제 및 사회정책적인 영향들을 통해서 위기의 심화를 경험한 저 긴장들의, 겉보기에만 민주적인 해결책의 표현이었다.

끝으로 힌덴부르크와 루덴도르프를 둘러싼 모든 것을 지배하는 지도자 신화가 빈 정치적 공간을 채웠다; 군사독재는 이러한 의미에서

41) 당시 독일의 대다수의 서술은 다르다. 그러나 Ferdinand Friedensburg, *Die Weimarer Republik* (Berlin, 1946), S. 24ff.; Otto Braun, *Von Weimar zu Hitler*, 2. Aufl. (New York, 1940), 특히 S. 5, S. 69ff. 도 역시. 그에 반해 이제는 Eyck (주 I/36), S. 112ff. 의 탁월한 베르사유 장을 참고하라.

이미 황제의 의사(擬似)민주주의적 양보였다. 이것은 그러나 헌법의 발전을 카이사르주의(*Cäsarismus*)를 지향하는 문제가 많은 옆길로 빠지게 만들었다; 주로 외적 상황의 불가피한 압력이 빌헬름 시기의 의사민주주의로부터 궁극적 의회화로의 가교 역할을 했다. 그런데 아이러니하게도 루덴도르프 자신이 패전의 기운이 확실해지는 가운데, 과거에는 그것을 방해하고자 의도적으로 노력했었으나, 이제는 갑자기 으스대며 의회화를 요구했다.

1918년의 혁명은 절대군주정을 의회적 공화국으로 대치함으로써 외관상으로는 성공적인 것으로 보인다. 이러한 관점은 그러나 역사적으로나 사회·심리적으로나 불충분하다. 모든 혁명의 중심문제는 그 정당화의 문제, 곧 성공적 결과를 통해서뿐만 아니라, 공공적 삶의 변형과 내정적 구조의 역사적 경향들과 그것에 결속된 이데올로기적 및 심리적 욕구들과 긴장들에 상응하며 정치질서와 시민들 사이의 순수한 신뢰관계를 창출하는 권력의 새로운 재분배를 통해서 혁명적 "법 단절"을 정당화하는 데 있는 것이다. 비록 민중봉기가 대부분의 경우 기초적인 물질적 곤경과 요구들에서 비롯되지만 새로운 질서의 정당한 기반을 위한 실질적 노력은 혁명의 사회·경제적 뿌리들과 추동력보다는 사회변형의 입헌적 특징들에서 출발한다.

절대군주정으로부터 입헌군주정으로 혹은 공화국으로의 변화, 의회민주주의로부터 신분국가로 혹은 독재로, 그리고 수많은 헌법적 중간형태들—혁명의 보다 "제도적인" 이 양상은 새로운 정당성의 결정체(結晶體)가 된다. 그것은 권력관계의 재조직화를 재가하며 사회·경제적 영역에서의 훨씬 더 분화된 과정들을 입증한다. 이 과정들은 그 역사적·정치적인 정당화를 위하여 한 특정 이데올로기의 가치체계에만 의존할 수 있을 뿐 전 국가적 정당성에는 의존할 수 없다. 새로이 형성되었으며 그 정당화를 위해 분투하는 국가가 세우는 정치적 규범체제는 그 때문에 정당과 집단들의 이데올로기 수준에서가 아니라 특정한 국가형태와 그 정치적-입헌적 특징들의 영역에서 결정된다. 이렇게 혁명의 헌법적 영향들과 그로부터 비롯되는 새로운 권력분배, 정치적 기능관계의 변화에 큰 의미가 부여되었다.

독일 혁명은 이러한 의미에서 바이마르 국민의회로 귀결되었다. 이곳으로의 길은 우선 새로운 국가의 성격을 결정했는데, 그것이 가진 조종능력은 뒤이은 발전단계들과 위기들에서 사건들의 연관과 이 시기의 내정적 상황의 방향을 통해서 제한되고 확정되었다. 여기서 등장한 새로운 질서가 헌법적 기초와 국가정책적 정당화에서 다수의 구권력가들과 권위소유자들이나 그 이론가들에 의해서, 그리고 또한 주민 다수로부터도 근본적으로 인정받지 못했다는 것은 역사적으로 설명할 수 있는 일이며 이것은 정치적으로 치명적인 결과를 가져왔다. "반혁명적" 권력집단들은 숙명적이며 정치적으로 맹목적인 완고한 태도를 견지했는데, 그들은 여기서 '등 뒤에 칼 꽂기'로 인해 단지 일시적으로만 빼앗겼다고 믿었던 잃어버린 지위를 되찾고자 노력했던 것이다. 그러나 더 나아가: 즉흥적으로 일어났다 중단되고, 헌법적으로나 정치적·심리적으로 모호해진 혁명이 남긴 불명료한 정치적 상황으로부터 새로운 반민주적이고 전체주의적인 모든 운동들이 출현하였다. 그런데 공식적인 헌법적 수단들이고 심리적-교육학적인 수단들이며, 심지어 직접적인 권력정치적 수단들마저도 이러한 운동들을 제한하고 정치적으로 동화시키는 데 충분하지 못했다.

이러한 관점에서 볼 때 1918년의 혁명은 비스마르크 헌법의 근본적 변혁을 결과했다. 그러나 이것은 사건들의 경과와 얽힘에 상응하여 이성적이며 목적의식적인 포괄적 개혁을 통해서가 아니라 급속하고 급진적인 "위로부터의 혁명"을 통해서 일어났다. "예기치 않게 강요된 민주주의"는, 그 즉흥적 성격을 후고 프로이스(Hugo Preuss)는[42] 루덴도

42) Hugo Preuss, "Die Improvisierung des Parlamentarismus", *Nordeutsche Allgemeine Zeitung* v. 26. Oktober 1918, Hugo Preuss, *Staat*, *Recht*

르프가 퇴진하던 날 이미 유감스럽게 여겼었는데, 민주적 개혁운동을 가장 어려운 상황에 빠뜨렸다. 이것은 특히 건설적 의회개혁에 동참했으며 이러한 틀 속에서 볼셰비키적 의사진행 방해의 위협에 직면하여 국가질서와 정부의 연속성을 지지하기는 했지만 동시에 — 그리고 바로 그 때문에 — 대중의 혁명운동 속으로 들어가야 했던 사민당에 특히 해당된다. 에버트의 확신에 따르면 정치적 발전이 독일의 대중과 지도부를 비로소 민주적-입헌적 군주정을 할 만큼 성숙하게 만들었다[43]; 공화국은 결국 사민당 내의 갈등과 좌파 급진주의적 경쟁에 대한 권력전술적 고려를 통해서뿐만 아니라 특히 하야문제에서 황제와 그 보좌관의 우유부단하고 정치적으로 목적성이 결여된 태도를 통해서 왔다.

이것은 다시금 혁명의 성격에 영향을 미쳤다. 먼저 거의 모든 정치적 조치들은 어느 정도 함께 가는, 그리고 함께 달리는 유연한 전술에 의해 규정되었다; 새로운 지도기구들은 혁명운동의 불가항력적인 주요 흐름을 제어하기 위해, 앞서서 (그리고 위험스럽게 옆으로) 날뛰는 극단주의자의 말들을 길들일 수 있기 위해서 그 주요 흐름과 보조를 맞추어야 했다. 유기적으로 새로운 관계를 파생하며 구권력의 저항을 마비시키는 섭정통치안처럼 단기적으로 초안된 과도기 계획들은 모두 실패하고 말았다. 일관된 폭력사용이나 대폭적 양보를 통해서만 정지시킬 수 있었던, 한 번 시작한 혁명운동의 속도와 자기 법칙성 때문이었다.[44]

---

und Freiheit (Tuebingen, 1926), S. 361f. 에 수록.

43) Prinz Max v. Baden, *Erinnerungen und Dokumente* (Stuttgart, 1927), S. 599f. 참고.

44) 혁명에 대해서는 특히 여전히 Friedrich Meinecke, "Die Revolution, Ursache und Tatsachen", *Handbuch* (주 I/20), I, S. 95ff.; Arthur Rosenberg, *Geschichte der deutschen Republik* (Karlsbad, 1935), S. 9ff.; Eyck (주 I/36), I, S. 63ff. 그리고 동시대적 인상들의 탁월한 분석으로는 Ernst Troeltsch, *Spektator-Briefe, Aufsaetze ueber die deutsche Revolution*

결정적인 것은 구조개혁이 이미 1918년 11월 9일 이전에 근본적인 부분들에서 성취되었으며 구체제의 권위상실이 이미 전쟁종식 이전에 낙인찍혔다는 사실이다.[45] 따라서 사람들은 혁명적인 세력들 중 가장 강한 세력을 정당하게도 제1차 세계대전 자체라 일컬었다.[46] 그것은 낡은 것에 대한 하중(荷重)시험이었으며 동시에 정치적·군사적 요구를 크게 확장함으로써 대중을—노동자로서건 군인으로서건—동원했고 강화된 경제 및 사회적 요구들을 통해서 정치적 목표들을 향하여 움직이도록 만들었다. 이렇게 전쟁은 민주화과정을 촉진시켰다. 민주화과정은 근시안적 탄압을 통해서 더욱 촉진되었고, 일반적 분투를 위해서 이용되지는 않았으며, 유리하게 결말이 났더라도 움직이기 시작한 관계들의 복고를 결코 허용하지 않았을 것이다.[47]

최종적인 군사적 패배는 외정적, 제국주의적 혹은 민족이데올로기적 주장들을 통해서, 그리고 "전체의 이익"에 대한 호소를 통해서 내적 긴장들을 가리거나 억압하려는 과거의 절대주의적 전술이 통하지 않는다는 것을 입증했다. 그것은 처음에 영토병합주의적 전쟁목표하에서 결합하였으며 공식적인 조국개념을 그들의 반동적이거나 팽창주의적인 이해관계들에 맞추어 이용했던 세력들도 절름발이로 만들었다. 그들이 막강한 권력을 행사하던 시기에는 전체 사회의 부상하는 세력들과 경향들을 도외시했었다면 이제 그들은 해체될 위기의 순간에 직면하여 어떤 방어를 할 능력도 없었고, 혁명적 사건들로부터 완전히 벗어나지 못하는 한, 민주주의-볼셰비즘이라는 급진적 대안에 직면하여

---

und die Weltpolitik 1918-1922(Berlin, 1924), S. 1ff.

45) Rosenberg, *Entstehung*(주 I/12), S. 243f.

46) 1925년 뮌헨의 "등 뒤에서 칼 꽂기" 소송에서 Groener가 이렇게 주장; 아래 주 52 참고.

47) Meinecke, "Die Revolution"(주 I/44), S. 111; Eugen Schiffer, *Ein Leben fuer den Liberalismus*(Berlin, 1951), S. 209ff. 의 묘사도 참고하라.

민주주의의 승리를 위해 투쟁한 새로운 국가지도부의 휘하에 들어갔다. 과도기에는 부르주아 자유주의자들에게 끌려갔던 그들은 다수파 사회민주주의자들을 자신들의 존속을 위한 마지막 방어벽으로 간주하였으며 우리는 이제 멘셰비키들과 함께 볼셰비키에 맞서 싸워야 한다는 프리드리히 나우만(Friedrich Naumann)의 요구에 — 물론 그들의 의미에서 — 동의했을 것이다.

이렇게 관료, 군대 그리고 우파 정치집단들도 한동안 잠자코 어느 정도 연속성을 지킬 것을 약속한 사민당과 그들의 온건한 혁명에 순응하였다. 볼셰비즘에 대한 실존적 방어태도는 실제적인 개별적 및 집단적 이해관계들과 결합하였다. 행정기구들은, 사회주의적인 지도부를 제외하면, 인적 구성이 그대로 머물러 있었다. 붕괴의 일반적 긴급상황에 직면하여 연속성과 질서를 지킬 필요성으로 혁명은 보수적이고 순응적인 특징을 갖게 되었다.[48] 이것은 새로운 국가에 모호하고 비결정적이며 우유부단한 성격을 부여하였다. 왜냐하면 여기서 공화국의 구조를 특징적으로 각인하고 지난 3년의 위기의 시기처럼 첫 5년간 그 운명에 결정적으로 영향을 미칠 저 일련의 동맹들과 권력 타협들이 시작되었기 때문이다.

4. 바이마르의 타협구조

바이마르공화국은 따라서 유기적으로 진행된 정치적 발전의 필연적 결과도 아니었고 자발적이며 역사적으로 스스로 정당화된 혁명의 성과도 아니었다. 그 출발점에는 거의 예기치 않은 패전(敗戰)이라는 갑작

48) Hubertus Prinz zu Loewenstein, *Deutsche Geschichte* (Frankfurt a. M., 1950), S. 463ff.

스런 경험이 서 있었으며 그 첫 번째 기초는 마지못해 즉흥적으로 만들어진 타협들의 응급구조였다. 전후시기의 내적 및 외적 어려움들 속에서 그러한 국가의 존속은 수많은 요소들의 공동작용으로부터 지속적인 구조가 형성될 수 있을 것인가에 달려 있었다.

"군사적 요구들에 직면한 정치의 공식적 파산"[49]의 시기를 청산해야 했던 1918년 혁명의 특수한, 결코 전형적이지 않은 성격으로부터 심각한 문제들이 성장하였다 — 혹은 그것들이 이전의 발전을 특징짓는 한 이 문제들이 특히 분명해졌다. 바이마르공화국은 이 문제들을 극복하는 데 실패하고 결국 나치의 반대운동에 저항도 못하고 자리를 넘겨주고 말았다. 우리는 혁명을 3단계의 시도로 표시함으로써 혁명의 성격을 특징지을 수 있을 것이다.

1. 오랫동안 억압된 민주적 · 의회적 운동을 권력의 위치로 끌어 올리고 그 위에 국가의 새로운 질서를 세우려는 뒤 늦은 시도;
2. 국가의 혁명적 정복을 통하여 전체 정치·사회적 구조를, 모델로서 받아들인 러시아 10월 혁명의 의미에서 변혁하려는 좌파 급진주의적 소수의 더 급진적인 시도. 그런데 동시에 우파 급진주의적 소수는 반볼셰비즘적 방어시도의 그늘 속에서 민주주의에 대한 공격을 언제든 가하려 준비하고 있었다;
3. 급진적인 경향들을 막고 우선 한시적으로 질서를 다시 세우려는 구체적 목적에서 체결된, 옛 질서원리들과 진보를 향해 나아가는 민주적 세력들 사이의 동맹을 통해서 서로 갈등하는 세력들 사이의 일련의 타협들에서 상이한 정치·사회적 집단들의 국가유지적 통합을 도달하려는 시도.

혁명이 거친 이 다양한 단계들이 바이마르공화국의 형성과 그 발전

49) Herzfeld(주 I/30), S. 106.

을 각인했다. 이것들이 내정적 대립들 속에서 분명히 드러났으며 그것들이 공화국의 저항력을 점점 더 약화시킴으로써 공화국에 결국 숙명이 될 문제들을 포함하고 있었다. 군주정으로부터 의회적 공화국으로의 이행에서 세력관계의 변혁을 수행하였던[50] 동맹과 타협의 체제는 질서와 평안, 혁명의 급진적 흐름들의 방어에 대한 필요에서 우선적으로 성장하였다. 볼셰비키적 노력들(제 2단계)에 대한 방어는 그러나 동시에 역사적 발전을 충족시키는 가운데(제 1단계) 공화국을 건설하는 것을 어렵게 만들었다. 그것은 온건한 사회주의적 및 자유주의적 성향의 새로운 권력 담당자들을 중간적 해결로 밀고 갔다:(제 3단계).

경제, 사회, 군사, 정당 및 헌법정치적 운동의 상이한 수준들에서 다양한 목적과 이해관계에 의해서 추동되고 위협의 순간에 연합하였으나, 원칙적으로는 여전히 서로 적대적이었고 혁명적인 위험을 방어한 후에는 어떤 공통의 정치적 목표와 게임규칙을 통해서도 더 이상 공동협력을 계속하도록 묶어 둘 수 없는, 아주 상이한 권력 파트너들의 유동적인 전술적 결합들이 형성되었다.

사람들은 바이마르공화국의 이 구조를 다원주의적 민주주의라[51] 일컫는데, 이 개념은 이 국가의 근본적인 적들에 의해서 논쟁적으로 오용되고 표어상으로 독일의 불행한 분열상에 의해 일방적으로 과장될 것이었다. 그러나 국가 절대주의에 적대적인 모든 자유로운 민주주의는 개인적·집단적 이해관계 세력들에게 자유로운 발현기회를 허용함으로써 다원주의적 성격을 지녔다는 사실을 여전히 확인할 수 있다.

---

50) 이 중요한 구조요소를 특히 Franz L. Neumann이 시사했다: Behemoth, *The Structure and Practice of National Socialism*, 2. Aufl. (New York, 1944), S. 11ff.; Eschenburg(주 I/22), S. 197ff. (신판에서는 S. 36ff.) 도 참고.

51) 다원주의 이론에 대해서는 특히 Francis W. Coker, *Recent Political Thought* (New York-London, 1934), S. 497~520(문헌목록과 함께).

그렇지만 그 중요한 과제는, 서로 분열적인 세력들을 권력투쟁과 자신의 정치적 관점을 관철시키기 위한 투쟁에서도 누구나가 인정해야 하는, 민주적 게임규칙들과 통합원칙들의 보호를 통해서 다시금 타자의 존재를 인정하게 만드는 것이다: 국가의 존재는 이로써 화해불능의 나와 적(敵) 간의 긴장이 아니라 사회적 이해관계의 건설적 타협에 기초하게 된다. 넓은 기반을 가진 그러한 민주적 국가의식의 결여와 일상적 상황을 넘어서 원심적 관점들과 이해관계들을 다양하지만 본질적인 민주적 게임 틀을 건드리지 않는 타협에 묶어두기 위한 효과적 통합력의 부족 — 역사적으로나 민주혁명을 통해서 정당화된 국가기반이 집요하게 파괴됨으로써 다원주의적 민주주의체제는 자기 해체와 독재에 가까운 위기를 맞게 되었으며 전체주의적 획일화를 통해 권력투쟁은 정치적 및 정신적 다원주의에 대한 탄압으로 변했다.

1. 신·구 권력소유자들 사이의 가장 분명하고 이 시기 가장 중요한 타협이 공화주의적 권력과 지금껏 정치적으로도 가장 영향력 있는 군지도부 사이에 체결되었다. 루덴도르프는 그가 새 국가에 유산으로 남겨놓은 패전의 책임과 결과로부터 일찍이 벗어났다. 그러나 그의 강력한 후광을 통해서 루덴도르프의 정치활동을 가능하게 만들었던 힌덴부르크는 아직 군대의 우두머리에 속하고 있었으며 1918년 10월 26일 이래 루덴도르프의 후임자로서 보다 온건하고 현실적으로 사고하는 그뢰너가 그를 도와주었다. 이 새로운 인사이동은 군사적 수준과 정치적 수준 사이의 보다 긴밀하고 보다 신뢰 깊은 협력의 가능성을 열어 주었으며 상황의 압력하에서 아직 손상받지 않은 군대가 새로운 국가권력 아래 공식적으로 들어가도록 만들었다. 에버트와 그뢰너-힌덴부르크 사이의 합의가 군부로부터 단지 하나의 동맹, 새로운 국가가 아니라 우선적으로 군사적인 질서개념과 전수된 구조원칙들의 보존이나 회복에 해당되는 매우 유보적인 양보로서 이해되었다는 사실이 보다 근

본적인 의미를 가지게 되었다. 이 동맹은 혁명운동뿐만 아니라 민주적 권력분배에도 역시 분명히 대립적 위치에 있었다. 1918년 11월의 이 동맹은 후에 에버트가 진술한 바를[52] 따르더라도 볼셰비즘을 방어하고 국가질서를 세우는 목표만을 지향하였다. 군주정을 공화정으로 실질적으로 교체한 것에 대한 인정과 국민의회의 소집 필요성은 차치하고라도 군부의 지위와 새로운 국가에 대한 그것의 관계가 분명한 귀속과 충성스런 인정의 의미에서(군대가 국가의 일부로서 자신을 자리매김하고 국가의 권위를 인정하는 것을 의미 — 옮긴이) 결정되지 않았던 것이다. 이후 제국군대(*Reichswehr*)의 원심력적이고 자율주의적 경향은 여기서 비롯되었다.

2. 다른 수준에서, 실질적으로 국가기구들이 불참한 가운데, 동시에 고용주(*Stinnes*)와 노동자(*Legien*) 사이의 협상들은 새로운 국가의 사회·경제구조에 관계된 추가적인 대규모 화해를 낳았다. 1918년 11월 15일에 "중앙노동공동체"[53]가 창립되었으며 이로써 임금, 고용 및 노동기술적 협상들에서 노동자들을 대변할 수 있는 노동조합의 배타적 권리가 확립되었다.[54] 이렇게 새로운 다원주의적 권력구조의 근본적

---

52) *Der Dolchstossprozess in Muenchen Oktober-November 1925*(Muenchen, 1925), S. 223; 또한 다음의 자료들도 참고: Hans Herzfeld, *Die deutsche Sozialdemokratie und die Aufloesung der nationalen Einheitsfront im Weltkriege*(Leipzig, 1928), S. 384ff.; Reginald H. Phelps, "Aus den Groener-Dokumenten", *Deutsche Rundschau* 76(1950), S. 531ff.

53) 〔역주〕 바이마르 공화국 출범 며칠 후 기업가들은 노동조합에 몇 가지 양보를 했다. 임금과 노동조건 그리고 8시간 노동에 대한 합의가 이루어졌고, 이는 다시금 중앙노동공동체(Zentrale Arbeitsgemeinschaft)라는 조합주의적 협의체, 즉 노동조합과 사용자 단체가 서로 협력하는 가운데 국가는 필요할 경우에만 중재하는 체제로 제도화되었다.

54) 이에 대해서는 이제 고용주 편에 가담했던 한 사람의 보고서를 보라: Hans v. Raumer, "Unternehmer und Gewerkschaften in der Weimarer Zeit",

인 문제, 곧 사회·경제적 권력분배의 신질서가 처음부터 다양한 이익집단들의 협상과 권력투쟁에 맡겨졌고 전 국가적 대표기구를 통한 통제를 상당히 벗어났다. 정부와 정당들 사이의 합의 속에서 (1919년 3월) 이 기반 위에서 제국 경제협의회를 창설하고 이렇게 해서 국가적-정치적 통제를 재건하려는 시도는 새로운 헌법에서 그 공식적 인정(165조)을 얻기는 했지만 결코 제도적, 정치적 및 경제적으로 별 효과 없는 단초들을 넘어서지 못했다.

3. 결국 개별 주들에 대한 그 관계에서 제국의 행정기술적 구조도 역시 1919년 2월 26일의 합의를 가지고 새로 조직된 통일국가(*Einheitsstaat*)의 자유주의적 및 사회주의적 개념을 약화시켰으며 실제적으로는 포기한 타협안으로 낙착되었다. 프로이센을 균형에 맞는 지방들로 분리시키려는 계획은 실현되지 못했고 연방주의와 단일국가주의 사이의 끊임없는 대립은 군사정책적 및 경제·사회정책적인 문제들과 더불어 민주적 발전의 또 다른 심각한 장애로서 입증될 것이었다. 제국개혁의 문제는 첫 5년의 위기들 가운데서, 특히 공화국의 마지막 단계에 심각한 트라우마가 되었다. 그것은 정치적 및 국가법적 논쟁에 부담을 주었으며, 다양한 종류의 전술적-선전적 과잉행위들을 매개하는 역할을 수행했고, 결국 파펜의 프로이센 쿠데타와 함께 최종위기의 발발과 심화에 직접 기여하게 된다.[55]

4. 이 합의들 외에도, 1917년의 평화결의 이후 야당의 다수를 형성했으며 물러나는 권력기구들의 유산을 인수했고 볼셰비키적인 반란 시도에 맞서 민주적 변혁 이후 국가권력의 연속성을 지킨 정당들의 협력은 혁명 후의 정치적 타협구조를 재가했다. 또한 그들의 협력은 "바이

Deutsche Rundschau 80, Heft 5(Mai 1954), S. 425ff.

55) 제 2부, 8장을 참고하라.

마르 연정"으로서, 보편선거에서 출발한 국민의회를 수단으로 국가적 상황의 안정화를 결의했다. 바로 이 마지막의 실질적으로 정치적인 합의가 국가영역에서 혁명적 역동성을 종식시키고 옛 것과 새 것 사이의 불안한 타협을 공고화시켰다. 이것은 이 즉흥적 상태를 초래한 "절반 혁명"의 정당화와 동시에 사회·경제적 관계의 거의 흠 없는 연속성을 보장하고 특히 국가의 관료제적 건설을 건드리지 않은 옛 기능관계들의 확인을 의미했다.

그 결과는 바이마르 헌법이었다. 이 헌법은 서로 대립적인 세력들을 위한 통합 중심이자 동시에 잠정적 타협 속에서 시작된 미래의 사회·정치적 구조를 위한 기초를 형성해야 하였다. 그것은 혁명적 변혁의 정당화를 통해서 정치적 가치의 유기적 체계, 민주적·공화주의적 국가신화를 건설하고 보편화시키고자 했다. 이러한 국가신화 속에서는 정치생활의 새로운 조직이 보장되고 국가의 형태와 함께 목적도—민주적으로 정당화되었기 때문에 누구에게나 결속력 있는—규정되어 있을 것이었다. 이것은 결코 성공하지 못했다. 바이마르 헌법의 강한 자유주의적 성격은, 혁명과정이 분명히 드러냈으며 고용주-노동자 타협 속에서 경제민주주의를 시사한, 근대 국가의 사회문제들을 제대로 담아내지 못했을 뿐만 아니라 정치적·이데올로기적 가능성들과 너무 갑작스런 이행상황의 교육학적 전제들도 충족시키지 못했다.

전통적인 정치·사회적 집단들 사이의 타협: 이것이 그 기본음조였다. 그것은 거의 자율적인 집단들로 조직화된 개인의 국가에 대한 불신에 의해 지탱되는 다원주의적 민주주의의 이상을 재가하였다. 그런데 이 국가는 정치적 기능관계들의 확장과 복잡화와 함께 제어할 수 없는 권력기구들을 통해 그 시민들을 압살하려 위협하는 반면, 시민들은 가능한 한 독립적인 집단들 속에서의 단합을 통해 그것을 차단하려 시도했다. 형식적 측면에서 바이마르 헌법은 헌법학적 구조의 걸작이었다. 그러나 사람들은 당연히 그것이 정치적 내용으로 볼 때 근본적으로 사회적 및 정치적 집단들 사이에 체결된 합의와 이해관계의 타협을 재가했다는 사실을 인식했다.56)

이로써 독일 민주주의의 다원주의적 건축은 그 주요 특징들에서 확고해졌다. 바이마르 헌법이 결의하고 제도화한 타협은 혁명적·사회주의적 경향들뿐만 아니라 보수주의적·민족주의적인 경향들을 비슷한 정도로 움츠러들게 했으며, 근본적으로 피동적이며 균형적인 작용에 스스로를 제한했다. 새로운 질서의 자유주의적이고 엄격히 민주주의적인 음조는 독일에서 오랫동안 억압된 민주적 전통에 대한 고백을 의미했다. 바이마르 헌법의 창안자들은 게다가 서방 민주주의의 경험들에 접했으며 독일 자체의 발전을 그들이 그로부터 프랑스혁명 이후 점점 더 소외되어 온—그 고립화의 마지막 정점은 제 1차 세계대전이었다—서유럽 공통의 정치의식에 결합시키고자 시도했다. 그러나 동기로 보나 경과로 보나 모호한 혁명이 보장해준 새로운 정치체제의 건설적 구조원리들은 처음부터 문제가 많았다; 그것들은 배경에 머물러 있었고 일시적으로 그것을 위한 투쟁이 있었지만 곧 억압당하거나 잊혀졌다.57)

1918/1919년 겨울 수 개월간의 내적 및 외적 불확실성, 볼셰비키적 위험뿐만 아니라 힘겨운 강화조약에 대한 전망을 통한 부담으로 인한 지속적 어려움들 이후에 국민의회의 작업은 상황의 안정화와 민주적인 의미에서 어렵게 상황에 대처해 나가는 임시 국가권력의 확립을 예고했다. 그러나 공화국의 형성은 여전히 그리고 전보다 더 강하게, 그 성립을 동반했으며 결국 형식적으로 강요했지만 이제 아주 약한 구조를 파열시키고 그 점차적인 권력고착화를 무너뜨리거나 능가하고자 위

---

56) Neumann(주 I/50), S. 13.

57) 최상의 전체 서술은 이제 Willibalt Apelt, *Geschichte der Weimarer Verfassung* (Muenchen, 1946).

협했던, 문제들의 압력하에 서 있었다. 패전의 결과는 주민들의 물질적 존재와 정치의식에 강한 영향을 미쳤다. 예기치 않은 갑작스런 혁명이 야기한 긴급수단들의 체제는 곧 새로운 정치적 재건에 심각한 부담이라는 것이 입증되었다: 처음에 이것은 특히 군대세력 및 그 영역에서 준동하는 의용병들(*Freikorps*)과의 동맹에 해당되었다. 이들은 아직도 여전히 분출하는 소요들을 진압하는 데 참여했으며, 비록 그들이 새로운 국가를 향하여 그들이 자주 촉구했던 "민족적" 열광은 물론이거니와 공감도 별로 보이지 않았음에도 불구하고, 다음 수년간에도 자신들을 불가피한 존재로 만들 줄 알았다. 국민의회의 가장 내키지 않은 과제, 곧 베르사유 강화조약의 조인은 패배한 군주정으로부터 전수받았음에도 불구하고 수 개월간의 혼란 이후 다시 점점 더 큰 목소리로 대두하는 반공화주의적 집단들에게 가장 환영받는 단초를 형성한 민족적 치욕이라는 오명을 가지고 공화국에 부담을 주었다.

국가적 통일이 헌법전의 성공 및 어려운 외적 관계들, 물질적 궁핍, 불안정한 내적 동맹과 타협들을 통해 힘들어진 민주주의의 응급적 기능과 더불어 유지되는 것으로 보인 반면, 국내의 상황은 다음 수년간 극도로 긴장되고 불안정한 상태로 남아 있었다. 이익집단들과 세계관 집단들의 과다한 다원주의는 통합적 틀을 지니지 못했다. 차후의 발전은 이중으로 위협받고 있었다. 이해관계의 투쟁에서 단 하나의 집단이 전체 권력을 독차지하거나 혹은 원심적인 세력들의 모든 사회·정치적 협력을 마비시키는 적대관계가 너무 강력한 국가관료제를 통하여 중화되고 민주적 메커니즘은 이렇게 효력을 상실하게 되는 것이다. 급속히 다시 강화되는 대산업, 10만 병력으로의 감축 뒤에 팽팽하게 자율적으로 조직화된 제국군대, 새로운 질서에 의해 거의 어떤 피해도 입지 않은 관료의 중단되지 않은 권력, 곧 다시 화해불능의 이데올로기적 대립으로 전락하는 정당들, 사회적 및 경제적 이해관계들을 대변하는 실질적으로 강화된 집단들, 사려 깊게 보호되고 섬세하며 모든 신분상의 하락을 배상하고도 남는 위신에 대한 다양한 사회계층들의 욕구, 특히 순수한 민주적 타협을 거부한 군주적-보수적 및 민족주의적 반대운동들의 세력 및 영향력 강화: 이 모든 원심적인 세력들이 — 직접적이건 간접적이건 — 공화국의 권력분배를 문제 삼았고 무의식적이지만 상당히 효과적으로 끊임없이 발호하는, 위기의 순간들에 위험스럽게 발생하는 아주 상이한 상대들의 연합으로 결합되었는데, 약한 민주주의 국가는 이들에 대해 충분한 방어수단도, 효과적 통합수단도 가지고 있지 않았다.

다음에 이어지는 바이마르공화국 권력구조의 분석은 1920년대의 근본적 구조문제들과 발전경향들, 전체적 연관과 의식적 및 무의식적 반대경향들의 압력하에서 의회민주주의 불안정한 상황에 초점을 맞출 것이다. 이 반대경향들은 세계경제 대공황의 시작과 더불어 권위주의적이고 전체주의적인 운동들의 쇄도에 직면하고 그 마지막 지탱점을 빼앗기게 된다. 이행기의 해결책이며 새로운 개혁이 그 실현 여부에 달려 있었던, 새로운 것과 낡은 것 사이의 타협체제는 깨지기 쉬운 것으로 입증되었다. 그 개별요소들은 어떤 진정한 통합의지도 발전시키지 않았을 뿐만 아니라 점점 더 이전투구를 벌였으며 어떤 민주적 해결도 허용하지 않는 일반적 권력투쟁으로 민주주의의 권력상실, 그리고 이어서 권력공백을 허용했으며 결국 민주주의의 타협규칙들을 거부하고 정당들, 집단들, 개인들간의 자유로운 대화를 종식시킨 세력들을 통한 권력의 정복 곧 권력장악(*Machtergreifung*)[58]을 허용한 원심적인 세력들로서 작용하였다.

---

58) 이 작업의 역사적인 부분을 동반하는 이 개념들에 대해서는 저자의 단계유형론 시도를 참고하라: K. D. Bracher, "Aufloesung einer Demokratie. Das Ende der Weimarer Republik als Forschungsproblem, *Faktoren der Machtbildung* (Schriften des Instituts fuer politische Wissenschaft, Bd. II) (Berlin, 1952), S. 45ff.

제2장

의회민주주의에서 대통령제 국가로

신생 민주주의 국가의 경우, 권력배분 양상의 근본적 특징들은 그 국가가 탄생하게 된 역사적 조건들 및 정치적·사회적 상황들로부터 생겨난다. 그러나 새로운 지배질서의 보다 분명한 윤곽과 그 전체적 성격은 초기의 안정화 국면에서 불거져 나온 발전경향들이 국가성립시의 정치적 출발상황과 맺게 되는 상호관계를 신중하게 검토할 때에만 해명될 수 있다. 이렇게 바이마르공화국의 구조분석은 군사-절대주의 군주정으로부터 의회민주주의로의 혁명적 이행기에 정치세력들의 진영형성과 이동을 건드리게 되며 사회적 및 정치적 의사형성의 다양한 영역들에서 이 변동이 권력관계를 어떻게 규정하는지 밝히고자 한다. 그것은 이 접근으로부터 출발해서 점차적으로 계속적인 안정화와 민주적 구조의 기능단계에서의 제도들과 집단들 및 개인들의 상호작용에 대한 연구로 나아갈 것이다.

1918년의 독일혁명의 성격은 공화국의 어떤 단계에서도 완전히 퇴장하지는 않은 정치적 집단들, 구조원리들, 행동 및 반응양식들을 각인했다. 그러나 그후 애초의 정치적 분위기와 초기의 전반적 조건들이 크게 변하였고, 그로부터 일시적으로는 민주적 통합을 위한 시도들이 나타나기도 하였지만 그것은 결국 공화국을 최종적으로 해체시키는 과정 및 결말의 출발점이 되었다. 정치적 변화를 향한 새로운 충동들을 구체적으로 드러낸 가장 중요한 전환점은 1923년과 1929/1930년에 발생했던 시대적 사건들이었다. 이 틀 속에서 다음 장들에서, 그 구조와 경향들, 협동작용과 적대관계가 바이마르공화국의 붕괴에 근본적으로 영향을 미친, 민주적 기관의 몇몇 부분 영역들이 조사된다. 발전이 "불가피했는가" 혹은 아직 "열려 있었는가"라는 원칙적 문제는 그것이 수많은 실질적 요소들과 사건동기, 가능한 영향력 연쇄고리들의 다양성을 신중히 그리고 선불리 단순화시키지 않고 검토할 때만이 정당성을 확보하는 것이다.

1. 제국의회의 권력상실

공화국의 출현을 둘러싼 과정들에서 새로운 국가의 차후 구조적 발전의 근본적 기초가 결정되었다; 그 과정들은 신생 의회민주주의의 특수한 형식, 기능 및 문젯거리를 각인한 사회·정치적 과정을 진척시켰다. 수많은 정치적 혹은 반(半)정치적 구조들이 그 틀 속에서 함께 발전하였으며 때때로 동맹을 결성하고 그들에게 부합하는 국가관을 요구했다; 그들은 다양한 수준들에서 불가피한 타협들에서 서로 접근하였다. 그리고 국가 자체는 저 "다원주의 세력들"[1] 사이에 권력을 교차하여 분배함으로써 결정된 세력균형에 기초하였다. 의회민주주의의 기능규칙들을 통하여 서로 의존하는 권력담당자들이 서로 협력하는 데 방해가 된 어려움들은 제국의회나 제국참의원의[2] 권한에 대한 헌법적

---

1) 개념에 대해서는 (논쟁적으로) Carl Schmitt, *Der Hueter der Verfassung* (Tübingen, 1931), S. 71ff. 뒤이은 설명들을 위해서는 Otto Kirchheimer, *Weimar-und was dann?* (Berlin, 1930), 특히 S. 21ff. 참고.

2) 이에 대해서는 Fritz Stier-Somlo, "Übersicht über die Zuständigkeit des deutschen Reichstages", *Handbuch* (주 I/20), I, S. 407ff. ; Karl Bilfinger,

규정보다는 이러한 형태의 정치적 구조와 더 연관이 있다.

확실히 새로운 헌법은 정치를 만들어가는 데 있어서 의심의 여지없는 지도적 지위를 제국의회에 부여하였다. 국민의회의 "바이마르 연정"과 함께 황제정부의 공식적 실패의 순간에 이미 제 2제국에서 계속하여 결속한 의회의 다수파가 권력을 장악했다. 그런데 이들은 당시 항의시위를 넘어서 군주에게만 책임을 지는 정부의 절대주의적 권한들에 간섭할 수는 없었다. 군주정의 붕괴와 더불어 자유로워진 정당 및 집단정치적인 세력들을 묶고 그들의 잠정적이고 상황구속적인 타협들을 건설적이고 전 국가적인 정치를 위하여 생산적으로 만드는 과제가 이제 의회기구에 부여되었다. 정치권력의 정당한 분배와 합리적 기능화를 위한 도구로서 즉시 이론적-법률적 및 이데올로기적·심리적 비판과 실제적-정치적 반정부 활동의 표적이 된 의회적 정부의 실제적[3] 약체성과 불확실성은 그만큼 더 막중하게 작용하였다. 이 상황은 바이마르공화국의 어떤 단계에서도 극복될 수 없었으며 세력들의 안정적 균형과 협력 속에서 지양될 수도 없었다. 새로운 의회주의의 허약성은 오히려 정당들과 집단들의 독특한 구조와 이데올로기적 및 심리적 상황에 정반대를 형성했다.

1918년 혁명까지는 거의 전지전능한 국가가 정치생활은 항상 다양

"Der Reichsrat, Bedeutung und Zusammensetzung"(*Ibid.*, S. 545ff.). 제국의회의 반의회주의적 영향에 대해서는: Leo Wittmayer, *Die Weimarer Reichsverfassung*(Tuebingen, 1923), S. 331f.; S. 401ff.

3) Richard Thoma, "Die rechtliche Ordnung des parlamentarischen Regierungssystems", *Handbuch*(주 I/20), I, S. 503ff.; 같은 이, "Sinn und Gestaltung des deutschen Parlamentarismus", *Recht und Staat im neuen Deutschland*, Bd. I(Berlin, 1929), S. 98ff.; Hugo Preuss, "Zum parlamentarischen Parteienstaat: Parlamentarische Regierungsbildung", *Berliner Tageblatt* 50, Nr. 476 v. 9. Oktober 1921, *Staat, Recht und Freiheit*(주 I/42), S. 442ff.에 수록; S. 492도 참고.

한 정치 · 사회세력들에 의해서 결정된다는 사실을 가렸다. 제국의 붕괴 후에 이러한 현상은 — 급속한 변혁의 결과 — 더욱 강하고 갑작스럽게 나타났다. 비스마르크와 탈(脫)비스마르크적 갈등시기로부터의 막중한 부담들과 부정적 경험들에다가 이제 끝까지 밀고가지 않고 중단된 혁명 이후의 다양한 구조요소들의 불충분한 통합이 왔다.[4)]

이데올로기적 집단형성들, 사회적 · 경제적 이익집단들, 특히 정당들 사이의 대립들은 대단히 심각했다. 외정적, 경제적 및 사회심리적 하중들에 대한 반응은 지속적 전투상황을 강화시켰다. 이 상황은 이데올로기적 효소의 끊임없는 영향하에서 정치적 급진화를 집단들 사이의 화해할 수 없는 적대관계로 고조시키고 위기의 순간에는 갑작스런 파열을 가져올 수밖에 없었다. 왜냐하면 미국 정당방식의 유동성 있는 "플랫폼 정당들"(*Plattformparteien*)이 아니라 세계관적 기초를 가진 강령정당들이 대중을 조직하고 인도했기 때문이다.[5)]

사람들은 새로운 민주주의를 그러한 기초 위에서 세우는 데서 일어나는 심각한 문제들을 "잘못된 출발"에서 설명하려고 시도했다. 그리고 "의회정부체제의 도입이 제국의회의 다수의 지지를 받는 강력한 정치적 인물을 통해서 위로부터 성취되지 않았다"[6)]는 것을 비난했다.

---

4) 위의 S. 63ff. 참고. 더 나아가 Friedrich Glum, *Das parlamentarische Regierungssystem in Deutschland, Grossbritanien und Frankreich*(Muenchen-Berlin, 1950), S. 553ff. "정당한 연속성의 결여"에 헌법 비판 자체도 시작된다는 것이다: Alexander Graf zu Dohna, Das Werk von Weimar", *Recht und Staat*(주 II/3), I, S. 68ff.

5) 아래 S. 155ff. 참고. 또한 Sigmund Neumann, *Die deutschen Parteien, Wesen und Wandel nach dem Kriege*(Berlin, 1932), S. 10f. 그리고 독일 정당들의 성격을 비교하는 언급을 위해서는 Hermann Finer, *The Theory and Practice of Modern Government* (New York, 1949), S. 346ff.

6) Glum, (주 II/4), S. 64. 서유럽의 의회주의의 이론들과 현상형태들에 대한 이 유용한 정리에 대해서는 방법론적 이의가 제기될 수 있다: 이에 대해서는 Wolfgang Abendroth의 비판을 참고: "Widersprueche des Parlament-

외정적 압력이 공화국, 곧 패전으로부터 성장한 "전적으로 낯선" 체제에 대한 민족주의적 비방을 촉진시켰다는 것이 사실이기는 하지만 이러한 설명은 의회민주주의의 본질을 간과할 뿐만 아니라 정치적 상황의 내적 가능성들과 외적 상황들을 간과하고 있다.[7] 이것은 또한 독일 국가사상의 치명적인 관헌국가적 전통을 오해하고 있다. 강력한 인물의 이른바 초당적 이니셔티브가 아니라 민주주의 정치의 토대가 되는 협의와 상호 타협의 방식이 반(半)절대주의 군주정으로부터 의회적 정부형태로의 이행을 특징짓는다.

의심할 바 없이 이 다원주의,[8] 즉 경쟁하는 중간조직들의 다양성이 근대 민주주의의 기초에 속한다. 우리는 그 과제, 그 핵심법칙, 국가이익을 절대적이고 영원불변의 추상적인 "전체 이익"에서가 아니라 국가에 존재하는 모든 사회적 의무들의 이해관계들을 항상 새로이 조정하는 데서 찾을 수 있다.[9] 하지만 바이마르공화국에서는, 그 타협능

---

arismus", *Aussenpolitik* 3(1952), S. 63f.

7) 곧 유행어가 된 이 표어에 대한 Hugo Preuss의 비판을 참고: "Die 'undeutsche' Reichsverfassung", *Vossische Zeitung*, Nr. 80 v. 16. Februar 1924, *Staat, Recht und Freiheit*(주 I/24), S. 473ff.에 수록.

8) Neumann(주 I/50), S. 10ff.; S. 44; S. 523; Carl Schmitt(주 II/1), S. 73ff. 국가적 기능들의 분배와 관련하여 이 다원주의의 헌법적 양상들에 대해서는 Richard Thoma의 광범위한 논쟁들에 대한 논의를 가진 요약을 참고: "Grundbegriffe und Grundsaetze", *Handbuch*(주 I/20), II, S. 108ff. 모든 민주주의의 필연적으로 다원주의적인 성격에 대해서는 Wilhelm Grewe, "Zum Begriff der politischen Partei", *Um Recht und Gerechtigkeit, Festgabe fuer Erich Kaufmann*(Stuttgart, 1950), S. 67f.; Gerhard Leibholz, "Volk und Partei im neuen deutschen Verfassungsrecht", *DVBI*(1950), S. 196.

9) Hans Nawiasky, *Die Stellung des Berufsbeamtentums im parlamentarischen Staat*(Muenchen, 1926), S. 12; Thoma, "Die rechtliche Ordnung"(주 II/3), S. 510f.; Hans Kelsen, *Vom Wesen und Wet der Demokratie*, 2. Aufl. (Tuebingen, 1929), S. 23: 국가의사는 서로 맞서 작용하는 사회세력

력에서 불행하게도 대단히 제한적인 것으로 입증된, 사회 · 정치집단들의 대립이 처음부터 아주 첨예하게 전개되었으며 동시에 국가조직 자체를 봉쇄했다. 그것은 의회정부의 활동에 대한 지속적 방해를 의미했으며 정치정당들, 사회조직들, 수많은 이익단체들과 여타 원외의 결합들에게 광범위한 독립성을 허용했다. 그래서 통일적으로 보이고 외적으로 엄격한 규율에 따르며 단순히 국가적 주권과 통일의 필요성에 호소하는 운동들이 마침내 질서와 명확성을 창출하겠다는 약속을 가지고 이미 조직적 측면에서 커다란 영향력을 가졌음에 틀림없다.

의회민주주의의 권력확보는 상황이 처음에 안정을 기한 후에도 충분히 정착되지 못했다. 옛 관료적 국가기구는 거의 그대로 남아 있었고[10] 중요한 시기에 공화국과 군대 사이의 동맹은 주도력을 행사했는데 이 동맹은, 제국군대의 자율적 신중성(*autonomistische Reserve*)과 부르주아적 민주주의의 불신이 건설적 협력을 통해 극복되지 않고는, 그후 더 이상 해체될 수 없었다.[11] 바로 이 동맹이 어려운 상황의 경우에 성급히 그리고 편하게 군사적 폭력에 복귀하려는 위험을 제한해 주었다: 부르주아 측의 편의주의와 두려움, 군대 측의 정치적 열망과 이익정치가 여기서 함께 작용했을 것이다. 게다가 첨예한 경쟁 속에서 그들의 특수한 이해관계에 대한 정치적 인정을 확보할 줄 알았던 인물들, 집단들, 제도들 사이의 일련의 합의들이 있었다.[12]

전후 몇 년간의 난제들에 직면하여 불가피한 것으로 보였으나 정부부처 관료들의 반의회적 활동들에 도움이 된, 각료에게 폭넓은 전권을

들과 이해관계들의 결과에 지나지 않는다; "정당국가로서의 민주주의는 공동체 의사를 정당의사들의 결과로서만 등장하게 만들려고 하기 때문에 초당적인 '유기적' 전체 의사를 포기할 수 있다."

10) Arnold Koettgen, *Das deutsche Berufsbeamtentum und die parlamentarische Demokrati*, (Berlin-Leipzig, 1928), S. 34ff. ; S. 27ff. ; S. 328ff.

11) 아래 S. 463ff. ; S. 472f. 참고.

12) 위 S. 74 참고.

양도한 결정은 입법부를 상당한 정도로 약화시켰다. 관료화, 곧 모든 대중민주주의 강대국들의 불가피한 숙명이라 할 수 있는[13] 확고한 전문가 계서제(階序制)의 양적 및 질적 전개는 이 영역에서 제국의회 정관의 규정을 통해 촉진되었다. 이에 따르면 의회는 단지 정치의 일반 원리들을 확정했다.[14] 제국의회는 조사위원회를 통한 중요한 통제권을 항상 충분히 사용하지는 않았으며[15] 내각이 그 부처들과 관료들을 가지고 복잡한 업무를 개별적으로 수행하게 했다.[16] 교체되는 의회 출신의 장관들은 폐쇄적이며 지속적인 관료층에 대해 여러 가지로 어려운 처지에 있었다.[17] 끊임없이 증가하는 자신의 과제들의 수많은

---

13) Max Weber, *Gesammelte politische Schriften* (Muenchen, 1921), S. 151ff.; ders., *Wirtschaft und Gesellschaft*, Bd. II, 3. Aufl. (Tuebingen, 1947), S. 655ff., 특히 S. 658ff. 이미 Garentano Mosca, *Die herrschende Klasse, Grundlagen einer politischen Wissenschaft* (Muenchen, 1950), S. 78ff. 더 나아가서 Kelsen (주 II/9, S. 73ff.; Koettgen (주 II/10), S. 270ff.; Schiffer (주 I/47), S. 237f. 그 밖에 아래 S. 318f.; S. 340f.

14) Kurt Perels, "Der Reichstag, Geschaeftsgang und Geschaeftsformen", *Handbuch* (주 I/20), I, S. 449ff.

15) Hans Heinrich Lammers, "Parlamentarische Untersuchungs-ausschuesse", *Ibid.*, II, S. 454ff.; Eugen Schiffer, *Die deutsche Justiz* (Berlin, 1928), S. 286ff.; 이제는 Winfried Steffani, *Entwicklung, Funktion und politische Bedeutung parlamentarischer Untersuchungs-ausschuesse* (Diss. FU Berlin, 1958) (미출간) 참고.

16) Fritz Poetzsch-Heffter, "Organisation und Geschaeftsformen der Reichsregierung", *Handbuch* (주 I/20), I, S. 511ff.; Fritz Frhr. Marschall v. Bieberstein, "Die Verantwortlichkeit der Reichsminister", *Ibid.*, S. 520ff. 〔바이마르공화국에 대한 Bieberstein의 비판적 태도에 대해서는 1927년 국법담당 교사대회에서의 발언을 참고: *Veroeffentlichungen der Vereinigung der deutschen Staatsrechtslehrer* 4 (Berlin, 1928), S. 87f. 그리고 특히 S. 93〕.

17) 아래 S. 336f. 참고. 문제에 대해서는: Erich Zweigert, "Der Beamte im neuen Deutschland", *Volk und Recht der Deutschen*, hrsg. von Bernhard

세부사항들을 잘 모르는 장관이 "전문관료"의 고집스런 독립성을 깰 수 없거나 자기 방식으로 움직일 수 없다면 정치적 목표는 무슨 소용이 있겠는가? 비스마르크는 "자유주의적인 추밀원(*Geheimrat*)" 때문에 애를 먹은 적이 있다[18]; 그사이에 과제들은 더 복잡해지고 "반동적" 관료층의 저항가능성은 더 커졌다.

의회적 공화국의 민감한 구조와 그것을 지탱하는 정당들 사이의 대립들이 흔히 정부형성시 극복하기 어려운 장애를 초래했기 때문에 곧 성과 없는 연정협상 대신에 그들의 전문지식, 사회적 처지 및 정치적 태도 덕분에 관료층의 신뢰를 보장받은 "전문가들"로 구성된 정부를 세우려는 경향이 형성되었다. 이로써 헌법이 그것에 허용한 권력에 도달해 본 적이 없는 제국의회는 통제기관으로서 더욱 강하게 공격을 받았다.[19] 경제적 관계들의 복잡화로 국가가 경제에 점점 더 간섭을 확대하고 정당은 이익단체들의 영향을 받게 됨에 따라 권력은 입법부로부터 국가관료 및 사적 관료의 수준으로 이동하였고 여기서 의회는 더

Harms, Bd. II(Berlin, 1929), S. 463ff. 내각의 공무원법적 지위를 위해서는 특히 Arnold Koettgen, "Die Entwicklung des deutschen Beamtenrechts und die Bedeutung des Beamtentums im Staat der Gegenwart", *Handbuch*(주 I/20), II, S. 5. 그에 맞선 견해로는 Gerhard Leibholz, *Das Wesen der Repraesentation unter besonderer Beruecksichtigung des repraesentativen Systems*(Beitraege zum auslaendischen oeffentlichen Recht und Voelkerrecht 13)(Berlin, 1929), S. 81.

18) J. Victor Bredt, *Der Geist der deutschen Reichsverfassung*(1924), S. 154ff.

19) 내각 계승에 대한 사회학적 분석도 참고하라: Maxwell E. Knight, *The German Executive, 1890-1933*(Hoover Institute Studies, Series B: Elites, No. 4)〔Stanford(California), 1952〕. Glum(주 II/4), S. 215ff. 는 정부구성의 지속적 딜레마에 대해 상세히 설명한다. 의회민주주의에 대한 예리한 비판의 의미에서의 추론들은 그 당시나 오늘이나 다시 제기된다. 예컨대, Karl Lohmann, "Parlamentarismus und Publizistik", *Tymbos fuer Wilhelm Ahlmann*(Berlin, 1951), S. 211f.

이상 아무런 통제를 행사할 수 없었다.[20]

흔히 순전히 형식적인 통제활동을 넘어선 능동적인 정치활동에 의회가 강력히 참여함으로써만 이 권력이동을 저지할 수 있었을 것이다. 자의적인 관료층의 효율성이 아니라 의회와 정당의 민주적 세력들의 통합력이 결국 — 모든 민주주의의 시금석으로서 — 공화국의 운명을 결정해야 했다.[21] 그에 반해 점점 더 의회의 활동의 결핍이 실질적으로 본질적인 입법적 영역에서 두드러졌다.[22] 의회기구들은 탈의회적 권력강화에 맞서 별로 저항을 제기하지 않았다. 이리하여 대통령의 비상령에 대해 헌법상으로 인정된 폐지조치가 취해진 것은 드물었는데, 이것을 다른 것으로 교체하기가 어려웠고 단순한 거부가 경제 및 사회

---

20) 이에 대해서는 이제 Hans Reif, "Verfassungsrechtliche Stellung und innere Ordnung der Parteien", *Verhandlungen des 38. Deutschen Juristentages, Staatsrechtliche Abteilung* (Tuebingen, 1951), S. 36ff. 부처 관료제의 조직적 협력에 대한 상세한 서술은 A. Brecht/C. Glasser, *The Art and Technique of Administration in German Ministries*, 〔Cambridge (Mass.), 1940〕, S. 24ff. 국가에서 경제를 대표하려는 시도들에 대해서는 F. Glum, *Der deutsche und der franzoesische Reichswirtschaftsrat* (Beitraege zum auslaendischen oeffentlichen Recht und Voelkerrecht 12) (Berlin-Leipzig, 1929); *Der vorlaeufige Reichswirtschaftsrat 1927-1932* (Berlin, 1933) (1920~1926, Berlin 1926). 초기의 역사에 대해서는 G. Bernhard, *Wirtschaftsparlamente, Von den Revolutionsraeten zum Reichswirtschaftsrat*, (Wien-Leipzig, 1923), 특히 S. 43ff.

21) Neumann (주 I/50), S. 80; Max Weber (주 II/13), S. 139ff.; J. F. Volrad Dencke, "Das Parlament als Kollektiv", *Zeitschrift fuer die gesamte Staatswissenschaft* 109 (1953), S. 504ff.

22) 이에 대해서는 E. Fraenkel, "Die Krise des Staatsrechtes und die Justiz", *Die Gesellschaft* 8, Heft 10 (Oktober 1931), S. 328f.; F. Dessauer, *Recht, Richtertum und Ministerialbuerokratie* (Mannheim-Berlin-Leipzig, 1928), S. 17ff.; S. 95f.; E. Hamburger, "Dialektik der staatsrechtlichen Entwicklung in der Writschaftskrise", *Die Gesellschaft* 9, Heft 1 (Januar 1932), S. 21ff.

생활을 심각히 방해했을 것이기 때문만은 아니었다. 의회의 정당들이 소수당 정부의 비상령 정책을 신랄하게 비판했지만 위신상의 이유로 건설적 이니셔티브를 위한 책임을 지려고 하지 않았다는 것이 마지막 시기의 특징이 되었다.

의회적 정치구조를 파괴하고 비스마르크-빌헬름적 관헌국가를 복구하려는 그러한 시도들은, 분화된 정당구조 덕분에 정부형성은 연정의 틀 내에서만 가능하기 때문에 특히 더 위험한 것으로 입증되었다. 불안정한 타협의 기초 위에서 사람들은 의회적으로 약한 내각, 대다수의 경우에 심지어 단지 관용받는 소수내각을 넘어서지 못했다. 이것은 동시에 근본적인 정치적 결정들이 내각 밖에서 의회 파벌들의 다수결과 그들 내부의 협의를 통해 이루어졌다는 사실을 의미한다. 정부의 결성은 의회 다수당을 통한 당연한 권력인수가 아니라 처음부터 별로 안정적이지 못한 연립정부를 창출하기 위한, 일반인들이 알지 못하는 힘겨운 협상을 의미했다. 그러한 협상에서는 실제적인 연정강령뿐만 아니라 장관자리의 분배도 중요하였다.[23] 야당이 여당을 교체하거나 그 거꾸로 교체하는 관습은 의회의 다수파 구성상황으로 형성될 수 없었다. 동시에 계속적인 연정구성의 어려움들은 정부의 연속성을 지켜야 한다는 강요와 더불어 이미 일찍부터 정부구성에서 제국대통령의 기능을 강화시켰다.

사실상 내각위기들과 내각교체는 순전한 의회적 신임이나 불신임 표결을 통해서 일어난 경우는 드물고 대부분 파트너들이 다른 집단들에 더욱 친근감을 느끼게 되자 곧 정당정치적으로 조건지어진 연정의

---

23) 내각의 허약성에 대해서는 A. Brecht, *Vorspiel zum Schweigen. Das Ende der Deutschen Republik*(Wien, 1948), S. 167ff.; Finer(주 II/5), S. 647ff.; G. Eisermann, "Parlament, Parteien und Verbaende. Ein Beitrag zur politischen Soziologie", *Koelner Zeitschrift fuer Soziologie* 6(1953/1954), S. 162ff.

해체를 통해서 일어났다.[24] 이렇게 브뤼닝 내각에 선행하는 17내각들 중에서 단지 2개 내각만이 불신임 결의에 의해서, 하나는 신임결의의 거부를 근거로, 반면에 6개 내각은 정당의 새로운 지향으로 사퇴하였다.[25] 1932년까지 모든 내각들에 가담했던 중앙당만이 실질적인 다수 연정을 구성할 수 있었다. 그러나 여기서도 연정기반을 좌측이나 우측으로 확장하려는 불가피한 모든 시도가 별로 지속적이지 못했다. 중요한 제국의회 다수를 배후로 가진 1928/1930년의 대연정의 마지막 실질적인 의회정부는 바로 그 때문에 — 그리고 여기에 의회적 실제가 그 사이에 빠져든 치명적 상황이 그 속에서 분명히 나타났다 — 앞선 소수정부나 사무정부(*Geschäftsregierung*)보다 훨씬 더 약하였다; 그 정부형성은 다양한 파트너들 사이의 오랜 협상을 필요로 했으며 이것은 — 정당 내부에서조차 — 상이한 정치·사회집단들의 협력을 가져온 연정구성의 어려움들에서 실패했다. 바로 이 경우에 더 나아가서 정당들이 대표로 내세운 장관들은 그들의 계파들에게 매우 의존적이어서 사람들

---

24) 본의 기본법에서 이에 대해 명확한 규정들을 확정하려는 (항상 바이마르공화국의 딜레마를 생각한) 시도들은 부분적으로만 성공한 것으로 보인다: W. Jellinek, "Kabinettsfrage und Gesetzgebungsnotstand nach dem Bonner Grundgesetz", *Veroeffentlichungen* 8(1950), S. 4ff.; H. Schneider (*Ibid.*), S. 21ff.

25) F. Poetzsch-Heffter, "Uebersicht ueber die in den Jahren 1924~1928 gestellten Vertrauens-und Missvertrauensfrage", *Jahrbuch fuer oeffentliches Recht* 17(1929), S. 106ff.; Glum, *Das parlamentarische Regierungssystem* (주 II/4), S. 215ff.; 특히 S. 223ff. 1930년까지의 내각구성에서의 정치적 실제들에 대한 자세한 분석을 위해서는 R. Wertheimer, *Der Einfluss des Reichspraesidenten auf die Gestaltung der Reichsregierung* (Wertheim, 1929), S. 36ff. K. Loewenstein의 비판은 이 의회적 애로를 간과하고 너무 일방적으로 제국대통령의 역할에 맞추어져 있다: "Government and Politics in Germany", *Government of Continental Europe*(New York, 1948), S. 281ff.

이 "의회 내의 제 2의 정부"라고 말할 정도였다.[26] 그러나 이들은 책임감을 느끼지 않았으며 합법적인 정부의 기능들을 근본적으로 방해했다. 사민당의 제국 총리가 자기 당 의원단과 함께 자기 자신의 초안에 반대하는[27] 기괴한 일이 있었으며 바이마르공화국의 마지막 다수 정부는 정부의 문제를 기초로 해서보다 당내 이해관계의 대립을 통해 결정된 연정의 두 날개정당들(사민당과 독일인민당) 사이의 논쟁으로 실족했다; 이제 물론 경제위기, 실업과 나치당(NSDAP)과 독일공산당(KPD)의 성장에서 분명해진 대중의 급진화로 의회적 내각형성은 어려움을 겪었다.

제국의회는 바이마르공화국의 어떤 단계에서도 입법기관이자 정치적 통합기관으로서의 이중기능을 한 번도 균형 있게 충족시킬 수 없었다.[28] 계속된 내각교체, 정치지도부의 분명한 불안정성에 대한 점증하는 비판의 영향으로 여론은 연정협상, 정부계획 및 입법계획의 협상, 장관자리를 둘러싼 실랑이의 지금까지의 모든 방식을 비판하고 의회체제를 전적으로 거부하게 되었다. 안정적 군주정에 대한 기억은 아직 강하였다; 그것은 "낯선" 의회체제가 양자 비교시 점점 더 나쁜 점수를 얻음에 따라 그만큼 더 강해졌다. 군주정을 복고하거나 권위주의적 독재방식은 아니라 하더라도 적어도 제국대통령의 지위를 강화하기 위한 선전은 그 기반 위에 세워질 수 있었으며[29] 그후 브뤼닝과 파펜-슐라이허 내각에서 실현된 길을 예비해주었다.

이렇게 행정과 입법에서 관료제의 기능확장은 대공황의 발발 및 "순수하지 못한", 무언가를 반대할 때의 부정적 측면에서만 통일적인 의

---

26) Glum, *Das parlamentarische Regierungssystem* (주 II/4), S. 233.

27) 장갑순양함 문제에서 그랬다; 제 2권 S. 27f. 참고.

28) Deneke (주 II/21), S. 523 참고.

29) 이에 대해서는 아래 S. 44ff. 그리고 문헌으로는 Glum, *Das parlamentarische Regierungssystem* (주 II/4), S. 459ff.

회 다수파의 등장[30]과 함께 더 이상 지탱할 수 없는 것으로 보인 불충분한 의회정부의 실제가 초래한 불가피한 반대현상이었다. 국가의 지배권을 둘러싸고 벌어지는, 권위주의적이고 절대주의적인 정부형태에 대한 의회적 원리의 투쟁에서, 모든 민주주의에서 정부를 통제하기 위한 의회의 가장 중요한 도구인 예산결정권에서의 분명한 결함들이 제국의회를 제물삼아 관료제의 권력을 강화시키기 위한 중요한 발판이 되었다.[31] 바이마르공화국에서는 재무부장관의 지위만 매우 강력했던 것은 아니다.[32] 의회와 내각으로부터 독립된 관료적 수준들은 특히 회계검사원의 직책에서 재정예산의 근본적인 부분들을 탈취하거나 그 집행에 영향을 미칠 수 있었다.[33] 우편, 제국철도, 광산 및 공장과

---

30) 개념에 대해서는 Schneider(주 II/24), S. 26.

31) 이렇게 입헌국주정에서 이미: L. v. Stein, *Finanzwissenschaft*, Bd. I (Leipzig, 1885), S. 206: 예산안은 "헌법적 자유의 주요 표현이자 담당자이다." 반대의견들조차도 당시 그것이 "새로운 국가제도의 중심에" 서 있다는 것을 승인했다: F. J. Stahl bei Wagener, Artikel "Buedget", *Staats-und Gesellschaftslexikon* IV(Berlin, 1860), S. 586. 행정적 예산권으로부터 입헌적 및 의회적 예산권으로의 역사적 발전에 대해서는: J. Heckel, "Die Entwicklung des parlamentarischen Buedgeterechts und seiner Ergaenzungen", *Handbuch*(주 I/20), II, S. 354ff.; S. 358ff.; S. 392ff. 다음 문헌은 정치적 의미를 강조한다: H. Heller, "Der Begriff des Gesetzes in der Reichsverfassung", *Veroeffentlichungen* 4(1928), S. 126ff.; O. Buehler, "Finanzgewalt im Wandel der Verfassungen", *Festschrift fuer Richard Thoma*(Tuebingen, 1950), S. 3ff.; H. Teschemacher, *Die geistesgeschichtliche Linie in der Entwicklung des finanzwirtschaftlichen Denkens*(Tuebingen, 1931), S. 19ff. 이제는 근본적인 문헌으로 K. Heinig, *Das Budget*, 3 Bde. (Tuebingen, 1949/1951).

32) 그것은 서독에서도 계속 그렇다. F. K. Vialon, *Haushaltsrecht*(Berlin-Frankfurt a. M., 1953), S. 196; ders., "Die Stellung des Finanzministers", *Vierteljahreshefte fuer Zeitgeschichte* 2(1954), S. 156ff.

33) 이에 대해서는 F. E. M. Saemisch, "Das Kontrollwesen und die Entlastung", *Handbuch*(주 I/20), II, S. 446ff.; J. A. Schumpeter,

같은 대규모 국영기업 혹은 반(半)국영기업을 아직 전혀 포함하지 않은 예산도 상황에 따라서는 대통령의 비상령으로 의회의 동의 없이 집행될 수 있었다.

공화국의 마지막 시기에 관철될 이러한 경향은[34] 독일산업제국연맹(Reichsverband der Deutschen Industrie)이 독일인민당(DVP)을 통하여 예산확정시 의회의 영향력 축소를 위해 끈질기게 노력한 바와 같이 특히 영향력 있는 이익집단들이 원하던 바였다.[35] 최고위 관료들도 제국의회는 보통선거권의 결과에 따라 구성되었기 때문에 실질적인 세금납부자의 적합한 대변자가 아니며[36] 공공의지의 대변자들의 "다수지배"(*Polykratie*)는 바로 재정분야에서는 "일원적인" 재무경영에 양보해야 한다는 견해를 대변했다.[37] 이 발전에서 표현된 사회적 권력과 재정적 권력의 관계를 거시경제적(*metaökonomisch*)[38] 기초를 가진 재정헌법의 제정과 재정정책의 영향과 연관하여 그 의미를 고찰해 볼 때 우리는 국가 재정정책의 사회적 기능성격과 민주적 권력구조의 "재정사회학적" 고찰의 의미를 주목하게 된다.[39]

Kapitalismus, Sozialismus und Demokratie, 2. Aufl. (Muenchen, 1950), S. 442f.

34) Hamburger(주 II/22), S. 29ff., 그리고 제 2부 참고.

35) Neumann(주 I/50), S. 27 참고.

36) J. Popitz(제국 재무성 차관), *Handwoerterbuch der Staatswissenschaft* III, 4. Aufl. (1926), S. 1031. Carl Schmitt의 비판도 여기에 연결된다: "Demokratie und Finanz"(1927), ders., *Positionen und Begriff im Kampf mit Weimar-Genf-Versailles 1923-1939* (Hamburg, 1940), S. 85ff.

37) J. Popitz, *Der Finanzausgleich und seine Bedeutung fuer die Finanzlage des Reichs, der Laender und Gemeinden* (Berlin, 1930), S. 6f.

38) F. Eulenburg, "Aussenhandel und Aussenhandelspolitik", *Grundriss der Sozialoekonomie* VIII (Tuebingen, 1929), S. 72f.

39) 이에 대해서는 근본적으로 K. F. Mann, "The Fiscal Component of Revolution. An Essay in Fiscal Sociology", *The Review of Politics* 1947,

2. 정당국가에 대한 비판

의회의 무력화(無力化) 경향은 특히 오늘날보다 더 광범위한 주민들을 사로잡은 정당국가에 대한 계속적인 비판에서 표현되었다.[40] 그것은 폭넓은 의미에서 법률적 토론과 언론상의 토론을 지배했을 뿐만 아니라 정치적 감정으로서, 무관심으로서 혹은 존재하는 정당체제의 성격에 대한 불만으로서 여론 속에 깊이 각인되어 있어 바이마르 국가 전체에 대항하는 운동들의 가장 효과적인 도구로 되었다. 아마도 그 배후에는 특히 관헌국가적이고 반의회적인 전통이 있었을 것이다. 그러나 이 비판은 다양한 진영들과 동기들에 의해서 수용되었고 촉진되었다.

수많은 학문적 및 의사(擬似) 학문적 논쟁들에서 의회적 정당국가의 개념, 기능과 평가를 둘러싸고 격론이 벌어졌다. 어려움은 사회학적 규정에 있었던 것은 아니다: 이에 따르면 정당들은 특히 권력참여와

S. 331ff. ; ders., "Die Finanzkomponente der politischen Revolutionen", *Koelner Zeitschrift fuer Soziologie* 4(1951/1952), S. 1ff. : "재정헌법은 높은 정도로 사회적 세력분배의 거울로서 평가될 수 있을 것이다." 이러한 의미에서 이미 단호히 R. Goldscheid, "Staat, oeffentlicher Haushalt und Gesellschaft vom Standpunkt der Soziologie", *Handbuch der Finanzwissenschaft*, Bd. I (Tuebingen, 1926), S. 148ff. 이제는 특히 Heinig(주 II/31) 그리고 H. Peukert, *Grundlagen neuzeitlicher Finanzkontrolle* (Goettingen, 1952).

40) 논지의 정리를 위해서는 W. Grewe, "Parteienstaat-oder was sonst?" *Der Monat* 3(1951), S. 563ff. 그 밖에 G. Leibholz, "Verfassungs-rechtliche Stellung und innere Ordnung der Parteien", *Verhandlungen des 38. Deutschen Juristentages*(주 II/20), S. 2ff. ; O. Buehler, "Die geistige Lage des neuen deutschen Laenderparlamentarismus", *Die Wandlung* 1948, S. 334ff.

정치적 공동결정을 위한 노력을 통해서 다른 사회집단들로부터 구분되며, 정치적 지배의 영역에서 주로 활동하며, 국가기구의 직접적 정복을 추구하고, 정치권력을 위한 경쟁투쟁에서 합의적 행동 속에서 공동의 이해관계를 표현한다.[41] 그에 반해 정당의 법적 규정과 의회민주주의에서의 역할에 관해서는 공화국의 역사 내내 계속 논쟁이 있었다는 것은 특이한 일이다. 그것은 — 서유럽 민주주의들에서와는 달리 — 바이마르 헌법에서도, 의회정부체제의 선행하는 이론 속에서도 별로 도움을 얻지 못한 해석의[42] 구체적인 출발점에 따라 상이하게 표현되었다.

토론은 특히 민주주의 이데올로기와 정치·사회적 현실 사이의 모순으로부터 출발했다.[43] 국민주권, 치자와 피치자의 동일성, 유권자

---

41) M. Weber, *Wirtschaft und Gesellschaft*(주 II/13), I, S. 167ff.; vgl. II, S. 631ff., 특히S. 639f.; S. Neumann, *Parteien*(주 II/5), S. 9; M. Duverger, *Les parties politiques*, 2. Aufl. (Paris, 1954). 또한 O. H. v. d. Gablentz, *Politische Parteien als Ausdruck gesellschaftlicher Kraefte* (Schriftenreihe der Deutschen Hochschule fuer Politik, Berlin) (Berlin, 1952), S. 8ff.

42) 이에 대해서는 Glum, *Das parlamentarische Regierungssystem*(주 II/4, S. 129ff.). 여기에는 프랑스와의 비교분석과(S. 97ff.) 영국 전통과의 비교분석이(S. 65ff.) 있다; Grewe, "Zum Begriff der politischen Partei"(주 II/8), S. 66ff. (문헌소개 포함).

43) G. Radbruch, "Die politischen Parteien im System des deutschen Verfassungsrechts", Handbuch(주 I/20), I, S. 285ff.; 비슷하게 R. Thoma, "Das Reich als Demokratie"(*Ibid.*), S. 186ff.; S. 503ff.; Leibholz, *Das Wesen der Repraesentation*(주 II/17), S. 98ff. 특히 의회주의에 대한 칼 슈미트의 비판은 이 점에서 출발했다; 이렇게 이미 Thoma의 민주주의 개념에 대한 비판: "Der Begriff der modernen Demokratie in seinem Verhaeltnis zum Sattsbegriff", *Archiv fuer Sozialwissenschaft und Sozialpolitik* 51(1924), S. 817ff. (이제는 Positionen und Begriffe, 주 II/36, S. 19ff.); 또한: *Politische Theologie* (Muenchen, 1922), S. 44f.; *Die geistesgeschichtliche Lage des heutigen Parlamentarismus*, 2. Aufl.

와 대표로서 사회적 결속을 통해 영향받지 않는 개인의 결정, 의견들의 자유로운 게임과 타협 속에서 대표적인 정치적 의사의 형성이라는 공식들을 가진 민주적-자유주의적 이데올로기에 따르면 정당들은 실제로 민주주의에서 아무런 자리도 가지고 있지 않았다: 이러한 의미에서 이미 루소는 그것을 일반의지의 날조라고 고찰했다.

근대 민주주의의 사회적 현실은 그러나 이 그림을 환상적으로 보이게 했다. "주권국민"은 실제로 다양한 크기와 구조의 집단들로 구성되었다. 그리고 "국민주권"은 그들의 측면에서 정치적 의사형성에 영향을 미친 약한 집단들에 대한 강한 집단들의 지배로서 이해되어야 했다.[44] 사회학적으로 그리고 집단적으로 규정된 존재로서 유권자와 의원들은 자유롭지 않았으며 당 기구들, 이익집단들 혹은 다른 집합적 구조들에 결속되어 있었고 그에 상응하여 영향을 받았고 받을 수 있었다. 비교적 자유로운 토론 속에서의 정치적 의견 및 의사형성은 주로 이 조직화된 집단들 내부에서 일어났다. 이 과정은 자유로운 유권자들의 회합을 억제하는 데서도 표현되었다. 간접적인 대의제 민주주의의 도구로서, 기술적으로 수행불가능하고 작업불능이며 게다가 주관적·대중심리적 영향들로부터 훨씬 더 영향을 받는 "직접민주주의"를 대신하고, 대의체제의 정점을 형성한[45] 의회에서의 대립은 파트너들의 동일한 집단적 결속을 제시했다. 국가의 포괄적 틀 내에서의 모든 의견 및 의사형성이 사회적 기초 위에서 그리고 따라서 개인과 전체 사이의 조직상의 중간 구성체들의 도움으로 수행되는 한, 정당국가로의 발전

(Muenchen, 1926), S. 13ff.; "Der Gegensatz von Parlamentarismus und moderner Massendemokratie" (Einleitung zu: *Die geistesgeschichtliche Lage*), *Positionen und Begriffe* (주 II/36), S. 52ff.

44) 정당국가의 사회학에 대해서는 R. Thoma, "Staat", *Handwoerterbuch der Staatswissenschaften* (주 II/36), VII, S. 744ff.

45) Michels (주 I/39), S. 36ff. 참고.

은 불가피했다.[46]

이 실제현실은 바이마르 헌법에서뿐만 아니라 정치적 기능관계의 건설과 규범화에서도 충분히 고려되지 않았다. 이론적 토론은 항상 재삼재사 자유민주주의 이데올로기와 정당국가적인 실제 사이의 차이를 물고 늘어졌으며, 이 대립들을 너무 낙관적으로 그리고 분별없이 동일시함으로써 민주적 국가의식과 함께 민주적 실제의 구조와 기능도 약화시키고 점점 더 곤란하게 만든 근본적 비판에 길을 열어 주었다. 반면에 정당 자체의 민주화, 국가제도 속에 그것을 자리매김하는 것, 그 제1차적인 정치적 역할과 책임을 헌법적으로 확고히 하기 위한 건설적 제안들은 마지막까지 이론적 논의의 단계를 벗어나지 못했다.[47]

의회적인 정당국가를 둘러싼 징후적 논쟁은 이미 세계경제 대공황이 발생하기 오래전에 상당한 규모에 달했다.[48] 한 유명한 법학자의 1927년 베를린에서의 총장 취임 연설은 한 사례를 제공했다. 여기서 매우 조심스럽게 권위주의적 국가론의 초안이 구체화되었으며 이것을 대통령제 정부 그리고 특히 파펜 실험의 문필적 및 정치적 지지자들이 수용할 수 있었다. 정당국가에 대한 이 비판 역시 정당이 아니라 전체 인민의 위탁에 결속된 "인민의 심부름꾼"(*Volksboten*)으로서의 의원에 대한 "순수히" 자유주의적 관점에서 시작되었다.[49] 이러한 관점을 칼

46) H. Nawaiasky, *Die Zukunft der politischen Partei*, 1924, S. 22ff.; Eisermann(주 II/23), S. 163f.

47) 이에 대해서는 1931년 국법담당교사 대회에서 Leibholz의 발제를 참고: "Die Reform des Wahlrechts", *Veroeffentlichungen* 7(1932), S. 159ff. (문헌소개와 함께), 특히S. 187f.

48) 언론 양상을 강조하는 것으로는 Lohmann, "Parlamentarismus und Publizistik"(주 II/19, S. 1998ff.), 또한 이미 당시에 C. Brinkmann, "Presse und oeffentliche Meinung", *Verhandlungen des 7. Deutschen Soziologentags 1930*(Tuebingen, 1931), S. 9ff.

49) H. Triepel, *Die Staatsverfassung und die politischen Parteien*(Berlin, 1928), S. 15f. 그에 반해 Triepel의 이전의 1926년 총장 취임 연설:

슈미트(Carl Schmitt)[50]가 동일한 이름의 글에서 (극복해야 할) "오늘날 의회주의의 정신사적 기초"라고 일컬었으며[51] 그것이 1919년의 독일헌법도 완전히 지배했다.

의원은 오늘날 실제에 있어 우선적으로 정당에 의해 규정되며 더 이상 의회 밖의 영향들로부터 자유롭지 못하고 의회에서 그의 의사형성에서 토론이 아니라 파벌들의 결정들에 의존적이라는 사실을 트리펠(Triepel)은 정당의 "헌법 외적"(*extrakonstitutionellen*) 성격으로 인하여 "순수 법적인 관점"에서 반드시 비판해야 한다고 믿었다. 비록 정치적 실제가 이 관점과 일치하지는 않았지만 말이다. 그는 그 때문에 정당국가 자체가 극복되어야 하는지의 문제가 제기되었다고 보았으며 그는 이것이 관찰자의 수로부터 지지를 받고 있다고 믿었다.[52] 이 지도적인 법학자는 추론하기를 옛 자유주의로의 회귀는 더 이상 불가능하기

Staatsrecht und Politik(Berlin, 1927), S. 10ff.

50) 〔역주〕 Carl Schmitt(1888~1985): 독일의 법학자이며 정치철학자. 그는 나치즘을 적극적으로 지지했으며 반부르주아적이고 권위주의적이었으며 자유민주주의의 적대자로서 매우 논란의 여지가 많은 이론가였다. 그럼에도 그는 고전적인 정치사상가로서 인정받고 있다. 그의 사상은 권력과 폭력(*Gewalt*), 법 실현문제를 중심으로 전개되었다. 그의 저술은 법학뿐만 아니라 정치학, 사회학, 신학, 독문학과 철학 등 광범위한 영역에 걸쳐 있다.

51) 세계경제 대공황 이전의 의회적 정당국가에 대한 슈미트의 태도에 대해서는 그의 *Verfassungslehre*(Muenchen, 1928), S. 304ff.;S. 213; 이에 대해 상세히 Glum, *Das parlamentarische Regierungssystem*(주 II/4), S. 198ff. 칼 슈미트에 대한 비판을 위해서는 이제 W. Hennis, *Das Problem der Souveraenitaet. Ein Beitrag zur Literaturgeschichte und gegenwaertigen Problematik der politischen Wissenschaften*, Diss. 〔Goettingen(미출간), 1951〕, S. 38ff.

52) Triepel, *Die Staatsverfassung*(주 II/49), S. 33ff. 본의 기본법도 정당국가적 원칙에 대한 폭넓은 인정에도 불구하고 이러한 견해를 떠나지 않았다: Leibholz, "Verfassungsrechtliche Stellung und innere Ordnung der Parteien"(주 II/40, S. 2ff.).

때문에 "정당국가로부터의 전향은 대중민주주의로부터 벗어나는 발전이나 그 극복을 통해서 일어날 수 있다. '평등주의적' 민주주의가 지도자 과두정(*Führeroligarchie*)으로의 변형을 통해서 정련되고, 무책임한 정당조직과 그 뒤에 숨어있는 더욱더 무책임한 익명의 권력을 대신하여 독립적이며 따라서 책임을 지는 국가지도자가 등장하는 것이 생각할 수 있는 일이며 많은 사람들이 이것이 이미 진행되고 있다고 본다." 이 사고는 이렇게 권위주의적으로 규정된 국가형태에 대한 전망으로 종착되었으며 그 가장 중요한 전제는 트리펠에게 정당의 극복과 배제였다: "… 그 시기가 시작될 것이다. 이미 우리는 도처에서 공동체를 형성하는 다른 세력들이 작용하는 것을 본다."[53]

그러한 생각들은 경제공황의 강압적 상황 및 대통령제 정부 자체의 권위주의적 노선과 함께 비로소 나타났다. 그것들은 이미 공화국의 대두와 출발기부터 출현하였다. 정당들의 정치권력에 대한 평형추(*Gegengewicht*)의 실제성과 불가피성을 강조하는 비평가들의 수가 끊임없이 증가하였다.[54] 그들이 "공동체 형성적인 다른 세력들"에 대한 거친 암시와 다의미적 시사에 만족하지 않는 한 그들은 그러한 평형추를 국민투표와 제국대통령 선거에서 정당 구속성을 벗어날 수 있을 전체 인민(*Gesamtvolk*)이라는 개념에서 찾았다.

그에 반해 물론 그러한 행동들이 — 예컨대 인민결정 같은 — 하지만

53) Triepel, *Die Staatsverfassung*(주 II/49), S. 35f. 이 시기의 국법적인 비판자들 중에는 특히 H. Herrfahrdt를 언급할 수 있는데, 그는 본의 기본법에 대한 그의 최근의 비판을 "유기적" 법치국가 개념을 가지고 뒷받침하였다: "Tragweite der generalklausel im Artikel 19 Abs. 4 des Bonner Grundsetzes", *Veröffentlichungen* 8(1950), S. 126ff., 특히 S. 146ff.

54) 공화국의 초기 몇 년간 학문적 논쟁을 그 다양한 집단들과 연관하여 자세히 정리하는 것으로는 Glum, *Das parlamentarische Regierungssystem*(주 II/4), S. 182ff. 특히 G. Anschütz와(법률주의적 측면에서) R. Thoma가(사회학적 측면에서) 바이마르 헌법의 체계를 방어하려 노력했다.

정당들이나 정당과 유사한 집단들을 통해서 시발되었다는 것을 알아둘 필요가 있다. 비슷한 경우가 다른 "평형추", 곧 연방주의적 경향들과 자율행정의 활동을 통한 지방적 분할에 해당된다; 이것 역시 정당정치적 분화로부터 강한 영향을 받았다. 그보다는 관료제가 과거부터 정당정치에 대한 강한 대립을 형성하고 있었고 독일인들의 일반적 견해를 따르더라도 실제로 바이마르공화국에서 가장 덜 동화되었기 때문에 정당정치에 대한 효율적 "평형추"로서 보여질 수 있었다.[55] 정당메커니즘들의 시한적 제약성과는 다른 강한 지속력이 그것을 권력 및 지배기구로서, 그 자체로서 "정당"이었고 절대적 초당파성에 대한 요구를 거의 제기할 수 없는, 거의 자율적인 사회학적 요소[56]로 만들지 않았는가?[57] 직업신분적 질서, 국가의 조합주의적(*korporativ*) 건설을 지향하였던 제안들은 훨씬 더 실제성을 결여하고 있었다. 하나의 근본적 원인은 의석의 환산이나 영향영역의 분배를 위한 적합한 열쇠가 없었다는 것과 상응하는 신분적 조직들이 그들을 전체 정치적인 기능에는 별로 능력을 발휘하지 못하게 만든 거의 단지 좁고 분파적인 이익정치만을 추구했다는 사실이다.[58]

---

55) 아래 S. 340f. 를 참고하고 관료층과 정당정치의 관계에 대한 근본적인 설명에 대해서는 Köttgen, *Berufsbeamtentum*(주 II/10), S. 105ff. 참고.

56) 관료층의 이 특수한 성격은 의식적으로 긍정되고(*Ibid.*, S. 88ff.) 그에 상응하는 국가적 형태가 요구된다. 바이마르공화국 말기에 쾨트겐은 더욱 강하게 관료층의 초당파성 이데올로기를 지지하며 바이마르 헌법이 의도했던 바와 같은 의회민주주의의 지속과 기능을 이 "헌법으로부터 의도된 긴장"에 의존하게 만든다: "Die Entwicklung des duetschen Beamtenrechts"(주 II/17), S. 10ff.

57) Nawiasky, *Berufsbeamtentum*(주 II/9, S. 16); Köttgen, *Berufs-beamtentum*(주 II/10), S. 109ff.

58) 이 문제점에 대해서는 H. Teschemacher, *Der Berufsstand im Lichte der Staatslehre und die Rechtsstellung der brufsständischen Organisation im Rahmen des Artikels 165 Reichsverfassung*(München, 1933).

따라서 바이마르의 의회민주주의의 정당국가적 현실에 대한 바람직한 대안에 대해 이야기할 수 없다면 이론가들과 여론에 그 비판을 위한 효과적 전거를 제공한, 민주주의 이데올로기와 민주적-사회적 현실 사이의 위험한 괴리를 지양하는 데 모든 노력이 경주되어야 했다.[59] 바이마르 헌법은—물론 이 헌법만 그런 것은 아니지만[60]—여기서 충분히 명료하고 현실적으로 작성되지 않았다; 그것은 그 상응하는 결정들에서 새로운 국가의 주어진 정치·사회적 기능연관들을 너무 적게 고려했다. 이렇게 바이마르 헌법은 진부한 자유주의적 잔재로서 신뢰를 잃은 '체제'[61]에 맞선 특히 칼 슈미트의 투쟁, 권위주의적 국가를 지지하는 이데올로기의 점증하는 영향력, 그리고 마지막으로 민주적 기관들을 제거하는 데서 표현된 민주적 메커니즘에 대한 이론적 및 실제적 비판[62]을 위한 구실을 제공했다.

우리가 민주적 구조의 실제에 대한 법적 해석의 부적응에 주목한다면 동일한 인상을 받게 된다. 바이마르공화국의 헌법, 법률, 사무규정들, 선거법들에서도 정당제도는 거의 전적으로 고려되지 않고 있다.[63] 그러한 무시의 실제는 바이마르 헌법 자체만을 규정한 것은 아니다; 많은 법학자들의 거부로 정당국가의 실제가 사무규정 속에 반영

---

59) Radbruch(주 II/43) 문헌과 함께; Glum, *Das parlamentarische Regierungssystem*(주 II/4), S. 211f. 이러한 의미에서 또한 Thoma, "Das Reich als Demokratie"(주 II/43), S. 190ff.

60) 미국과 프랑스의 상황에 대해서는 Grewe, "Zum Begriff der politischen Partei"(주 II/8, S. 65f., 주 2)에 인용된 문헌 참고.

61) 위의 주 51과 Glum, *Das parlamentarische Regierungssystem*(주 II/4), S. 198ff.; S. 212ff. 그리고 슈미트의 1923년~1933년 논문들 참고: *Positionen und Begriffe*(주 II/36), S. 9~203.

62) 예를 들면, Triepel, *Die Staatsverfassung*(주 II/49), S. 19ff.

63) H. Preuss, *Reich und Länder*, aus dem Nachlass hrsg. von G. Anschuetz(Berlin, 1928), S. 269; Radbruch, "Die politischen Parteien"(주 II/43), S. 288.

되는 데는 어려움이 컸다.[64] 정당들은 계속하여 법률적으로 규정할 가치가 없는 사회학적 현상으로서 간주되었다. 국가권력의 기원(제 1조), 의원들의 지위(제 21조) 그리고 정부구성(제 130조)에 대한 바이마르 헌법의 규정들에서 우리는 정당들이 완전히 무시되고 있다는 것을 발견하게 된다. 그리고 관헌국가 이데올로기를 시대착오적으로 고집한 것이 근본적으로 정당국가의 반대자들에 의해 끊임없이 이용된 이 놀라운 현상에서 한 몫을 담당하고 있다는 사실이 정당하게도 이미 그 시대에 지적되었다.[65] "한 국민 내부의 아주 다양한 정치적 법 신념들이 정당이라는 수단을 통해서 실현을 위해 분투한다"[66]는 통찰이 아니라 민족의 다원주의적 분열에 대한 비난들이 계속해서 독일의 공적 여론을 지배했다.

이것은 정신사적으로 헤겔, 낭만주의, 콘스탄틴 프란츠(Konstantin Frantz)로부터 비롯되며, 물론 정치적으로 재단되거나 오해된 국민의사의 통일성, 즉 국민정신 개념에 의해서 운반된 비난들이었다. 형이상학적으로 이해되었으며 게다가 민족주의적으로 과열되고 그 올바름이 정치적 실제에 비추어 검증되지 않거나 유토피아적 지배신화를 통해 재가된 그러한 개념형성으로부터[67] 사람들은 한 국민 속에서의 다양한 정당들의 존재를 불만스럽고 제거할 필요가 있는 잘못된 상황이라고 느꼈을 것이다. 너무 쉽게 통일적 인민주권이라는 개념으로부터, 아마도 결과에 대해서 실제로 분명히 알지 못한 채, 일당국가에 대한

64) 이에 대해서는 Leibholz, "Verfassungsrechtliche Stellung und innere Ordnung der Parteien"(주 II/40), S. 12ff.

65) Radbruch(주 II/43), S. 293.

66) Reif, "Verfassungsrechtliche Stellung und innere Ordnung der Parteien"(주 II/20), S. 32f.

67) 어떻게 이것이 인민의사의 통일성 곧 "인민주권"에 기초한 독재형태의 지배를 정당화하는 기초로 되었는지에 대해서는 이 책의 다른 장소에서 보다 분명히 설명할 것이다.

요구를 도출할 의회민주주의에 대한 널리 퍼진 의심이 법적 관찰방식의 과도한 강조와 국가사회학적 관찰방식의 경시에 잘 부합하였다. 그 영향력이 없었다면 나치당(NSDAP)의 부상을 생각할 수 없었을 이 오래된, 그러나 여전히 활력 있는 이론들에서 특히 비스마르크 이래 재삼재사 현실을 왜곡하는, 정당보다 국가가 위라는 편리한 표어로 뒤바뀐 "초당파성"의 가능성에 대한 믿음의 정신사적 뿌리가 놓여 있다. 정당간의 투쟁은 악의적 반목에 지나지 않으며 조국의 "통일성"에 해롭다는, 특히 관료층 내에서의 견해는 여기서 비롯되었다: 이것은 관헌국가가 바로 그 배타성을 통해서 더욱더 위험한 성격을 발전시킴에 틀림없는 분명히 은밀한 정당적 구조물이라는 사실을 간과한 견해이다.[68] 그리고 이 환상은 특히 의회적 국가에 당연한 내각구성원들의 정당적 결속을 감추었으며 관리(*Beamten*, 官吏) 개념을 사용하여 장관들을 초당적 관료화의 지배하에 두려는 경향으로 나아갔다. 그런데 이것은 이론적 소망사항으로 남아 있어야 했으며 정치적 실제와 관련하여 불만과 근본적 비판을 강화시켰음에 틀림없다.[69] 의회적 국가에서 정치적 활동은 정당정치에 결속되어 있다; 초당적인 정치적 결사를 니코틴 없는 담배를 위한 흡연클럽과 비교하는 것은 아주 적절한 위트이다.[70]

여론의 폭넓은 영역에서, 의회민주주의로 하여금 정치적 현실의 역동적 흐름을 가장 잘 발현케 해주었을, 타협을 즐겨하는 상대주의와 정치적 관점들의 상호절충의 필요성에 대한 실질적 통찰에 이른 적이 한 번도 없었다는 것은 바이마르공화국의 심리적 상황의 특징을 잘 반

---

68) 초당파성의 심리학에 대해서는 이미 당시에 적절하게 지적되었다: R. Olden, *Hindenburg oder der Geist der preussischen Armee*(Nuernberg, 1948), S. 188.

69) 이에 대해서는 Koettgen, *Berufsbeamtentum*(주 II/10), S. 98ff. 특히 유익한 사례를 국방부장관의 지위가 제공한다: 아래 S. 438ff. 참고.

70) T. Heuss, *Die neue Demokratie*(Berlin, 1920), S. 67.

영한다[71]; 더 나아가 정당들의 존재와 정치적으로 창의적인 활동에 대한 묵시적 인정에도 불구하고 정당국가적 헌법으로의 발전이 지연되었다는 사실도 그렇다.[72] 특히 헌법 제130조의 해석이 정부와 관료층 사이의 관계에서의 불분명함과 상당부분 관헌국가로부터 전수된 정치적 활동으로서의 정부와 관료적 활동으로서의 행정 사이의 근본적 차이에 대한 무시를 결코 극복할 수 없었다는 사실도 이것에 기여했다.[73] 이렇게 의회는 법적 논의과정을 통해서도 그것이 관료통제와 행정감독의 기관으로서, 부적합한 관리들을 배제하기 위한 담당기구로서, 예산결정의 기관으로서 그리고 정당간의 타협을 도출하기 위한 포럼으로서 취해야 하는 중요한 위치로부터 밀려났다.

1920년대 말에 헌법적 상황은 정당과 국가의 관계와 관련하여 완전히 유동적이었다. 다음 몇 년간 특히 새로운 "운동들"과 그 대변자들은 권력투쟁에서 이 상황을 이용했다. 이미 그 당시 칼 슈미트는 예리하고, 물론 의문의 여지가 있는 비약을 통해서 미래를 예견하는 방식으로 그 딜레마를 가차없이 파헤쳤는데, 여기서 그는 지나치게 과장했으며 주어진 헌법구성물이 실패했다고 간주되는 순간 적용될 이론, 곧 정당들간의 조정자로부터 "헌법의 수호자"로 그리고 최종적으로는 헌법에 맞선 그리고 헌법 없이 군림하는 독재자로 귀결될 중립적 혹은 지도적 권력(*pouvoir neutre oder moderateur*) 이론을 준비했다.[74]

---

71) Radbruch(주 II/43), S. 289; Kelsen(주 II/9), S. 101ff.; H. Gerber, "Entwicklung und Reform des Beamtenrechts", *Veroeffentlichungen* 7(1932), S. 7.

72) 정당은 조직 및 사상공동체로서의 성격을 넘어서 정치적 행동, 권력장악, 지배유지의 의지를 통해서도 특징지어진다는 확인에 상응하여 국사재판소를 통한 제국선거법의 해석은 의회에 대표를 가지고 있거나 그에 대한 정당한 전망을 가지고 있는 정치집단만을 정당으로 인정하였다. 이에 대해서는 S. Neumann, *Parteien*(주 II/5), S. 11f.

73) Koettgen, *Berufsbeamtentum*(주 II/10), S. 46; S. 50ff.; S. 97ff.

3. 의회주의 사상의 위기

동시대인들의 논의에서 의회민주주의의 그림은 그렇게 논란이 많은 것으로 나타나며, 총괄적 고찰에서 전국가적 틀과 모든 정치적 및 사회적 세력들의 통합점으로서의 그 구체적 기능은 그렇게 문제의 소지가 많은 것으로 서술된다. 사실 바이마르공화국의 역사가 의회주의의 이론에 어떤 기여를 했는지는 의심스러우며 옛 보수적이고 관헌국가적인 반대운동뿐만 아니라 새로운 혁명적-전체주의적 반대운동들에 수많은 그럴듯한 구실들을 제공했다. 정부구성에서의 지속적 난관들은 이미 공화국 초기의 위기의 시기들에 일찍이 제국대통령의 지위에서 형성된 발전가능성을 시사하는 비상령들과 의회적 입법기관에 대한 침해들을 추동하였다. 그에 반해 법치국가적 민주주의에서 중심적 과제를 충족시켜야 하는 다당제 의회의 실질적 역량들은 계속하여 제한되고 제거되었다.

이 문제는 전후 유럽에서 의회권력의 거의 일반적인 위기의 폭넓은 틀에 속한다. 그것은 독일에서의 특수한 역사적 및 정치적 관계하에서 하지만 특별한 비중을 차지했다. 여전히 주로 '명사정당들'에 의하여 지탱된 19세기의 자유주의적 의회형태들을—이들은 근본적으로 개별 인물들과 그들의 느슨한 결합들을 통해 규정되는 것으로 보였는데—그 속에서 사회적으로 닫혀 있고 그 표결과정에서 엄격히 규율화된 대중정당들이 서로 대립을 보인, 엄정한 정당의회들을 통하여 대체함으로써 계급연관적 이해관계들을 둘러싼 투쟁과 정치적 변화과정들은 더욱 강화되었다. 이러한 가운데 인민의 모든 경향들을 대변하는 표결의 통합작용은 방해받았고 반(反)의회적 흐름들과 행동방식들은 점점 더

74) Glum, *Das parlamentarische Regierungssystem* (주 II/4), S. 213f.

공간과 반향을 확보하게 되었다. 공화국의 첫 10년에 의회의 이 민감한 구조를 다수의 정당들은 모든 중요한 순간들에 아직은 건드리지 않았다; 그러한 주저는 하지만 동시에 상당한 정도의 의회적 자기만족을 조건지어, 기존의 대립들이 해소되지 못하고 위험스런 긴장상태 속에서 버티고 있었을 뿐만 아니라 의회 자체도 대립과 상쇄의 원래 장소이자 정치발전과 그 제도적 기구들의 민주적 형성과 통제를 위한 결정적 담당자로서의 자기기능을 상실하려 위협받고 있었다.

제국의회가 실제로는 결코 그 헌법적 권력영역을 충족시킬 수 없었고 중요한 정치과정에 영향력을 행사할 수 없었다면 그것은 그러한 권한을 부여받은 기관이 대부분 전문가들에 의해서 지배되는 현대 대중사회의 복잡한 관계들에서 직면하는 어려운 조건들과 과제들 때문이기도 했다. 의회주의의 잦은 위기는 그러한 불균형에서 발생한 것이다; 그것은 먼저 이탈리아에서 의회적인 정부구성의 최종적 저지와 권위주의적 파시즘의 승리를 초래했다. 이 위기는 독일에서도 같은 시기에 새로운 국가의 기능역량을 진지하게 위협했다. 반의회주의적, 반민주주의적, 전체주의적 운동들 — 이러한 운동이 고조되는 가운데 의회정부의 업무실제의 침체된 우유부단함, 불충분함과 비효과적인 것으로부터, 최초의 봉기 및 반란시도들에서 집단을 형성하고 역량을 시험해 본 세력들이 성장하였다. 해소하기 어려운 상호작용의 결과는, 독일 민주주의가 저 존재위기에 대한 해결책을, 직접적인 위험을 모면하고 겉으로는 안정되어 보이는 5년간의 시기로 넘길 수 있게 만들었지만 동시에 — 권위상실과 권력상실이 계속 작용하는 과정으로서 그리고 그것이 항상 존재하고 있다는 표시로서 — 의회 영향력의 구체적인 영역을 더욱 좁히는 조치들에서 찾았다는 사실로 더욱 심화되었다. 제국의회는 조용하고 비교적 안정적인 시기에도 그 두 가지 가장 중요한 과제들을 — 밖으로는 정치의 형성과 통제; 안으로는 대의제적 타협 속에서 사회·정치적 대립들의 민주적 조정과 통합 — 만족스럽게 충족시키고 그 효과 속에서 점차로 지속적이고 적응능력이 있는 전통을 발전시킬 수 없는 것으로 입증되었다.

이것은 물론 19세기의 민중운동들에 의해 발전되었고 운반되었으며 1918년의 붕괴의 충격 속에서 관헌적이고 권위주의적-민족주의적인 중첩으로부터 해방되고 바이마르 헌법에서 명료하게 보장된 것으로 보인 새로운 민주주의 가치체제의 확고한 정착을 전제로 했을 것이다. 의회민주주의가 일반적으로 인정된 민주적 생활감정에 기초할 수 없었다는 것은 1918년부터 1923년까지의 시기에 반혁명적 쿠데타 시도들을 성공적으로 막았음에도 불구하고 분명하였다. 반동적-군주주의적 및 민족주의-권위주의적 집단들의 비타협적 태도 못지않게 파국적이었던 것은 여기서 새로운 헌법의 구속력 없는 자유주의를 내키지 않아 했고 혁명사건들의 급진적 민주주의의 단초들을 배신당한 것으로 믿었던 사회주의적 성향의 대중들의 실망으로 인한 냉담성이었다. 이렇게 해서 의회는 극단적인 좌·우 급진정당들(*Flügelparteien*)을 얻었으며 그 강세는 곧 집단들의 자유로운 대결과 건설적인 야당의 여지를 거부했으며 의회적 메커니즘을 결국 치명적으로 마비시켰다. 오늘날 다시 이탈리아와 프랑스에서 의회정부들의 기능상의 어려움들과 위기에서 분명해지는 이 상황이 제국의회의 작동방식을 거의 항상 결정하였다. 거의 모든 정부가 의회적인 게임규칙을 지키고 민주적인 정부체제의 인정을 통해서 자유로운 정치질서의 지속과 원활한 기능에 관심을 가진 모든 정당들의 지지와 관용을 필요로 했을 것이다. 건설적인, 즉 헌법 내에서의 책임질 준비가 되어 있는 야당은 민주적 정당들 중의 하나가 때로 정부의 기반을 우측으로 확장하는 데 성공했을 때 비로소 누릴 수 있었던 호사였다.

바이마르공화국의 해체는 결국 저 단지 부정하는 데서만 통일되었기 때문에 순수하지 못한 야당의 지나친 압력하에서 수행되었다. 이들의 위협은 항상 다모클레스의 칼로서 바이마르공화국의 취약한 응급구조 위에 붙어 있었다. "순수하지 못한 다수"로의 그들의 성장은 의회를 완전한 마비와 지속적 자기해체의 상태로 빠지게 할 수밖에 없었는데, 이 속에서는 초의회적이고 권위적인, 민주적 헌법을 극도로 긴장시키며 결국 파괴하는 조치들만이 통치를 가능하게 했고 정치적·국가적 통합의 마지막 남은 여지를 허용했을 것이다. 그러나 바로 이것이 결국 민주적 틀을 파괴했고 집단들의 끝없이 고조된 적대상태를 갑작스런 폭력적 종말로 몰고 갔다. 민주적 자유가 탈의회적 자의(恣意)로(*livertas zu licentia*) 과도하게 나아가면 그것은 곧 자기해체를 할 위험에 직면하여 이익집단 및 권력집단 형성의 일반적 대립과 더불어 정치적 의사의 형성과 실현을 더 이상 공개적 의견의 자유로운 논쟁 속에서 그리고 의회를 통해서 수행하는 것이 아니라 그 지배의 지주를 공동묘지의 정적 속에서, 병영의 명령 소음 속에서, 조작되고 충족되는 대중의 생계와 오락에 대한 요구(*panem et circenses*)의 소란 속에서 도달하는 독재자의 저 절대적 "질서"를 부추길 위험에 직면하는 것이다.

의회권력의 축소는 따라서 바이마르공화국의 말기에 비로소 일어난 것은 아니다. 제국의회는 사실상 그 입법적 권력지위를 그것이 의회민주주의의 요체로서 행했어야 하는 바대로 충족시킬 수 없었다. 의회 밖의 기관들이 그로부터 실질적인 입법권능을 하나씩 하나씩 뺏어버렸으며 이미 초기의 수권법(授權法)들(*Ermächtigungsgesetze*)[75]은 정부의 명령들에 실질적인 법 효력을 부여하고 결국 제국의회의 입법 이니셔티브를 완전히 대통령제 정부의 비상령 뒤로 밀어버린 발전에 길을 열어주었다. 그리하여 결국 히틀러의 마지막 수권법은 독재내각을 "합법

75) 〔역주〕 1923년 10월 8일 의회에 넘어온 수권법 초안은 정부에 헌법의 기본권을 제한하는 권한을 부여하였다. 정부는 '재정, 경제, 그리고 사회영역에서 필요하고 긴급하다고 간주되는 내용에 대한 조치들'에 대하여 수권을 요구했다. 의회는 행정부의 무지막지한 요구에 대하여 많은 우려가 있었으나 위기상황에 공감하여 수권법의 제정을 불가피하다고 보았다.

화"했고 전능한 정부에 봉사하는 박수부대를 위해 민주적 제국의회의 해체를 낙인찍은 것이다. 이 발전을 위한 가장 깊은 원인은 비스마르크 시대의 한 유산인 저 이중적인 비정치적 태도, 국가에 대한 저 내적 무관심이었다. 이것은 "독일인의 두 가지 정치적 주요 단점들"의[76] 결합 — 곧 비정치적 국가기피와 비정치적 권력숭배의 결합이었다.

4. 제국대통령들의 지위 : 에버트에서 힌덴부르크까지

이미 바이마르공화국의 초기역사를 특징짓는 제국의회 권력의 하강에 정치적 관료층뿐만 아니라 제국대통령들의 권력상승이 상응하였다. 바이마르 헌법은 제국대통령의 폭넓은 권한과 국민투표를 결정하는 데서 부분적으로는 각각 프랑스와 미국의 모델을 따랐다. 하지만 이 문제에서 권력분배를 지키지도 않았고 — 미국의 대통령제에서처럼 — 행정권력의 영역을 명확히 규정하지도 않았다. 이로써 이전에 이미 로버트 폰 몰(Robert v. Mohl)이 입헌주의의 구조적 오류라고 보았던 국가원수와 의회 사이의 이중구조가 새로운 수준에서 그리고 변화된 정치적 및 헌법적 조건하에서 의회적 공화국에서도 지속되었다. 이미 국민의회에서 그 전제인 직접적인 국민투표에 의한 선출과 연결된 제국대통령의 막강한 권력에 대한 우려가 제기된 후 중요한 비평가들은 재삼재사 이 위험지점을 지적하였다.[77] 전통의 요인들, 검증받지 않았으며 깊은 대립들을 통해 분열된 의회에 대한 거부감, 마지막으로 전후 몇 년간의 위협적인 내적 및 외적 위기들에 직면하여 개인적인

76) R. Smend, *Verfassung und Verfassungsrecht* (Muenchen-Leipzig, 1928), S. 3.

77) 이렇게 특히 Thoma, "Die rechtliche Ordnung" (주 II/3), S. 505; Eschenbrug, "Die improvisierte Demokratie" (주 I/22), S. 204 (im Neudruck: S. 42); Bracher, "Aufloesung" (주 I/58), S. 86~98.

개입능력을 소유하고 있고 분열적인 세력들을 위한 분명한 통합점을 형성할 강력한 국가원수, 최고의 심급(*Instanz*)에 대한 요구가 더 강하였다. 그러한 원인들이 에버트로 하여금 임시 제국대통령으로의 선출 이후 부르주아 정당들과 헌법 비판자들과 함께, 물론 후고 프로이스(Hugo Preuß) 자신의 저항에 맞서, 그것을 가지고 군주정은 아니라도 공화국에서 그 외관상의 강력함과 안정성이 보존된, 권력분배의 발전을 도입하게 만들었다.[78] 프리드리히 마이네케처럼 질서와 권위의 와해에 옛 것과 새 것의 건설적 종합을 통해서 대처하고자 시도했으며 그들의 사고에서 민주적 카이사르주의의 예견과 군주들과 비슷한 공화주의적 대통령제 사이에서 오락가락 했던 많은 정치적 관찰자들의 생각들은 공화국으로의 이행기에 비슷하였다.[79]

공화국의 이 최고 제도의 설치 역시 그 인격적 신뢰성과 정치적 성실성에 그 규정과 가능성이 맞춰진 것으로 보이는 이 첫 번째 담당자의 그 순간의 정치적 필요, 역사적 사고, 인물됨에 의해서 결정되었다.[80] 민간인이자 민주주의자인 에버트는 그가 소요중인 국가에 대해 투입하고 무력행사를 위탁할 수 있었던 군사권력의 최고 통수자가 되었다; 그는 계엄령을 선포할 수 있었으며 국가적 연속성과 정치적 통일성의 상징으로서 정당과 이익집단들의 대립관계 위에 서 있어야 했다. 여기에는 모든 헌법적 고려를 초월하여 군주제적 전통이 계속하여 작용하였다: 사람들은 민주주의의 정점에서도 일종의 "대리황제"[81]를

---

78) 이렇게 바로 프리드리히 에버트 자신이 그의 당 동지들에 맞서 대통령의 권한을 넓히기 위해서 애썼다: P. Scheidemann, *Memoiren eines Sozialdemokraten* (Dresden, 1928), Bd. II, S. 353ff.

79) 특히 1918년 12월 6일의 일기장 참고: F. Meinecke, *Strassburg, Freiburg, Berlin, 1901-1919* (Stuttgart, 1949), S. 276f.

80) 에버트에 대한 인물스케치 참고: S. Marck, *Grosse Menschen unserer Zeit. Portraits aus drei Kulturkreisen*, (Meisenheim am Glan, 1954), S. 66ff.

81) Eschenburg, "Die improvisierte Demokratie"(주 I/22), S. 204.

포기할 수 없다고 믿었다. 그 인물은 전체 인민의 투표를 통해서 정당화되어 전통적인 심리적 요구를 구체적인 정치적 통합성향과 결합해야 할 것이었다.

중립적 권력이론이 비록 대통령의 권력지위에 대한 평가를 공화국의 말기까지 계속 결정했지만 정치적 실제는 물론 그러한 고려들로부터 거리가 멀었다. 실제로 제국대통령의 강력한 권력지위에 기대도록 압력을 가한 것은 정부의 지속적인 의회적 불안정성이었다.[82] 법적 및 정치적-언론매체적 논의도 여기서 의회국가적-의회적 민주주의에 대한 평가에서와 비슷하게 경과한 반면 제국대통령의 실질적 역할은 심한 변동을 경험하였다. 그것은 최종적으로 "헌법의 수호자"의 기능으로부터 제국대통령이 직접 서로 대립하는 권력집단들 중의 하나를 위하여 그 권력을 개입시킬 수 있는 정치적 영향권으로 이동하였다.

여기서도 처음에 옛 것과 새 것, 군주적 입헌주의와 민주적 의회주의 사이를 결합시키고[83] 상징적 연속성을 시사할 실패한 타협이 있었다. 그것에 대해 물론 항상 강한 비판이 제기된 이 제도의 어떤 발전단계에서도 그 첫 번째 전제가 — 곧 제국대통령의 엄격히 초당적인 중립 — 실제적으로 충족된 적이 없었다. 이미 첫 번째 대통령에 대한 우파들의 투쟁에서, 이것은 공화국의 발전에 치명적인 프리드리히 에버트의 이른 죽음을 통해서 비로소 중단되었는데, 이 전제는 암시적으로 반박을 받았다. 특히 공화국의 앞으로의 도정에 가장 큰 의미를 가질 힌덴부르크의 당선은 완전히 이데올로기적, 사회적 및 정당정치적 대립을 표시하고 있었다; 그것은 정치적 결정을 의미했고 정치집단의 심

---

82) T. Eschenburg, "Die Richtlinien der Politik im Verfassungsrecht und in der Verfassungswirklichkeit", *Die oeffentliche Verwaltung* 7, Heft 7 (April 1954) und *Aus Politik und Zeitgeschichte*, Beilage zur Wochenzeitung *Das Parlament* (XXII/54 v. 9. Juni 195), S. 281.

83) Eschenburg, "Die improvisierte Demokratie" (주 I/22), S. 204.

각한 이합집산을 촉진시켰고 — 초기의 쿠데타 시도들의 실패 후에 — 복고적이고 권위주의적인 반대운동들의 새로운 분출을 분명하게 표현하였다; 그것은 따라서 공화국의 부인할 수 없는 최고의 정점을 초당적으로 인정하는 분위기를 창출할 수 없었고, 그보다는 내정적인 발전 경향들에 길을 열어 줄 것이었다.

의사법적인(*pseudojuristisch*) 주장에 덧붙여 심리학적 요인에 기초한 주장이 제기되었다. 그것은 의회적 산술에 따른 정부구성 과정이 여론에서 매우 불신을 받았으며 매우 높은 정도로 정치적·경제적 난국에 책임을 져야 한다는 것이고, 정부의 작업능력뿐만 아니라 권위도 그것이 주권적 국민의사의 또 다른 대변자로서의 제국대통령에 의해서 담당되는 정도에 따라서 증가해야 한다는 데서 출발했다.[84] 대통령은 민주주의체제의 다원주의적 혼란에서[85] 국민의 통일성을 구해야 한다는 것이다! 그러나 대통령정부의 구성은 더 이상 정당정치적으로 결정되어서는 안 되기 때문에 정부구성원들에게 직접 혹은 간접의 영향을

84) 제국의 혁신을 위한 동맹의 입장표명을 참고하라: 여기서 제국대통령은 연정을 위한 동맹조건들에 의해 방해받는 제국총리의 가장 중요한 "비당파적" 지탱 점으로서 표시되며 양자 사이의 긴밀한 결속이 요구된다: "지금까지 되어진 것의 계속에서가 아니라 미래 발전의 가능성으로서 제국대통령이 정치의 노선을 결정하는 제국총리의 선출을 통해서 일정한 의미에서 통치함으로써 제국총리가 점점 더 제국대통령의 중재자가 되는 발전이 있을 수 있다. 그러한 기초 위에서 제국대통령의 영향과 제국의회의 영향의 일종의 혼합이 성취되는 제국 정부가 대두하는 것을 상상할 수 있을 것이다." 여기서도 역시 그것을 통해 사람들이 정치적 미래에 영향을 미칠 수 있을 "제국대통령의 권한 강화"를 위해 분명히 선전하고 있다(S. 61f.).

85) 이것을 바이마르 헌법으로부터 도출할 줄 알았던 칼 슈미트의 말을 빌리면: "바이마르 헌법은 여기서 바로 민주적 원칙들로부터 의회연정의 지배와 사회적·경제적 권력집단들의 다원주의에 맞서는 평형추를 형성하고, 정치적 전체로서 국민의 통일성을 보존하고 정당들의 오용에 맞서 헌법적 질서를 지키려고 시도했다."

—흔히 정당에 반대되는—미칠 수 있는 집단들이 특별한 의미를 얻어야 했다. 특히 이 이른바 초당적 "헌법의 수호자"[86]인 대통령의 선출도 특정한 집단들과 인물들에 의하여 조직화되고 보장되어야 했으며 그는 이에 따라 이들에 의존하였다[87]; 그도 역시 특정한 정치관을 가지고 있었으며[88] 입법권이 거의 배타적으로 힌덴부르크의 수중에 있었던 마지막 몇 년간은 수많은 예들을 제공한다. "헌법의 수호자"라는 생각은 대통령과 그 영역에서 권력의 도구화에 부합될 수 없었다; 그것은 반의회적 이론가들이 즐겨 쓰는 표어가 되었으며 군대와 대지주층에 대한 힌덴부르크의 결속과[89] 헌법의 수호자가 아니라 점점 더 공개적으로 선언되고 이용된 헌법의 "개혁자"로서의 역할을 의도적으

86) 특히 칼 슈미트는 이미 1929년 대통령의 권력지위를 국사재판소(*Staatsgerichtshof*)에 대해서도 실제로 거기서 근거하는 것으로 본다; "전체 국민에 의해 선출된 제국대통령이 헌법을 지킨다면 정당들과 그들의 타협의 다원주의에 맞서 국민의 정치적 통일의 민주적 원리로부터 전체 국민의 통일성이 제기되며 이러한 방식으로 타협체제에서의 해체에 맞서 국가와 헌법의 통일성을 지키려는 시도가 만들어진다. 여기서 그 결과 민주적 원리에 따라 헌법을 오늘날 그것에 뒤바뀌는 의회 다수로부터 가해지는 위험으로부터 보호할 순전한 가능성이 존재한다. 오늘날 헌법의 수호자를 부르는 사람은 따라서 먼저 통용되는 국법은 이미 그러한 수호자를 알고 있으며 마련해 놓고 있다는 사실을 주목해야 한다. 바이마르 헌법의 자구와 의미에 따르면 제국대통령이 헌법의 수호자다."

87) 여기서는 단지 1925년의 대통령 선거와 "제국블록"을 통한 힌덴부르크 지명의 상황만을 시사한다; Olden, Hindenburg(주 II/68), S. 184ff.; J. W. Wheeler-Bennelt, *Hindenburg. The Wooden Titan*(London, 1936), S. 256ff.; Eyck(주 I/36), I, S. 445ff.

88) Braun(주 I/41), S. 85; S. 101ff. 의 시사를 참고; Severring, *Lebensweg* (주 I/33), II, S. 314; H. Bruening, "Ein Brief", *Deutsche Rundschau* 70(1947), S. 6f.; Phelps(주 I/52), S. 510; S. 540.

89) Neumann, Behemoth(주 I/50), S. 28의 예들; Wheeler-Benett(주 II/85), S. 292ff.; S. 360ff.; S. 311 등; Olden(주 II/68), passim; W. Goerlitz, *Hindenburg. Ein Lebensbild*(Bonn, 1953), S. 249ff.

로 간과했다.[90]

우선 물론 힌덴부르크는 신중하고 그의 헌법적 권리와 의무의 틀 내에 머무르고 공화국을 대표하는 원수로서 그의 역할을 충실한 태도와 비당파적 거리를 두고 충족시키려 노력하는 것으로 보였다. 수많은 사례들에서 그는 그에게 위탁된 이 과제를 위한 엄격한 노력을 입증했으며 1932년 재선될 때까지 민주적 세력들로 하여금 그의 정치적 활동의 성실함에 대해서 확신시킬 수 있었다.

그러나 비교적 안정적 시기에 정치적 신중성을 지키는 것과 위기상황에서 정치적 기본사상과 사회적 소속의 자기 그늘을 벗어나는 것은 다른 문제라는 사실이 드러날 것이었다. 왜냐면 그로부터 이제 그 징후적 성격이 나중에야 나타날 수 있는 이전의 사건들과 관계들에 대한 조명이 이루어지는 것이기 때문이다. 특정한 정치집단들이 1925년의 선거를 조직하고 재정지원했다; 그들은 그 이후에도 힌덴부르크와 개인적인 관계를 유지했다. 힌덴부르크는 그들의 영향을 결코 완전히 벗어날 수 없었으며 — 특히 처음 몇 년간 그의 진지한 노력에도 불구하고 — 생활양식, 깊이 뿌리박은 개인적 성향들과 정치적 관점을 통해서 결국 항상 매우 특정한 부류의 개념들, 이해관계들, 이상들에 결속되어 있었다. 특히 황제의 퇴위와 젊은 공화국과의 결합에서 그가 수행했던 의심스러운 역할은 그로 하여금 옛 친구들과 인간관계들에 대하여 무력감과 부채의식을 가지게 했다. 이 감정은 — 아마도 대부분 의식하지 못한 가운데 그의 정치적 지위의 내재적 위험들과 과제들에 대한 그의 반응을 결정했다.

힌덴부르크와 항상 가까운 감정을 교환하고 직접적인 연관 속에 서 있었던 것은 특히 국가 내의 혹은 국가 주변의 서로 중첩되는 2개의 권력집단들이었다. 이들은 상호의존과 공동의 정체성 속에서 무너진

90) H. J. Henemann, *The Growth of Executive Power in Germany. A Study of the German Presidency* (Minneapolis, 1934), S. 242f.

군주정을 지탱하였고 결정하였던 집단들이었다. 원래 에버트에게 맞추어진 대통령의 지위의 정치적 및 군사적 권력가능성들이 사회적으로 일방적인 배경을 가진 황제 휘하의 원수에게 넘겨진 것은 바이마르공화국의 권력구조 및 기능구조를 중요한 지점들에서 사실상 심각한 정도로 변경시켜야 했다. 이것이 공식적으로나 헌법상으로 별로 나타나지 않았고 처음에는 단지 가능성으로서 힌덴부르크의 신중한 처신 뒤에 보존된 것으로 보이기는 했지만 말이다. 왜냐하면 이제 대통령직과 제국군대와의 결합뿐만 아니라 그 전국가적 기능도 정당들과 이익집단들에 대하여 새로운 승인을 얻었으며 바이마르 헌법의 발의자들에 의해서 결코 예상되지 못했던, 공화국의 구조와 기능방식을 아주 강하게 변경시키고 예기치 못한 발전가능성들을 열어놓을 것에 틀림없는 다양한 권력영역들의 결집을 창출했기 때문이다.

5. 헌법 제48조에 따른 독재권력

이 과정에서 단 하나의 헌법결정의 도입과 확장이 결정적 역할을 수행했다. 1930년 이래 나치당의 성장이 제국의회가 건설적인 다수의석 확보를 실현시킬 수 없음을 최종적 상태로 만들었을 때 제국대통령에게 행정권 외에도 거의 배타적인 입법권이 주어졌다. 그러나 이 대규모의 권력이동은[91] 결코 갑작스런 과정이 아니었고 바이마르공화국의 역사에서 처음부터, 헌법의 발의자들도 이러한 작용을 물론 예기하지 못했던, 중요한 역할을 수행한 입헌적 예외법의 기초 위에서 일어났다. 유명한 제48조는[92] 계엄입법과 비상사태입법(*Belagerungs-und*

91) Hamburg, "Dialektik der staatsrechtlichen Entwicklung"(주 II/22), S. 20ff. 참고.

92) 제48조의 내용: "만일 한 주가 제국헌법이나 제국법률들에 의해 그것에 부

Kriegszustandsgesetzgebung)의 전통에 접속하였다; 그것을 헌법으로 삽입한 것은 국민의회에 의해서[93] 많은 우려들에도 불구하고 단호히 민주적 성향의 의원들 다수의 동의를 얻어 당시 국가의 내·외적 상황에 직면하여 가결되었다: 당시 에버트의 혁명정부도 그때까지 오로지 의사(擬似) 독재적 조치들을 통해서만 그 기능들을 완수할 수 있었던 것처럼 강력한 행정부는 그 시점의 시대적 요청으로 보였다.[94] 여기서 제국대통령의 예외권과 비상령권(*Ausnahme und Notverordnungsgewalt*)의 삽입은 분명히 에버트의 인물에 맞추어져 있었고 결코 헌법을 초월하기 위한 수단으로서가 아니라 위기상황에서 헌법의 온전한 보존과 헌법적 질서의 재건을 위한 수단으로서 의도되었다.[95] 공화국 초기에 제 48조의 적용도 이러한 방식으로 수행되었다. 여기서 물론 그것에 놓여 있는 가능성들과 위험성들 그리고 대통령의 비상령법(*Notverordnungsrecht*)[96]과

과된 의무를 이행하지 않는다면 제국대통령은 무장권력의 도움을 받아 그 주로 하여금 그것을 이행하도록 가르칠 수 있다. 제국대통령은 만약 독일제국에서 공공안전과 질서가 심각하게 방해되거나 위협받는다면 공공안전과 질서를 재건하는 데 필요한 조치들을 취할 수 있고, 필요한 경우에는 무장권력의 도움으로 간섭할 수 있다. 이 목적을 위하여 그는 잠정적으로 114조, 115조, 117조, 118조, 123조, 124조 그리고 153조에 확정된 기본법들을 전체적으로나 부분적으로 무효로 만들 수 있다. 이 조항의 제 1항이나 제 2항에 따라 취해진 모든 조치들에 대하여 제국대통령은 즉각 제국의회에 알려야 한다. 이 조치들은 제국대통령이나 제국의회의 요구에 따라 무효화될 수 있다. 더 자세한 것은 제국 법률이 결정한다."

93) 이에 대해서는 F. Stier-Somlo, *Die Verfassung des deutschen Reichs vom 11. August 1919* (Bonn, 1920), S. 19ff.

94) 특히 C. L. Rossitter, *Consitutional Dictatorship. Crisis Government in the Modern Democracies* (Princenton, 1941), S. 32ff.

95) R. Grau, "Die Diktaturgewalt als Reichspraesidenten", *Handbuch* (주 I/10), II, S. 274: 제 48조에 따른 독재권력의 과제는 "바이마르 헌법의 틀 내에서 수행되는 공공생활의 보호와 이 헌법 자체의 확보와 유지이다."

96) 공화국의 13년간 제 48조에 대해서 250번 이상 언급되었다. L. Rogers et

특별 전권위임(*Ermächtigung*)의[97] 지나친 확장의 결과들이 이미 일찍 그 징후적 형태로 가시화되었다. 여기서 민주적 헌법의 자기보호나 — 제국대통령의 의사(擬似) 군주적 기능과의 연관 속에서 — 단순히 절대주의 전통의 계속이 문제가 아니라 권위주의적 국가구조의 의미에서 정치질서의 변경을 위한 능동적 노력이 문제될 수 있다는 것을, 곧 "제국대통령의 독재권력"이라는 표어에 대한 일반적 논의가 분명히 만들었다. 그 당시는 물론 권위주의적 해결책의 가장 용감한 지지자들조차도 이 조항이 언젠가 매년 계속하여 정부의 모든 시도들의 거의 유일한 버팀목이 되고 전체주의적 국가질서로의 이행을 지지할 수 있으리라는 가능성을 계산하지 못했다. 그들은 그 권한이 프리드리히 에버트에게 귀속되는 한 그것을 할 수 없었고 그것을 하려고 하지도 않았다.

여기서도 힌덴부르크의 선출은 결정적 전환점을 표시했다. 아마도 특히 1923년의 소요시 제 48조를 적용한 데서 이미 앞으로의 조합과 계획들이 출현하였다: 사람들은 제국군대를 통한 공권력의 인수를 폰 제크트(Seeckt)의 독재로 나아가는 한 단계로서 해석했고, 민주적 메커니즘의 잠정적 연기를 통해서 권력의 이동과 재분배를 도입할 가능성을 생각했다.[98] 그러나 그러한 계획들은 폰 제크트의 우유부단함과 정치적 주저로 인해서만 실패한 것은 아니다. 계획들은 내정적 위기의 지속과 특히 그의 비상대권(*Ausnahmebefugnisse*)을 당시 군대 집행부에 넘겨준 에버트의 제거를 전제로 했다. 그러나 그러한 사태전개 대신 상황이 안정화되었고 그러한 가운데 공화국의 단 한 번의 비교적

---

alii, "Aspects of German Political Institutions", *Political Science Quarterly* 47(1932), S. 321ff.; S. 576ff.

97) W. Schoeborn, "Sonstige Ausserordentliche Ermaechtigungen", *Handbuch* (주 I/20), II, S. 330ff.; Rossitter(주 II/94), S. 44ff.

98) 이에 대해서는 F. v. Rabenau, *Seeckt. Aus seinem Leben 1918-1936* (Leipzig, 1940), S. 352ff.의 설득력 있는 사료들을 참고.

안정적인 발전단계가 진행되었다. 이제 그 잠재적인 권력정치적 위험들이 이미 그때까지 재삼재사 감지될 수 있게 된 대통령의 예외권능의 도입은 마침내 과거의 위기 시기의 도구와 젊은 공화국의 소아병에 속하는 것으로 보였다.[99] 그 기초 위에서 가까운 장래에 분명한 정치적 변화들, 곧 민주적 질서 자체의 전복이 일어나리라는 것이 힌덴부르크의 대통령직 취임과 함께 비로소 가능한 것으로 보일 수 있었다; 의회민주주의에 대한 모든 근본적 비판자들은 제 48조에 대한 이론적 해석과 논의의 영역을, 그 조항을 "제국대통령의 독재권력"에 헌법, 권력의 법적 분배와 균형, 국가질서의 민주적 구조에 맞서 방향전환시킬 수 있고 드디어 의회적 제약과 통제를 넘어 발전을 이끌어 갈 수 있는 인물이 사용할 수 있을 때, 비로소 떠났다.

힌덴부르크의 선출은 따라서 이로부터 볼 때 공화국 및 근대 독일국가의 역사에서 획기적인 사건이 된다. 이제 제국대통령의 막강한 권한이 다른 눈으로 관찰되었고 원래의 적용을 훨씬 넘어서는 생각들과 이니셔티브들과 연관지어졌다는 것은 힌덴부르크의 충성과 공식적 헌법에 대한 충실의 문제라기보다는 그의 출신, 그의 자연적 결속들, 그의 상징적 자태에 연결되는 평가의 문제이다. 힌덴부르크가 공화국의 마지막 몇 년간에도 처음에는 비상령의 선포 앞에서 두려워했고 에버트하에서의 예외입법에 대한 시사를 통해서 확신을 가졌다는 정황은 이를 설명해준다.

제 48조의 사용이 공화국의 첫 몇 년간 변화된 전제들하에서, 권한이 반공화주의적 국가관의 대변자에게로 넘어감으로써 — 그 자신은 헌법을 지키려는 의지를 가지고 있었다 하더라도 — 예외법의 의미를

---

99) 당시 제국총리들 중의 한 사람이 오늘도 제 48조를 단호히 지지한다는 사실은 하지만 흥미 있는 일이다: H. Luther, *Weimar und Bonn* (Schriftenreihe der Hochschule für politische Wissenschaften München, Heft 11) (München, 1951), S. 32ff.

그 반대로 전도시키고 그 적용을 통해서 헌법 자체와 그것을 가지고 지켜야 할 민주적 질서를 전복시킬지도 모를 조짐들과 경험들을 얼마나 발전시켰는지가 여기서 이제 분명해진다. 헌법의 이 중심규정을 헌법 반대자의 수중에 떨어뜨린 이 과정은 파펜의 총리 재임기간 이전의 마지막 민주정부의 도움을 통해서만 설명되는 것은 아니다; 그것은 전복된 군주정의 마지막 위대한 상징인 힌덴부르크에게 문명적인 의회공화국의 정점에서 허용된 강력하면서도 역설적인 권위로부터만 이해될 수 있는 것도 아니다. 이 과정은 그 전체 범위에서 특히 아주 구체적으로 의회적 심급의 태만을 통해서 가능하게 되었는데, 의회는 헌법에서 분명히 요구된 매우 일반적으로 제기된 예외법의 보다 자세한 결정과 제한 그리고 그로써 헌법적 민주질서의 틀 속에서와 그 보호를 위해 그 명확한 기능을 결코 확정하지 않았다.[100] 비록 힌덴부르크 시대의 특징을 가진 특정 정당들과 집단들의 해석의 발전들이며 계획들과 해결책 모색들이 아주 분명히 의미를 변화시키는 확장을 위해 노력하고 그후 이용했지만 말이다.

나치시대의 헌법 허구들에 대한 기회주의적 적응에서 정점에 이를[101] 헌법적 고찰들의 약화 그리고 해체는 물론 "헌법" 자체의 변증

---

100) 비록 그 요구가 특히 첫 5년의 위기 이후 끊임없이 제기되었음에도 불구하고: H. Nawiasky, "Das Durchführungsgesetz zum Artikel 48 der Reichsverfassung", *Das Recht* (September 1924), S. 445ff. ; R. Thoma, "Die Regelung der Diktaturgewalt", *Deutsche Juristenzeitung* 17/18 (1924), S. 654; 그에 반해 C. Schmitt, *Die Diktatur. Von den Anfängen des modernen Souveränitätsgedankens bis zum proletarischen Klassenkampf*, 2. Aufl. (München-Leipzig, 1928), S. 254ff.

101) 제48조의 이론적 및 실제적 발전에서 국법학자들의 역할에 대해서는 Rossitter (주 II/94), S. 61ff. ("Aritcle 48, in Law and Theory"). 개별 국법학자들의 입장과 관점에 대해서는 Glum, *Das parlamentarische Regierungs-system* (주 II/4), S. 177ff. 그것은 순전히 기회주의적인 나치의 헌법이론에의 적응에서 정점에 이른다. 특히 두드러진 것은: C. Schmitt, "Der

법적 이중성을 통해서 항상 도전을 받는다. 구체적인 역사-정치적 상황에서 규범적인 정당화 문서의 등장과 함께 주어져 있으며 제 48조가 에버트라는 정치적 인물과 새로운 국가의 이행위기에 맞추어져 있는 데서 그리고 나중의 해석변화와 1930년 이후 제 48조의 과다한 적용에서 나타나는 규범적-정적 요소들과 상황 연관적-가변적인 요소들 사이의 긴장, 이 긴장은 처음에는 해석을 통해서, 헌법의 수정을 요구했다; 위기의 시기들에 역사적 가변성의 요소는, 모든 긍정적 규범도 그 밑에 서 있는데, 예리하게 그리고 도전적으로 완전한 모습으로 나타나야 했다.[102] 이렇게 특히 바이마르 시기의 후반기에 제국개혁의 문제와[103] 더불어 헌법과 헌법실제에 대한 정치적 관련 있는 비판은 — 힌덴부르크의 선출 이후 — 의회민주주의를 권위주의적 대통령군주제(*Präsidialmonarchie*) 혹은 — 물론 모호한 나치의 계획들에서처럼 — 대중적 지지에 기초한 카이사르주의로 변형시키기 위한 헌법적 출발점을 제공할 지점들에 집중되었다.[104]

의회적 입법부와는 반대로 행정권력의 강력한 강화는, 특히 외국의 관찰자들은 여기서 공화국 해체의 결정적 요인을 보는 데 익숙해졌는데,[105] 이제 지금까지보다 더 제 48조의 사용을 제한하는 정치적 통제

Führer schützt das Recht", *Positionen und Begriffe*(주 II/36), S. 199ff.

102) 이러한 의미에서 새로이 F. A. Frhr. v. d. Heydte, "Stiller Verfassungswandel und Verfassungsinterpretation", *Archiv für Rechts-und Sozialphilosophie* 39(1950/51), S. 461ff.

103) 이에 대해서는 특히 A. Brecht, *Federalism and Regionalism in Germany. The Division of Prussia*(New York, 1945), S. 73ff. (광범위한 문헌소개 포함); ders., Vorspiel(주 II/23), S. 82ff.; Apelt, *Geschichte der Weimarer Verfassung*(주 I/57), S. 386ff.

104) 확장된 문헌목록을 위해서는 K. Schultes, *Die Jurisprudenz zur Diktatur des Reispräsidenten nach Aritkel 48 Abs. II der Weimarer Verfassung* (Bonn, 1934), S. IXff.; G. Anschuetz, *Die Verfassung des deutschen Reiches*, 14. Aufl. (berlin, 1933), S. 267ff.

가 제국의회와 국사재판소를 통한 법률통제를 통해서 물러선 한 새로운 제국대통령의 인물과 후광 및 여기서 시작되는 권력이동과의 연관 속에 서 있었다.[106] "조용한 헌법 변화"와 헌법 변경의 문제에 대한 활발한 논의의 영향하에서 "순수 입법 비상사태"로부터 "비순수 입법 비상사태"로의 대통령 독재권한의 적용을 위한 전제들의 해석도 이제 진전하였다: 이미 입법부와 행정부 사이의 차이가 있는 경우 대통령 권력의 개입이 가능해야 할 것이었다.[107]

제국대통령이 "필요한 조치들"을 취할 수 있는 근거가 되는 제 48조의 가장 중요한 일반조항은 독재권력의 투입을 위한 거의 무제한적으로 해석할 수 있는 유일한 기준을 형성한 반면 조치의 형식과 차원은 제국대통령의 평가에 전적으로 맡겨졌다.[108] 게다가 제국의 헌법과 주 헌법들에서 마련된 모든 제한들은 탈락되었다.[109] "조치들"이라는 개념은 실제에 있어 헌법과의 관계가 전적으로 형식적인 것 속으로 달아나버리고 내용적으로 독단적인 조치 개념에 종속될 정도로 여기서

---

105) C. J. Friedrich, "The Development of Excecutive Power in Germany", *American Political Science Review* XXVII(1933), S. 185ff.; Henemann(주 II/88); Watkins(주 II/92), S. 22f.; S. 130ff.

106) Grau(주 II/93), S. 291ff. 본의 기본법 제 81조인 "입법비상사태"와의 비교는 사람들이 기본법에서 비상사태를 입법부의 기술적 위기로 제한함으로써 (연방대통령의 독재권력이 없이) 위험을 피하려고 시도했는지를 보여준다: H. Schneider, "Kabinettsfrage und Gesetzgebungsnotstand nach dem Bonner Grundgesetz"(주 II/24), S. 34ff.

107) Heydte(주 II/102), S. 468. 개념과 문제점에 대해서는 또한 Hsue Dau-Lin, *Die Verfassungswandlung*(Berlin, 1932)(비교 자료를 가짐).

108) 제국법원의 결정도 그렇다: *RGStr.*, Bd. LV, S. 117ff.; Grau(주 II/93), S. 278f.; W. Kronheimer, "Der Streit um den Artikel 48 der Reichsverfassung", *Archiv des öffentlichen Rechts* 7(1924), S. 304ff.

109) H. Preuss, "Reichsverfassungsmässige Diktatur", *Zeitschrift für Politik* 13(1924), S. 108.

아주 확장되고 정치적 강조가 가미될 수 있었다.[110]

헌법 제 48조의 제거나 보다 강한 제한에 대한 생각들이 표현되기는 했지만 외관상의 정치적 평온으로 진지하게 추구될 수 없었던 1925년 이후의 헌법적 논쟁에서는 아닐지라도 입법에서는 조용했던 5년간 이후의 두 번째로 큰 비상령 시기는 이렇게 단순히 예외상황은 아니다; 이 시기는 오히려 그 과정에서 헌법에 정당한 것으로 서술된 과정에 대한 점점 더 많은 해석과 조작이 헌법을 자체의 규정들을 빌려 무력화시키고 권위주의적 변형, 곧 의회민주주의를 넘어서는 힌덴부르크의 대통령직을 통해 뒤바꾸는 발전의 최종단계이다. 단순히 민주주의에 대립적인 야당에 그 책임이 있는 것은 아니다. 정부 추종집단들의 권력상실은 상당한 외적 손실이 나타나기도 전에 헌법적 이니셔티브의 지연에 대한 초기의 체념으로부터도 결과했다. 대통령의 독재권력의 가장 중요한 제한은 제국의회를 통한 세심한 통제에 있었다; 마지막 수년간 의회적 통제의 제거는 마지막 장애를 제거하고 대통령의 독재권력의 제 2차적 제한—비상령에 대한 장관의 부서—을 실제적으로 무의미하게 만들어야 할 것이었다.

6. 권위주의적 대통령제로의 전환

이렇게 바이마르공화국의 마지막 시기는 비정상적으로 유연한 예외규정들을 기초로 한 현대적 비상령 정책의 특이한 예로 되었다.[111] 하

110) 특히 칼 슈미트의 "조치" 개념에서 그렇다. 그는 이것이 헌법에 구속된 법규범이 아니라 "구체적으로 주어진 상황을 통해서 규정되며 온전히 실질적 목적의 지배를 받는" 헌법을 "깨뜨리는" 과정이라고 보았다〔*Veröffentlichungen* 1(1924), S. 97ff.〕.

111) Watkins(주 II/94), S. 130ff.

지만 대통령의 독재권력의 직속권능과 적용가능성 문제는 마지막까지 대단히 논란거리로 남아 있었다. 공정한 평가는 브뤼닝의 비상령 정책과 이어서 특히 의회와 각 주(州)의 권한에 대한 파펜의 간섭은 헌법이 요구한 직접적 긴급상태로서는 거의 정당화될 수 없었다는 것을 확인해야 했다.[112] 이제 제 48조의 적용은 의회민주주의의 기능작용을 막았을 뿐만 아니라 그 권력상실과 비타협적인 집단들의 적대관계를 통한 마비가 다른 한편 대통령의 독재권력의 행사에 추가적 정당성과 추동력을 제공했다.

그 결과는 이제 정치적 현실에서도 바이마르공화국이 헌법의 권위주의적 개혁과 그 수장이 군주와 비슷한 지위로 나아가는 길을 입증해 주는 것으로 보이는 제국대통령의 권한강화였다. 이것은 독일의 의회민주주의 반대자들과 다양한 비판자들의 이론적-국법적 및 정치적 활동이 부추기고 관철시키고자 했던 길이었다. 공화국의 헌법적 권력구조로의 이 침입을 준비하고 지도하며 이용했던 세력들의 운동은 그들의 정치적 및 사회적 형태에서 정부 및 행정상황을 통해서뿐만 아니라 본질적으로 아주 특정한 인사정책을 통해서도 조건지어지고 지탱되었다.[113]

폭넓은 민중계층들의 전통적 관헌에 대한 요구뿐만 아니라 행정관료의 위계적 사고에도 부응하는 초(超)의회적 대통령제 국가의 선구자들은 그러한 발전과 더불어 민주주의의 모든 의회적 장치들과 기능방식들에 대한 그들의 비판을 역사적이고 그 자체로 충분히 진지하게 고려할 만한 견해의 정신적 배경 앞에서 강화시킬 줄 알았다: 이것은 모든 질서와 권력분배는 구체적 상황에서 비롯되고 암묵적 유보(*clausula*

---

112) Grau(주 II/95), S. 676ff. : "개인주의적 위험이 분명히 위협할 것임이 틀림없다." (1922/1923년의 사건 이후) 세계경제 대공황시의 비상령입법의 문제에 대해서는 F. Muhr, "Die wirtschaftliche Diktatur des Reichspräsidenten", *Zeitschrift für Politik* 13(1924), S. 483ff.

113) 그러한 연구에 대한 사회학적 사전작업은 아직 없다.

rebus sic stantibus) 하에 서 있으며 모든 권력분배적 규범들은, 그것이 환상적 화석으로 전락하지 않으려면, 그것들에 의미를 주는 관계들에 결속되어 있어야 한다는 견해이다.[114)]

이렇게 제국에서 상황의 외관상의 안정성으로 소수의 예외를 제외하곤 확신에 찬 군주주의자요 입헌군주론자요 비스마르크주의자였으며 그 때문에 상황의 압력하에서만 이제 의회적 이론을 위해 노력하기 시작했던 국법학자들의 논의는 혁명 몇 년 후 이미 특별권력의 헌법론적 양상들뿐만 아니라 민주적 헌법의 정치적 가치와 "시대에 적합한" 정당화로 이동하였다.[115)] 이미 "정당국가"와 특히 정당들에 의해서 지배되는 입법부에 대한 비판에서 수정주의자들은 직접적인 헌법개정이나 혁명적 시도들을 "합법적으로" 피한 가운데 "조용한 헌법변화"[116)]의 관점하에서 의회민주주의의 위장된 교체에 길을 열어줄 수 있는 대통령의 잠재적 권력지위를 최대한 이용하고자 노력하였다.

이 운동은 그 밖에 그들의 언론활동이 그 자체로서는 결코 민주주의의 교체가 아니라 대통령의 통합역량의 강화를 통해서 민주주의를 확고히 하는 것을 지향했던 영향력 있는 집단들을 통해서도 지지를 받았다. 이러한 의미에서 예를 들면, 우선 "제국혁신을 위한 동맹"의 노력들을 의도하였는데, 이 동맹은 유명한 정치적 인사들의 지지를 받았지만 대토지 소유와 대기업들의 지도적 대변자들과 밀접한 연결을 가지고 있었다. 이 집단의 글들이 초의회적 대통령제 민주주의로 가는 길을 인기있게 만들고자 수단으로 삼았던 군주제적 회상이며 미국의 대통령제 헌법에 대한 연결도 "마치 독일에서 이미 변경할 수 없는 헌법양식이 형

114) 이러한 의미에서 이제는 Heydte(주 II/102), S. 463ff.

115) Apelt, *Geschichte der Weimarer Verfassung*(주 I/38), S. 416ff.

116) 개념규정에 대해서는 Heydte(주 II/102), S. 466ff., 바이마르 헌법의 민주적 징후들을 점점 더 억압했던 1920년과 1932년 사이의 "조용한 헌법변화"에 대해 그는 비판한다(S. 469ff.).

성된 것처럼 여기는 견해"에 대한 비판으로부터 정당화되었다.[117)]

이 시기의 다른 민주주의들에서도 시작되었으며 그 속으로 다양한 노력들이 흘러들어 간, 민주적·국민투표적으로 위장된 독재[118)]를 통해 의회체제를 교체하려는 경향은 공황의 발발과 함께 독일에서 제 1 차적 정치문제로 되었으며 동시에 폭넓은 집단들의 인기를 끈 생각이 되었다. 그 신임을 정부만이 담당할 제국대통령의 제고된 권력, 그렇게 자율화된 행정부가 정당의회에 대해 갖는 독립성, 예외조항의 과도한 역할, 이것들이 이제 힌덴부르크에게 실제로도 막중한 정치적 결정권을 부여하고 의회의 최종적 권력박탈을 낙인찍은 오랫동안 팽창해온 발전의 결과였다. 이미 공화국 초기에 그랬던 것처럼[119)] 말기에도 헌법의 여타 조항들을 통해서 제 48조의 제한이 강조되고 1931년 말 "독일 법학자연합"의 한 대회에서 비상령 정책의 권위주의적 남용에 반대하는 공적 결의가 집필되었다 해도 이러한 사실에 아무런 변화를 가져오지 못했다.[120)] 실제적으로 헌법 전체를 일시적으로 정지시키는 것을 정당하다고 간주했던[121)] 저 "법률주의적 해석"의 반대자들은—특

---

117) *Die Rechte des deutschen Reichspräsidenten*(주 II/84), S. 27. 이 글은 제국대통령의 보다 강력한 지위를 지지한 대중을 위해 쓰여진 것이다.

118) 조망을 위해서는 H. Heller, *Rechtsstaat oder Diktatur*? (Tuebingen, 1930), 특히 S. 18ff.

119) H. Nawiasky, "Die Auslegung des Artikels 48 der Reichsverfassung", *Archiv des öffentlichen Rechts* 9(1925), S. 49; Preuß, "Reichsverfassungsmaeßige Diktatur"(주 II/109), S. 105.

120) "공공안전과 질서와도, 현재의 비상사태의 제거와도 간접적으로라도 관계가 없는 규정의 삽입을 통하여 비상령의 수단이 오용되지 않도록 지금까지보다 더 엄격하게 감독하는 것이 제국 정부와 주 정부들의 과제이다", *Veröffentlichungen* 7(1932), S. 1.

121) Carl Schmitt와 Erwin Jakobi, "Die Diktatur des Reichspräsidenten", *Verhandlungen der Vereinigung der deutschen Staatsrechtslehrer* 1(Berlin, 1924); Schmitt, *Die Diktatur*(주 II/100), S. 252ff. 그에 반해 Nawiasky,

히 칼 슈미트—그사이에 상쇄적인 헌법개혁의 정치적 현실과 필연성에 기초할 수 있었다; 이제 숙명의 해인 1932년의 예외정권, 그리고 바이마르 헌법의 법적 죽음인 1933년의 수권법과 함께 그들의 최대의 승리가 문 앞에 현실적으로 다가서 있었다.

이렇게 군주제적 인상을 주고 자신의 권력의식을 발전시키는 대통령의 권력에서 바로 바이마르공화국의 정치적 기반의 허약성이 나타났다; 곧 그것이 없이는 바람직한 법적 예방조치들도 아무 소용이 없는 구조적 안정성과 기능능력이 결여되었던 것이다. 대통령의 권력은 3권분립이라는 구도를 깨뜨렸고 그 합병을 촉진시켰으며 권력분립에 앞서 정치적 기능관계들의 복고를 위해 노력하였다. 후고 프로이스조차도 지지했고 후에는 아무도 효과적으로 비판을 제기하지 못한 제국대통령에 대한 국민투표는[122] 이제 아무런 기대했던 의미도 거의 얻지 못했다; 그로부터 선거 군주제의 통합적 카이사르주의가 발전했을 것이며, 많이 선전된 지도자 사상이 옛 관헌국가적 요구들과 결합할 수 있었고 제국대통령은 모든 헌법적 항의들[123]에 맞서 의회적인 제약들

"Die Auslegung"(주 II/119), S. 11ff. Carl Schmitt의 비판을 위해서는 이제 Ehmke(주 II/107), S. 36ff.

122) Pohl(주 II/85), S. 469f. 프로이스 자신도 진정한 의회주의하에서 (프랑스와는 달리) 2명의 국민이 선출한, 그러나 대립적이지는 않은, 의회정부를 통해 결속된 정상들을 이해했다: Denkschrift vom 3. Januar 1919, *Reichsanzeiger* vom 20. Januar 1919; *Staat, Recht und Freiheit*(주 I/24), S. 384ff. 에도 수록.

123) 단호하게 L. Wittmayer, *Demokratie und Parlamentarismus*(Breslau, 1928), S. 87ff.; ders., *Die Weimarer Reichsverfassung*(주 II/2), S. 316f. Wittmayer는 Friedrich Giese〔*Die Verfassung des Deutschen Reiches*, 2. Aufl. (Berlin, 1920), S. 161; S. 191〕 그리고 Hans Nawiasky와 〔*Die Stellung der Regierung im modernen Staat*(Tuebingen, 1925), S. 7; S. 11〕 행정부의 공격에 대한 제국의회의 우위를 지지했다; 그는 제국대통령을 "독일이 경험한 가장 이상한 정치제도"(*Weimarer Reichsverfassung*,

을 넘어서는 그의 가능성들을 정부의 구성과 뒷받침에서 결정적 수단으로서 투입할 수 있었다. 왜냐하면 비록 헌법이 그를 근본적으로 집행하는 기관으로 만들었을지라도[124] ―이것은 제48조의 사용시 장관의 부서 규정과 제48조에 따른 조치들을 단순 과반수 의결로 철회할 수 있는 의회의 권리를 통해 뒷받침된다―하지만 무의식적이고, 감정에 의해서 결정되는 습관과 그 의도적인 정치이데올로기적 농축과 이용은 의회며 내각에 대한 효과적 평형추로서 나설 힘을 그에게 주었기 때문이다.[125]

1930년 이후 나치당의 성장은 의회 내의 다수관계를 이동시켰지만 정부구성이 제국의회의 새로운 세력이동에 의존하게 되는 것을 훨씬 더 단호하게 막았다. 대통령제 정부의 원리가, 오랫동안 암시적으로 준비되어,[126] 이제 실제로 배타적으로 결정적인 힘으로 되는 것으로

S. 356)라 보았으며, 그를 "독일 황제의 계승자"요 "제국의회의 선거를 통한 조정기관"이라고 비판했다(S. 359ff.).

124) 부처간의 경계구분도 국민의회에서 논란이 되었다; Thoma, "Das Reich als Demokratie"(주 II/43), S. 196; ders., "Der Begriff der modernen Demokratie in seinem Verhältnis zum Staatsbegriff", *Hauptprobleme der Soziologie, Erinnerungsgabe für Max Weber*, Bd. II (München-Leipzig, 1923), S. 37ff. 앞서 언급한 1932년 9월 12일의 제국의회 해체 이전에 제국의회는 두 번 이 권리를 사용하였다: 1921년 12월 26일 성공적으로 그리고 1930년 7월 18일 제국의회 해체와 이어서 비상령의 재선포.

125) Poetzsch-Heffter, "Organisation und Geschäftsformen der Reichsregierung"(주 II/16), I, S. 514ff. 이미 국민의회에서 단호하게 민주적인 태도를 가진 의원들에 의해서 프랑스 경험과 관련하여 대통령의 통제권이 의회의 전권을 방해한다는 요구가 표현되었다.

126) 이미 언급된 주장들과 노력들 외에도 특히 보수주의 측이 견지한 제국대통령은 일정한 전제하에서는 제국의회 해체 없이 제국의회 다수와의 대립 속에서 제국정부를 유지해도 좋다는 이론을 참고: H. Herrfahrdt, *Die Kabinetsbildung nach der Weimarer Verfassung unter dem Einfluss der politischen Praxis* (Berlin, 1927), S. 46ff.

보였다. 당시의 문헌을 한 번 보면 국법적 관찰자들의 다수가 아주 단호하게 이 원리는 헌법의 의미와 그 창안자들의 의도에 부합된다는 견해를 대변했다는 것을 알 수 있다. 반면에 정치적 동기에 대한 의심은 남는다. 그것이 결국 제국의회의 배제와 반복된 해체에서 표현되었고 입법부와 행정부의 분리와 보완을 결정적인 지점들에서 지양하기 시작했다면 제 48조로부터 도출된 그러한 정부원리가 (헌법에 분명히 확정된 그것의 일시적 기능을 생각하라!) 헌법적 이성(*ratio constitutionis*)에 부합했다는 것은 대단히 의심스러워 보인다.[127)]

더 확장된 전망은 사실 논리적-변증법적 방법들을 가지고 "시대에 부합하는" 헌법에 대한 자기 생각들을 기존 헌법의 문구들 속으로 삽입하고 그로부터 새롭고 놀라우며 과도한 추론을 끌어내려는 정치적 경향이 현존하였다는 것을 입증한다. 이것은 부분적으로는 여전히 관헌적 국가로부터 비롯되는 옛 사상에 접속하였고, 부분적으로는 좌파의 혁명위협이 종식된 후 그리고 우파의 민족주의적 선전의 증가와 함께 중간계급들에서 확산된 분위기 전환에 접속하였다. 외관상으로만 객관적으로 뒷받침되지만 실제로는 민주주의의 본질과 그 기능형태들을 겨냥하던 "바이마르 헌법의 비논리"에 대한 비판은 특정한 사회적 조건들에 기초하고 있었고 사회적 신체의 깊은 곳에서부터 부상하며 점점 더 폭넓은 계층들에 확산된 불만에 발판을 가지고 있었다.

권위주의적 국가라는 개념은 이러한 상황에서 계속하여 기반을 넓혀갔다. 그것을 넘어서서 전체주의적 국가의 비전을 국법적으로 그리

---

127) 많은 해석자들은 제국의회를 그렇게 아무런 정당한 근거 없이 해체할 권리에서 위험을 인식하지 못하고 그것을 헌법 수호자의 이른바 진정한 민주적 권력지위의 징표로서 인식했다; Pohl(주 II/85, S. 486): "그의 권한 중의 어떤 다른 것도 제국대통령에게 이 해체권만큼 독일공화국에서 헌법의 수호자요, 국민의 권리와 자유의 진정한 보호자로서 자기의 높은 직분을 관리할 기회를 잘 제공하지 못한다."

고 사회학적으로 구체화하려는 칼 슈미트의 지속적 노력과는 달리[128] 비판자들의 다수의 노력은 국법적 딜레마의 온건한 권위주의적 해결을 지향하였다. 파펜 시대는 그러한 경향들의 정점과 동시에 실패를 가져왔다; 이 시기에 그 방식과 입장을 분명히 표현한 수많은 언론적 및 학문적 출간물들이 나왔다.[129] 이 출간물에서와 같이 이전의 논의들에서도 결코 단순한 이론이 문제가 된 것은 아니다.

공화국의 내적 및 외적 어려움들 속에서 처음부터 실제로 시험받고, 수많은 법적 및 언론상의 논의들에서 이론적으로 강화되고, 끝으로 힌덴부르크의 신화화와 함께 심리학적으로 민중적으로 만들어졌고 정치적 이상적 해결로서 위기에 지친 민중의 의식 속에 소개되었으나 "입헌적 독재"라는 방안은 독일에서 결코 헌법적으로 실현될 수 없었다. 세계경제 대공황의 발발 이후 비상령 입법의 포괄적 재수용과 더불어 그리고 마지막 시기의 정치적 진공 속에서 그것은 외관상 완전한 지배에 이른 것으로 보였다. 그것은 그 당시에도 다양한 집단들의 혼란스러운 권력투쟁에서 많은 사람들에게 안정점으로서, 유일한 건설적 원리로서 보였을 것이다. 그러나 그것은 파펜 시대의 "새로운 국가"에서 일관되게 실현하려는 시도에서 전복되었다. 소수가 담지한 이 복고시기는 입헌적인 권위주의적 독재방안의 환상적인, 의회적 권력수단들의 배제 혹은 왜곡과 국민 다수의 정치적 급진화 후에는 더욱더 위험

---

128) 특히 논문집 *Positionen und Begriffe* (주 II/36) 에서; 가장 중요한 것은 1931년 서술된 논문 "Die Wendung zum totalen Staat" (S. 146ff.); 또한 *Der Hüter der Verfassung* (주 II/1), S. 73ff.; 더 나아가: "Weiterentwicklung des totalen Staats in Deutschland", *Positionen und Begriffe*, S. 185ff. "바이마르의 중간제국"에서 헌법발전의 나치적 해석에 대해서는 H. E. Feine, *Das Werden des deutschen Staates* (Stuttgart, 1936), S. 397ff., 특히 S. 432ff.

129) 여기서는 오직 하나의 예: H.-O. Ziegler, *Autoritaerer und totaler Staat* (Tübingen, 1932). 제 3권 S. 26ff. 참고.

한 성격을 폭로할 것이었다.

국민의회는 그 당시의 그리고 앞으로 예상되는 위기의 시기들에 공화국과 그 헌법을 보호하기 위하여 "독재조항"을 수용하였다. 다음 수년간 정치인들, 장성들, 저널리스트들과 헌법학자들은 헌법 기초자들의 낙관적 분위기에 기초하여 예외규정의 적용방식과 함께 그 발전을 정당화하려 시도했다. 이제 세계경제 대공황이 왔고 비상권력의 완전한 투입을 위한 길이 이론적으로나 실제적으로 자유롭게 되었다. 그러나 다른 보다 강력한 세력들이 저 운동들 뒤에 서 있었으며 더 이상 공화국과 그 헌법의 수호가 아니라 그 극복을 내용으로 가진 자기들의 더 이상의 목적을 위해 그것들을 이용하기 시작했다는 사실이 보여질 것이었다. 권위주의적 국가의 초안과 실제는 자신의 어떤 해결적이거나 보존적인 힘도 발전시키지 않았다. 그것들은 단지 해체적으로 작용하고 히틀러에게 실제로 "합법적 권력장악"의 길을 열어줄 것이었다. 대통령 권력의 제고는 따라서 민주적 지배형식들을 권위주의적이고 전체주의적인 지배형식들을 통해 교체하는 과정에서 결정적인 요소이다. 그것은 대공황의 발발 오래전에 시작했고 독일 최초의 공화국의 정치-사회적 구조에서 예견된 과정의 최종단계를 특징짓는다. 그러나 여기서 독재조항의 효력은 바이마르공화국의 해체과정에서 단지 한순간에 지나지 않았다는 사실이 분명해진다. 막중한 정치-사회적 구조결함과 일반적인 정치적 의식의 불안정성이 공화국을 헌법의 오용된 조항 앞에서 항복하기에 충분하게 만들었던 것이다.[130]

---

130) 이미 Robert v. Mohl이 국법적 구조에서의 오류들에 그러한 발전의 마지막 책임을 전가하는 것을 경고했다: "정부의 월권에 대한 실질적 보호는 실제로 필연적이거나 매우 유익할 수 있는 권한들의 원칙적 실패에 있는 것이 아니라 모든 부당한 조치들을 곧 그런 것으로 인식하고 강력히 거부하는 국민과 그 대표들의 통찰력과 헌법정신에 있는 것이다." 〔Robert v. Mohl, *Staatsrecht, Völkerrecht und Politik*, II, I. Bd. (1862), S. 625〕.

제3장

민주적 공간에 있는 정당들

의회민주주의의 원칙적 적대자들과 수많은 경제적·사회적 이익집단의 대표자들은 이미 이른 시기에, 바이마르공화국을 정당국가로[1] 비난하는 주로 부정적이긴 하지만 공통의 기반을 발견하였다. 경제적·사회적 이익단체들의 대표들은 기존 정당체제에서는 제한적으로만 자신들의 이해를 관철시킬 수 있었던 것이다. 따라서 우리는 국내정치를 둘러싸고 형성되는 집단화(*Gruppierungen*)를 고찰할 때 정치가와 다양한 사회적 이익단체 대표들 간의 상호작용과 상호협력, 그리고 적대 등에 주목해야 한다. 새로운 공화국은 1918년 가을, 특히 바이마

1) 〔역주〕 Parteienstaat: 이 용어는 부정적 의미와 긍정적 의미를 동시에 지닌다. 바이마르공화국 초기에 이 개념은 민주주의와 공화국에 반대하기 위한 부정적인 표제어로 이용되었다. "정당국가"는 입헌군주정의 전통적 '관리국가'(*Ämter-und Beamtenstaat*)에 대한 반대개념으로 이해되었다. 이 경우 국가는 중립적·비정치적, 특히 "당쟁"이 없는, 그리고 사회에 대해 자립적일 뿐만 아니라, 이로 인해 긍정적으로 이해된 국가였다. 요컨대 바이마르공화국에서 이 개념은 민주주의, 공화국, 그리고 정당에 대한 증오와 편견을 표현한 용어였다. 이와는 반대로 오늘날 "정당국가"는 긍정적인 의미로 이해된다. 즉, 이 개념은 대의제 민주주의를 표현하는 용어로, 헌법의 실제에서 정당들이 정치적 결정을 이끌어낼 때, 그리고 그것에 정당성을 부여할 때 지배적 역할을 하는 국가를 지칭한다. 정당들은 정치적 의지형성의 유일한 담지자는 아니지만, 가장 중요한 담지자들 중의 하나로 된다.

르 국민의회에서 민주적 절차에 따라 합법적으로 인정받았다. 그후 정당은 정치적 화해과정을 중재하고, 이를 의회의 타협방식을 통해서 실제적인 정치로 연결시키고, 국민의 과반수가 인정하는 전체 국가의 발전을 이루도록 전환시키는 과제를 맡게 되었다.

바이마르 헌법이 자유주의적-대의제적인 의회이론을 민주적 대중국가의 새로운 상황들에 맞게 수정하고, 이 과정에서 정당의 기능을 명확한 법규를 통해 정착시키는 데 게을리 했다는 점은 따라서 바이마르 공화국 체제를 공격하도록 하는 구실을 주었다. 동시에 이러한 상황은 개별이익을 추구하면서 전체 국정에 대한 책임과 정치적 통제로부터는 벗어나려 하는, 또한 '정당의회'(*Parteienparlament*)의 타협기능을 방해하는 의회 외부 단체들의 투명하지 못한 정치활동을 가능케 했을 뿐만 아니라 강화시켰다.

1. 정당의 기능과 성격에 대하여

바이마르 정당체제는 임시적이었던 노동자평의회와 병사평의회의 과도기적 상황을 해체하고 의회주의적 공화국에서 국민을 정치적으로 조직화하도록 하는 역할을 맡았다. 그래서 이 정당체제는 처음부터 독일 내정을 둘러싼 강한 긴장관계를 드러내 보여주었다. 혁명이 발생했던 주에는 확실히 보수주의적, 민족주의적 그리고 반동적 그룹들이 일시적으로 움츠러들고 억제되었다. 또한 극단적 좌파의 전복시도를 방어하는 과정에서는 과거 제 2제정 시기 제국의회에서 때때로 의회의 야당 다수연합으로 합치기도 했던 각 정당들은 더욱 밀접한 협력관계를 맺기도 했다. 그러나 이미 1920년의 제국의회 선거들은 과거 빌헬름 시기의 정치적 긴장들을 보여주는 권력관계를 거의 완전하게 다시 복원시켰다. 이제는 물론 의회의 반대를 무시하고 정당들 사이의 대립들을 "성의 평화"의 구호로 잠재우고 종국에는 군사독재를 통해 주변으로 내몰았던 황제의 권력은 사라졌다. 이제 정부의 구성과 유지는 오로지 의회와 정당들 사이의 협의에 맡겨졌다.

그러나 이러한 새로운 질서는 초기단계에 머무르고 있다. 이제 제국 대통령의 권위가 황제의 권위를 대신했다. 원래 대통령은 단지 신질서를 이끌고 유지하는 데 머물러야 했지만, 곧바로 권력 확대과정에 결정적으로 개입했다. 공화국의 수장은 제 1차 안정화의 난국에서 그리고 특히 공화국 말기 정부구성의 위기국면에서 정당들의 특별한 저항 없이 과거 황제가 의회 위에서 군림했던 위치로 올라서게 되었다[2]. 이 과거의 의회는 때때로 황제에게 저항했지만, 대부분 소극적이었다.

이러한 발전은 의심할 여지없이 정부의 연속성을 위협하는 의회 내에서의 긴장관계들에 의해 야기되었다. 그러나 이러한 발전은 단지 독일 정당들 상태의 특성에 의해서뿐만 아니라 정당과 의회 외부의 단체들의 경향에 의해서도 촉진되었다. 이들 단체들은 정당 내부에도 침투하였고, 강하게 비난받던 "정당정치"로부터 의식적으로 자신은 초연한 것처럼 대비시키기도 했다. 이는 의회주의적 통합과정을 어렵게 했고, 정부구성과 정책의 입헌적 형성을 위한 발의권이 의회에서 떨어져 나가 불투명하고 통제하기 어려운 권력구성으로 넘어가도록 위협할 만큼 정당정책의 대립들을 강하게 부각시켰다.

이러한 정치발전은 정당중심의 의회주의적 구조를 파괴했고 동시에 또한 — 풀기 어려운 상호작용에서 — 정당들과 이익단체들의 성향, 조직구조 그리고 기능에 다시 영향을 주었다. 순수한 유권자그룹과는 달리 정당은, 뚜렷한 정치목표를 갖고 의회에서 자신들의 입장을 대변하려 하는 개별시민과 단체의 단단한 조직적 결속과 협력을 동반했고, 또한 정치문제의 해결 측면에서 국민 전체를 고려하는 정치견해를 소

2) 위의 S. 110ff. 참고.

유했다.[3] 정당의 역사적 등장형태에 따르면 정당은 본질적으로 이를 통해 결정되는 것으로 보인다. 이익단체들 역시 한편으로는 확실히 공동의 이익 측면에서 그들의 이익을 정당화하려, 즉 국민 다수의 공공의 복지에서 자신들의 숨겨진 정치적 권력지향을 정당화하려 시도했다[4]; 그러나 그들이 민주적인 선거와 이를 통해 소집된 의회의 테두리 안에서 "정치전반적인"(*gesamtpolitische*) 행위를 거쳐서 수행되는 방식에 구속되지 않았다는 것은 특정한 계층과 집단의 개별적인 사회, 경제, 직업적 이해들과 관계되어 결합한 그들의 본질에 기인했다.

물론 이러한 단순한 구분은 다양한 변화들과 상호관계들을 고려하지 않는다. 근대 국가에서 모든 공권력의 형성은 국민과 전체의 번영을 명분으로 하고 그의 행위원천을 윤리적·박애적인 동기에 두고 있다[5]; 동시에 현대 대중민주주의의 공간에서 비정치적 척도나 목표가 차지할 영역은 드물다.

절대주의적-가부장적인 국가가 해체되고, 보통선거권 부여와 더불어 모든 국민들이 정치과정에 참여하면서 특권적 비민주적으로 인정된 질서가 붕괴되었고, 이후 정치적 의무와 책임관계의 범위와 정치적 네트워크(*Querverbindung*)들의 밀도, 모든 종류의 협회들과 연합체들의 편입과 종속을 통해 정권핵심부가 확대되었고 거의 경계가 없는 팽창이 끝없이 전개되었다. 따라서 19세기의 정당의 형성은 정치적으로 책임 있는 단체들이 조직되고 국가의 핵심적 담당자가 되면서 끝없이 확

3) 지금까지 격렬히 논쟁되는 정의(正義)문제에 관해서는 Leibholz, "Verfassungsrechtliche Stellung und innere Ordnung der Parteien"; Grewe, "Zum Begriff der politschen Partei"(주 II/8) 참고.

4) Robert Michels, "Psychologie der antikapitalistsischen Bewegung" *Grundriß der Sozialökonemie*, IX. Abt., Teil I(Tübingen, 1926), S. 324.

5) Michels, *Parteiwesen*(주 I/39), S. 21ff. 저명한 사회학자들(Mosca, Grumplowicz, Pareto, Woltmann)은 이미 정당과 전체 이익과의 전술적 동일시에 대해 지적하였다.

장되는 정치생활의 영역을 예측가능한 테두리로 제한하려는 노력 및 필연성과 긴밀하게 관계를 갖는다: 자유롭게 경쟁하는 정당들은 반드시 필요하고, 그들이 민주주의를 전제로 하듯이,[6] 그들 또한 민주주의의 "핵심요소"(*Lebenselement*)[7]이고, 그들의 의식적이고 효과적인 조직화는 파편상태로 있는 약한 개인들의 결합을 권력의 요소로 끌어올린다.

시민의 정치적 사회적 해방과 국정에 참여하려는 피치자의 집합적 노력을 동반했으며, 의회주의 국가에서 견고해진, 정당들의 해방을 위한 투쟁과 동시에 사회적, 경제적, 세계관적 그룹형성이라는 정치화 과정이 완수되었다. 근대 국가에서 정치적 의사결정이 의회에 맡겨지고 그로 인해 정부정책과 행정적 집행에 대해 직접적 영향을 미치는 것이 봉쇄된 후, 이러한 정당 외부에서의 정치화는 특히 개별적 이익성향들의 영향력을 높이는 데 큰 기여를 했는데, 이러한 개별적 성향들은 많은 정치적 교차연결을 통해 형성되는 개별세력들의 연합 없이는 그들 요구에 대한 관심을 기대할 수 없었기 때문이었다.

19세기 중반 이후 독일 자유주의의 몰락과 동시에 이익단체의 근대적 형태를 만들었던[8] 이러한 정치화는 또한 이익단체와 거리를 두고, 정치적으로 평가하기가 어려운 다양한 직업적-신분적 중간조직들의 활동들을, 표현은 안 했지만, 불신을 가지고 바라보았던 정당 자체의 조직과 기능방식의 발전에도 가장 중요했다. 일반적으로 자유주의 정당들과 상공업, 보수주의자와 농업 이익단체들, 사회주의자들과 노조들과의 관계에서 정당과 이익단체와의 불균형한 상호작용들이 명백해졌다. 정당의 정치조직화 및 통합에 대한 관심은 실존적-물질적 필요

---

6) Richard Thomas, *Über Wesen und Erscheinungsform der modernen Demokratie*(Bonn, 1948), S. 17.

7) 이렇게 예를 들면 Dolf Sternberg, *Die Gegenwart* v. 15(August 1953).

8) Naumann, *Parteien*(주 I/24), S. 31f. 참고.

에서 유권자를 직접 붙잡는 이익단체에 의해 뚜렷하게 방해를 받았다. 정당들은 이익단체의 정치적 무게를 인정해야 했고 그들의 활동에 적응해야 했다. 그래서 민주헌법을 토대로 하는 정치영역에서 성년 대중조직과 대표를 결정하면서 서로 더욱더 의존하게 되었던[9] 이들 2개의 커다란 단체들 사이에는 별개로 분리하기 어려운 독특한, 협력적이고 상호적이며 동시에 대립적인 움직임이 생겨났다.

여기서 정당들의 포괄적인 특성의 묘사는 포기한다. 그 대신 영향범위와 결정권을 얻으려는 정당들과 단체들의 자유로운 상호작용을 유일정당과 하나의 특정 이익단체만을 위해 마련된 국가주의적-독재적인 강제법규들을 통해 대체하기 위해 바이마르공화국의 의회민주주의적 구조를 궁극적으로 해체하는 과정이 시작되었던 계기들은 지적되어야 할 것이다. 언급된 의미에서 정당과 이익단체의 구별과 경계가 단지 형식적이고 절차적인 특징들에 의존하는 것으로 보여 질 수 있을 것이다. 근대 정당들은 실제로 아주 다양한 경제적, 사회적, 문화적, 종교적 이해들에 의해 영향을 받았고 자주 철저하게 휘둘렸다.[10] 그래서 이익단체 대표들과 의회 의원들이 거의 동일하다고도 이야기할 수 있다.[11] 그러나 정당들이 경제-사회학적 역사이론의 의미에서 각 사회계급들의 순수한 경제적 이익단체들로 간주된다면, 이 글이 기초하고 있는 의회주의의 해석 역시 더 이상 유효하지 않다.

이 문제는 가볍게 취급될 수 없다. 의심할 바 없이 근대 정당들은 사회적, 이익정치적인 그리고 좁은 의미의 정치학적 분석에서 해명되

---

9) E. Ronald Walker, *Vom Wirtschaftstheorie zur Wirtschaftspolitik* (Wiesbaden, 1951), S. 125ff.; Gablentz, *Politische Parteien* (주 II/41), S. 14.

10) Robert Morrison MacIver, *Regierung im Kräftefeld der Gesellschaft* (Frankfurt a. M., 1952), S. 104ff.; S. 119ff. Duverger (주 II/41), S. 82ff., 또한 Herrman Heller, *Staatslehre* (Leiden, 1934), S. 166ff.

11) Eisenmann, "Parlament" (주 II/23), S. 169f.

지만, 그들의 발전에서 정당들은 공익을 촉진하는 정치이상(理想) 못지않게 특정한 단체들, 신분들, 개별이익들의 강한 영향에 의해 지탱되었다. 또한 재정 및 홍보적 지배수단의 관리가 당 관료의 비중과 인물에 따른 특정한 정당구조의 비중을 크게 증가시킴으로써, 이해관계들의 결속과 관료주의적으로 응고된 기구들을 통해 당 구조가 규정되는 것이 과소평가 되어서는 안 된다. 사회적으로 이질적이었던 중앙당의 결속과, 또한 다른 모든 정당들에도 존재하는 계급과 이해관계로부터 거리가 먼 요소들의 의미는 사회학적 도식이 정당사의 현실을 제대로 반영하지 못한다는 것을 보여주기도 한다.[12]

동시에 이 도식은 다른 한편으로는 이익단체의 관찰에서 자신의 방법론적 성과를 입증하였기에 이론적인 반쪽만의 진실로 판명되기도 했다. 그러나 이익단체들은 사회적 경제적 현실에 포괄적으로 침투하기 위해 조직적으로 팽창했고 지속되는 발전과 더불어 정당에 대한 그들의 영향력은 강화되었다.

사회주의 정당 외에 보수주의 및 자유주의 정당들도 처음부터 뚜렷하고 특수한 이해결속을 보여주었다. 그러나 그들은 결코 순수한 "경제정당들"(*Wirtschaftsparteien*)은 아니었고, 경제적 계층들에 따라 뚜렷하게 구분되지도 않았다. 이는 아주 초기에 계급이익과의 연결을 의식적으로 당 정책의 기준으로 취급하려고 노력했던 사회주의적인 노동자정당들에게만 해당된다. 그러나 전체적으로 보면 비스마르크가 정당들의 정치적 기능을 파괴했던 시점 이후에야 비로소 순수한 정치적 관심사는 유권자들 그리고 특히 대규모 직업 및 신분단체들의 개별 이해

12) 사회주의 정당들 내에서 "부르주아" 지식인들의 역할을 생각할 수 있고, 대체로 이익에서 자유로운 "내면적 확신"의 의미. 또한 외적 또는 윤리적 이유에서 당의 해방투쟁을 사회적이 아니라, 단지 이데올로기적으로 함께 수행하는 사람들이 중요한 집단을 형성한다: 비교, Alfred Meusel, "Die Abtrünigen", *Kölner Vierteljahrshefte für Soziologie* 3(1923), 2/3, S. 155.

와 욕구 뒤로 후퇴했다.[13] 그리고 의회에서 원래 상대적으로 자유롭고, 단지 개별 선거구에만 책임을 지는 의원에서 시작해 정당의 일원이 되었듯이, 근대 사회의 상황은 사용가능한 모든 홍보수단들을 이용해 유권자를 묶어 두려했던 정당들의 중앙화를 촉진시켰다: 탄탄한 조직과 광범위한 선동은 이러한 발전의 도구였고, 이익단체들은 정당에게 정치적으로 중요한 양보를 했고 정치적 발의권을 부여했으며, 그들의 지원은 정당에게는 없어서는 안 될 조건이 되었다.

사회경제적 이해와 순수한 정치적 원동력 및 결정들 간의 이렇게 지극히 복잡한 결합으로 단순한 사회학적 설명과 철저하게 합리적인 기능분석에서 벗어나는 근대 정당의 성격이 형성되었다. 이와 같은 결합에서 정당과 이익단체들은 결코 일방적 종속관계에 있지 않았다. 이러한 결합은 특히 정당 내외 조직의 재정조달을 위해[14] 중요했고 두 조직의 정치적 역동성과 권력분할을 결정했다. 의회주의 공화국에서 작동하는 조직과 기본적 견고함은 바로 이들 집단들의 활동에 의존했다. 제국의회의 의원들은 단순히 정당에 묶여지는 것이 아니라 아주 압도적으로 이익단체와 연결되었고, 따라서 의회 스스로도 거의 완전하게 직업신분적으로 방향이 맞추어졌다.[15] 신분 및 이익단체들은 거기서 정당의 노선을 고려하지 않으면서 그들의 의회대표를 만들어 냈고 모든 당파들을 관통하는 교차연결망들을 소유하고 있었다. 이런 현상은 특히 독일공무원연맹(Deutscher Beamtenbund)[16]에 적용되고, 또한 농업과 자본가 이익단체들 역시 급진적인 보수주의 정당들에서 시작해 중앙당에까지 포진했다. 한편에서 비사회주의적 노조들이 적지 않은

13) Naumann(주 I/24), S. 31f.

14) Michels, *Parteiwesen*(주 I/39), S. 139ff.

15) Ernst Saemischm, "Wer vertritt das Volk?" *Die Tat 21*, Heft 12(März 1930), S. 922ff. 참고.

16) S. 161 참고.

교차연결망들을 소유한 반면에, 사회주의적 노조들은 단 하나의 정당만을 소유했다.[17]

정당은 스스로 국가가 되려고 노력할 수는 있지만, 당연히 부분으로 머무르지 전체는 아니다.[18] 일당국가(*Einparteienstaat*)로 팽창되는 것이 아니라 특정 계층들과 집단으로 조직이 한정되는 것이 정당의 본질이고, "그에게 유전적으로 주어지거나 프로그램을 토대로 설정된 사회적 존재를 뛰어넘어서 확장하려는"[19] 권력조직으로서의 정당의 내재적인 경향은 자기부정을 의미한다. 이것은 "범람의 법칙"(*Gesetz der Transgression*)[20] 이었다. 기존 민주적 정당체제를 위협하는 이 법칙의 역동적 작용은 특히 나치당(NSDAP)의 부각과 그의 견고함의 증가에서, 개신교 유권자를 향해 가는 중앙당의 팽창에서,[21] 사회주의 정당들 내에서 "근로자"(*Werktätigen*) 개념의 확장에서, 그리고 대체로 선거전의 대중광고 등에서 명확해졌다.

그러나 내부적 역동성과 외부로의 확장운동들은 안정을 원하는 욕구와 대립하게 되었다. 이러한 욕구는 전문화와 관료화로 "대체할 수 없게" 견고해진 당 기구라는 중력에서 발판을 발견했고, 또한 정당 외부 집단들과의 관계를 제도화하려 했다.[22] 따라서 다음의 개관에서는

---

17) 그것에 대한 개관으로는 Saemisch, "Wer vertritt das Volk?"(주 III/15), S. 932ff.

18) Michels, "Psychologie der antikapitalistische Massenbewegung"(주 III/4), S. 321; Duverger(주 II/41), S. 286ff.

19) Michels, *Parteiwesen*(주 I/39), S. 26.

20) *Ibid.*, S. 27.

21) Martin Spahn, *Das deutsche Zentrum*(Mainz, 1907), S. 62ff.; Naumann, *Parteien*(주 II/5), S. 40f.

22) 근대 정당기구의 관료화에 대해서는 Michels, *Parteienwesen*(주 II/21), S. 215ff.; Duverger(주 II/41), S. 161; Otto Stammer, "Das Elitenproblem in der Demokratie", *Schmollers Jahrbuch* 71(1951), S. 16ff. [S. 528] 참고.

바이마르공화국의 정당영역에서 발생했던 상호관계들의 혼란을 근거로 정치권력구조에 대한 더 넓은 기능분석이 옳은 방향을 찾을 수 있는 확실한 선들을 그으려 시도할 것이다. 이러한 시도의 임시적이고 불완전한 특성은 독일의 정당심리학적 연구가 빈약한 수준에 있다는 것을 지적함으로써 변호될 수 있을 것이다.

2. 사민당의 딜레마

정당들에게는 그들에 의해 그룹별로 대표되는 이해관계가 다른 국민들을 정치적으로 통합하고, 이를 기반으로 국가질서를 만드는 임무가 부과되어 있다고 간단히 말할 수 있을 것이다. 국정운영에 관한 한, 정당의 기능적 특징은 단순히 특정한 권력집단들의 개별이익을 보호하고 부정적 분파주의를 추구하는 이익단체들과는, 최소한 '이념형적으로'(*idealtypisch*), 명확하게 구분된다. 각 정당은 2개의 얼굴을 갖고 있으며 또한 어렵고 매우 긴장된 이중의 과제를 안고 있다. 정당은 한편으로는 국가조직 내에서 입법과 정부의 구성, 유지 및 감독이라는 의회주의적 기술에, 그리고 다른 한편으로는 국민들 안에서 이루어지는 선거 및 신념을 추구하는 단체들의 설립에 방향이 맞추어져 있다.

정당의 영원한 딜레마는 부족함(부분적 대표성)에 있고, 이 부족함으로 그는 국민의 상호 대립되는 개별적 성향들을 정치영역으로 끌어와 현실적이고 동시에 전체 국정을 고려하는 발전적 형태로 전환시키려고 노력한다. 왜냐하면 국민 대표는 단지 그들이 "정확히 국민의지를 대표할 만큼의 권력"[23]을 소유하고, 그들의 효과는 무엇보다도 선거 및 조직 정책적인 통합동기들을 구체적인 의회작업으로 변형시키는

23) Naumann, *Parteien* (주 I/24), S. 10.

것에 달려 있기 때문이다: 저편에는 정치적 호소가 있다면, 이편에는 국가정책적-의회주의적 기술이 있는 것이다.

실지로 유일하게 의회정치를 가능케 했던 정당들의 연정(聯政)은 점점 더 이익단체들과의 연결 및 그들 조직의 진입을 예상해야 했고, 이는 바이마르공화국의 발전에서 중심적 문제가 되었다. 탁월한 예로 1930년 초기 마지막 다수파 정부의 붕괴와, 그리고 거의 같은 시점에 독일민족인민당(DNVP)의 분열에서 나타나듯이, 그러한 결합의 중요성은 또한 각 정당의 내부조직과 정치적 진로에서도 분명해졌다.[24] 처음의 예를 보면, 결정적인 정치적 차이가 아니라 정당들과 연결된 이익단체들의 요청들이 대연정을 붕괴시켰고 종국에는 민주주의를 몰락시켰던 치명적인 지속위기를 초래했다; 다른 경우에서는 서로 다른 이익집단들 사이의 대립들이 정당의 위기를 야기했다. 그후 이 위기는 우선 조직, 지도부 및 연립정책적 차이들을 조정할 공간을 만들기도 했지만, 트레비라누스(Treviranus) 그룹과 베스타르프(Westarp) 그룹이 분리된 후 후겐베르크(Hugenberg)의 독일민족인민당에 의해 나치의 정권장악에 유리한 에너지를 자유롭게 풀어놓았다.

이미 이런 해체에 선행했던 10년간의 사건들은 의회민주주의 틀 내에서 자리잡은 정당들의 내부구조와 기능적 배치를 계속적으로 불안정하게 만들었다. 1923년 '돌격의 해'(*Sturmjahr*) 이후의 기간은 기능상태의 투명성과 강화를 촉진하였고 또한 정당들간 적대감의 진정, 연립정부들에서 예견할 수 있는 안정, 당파(*Fraktion*)들의 의회활동에서의 연속성, 의회 내외에서 활동하는 이익단체들의 협력적인 타협태도 등을 조성했던 것으로 나타났다. 그러나 공화국의 정당구성이 전체적으로 거의 변하지 않은 채 과거 붕괴되었던 군주제 상태에 연결되었다는 사실은 새로운 국가가 지속적 안정을 보일 것이라는 기대에서 가정할

24) Teil II, Kap. I 참고.

수 있는 것만큼 좋은 형편은 아니었던 것으로 나타났다.[25] 왜냐하면 빌헬름 국가의 정당들은 갑작스럽고 결코 예상하지 않았던 혁명에 의해 새롭게 부여된 위치, 즉 임시적인 의회민주주의의 첫 번째 책임자라는 아주 상이한 상황에 처해 있었기 때문이었다. 그들이 마주했던 엄청난 기능변화는 조직적으로 준비되지도 않았었고 적응이나 재편성을 통해 수용된 것도 아니었다. 대신에 오히려 곧바로 내외적으로 경직화 경향, 즉 군주제적 권위주의 국가에서 정당과 의회가 맡았던, 소극적이고 찬반에서 거의 무의미한 역할에 부응하는 외형과 내용을 채택하려는 경향이 나타났다.

이것은 특히 좌파와 우파 정당들에 적용된다. 생성, 발전 그리고 정치적 역할에서 무조건적 반대당이었던 사민당은[26] 전쟁정책에 대한 태도나 자신에게 갑작스럽게 부과된 책임으로 내부적 동요에 휘말렸다. 사회의 가장 약한 부류인 "노동자 계층의 삶의 원칙"[27] 으로서의 철통같은 조직, 수와 조직 면에서 뛰어난, 거의 군대와 같은 결합을 통한 대중의 구조화를 자랑했던 사민당의 전통적 형태들과 탄탄한 결속은 흔들렸다. 그러나 사회주의 운동 내에서 이러한 이질화 과정과 이에 수반한 지도부의 마찰, 그리고 독립사민당(USPD), 스파르타쿠스동맹 및 공산당의 이탈을 가져왔던 극좌파에서의 분리경향 등에 맞서서, 곧바로 사민당 중도파의 조직적 이념적 경직화가 시작되었다. 중도파는 과거 투쟁에서 전수되었던 조직의 내부원칙에 의존했고,[28]

---

25) Rudolf Heberle, *From Democracy to Nazism, A Regional Case Study on Political Parties in Germany*(Baton Rouge, 1945), S. 3ff.

26) 이들의 선거운동(Reichstagswahlen 1919~1932, in %) : 37.9-21.6-20.5-26.0-29.8-24.5-21.6-20.4.

27) Michels, *Parteiwesen*(주 I/39), S. 32f. ; Kurt v. Reibnitz, *Im Dreieck Schleicher-Hitler-Hindenburg, Männer des deutschen Schicksals*(Dresden, 1933), S. 33ff. 참고.

28) Naumann, *Parteiwesen*(주 II/5), S. 30f. ; 다양한 평가들에 대해서는

또한 지도부의 구성뿐만 아니라 외부와 관련한 당의 전술과 당 내부의 통합과정에서도 단호하게 전쟁 전의 전통에 의존했다.

이로써 러시아의 11월 혁명을 통해 나타난 새로운 전망들을 당 정책과 건립의 지도이념으로 삼았던 공산당의 이탈은 분명해졌다. 또한 혁명이 발발했던 주에 행해졌던 어려운 타협시도 후 독립사민당에 대한 경계설정도 확실하게 나타났다. 여기에서는 초반 선거의 성공 후 (물론 공산당에게 더 도움이 되었던) 독립사민당의 붕괴는 시간문제라는 확신이 결정적으로 작용했다.[29] 당 내부의 동요에 직면해서 당 기구의 고집스러운 태도는 위기상황에서는 대중정당의 생존과 세력범위를 안전하게 유지할 수 있었고, 안정화 과정에서는 이를 상승시킴으로써 결국 조직원칙이 사회주의 대중정당의 절대적 지휘기반이라는 점을 다시 한 번 증명할 수 있었다. 또한 동시에 이러한 배경에서 수십 년간 반대당 입장에서 각인된, 그러나 이제 모든 국민계층의 정치활동에 문이 열린 의회주의 공화국의 틀 속에서는 효과와 의미가 불투명한 당 전술의 성향들이 보존되었다.[30]

이제 국가와 사회의 모든 영역에서 구체적인 영향력을 행사할 기회

S. 122. Ernst Drahn, "Sozialdemokratie", *Handwörterbuch der Staatswissenschaften*, Bd. VII, S. 533ff.; 참고 Flechtheim(주 I/33), S. 5. 사회주의 진영의 조직문제에 관한 논쟁에 대해서는 Alexander Schiffrin, "Parteiapparat und Parteidemokratie", *Die Gesellschaft* 7/6(1930); ders., "Kritik an der Organisation", *Ibid.*, 8/8(1931); 또한 (좌파 사회주의적): Die Organisation im Klassenkampf(Rote Bücher 2), F. Bieligk, E. Eckstein, O. Jenssen, K. Laumann, H. Wagner 등과 공동작업(Berlin, 1931).

29) 특히 Eugen Prager, *Geschichte der USPD*(Berlin, 1922) 참고.

30) 조직과 기구에 관한 상이한 연구들에서 사민당의 자기비판 참고: Kurt Laumann, "Organisation und Apparat", *Die Organisation im Klassenkampf* (주 III/28), S. 131ff.; Arkadij Gurland, *Das Heute der proletarischen Aktion*(Berlin, 1931).

가 사민당에게 주어졌고, 능력은 있으나 출신성분으로 인해 사회적 신분상승에서 제외되었던 노동자의 활동이 이제는 "사회적 신분상승의 가능성들을 위한 대용물"[31] 이상을 의미했다. 그럼에도 불구하고 견고하게 남아있는 멸시의 감정은 가장 큰 정당인 사민당의 태도와 행동에 계속해서 영향을 주었다. 공화국과 그의 모호한 연립구조에 직면해서 망설이는 우유부단함에는, "제 2제국"의 특권적 제도에 대항했던 사민당의 저항운동 태도에 특징을 부여했던 오랜 불신이 계속해서 남아있었다. 당은 급진적인 사회화(*Sozialisierung*) 구상과 전복 구상보다는 국가질서가 우선한다고 인정했다.

그러나 상당수의 유권자들과 당 구성원들을 공산당으로 보내는 손실을 동반하면서 감수한 이러한 포기는 다른 측면에서는 새로운 국가와 특히 "반동적" 제국군대에 대한[32] 불신을 생생하게 했고, 이러한 불신을 극복하기 위해 제국대통령 프리드리히 에버트는 자신의 당과 많은 논쟁을 벌여야 했다. 이러한 불신은 처음부터 공권력 중 군대와 같은 권력요소에 대해서 본질적인 영향력 행사를 방해했고, 이 요소가 결국 우익 쪽으로 향하도록 했다. 이는 손실을 만회할 수 있는 사민당의 확장, 즉 부르주아-민주주의 진영으로 확장과 새 시대의 통합과제들의 해결에서 사민당이라는 최대정당의 주도적 협력을 방해했다. 이 시기에 당내에서는 특히 연립정부 구성문제가 지속적으로 긴장을 야기했고[33] 단지 아주 드물게 — "제국기치"(*Reichsbanner*)의 형성과 활동에서 — 공화주의적 협력을 위한 준비가 결정되었다. 이는 민주주의 자체를 무의식적으로 비판했던 세력과, 의회민주주의의 통합력과 정치적 작동력을 의심했거나, 헌법적 또는 사실적 주장을 통해 의회민주주

31) Michels, *Parteiwesen*(주 I/39), S. 346.

32) 아래 S. 471ff. 참고.

33) 사민당 내외의 좌파와 우파의 성격규정에 대해서는 Neumann, *Parteien*(주 II/5), S. 33ff.

의를 군주제의 후계자로 인정하지 않으려는[34] 세력들의 영향력 강화를 용이하게 했다.

사민당의 다음 진로 역시 이런 딜레마를 통해 특징된다. 공산당과 더불어 사민당은 이념과 조직 측면에서 가장 폐쇄적인 지도부를 가졌다. 당의 구성원은 아주 계획적으로 양성되었고, 그들에게는 단계별로 단지 서서히 점점 더 중요한 과제들이 부과되었다[35] ―이와 같은 상황은 비교적 적은 구성원의 변동[36]과 더불어 조직구조에 관료적이고 신뢰할 만한, 말하자면 군대원칙에 따라 움직이는 전투적이고 철두철미한 특성[37]을 부여했다. 이러한 특성은 더 큰 요동과 균열 등은 저지했지만, 다른 한편에서는 독립적이고 제도화된 기구의 적응력과 팽창력을 방해했다. 사민당은 역시 주(州) 단위에서도―특히 프로이센에서―정치적 책임에서 결정적인 몫을 차지했다; 그러나 사민당은 이 변화된 정치현실적 관계에 대해 어떤 효과적 이론도 구성하지 않았고, 이 변화된 관계를 계속해서 모호하게 유지하거나 감수하였다.

많은 논쟁을 불러일으켰던 사회화문제, 민족개념과 국가에 대한 태도에서 나타났던 이론과 실천 사이의 괴리[38]를 수정주의적인 전후(戰

---

34) 나치에 구금되었던 젊은 사민당 의원 Julius Leber의 회고는 포괄적 통계를 포함하고 있다: "Gedanke zum Verbot der deutschen Sozialdemokratie Juli 1933", Julius Leber, *Ein Mann geht seinen Weg, Schriften, Reden und Briefe*, 그의 친구들이 편집(Berlin, 1952), S. 185~247.

35) 전쟁 전에 대해서는 Michels, *Parteiwesen*(주 I/39), S. 43ff.

36) 숫자에 대해서는 *Jahrbuch der Deutschen Sozialdemokratie*, Vorstand der SPD, ed. (Berlin, 1926); 비교, Alwin Saenger, "Sozialismus", *Volk und Reich*(주 II/17), II, S. 135f., Duverger(주 II/41), S. 123f.

37) 증거와 예, Michels, *Parteiwesen*(주 I/39), S. 52.

38) Herrmann Heller는 "민족"(*Nation*)에 관한 혼동과 이론적 모호함에 대한 예를 제시한다: Herrmann Heller, *Sozialismus und Nation*, 2. Aufl. (Berlin, 1931). Heller는 여기서 사회주의적 국가개념을 비합리적 의미에서 사용하지만, 이 개념은 오토 바우어(Otto Bauer)는 그것을 아직 합리적

後) 프로그램도 메울 수는 없었다: "마르크스주의"에 대한 자유주의 정당들의 공격들뿐만 아니라 "마르크스주의 배신"에 대한 공산당의 공격들 역시 그 반가운 목표를 여기서 발견했다.[39]

물론 사민당은 이미 오래전부터 더 이상 순수한 노동자 정당은 아니었다; 사민당은 계급정당에서 출발해 "대중정당"으로의 도정에 있었고, 빌헬름 국가 시기보다는 더 강하게 언론에 종사하는 지식인, 사무직 노동자, 공무원 그리고 정치적으로 활동하는 "부르주아층"을 끌어들였고 ― "육체노동자에서 정신노동자로 된 것" 외에 ― 특히 지도부와 의회 의원모임 내에서 주목할 만한 영향력이 이들에게 주어졌다.[40] 반자본주의적 대중운동을 포함한 모든 대중운동이 정당으로 발전하자마자, 어떻게 계급통일성을 잃었는지가 여기에서 명확해진다: 정치는 사회학보다 강하다. 그러나 도시적-계급적인 투쟁전통을 뛰어넘어 대중정당으로 향하는 걸음은 중단되었다.

사민당은 계급정당, 즉 신분정당으로 남았고, 독일 정당의회주의의 이익구속성의 예가 되었다. 영국이나 스칸디나비아 국가들과 달리 사민당은 대중민주주의라는 새로운 정치상황에 순응하는 것을 포기했고 언제까지나 신조(信條)로 묶여진 계급사회주의에 머물렀다. 그들은 특히 농업에 적대적이었고 강령과 정치적 실천에서 소농의 항의운동을 포

의미에서 사용했다: Otto Bauer, *Nationalitätenfrage und die Sozialdemokratie*, 2. Aufl. (Wien, 1924). 이에 대한 토론은 바이마르공화국의 붕괴 이후 특히 사회주의적 망명저작(*Emigrationsliteratur*)에 영향을 주었고 슈마허 시대(*Schumacher-Ära*)의 사민당의 진로를 본질적으로 결정했다. Erich Matthias, *Sozialdemokratie und Nation, Zur Ideengeschichte der sozialdemokratischen Emigration 1933-1938* (Stuttgart, 1952).

39) Neumann, *Parteien* (주 II/5), S. 36; S. 123 참고.

40) 일반적 진행에 관해서는 Michels, *Parteiwesen* (주 I/39), S. 310ff.; 당원과 유권자의 구조변동에 대해서는 Neumann, *Parteien* (주 II/5), S. 28f.; 사민당 간부에 대한 간단한 묘사에 대해서는 *Leibnitz* (주 III/27), S. 46ff. 참고.

섭하는 것을 포기했다. 이 소농들은 결국 나치의 수중에 떨어졌다.[41)]

많이 인용되었던 "노동자 정당의 부르주아화"(*Verbourgeoisierung*)는 유권자인 소시민의 유입에 의해서라기보다는, 오히려 노동자의 생활조건의 향상, 그들 대표들의 사회적 신분상승, 정당제도 내외에서의 지속적인 정치적 공동책임을 통해 나타나게 되었다.[42)] 전체적으로 전통적 구조는 특히 중간과 하급간부의 관료주의에서 줄지 않고 보존되었는데, 여기서는 새로운 채용과 조직 담당자의 성장이 주변 변화에 거의 영향을 받지 않았다.[43)] 계몽적 열의가 감성적 호소를 — 자주 대중심리적으로 효과적인 감성적 선동을 포기하는 데까지 — 배척했던 지도부의 합리적이고 냉철한, 말하자면 꼼꼼한 성향이 이러한 간부유형에 부합되었다. 30년 전 많은(또한 비합리적) 영향력을 행사했던 이 원칙의 고수는 (새로운 비합리주의에 빠진) 대중들로 하여금 사민당을 이성적 정당이라 판단하게 했고, 이는 사민당과, 특히 청소년의, 감성적 접촉을 점점 더 어렵게 했다. 이 청소년들은 결국 급진적인 정당들의 비합리적인 행동호소에 더욱더 경도되게 되었다. 1930년 전체 당원의 단지 8%만이 25세 이하였다 — 이 숫자는 60세 이상의 당원숫자

41) 이 책 아래 S. 305f. (?) 참고. Sten S. Nilson, "Wahlsoziologische Probleme des Nationalsozialismus", *Zeitschrift für die gesamte Staatswissenschaft* 110(1954), S. 302ff.; 예, 슐레스비히-홀스타인(Schleswig-Holstein): Heberle(주 III/25), S. 81ff.

42) 많이 논의되었던 "프롤레타리아의 부르주아화"에 대해서는 Hans Speier, "Verbürgerlichung des Proletariats", *Magazin der Wirtschaft* 7(1931), S. 591f.; S. 633; Theodor Geiger, "Zur Kritik der Verbürgerlichung", *Die Arbeit* 8(1931), S. 534ff. 참고; 일반적으로: Hendrik de Man, *Untersuchung zur Psychologie des Sozialismus*(Jena, 1927) und (2. Aufl.) 1931.

43) 사민당과 유권자의 사회적 구조에 대해서는: Theodor Buddeberg, "Das soziologische Problem der Sozialdemokratie", *Archiv für Sozialwissenschaft* 49(1922), S. 108ff.

(9%)에 의해 추월되었다. 정당조직의 역동성과 정체상태의 관계에 대한 비교분석은 사민당 내에서 전통이 거의 깨지지 않은 채 바이마르공화국의 발전단계들과 무관하게, 또한 '노동자 정당'이라기보다는 '피고용인 정당'(*Arbeitnehmerpartei*)인 독일 노동당(*Labour Party*)의 실제적 위치와도 상관없이 계속 살아남았다는 것을 뚜렷하게 보여준다. 그리고 이 분석에서는 사민당의 내외적 투쟁대상들, 당 전략과 전술 등은 본질적으로 새로운 어떤 특성도 보여주지 않았다는 것이 명백하게 나타난다.[44]

비교적 길었던 당원신분의 유지기간과 유권자와 당원 사이의 아주 호의적인 관계를 통해 더욱 촉진되었던[45] 이러한 고집스러움은 물론 당 최고지도부와 의회 의원대표부에서 어느 정도는 변했다. 그런데 여기서도 역시, 특히 1912년의 제국의회 이후, 당 기구와 긴밀하게 연결되고 장기간에 걸친 당 내부 교육과 경험으로 무장한 직업 정치가들이 점점 더 유력해졌다.[46] 형식상 정관에 따른 당 간부들의 교체 역시 민주적이라기보다는 특이하고 심지어 "혁명적인"것으로 느껴졌으며 또 그렇게 수행되었다. 형식상 민주적으로 선출된 지도부는 평생 동안 직책을 담당하는 경향이 있었고, 거기에 필요한 승인은 조직운용의 기술적 방법을 통해 자명한 과정으로 여겨졌다.[47] 그래서 이런 지도자들의 직무기간은—다른 정당들에서와 마찬가지로—민주적 인식에 따라, 교체를 통해서 감독을 받는 국가지도자의 재임기간을 훨씬 초과했다: 당 관료기구의 부동성과 권력조작 및 대중의 전통주의와 존경욕구

---

44) Leber(주 III/34), S. 192ff.; Lewis J. Edinger, "German Social Democracy and Hittler's 'National Revolution' of 1933: A Study in Democratic Leadership", *World Politics* 5, Nr. 3(April 1953), S. 331ff. 참고.

45) Neumann(주 II/5), S. 30~31.

46) 이 연속성에서 전통과 충실 동인의 역할에 대해서는 비교, Michels, *Parteiwesen*(주 I/39), S. 117ff.

47) *Ibid.*, S. 123ff.

는 여기에서 같이 작용했다. 비록 당 내부인도 그것에 접근하려 분투했지만,[48] 타사회신분에 속한 유능한 외부인의 유입을 위해 마련된 통로들(*Einbruchstellen*), 즉 정치적 팽창과 사회적 동원, 즉 계급 및 계층들 사이의 사회적 교환을 위한 맹아들은 여전히 유지된 채 남아있었다. 편집장이자 동시에 의회 의원이었던 인물들의 지적 기민함과 언론활동만이 이를 위해 노력했던 것은 아니었다. 이 같은 현상은 또한 고상한, 탈프롤레타리아화된, 그리고 개인적 생활양식, 사상의 발전에 영향을 주는 지위의 고유한 법칙과, 마지막으로 자신들의 고유한 "사회혁명"을 이미 실행했던 지도자들의 지속적인 권위요구[49]에도 기인했다.

1912년에 선출된 사민당의 제국의회 원내교섭단체(*Fraktion*)는 1918년 혁명 때까지 의회활동을 수행했는데, 이들의 구성에는 2개의 경향이 두드러졌다.[50] 여기에는 전통의 계기가 있었다. 110명의 의원 중 62명은 이미 그 이전에 제국의회에 속했고 당 조직에서 성장한 중년과 장년세대의 대부분에 해당되었다; 99명은 36세에서 65세 사이의 연령이었고, 8명은 더 나이가 들었으며, 단지 3명만이 더 젊었다. 그리고 제국의회 첫 진출의 시점을 비교하면 새로 선출된 의원들은 평균적으로 기존 의원들보다는 나이가 많았다. 19세기 초기 젊은 남자들에게 급진적 승진을 보장했던 당 관료기구의 점증하는 노령화는 이후의 제국의회에서도 반영되었다.[51] 그러나 다른 한편에서 당과 노조의 간부

---

48) *Ibid.*, S. 401ff.

49) *Ibid.*, S. 259ff.

50) 이에 대해서는 John L. Snell의 분석, "German Socialists in the last Imperial Reichstag", in: *Bulletin of the Internatioanl Institute of Social History Amsterdam 1952*, Nr. 3, S. 196ff.; die Zahlen im Reichstags-handbuch, 13 Legislaturperiode(Berlin, 1912), S. 196~414. Willy Kremer, *Der soziale Aufbau der Parteien des deutschen Reichstags von 1871 bis 1918*(Emsdetten, 1934)도 참고.

들과 편집인 그룹(53) 외에 19명의 저술가, 7명의 법률인, 17명의 개인사업가 그리고 14명의 다양한 직종의 의원들이 전쟁기의 제국의회에 있었고, 거기서 압도적으로 젊은 세대로 구성된 24명의 대표들은 대학을 졸업했다. 지위가 높은 노동자 또는 중간계급 출신으로 직업교육을 받은 수공업자들이 의원들의 가장 큰 부분을 차지했다; 다수(약 60%)에게 당의 언론과 출판영역에서의 활동은 중요한 역할을 했다.

전체적으로 젊은 의원들과 나이든 의원들 사이의 직업통계상의 비교는 "아마추어"의 감소와 전문적인 당 관료의 전진을 명확하게 보여주었다. 여기서 특히 노조간부들의 증가가 눈에 띈다: 바이마르 국민의회에서 계속된 경향, 즉 사민당 의원들 중 절반 이상이 노조 경험을 갖고 있고, 그들 중 3분의 1 이상에게 노조관료가 본업이었다. 설사 그들이 정식으로 당 경력에 연결되지 않고, 부분적으로 주 의회, 지자체 의회 그리고 작은 행정기구에서 일했다[52] 하더라도, 당과 노조간부들의 권력과 정치양식은 꼼꼼한 관료지배의 빛과 그림자 모든 면을 지니면서[53] 의회활동, 즉 당의 의회주의적 스타일에 영향을 주었고 제국의회 원내교섭단체의 전술적 활동을 현저하게 제한했다.

그래서 사민당의 의회의원들은 자신들의 지위안정과 그것의 장기적 유지에 힘입어 당 지도부로부터 어느 정도의 독립을 얻을 수가 있었다. 그들은 사적 관계를 통해 이 당 지도부와도 확실하게 결속되어 있었다. 사민당 원내교섭단체의 행동과 주도권은 자주 당론과 의회 외부에서 활동하는 다른 기관의 결정을 선도했다.[54] 거기에 계속적으로 현실적인 개혁적 방향으로 기울었고, 자신들의 조합원들이 사민당 지지

51) Reibnitz(주 III/27), S. 41f. 참고.

52) 숫자에 관해서는 Dahn(주 III/28), S. 538.

53) Max Weber, "Politik als Beruf", in: *Gesammelte politische Schriften*(주 II/13), S. 431ff. 참고.

54) Michels, *Parteiwesen*(주 I/39), S. 173ff.

자의 대부분을 차지했던 사회주의 계열 노조들의 영향이 첨가되었다.[55] 하지만 바로 이런 이유 때문에 바이마르공화국에서 사민당의 모습이나 역할은 전체적으로 과두적-귀족적인 동시에, 보수적-전통주의적 성향을 유지했다. 그러나 이러한 성향은 지휘하는 소수와 지휘받는 다수에 따른 분화와 조직 전통의 발전을 경험한 모든 조직들의 본질에 속한다. 근원적으로 사회혁명적 운동 역시 "자연스럽게" 개량주의적이고 보수적인 성향들을 발전시켰는데, 이러한 성향들은 혁명이 정치적 이유에서 연기되고, 많은 요구들이 사회적 타협의 방법으로 실현되면서, 그리고 마지막으로 제도화가 이루어짐으로써 촉진되었다.[56]

3. 정당구조의 경직화

이러한 자연스러운 분화의 결과들은 모든 정당들의 내부운영에서 나타났다. 본질적 문제에 관련된 것이 아닌 한, 이러한 결과들은 한편으로는 당내 움직임에 대한 의회활동의 강한 반작용에서 나타났다. 그러나 다른 한편으로는, 의회활동이 너무 쉽게 당 전략에 반해 자신들의 고유한 방식을 발전시키려 하는 상황에 직면해서, 당이 의회활동을 관리하고 결정한다는 의미에서 반대의 경우도 늘 발생했다.[57] 1929/1930년 독일민족인민당(DNVP)[58]의 위기는 당 기구가 후보자 명단을

---

55) Neumann(주 II/5), S. 32f.; S. 123 문헌과 함께.

56) Flechtheim(주 I/33), S. 4.

57) Denke, "Das Parlament als Kollektiv"(주 II/21), S. 513ff.; Duverger(주 II/41), S. 211ff.

58) 〔역주〕 1918년 11월 독일보수당과 자유보수당, 기독교사회당, 독일민족자유당의 대표들에 의해 반혁명적이고 반민주주의적·군사주의적 세력들의 결집체로서 창당된 정당. 융커와 대지주, 반동적 장교단, 고위관료와 일부 중공업자들이 그 지지세력이었다. 당의 목표는 바이마르공화국의 제거, 노골

관리하면서 의원들을 수중에 두고,[59] 이를 통해 어떻게 권력을 장악하는지를 명확하게 보여주었다. 독일 정당의 전통과 운영을 보면, 의회 원내교섭단체가 당 기구에 비해 실제로 탁월한 활동을 보였음에도 불구하고 두 번째 경향이 훨씬 더 강하게 발전했다. '원내교섭단체(*Fraktion*)가 당의 모사(模寫)'라는 이론은 실제로는 거의 깨졌다.[60]

재치 있는 정치적 태도라는 전술이 직무교체라는 민주원리를 가장 경시한 부동의 당 조직-관료주의 뒤로만 밀려났던 것은 아니었다. 전술은 또한 특히 원대하고 근본적으로 고착된 질서관념들과 세계관적 목표라는 "전략"에 종속된 것이다. 사민당 내에서 마르크스 학설의 독단적 무게, 그리고 다른 정당들에게서 종교적, 경제정책적, 민족 이데올로기적, 인종주의적 기본관념들의 마찬가지로 비탄력적인 역할— 신앙적으로 수용된 이 진리의 기준들은 당 조직의 확고한 이데올로기적 정착을 뒷받침했으며 이해관계의 결속과 함께 물질적 약속과 특혜를 통하여 정치활동의 범위, 정치적 타협의 범위를 외관상 신뢰할 만한 방식으로 경계지었다. 그런데 신앙적으로 수용된 진리의 기준들을 열렬한 추종자들조차도 그 정신사적, 사회학적-정치적 내용에 따라, 그리고 정치영역에서 그 상대적 효력에 따라 알기는 드문 일이었고 비판적으로 검사하거나 정치사회적 현실과의 관계에 따라 수정하는 것은 더욱 드문 일이었다. 그것들은 그러나 동시에 관료주의적 중앙집권주의(*Zentralismus*)의 토대 위에서 탄력적 유연성과 정당들의 공적 제휴 역량을 상당한 정도로 제한했다.

이것은 일반적 진행이다: 때때로 중앙집권적 경향들이 등장할 경

적인 제국주의적 독재의 수립, 실지회복을 위한 전쟁 재개였다. 당의 영향력 있는 집단은 군주정의 재건을 추진했으며 반유대주의를 선전했다.

59) Teil II, Kap. I과 II 참고.

60) Fritz van Calker, *Wesen und Sinn der politischen Parteien* (*Recht und Staat in Geschichte und Gegenwart*), 2. Aufl. (Tübingen, 1930), S. 20 참고.

우, 이는 의식화된 대중의 민주적 본능보다는, 오히려 지역의 독립적 전통, 다시 말해 — 중앙의 — 전체 지배를 둘러싼 권력투쟁에서 다수와 대립한 소수파의 자립욕구를 이용하려 했던 소수 지도부들의 마찰에서 기인했다. 이런 종류의 가장 중요한 사건은 중앙당으로부터 바이에른인민당(BVP)의 이탈이었다. 이 사건은 베를린으로부터 벗어나려는 지방주의적 전통의 틀에서 일어났고 군주제적 관념에 의해 영향을 받았으나, 본질적으로는 당 내부의 조직 이완과정보다는 지도부 마찰로 이해될 수 있다. 이것은 특히 프로이센 총사령관을 지지하고 중앙당 지도자에게 반대했던 바이에른인민당과 왕세자 루프레히트(Rupprecht)의 입장에서, 즉 1925년 제국대통령 선거의 최종 결선투표에서 명확해졌다: 힌덴부르크가 중앙당 지도자 마르크스(Wilhelm Marx)에 맞서 근소한 승리를 거둔 것은 역설적으로 바이에른인민당의 중앙당 적대적인 입장 덕분이었다.[61)]

바이마르공화국의 "세계관에 기초한 정당들"(*Weltanschauungsparteien*)과 미국의 역동적인 "플랫폼정당들"(*Plattformparteien*)을 구별시키는 이러한 경직화의 결과가 바이마르 연정의 지속적 위기에만 나타났던 것은 아니었다. 이러한 결과는 동시에, 대중확보의 경쟁, 선거운동 그리고 일상적인 내외 정치적 사건들에 대한 언론·출판의 태도 등에서 당 조직의 활동을 아주 명확하게 결정했다. 유권자 대중과 조직화된 당원들이 거의 수동적으로 머무르고 그들의 정치적 욕구를 지도부를 향한 계속적인 요구에서 표현한 반면, 민주정당 조직 역시 지속되는 투쟁을 준비하는 동안 구조적으로 아주 본질적으로 반(半)군대적, 계급적 구성원칙들에 따라 움직인다.[62)]

---

61) 이에 대해서는 다소 변명적이지만 다음의 자세한 논문을 참고하라: Karl Schwend, *Bayern zwischen Monarchie und Diktatur, Beiträge zur bayerischen Frage in der Zeit von 1918 bis 1933*(München, 1954), S. 303ff.

62) Michels, *Parteiwesen*(주 I/21), S. 39f. 참고.

정당의 첫 번째 과제인 유권자와 정치지도부 사이의 중재는 지속적으로 위태롭고, 자주 왜곡되며, 최소한 아주 부족한 것으로 나타났다.[63] 대중의 움직임과 정부활동 사이에 위치한 정당 내부에서의 의사결정 과정을 간단히 보면, 당내 법규들의 비민주적 특성과 과두제적 협력, 족벌주의로 나아가는 경향이 있다는 것이 증명된다. 이는 저변의 조직운용방식, 즉 우연히 지명된 일부 당원들로 구성된 좁은 기반에서의 표결[64]을 표현할 뿐만 아니라, 또한 의회주의 조건에 있는 영역에서도 당의 의지가 관철되었음을 보여준다. 여기서는 연립정치적, 저기서는 대중심리적 얽힘, 여기서는 의회주의적 연대감, 저기서는 특수한 집단의식[65]: 그사이에 정당이 서 있고, 그들의 조직적, 이데올로기적 지배구조를 통해 이중적 압력을 화해적이고 공평하게 고려해야 했다.

내외적 발전의 불안정에도 불구하고 거대 정당들의 전선(戰線), 그들의 연정의 범위와 방향은 변하지 않았다. 또한 현실 정치문제들에 대한 그들의 입장은 다양한 국민계층에 영향을 주려는 일상적 투쟁에서뿐만 아니라 그들을 확보하기 위한 투쟁에서도 결코 변하지 않았다. 이에 대한 주요 원인은 정당구조의 이데올로기적 경직화에 있다. 역시 모든 기본계획과 그 정치적 결과의 수정 시도는, 바이마르공화국의 마지막 단계에서조차도, 아니 아마도 바로 이 공화국의 위기시에 더욱, 그것이 정당에 꼭 필요한 이익집단의 실제적 요구들에 의해 불가항력적으로 강행되지 않는 한, 확고한 신조목록과 강력한 관념전통들의 기반 위에서, 또는 조직구조상의 계서제(階序制) 방식의 과두제 경향에

63) 거기서 근원적 동인은 당 지도부의 지나친 노령화이다-이것은 전체주의적 정당들의 구조와 정반대였다. A. Mendelssohn-Bartholdy, "The Political Dilemma in Germany", *Foreign Affairs* 8(1930), S. 620 참고.

64) Michels, *Parteiwesen*(주 I/39), S. 58ff.

65) Denke(주 II/21), S. 523.

의해 너무 방향이 전환되어 효력을 상실하게 되었다.[66] 이 토대와 더불어 바이마르 정당들의 구조, 즉 존재가 서거나 무너졌다; 공화국 말기에 다양한 맹아들이 존재했음에도 불구하고 정당들의 이완은 다양한 유권자와 이익단체를 대표하는 정당들의 보다 탄력적인 협력을 실현하는 정당제도의 유연화나 개혁을 달성하지는 못했다.

그래서 국가가 된 정당, 정당이 된 국가가 나치의 권력장악과 더불어 현실로 될 때까지, 국민들간의 기존 대립들은 독단적으로 경직된 프로그램의 유지로 더욱 경직화되었고 자신들 고유의 관료들과 조직 위계질서를 갖춘 "국가 내의 국가들"의 적대에서 극단적으로 첨예화되었다. 일상적인 공생의 영역에서 모든 종류의 접촉은 그것이 이 경직된 정당구조와 모순되는 한, 배제되었고, 의회 내에서도 사적 접촉과 직무협력, 즉 의원들의 직업 신분적 특수의식에서 커질 수 있었던 자연스런 통합경향들이 방해를 받았다. 입법과 정부구성을 결정하는 제한된 실무에서 의회제도의 자율성은 확실히 개인행위의 "급격한 변화" (*Umschlagen*)[67]를 야기했다. 하지만 이데올로기적, 관료주의적 그리고 재정적 종속으로 더욱 굳어진 당 기구에 의한 의원들과 원내교섭단체의 통제는 현실적 전망과 필요에 기반을 둔 의회활동의 고유한 무게에 강한 균형추로 작용했다.

경우에 따라 가장 어려운 문제는 현실적인 의회작업을 통해 더 통찰력 있게 된 민주적 타협과정이 타협의 일반적 목적, 즉 동의와 관련해 다른 정당들의 준비상태를 방해하지 않고 각 프로그램을 만족시키는 틀, 다시 말해 실행가능한 "근사치"[68]를 만들어낼 수 있는가 하는 것

---

66) 이것은 로버트 미헬스가 그 정점에 섰던 정당 사회학적 방향(특히 Parteiwesen, 주 I/21, S. 465)에 강하게 대립될 수 있다. 커다란 이념대립의 관료주의적 "얼버무림"의 테제는 독일의 정당발전에서는 맞지 않는다.

67) Arnold Gehlen, "Probleme einer soziologischen Handlungslehre", *Soziologie und Leben*, ed., Carl Brinkmann (Tübingen, 1952), S. 28ff.

이었다. 바이마르 연정의 지속적 위기들은 엄격한 교의(敎義)들과 이것에 정향지어진 관료들을 통해 정당들의 타협구조가 중첩되는 것을 보여주는 데 그치지 않았다; 유권자에게 눈을 고정시키고 재정관료, 당 금고라는 권력과 압력수단을 소유한 당 기구와, 최종적인 국가적 의사형성 문제와 과제에 책임이 있는 원내교섭단체 간의 지속적 긴장들이 이 위기의 진행을 특징지었다.[69]

이런 딜레마를 해결하는 관례적 수단은 모든 정당에 내재한 과두제적 경향들[70]을 고려해 정당 지도자를 원내대표 또는 — 입각의 경우에 — 유력한 장관으로 임명하는 것이었다. 그럼에도 불구하고 — 당 조직의 지도부를 통해 원내교섭단체를 지속적으로 보충함에도 불구하고, 또한 사적으로 강력하게 묶이거나 민주정당들에 고유했던 지도부의 구조에도 불구하고 — 긴장들은 때때로 심각한 수준에 이르렀다. 이들이 투표에 앞서 원내교섭단체의 방에서 스스로 도출했던 타협을 거의 방해하거나 폐기하지 않았다는 것은 바이마르 정당들의 관료주의적-권위주의적 성향에서 흐르는 원내교섭단체 강제의 결과였다.

실지로 원내교섭단체 원칙은 철저하게 집행되었거나 지켜졌다; 이는 특히 탄탄하게 조직된 의회의 좌파 정당들에게서 두드러졌다.[71] 여기에서 원내교섭단체의 강제에 반대한 캠페인, 그의 추정원인들, 비례선거[72] 그리고 후보자 명단의 관리를 수단으로 강력한 권력을 갖게 된 권위주의적 당 기구의 명령권 등이 발전했고, 예리한 분석들은 모든 근대적 정당조직 내의 통제하기 어려운 집단지도체제의 필연적

68) Ludwig Bergsträßer, *Geschichte der politischen Parteien in Deutschland*, 7. Aufl. (München, 1952), S. 10f.

69) Michels, *Parteiwesen* (주 I/39), S. 144ff. 참고.

70) *Ibid.*, S. 16 도처에; S. 178ff.

71) Heinz Merkmann, "Traktat vom Fraktionszwang", *Der Wähler* 3. Nr. 4, S. 141ff. 참고.

72) Teil II (주 III/11) 참고.

형성과 해방에 대해 언급하였다.[73] 이는 "자유로운" 의원으로 구성되는 의회의 원자화가 당장은 아니어도, 멀지 않은 장래에 필연적으로 다른 더 유능한 그룹화를 초래할 것이라는 사실을 무시한다. 더욱이 정당과 이익단체로부터 '자유로운' 의원의 자유주의적 관념이 산업적 대중사회와 그의 다양한 결속강제들의 시대에도 정치적으로 현실적 가치를 여전히 소유하는가가 문제될 수 있다.[74] 타협적인 블록형성 외에 타협을 통해 통합된 큰 그룹의 연속성은 의회활동과 정부정책의 기본전제이다. 그러나 이러한 연속성은 "자유로운" 의원의 유동적이고 고립된 순간결정을 통해서가 아니라, 오로지 정당 그룹들과 원내교섭단체 원칙의 상대적 결속과 신뢰성을 통해 보증된다.

또한 아주 일반적으로, 선거권의 기술적 영향 또는 독일 민주주의 의회구조의 전술적 결과가 투명하게 작동하는 양당제(*Zweipartei-system*)의 형성과 안정을 방해한 것은 아니라는 점이 확실히 강조될 수 있다. 문제는 아주 깊이 놓여 있고 특히 독일 정당사의 역사적이고 사회적인 조건들에 기인한다. 1848년경 정당사의 초기, 한편에서는 반(反)관료적-반(反)절대주의적 자유주의를 중심으로, 다른 한편에서는 이 개혁적인 또는 혁명적인 경향들에 반대했던 보수주의를 중심으로 형성된 뚜렷한 전선들이 대립했다. 이 정치적 전선에서 나타나는 거의 "이념형적" 정당체제는 권력분할을 조망할 수 있는 형태, 투명한 정당구조 그리고 정부책임과 야당 사이를 아주 명확하게 구별하는 상호관계 등을 구축하는 방향으로 가는 것같이 보였다.[75]

그러나 이 발전은 이중적 방식으로 좌절되었다: 한편으로는 (역사적

73) Michels, *Pateiwesen*(주 I/39), 특히 S. 41ff.

74) 이에 대해서는 위 S. 36과 특히 인용된 바 있는 Leibholz의 글들, 그 중에서도 Gerhard Leibholz, *Der Strukturwandel der modernen Demokratie* (Karlsruhr, 1952), S. 13ff. 참고.

75) Naumann(주 II/5), S. 14ff.

으로) 외교정책적 및 경제정책적 이해관계의 경향을 통해서. 이 경향은—자유민주주의를 지향했던 야당이 이미 1848년 전에 심각한 분화(分化)를 보인 후—권위주의적인 비스마르크체제 앞에 대중운동으로서의 자유주의가 굴복함으로써 끝났다; 다른 한편으로는 (사회학적으로) 산업팽창의 결과를 통해서. 기존 양당 도식의 저편에서 계급구속적 성격을 가진 새로운 사회주의적 대중정당의 형성이 이 산업팽창에 상응하였다. 외교적, 경제적 그리고 사회정책적 그룹화 경향들 외에 다시 문화와 종교정책적 그룹화 경향이 등장했다. 이러한 그룹화는 역사적, 사회적으로 동시에 결정되었고 특히 중앙당을 중심으로 집결했다. 이 시기에 제 2제정기의 보편선거권 역시 다수 정당제와 최소한 세 그룹들로의 분화를 막을 수는 없었다. 저울의 지침으로서 양당체제 사이를 오갔던 중앙당의 중요한 지위가 여기에 뿌리를 두었고, 사민당을 끌어들여 "베벨(Bebel)에서 바서만(Bassermann)까지"[76] 이어지는 다수파를 형성해 원래의 선명함과 정치적 중요성에 따라 양쪽의 전선을 다시 세우고, 중앙당에게는 우파의 지위를 맡기려 했던 현명한 자유주의자의 노력들은 에피소드로 끝났다. 자유주의자들은 군주정에서도 공화정에서도 새로운, 역사적 및 사회적으로 변화된 상태의 자기중요성을 보존할 수 없었다.

다양한 구성요소는 당연히 모든 발전들의 확정과 논증을 어렵게 한다; 하지만 바이마르 정당체제의 복잡한 구조성향에 대한 이 일반적 논평에서도 역시, 자주 지탄받았던 국내정치의 분열성은 역사적-사회적 원인들에서 기인하는 것으로 보아야 한다. 또한 이 원인들은 선거권에 대한 기술적 고려에 의해서도, 의회제에 대한 의사(擬似)민주적 비판에 의해서도 결코 제외될 수 없다. 만약 1953년 연방의회 선거 후 새로운 가능성들이 두드러져 보인다면, 여기서도 역시 선거권 기술상

76) 이러한 의미에서 특히 Naumann(주 I/24), S. 47ff.

및 의회 기술상의 관점들은 단지 부차적인 중요성을 갖는다. 이러한 현상이 선거권이나 의회제도의 변화가 아니라, 독일의 상황을 결정하는 분화 동인(動因)들의 변형, 정치영역에서는 분열된 종파들의 근본적이고 전술적인 상호접근과 관계가 있다는 것은 우연이 아니다.

바이마르 제국의회에서의 우파와 좌파정당들 간의 간단한 상호작용조차도 어려웠다는 사실은 지속되는 대립의 심화와 분열상황에서, 울분을 풀어주고 결국 총체적 동원운동으로 길을 터주는 분위기를 자연스럽게 만들었다. 여기서 비례제 선거와 다수제 선거에 대한 다양한 토론들을 통해 바이마르공화국의 정당체제에 대해 새롭게 제기된 비판은 제한적이지만 의미가 있었다. 그 이유는 이 비판이 이 시기의 대부분 정당들에게 많건 적건 간에 고유했던, 전쟁 전에 비해 훨씬 더 예리하게 구축된 조직구조와 기능구조에 관계되기 때문이었다.

긴장의 해결방식과 기존 국가와 사회질서에 대한 사민당의 입장은 다른 민주정당들의 그것과는 본질적으로 달랐다는 점에서 이 정당의 구조는 특히 시사하는 바가 많은 것으로 나타난다. 현실노선을 추구하는 점진적 사회주의의 참여하에서 구성된 바이마르 연정의 안정과 유지 — 이것은 바이마르의 기회였다. 이것 대신 우리는 전통적 야당의 태도에서 벗어나기를 주저하고 당 구조 및 당의 이데올로기적·마르크스적 이상을 새로운 과제에 적응시키는 데 머뭇거리는 사민당의 완고한 망설임을 기록한다. 이는 또한 우파 및 극좌파의 모든 접촉시도를 반대한 민감성과 연결된다. 지금까지 신뢰할 수 있었던 유권자계층을 잃을 수 있다는 것에 대한 두려움과 이념적이고 조직적인 부동성이 중요한 정치적 결정들을 해야 할 시점에서 우유부단하고 이중적인 그리고 결국은 완전히 수동적인 태도를 결정했다. 1890년 이래 독일에서 가장 큰 이 정당은 이런 태도를 의회에서도 역시 항상 되풀이했고, 나치가 승리하기 오래전에 이미 공화국 최후의 보루로서의 그들의 권력은 거의 저항 없이 차례로 무너졌다.[77].

4. 독일민족인민당(DNVP)의 문제와 민주적 중도

보수주의적 군주제 정당들(*Monarchieparteien*)이 붕괴된 후, 이들의 전통은 우익에 위치했던 독일민족인민당(DNVP)[78]이 물려받았고,[79] 물론 다른 종류의 조직과 구조형태를 통해서이지만, 유사한 원칙으로 이 전통을 계속 유지하려 했다. 반(反)혁명적인 세력들의 첫 번째 조직적 중심으로서 독일민족인민당 역시 역사적 연속에 서 있었다. 이러한 사실은 지도부의 구성, 프로그램과 이데올로기적 방향 및 사회적이고 이익정치적인 관계에서 명확했다. 동시에 반(反)공화주의적 결집정당(*Sammelpartei*)[80]이었던 독일민족인민당은 사회 구조적 팽창을 목적으로 유권자의 구심점을 농업적인 동부에서 고도로 자본주의화 된 서부 쪽으로[81] 옮기려 했고 전술적 측면들과 초기 타협적 태도에서도 새로운 상황을 고려했다. 민족인민당은 변화된 조건 아래서도 '조국당'(*Vaterlandspartei*)이라는 민족주의적 동원구호를 계속 이용했고, 보수주의적 색채를 지녔던 모든 유력한 전전(戰前) 정당들, 즉 독일보수

---

77) 특히 Leber의 비판(주 III/34), S. 203ff. 참고.

78) 이들의 선거운동 1919~1932: 10.3-14.9-19.5-20.5-14.2-7.0-5.9-8.8.

79) 1919년 이래 건설과정에 대해서는 Hans Erdmann v. Lindeiner-Wildau, "Konservatismus", *Volk und Reich*(주 II/17), II, S. 49f.; Axel frhr. v. Freytagh-Loringhoven, "Deutschnationale Volkspartei", *Die geistige Struktur der politschen Parteien Europas*(Berlin, 1931), S. 8ff.; Reibnitz(주 III/27), S. 66ff. 참고.

80) 〔역주〕 결집정당(*Sammelpartei*)이란 다양한 정치세력들이 서로에게서 공통적 요소들을 찾아내고, 이를 중심으로 단일한 정치대표체를 구성한 정당을 지칭. 이 경우 바이마르공화국의 독일민족인민당, 나치당, 또는 제2차 세계대전 이후 독일연방공화국에서 기독교민주연합(CDU)/기독교사회연합(CSU) 등도 여기에 해당됨.

81) Neumann(주 II/5), S. 60ff.

당(Deutsche Konservative), 자유보수당(Freikonservative), 종족주의당(Völkische), 기독교-사회당(Christlich- Soziale)의 지지자를 위한, 그리고 — 전 독일연맹(Alldeutscher Verband)을 넘어 — 몇몇 민족자유당 지지자[82]들을 위한 '집결지'로 되었다: 초기에는 독일인민당과 연합하려는 노력도 있었다.[83] 그래서 농업 경영자들과 더불어, 압도적으로 영향력 있던 기업가들 중의 일부 역시 독일민족인민당을 자신들의 이익대표체로 간주했다.[84] 따라서 이 정당에는 사회적으로 온갖 색채를 지닌 다양한 요소들이 모였고, 보수주의와 자유주의 사이의 과거 대립도 거의 사라진 것으로 보인다.[85]

처음 외교정책을 강조했던 민족자유주의에서 출발한 이후, 국내 쪽으로 자유주의적 "반동적" 전선을 구축했었고, 1918년 이후에는 독일인민당에 잠시 기댄 뒤에 독일민족인민당의 극우가 된 전 독일연맹의 진로는 동시에 그의 사회적 이질성과 운동성을 보여준다. 그리고 이 단체에 속했던 대기업가 후겐베르크가 당 지도자로 오른 것은 복고적인 민족주의의 구호하에 농업경영자, 중공업자, 보수주의자와 자유주

---

82) *Ibid.*, 더 많은 前史, Lindeiner-Wildau(주 III/77), S. 43ff.; Alfred Kruck, *Geschichte des Alldeutschen Verbandes 1890-1939*(Institut für Europäsche Geschichte Mainz에 의해 출판, III)(Wiesbaden, 1954), S. 125ff.

83) Neumann(주 II/5), S. 59.

84) 독일민족인민당의 이익단체들에 관해서는 Saemisch, "Wer vertritt das Volk?"(주 III/15), S. 924ff. 를 참조.

85) 이것은 독일 민족주의 진영에서 독일민족인민당 옆에 독일인민당의 존재는 불합리하게 느낄 수 있을 만큼 진행되었다. 예를 들어, Georg v. Below, "Deutschnationale Köpfer", *Charakterbilder aus Vergangenheit und Gegenwart der rechtsstehenden Parteien*, Hans v. Arnim & Georg v. Below, ed., 2. Aufl. (Leipzig-Wien, 1928), S. 21f.; Hans Erdmann v. Lindeiner-Wildau, ed., *Wir und Deutsche Volkspartei*(Deutschnational Flugschrift, Nr. 77)(Berlin, 1921).

의자 사이의 결속방향과 특성을 상징적으로 보여준다. 중간계급의 대표는 대규모 이익집단들의 구호―산업과 농업―사이에서 점차 약해졌다. 그들은 그후 가장 먼저 나치라는 경쟁자의 몫이 되었다.

독일민족인민당(및 우선 독립사민당)은 1920년과 그후 특히 1924년 제국의회 선거에서 강권 혁명적(*machtrevolutionär*) 극단주의에서 이득을 보았다. 그럼에도 불구하고 군주제 시기부터 익숙했던 지배전통은 여전히 그들에게 강하게 각인되어 남아 있었고, 개신교 교회, 국가 관료제와 군부와의 결속, 특히 위협받고 있었던 전통과 권력관계의 유지에 대한 관심 역시 그들의 태도에 결정적으로 영향을 주었다. 그래서 공화국 초기 10년 동안 새로운 질서에 대한 그들의 근본적 반대와 군주제적 복고이데올로기에도 불구하고 이익정치적 교차연결을 촉진시켰던 현실적-의회주의적 타협능력이 그들에게서 완전히 사라지지는 않았다.[86] 경제적 이해를 우선하는 그룹이 요구했던 이 기회주의적 협력정치가 극우 경쟁자들에 의해 추월당하는 결과를 초래하고, 동시에 의회민주주의의 기능력과 저항력이 결정적 손상을 입었을 때 비로소 그들은 독단적인 반(反)공화주의로 복귀를 시작했다. 이러한 복귀는 그들의 지방단체들에 속했던 당 조직에서 시작되었으며 후겐베르크의 독단적이고 정치현실을 도외시하는 맹목적인 권력쟁취 시도를 거친 후에는 당 간부와 원내교섭단체 간의 갈등과 분열을 초래했고,[87] 거기서부터 결국 하르츠부르크(Harzburg) 전선의 완고한 파괴정치가 시작되어 1933년 1월 30일까지 진행되었다.

기본적으로 "귀족적"이었던 이런 정당 역시 강화된 민주화를 통하여 수적으로 결정되는 대중정당으로 나아가는 일반적 경향에 맞서거나 그 경향 안에서 자신을 지키려 노력했다는 것이 독특하다. 독일민족인민당은 본질적으로 반민주적이며 보수적인 규준들로 이뤄진 체계를 고집

86) Kaufmann(주 I/40), 도처에 특히 S. 117ff.

87) Teil II, Kap. I 참고.

했다. 그러나 그들은 바이마르공화국에서 기존상태에 대해 — 아주 비보수적으로 — 혁명적인, 정확히 말해 "반혁명적" 활동을 전개해야 했다. 즉, 그들의 활동은 보수적 전통주의에 못지않게 국민주권 원칙, 다수결과 민주적 조직 원칙 등에 의존했던 것이다.

귀족적-배타적인 파벌정치에서 "대중정당"(*Volkspartei*)과 대중조직으로의 급격한 전환은 증오받았던 공화국에서 처음 시작된 것이 아니라 19세기 말에 이미 시작되었다. 그들은 사회주의자 탄압법 폐지 이후 넓은 분야에서 진행된 사민당의 비약적 약진에 대해 우선 반(反)유대주의를 내세우며 경쟁을 시도했다.[88] '대중정당'을 지향하는 이러한 전환은 정치적 개념내용과 기존 국가질서에 대한 그들의 입장과 일치하는 "보수주의"의 변화에 부응했다. 이는 또한 정치적 전술과 당 개념의 확대에 따라 보수주의자를 "민주주의자"로 만들었고, 이를 통해 그를 딜레마에 처하게 했다. 바이마르공화국에서 이 딜레마는 특히 의회주의적 결정과 연립결정에 직면해 나타났던 독일민족인민당의 지속적 내부 위기에 기본적 원인을 제공했고 또한 당 조직의 구축과 대표 파견방법을 방해했다.[89] 신중하고 정치적으로 생각하는 보수주의자들의 분열이 반복해서 나타났다. 물론 이 보수주의자들은 종족보수주의자(*Volkskonservativen*)와 기독교적·사회적·농업적 소수 정당들의 생각에 일치하는 유능한 새로운 우파의 그룹화는 달성하지 못했고 1930년 이후 자신들의 유권자들이 나치 결집정당으로 향해 가는 것을 보아야 했다.

필수적(전술적-민주적)인 현재실천과 실질적인(엄격히 권위주의적인) 정치이데올로기와의 관계에서 독일민족인민당은 실질적인 민주정당들과는 아주 정반대였다. 독일민족인민당이 정치적으로 생존하려면, 그들의 의회의원들은 민족인민당 스스로에 의해 — 당의 본질과 프로그

---

88) Michels, *Parteiwesen*(주 I/39), S. 8; Naumann(주 I/24), S. 42f. 참고.
89) Naumann(주 II/5), S. 61f.

램에 따라 — 거부되었던 원칙을 토대로 선출되어야 하고, 또한 민주주의 시대에서 민족인민당은 자신에게 본질적으로 낯선 수단과 행동방식으로 다수를 얻으려 노력해야 한다. 그러나 이 정당은 이러한 수단과 행동방식의 내적 정당성을 인정하지 않았다.[90] 특히 "귀족적" 보수주의에서 "평민적" 보수주의[91]로의 이행점이 바로 여기에 있다. 왜냐하면 공화국에서 독일민족인민당의 이론적·조직적·현실정치적 딜레마는 귀족적인 지도부 형태를 대중정당의 틀로 필연적으로, 동시에 원칙에 모순되게 확대하는 데에서 만들어졌기 때문이다. 바로 이 점에서 의사(擬似) 보수주의적 엘리트 전통과 의사민주주의적, 대중혁명적 선전, 조직 그리고 지도수단을 선동적으로 통합했던 나치당의 기회주의적 성공전술이 결국 독일민족인민당과 다른 모든 이웃 정당들을 최종적으로 꺾을 수 있었다.

이미 다양한 방식으로 행해졌던 "반(反)혁명" 계획은 나치의 등장과 이를 통해 부각된 카이사르적 인민독재(*Volksdiktatur*)라는 극히 보수주의적·권위주의적 전(前) 형태들과 더불어 비로소 강압적 형태로 구체화되었다: 그것은 민주주의를 인민의사에 토대를 둔 민주적 방식으로 제거하는 것이었다. 민주주의 자체가 마지막 남은 조정능력과 기능능력을 잃어버린 순간, 민주적 권력수단을 철저히, 전통주의적 우려

---

90) Friederich Naumann, *Demokratie und Kaisertum, Ein Handbuch für innere Politik* (Berlin-Schöneberg, 1904), S. 92 참고: "보수주의자가 보통선거권에 잘 맞지 않는다면, 우리는 그것을 이해한다. 보통선거권은 그들의 고유한 성격을 손상시킨다. 왜냐하면 선거집회에서 단지 기본원칙만이 주장될 수는 없기 때문이다: 다수가 아닌 권위 … 단지 프로이센 상원이나 작센의 상원과 같은 신분적 단체에서 그가 그같이 나타난다. 따라서 현재의 보수주의자는 타협체, 민주적 장갑을 낀 주인 … 선동하는 귀족. 이것은 민주적 전체 흐름의 결과이다."

91) Kurt Stechert, *Wie wa es möglich? Der Ursprung des Dritten Reiches in historischer und soziologischer Beleuchtung* (Stockholm, 1945), S. 29.

없이 이용하려 했던 나치적 대중정당은 파펜-슐라이허 실험을 토대로 마련한 복고적 중간계획들을 별 어려움 없이 옆으로 밀어제쳤다. 확실히 민주적으로도 철저히 권위주의적으로도 구축되지도 무너지지도 않았던 독일민족인민당은 제 2제정기의 보수주의가 붕괴된 후, 자신들이 — 공화국과 대중민주주의에 대한 전술적 적응 및 비판에서 — 서투르게 길을 텄던, 민주적 자태를 한 독재적 대중정당의 새로운 형태 앞에 굴복해야 했다.

민첩한 위치전환과 운동성은 중도그룹을 특징지었다. 물론 일정한 당 전통은 갖고 있지만, 중도파는 새로운 국가상황과 요구에 적응하면서 좌·우 측면에 위치한 정당들보다 인적으로 조직적으로 더 강하게 자유로운 이동성과 의회주의적 운동성을 발전시켰다. 의회 대표들의 절반 이상이 이익정치적-직업 신분적으로 엮어졌다는 사실은 독일민족인민당과 마찬가지로 당연히 중도파에게도 해당된다. 자유주의 정당들 중에서 독일민주당(DDP)[92] 은 공화국의 안정화와 자유주의적인 구축을 위해 최초로 그리고 가장 단호하게 노력했다. 그들이 혁명의 영향하에서 진보당(*Fortschrittspartei*)과, 또한 민족자유주의자들(*Nationalliberalen*) 일부의 좌파자유주의적(*linksliberale*) 그리고 자유이념적(*freisinnige*) 전통에 기대어 "진정한 새로운 건설"[93] 이라는 새로운 국가질서로의 이행을 거침없이 찬성할 수 있었다. 1919년의 첫 번째 승리 이후 뒤이은 선거패배에 대한 반응에서 독일민주당은 곧 사민당에 대해 확실히 주저하는 태도를 취했다. 반면에 민족자유당이 분화된 후 우파에 의해 설립된 독일인민당(DVP)[94] 은 처음부터 군주제적이며 제국주의적인 전통

92) 그들의 지지자 변동 1919~1932: 18.6-8.3-5.7-3.8-1.0-1.0.

93) Neumann, *Parteien*(주 II/5), S. 46; 비교, Gerhard Ritter, "Allgemeiner Charakter und geschichtliche Grundlage der politischen Parteibildung in Deutschland", *Volk und Reich*(주 II/17), S. 5ff.

94) 이들의 지지자 변동 1919~1932: 4.4-13.9-9.2-10.1-8.7-4.5-1.2-1.9.

을 고수했다.95)

진보자유주의(*Fortschrittsliberalismus*)와 민족자유주의 사이의 오랜 대립의 의미에서 독일인민당은 그들이 자유주의적 국내정치보다는 특히 강대국 외교정책을 강조했다는 점에서 독일민주당과는 구별되었다. 공화국의 유력한 정치인이 된 옛 병합주의자 슈트레제만(Gustav Stresemann)의 변신은 거기에서 출발했다.96) 이러한 변신은 또 독일인민당의 앞으로의 진로도 보여주었다. 독일인민당 내에서도 역시 부분적으로 타협준비가 된 의회 대표들과 장관들은 점차 당과 이익단체들 사이의 갈등에 빠져들었고, 이러한 갈등은 오로지 슈트레제만과 같은 지도적 인물을 통해 겨우 조정되었다. 이러한 상황을 반영해서 당의 무게중심은 당연히 유력한 시민계층과 특히 산업계의 "반(反) 마르크스주의"적 이익정치(*Interessenpolitik*)로 이전했다: 이것은 대연정의 치명적 붕괴와 결국—반대쪽을 관찰한다면—신뢰하는 유권자 기반의 파괴에서 과도기적이며 주로 이해관계에 예속된 정당구조를 입증했던 갈등이다.97)

안정된 조직과 노련한 종교 조직자들을 갖춘 중앙당과는 달리, 독일

---

95) 이런 의미에서 Rheinbaben의 DVP-저서에서 자유주의와 민주주의의 본질적 차이가 예리하게 강조되었다. Rochus frhr v. Rheinbaben, *Liberale Politik im Neuen Reich*(Karlsruhe, 1928), S. 4ff. 자유주의 정당들의 형성사에 대해서는 Otto Nuschke, "Wie die DDP wurde, was sie leistete und was sie ist", *Zehn Jahre deutsche Republik, Ein Handbuch für Republikanische Politik*, Anton Erkelenz, ed. (Berlin, 1928), S. 24ff.; Wilhelm Karl, "Der Liberalismus der Deutschen Volkspartei", *Volk und Reich*(주 II/17), S. 98ff.; Wilhelm Karl, *Die Entstehung der Deutschen Volkspartei*, 독일인민당의 연방사무국 편집 3. Aufl. (Berlin, 1920).

96) Henry L. Bretton, *Stresemann and the Revision of Versailles*(Stanford, 1953).

97) 사회학적 이해구조에 대해서는 Neumann(주 II/5), S. 53, 의회 의원들의 분석에 대해서는 Saemisch, "Wer vertritt das Volk?"(주 III/14), S. 927ff.

자유주의는 비스마르크의 현실정치(*Realpolitik*)에 굴복한 이후 계속해서 권력상실의 과정에 처해 있었고, 하필이면 자유민주주의적 국가사상(*Staatsidee*)의 첫 번째 실현이라 간주되는 바이마르공화국에서 결정적 몰락의 단계로 들어갔다. 독일민주당의 초기의 강력함과 프로이스(Preuss), 나우만(Naumann), 하우스만(Haussmann), 막스 베버(Max Weber), 라테나우 등과 같은 정치적, 의회주의적으로 노련한 많은 그들의 대표들의 공화국 건설참여 역시 이러한 몰락의 진행을 막을 수는 없었다. 부르주아 계층(*Bürgertum*)은 혁명의 첫 번째 충격에서 회복되어 부분적으로 좌측으로 이동했고, 가장 큰 부분은 다시 우측에서 활동한 이후, 이러한 몰락은 우선 독일민주당에게 닥쳤다.[98] 자유주의 운동의 전통적 특성은 조직의 허약함이었다.[99] 강력한 명령체계와 서열구조[100]는 수의 비중으로 결정되는 근대 대중정당, 특히 사회주의 정당의 전제에 속했지만 자유주의 운동에게는 19세기뿐만 아니라 20세기에도 역시 여전히 낯설었다. 새로운 의회공화국에서 자유주의 운동의 주요 의미는 그들 지도부의 가동성과 연정구성능력 및 자신들을 떠받치는 그룹들과 조직형태들에 좌우되었다. 이미 혁명이 발발했던 주(週)의 당 건설과정에서 이들 특성이 명확하게 나타났고, 그 이후 정부구성을 위한 모든 시도들도 이 특성에 의거했다.[101]

그러나 동시에 자유주의 정당들의 몰락은 조직의 결여와 집합적인 권력의지 및 당원층 확보에 대한 노력부족의 직접적 결과로 간주되어야 한다. 그래서 1920년대 후반에 지속적으로 감소하는 자유주의 정당들의 유권자들 중 단지 약 5%만이 당원지위를 가졌다. 자유주의 이

98) Neumann(주 II/5), S. 46f.; Sell(주 I/12), S. 393ff.

99) Werner Stephan, "Die Organisation der Demokratischen Partei", *Zehn Jahre deutsche Republik*(주 III/95), S. 543ff.

100) Michels, *Parteiwesen*(주 I/39), S. 50ff.

101) Nuschke(주 III/95), S. 33ff.

론 역시 어차피 대중의 이해가 아니라 단지 경제적, 정신적으로 정권을 획득하기 위해 노력했던 부유하고 교육받은 계층의 이해를 겨냥했듯이,[102] 한편에서는 철저한 의회민주주의, 급진적인 정치적 평등권과 보편, 비밀선거권에 대한 원래부터의 망설임, 다른 한편에서는 무제한적 경제적-제국주의적 팽창과 다양한 그룹화와 이해관계들에 대한 친화성이 자유주의 정당의 개인주의적, 분산적 성향의 특징을 나타냈다. 간섭이나 경쟁을 통해 정치활동의 개인주의 양식을 저지하는 것은 엄격한 관료주의 정권 또는 팽팽하게 조직된 대중정당에게 더 쉬웠을 것이다.[103]

민족자유주의가 비스마르크 제국에서 수적으로는 아직 강했지만 이미 힘이 미약했던 것과 빌헬름 시대에 계속해서 피동적이었던 것은 경제적 상황 외에도 이 조직상의 약점으로 설명할 수 있다. 이 조직상의 약점은 이제 바이마르공화국에서 특히 독일인민당(DVP)의 모습과 역할을 결정했다. 자유주의의 민주적 전통에 더 강하게 연결된 독일민주당(DDP) 역시 대중을 조직적으로 장악하는 데 성공하지 못했고 혁명기에 달성했던 수적으로 강력했던 지위를 유지하는 데도 실패했다. 나우만(Friedrich Naumann)은 여전히 민주주의와 군대적인 군주제 사이의 원천적 대립을 '사회적 인민왕국'(*soziales Volkskönigtum*)이라는 종합으로 통합해, 이를 시대에 부응하는 형태들—단지 탈봉건화한—과 동일시하려 했다. 이 꿈이 무산된 후에도 공화국에 대한 입장은 여전히 그의 50년 된 조건들에 의해 결정되었다: 자유주의의 숙명적인 전선교체의 유산, 사회주의와의 투쟁 및 부르주아계층의 정치적 해방의 포기에 기인하는 정치적으로 실패한 출발의 유산, 그리고 이러한 이데올로기적 "전복"에 대한 자기변명이 비스마르크 '상표'를 단 민족

---

102) Michels, *Parteiwesen*(주 I/39), S. 11ff.

103) 이는 Bäumer의 체계적 저작에서 명확해졌다. Gertrud Bäumer, *Grundlage demokratischen Politik*(Karlsruhe, 1928), S. 50ff.

통일이라는 현실정치를 기반으로 마련된 것 등이 그것이다. 자유주의자들은 비스마르크의 반(半)절대주의적 국가건설을 양심까지 거스르면서 오랜 자유주의-민주주의적 목적의 완수로 감수했다.[104]

더욱이 자유주의의 균형적인 중간위치와 피고용자, 공무원, 자영업자로 혼합된 그의 사회적 구성은 단지 정치적 영향력 강화를 위한 기회를 열었을 뿐만 아니라, 동시에 조직적 허약함의 주된 원인을 의미했다는 사실은 특히 독일민주당에게 해당된다. 강한 사회적 긴장에서 무엇보다도 자본주의적-부르주아적 노선과 민족사회적(*nationalsozial*) 노선이 대립했다. 처음에는 정당에 개입하여 자신들의 모습을 각인했던 넓은 중간계급은—특히 중간 공무원과 교사 역시—인플레이션에 의한 혼란 이후 거의가 순수한 '이익정당들'(*Interessenparteien*)로 도피하였다.[105] 정당과 연결되었던 많은 위원회들, 직업단체들 그리고 중앙단체들의 특수한 이해들을 내부적으로 조정하는 것은 당 조직의 뚜렷한 허약함으로 엄밀한 의미에서 어려웠다—이런 상태는 더 폐쇄적인, 대부르주아적 구조를 가진 독일인민당에게는 덜 강하게 작용했다.[106]

그러나 특히 부르주아 유권자의 두 정당으로의 분열은 자유주의의 반(半)백 년 전 시작한 자기해체의 막중한 결과였다. 새로운 통합시도와 1925년 자유주의 연합 역시 특히 사민당에 대한 입장 차이에서 실패했는데, 여기서 독일민주당의 입장은—나우만의 옛 구상의 의미에서—실제정치적 가교를 통해서, 독일인민당의 태도는 부르주아 계층과 노동자의 명확한 경계를 통해 결정되었다.[107] 그래서 두 정당의 병존은 독일 부르주아 계층에게는 전전(戰前) 분열의 반복임과 동시에 시

104) Sell(주 I/24), S. 227ff. 참고.

105) Neumann(주 II/5), S. 48f.

106) Stephan(주 III/99), S. 544ff.; Saemisch의 의회 사회학적 지적: Saemisch, "Wer vertritt das Volk?"(주 III/15), S. 931f. 참고.

107) Naumann(주 II/5), S. 50; 비교, Kahl(주 III/95), S. 102.

민계층 내에서 피할 수 없는 정치노선의 선명성을 의미했다. 당 건설시기에 정치노선의 선명성은 무시될 수 없었고, 그후 느슨한 당 조직이 스스로 어느 정도 자기비중을 발전시키고 일정한 행위원칙을 만들었을 때에는 되돌릴 수 없었다. 민주적 중도파의 몰락을 초래했던 원인을 분석하는 비판적 연구에서 좌우 측면에 위치했던 정당들의 역할이 과소평가되어서는 안 될 것이다. 타협문제에서 이들 정당들의 망설임은 바이마르공화국의 작동능력을 약화시켰고, 위기를 걱정하는 부르주아 계층의 눈에도 역시 자유주의적 장기버팀목(바이마르공화국)의 신용을 점점 더 떨어뜨렸다. 이러한 발전은 근대 정당국가의 조직구조에서 귀족주의 정치원칙이 필수적으로 사이비 민주적 형태, 즉 귀족주의적 원칙은 유지한 채 민주주의 형태로 향하는 경향이 있다는 것을 한 번 더 증명하였다.[108)]

자유주의 정당들은 결국 중도를 몰락시켰고, 유동적인 유권자 성향이 급변하면서 대다수의 유권자를 극단적 운동에게 양도하게 되었다. 이와는 반대로 중앙당[109)]은 빌헬름 제국이 붕괴하고 포괄적인 기독교 인민당 건설을 위한 노력이 실패한 후에도 역시 이미 "제 2제국"(*Zweites Reich*)에서 증명했던, 종교를 기반으로 한 안정성을 마지막까지 유지했다.[110)] 이러한 사실은 단지, 행동강령에 의해 유지되지만,[111)] 상세

---

108) Michels, *Parteiwesen*(주 I/39), S. 16.

109) 바이에른인민당을 포함한 중앙당 지지자 변동 1919~1932: 19.7-17.9-16.6-17.3-15.1-14.8-15.9-15.0(이 숫자는 득표율을 의미).

110) 중앙당 측에서는 Heinrich Braun, "Das Zentrum", in: *Volk und Reich*(주 II/17), S. 62ff. 참고; 초기의 역사에 관해서는 Karl Bachem, *Vorgeschichte, Geschichte und Politik der deutschen Zentrumspartei*, 8 Bd. (Köln 1927/1931); Leo Schwering, "Carl Bachem", *Deutsches Monatsblatt*(Sept. 1958), S. 4.; Karl Buchheim, *Geschichte der christlichen Parteien in Deutschland*(München, 1953), S. 323ff.; Georg Schreiber, ed., *Politisches Jahrbuch*(München-Gladbach, 1925); Georg Schreiber, *Zentrum und Reichspolitik*(Köln, 1930).

한 프로그램과 독립적인 당 조직 없이도 지속적인 집권당으로서 장기적 결속과 영향을 보존했던,[112] 교회조직에 의존했던 "이데올로기 정당"의 힘의 예만을 보여주는 것은 아니다. 또한 중앙당은 튜튼적인 "이것 아니면 저것"(*Entweder-Oder*)이 아니라, "이것뿐만 아니라 저것도"(*Sowohl-Als*), 즉 "그리고"(*Und*) 위에 서 있던 타협정당의 정치적 힘을 증명하였다: "종교와 조국애, 조국과 인류, 독일과 유럽, 중앙집권주의와 연방주의, 권력과 권리"[113]를 동시에 지지했던 것이다.

그래서 반(反)극단적, 반(反)권위주의적 태도로 균형을 유지하기 위해 노력했던 중앙당은 비스마르크 시기 이래로 모든 의회 내 그룹화 시도에서 늘 핵심적 역할을 했다: 항상 결정적 역할을 했던 것은 아니지만, 중앙당이 원하지 않는 그 어떤 것도 일어나지 않는다는 의미에서 그러했다.[114] 중앙당이 민주적 의미에서 의회의 본질적인 "보수적" 권력요소로 활동할 수 있었던 것은 단지 탁월한 이데올로기적 안정성과 강력한 지원조직들뿐만 아니라, 놀라울 정도의 적응력에도 기인했다. 기민함, 민첩함 그리고 동맹구성 능력을 기반으로 하는 이러한 적응력은 출신과 권력토대에 따라 가장 철저한, 그리고 독일 정당유형과는 기본적으로 달랐던 이 "세계관에 기초한 정당"에게 강한 특징을 주었다. 중앙당은 중심적인 프로그램과 지도부의 교체를 통해 "공화국으로의 이행"[115]을 완료했다. 의회 의원들 중에서 이제 노동자 대표가

---

111) 과거 중앙당 사무총장이었던 포켈(Vockel)의 설명에 따르면, 정치적 지도는 주 대표들로 구성되고 1년에 한 번씩 회합했던 한 위원회에 의해 거의 결정되었다: 따라서 당의 진로에서 국내 정책과 주 정책적 방향설정을 강조해서 건드린다.

112) Joseph Trautmann, *Organisationshandbuch für Zentrumswähler*, 2. Aufl. (Hildesheim, 1925).

113) Joseph Joos, *Die politische Ideenwelt des Zentrums* (Karlsruhe, 1928), S. 13.

114) Naumann, *Die Parteien* (주 I/24), S. 39.

우위를 점함으로써 지도부의 구성에서는 사회적 정파가 눈에 띄게 강해졌다.[116] 제 2제정 시기에 보수주의 정당과 접촉했듯이,[117] 변화된 상황을 고려하는 전술적 의미에서 좌파로 향하는 자유도 보호되었다. 모든 연정구성 시도에서 마지막 국면까지 고려되어야 했던 '지속적 수권역량'[118]은 중앙당으로 하여금 자신들의 문화정책적 목적을 끈질기게 추구하는 것을 가능케 했다.[119]

이러한 중앙당의 결정적 지위는 다수파가 1918년과 같이 좌파로, 또는 1932/1933년과 같이 우파로 구성되었을 때에서야 비로써 흔들렸다. 중앙당 역시 단지 공식적인 가톨릭 신자의 약 60%만[120]을 포괄했고, 특히 여성들과 프로이센에서 90%까지 중앙당을 선택했던 "독실한 신자"가 열렬한 지지자였다. 일련의 기독교 보수주의자가 마틴 슈

115) Brauns(주 III/110), S. 82.

116) Neumann, *Parteien*(주 II/5), S. 39. ; Helga Grebing, *Zentrum und katholische Arbeiterschaft 1918-1933, Ein Beitrag zur Geschichte des Zentrums in der Weimarer Republik*, 박사학위논문(Berlin, 1952), 특히 S. 20ff. : 국민의회 선거에 따르면 중앙당은 26명(前 5명)의 노조지도자, 단지 8명(前 17)의 농업경영자 대표와 2명(前 5)의 산업가 대표를 포괄하면서 구성에서 많은 변동을 보였고, 반면에 공무원과 법률가 대표는 22명(前 23)으로 안정적 수준을 보였다. 프로이센 주 의회에서도 상황은 비슷했다.

117) 좌파로의 확대 시도에 대해서는: Heinrich Teipel, *Wir müssen aus dem Turm heraus, Gedanken zur Krise des deutschen Parteiwesens*(Berlin, 1925).

118) 1932년 여름, 중앙당과 나치당 사이의 연립협상을 생각해보라. Teil II, Kap. IX. 참고.

119) 이에 대해서는 특히 Georg Schreiber, *Deutsche Kulturpolitik und Katholizismus*(Freiburg, 1922) ; 같은 저자, *Zwischen Demokratie und Diktatur, Persönliche Erinnerungen an die Politik und Kultur des Reiches 1919-1944*(Regensberg-Münster, 1949) 그리고 Anton Rheinländer, *Zentrum und Schulpolitik seit Weimar*(Berlin, 1924).

120) 브레히트에 따르면 수(1932)는 더 줄어든다. Brecht, *Federalism*(주 II/103), S. 42.

판(Martin Spahn)과 함께 바이마르공화국을 적대시했던 독일민족인민당 진영으로 넘어가기도 했지만, 나머지 가톨릭 유권자들은 우파보다는 좌파에게 도움이 되었다. 반면에 1924년경 독일민족인민당의 유권자는 80%까지, 독일인민당 87%까지, 사민당 78%까지, 민주당 74%까지 그리고 공산당 69%까지 명목상 신교도로 구성되었다.[121)]

혁명 후 사민당과의 협력은 역사적 공통점으로 어렵지 않았다: 두 정당은 비스마르크 국가에 대해 단호하게 반대하는 입장에서 생겨났고, 문화투쟁과 사회주의자법, 즉 절대주의적 억압에 반대한 저항에서 자신들의 존재를 내외적으로 증명하면서 정당하게 인정되는 자신들의 신화를 발견했다. 중앙당과 사민당 사이의 "연합"은 억압조치의 중단 이후에도 역시 비스마르크의 악몽에 속했다.[122)] 그러나 두 정당 사이의 연합은 독일이 전쟁에서 패배하고, 정부기반이 무너졌을 때에 비로소 가능하게 되었다. 게다가 사회적으로 조건지어진 반(反)자유주의와 반(反)자본주의적 경향들이 나타나게 되었는데, 이러한 경향들은 중앙당, 특히 점증하는 그들의 좌파로 하여금 정부참여 기간에도 경제적, 사회적 그리고 문화정책적으로 반대파에 머물게 했고 국가 또는 국가기구와의 단합을 촉진할 그 어떤 주요 인물도 제공하지 않게 만들었다.[123)] 따라서 국가를 통치했던 개신교와는 달리, 정치적 가톨

---

121) Johannes Schauff, *Die Deutschen Katholiken und die Zentrumspartei, Eine politisch-statistische Untersuchung der Reichstagswahlen seit 1871* (Köln, 1928; 비교, Brauns(주 III/110), S. 65. 중앙당의 일반적인 기독교 정당으로 확장하려는 노력과 중앙당 내의 개신교 세력에 대해서는 Buchheim, *Geschichte* (주 III/110), S. 232ff.; Heinrich Braun, "Zentrum und evangelischer Volksteil", *Der Zusammenschluß*, Heft 11 (Februar 1927), S. 32ff.

122) Otto v. Bismarck, *Erinnerung und Gedanke*, Bd. II, Kap. 10 (Die gesamelte Werke, 주 I/18, XV), S. 549ff. 참고.

123) 국가관에 관해서는 Godehard Josef Ebers, ed., *Katholische Staatslehre und volksdeutsche Politik* (Freiburg, 1929); Alois Dempf, *Demokratie*

릭교는 군주제의 붕괴에 의해 별로 영향을 받지 않았고 빠르고 안전하게 현실의 기반 위에 설 수 있었다. 다른 그 어떤 정당에게도 이것이 비슷한 방법으로 성공하지는 않았다. 그러나 중앙당의 통합력은 단지 바이에른의 연방주의 문제를 해결하는 데에만 역부족이었다. 분리 이후에도 연방주의의 강조와 강한 우파 경향을 제외한다면, 바이에른인민당(Bayerische Volkspartei)은 조직구조와 정치적 견해에서 중앙당과 매우 유사했다.[124)]

중앙당의 의회활동력은 종교적 결속이라는 특수한 성격과, 그리고 모든 전술적 고려에도 불구하고 사민당의 세속적 사회주의를 반대한 기본적 노선설정에 의해 결정적 지점에서 제한되었다. 중앙당은 상이한 정파들의 이해와 입장의 차이를 통합하고 그들의 적대감을 당 내에서 조정했는데,[125)] 그들의 사회적 구성에 따르면 바이마르공화국의 축소판으로 나타났다.[126)] 무신론적 마르크스주의와 철저한 민주주의에 대한 불신, 특히 기독교 노조와 사회주의 노조 사이의 대립 등은 이 전형적인 "중도정당"(*Partei der Mitte*) 내에서 전통적인 우파의 경향을 다시 강화시켰고, 이러한 우파의 득세경향은 이미 독일민족인민당

---

und Partei im politischen Katholizismus(Wien, 1932). 중앙당의 사회와 경제정책적 계획들에 관한 문헌들 참고: Naumann(주 II/5), S. 125.

124) Anton Pfeiffer, *Gedankenwelt und Tätigkeit der Bayerischen Volkspartei* (München, 1922) 참고; Konrad Beyerle, *Föderalistische Reichspolitik* (München, 1924); Schwend(주 III/61), S. 58ff.; S. 122ff.; Buchheim, *Geschichte*(주 III/110), S. 347ff.; S. 368ff.; Werner Gabriel Zimmermann, *Bayern und das Reich 1918-1923, Der bayerische Föderalismus zwischen Revolution und Reaktion*(München, 1953), S. 37ff.

125) Naumann, *Parteien*(주 I/24), S. 40, 중앙당은 "의회 내의 의회"(*Das Parlament im Parlament*)라고 성향이 매겨졌다. 라이프니츠의 중앙당의 구조묘사 *Reibnitz*(주 III/27), S. 58ff. 참고.

126) 의회 의원들의 이익정치적-직업신분적(*interessenpolitisch-berufsständischen*) 연결에 관해서는 Saemisch, "Wer vertritt das Volk?"(주 III/15), S. 929ff.

(DNVP)을 정부로 끌어들이려 했던 첫 시도에서 명확해졌다.[127] 교황의 교서에 의거해서 신분제 국가적인 구상들이 명료하게 울리기 시작했고, 브뤼닝(Brüning)의 정부 구성시도와 더불어 결국 세속화된 의회민주주의에 대한 회의적 판정과 권위주의적 개혁주의가 관철되었다. 기독교 사회주의자에서 출발해 온건한 권위주의적 보수주의자로 옮겨간 브뤼닝의 변신은 이러한 변동을 위해 의미가 있다. 카스와 더불어 중앙당 우파대표 한 명을 당 최고 지도부로 보냈던 1928년 쾰른 전당대회에서 기독교 노조지도자 슈테거발트(Stegerwald)가 패배했다는 사실은 최종적 결정의 의미를 지녔다.[128]

이러한 경향은 중앙당이 프로이센에서 좌파 연정에 계속 남아 있으면서 상쇄되었으나, 숙명적 해인 1932년에 호전적인 권위주의 국가적 세속운동에 의해 추월당했고 모든 개혁시도를 차단했던 전체주의적 독재로 결국 중단되었다; 우파로 향하는 중앙당의 경향은 결국 이웃한 오스트리아, 특히 돌푸스(Dollfus)와 슈쉬닉(Schuschniggs)[129]의 권위주의적인 가톨릭 신분국가에서만 표현되었다. 공화국의 초기단계에서 자신들의 내부 결속력과 전술적 조정능력을 바탕으로 사민당의 통치에 협조했을 뿐만 아니라, 민주 블록 형성과 정부구성의 연속성을 유지하기 위해 영향력을 발휘했던 중앙당이 대연정의 붕괴로 발생한 딜레마를 해결하기 위해 가장 처음으로 노력했다는 것은 바이마르공화국의 최종 국면을 위해 결정적인 사건이 되었다.

---

127) Grebing(주 III/116), S. 261ff. 참고(Abschnitt C: "Die Rechtsentwiklung im Zentrum").

128) Adam Stegerwald, Wohin gehen wir?(Würzburg, 1946), S. 24ff.

129) 〔역주〕 Engelbert Dolfuß(1892~1934): 1932년 오스트리아의 수상이 되었으며 1933년부터 나치 스파이에 의해 암살된 1934년까지 독재자로서 통치했다.
Kurt Schuschnigg(1897~1977): 1934년부터 1938년 3월까지 오스트리아의 파시스트적 신분국가 시기에 수상으로서 독재적으로 통치했다.

5. 민주적 정당체제의 허약함

바이마르공화국 정당체제에 대한 이 간단한 글은 2개의 가장 큰 정당들(DNVP는 1924년에서 1930년까지 2위의 위치에 있었다)로 형성되었지만, 경직되고 단지 제한적으로 통치권을 소유했던 좌파와 우파 사이에서 전술적으로 움직이는 정당형성들이 어떻게 의회의 작동능력과, 서로 다른 이해관계의 통합을 위해 노력했는지를 보여준다. 물론 이러한 정당들은 자신들의 기반을 확대하고, 좌파 및 우파 그룹의 연정중간파와의 지속적 연결을 안정시키는 데 실패했다. 브뤼닝의 전복과 파펜 쿠데타로 중앙당이 제국 차원에서는 우파연정, 그리고 동시에 프로이센에서는 좌파연정을 통해 실현하려 했던 이중적 통합시도들은 결국 실패로 끝났다.

의회민주주의의 기본적 문제를 보여주는 이러한 민주적 중도의 강제상태[130]로부터 다시 여론형성에 대한 반작용과, 약한 당 조직과 전통으로는 지속적으로 막을 수 없었던 유권자의 그룹화에 대해 반작용이 나타났다. 보수적인, 특히 자유주의에 반대하면서 전통을 계속 유지했던 독일민족인민당은 많은 경우 중앙당에 대한 개신교적-종교적 대립의 대상이었는데, 그렇다고 해서 이것이 민족인민당에게 중앙당과 유사한 안정성을 보증하지는 않았다. 이미 수적으로 보아도 가톨릭 내에서 중앙당은 개신교 내에서의 독일민족인민당과는 비교할 수 없을 만큼 많은 의미를 가졌다. 독일민족인민당은 사회적으로 보아도 단지 소수의 개신교 신자만을 포괄했고 명료한 정치적 이해보다는 다양한 사회적-복고적 이해와 이데올로기 복합체들로 이루어져 있었다. 개신교적 보수주의를 조직하려는 다른 모든 시도들도 분열된 상태로 머물

130) 프랑스와 이탈리아공화국에서 많은 경우 유사한 상황들 참고.

렸다: 이는 또한 중앙당과 독일민족인민당 사이에 놓여 있으면서 특히 남부독일에 정착했던 '기독교 사회인민봉사단'(Christlich-Sozialer Volks-dienst) 이라는 단체의 운명이기도 했다.[131]

중앙당이 핵심부를 중심으로 아주 안정적으로 그룹화되고 마지막까지 사회적으로 다채로운 "국민정당"(*Volkspartei*) 으로 남았던 반면, 독일민주당과 독일인민당뿐만 아니라, 온건한 보수주의적-기독교적 우파와 독일민족인민당 역시 변형과 해체과정의 소용돌이에 처하게 되었다. 또한 이러한 큰 흐름은 사민당의 조직 자체는 흔들지 못했지만 그들의 정치활동은 마비시켰다. 공산당과 나치당은 이러한 역동성의 양극점이 되었다; 세계경제의 위기에서 분출되어, 의회민주주의의 정당체제를 붕괴시키고, 중도파를 해체했으며, 좌우익 정당들을 함께 몰아내 거의 저항 없이 최후를 마치게 했던 운동이 이들 정당들의 전통없는 조직들로 모여들었던 것이다.

수많은 "유사 정당들"(*unechte Parteien*)[132] 역시 바이마르 정당체제의 이러한 위기적 전개의 테두리에서 일시적으로 중요한 역할을 했다. 이들의 파괴적 효과는 의회소속 정당들의 통합관심을 여론과 유권자의 영역에서 민감하게 교란시켰고—정치적 대립을 화해할 수 없는 개별이해들의 적대감과 증오태도로 변형시킴으로써—다수당을 구성하기 위한 협력을 지속적으로 방해했다. 유사정당들은 정당들의 전통적 신분과 이해결합을 자신들의 가장 극단적인, 거의 비정치적인 형태까지 몰고 갔다. 특히 경제정당인 "독일중간계급 제국당"(Reichspartei des deutschen Mittelstandes)[133] 을 건설하면서 이들은 주목할 만큼 강해

---

131) 부흐하임은 이에 대한 훌륭한 자료들을 제공한다. Buchheim, *Geschichte* (주 III/110), S. 375ff.

132) Ritter, "Allgemeiner Charakter"(주 III/93), S. 4.

133) 유권자들의 지지율 변동(1919~1932): 0.9-0.8-2.4-3.3-4.5-3.9-0.4-0.3. 이 정당의 의회 의원들은 대부분 자영업에 종사했고 직업관련 단체에

졌다. 반면에 정당형태를 가진 다른 이익단체들은—기독교민족농민당(Christlich-Nationale Landvolkpartei), 독일농민당(Deutsche Bauernpartei), 인민의 권리당(Volksrechtspartei), 독일하노버당(Deutsch-Hanoversche Partei) —의회의 파편에 머물렀다. 유사정당들의 분산적 행동이 정당의 본질에 가장 명확하게 적대적이었음에도 불구하고, "정당정치"의 원칙적 비판자들은 대체로 다름 아닌 바로 이 단체들을 자신들의 가장 주요한 논쟁근거로 이용했다. 또한 유사정당들은 세계 경제위기의 충격에서 나치의 전통적 통일이데올로기로 갑작스럽게 전환하기 위해 거의 노골적으로 이익단체들의 방식을 따랐다. 이러한 급격한 전환은 군소정당들(*Splitterparteien*)의 이해와 감성의 특성과, 이들의 생성과 방향과 일치하는 원래의 비정치적 구조를 보여주었다.

모든 국민들의 정치적 성숙 측면에서 이들의 역사적 중요성을 공정하게 평가하려는 포괄적인 역사적 관찰에서 "국민과 국민대표 사이의 중간조직"[134]인 정당들과 독일 정당체제의 특수한 성격은 전사(前史)의 더 많은 조건들과 바이마르공화국의 일반적 상황들을 토대로 측정되어야 할 것이다. 지정학적 상태, 외교문제 설정의 우선, 정당구조 등은 다른 국가들보다 더 복잡했고 자유로운 정당활동을 마비시켰다. 혁명적인 새로운 창조물로서의 '정당의회'는—신분제에서 유기적으로 성장한 영국의회와는 달리—다른 어떤 곳보다도 더 강하게 등장했다. 그리고 19세기에 갈라진 관헌국가(*Obrigkeitsstaat*)와 인민국가(*Volksstaat*) 사이의 대립은 1918년 혁명에 의해서도 해소되지 않았고, 바이마르공화국의 구조도 이것을 결코 은폐할 수는 없었다. 이와 같은 대립은 신중하고 목적에 충실한, 성공적인 민주주의 전통을 지닌 국가들의 경우보다, 국가에 대한 정당들의 태도에 더 뚜렷하게 영향을 주었다.

서 활동했다.

134) Naumann, *Parteien*(주 I/24), S. 3.

독일에서 정당을 구성하는 강령과 강령에 의거해서 형성된 정당들의 이론적, 이데올로기적 성향에는 결코 자립적인 민주적 의사결정이 아니라, 오히려 억압되었으나 결국 외부적 붕괴로 해방되었던 야당 그룹들의 항쟁에서 생겨난 정치발전의 역사적 조건들이 영향을 주었다. 바이마르공화국에서는 정치적 경쟁도 전개되었지만, 정치엘리트의 형성뿐만 아니라 정치적으로 유능한 거대 그룹화의 형성을 방해했던 사회적, 이데올로기적 경쟁도 제도적으로 펼쳐졌다. 다양한 개별 이익단체들은 정당들간의 근본적 적대로 무력화된, 다시 말해 권력공백이 된 영역으로 들어가는 방법을 알았고, 이를 확실히 이용했다. 경제적 이익정책분야에서 이런 경향은 특히 탁월하게 효과가 있었다. 이들의 조직들은 정당들과 더불어 일하기 시작했고, 그들을 자신들의 권력의지를 위해 봉사하게 했으며, 이를 통해 국가 전체의 발전과 관련된 국정과제에서 그들을 소외시키려 위협했다.

제4장

전체주의적 정당들의 발흥

1930년과 1932년의 선거는 바이마르공화국의 민주적 중도파만 분열시킨 것은 아니다. 그것은 동시에 온건한 좌우익 군소정당들을 고립시켰다. 의회라는 측면에서 그것이 가져온 부정적 양상은 타협을 모르는 집단들이 "비순수 다수"로 성장하고 연립내각을 구성할 수 있는 정당들은 소수파의 위치로 전락한 것이다. 1930년 가을 이후 제국의회나 주 의회들에서 나타난 민주주의의 완전한 행동불능 상태는 급진적인 반민주주의 집단들이 정당 스펙트럼의 좌측과 우측을 장악하게 된 사실에서 비롯되었다. 바이마르공화국의 운명에서는 이 집단들이 의회에서 반(反)의회주의적으로 행동하고, 사회심리적 통합기능, 정치실제적 입법기술, 의회의 연대작용[1]을 봉쇄하고 그럼으로써 의회주의 자체를 우스꽝스러운 것으로 만들었다는 사실이 결정적이었다.

1. 전체주의적 급진주의의 특징들

의회메커니즘을 결국 완전히 절름발이로 만드는 데 성공한 두 정당은—각자 자기 나름대로—1918년 혁명과 관련된 문제 덕분에 형성

1) 이에 대해서는 위의 144쪽 이하를 참조. 그리고 Deneke의 논문(주 II/21)의 일반적 유형에 대한 언급을 참고하라.

되고 프로필을 얻게 되었다. 독일공산당(KPD)은 혁명이 의회적인 경로로 들어서고 바이마르공화국의 타협안이 소련식의 발전과정에 의도적으로 대립적인 방향을 취하게 되었을 때 최종적으로 형성되었다. 여기서 평의회 혁명가들의 길은 연정을 원하고 의회주의 사상을 추종하는 다수파사민당(MSPD)의 길로부터 이탈했다.[2]

나치당(NSDAP: Nationalsozialistische deutsche Arbeiterpartei, 민족사회주의 독일노동소속당)은 이에 반해 혁명이 충분히 급진적이지 않아서가 아니라 혁명이라는 사실 자체에 대한 반발에서 출발했다. 이 사건은 보수적-군주적 집단에 의해 역사적으로 인정받지는 못했다. 그러나 극단적인 민족주의 성향의 특수집단들은 일반적인 야당적 태도를 넘어서서 우선 혁명과 패전의 결과로서 바이마르공화국과의 어떤 전술적 타협에도 반대하는 반(反)혁명적 활동을 전개했다. 독일공산당[3]과 나치당의 형성과 내정적 위치는 이미 외적 상황을 볼 때 일정한 유사성을 보였는데, 이것은 조직형식을 보더라도 확인이 된다. 극단적인 정당들의 형성과 발전에 비로소 지속성과 결속력을 부여한 의회의 좌우익 정당들(*Flügelparteien*), 곧 사민당(SPD)과 독일민족인민당(DNVP)에 대한 외적 차단, 공화국에 대한 그들의 비타협적 투쟁입장을 결정했던 혁명의 과다함 혹은 과소함에 대한 비판을 둘러싼 내적 집단형

2) 〔역주〕 제1차 세계대전 발발 후 독일제국이 수행하는 전쟁을 제국주의 침략전쟁으로 보고 반대할 것인지 아니면 조국을 지키기 위한 방어전쟁으로 보고 지지할 것인지 전쟁을 둘러싼 견해의 차이와 대립은 결국 사민당의 분열을 가져왔다. 사민당은 이미 빌헬름 제국 시기 당내 개혁주의와 혁명주의, 정통 마르크주의와 수정주의 사이의 갈등과 대립을 통해 분열의 씨앗을 안고 있었다. 1917년 4월 고타에서 전쟁을 반대하는 소수 급진파 사민당원들이 독립사민당(USPD)을 창당함으로써 사민당은 USPD와 나머지 다수파 사민당 MSPD로 분열되었다.

3) 〔역주〕 KPD, 1918년 12월 말 독립사민당(USPD) 내 일부 급진 좌파세력이 함부르크, 브레멘 등을 거점으로 활동하던 과격한 성향의 국제공산주의 운동세력을 규합함으로써 창당하였다.

성, 교조적으로 고수되었던 동시에 대중선동적으로 능숙하게 조작되었던 극도로 단순하고 획일적이었지만, 그래도 탄력성 있게 분화되어 잠재적인 대중적 추종세력의 원색적인 물질적 및 심리적 이해관계에 맞추어져 있었던 본보기들[4]과 같은 특징들은 급진주의 정당들의 성격과 부상(浮上)을 잘 보여주었다.

이들은 민주적 다원주의에 대해서는 철저한 명령구조로, 의회적 타협의 역동성에 대해서는 획일화된 독재방식으로 맞서고, 연정과 야당의 위치를 주고받는 게임에 기초한 민주적 연속성을 애초부터 봉쇄했다. 그로 인해 민주주의의 자연스러운 내부 운동과정은, 이것은 자유로운 국가 내의 사회 유동성의 정치적 표현인데, 정치적 자유를 결코 훼손하지 않는 합법적 표현형식에서 제약을 받게 되었다. 동시에 역동적인 정치적 발전은, 좌우로 치우치지 않고 민주적 의미에서 다수당 연정이나 야당연합의 형성에 지속성을 마련해 줄 수 있는, 의회정당들의 한계를 넘어서 의회를 초월한 영역으로 치달아, 결국에는 완전히 전체주의적이고 어떤 화해도 거부하는 정치적 구원종교의 영역에로 흘러들었다.[5]

---

4) 아래 311쪽 이하와 동시대인 Wilhelm v. Schramm의 책(*Radikale Politik, Die Welt diesseits und jenseits des Bolschewismus* (München-Leipzig, 1932), S. 40 이하) 참고. 그러나 이 책은 정치적 급진주의를 민주주의의 강화를 통해서가 아니라 낭만적-기독교적 보편주의를 통해서 극복할 것을 권고한다.

5) 개념에 대해서는 Gurian, "Totalitarian Religions", *The Review of Politics* 14(1952), S. 3ff. 참고. 민주적 질서를 지탱하는 여론이 타락하고 권력이 민주주의에 적대하는 집단으로 넘어갈 위험성에 대해서는 Karl Mannheim, *Ideology and Utopia*(London, 1951), S. 30~45; 같은 이, *Freedom, Power and Democratic Planning*(London, 1951), S. 3~26, 41~77와 도처; Erich v. Kahler, "Das Problem der Demokratie", *Synopsis, Festgabe für Alfred Weber*(Heidelberg, 1948), S. 193ff.; Otto Stammer, "Herrschaftsordnung und Gesellschaftsstruktur", *Schmollers Jahrbuch* 71(1951),

우리는 바이마르공화국에 대한 평가, 나치즘과 공산주의에 전체주의 개념을 적용하려는 시도들에서 전개되는 나치즘과 공산주의의 비교를 형식이나 조직전술상의 유사성이라는 기준을 넘어서까지 계속 밀고 나갈 수는 없다. 우리가 "전체주의"라는 개념을 두 정당에 적용할 때 그것은 각각 상이한 것을 의미한다. 내부 정당구조만 보더라도 독일공산당(KPD)과 나치당 사이에는 중요한 차이들이 있다. 이것은 단순한 "자코뱅"[6] 전통으로 소급될 수 없으며 도덕 혹은 정치 상투어를 통한 단순화를 어렵게 만든다. 공산당은 사회주의 정당들의 전통적 조직구조를 극단적으로 위계적인 통제조직으로까지 확장했으며 이것을 국제지도부[7]에 무조건 종속시켰다. 반면에 나치당은 현대 정당조직의 과

S. 269; "통일정당"(*Einheitspartei*)에 대한 기본문헌을 위해서는 Duverger (주 II/41), S. 286ff. 참고.

6) Emil Franzel, "Die restaurativen Tendenzen der Epoche", *Neues Abendland* 6(1951), S. 529ff.의 흥미 있는 비평은 보수주의적, 아니 왕당파적 입장을 너무 일방적으로 정당화하고 있고 사회주의와 파시즘의 혁명 이데올로기를 동일시하면서(좌파 급진주의 운동으로서의 나치즘!) 너무 일반화하여 매도함으로써 그의 비평이 갖고 있는 올바른 출발점을 사장시킨다. 그것은 순수한 "보수 우파"를 선언하고 여타 노선은 "자코뱅파"라고 비방함으로써 "우파 급진주의(Franzel에게서 프랑코, 그리고 이탈리아 파시즘; 나머지는 — '원래의' 나치즘을 포함하여 — '좌파'로 낙인찍힌다)의 보수주의 요소"를 정당화하는 반면 공산주의적 사회주의뿐만 아니라 "자유주의적" 사회주의와 "공식민주주의"도 비판하고(S. 534ff.) 완전한 개념의 혼돈에까지 이른다. 우리는 나치 지배질서(무엇보다 경제에서)와 이데올로기(정치적 낭만주의)의 반동적 성격을 회피할 수 없을 뿐만 아니라 복고적이고 보수적인 집단과 "우파연합"이 나치의 권력장악을 정치적으로나 정신적으로 도와주었다는 사실도 회피할 수 없다. 그리고 우리의 연구를 위해 종래의 구분원칙을 의심하는 것이 당연하면서도 우리는 "좌파"와 "우파"라는 명칭을 가지고 의회의 현실뿐만 아니라 해당집단이 의도한 질서, 그들의 정치적 자의식을 표현한다는 사실을 염두에 두어야 한다.

7) 〔역주〕 코민테른을 의미. 코민테른은 1919년 레닌의 의도에 따라 각국 공산당들의 국제적 결합으로서 창설되었다. 그 목표는 프롤레타리아 독재를 실

두제적 추세를 일관되게 발전시키는 가운데 한 인물에 초점이 맞춰진 자동 명령구조를 발전시켰는데, 그 척추는 — 공산당의 경우처럼 — 세계변혁 사상이라기보다는 전지적 지도자라는 메시아사상이었다. 개별 추종자 심지어 간부의 태도조차도, 나치당의 이러한 구조 틀 안에서는, 익명으로 이끌리는 면밀한 공산당 조직에서보다 우선 훨씬 덜 제한되고 획일화된 것으로 보일 수 있었다. 공산당에서는 철학적으로 뒷받침된 세계혁명의 섭리라는 족쇄가 당 추종자에게 채워진 반면 나치당은, 철학적으로 그 자체 모호한 사상을 홀로 체현하여 성공으로 인도하는 지도자를 찬미하고 능동적으로 추종할 수 있도록, 당 추종자의 자발성을 의도적으로 부추겼다.[8]

여기서 추적한 중심가닥은 이 연구를 진행하면서 역사적 대상을 가지고 더 설명을 하고 수정을 하겠지만 우선 보다 분명히 해 둘 필요가 있다. 무엇보다 중요한 것은 공산당이 거대 야당의 수십 년간의 내부 논쟁과[9] 이데올로기 갈등과 정치전술상의 노선을 둘러싼 위기로부터

현하기 위한 세계혁명이었다. 1924년부터 코민테른은 소련의 외정적 이해관계와 소련공산당의 지도부에 종속되었다. 소련은 서방 강대국들과의 동맹을 위하여 1943년 코민테른을 해체하였다.

8) Christoph Ertel, *Der Kollektivmensch. Eine Auseinandersetzung mit den totalitären Systemen* (Limburg/Lahn, 1949), S. 162ff. 참고. 공헌이 크고 시사점이 많은 이 분석은 일반화의 위험성을 아주 피하는 것은 아니다. 이러한 경향은 전체주의 이데올로기에 대한 다른 분석에도 영향을 미치고 있다. 예컨대 Hans Trumpler, *Der Kampf um die Seele des Menschen. Eine kritische Studie über die Ideen als innere Kräfte des menschlichen Zusammenlebens* (Heidelberg, 1952), S. 47ff. 두 연구는 전체주의의 발흥을 무엇보다 정치가 탈기독교화한 결과라고 본다.

9) 공산주의자들이 주장하는 것처럼 1914년에 비로소 〔공산당의 기관지인 *Illustrierte Geschichte der Deutschen Revolution*, Heft 4 (Berlin, 1927~1930), S. 99ff. (내용을 책임진 사람은 Paul Merker)〕 그렇게 된 것이 아니다. 이에 대해서는 Flechtheim (주 I/33), S. 2f. 를 참고하라.

발전하였으며 사민당(SPD)이 집권당이 되는 순간 독립하게 되었다는 것이다. 우리가 이 독립의 순간을 이미 1914년의 "정쟁중단"(*Burgfrieden*)에서 보건 혁명과 바이마르공화국 성립과 함께 이 과정이 종결되었다고 보건 간에 말이다. 나치당은 그에 반해 명백히 새로운 정당형성이며 새로운 유형의 "국민정당"이다. 그 역사의 뿌리는 수많은 정치 및 이데올로기 요소들을 포괄하고 있기는 하다. 그러나 이 새로운 구성체는 눈에 띄는 어떤 조직 및 정당구조상의 전통도 갖고 있지 않았으며 그러한 전통을 선언하려고 노력하지도 않았다. 반면에 개량주의로 인해 "변질된" 사민당 전통을 진정으로 계승·발전시킨다는 주장은 공산당에게 자기정당화의 중심논거를 형성하였다. 그 밖에도 공산당은 어떤 다른 정당들보다 더 일관되게 그의 전투적이고 권위주의적인 조직으로 하여금 계급투쟁과 계급독재라는 사회학적으로 제한된 사상을 지향토록 했다. 반면에 나치당은 처음부터 정치 및 세계관에서 결집운동(*Sammelbewegung*)의 이데올로기와 모든 계급을 포괄하는 통일정당이라는 민족주의적 신비주의를 전면에 내세웠다.

물론 극도로 대립적으로 보이는 출발선은 구체적인 정치영역에서 전술작용의 수준에서는 매우 분명하게 가까워지고 중첩되었다. 공산당이 계급독재를 거쳐 계급 없는 국가에서 통일정당으로 나아가고자 노력하였고, 나치당은 통일정당의 지배를 거쳐 밖으로 향한 사회적 제국주의[10]를 통하여 내정상의 대립을 지양하려고 노력하였다면, 이로써 이데올로기적 이상을 일관되게 추구하는 가운데 전선이 처음과 비

10) 〔역주〕 '사회적 제국주의'라는 개념은 1950년대 비판적 지식인들에 의해 많이 사용되었다. 독일의 역사가 벨러(H.-U. Wehler)는 이것을 이론적으로 다듬었으며 베르그한(V. Berghahn), 슈미트(G. Schmidt) 등에 의해 수용되었다. 벨러는 사회적 제국주의가 경제와 사회·정치적 해방투쟁들의 역동성을 외적 팽창으로 이끌고 사회경제적 및 정치적 체제의 내부적 결함들로부터 주의를 돌리고 팽창의 실질적 성공 혹은 민족이데올로기적 위신의 상승을 통해서 배상하려는 지배엘리트들의 전략이라고 보았다.

교해 상당히 가까워진 것으로 보인다. 여기서 하지만 동시에 유사한 출발점이 드러난다. 깊은 사회적 불만의 분출과 활용에서의 혁명적 지식인의 역할은 — 대중심리적인 현 상태에 따라 판단하건대 — 양 극단 정당에서 이데올로기적 동기의 표면상 차이의 비중을 덜어주며 정치투쟁의 대립을 주로 형식적 권력경쟁, 곧 사실상의 정치내용으로 보아 의미 없는 권력투쟁 그 자체의 수준으로 옮겨놓는 유사한 특징들을 보여주었다.[11]

그러나 그러한 관찰방식은 역사적 경험, 두 전체주의 운동의 궁극적인 실현시도들에 대한 비교평가로부터 출발해야 한다는 것을 우리는 제약조건으로서 강조해야 한다. 공산당과 나치당의 존재와 활동은 직접 관련된 동시대인들에게는 꽤 상반된 것으로 비쳤으며 이 시대의 근본적으로 다른 두 경향의 정말로 극단적인 표현형태를 나타내는 것으로 보였다. 이 정당들이 의회상황의 발전에 미친 영향도 이에 상응한다. 의회의 반의회적 "다수파"에서 양대 전체주의 정당의 정체성이 표현되는 상황은 바이마르공화국 말기에 가서야 비로소 가능하게 되었다. 의회민주주의 자체를 대적한 수많은 부정적 발의들에서 행한 그들의 간접적이고도 종종 불가피했던 협력은 "반공주의" 혹은 "반파시스트" 전선과 같은 구호들을 가지고 공산당을 나치당에, 혹은 나치당을 공산당에 맞선 카드로 이용하고자 했던 노력들의 위험성, 아니 의미 없음까지도 확인해주었다. 여기서도 이데올로기 및 세계관상의 출발

---

11) 지식인층 내에서도 공산주의나 파시즘 가운데 "하나만을" 선택해야 한다는 구호가 큰 영향을 미쳤다는 사실이 이에 상응한다. 한 자유주의 문인이 공산주의로 전향한 사실은 많은 시사를 준다: Arthur Koestler, *Pfeil ins Blaue, Bericht eines Lebens*, 1905-1931 (Wien-München-Basel, 1953), S. 295ff. ; 이에 대해서는 나의 논평을 보라: "Wege zum Kommunismus", *Politische Literatur* 3 (1954), S. 706ff. 이 과정의 특징적인 모습들에 대해서는 다음 책의 전향 보고를 참고하라: *Ein Gott, der keiner war* (Konstanz-Zürich-Wien, 1950), S. 7ff.

점과 종착점을 과대평가하고, 안으로건 (정당조직) 밖으로건 (의회 내 타협) 구체적인 작업 내지 행동양식을 과소평가한 것에 대한 보복이 돌아왔다. 이러한 평가가 독일 정당활동을 각인했으며, 동시대인들이 극단 정당들의 실제 위상과 정치적 의미를 그들의 전체주의적이고 구조적인 정체성 속에서 평가하는 것을 그처럼 숙명적으로 어렵게 만들었던 것이다.

마지막으로 영구혁명을[12] 선언하지 않고 동시에 실제적인 일상정치에 관심을 가진 추종자 집단을 확보할 수 있었던 것이 바이마르공화국의 두 전체주의 정당의 특징이었다. 그들의 영향력은 기존 국가 내에서 혁명적-전체주의적 조직구조와 행동구조를 통해 제약받았으며 정치현실에서 점진적 성공에 실패함으로써 그들은 미래의 새로운 질서에 대한 비전을 구축할 수 없었다. 그러한 인식으로 결국 사민당은 새로운 공화국의 과제들 한가운데로 끌려들어가 개량주의 정당이 되었고, 공산당에 대하여 단호히 경계선을 그었다. 나치당 역시 바이마르공화국 말기에 이러한 딜레마에 직면했으며, 공산당조차 그들의 전술적 노선에서 결국 증가하는 추종자 대중의 행동제약적 비중을 배려해야 했다. 전체주의 운동들은 독일민족인민당보다 훨씬 더 의회적 의사형성

---

12) 〔역주〕 1905년 공개된 저술《민주주의 혁명에서 사민주의의 두 가지 전술들》에서 레닌(Lenin)은 러시아적 상황에서 부르주아 혁명과 사회주의 혁명 사이에 명확한 구분선을 긋는 멘셰비키의 입장은 옳지 않다는 테제를 공표하였다. 부르주아 혁명으로부터 가능한 한 빨리 사회주의 혁명으로 넘어가야 한다는 것이었다. 레닌은 노동자계급과 농민층과의 동맹이 밀접하고 확고할수록, 노동자계급의 지도적 역할이 분명할수록 그만큼 더 쉽게 시민적-민주적 혁명을 완성한 후 이것을 더 발전시켜 직접 사회주의 혁명으로 나아갈 수 있다고 보았다. "민주주의 혁명으로부터 우리는 즉시, 그리고 우리의 힘의 정도에 따라, 즉 계급의식을 가진 조직화된 프롤레타리아의 힘에 따라 사회주의 혁명으로의 이행을 시작할 것이다". "영구혁명"의 이론은 1917년 러시아의 2월 혁명에서 볼셰비키혁명으로의 지속적 발전을 예시하는 중요한 테제이다.

에 대한 혁명적 경멸을 선언하면서도 의회선거에서 득표수의 증가를 자기 내부세력의 표시로서 받아들이는 역설적 상황을 의도적으로 고집했다. 우리는 여기서 이것을 공화국의 최고위직에 이르기까지 환상을 가졌던 동시대인들처럼 민주주의 기준과 게임규칙을 진정 받아들인 표시로 보아서는 안 되고 환호에 의한 표결(*plesbizitäre Akklamation*)이라는 전체주의 영역에서 가장 중요한 투쟁수단과 조작수단의 강화로서 이해해야 할 것이다. 이것 역시 다른 모든 정당들에서보다 훨씬 더 배타적이고 호전적인 소수의 작품이었다. 그들은 결정적인 순간에 추종자들의 견고한 자체비중을 빼내고 그들의 다양한 일상욕구들을 혁명적인 "보편목표", 지도부의 제멋대로의 명령, 모든 생활영역의 전체주의적 평준화에 종속시킬 수 있도록 우파와 좌파 급진주의의 의사(擬似)민주주의 운동을 이끌었으며 그 동의를 조작하고 그들의 의사형성을 통제하였다.

2. 공산당의 발전과정

공산당[13]이 혁명적 전통의 담지자로서, 많은 비난을 받은 전후 사민당의 의회개량주의에 맞서 스스로를 구분하고 "전쟁 전 사민당 급진파의 … 직접 계승자"로서 자칭하곤 했다면[14] 그 조직형성과 당 노선에서는 러시아 10월 혁명의 (그리고 이미 1905/1906년 봉기 시도의) 구체적 경험들에 의해 결정적 영향을 받았다. 그리고 이 모델이 독일 혁명기에 그들의 활동을 자극했으며 새 공화국에서 당의 방향을 결정하

---

13) 1920~1932년 공산당의 선거 득표율 변화: 2.1-12.6-9.0-10.6-13.1-14.3-16.9%.

14) 그 예는 Ernst Meyer(프로이센 주의 공산당 주 의원), "Kommunismus", *Volk und Reich* (주 II/17), II, S.142.

는 데 중대한 역할을 했다. 전통이라는 요소는 당 이름에서 《공산당선언》의 용어로 회귀한 것을 통해서도 부각되었다.[15] 공산당은 독일 노동운동에 독자적인 뿌리를 두고 있다는 것을 강조했다. 공산당은 이를 중요한 전거로 삼아 대중 앞에서 자기를 정당화했으며 여타 사회주의 집단들과 이데올로기적 경계투쟁을 벌였다.

이 "원(原) 전통"은 그러나 전통에 결박된 사민당의 부동성과는 전혀 반대로 탄력적이면서도 일사분란하게 통제되었던 공산주의 당 전술을 한 번도 규정한 적이 없으며 무엇보다 수많은 노선변경 속에서 거의 의미를 상실하게 되었다. 지배적인 당 지도자의 카리스마적으로 과장된 의지나 관료제에서 중요한 당 조직의 "자발운동"이 아니라 밖으로부터 조정된 권력전략이 "계급운동"에 방향을 제공했다. 그것은 규모로 보나 반응구조로 보나 그렇지 않아도 한 "계급"의 운동을 대변할 수 없

15) Flechtheim (주 I/33), S. 2 참고.

1919~1933년의 국민회의 및 독일제국의회 선거에서 각 정당들의 득표결과

국민의회	제국의회							
1919년 1월 19일	1920. 6. 6	1924. 5. 4	1924. 12. 7	1928. 5. 20	1930. 9. 14	1932. 7. 31	1932. 11. 6.	1933. 3. 5.
유권자(1,000명 단위) 36,766	35,949	38,735	38,987	41,224	42,957	44,226	44,374	44,685
투표수(1,000명 단위) 30,524	28,463	29,709	30,704	31,165	35,225	37,162	35,758	39,654
투표율(%) 83.0	79.2	77.4	78.8	75.6	82.0	84.1	80.6	88.8
KPD -	2.1	12.6	9.0	10.6	13.1	14.5	16.9	12.3
USPD 7.6	17.9	0.8	0.3	0.1	0.0	-	-	-
SPD 37.9	21.7	20.5	26.0	29.8	24.5	21.6	20.4	18.3
DDP 18.6	8.3	5.7	6.3	4.9	3.8	1.0	1.0	0.9
ZENTRUM 15.9	13.6	13.4	13.6	12.1	11.8	12.5	11.9	11.2
BVP 3.8	4.2	3.2	3.8	3.1	3.0	3.7	3.4	2.7
DVP 4.4	13.9	9.2	10.1	8.7	4.7	1.2	1.9	1.1
DNVP 10.3	15.1	19.5	20.5	14.2	7.0	6.2	8.9	8.0
NSDAP -	-	6.5	3.0	2.6	18.3	37.4	33.1	43.9
기타 1.6	3.3	8.6	7.5	13.9	13.8	2.0	2.6	1.6

주) 이 표는 원본에는 없는 것을 독자들이 보다 상세히 참고할 수 있도록 역자가 추가하였다. 당의 배열은 공산당에서 나치당까지 극좌파에서 극우파까지의 순서에 따른 것이다.

었던 공산당을 과두적 혁명과 폭력전문가의 소수 배타적인 집단, 계급 없는 인텔리겐치아로부터 성장한 직업혁명가들의 매개체로 만들었다.

공산주의 조직은 정치적 독재와 지적 독단의 법칙을 따랐으며 사회적 구성을 통해서가 아니라 바로 그것을 통해서 사회주의 정당들과의 차이를 보였다.[16] 그 공산주의 조직의 구축은 바이마르공화국이 경과하는 동안 상당한 변화를 경험하였다. 그것은 서방 사회주의가 혁명 실패에 직면하여 성공한 러시아 혁명의 경험을 서방에 이식하고자 노력했던 코민테른의 전술적 및 전략적 노선변동과 밀접한 연관 속에서 일어났다.[17] 전쟁 직후 중부 및 중동부유럽의 공산주의 혁명시도는 연이은 실패로 끝났다. 그들은 어느 곳에서도 폭력행동을 통해서 부르주아 민주주의의 안정성을, 그리고 이탈리아에서는 파시스트의 권력 장악을 방해할 수 없었다.

러시아식 공산주의는 1919년 코민테른 창설 후에 실제로 분명히 주도적 역할을 차지했다. 그들은 혁명이라는 도구를 정치적, 비현실적으로 다룸으로써 물론 많은 실패를 거치고 좌파사회주의 파벌들이 이탈했기 때문에 결국 세력이 현저히 약화되었다. 또 다른 결과는 그들의 끊임없는 경쟁, 속죄양을 항상 찾아야 할 필요성과 함께 공산당 당내 생활의 본질적 특징이 된, 이제는 더 이상 떼어내기 어려워진 일련의 숙청들이었다.[18] 그 다음 여러 해 동안에도 코민테른이 "좌측"으로부터 "우측"으로 수없이 노선을 변경했지만 계속된 국제적 실패를 막을 수는 없었다. 초(超)좌파적 전술은 결국 세계경제 대공황[19]의 조

---

16) Andre Rossi, *A Communist Party in Action*, New Haven 1949, S. 193ff. ; Maasimo Salvadori, *The Rise of Modern Communism* (Birkshire Studies in European History) (New York, 1952), S. 97; S. 43ff.

17) 이에 대한 최상의 문헌은 여전히 Franz Borkenau, *The Communist International* (London, 1938), 특히 S. 21ff.

18) 헝가리공산당의 예를 위해서는 Borkenau (위의 주 17), S. 17 이하 참고.

19) 〔역주〕 1929년 10월 월스트리트의 주가폭락은 바이마르공화국에 치명적 영

건에 상응하는 것으로 보였으며 무엇보다 독일에서 우선 상당한 이득을 가져왔다. 그러나 그것은 바로 여기서 결국 나치의 권력장악을 용이하게 만들었으며 그 때문에 다른 유럽의 국가들에서는 연정구성 능력이 있어 보이는 인민전선[20] 전술에게 자리를 내주었다. 그러나 코민테른은 무엇보다 서방에서 실패한 혁명 대신 러시아 혁명의 영광을 실현하고자 했으며 명백히 모스크바의 도구가 되었는데, 처음에는 종파투쟁, 그 다음에는 러시아 외교정책의 도구가 되고 말았다.[21]

따라서 독일 발전의 틀 안에서 공산당을 고찰하는 일은 모두가 이 당의 "국제적" 성격과 진행경로로 인해서 한계를 갖는다. 그렇다고 저자가 독일공산당이 추구했던 세계혁명적 구상의 모호한 다의성이나 "민족적" 당 노선의 적응능력을 부정하는 것은 아니다. 그것은 여러 가지 방식으로 이용되었고, 자주 보류되거나 수정되었으며, 종종 매우 현실적인 개별적 권력성향에 대한 이데올로기적 은폐로서 그 구체적인 내용이 잠정적으로 완전히 모습을 드러냈던 바 있다. 이 세계 공산주의의 국제적 연관에 대한 고찰은 여기서 자세히 다룰 수 없다.[22] 독일적 현상, 곧 바이마르공화국의 정치구조 안에서 그 직접적인 현상형태

향을 미쳤다. 단기외채에 크게 의존하던 마당에 투자가 급속하게 빠져나갔기 때문이다. 1930년에는 실업자가 3백만 이상으로, 1933년 초까지 다시 6백만으로 증가하여 노동인구 3명당 1명꼴로 실업자가 되었으며 독일 가족의 절반가량이 공황으로부터 타격을 받은 것으로 추정된다.

20) 〔역주〕 파시스트의 집권을 막기 위한 부르주아 정당들과 사회주의자들, 사회민주주의자들, 공산주의자들의 정치적 동맹으로서 1936~1938년 프랑스에 Front populaire(인민전선)가 존재했음. 1935년 이후 공산주의자들에 의해서 자본주의와 제국주의를 무너뜨리려는 목표를 가진 모든 동맹에 대해 폭넓은 의미에서 전투개념으로서 사용되었음.

21) *Ibid.*, S. 417 이하.

22) 이것에 대한 새로운 학문적 연구는 Ossip K. Flechtheim, "Der Weltkommunismus-gestern und heute", *Politische Literatur* 2(1953), S. 247 이하에 요약되어 있다.

와 영향력으로의 제한은 바로 중요한 시점인 공화국 말기에 공산당의 동기 및 조정구조의 많은 특징들, 특히 나치 권력장악에 대한 태도의 상당부분 자체가 반쯤 가려지게 된다는 것을 의미한다. 그 대신 공산주의 당 노선의 고립된 성격이 이러한 제한을 통해 그만큼 더 첨예하게 바이마르공화국의 내정적 역동성 한가운데서 드러난다. 이 성격은 1928년 이후 당의 성장, 곧 영향력 증가와 유권자의 바람이 갖는 일정한 고유 비중을 통해서도 거의 변하지 않았다. 공산당의 명령과 복속구조는 이러한 최악의 경우에조차 견지되었고, 대중적 기반이 확장되었음에도 불구하고 별로 변하지 않았다.[23] 그런데 간부정당[24]으로서의 공산당은 원격조종되었고 종교와 비슷한 형태의 기대내용들에 의해 유지되었으며 호전적인 나치조직과의 경쟁에서 더욱 강화된 바 있다.

공산당은 힘들지만 합법적 영향력을 통해서 대중을 얻으려는 방법으로 전술을 바꾸었다. 혁명적인 반란시도들이 실패하고(1918~1923) 의회제공화국의 안정화로 공산당이 권위주의적 평의회헌법을 통한 권력장악의 길을 당분간 미룰 수밖에 없었으며 1930년 이후까지도 회복하지 못할 엄청난 손실을 입었기 때문이었다. 공산당은 국민의회를 보이콧하려는 시도가 실패한 후 선거를 위해 노력하고 의회를 통해 정치에 영향을 미치려고 노력하기 시작했다. 물론 이것이 당의 기능과 타협역량에 가시적 영향을 미친 것은 아니었다. 의회선거 참여와 자유노조 참여를 결정한 1919년 10월 하이델베르크의 전당대회에 대해 이의가 제기되기도 하였다. 그러나 이로 인해 당을 떠난 사람은 적었고, 대신 독립사민당(USPD)의 좌파집단과의 통합이 이루어졌다. 여기서

23) 종교와 비슷한 공산주의의 요소들과 교회와 유사한 구조에 대해서는 Ertel (주 IV/8), 특히 S. 204 이하를 보라.

24) 〔역주〕 Kaderpartei, 특히 간부들을 모든 수준에서 교육하고 활용하는 공산당들을 일컬음. 여기서 이데올로기적 확실성, 무조건적 당명복종, 전문적 자질이 "간부"를 위한 선발기준이었다. 이 간부들은 당의 엘리트층을 형성한다.

코민테른의 새로운 중앙 상부조직은 그 영향력을 유지했다.

뒤이은 봉기작전들 역시 민주적-의회적 존재로의 이행이라는 측면에서 이해할 수 있다. 공산당 지도부와 코민테른의 전략은, 그들이 조종한 직접적인 의도를 어떻게 평가하든, 정부참여를 통해 약점을 갖게 되었으며 망설이던 사민당을 제물로 삼아 대중적 기반을 장악하는 목표를 겨냥하였다. 사민당은 계속 그들의 우선적 투쟁대상이었다.[25] 격동의 해 1923년에 이 중대한 전환점과 루르지방과 작센과 튀링엔의 거사들의 실패와 더불어 의사민주주의적 전술로의 최종적 변경이 일어났다. 나치당 역시 첫 시도에서 실패한 후 같은 시기에 이러한 전환을 완수했다. 이 변화무쌍한 시기에 공산당은 인적으로 안정적인 지도부를 가지고 탄력적으로 대응하지 못했으며, 결국 의도적으로 흔들어대던 시험기로서 당의 역사에서 단 한 사람의 지도자를 중심으로 단결한 "투쟁기"라는 신화로 기록되었다. 공산당은 나치당과 달리 지도부의 자리들을 여러 차례 재배치함으로써 이 시기의 행동 및 조직상의 위기를 극복하였다.[26] 즉, 그로써 "과오자"의 제명이나 자기비판을 통해서 당의 지도부와 계획에 대한 믿음이 흔들리는 것을 막을 수 있었던 것이다. 인적 및 조직상 변동들의 배후에 있는 권력관계들은 그러한 방식으로 개별적으로 분명히 드러나지 않은 채 대중선전전과 의회적 저지, 전술적인 기다림 수법, 그리고 민주적 침투가 지배하는 새로운 시대에 익명으로 전체를 조종할 수 있는 무소불위의 권력을 확보했다.

이 두 번째 단계에 공산당의 발전을 특징지었던 이데올로기와 당 전

---

25) 무수한 문헌들 중 *Die SPD eine bürgerliche Partei*, hrsgg, von der KPD, Sektion der Kommunistischen Internationale (Berlin, 1924), S. 3 이하; S. 62f. 참고.

26) 이에 대해서는 물론 변명적 경향에 의해 왜곡된 R. Fischer, *Stalin und der deutsche Kommunismus. Der Übergang zur Konterrevolution* (Frankfurt a. M., 1950); KPD의 정당조직(S. 267ff.)과 선전 및 선동(S. 739ff.)에 대한 유익한 장들을 참고하라.

술 차원의 수많은 논쟁들은 그러므로 단순히 분파주의적 약점의 표시라기보다는 투쟁기술적 논의들로서 이해되어야 할 것이다. 동시대의 공산당 이론가가 이해하고 싶었던 것처럼, 혁명 전 러시아 사회주의의 유사한 현상들에 대한 선동적 지적이[27] 대공황 이전의 공산주의 내의 의사(疑似) 민주주의적 갈등 및 타협 현상들의 실제 성격을 결코 제대로 말해줄 수 없었다 하더라도, 이 시기가 공산당이나 나치당의 공고화 및 재조직 과정에서 갖는 의미를 그 후의 빠른 성공들과 특히 조직 및 이데올로기적 성취와 관련하여 과소평가해서는 안 된다. 모스크바의 조종을 받는 정치국이 당에서는 곧 중앙위원회를 능가하게 되었는데, 그 내부구조 역시 점증하는 중앙집권화와 과두정치화를 통해 결정되었다. 그러한 과정에서 지구당의 자결권은 축소되었고, 그 지도부는 정치국에 의해 임명되었다. 당원들의 정치적 영향력은 더 잘 통제할 수 있고 더 선동효과가 높은 공장 및 가두 세포들로 당원총회를 대치하는 과정에서 대부분 배제되었다.[28] 자의식을 가진 직업적 혁명가의 자리를 이제 자의식도 없이 순종하는 중견간부들의 층이 대신했다. 반면에 당원 수조차 지속적으로 변화가 심했고[29] 노동자들이나 실업자들의 대다수를 포괄한 적은 한 번도 없었으며 이것은 세계경제 대공황의 절정기에도 마찬가지였다.

여기서도 1932/1933년 파국에 대한 해석이 "세계경제 대공황"이라는 불분명한 총괄개념을 지나치게 자주 지적하는 것에서 출발해서는 안 된다는 것을 강조할 필요가 있다. 단순한 묘사를 넘어선 분석을 통해서 결정요인들을 파악할 수 있는 한, 훨씬 더 중요해 보이는 것은 바

---

27) Meyer(주 IV/14), S. 148.

28) 이것에 대한 세부사항을 위해서는 Borkenau(주 IV/17), S. 357 이하를 보라.

29) Kaasch, "Die soziale Struktur der KPD 1928", *Die Kommunistische Internationale* 9(1929), S. 1050ff.; 또한 Walter Rist, "Die KPD in der Krise", *Neue Blätter* 2, September 1931을 참고하라.

이마르공화국의 정치구조 문제들과 권위주의적이고 전체주의적인 반대운동들에 대한 공화국의 치명적인 함몰지점들에 대한 통찰이다. 특히 여러 해 동안 검증과 숙고를 거쳐 능숙하게 준비된 일련의 이해관계와 감정에 대한 호소를 통하여 의회정치의 위기현상과 경제적 곤경으로 과격해진 대중들을 심리적으로 포섭하고 이데올로기적으로 동원하고 조직활동에 참여시키기 위해서, 의회정당체제와 비민주주의적이고 권위주의적인 집단들의 좌파와 우파들은 수용 및 행동역량이 있는 간부조직들을 활용할 수 있었다는 결정적 사실로 인하여, 서로 다양하게 중첩되고 상호 조건지어진 위기양상들의 의미가 커졌기 때문이다.

공산당 내에서 이 공고화 과정은 논쟁에 적어도 피상적으로나마 참가하는 광범한 당원층에서 의사민주적으로 추진되었다. 이것은 강화된 정치교육의 여지를 제공했지만 결코 당 노선에 "밑으로부터" 민주적으로 영향을 미치는 것을 의미하지는 않았다. 마찬가지로 중요한 것은 마르크스-레닌주의 독재개념의 정치적으로 그때그때 어울리는 해석이 더 이상 참을성 없이 의회민주주의적 실제에 맞서서가 아니라 탄력적으로 그 위에 혹은 심지어 그 옆에 놓이게 되었다. 반파시즘 투쟁구호에서 심지어 일시적으로 공산당을 보호하는 훌륭한 의미가 이 실제에 부여되었다. 이로써 계급투쟁과 역사적으로 불가피하므로 필연적인 프롤레타리아 독재[30]라는 사상이 포기되지 않았다. 그러나 이것은 지도부와 간부진으로 하여금, 바이마르공화국을 우선 제한된 목표로 나아가는 것을 허용했고 사람들이 혁명기의 종말론적 도취 속에서

30) 〔역주〕 Proletarische Diktatur, 이하 PD로 표기. 레닌은 비록 마르크스와 엥겔스처럼 PD를 상비군이 없고, 인민에 적대적인 경찰이 없고 인민 위에 군림하는 관료층이 없는 국가로서 특징지었지만, 착취계급들에 맞서 독재적 폭력수단을 사용하는 것이 그에게는 우선적 의미를 가졌다. PD는 부르주아지를 쓰러뜨리고 반혁명적 거사들을 방어하기 위해서 필수적인 폭력에 의존하는 지배라고 레닌은 선언하였다. 레닌은 1917년 이후 러시아에서의 볼셰비키 지배를 PD의 실현으로 보았다.

간과함으로써 당을 해롭게 만들었던, 구체적인 개별사안들, 정치적, 심리적 조건들과 가능성들을 더욱 주목하게 했다.

이렇게 이 시기는 소규모 사업들, 비판적 자기관찰, 노동조합을 확보하려는 변동이 많고 분명 성공적이지 못한 노력들의 시기이자, 자본주의의 불가피한 붕괴와 제국주의적인 최종전쟁을 기다리던 인내의 시기였다.[31] 그러나 공산당은 경쟁 정당인 극우파들이나 마찬가지로 준비 없이 이 위기를 맞이했다. 공산당은 잠정적으로나마 목표를 보다 현실적으로 수정할 것을—이미 사민당에 대한 선전적인 구분 때문에—결코 인정하지 않았음에도 불구하고, 투쟁전술이 약화되면서 제한된 개혁을 지지함으로써 혁명으로부터조차도 이데올로기적으로 멀어졌다.[32] 공산당은 또한 매우 다양한 수준에서 "프롤레타리아적 통일전선"을 위한 전술적 선전을 수행했으며, 동시에 "민족적 볼셰비즘"[33]

31) 그러한 기대가 이미 1929년 영국과 미국 사이의 전쟁에 대한 기괴한 예언을 초래했을 것이다: Meyer(주 IV/14), S. 150 참고.

32) *Ibid.*, S. 151f.

33) 〔역주〕 볼셰비즘은 넓은 의미에서 공산주의와 동일한 의미를 가진다. 그 이름은 1903년에 레닌과 그가 세운 혁명전술을 지지한 러시아의 레닌을 추종하는 급진적 사회주의자들인 다수파라는 의미의 볼셰비키라는 말에서 비롯되었다. 레닌의 이론에 따르면 혁명정당은 정치적 주도권을 요구하는 아방가르드를 필요로 한다. 볼셰비키와 차후의 공산당들은 사회주의를 위해 대중을 동원하고 교육하기 위해서 모든 사회집단들 속에서 지도적 기능을 수행하는 하향식으로 계서화된 조직인 간부정당으로서 스스로를 인식하고 있었다. 민족적 볼셰비키는 보수혁명 담론의 모순적 성격을 가장 극명하게 보여준다. 이 분파는 볼셰비키 러시아와의 연대만이 독일 민족을 베르사유조약 이후 강요된 정치·경제적 질곡에서 해방시킬 수 있는 유일한 대안이라고 상정했다. 이들은 이 연대가 "프롤레타리아 혁명"으로 나아가야 한다고 주장했다. 민족적 과제와 사회적 과제의 결합을 시도했던 민족적 볼셰비키는 그러나 민족적, 국가적 관심을 상위에 둠으로써 실제로 독일 공산당과 제휴하지는 않았다. 이 노선의 대표자는 사민당에서 탈퇴한 에른스트 니키쉬(Ernst Niekisch)였다.

의 새로운 활성화를 통해 그들의 호소를 확장하고자 시도했다.[34] 그러나 공산당은 의회민주주의의 의미에서 연정반대라는 원칙적 입장과 순수한 사회혁명적 전통의 유일한 실천자로서의 요구를 포기하지 않았다. 공산당의 당원 대다수도 실질적인 지도부와 마찬가지로 대공황 이전의 체념이 많고 흔히 실패한 것으로 보이는 소규모 사업들의 시기에 국제성 속에 그 정신적 지주를 두고 있었다. 그러한 국제성이 가지고 있던 엄격한 규율은 동시에 지방조직으로서의 개별 민족정당들을 빨리 그리고 대응력을 갖춘 채, 《공산당선언》에 따르면 "모든 기존 사회질서의 폭력적 전복"을 가져올, 모든 혁명적 발전들에 개입할 수 있도록 만들 수 있었다. 사람들은 부르주아 민주주의의 새로운 위기를 기다렸는데, 그들은 이 위기에서 우익야당의 독재선전을 이용하고 프롤레타리아의 "민주주의를 통한 독재"[35]라는 개념을 통해 그것을 제압할 수 있으리라 믿었다.

34) 이에 대해서는 (청년보수주의 측으로부터) Wolfgang Herrmann, "Das Schicksal des deutschen Kommunismus", *Die Tat* 23, Heft 11(Februar 1932), S. 894ff. 참고.

35) 이렇게, 하지만 멘셰비키적으로(멘셰비키: 1903년 런던에서 있었던 러시아 사회주의자들의 제2차 전당대회에서 레닌이 이끌었던 다수파 볼셰비키와 경쟁하였던 소수파로서 그 주요 지도자는 플레하노프와 마르토프였다. 영구혁명론을 따랐던 볼셰비키와는 달리 멘셰비키는 일정 기간 부르주아 민주주의의 단계를 거치는 단계적 혁명론을 견지했다. 1917년 2월 혁명 직후만 하더라도 멘셰비키와 사회혁명당원들이 소비에트에서 절대다수를 형성하였다. 그러나 레닌은 4월 테제를 통해서, 전쟁지속 등의 실정으로 케렌스키 정부에 등을 돌린, 러시아 민중의 지지를 쉽게 동원하여 볼셰비키 혁명을 성공시킬 수 있었다—옮긴이) 수정된 입장에서 Mark Abramowitsch, *Diktatur oder Demokratie? Nein: Diktatur durch Demokratie!* (Berlin, 1932), S. 8ff.

3. 나치당의 성장

공산당은 스스로를 "계급정당"으로 인식했던 반면 나치당은[36] 처음부터 "결집정당"(*Sammelpartei*)이라고 선언했다. 나치당은 사교(邪教) 집단적 출발기와 10년간의 조직형성 및 정착기를 거친 후 이제 이 구호를 강령으로부터 현실로 바꿀 수 있었다. 이 정당의 기원에 대해 아직도 많은 연구가 필요하고 대부분 너무 일방적으로 이데올로기적 구성요소들로부터 설명되고 있음에도 불구하고 바이마르 정당체제와 그 발전에 근본적 특징들은 분명히 드러난다.

극단적 저항운동으로서 나치즘은 국민의 정치·사회적 구성에 대한 생각에서만 공산주의와 다른 것은 아니었다. 그것은 반(反)자본주의적 논리와 혁명적 효소에도 불구하고 전통적 사회질서, 관료적 관헌국가를 전복하기보다는 그것의 보다 철저한 조직화와 계서적이고 명령추종적이며 권위주의적인 기반 및 권력확장을 지향하는 일련의 주장들을 가지고 공화국에 맞서 싸웠다. 이러한 관련 속에서 강령과 이데올로기적 주장들은 그리 중요하지 않다.[37] 독일 정당구조에서 나치당의 위치는 그보다는 훨씬 더 조직형태, 사회학적 출발점, 심리적 조작지점에 의해 결정되어야 한다. 그렇다면 파시즘의 "반동적" 성격이라는 구호로 현상을 단순화시켜서도 안 되겠다—이것은 사실 공산주의 세계도식을 너무 기꺼이 추종하는 구호이다. 실제로 두 운동은 이들 자체가 전체주의 정당들의 주로 권력정치적이고 내용적으로 항상 조작되는 세력전개의 본질에서 빗나가 있는 것과 마찬가지로 "반동적", "진보

36) 1924~1932년의 나치당의 득표율 추이는 6.6-3.0-2.6-18.3-37.3-33.1%이었다.

37) 특히 Theodor Heuss, *Hitlers Weg. Eine historisch-politische Studie über den Nationalsozialismus* (Stuttgart-Berlin-Leipzig, 1932), S. 19ff. 참고.

적”, 혹은 보수적, 자유주의적, 사회주의적과 같은 개념들과도 거리가 멀다.[38]

나치당은 — 오늘날의 극우주의의 물론 초라한 새 출발과 유사하게 — 단순한 반항운동으로서가 아니라 적개심운동(*Ressentimentbewegung*)으로서 시작했다. 군사적 패배와 “과다한” 민주적 변혁으로 비로소 정치화된 소수의 실망자들이 그 핵심을 형성했다. 1930년 이후 대중정당의 조직화된 지지층, 특히 간부진에서도 중요한 역할을 한 것은 자기 신분과 가족 내에서 스스로를 국외자로서 느꼈으며 노이로제가 될 만큼 자존심을 상했고, 균형감각을 갖지 못하고 적응을 잘 못한 사람들이었다.[39] 그 밖에도 사회적 적개심을 기반으로 하였으며 폭력적 대중운동과의 결합을 통해서야 비로소 가령 괴벨스[40] 현상에서 표현된 바와 같은 정치적 영향력을 얻게 된 프롤레타리아화한 지식인이 중요한 역할을 담당했다.[41]

---

38) 동시대인의 평가를 위해서는 다음 출간자료집을 보라: *Zwischenspiel Hitler* (*Berichte zur Kultur-und Zeitgeschichte*) (Wien-Leipzig, 1932), S. 83ff.; S. 213ff.

39) 특히 Daniel Lerner et al., *The Nazi Elite* (Hoover Institute Studies, Series B: Elite Studies, No. 3) 〔Stanford (California), 1951〕, S. 9ff. 와 기타 여러 곳을 참고하라. 그 밖에 Karl Gustav Specht, *Die nationalsozialistische Arbeiterpartei als organisiertes soziales Gebilde*, Diss. (Köln, 1948), (비출간), S. 17ff. 참고.

40) 〔역주〕 Joseph Paul Goebbels (1897~1945): 저널리스트로서 출발하여 나치당에 입당하여 이미 1926년에 괴벨스는 히틀러에 의해 베를린의 가우(Gau) 지도자로 임명되었다. 그는 여기서 그의 선전재능을 충분히 발휘하여 당에 큰 활력을 불러일으켰다. 그는 제국선전지도자로서 1930년과 1932년의 선거를 성공적으로 이끌었으며 1933년 제국선전상으로 임명되어 그의 악명높은 선동가로서의 능력을 유감없이 발휘하였다.

41) Robert Michels, “Historisch-politische Untersuchungen zum politischen Verhalten der Intellektuellen”, *Schmollers Jahrbuch* 57 (1953), S. 56; ders., “Zur Soziologie der Boheme und ihrer Zusammenhänge mit dem

아돌프 히틀러는 불우한 청소년기의 경험으로 유대인, 마르크스주의, 자유주의적 의회주의에 대한 정신병적 증오심을 갖게 되었으며 세계대전을 통해서 자의식적 실존을 경험한 연후에 1918년의 실망을 통해 "정치가가 되고자 결심했다."[42] 그는 이러한 의미에서 "운동"의 발생에 근본적인 거의 모든 심리적, 이데올로기적 및 사회적 동기와 원동력을 체현했다. 이러한 의미에서 저술된 그의 고백록 《나의 투쟁》을 읽어보면, 나치당의 형성, 그 지도부의 구성, 이데올로기와 현실의 관계에 대한 생각과 조작을 각인한 요소들이 드러나고 이데올로기 비판적으로 밝혀진다. 특히 공산주의의 일원적 폐쇄성에 정반대로 대치된 것으로 보이는 대중정당의 시기에, 나치즘의 동기와 소망, 그리고 정치적 및 사회적 구성요소들은, 지도자 신화와 군사적 전투조직의 통합력을 통해서뿐만 아니라 반항 및 적개심의 유사한 기원과 성격을 통해서도 중화되었다. 더 나아가서 기꺼이 복종하려는 자세는 이 다양한 혼합감정의 담지자들을 정치사회적 공동생활의 모든 영역에서 나치 이데올로기의 침투와 공명을 조달한 효율적 중계자로 만들었다.

나치당 구조의 탄력성과 통합력은 세계경제 대공황의 발발 이후 공산당과는 달리 강령적 혹은 사회적 구성의 고정으로 방해받지 않았고, 매우 복합적인 요소들을 거의 힘들이지 않고 수용하는 데 유리했다. 나치당에서는 모든 생활영역들을 철저히 정치화할 때까지 이해관계의 정치화라는 중요한 과제가 활발히 수행되었다. 그러나 민주정당들은 이를 성취하는 데 고전한 결과, 공공생활 및 사고에 뿌리를 내리지 못하고 공화국의 각 영역에서 권력정치적 잠재력을 충분히 포착하지 못하고 이익집단들과 모호한 관계를 갖는 데 그쳤다. 반면에, 대중심리적으로만 설명이 가능하고 공격적 민족주의를 통해서 통합된 "제 3제국"

---

geistigen Proletariat", *Jahrbücher für Nationalökonomie und Statistik* 136 (1932), S. 801ff.

42) Adolf Hitler, *Mein Kampf*(München, 1933), S. 225.

의 비합리적 미래전망에서는 그처럼 다양한 추종자들 누구나가 자신과 자기의 이해관계가 표현되고 대변되며, 곧 관철되리라고 믿었다.[43]

비스마르크 시대 이래 독일의 정당발전의 봉쇄와 불신으로부터 역사적으로 이해될 수 있는 정치적 구복신앙(*Glückseligkeitsreligion*)을 통한 대중선교의 이 마지막 단계에는 — 공화국이란 계좌에 대한 — 일련의 경제적 및 심리적 부담들이 선행하였다. 이것을 이용하기 위해서는 최초의 쿠데타 시도들이 실패한 후 안정화의 시기를 지탱할 수 있었던 안정적이고 영향력 있는 간부조직의 형성이 필수적이었다.[44] 우리는 1923년 후 작은 나치당의 내정적 및 외정적 역할이 에피소드로 보였다가[45] 1929/1930년에야 비로소 논쟁의 중심으로 진입하였다는 사실을 잊어서는 안 된다.

분명히 지도부에게든 추종자들에게든 거의 아무런 구속력이 없는 모호한 강령은 민족주의적, 반자본주의적, 반유대주의적, 반의회주의적 구호들 외에는 별로 구체적 근거를 제공하지 못했으며 정치적으로 책임 있는 활동과 시험을 할 기회가 없었다. 당연히 25개항이 "변경불가"로 선포되었다.[46] 그러나 동시에 괴벨스는 "만일 내가 당을 건설했

---

43) Walter Dirks, "Der Nationalismus der Nationalsozialisten", *Rhein-Mainsche Volkszeitung*, Nr. 91 v. 21. (April 1931) 참고.

44) 이에 대해서는 나치 간부이자 후에 베를린의 동질화(*Gleichschalturg*) 담당위원이 되었던 Julius Lippert의 회고록 *Im Strom der Zeit. Erlebnisse und Eindrücke* (Berlin, 1942), 특히 S. 112ff. 참고. 요약을 위해서는 Specht (주 IV/29), S. 42ff. 를 보라.

45) Wilhelm Frick, *Die Nationalsozialisten im Reichstag 1924-1928* (NS-Bibliothek, Heft 4) (München, 1928), S. 5ff.; Rudolf Buttmann, *Bayerische Politik 1924-1928* (ebda., Heft 5) (München, 1928), S. 8ff. 참고.

46) "전적인 확신을 가지고 당원총회는 1926년 5월 22일 '이 강령은 바꿀 수 없다'고 결정했다. 이것은 모든 어휘들이 여기 쓰인 대로 정확히 그대로 있어야 한다는 것을 의미하지는 않는다…"; Gottfried Feder, *Das Programm der N. S. D. A. P. und seine weltanschaulichen Grundgedanken* (NS-Bibliothek,

더라면 나는 아무런 강령도 만들지 않았을 것이다"라고 선언할 수 있었다.[47]

특히 "운동"은 민주적 정당제에 대한 널리 유포된, 종종 정당하기도 했던 비판을 이용하였다. 그들의 급진적 투쟁선언은 뿌리 뽑힌 중간계급, 정치적 경험이 없는 청소년, 직업적 모험가들과 극단적 반혁명론자들의 지지를 얻었다. 그것은 새로운 정당이 대단히 합리적으로 조직되고 기율을 가진 구조에도 불구하고 비이성적으로 뒷받침된 행동양식을 가지고 "지도자 사상"의 반관료주의 원칙을 선포했기 때문에 큰 영향력을 발휘했다.[48] 이 운동은 구체적인 정치적, 경제적 및 사회적 영역에서 구속력을 갖는 사상과 노력들 대신에 "나치즘은 현존하는 모든 것에 반대"[49]라는 선동적 문구를 내세움으로써 이것을 더 쉽게 만들었다.

그러나 1930~1933년의 대중정당에게 이론과 실제가 아직 확정되지 않았음은 의심할 바 없이 매력과 힘의 결정적 동인이었다. "나치주의자는 어떤 안장에서든 말을 탈 수 있어야 한다."[50] 이것은 개방적인 처방이었다. 나치 "세계관"의 권력정치적 조작성이 그 전체주의적 최종형태에서 드러났기 때문에, 그때나 지금이나 모든 평가의 어려움은 극단적인 정치적 기회주의를 가지고 작동하며 모든 것을 포괄하는 매우 비독단적으로 보이는 이 운동의 정치적 역동성과 탄력성에 있다. 왜냐하면 정당형태의 대중운동의 이 독일적이면서도—지금까지 독일

Heft 1), 66~70. Aufl. (München, 1932), S. 22.

47) 라이프치히 재판에서 1930년 나치 선전활동 때문에 판결을 받은 바 있으며 실망하고 KPD로 넘어가는 Leutnant Scheringer와의 대화에서 괴벨스가. (아래 S. 491 이하 참고): *Vossische Zeitung*, Nr. 158 v. 4. Juli 1931.

48) Herberle (주 III/25), S. 6f. 참고.

49) 1932년 10월 20일 베를린 슈포르트팔라스트(Sportpalast) 궁전에서 슈트라서(Gregor Strasser)가 NSBO 앞에서 행한 연설.

50) Joseph Goebbels, "Kommunalpolitik", *Der Angriff* v. 1. (Dezember 1929).

정당발전의 성격에 비추어 보아 — 또한 그렇게 비독일적인 과도한 고양과 대면해서 바이마르공화국의 동시대 관찰자들에게 익숙했던 모든 척도들과 개념들이 실패했기 때문이다. 나치지배에 대한 경험들 자체가 비로소 나치당 강령의 논리정연한 분석, 조직구조의 예리한 설명, 전체 현상을 정치적 연관 속으로 자리매김하는 것을 가능하게 하는 판단기준들을 제공했다.

동시대인들은 나치당을, 지칠 줄 모르는 인내심을 갖고 11월 혁명과 의회주의, "등에 칼 꽂기"와 베르사유, "자본주의"와 합리적 물질주의, 마르크스주의와 민주적 자유주의,[51] 특히 "유대문화"에 대한 투쟁을 설교하는,[52] 주로 부정적인 성격을 통해 특징지어지고 호전적으로 잘 짜여진 사상공동체로서 접하였다. 이것은 공화국의 노이로제가 된, 한 번도 상세히 규정된 적이 없는 문제들이며 그 속 "어딘가에서" 시민의 절반은 자기 불만이나 어려움의 뿌리를 보았을 것이다.[53] "사회주의" 역시 민족주의적으로 과장된 전술적 총괄구호였으며 모든 사실적·내용적 확정에 대한 논박을 넘어설 수 있을 모든 구체적인 규정들을 벗어났다.[54] 이러한 부정들 속에서 "운동"은 크게 성장하였으며, 이들 부정법에 의해 운동은 기존의 정치집단들이 어느 지점에 이르면 만족시킬 수 없었던 사람들을 사로잡았다. 이 당은 많은 사람들에게

51) Werner Siebarth, *Hitlers Wollen, Nach Kernsätzen aus seinen Schriften und Reden* (München, 1935), S. 91 이하. ("Das liberalistisch-marxistische Grundübel")의 광범위한 인용 모음 참고.

52) 같은 책 S. 121 이하의 히틀러의 말들을 보라.

53) Naumann (주 II/5), S. 73 이하 참조.

54) Joseph Goebbels, "Die nationale Opposition", *Der Angriff* v. 19. (Dezember 1931) 참고: "우리의 사회주의는 민족적 정의감의 결과이다 … 우리는 좌파정당도 우파정당도 아니며 우리의 정치적 세계관에서 부르주아적 퇴보나 마르크스주의적 퇴보와 아무 관련이 없다 … " 나치의 사회주의-개념에 대해서는 Heuss, *Hitlers Weg* (주 IV/37), S. 76~77을 보라.

당을 낳은 이 시대와 위기의 양심이 되는 것으로 보였다. 이들은 당이 척도도 없고 게다가 자유민주주의와 그의 최대 한계에 대한 척도를 부인했다는 사실을 너무나 자주 인식치 못했다.

나치당은 정치인들, 언론과 압력집단들로부터 비웃음을 받고, 주목받지 못하거나 아무런 언급을 받지 못하다가 1929년의 지방선거에야 비로소 정치적 계산에서 예상 밖으로 다시 주목할 만한 대상이 되었다. 갑자기 도처에 나치당 시의원들이 앉아 있었다. 경제와 정치의 힘있는 대표들은 나치당에 주목하고 처음에는 불신하였지만 히틀러가 노동조합과 바이마르체제에 맞선 유용한 "고수"(鼓手, *Trommler*)로서 입증되자 상냥한 태도를 보였다. 사람들은 튀링엔의 프릭을 최초의 나치장관으로서 경험했다: 사람들이 ― 새로운 학교 기도회, 반재즈법, 인종교수직(*Rassenprofessur*)과 같은 ― 실질적 의미보다 이데올로기적 의미가 더 강했던 몇 가지 해롭지 않은 양보들만 허용한다면 과격운동은 기꺼이 순응하려는 것으로 보였다. 실제로, 선동적인 사회적 제국주의의 전통을 고수했던[55] 이러한 종류의 "사회주의"는 "민족" 경제에 대한 두려움을 상실했다. 이전까지는 티센(Fritz Thyssen)이나 키르도르프(Emil Kirdorf)와 같은 몇몇 기업가들만이 대규모 재정지원을 제공했다면 이제는 막대한 호의적 제안들도 들어왔다.[56] 이렇게 함으로써

---

55) 이것은 이미 "합법노선"-시기의 시작(1930) 전의 선언들에서 표현된다. 예컨대, Joseph Goebbels, "Warum sind wir Nationalsozialisten? *Der Angriff* v. 9. (Juli 1928): "사회주의는 이 조국이 자유롭게 되면 현실이 된다." 사회적 제국주의의 개념과 이데올로기에 대해서는 특히 Franz L. Neumann(주 I/50), S. 184ff.를 보라: 대중의 관심을 내부적 항의로부터 외적 목표로 돌리는 것.

56) 이에 대해서는 Fritz Thyssen, *I paid Hitler*(London, 194), 1, S. 19 참고: "그가 권력을 장악하기 10년 전에 나는 히틀러를 지원하였다. 티센은 키르도르프의 제안으로 히틀러에게 뮌헨에 '갈색의 집'(갈색은 나치당을 상징하는 색깔. 나치당의 정권정악을 '갈색의 혁명'이라고도 한다 ― 옮긴이)을 지어 주었으며(*Ibid.*, S. 129), 그 밖에도 괴링(Göring)과 같은 개별 나치 지

사람들은 — 그것은 보수적 민족주의 성향의 언론출판계의 생각이기도 했다 — 이 떠오르는 정당의 치기어린 근본주의(*Radikalismus*)를 막고 자신의 목적, 특히 호전적인 "반(反) 마르크스주의"를 위해 이용할 수 있으리라 믿었다.[57]

실제로 대공황의 정치적 영향은 이제까지 사회주의의 성장을 촉진했던 경제구조 변동과 사회적 계층이동이 "민족 파시즘"이라는 반대운동에 유리하게 작용했다는 사실을 입증했다. 사회주의 측의 자기비판에서는 민주사회주의가 국유화 실험의 실패 후에 강력한 정치적 추동력을 도외시했으며 이것을 이제 나치즘이 수용하였다는 점을 조리있게 강조했다: 신화와 유토피아에 대한 갈망, 경직된 제도들에 대한 항의, 대중의 활성화, 강력한 지도자에 대한 요구, 궁핍과 절망으로 인하여

도자를 도와주었다(S. 131)."

57) Rolf Boelke, "Die Spaltung der Nationalsozialisten", *Die Tat* 22, Heft 5 (August 1930), S. 364f. 참고. 이 고등교육을 받은 보수혁명적 서클에서 히틀러에 대한 속물적 과소평가의 한 예가 Max Rothe, "Adolf Hitler", *Die Tat 21*, Heft 10(Januar 1930), S. 780ff. 이다: "… 746쪽의 자서전을 다 읽으면 우리는 그 사람이 파리 한 마리도 어쩌지 못하는 사람이라는 것을 알게 된다. 그 증거를 그는 1923년 보여 주었다 …" 이 시기에 쏟아져 나온 논쟁적인 히틀러 출판물들은 이러한 종류의 예견들을 싣고 있다.

〔역주〕 '보수혁명론'은 판 덴 브룩(Möller van den Bruck), 윙어(Ernst Jünger), 슈펭글러(Oswald Spengler), 호프만슈탈(Hugo Hoffmannstahl) 등이 주도한 이데올로기 운동이다. 제 1차 세계대전 이후 민족주의를 새로운 환경에서 새롭게 발전시키려 했으며, 전쟁과 빌헬름 국가의 붕괴가 큰 동인이 되었다. 그들은 서유럽적인 문화와 가치, 제도를 모두 부정했으며 서유럽으로부터 수입된 것으로 생각된 의회주의 제도의 부인과 바이마르공화국에 대한 부정으로 이어졌다. 의회주의적 공화국이 계급간 이해관계의 충돌을 막지 못하므로 민족을 분열시킨다고 본 것이다. 그들은 독일을 다시 하나로 묶을 수 있는 대안으로서의 민족공동체를 강조했다. 민족공동체만이 좌우익의 일상적 대립을 넘어설 수 있게 함으로써 독일을 생존투쟁을 위해 싸우는 세계에서 강국의 지위로 복귀시킬 것이라고 믿었던 것이다. 특히 중간계급과 전문직업인들이 이 시기에 보수혁명론을 받아들인 주된 세력이었다.

정치적으로 느슨해진 대중의, 자신의 딜레마를 쉽게 이해할 수 있는 상징적이고 암시적인 형태로 영웅화하려는 요구가 그러한 추동력들이었다.[58] "독점자본주의"와 "군국주의"에 대한 선동뿐만 아니라 진정한 자유주의의 몰락과 결부된 사회주의의 실패 역시 본질적으로 새로운 양식의 대중운동의 성장을 촉진했다.

4. 나치 이데올로기

나치 현상은 이데올로기적 이상에 대한 구체적 이해와 용어형성이 우선 시사하는 정도로 민족적으로 제한되어 있고 고유하게 독일적인 것은 결코 아니었다. 이는 반(反)나치주의를 독일역사에 대한 신랄한 비판과 결합시키는 많은 사람들이 오늘날까지지도 "역(逆)인종주의"(*inverted racialism*)를 작동시키는 데 도움을 받았던 관점이었다.[59] 물

58) 특히 Hendrik de Man, *Sozialismus und Nationalfaschismus* (Potsdam, 1931), 도처를 보라.

59) 1945년 독일 붕괴 직후 국내외 학자들이 독일민족의 구제할 수 없이 권위주의적인 근본성격에 대한 집단적 평가를 통해서 나치시대 독일의 파국에 대해 손쉽게 설명하였다. 그러나 바로 외국의 학자들 중에는 이러한 평가를 가지고 다시 일종의 **전도된 인종주의**로 빠지는 것에 대해 경고한 사람들도 있었다. 그 예로서 Eugen N. Anderson, "Freedom and Authoritarianism in German History", Gabriel A. Almond ed., *The Struggle for Democracy in Germany*, Chapel Hill (N. C.) (1949), S. 3ff. : "전체로 보아 독일의 역사 전통은 독일 국민에 대한 어떤 테제를 뒷받침해 주는 증거를 충분히 제공할 수 있다." (S. 4) ; 증가하는 **권위주의**(실제적 및 심리적 주장)에 대한 다음의 역사적 스케치를 참고하라. 이에 대해서는 Brecht, Vorspiel (주 II/23), S. 31ff. ; S. 163ff. ; C. Mayer, "On the Intellectual Origin of National Socialism", *Social Research* 9 (1942), S. 225ff. 이 균형잡힌 고찰들은 바이마르공화국을 전공하는 한 영국 역사가의 독을 품은 테제와는 유쾌한 대조를 이룬다. 그는 공화국의 모든 정치인들(특히 슈트레제만)의 서

론 전후시대의 복고적이거나 반동적인 경향들을 훨씬 능가하는 민주적 의회주의에 대한 반대운동은 종국적으로 전 독일적,[60] 나치적 우익 급진주의의 독일에서 그 최상의 조직형성과 가장 광범위한 영향력 실현을 달성했다.[61] 그것은 하지만 이탈리아에서만 — 이곳에서 더 먼저 그리고 여러 점에서 나치즘의 발전에 방향을 제시했다 — 비슷한 전개

양에 맞선 '공모'라는 구호를 가지고 그의 책을 시작했다: "1919년의 공화국의 요소들로부터 히틀러의 전체주의적 학정으로 이어지는 직접적이고 논리적인 길이 있다. 바이마르는 제 3제국의 서곡이었다"〔Godfrey Sheele, *The Weimar Republic, Overture to the Third Reich* (London, 1946), S. 17ff. 과 서문 전체〕. 그 자체로는 자료와 생각이 풍부한 이 책을 실제로 가치 없는 것으로 만드는(S. 23, S. 28ff., S. 345 등을 참고), 자질을 갖추지 못한, 수많은 선동적 주장들과 씨름하는 것은 별 의미 없는 일이다. 전사(前史)의 문제들에 관해서는 전체적으로 Meinecke, *Die deutsche Katastrophe* (주 I/5) 와 Ritter, *Europa und die deutsche Frage* (주 I/1), S. 194ff., 이제는 특히 훌륭한 논문집 *The Third Reich* (London, 1955) 의 여러 논문들을 보라.

60) 〔역주〕 전독일동맹(Alldeutscher Verband) 은 1891년 독일 제국주의의 극단적인 쇼비니즘적 선전조직으로 창립되었다. 주요 지도자는 후겐베르크(Alfred Hugenberg), 키르도르프(Emil Kirdorff), 하세(Ernst Hasse) 등이었다. 전독일동맹의 정치는 1918년 11월 혁명 이후 호전적 반공주의, 바이마르공화국에 대한 반혁명적 도전, 히틀러의 나치운동의 지원이었다 — 옮긴이), 종족주의적(*völkisch*, 'national'이라는 어휘의 독일어식 표현으로서 대략 1875년경부터 사용되기 시작했다. 19세기로부터 20세기로의 전환기 이후 이 개념은 특히 전독일동맹이 인종주의 사상에 기반을 두고 따라서 급진적으로 반유대주의적인 민족주의의 의미에서 주로 사용하였다. 1918년 이후 여러 개의 소수정당들과 단체들이 스스로를 종족주의적이라고 일컬었으며 이 정당들과 단체들은 일찍이 나치즘에 의해 흡수되었다.

61) 나치당에 대한 전 독일주의적 영향들의 방식 및 한계에 대해서는 이제 Kruck (주 III/82), S. 192~207 ("Die Alldeutschen und Hitler") 을 보라. 흥미로운 것은 히틀러가 1920년에는 아직 아무런 반유대주의적 선전을 실행하지 않았으며 본질적으로 분명히 전 독일주의자들의 부추김을 통해 1921년에 이것을 수용하였다는 증거이다. 이러한 관계에서 초기의 나치당은 분명히 전 독일주의자들과 법률자문역 클라스(Claß) 의 아들이다.

를 보인 것은 아니며[62] 그 본질적 성격으로 볼 때 전 유럽적 현상으로 입증되었다.

나치운동은 세 가지 주요한 뿌리를 가지고 있다. 그것은 이데올로기적으로 민족주의와 (내부적으로는) 반의회주의에, 즉 국내외를 향한 저항에 의존했다. 경제적으로 보아 그것은 경제적, 사회적 및 위신상의 하락에 맞선 투쟁을 쇼비니즘과 제국주의의 수준으로 옮기는 경향이 있는 "중간계급의 공포"에 뿌리를 두고 있었다.[63] 마지막으로 이 운동은 특히 청소년의 세대문제와 낭만주의의 반항적 분위기를 심리적으로 이용했다.[64] 그리고 이 모든 것 위에는 추종자들의 사회적 결속과 이해관계의 복잡성, 소부르주아층과 소농층, 불만을 가진 지식인들, 민족주의적 모험가들의 대립을 신비스러운 공동체 속에서 지양하고[65] 그들의 공격성을 더욱더 강한 힘을 가지고 밖으로 돌리려 시도하는 통일적 이데올로기가 서 있었다.

나치즘의 입장은 따라서 의회주의와 그의 작동기반들에 대한 비록 재삼재사 느슨해지긴 했지만 원칙적 거부를 통해서 내정적으로 결정되었다.[66] 이를 위해서는 지도부의 얼굴이 중요한데, 이들은 의회경험

62) 특히 Robert Michels, *Sozialismus und Faschismus in Italien* (München, 1925), S. 189ff.; Ignazio Silone, *Der Faschismus* (Zürich, 1934), S. 75ff.; Erwin v. Beckerath, *Wesen und Werden des faschistischen Staates* (Berlin, 1927), S. 24ff.; S. 139ff. 참고.

63) Theodor Geiger, "Panik im Mittelstand", *Die Arbeit* 7 (1930), S. 648.

64) 이에 대해서는 Carl Mierendorff, "Was ist Nationalsozialismus", *Neue Blätter für den Sozialismus* 2, Heft 4 (April 1931)를 보라.

65) 다음 논문에서 나치 당원에 대한 사회학적 분석을 참고하라: Reinhard Bendix, "Social Stratification and Political Power", *The American Political Science Review* 46 (1952), S. 370f.

66) Hitler (주 IV/42), S. 379: "이로써 운동은 그러나 반의회적이다. 그리고 운동이 의회제도에 참여한다고 하더라도 그것은 단지 의회제도의 파괴, 곧 우리가 인류의 가장 심각한 타락현상이라고 보아야 하는 제도의 제거를 위한

이 전혀 없었고 옛 정당들이나 노동조합들이나 직업조직들에서도 진정한 정치경력을 쌓지도 않았고 정치형성의 기초로서의 민주적 화해과정을 행동 속에서 경험한 적도 없는 사람들이었다. 그들은 정치를, 타협을 촉진시키는 토론을 기꺼이 받아들이고 민주적 게임규칙들을 내면적으로 인정하는 것을 기초로 한 사회적 통합으로서가 아니라 투쟁으로서 이해했다.[67] 이 투쟁은 "사회적 제국주의"의 법칙하에 서 있었다. 즉, 안으로는 "마르크시즘"과 유대인에 대해 적대하고, 밖으로는 민족주의적 영토변경과 팽창을 지지했고, 외정적으로는 베르사유[68] 로부터 영 안[69] 에 이르는 패전의 결과로 부과된 모든 국제적 의무들을 뚜렷이 거부했다. 이것은 특히 프랑스를 겨냥했는데, 여기서 이탈리아와 영국과의 동맹(하지만 러시아와의 동맹은 추구되지 않았다)이라는 막연한 계획이 뒷받침이 되도록 했다.[70]

경제·사회정책에서 나치당은 단호히 공산주의의 타도를 선언했지

활동의 의미만을 볼 수 있을 따름이다…." Frick(주 IV/45), S. 5ff. 참고.

67) 이에 대해서는 Heberle(주 III/25), S. 10f. 를 보라.

68) 〔역주〕 베르사유조약은 독일제국과 27개 승전국들 사이에 1919년 6월에 체결되어 1920년 1월 발효된 조약. 조약은 국제연맹 정관, 국경문제, 전쟁배상금 문제의 3부분으로 나눠어 있다. 조약은 특히 독일의 영토할양, 독일군의 10만 명으로의 감축, 병역의무의 폐지, 연합군 손해의 배상을 규정했으며 연합군의 독일에서의 간섭권을 허용했다. "강요된 강화"에 대항해서 바이마르공화국에서는 처음부터 민족주의적 선전이 전개되었다.

69) 〔역주〕 1929년과 1930년의 파리회의에서 독일, 프랑스, 영국, 벨기에, 이탈리아, 일본의 재정전문가들이 미국 측 단장인 영(O. D. Young)의 사회로 독일의 배상금 문제 처리에 대해 합의한 사항. 도스안보다 훨씬 개선된 합의였다. 독일에서 영 안(案)은 우익들(나치당, 독일민족인민당, 철모단)의 단호한 반대에도 불구하고 1930년 3월 13일의 제국법을 통해서 최종적으로 수용되었다. 세계경제 대공황의 여파로 영 안의 실현은 독일에게 불가능하게 되었으며 따라서 1931년 7월 후버 모라토리움을 근거로 배상금의 지불이 중단되었다.

70) Heuss, *Hitlers Weg*(주 IV/37), S. 96ff. 가 이를 요약하고 있다.

만 동시에 "자본주의" 문제에 대해서는 "사회주의적", 민족주의적 · 반유대주의적 및 순수하게 정서적인 관점들을 결합하는 애매한 태도를 취했다. 처음에는 급진적 비판이 지배적이었는데,[71] 지역적 및 사회 선동적 관점들이 바로 여기서 근본적 역할을 했다. 엔지니어이자 나치 경제정책가인 곹프리드 페더(Gottfried Feder)의 "이자노예제"[72]에 대한 모호한 비판에서 그리고 확고한 당중심주의의 후기에 파시스트적 · 신분적 이데올로기[73]와 나치 언론 자체에서[74] 드러난 차이들도 이런 관점들에 따라 조건지어졌다. 여기서 보편적 이윤참여라는 환상적인 생각들과 전쟁과 인플레를 통한 소득의 재분배에 대한 다양한 희망들이 배양되었고, 기업에 대한 사회주의적 공동참여와 노동자들을 위한 더 많은 임금, 대기업의 단순화를 통한 수공업의 성장, 상인들을 위해 백화점의 경쟁배제, 담보부채의 해소와 주택소유자와 농장경영자를 위한 세금감면, "국방역량 강화"(*Wehrhaftmachung*) 과정에서 중공업의 성장이 약속되었다. 즉, 모든 이해관계들에 대한 호소가 이루어졌던 것이다.

---

71) 예컨대, Goebbels, "Warum sind wir Nationalsozialisten?"(주 IV/44) : "민족주의와 자본주의는 … 공통점이 하나도 없으며 … 서로에게 물과 불처럼 상극이라는 것을 좌파의 사람들에게 분명히 하자". Goebbels, "Kapitalismus", *Der Angriff* v. 15. (Juli 1929) 참고.

72) Gottfried Feder, *Kampf gegen die Hoffinanz*(München, 1934) (1919년 이후의 논문들), S. 11ff. ; 같은 이, *Der deutsche Staat auf nationaler und sozialer Grundlage. Neue Wege in Staat, Finanz und Wirtschaft* (München, 1924), S. 80ff. 〔16.-17. veränderte Aufl. (1933), S. 69ff.〕 히틀러 역시—자신의 생각이 부족하여—그의 막연한 언급들에서 페더로부터 출발한다: 주 IV/42, S. 224f.

73) 예컨대, Hans Reupke, *Unternehmer und Arbeiter in der faschistischen Wirtschaftsidee*(Berlin, 1931), 특히 S. 51ff. (반자본주의적 구호들을 약화시키려는 시도로서).

74) 뮌헨의 *Völkischen Beobachter*의 논조를 베를린의 *Angriff*의 논조와 비교해보라.

그러나 마지막엔 "나치국가에서 후에 이윤분배의 문제가 어떻게 해결될지의 문제는 여기서는 논외이다[75]"라는 문장이 적혀있었다. 당 구조의 다양한 구성요소들뿐만 아니라 구체적인 정치전술의 문제들로 인해서도, 1930년 이후 슈트라서 형제(Gregor Strasser와 Otto Strasser)와 곧프리드 페더의 "반자본주의 이데올로기"는 자본주의적이고 노조적대적인 기업가들에 대한 히틀러의 기회주의적 편애로 인하여 사실상—결코 공개적으로는 아니었지만—밀려났다. 오토 슈트라서와 이어서 그레고어 슈트라서의 축출, 샤흐트가 추천했으며 중공업과의 구체적 연계를 가진 경제 주간(主幹)인 발터 풍크(Walter Funk)로 곧프리드 페더를 대체한 것이 이에 상응했다. "사회주의"는 이제 전적으로 민족적인, 공동체를 의식하는 "경제정신"에 대한 막연한 호소로 바뀌었다.[76]

실제 정치의 문제들에 대한 당의 모든 공식적 선언들과 출판들은 "채무노예제의 파기", 사회적·민족적 문제와 유대인 문제의 이상적인 동시적 특별해법으로서의 무솔리니(Benito Mussolini)의 실험을 곁눈질한 "신분적 경제질서"[77]의 설치 혹은 "사유재산"[78]의 개념처럼 다의

---

75) Feder, *Das Programm der NSDAP*(주 IV/35), S. 46: 내용 없음과 분별없는 가변성에 대한 비판을 위해서는 Carl Landauer, "Das National-sozialistische Wirtschaftsprogramm", *Der deutsche Volkswirt* 4(1930), S. 1764ff.; 같은 이, "Neue nationalsozialistische 'Wirtschaftstheorien'", *Ibid.*, 5(1931), S. 231ff.; 특히 Heuss, *Hitlers Weg*(주 IV/27), S. 74ff. 참고.

76) 이렇게 Hans Reupke, *Der Nationalsozialismus und die Wirtschaft*(Berlin, 1931), S. 48; S. 14 참고: "자본주의를 무너뜨리는 것이 중요한 것이 아니라 … 그것을 새로운 공동체정신으로써 채우는 것이 중요하다."

77) 이에 대해서는 Hans Buchner, *Grundriß einer nationalsozialistischen Volkswirtschaftslehre*(Nationalsozialistische Bibliothek, Heft 16), 4. Aufl. (München, 1932), S. 32f.를 보라. 나치 신분국가의 허상에 대해서는 일반적으로 Franz L. Neumann(주 I/32), S. 222ff.; Heuss, *Hitlers Weg*(주 IV/37), S. 55ff.를 참고.

적이며 자기 모순적이었다. 그것들은 현재의 상태를 극도로 부정적으로 평가하고 오래된 적개심이나 — 세계경제 대공황의 악화와 더불어 — 증가하는 불만들을 조직화하는 데에만 효과가 있었다. 그런데 이러한 불만들은 의회민주주의와 이를 뒷받침하는 정당체제의 기능장애에 직면하여 기존질서를 넘어서는 급진적 해결책으로 기울어졌다. 소규모의 실제적 틀 내에서의 구체적인 정책[79] 그리고 특히 미래의 나치 국가형태에 대한 모든 언급들도 마찬가지로 모호한 형태를 취했다.[80] 비록 "독재"가 당 강령에는 없지만 그것은 증오받은 의회주의에 대한 첫 번째 반론이었다. 즉, 대부분 새로운 사상들이 관철되고 권위주의적-신분적이며 물론 결코 명확히 규정되지 않은 질서로 들어가기까지의 "잠정적 독재"가 조심스럽게 거론되었던 것이다.[81] 혹은 "힘과 선

78) 특히 페더는 사유재산을 확고히 견지한다: *Der deutsche Staat*(주 IV/58), Aufl. (1924), S. 5f. : "토지개혁의 의미에서 토지법을 개정하는 문제는 더 상세한 설명을 필요로 한다…"〔Aufl. (1933), S. 8에서도〕. ; S. 47(S. 44) 참고. 괴벨스(Joseph Goebbels)의 다른 언급들에서〔*Der Nazi-Sozi, Fragen und Antworten für den Nationalsozialisten*(München, 1931), S. 15〕 사유재산 개념은 논박을 받는 것으로 나타나며 "누구나에게 자기의 것을"이라는 모호한 말로 끝을 맺는다: Goebbels, "Sozialismus und Eigentum", *Der Angriff* v. 14. (November 1929).

79) 예컨대 Karl Fiehler, *Nationalsozialistische Gemeindepolitik*(Nationalsozialistische Bibliothek, Heft 10) (München, 1929) 참고.

80) 이에 대해서는 특히 Heuss, *Hitlers Weg*(주 IV/37), S. 46ff. 를 보라.

81) Gregor Strasser, "Sozialreaktion?"(1931년 9월 15일), *Kampf um Deutschland*(München, 1932), S. 308f. : "그 역사의 처음부터 나치당은 우리 국가의 신분적 구조를 지지했다. 그러나 그렇다고 해서 현재 이 분야에서 대두한 공식화와 사전작업 그리고 제안들과는 어느 형태로도 동일시하지 않는다. 여기서도 우리는 먼저 우리의 제안들을… 무익한 장광설의 기초로부터 법의 결정으로 격상시킬 기회를 마련했을 때에 비로소 독일 국민에게 알릴 것이다…." "제 3제국"에서의 (부정적) 입장표명에 대해서는: Justus Beyer, *Die Ständeideologien der Systemzeit und ihre Überwindung* (Forschungen zum Staats-und Verwaltungsrecht, hrsgg. von Reinhard

발의 법칙을 근거로 구성되는 정치위원회에 정치를 위탁할 것"이 추천되었다. 아무튼, "민주적 의회주의는 이제 그만![82]"하자는 말이었다. 신분의회에 대해서도 운위되었는데, 이것은 국가정책이 아니라 경제정책만을 추진할 수 있으며 그 옆에 상원을 두었는데, 이것은 독재자-총리가 종신제로 소집하는 귀족원이며 심지어 총리를 선출하도록 되어있다.[83] 이 위장된 독재는 물론 파악할 수 있는 구상들 중의 하나에 불과했고, 괴벨스와 히틀러가 이들 구상으로써 얼마나 구속력 있는 어떤 것을 의미했는지는 국가형태 자체의 문제만큼이나 미정으로 남아있었다.[84] 동시에 히틀러는 동시에 적절한 발언들을 통해서 군주론자들과 심지어 과거 독일제국의 황태자까지도 자기 게임에 끌어들일 줄 알았기 때문이다.[85] 대외적인 전술적 이유에서 연방주의-중앙집권주

Höhn, Bd. VIII) (Darmstadt, 1941), S. 302ff.

82) Joseph Goebbels, "Revolutionäre Forderungen", *Der Angriff* v. 6. (August 1928) 〔abgedr. *Der Angriff, Aufsaetze aus der Kampfzeit* (Muenchen, 1935), S. 171〕.

83) Goebbels, *Der Nazi-Sozi* (주 IV/64), S. 20f.

84) Feder, *Der deutsche Staat* (주 IV/58, 1924년판), S. 47 (1933년판: S. 45): "독일적 본질에 부합되는 국가형태는 최상부에서 통일된 주체적인 국가지도부이다. 이 최상부를 국민이 선출하는 군주가 차지할 것인지 혹은 2, 3명의 책임있는 제국관리들이 차지할 것인지는 나중의 국민투표에 맡겨야 한다." 후에 (1932년) "최고 제국관리들"은 "한 명의 대통령"으로 대치되었다 (Feder, *Das Programm*, 주 IV/35, 1932년판, S. 38). 인용된 마지막 구절은 "국민투표" (강령의 다른 곳에서는 나오지 않는다) 의 다수 의사에 굽히는 유일한 사례이다.

85) 이것은 특히 1931년 이후 성공했다: 주 XI/121 참고. 그에 반해 황태자빈 세실리에는 히틀러가 "1933년보다 훨씬 이전에", 아마도 1925/1926년에 세실리엔궁에 나타나 황태자에게 그는 군주제의 복원을 자기 노력의 절정이라고 본다고 설명했다고 보고한다. 히틀러의 출현은 그러나 당시 너무 볼품이 없어서 황태자는 이것을 대단히 유보적인 태도로 받아들였다고 한다: Kronprinzessin Cecilie, *Erinnerungen an den Kronprinzen* (Biberach, 1952), S. 133f. (자기 변명적 과장이 강하다); Paul Herre, *Kronprinz*

의라는 대립문제에 대한 입장도 불분명한 상태로 남아 있었다.[86] 반면에 "긍정적 기독교"에 대한 지지와 함께 "나치 세계관"의 전술적으로 불편한 추론들을 회피하였고 교회를 안심시켰으며, 종교갈등은 가능한 한 막았다.[87]

반자본주의적인 동시에 반프롤레타리아적이고, 보수적인[88] 동시에 혁명적 강령을 가진 나치당은 사회학적으로 우선 특히 후기자본주의에 의해 위협받고 있고 프롤레타리아화에 맞서 싸우는 중간계급을 포섭할 수 있었다.[89] 그들은 구조적 불안으로 상황의 압력 속에서 새로운 종류의 표현가능성을 찾으려고 노력하였다. 여기서 프롤레타리아가 된 계층들은 냉엄한 세계와의 투쟁에서 그들이 상실한 사회적 위신을 되찾으려 했으며 그들의 피난처는 — 자본주의와 공산주의는 그들을 양측에서 압박했기 때문에 — 냉정한 공화국의 현실을 넘어선 복고적 기대와 혁명적 기대의 혼합이었다. 이 기대는 비합리적 이데올로기들로 인하여 모든 계층들로부터 최대의 호응을 얻었는데, 나치즘이 이를 수단으로 존재의 새로운 의미부여와 새로운 민족적 및 사회적 영향력을 예고했다. 나치즘은 소부르주아층의 전통적인 반유대주의와 결탁하여,[90] "토지개혁"[91] 이라는 모호한 구호와 농업적 반유대주의[92] 에 대

Wilhelm. Seine Rolle in der deutschen Politik (München, 1954), S. 195f. 도 참고.

86) 이에 대해서는 Heuss, *Hitlers Weg* (주 IV/37), S. 50ff. 참고.

87) 이 문제는 당시 Heuss, *Ibid.*, S. 105ff. 참고. 지금은 이에 대한 상세한 문헌은 Hans Buchheim, *Glaubenskrise im Dritten Reich. Drei Kapitel nationalsozialistischer Religionspolitik*, (Stuttgart, 1953), S. 35ff.

88) 프로이센적 형태의 보수주의와의 차이에 대해서는 Heberle (주 III/25), S. 13ff. 참고.

89) 이에 대해서는 Sigmund Neumann (주 II/5), S. 78ff. 와 S. 146ff. 를 보라.

90) Hitler (주 IV/42), S. 628 참고: "나치운동은 … 특히 이 문제〔유대인 문제〕를 상류부르주아층과 소부르주아층의 좁은 범위를 벗어나 대규모 국민운동의 추동동기로 바꾸는 데 성공했다."

한 호소를 가지고 이미 대위기가 시작되기 전부터 북독일의 광대한 지역에서 확산되었던 농업적 저항운동에 개입할 줄 알았다. 나치당은 슐레스비히-홀스타인과 니더작센의 농업지역에서 1929년 이후 최대의 선거승리를 거두었던 반면, 대도시들에서는 "붉은" 우세(사민당이나 공산당의 지배 — 옮긴이)를 한 번도 깨뜨릴 수 없었다.[93]

"운동"의 감정적 호소력이었던 낭만적 급진주의가 끌어들인 청소년 추종자들은 특별히 중요해졌다. 민주정당들에서는 거의 뿌리를 내리지 못했고 나치당에서 지도자 사상에 대한 가장 일관된 신조를 다시 발견한 청소년운동 역시 이들을 목표로 삼았다. 즉, "나치즘은 조직화된 청소년들의 의지이다" — 공식적 구호는 그렇게 호언장담했던 것이다.[94] 실제 참전자들이 당의 초기 조직과 지도부를 담당하기는 했지

---

91) 이에 대해서는 위 S. 213f.를 보라. 이에 동조하는 한 국가학자(Staatswissenschaftler)의 저술을 참고: Ludwig D. Pesl, *Nationa-lsozialismus und Bodenreform*(Berlin, 1932), 특히 S. 5ff.와 S. 38ff. 이것은 당의 공식적 주장들과 Adolf Damaschke의 "마르크스주의적" 토지개혁운동에 대한 비판을 종합하고 있다. 나치당의 공식입장은 특히 1931년 6월 중순 시작하고 8월에 Darre가 다시 이어받은 *Völkischen Beobachter*의 연재기사에 표현되어 있다. 이것은 물론 다마쉬케에 대한 일반적 논박을 넘어서지는 않고 있다. 반면에 다레는 이미 1930년 8월 15일 기밀문서인 "나치당의 노동정책적 분과의 작업영역을 위한 계획"과 "제국영역에 대한 농업정책적 연계망의 건설"을 위한 초안에서 히틀러에게 "국가에 대한 오늘의 투쟁에서 어떻게 토지신분을 투입할 것인지", 그리고 그것을 넘어서서 폭력적인 동부팽창을 위한 농민층의 "생물학적" 및 정치적 의미에 대한 생각을 어떻게 발전시킬 것인지 시사했다: *Nürnberger Dokumente*(미출판), Doc. Nr. NG-448(Hauptarchiv Berlin, Rep. 335, Fall 11, Nr. 550, S. 34~48).

92) 1933년 3월 15일의 나치당 간부들을 위한 지도자 및 교육서한(*Führer-und Schulungsbriefe*)의 지시 참고: "유대인에 대한 농민의 자연적으로 주어진 적대의식, 유대인 하인으로서의 자유석공들에 대한 그의 적대감은 미친 듯이 선동되어야 한다"〔*Berliner Tagesblatt*, Nr. 136 v. 21. (März 1931)〕.

93) 농민운동에 대해서는 S. 150f.; 선거통계에 대해서는 Teil II, S. 567ff.를 보라.

94) Otto Dietrich, *Mit Hitler in die Macht*(München, 1934), S. 135.

만 보다 많은 숫자는 철모단[95]으로 향했다. 반면에, 전후 청소년 세대는—특히 대학들에서도[96]—점점 더 당 추종자들의 호전적인 얼굴을 결정했으며 엄격한 지도와 복종의 원칙에게 조직구조상의 무조건적 우선순위를 부여하였다. 나치당의 선전은 이들에게 집중되었다.[97] 토론과 타협 대신 출동, 검증, 비합리적 폭력에 대한 헌신이 자유주의, 민주주의, 의회주의, 신중한 의무이행과 배상정책에 대한 비판의 척도가 된 가치들이었다.[98]

이 청소년층은 심각하고 흔히 부당한 존재조건들, 현재의 복합적인 제약들을 분노에 차서 경험했기 때문이다. 따라서 그들은 이 "운동"에서 실업과 미래에 대한 불확실성으로 변질된 행동욕구를 위한 밸브를 환영했다. 그들은 바이마르공화국의 역사적 조건들과 정치적 가능성들에 대한 통찰력을 전혀 갖고 있지 않았다. 그들은 구세대 정치가들

---

95) 〔역주〕 Stahlhelm, 바이마르공화국에서 가장 영향력 있고 가장 큰 준군사단체. 1918년 11월 혁명에 가담한 노동자들과 군인들을 진압하기 위해 바그데부르크에서 창립됨. 중공업의 독점기업가들, 융커들과 대지주들로부터 재정지원을 받은 철모단은 과격한 민족주의적 및 실지회복적인 전쟁선동을 수행했다. 철모단은 반동적인 제국군 장교들의 후원을 받아 회원들의 포괄적인 군사훈련체계를 발전시켰다. 철모단은 바이마르공화국의 제거, 노골적인 제국주의 독재와 새로운 세계대전의 발발을 위해 노력했다. 1924년부터 1929년까지 철모단은 약 50만 명의 회원을 확보하고 있었다. 1930년 이후 철모단의 영향력은 현저히 줄어들고 대신 나치당의 영향력이 증가하였다. 철모단은 히틀러 독재를 성립시키는 데 중요한 기여를 했다. 1933년 4월 철모단은 돌격대로 편입되었다가 1935년 11월에는 히틀러에 의해 해체되었다.

96) 이에 대해서는 Exkurs, S. 132ff. 를 보라.

97) 아돌프 히틀러의 이에 상응하는 발언들을 참고하라: Siebarth(주 IV/40), S. 129ff. 1931년 당원의 38%가 30세 이하였으며 사민당에서는 이 비율이 19%에 지나지 않았다: Hans H. Gerth, "The Nazi Party: Its Leadership and Composition", *American Journal of Sociology* 14(1940), S. 530.

98) 이에 대해서는 Hermann Heller, *Europa und der Faschismus* (Berlin-Leipzig, 1931).

의 무력함으로 보이는 것에 대해 항의하였다. 그들은 그 때문에 오직 이 극단적 반항운동에서만 — 그리고 공산당에서 — 재빠른 상승의 기회가 있다고 믿었다. 바로 여기에 "전인"(全人)을 요구하고 "늙은이들"에게 유죄를 선고하고[99] 공동체에 대한 욕구를 충족시킬 수 있는 조직이 있었으며, 이 "미지근한 현실", 즉 세계경제의 공황으로 분열된 부르주아 질서를 실제로 보다 단호한 지도부하에서 극복할 것을 약속하는 "운동"이 있었던 것이다. 공동체, 그것은 이제 그들에게 "사회주의"를 지칭했다; 행위와 지도부, 이것은 "민족주의"를 의미했다. 사회주의 대(對) 민족주의라는 "잘못된 전선"은 파기되어야 했으며, 사회주의는 마르크스주의적 국제주의로부터, 민족주의는 자본주의와 분리되어야 했다.[100] 즉, 나치즘이 호언장담한 합명제는 사회적 자유찬미의 순진한 유토피아들로부터 의지 없는 집합을 만들어냈고, 의문을 가진 사람들을 의문의 여지없는 지도자 독재에 대한 맹종으로 구제해냈다. 특히 소규모 단위를 관리했던 청소년운동의 공동체 사상 및 지도

---

99) Heberle(주 III/25), S. 9f.; Heuss, *Hitlers Weg*(주 IV/37), S. 156ff. 와 S. 116ff. 참고. 많은 예들 중 하나를 들면: Gregor Strasser, "Macht Platz, ihr Alten"(1927년 5월 8일), *Kampf um Deutschland*(주 IV/81), S. 171ff.: "그들이 샤이데만이건 벨스건, 데른부르그건 코호건, 벨이건 마르크스건, 슈트레제만이건 리서건, 헤르그트건 베스타르프건 — 이들은 전쟁 전에 독일민족의 삶을 위해 필연적인 것에 대한 인식에서 실패한 것으로 우리가 알고 있으며, 전쟁중에 지도와 성공을 위한 의지에서 실패한 것으로 우리가 알고 있으며, 혁명의 시기에 성격과 역량에서, 영웅적 시간을 활용하는 데서 실패한 것을 우리가 알고 있는 바로 그 사람들이다. 그들이 위대한 사람들을 발견했더라면 이 역사적 시간은 독일민족에게 위대하게 될 수도 있었을 것이다. 그렇지만 지도적 인물들이 왜소하고 조야했기 때문에 이 시간은 왜소하고 조야하게 되었다."

100) Gregor Strasser, "Gegen Marxismus und Reaktion"(21. Oktober 1928), *Ibid.*, S. 222ff.; Joseph Goebbels, "Warum sind wir Sozialisten?" *Der Angriff* v. 16. (Juli 1928); 같은 이, "Warum Arbeiterpartei?" *Ibid.*, v. 23. (Juli 1928) 참고.

자 사상은 이렇게 중앙집권적-관료주의적 집단조직으로 변질되었다. 히틀러소년단(*Hitler-Jugend*)이 그처럼 강조하여 청소년운동의 용어와 양식을 전수받았던 만큼, 그 획일적 조직은 가맹집단들의 개인주의적 기본원리에 부합하지 않았기 때문이다.[101)]

당은 권력장악의 날이 올 때까지 강령의 내적 허위, 구조의 이중성을 은폐하고 그의 존재적 허구를 주장할 수 있었는가? 당 지도자들은 적개심과 실망만을 정치로 이끌었던 실패한 중간세대에 속하지 않았는가? 처음의 정치적 문제들이 — 공화정인가 군주정인가, 단일국가인가 혹은 연방국가인가, 사회주의와 자본주의, 혁명과 합법주의, 토지개혁과 사유재산의 보호 — 보다 정확하게 규정되지도 실제로 숙고되지도 못했던 반면에, 전체 강령은 반유대주의, 반의회주의, 무제한적인 민족주의와 제국주의 같은 부정적 "가치들"에 맞추어 있지 않았는가?[102)]

5. 나치당의 조직, 선전 그리고 전술

사회학적 및 이데올로기 비판적인 조사들을 통해서 더 보충되어야 할[103)] 이처럼 일반적 논평들은 분명히 최종단계의 발전들을 살펴 볼 때만 정당하다. 간략히 묘사된 현상형태들의 실제정치적 비중이 나치당 조직 자체, 그 구조적, 전술적 및 지도기술적 특징들에 의해서 규정될 때에만 이러한 논평들은 민주주의 해체과정의 문제에 적합하다. 왜냐하면 복합적 추종자들은 — 소부르주아층, 농민들, 혁명적 청소

101) 아래 S. 241ff. 를 참고.

102) 언론출판계의 논의들을 수집해 놓은 것으로는 *Zwischenspiel Hitler*(주 IV/38), S. 179ff. 참고.

103) 이에 대해서는 Franz L. Neumann(주 I/50), S. 37ff. 참고. Specht(주 IV/39), S. 57ff. 는 좋은 출발점을 제공한다.

년, 좌절한 군인들,[104] 귀족, 노동운동과 관료층의 일부, 마지막으로 비정치적 및 반정치적 비투표자—많은 투쟁들과 우회로들을 거쳐 엄격하게 중앙집권화된 경직된 간부조직에 의해 수용되었고, 통제가 불가능하고 단지 신앙적으로만 이해할 수 있는 지도자의 의지에 복종하였기 때문이다. 당의 정착기에 히틀러는 《나의 투쟁》 제 1판에서까지만 해도 아직 승인했던 지도구조의 마지막 민주적 특징들을 위로부터의 일관된 위임과 명령을 위해 제거했다. "게르만적 민주주의"를 "무조건적 지도자 권위"로 대치한 것이다.[105] 제 2권(1927)에서 히틀러는 본래(1920/1921) 민주적 다수결을 통해 "변질되었던" 조직을 "위원회의결의 대신 절대적 책임의 원리를"—즉, 지도자의 절대적 자의(恣意)를—세우는 권위주의적 지도자 정당으로 체계적으로 변화시켰다고 스스로 자랑하였다.[106] 뒤이은 모든 노선투쟁들은 이 권위주의적 정당구조를 더 강화하는 쪽으로 작용했다. 이와 함께 특히 독일민족인민

---

104) 그들은 특히 팽창적인 군사선전을 통해 유인되었다: 한 예가 퇴역 대령이자 후에 노동봉사단장(*Arbeitsdienstführer*)이 된 Konstantin Hierl의 저술이다: *Grundlagen einer deutschen Wehrpolitik*(München, 1931).

105) 나는 예로서 후에 수정된 문장들을 인용한다: 1928년 제 3판 제 1권, S. 364f. 〔Volksausgabe, 1933, S. 378f.〕. "운동은 가장 작게든 가장 크게든 게르만적 민주주의의 근본원칙을 대변한다: 지도자의 선거, 그러나 그의 무조건적 권위"〔"운동은 가장 작게든 가장 크게든 최고의 책임과 결부된 무조건적인 지도자 권위의 근본원칙을 대변한다"〕. "지역집단의 제 1의장은 선출되며 그럴 때만이 그는 그것의 책임있는 지도자이다." "지역집단의 제 1의장은 바로 위 지도자에 의해 선임된다: 그는 지역집단의 책임있는 지도자이다." "항상 제 1의장은 선출되며 그럴 때만이 제약 없는 전권과 권위를 행사하게 된다. 전체 당의 지도부에도 결국 같은 것이 적용된다. 의장은 선출된다. 그러나 그는 운동의 배타적 지도자이다"〔"항상 지도자는 위로부터 임명되며 동시에 무제한적 전권과 권위를 부여받는다. 전체 당의 지도자만 단체법상의 이유로(!) 총회에서 선출한다. 그는 그러나 운동의 배타적 지도자이다"〕.

106) Hitler(주 IV/42), S. 659ff.

당(DNVP)에게 특징적이었던 동시에 문제시되었던 권위주의적이고 민주적인 지도 및 구조원리들의 결합이 명백히 제거되어서, 일반적으로 군사적 모델을 따른 (보다 포괄적인 어떤 조직 외적 심급도 인정되지 않기 때문에) 의사(疑似)종교적으로 정당화된 절대주의에게 자리를 내주었다.[107] 군사적 규율과 위계질서는 실제로는 역사가 없으며 아무튼 어떤 순수한 사회적 뿌리도 없는 결집정당의 상징들로 번역된 장래 비전들과 치밀하게 설치된 전통의 영광에게 확고한 틀과 조직적인 뒷받침을 제공했다. 이제야 비로소 소망, 이해관계들, 정치적 신앙욕구들, 그리고 이데올로기적 몽상가 복합체로 이루어진 다채로운 집합체는 권력투쟁에서 확실한 무기로, 정치행동의 유능한 도구로, 소수 엘리트의 수중에 든 혁명적 국가형성의 부인하기 어려운 정당성의 근거로 활용되었다.

의심할 바 없이 나치 선전의 놀라운 효과는 선전 및 조직기술적 수단들을 투입하는 데서의 모든 기교의 완벽성에도 불구하고 아주 근본적으로 종교심리학적 현상이었다.[108] "신앙"이라는 개념이 나치 정치의 명제들과 자기 확인들에서 중심적 기능을 가졌듯이, 운동과 그 목표들의 "세계관적" 설명은 의사종교적 심급들을 끊임없이 불러냄으로써 합리적 비판의 공격을 모면했던 모든 논리들의 중추를 형성했다. 그것은 생물학적 신비의 심급들이었다. 즉, "그들의 피를 노래함"[109]으로부터 신앙인들에게 행동할 수 있는 열광적 힘이 자라나야 할 것이었다. 사람들이 그러한 "정치적 종교"의 영향을 이제 일반적으로 세속화된 세계에서 정신적 뿌리를 상실한 대중의 신앙에 대한 욕구 탓으로 돌리든, 혹은 우선적으로 위기, 실망과 적개심으로 가득했던 전후 독일의 구체적인 정치적, 경제적 및 사회적 궁핍과 소망사항의 탓으로

---

107) 이에 대해서는 Ertel(주 IV/8), S. 112ff. 를 보라.

108) Gurian(주 IV/5), S. 3.

109) Strasser, *Kampf um Deutschland*(주 IV/78), S. 222.

돌리든지 간에, 아무튼 나치당에서는 곧 "제 3제국"의 심리학적 및 문학적 비잔틴주의를 예견케 하는 지도자에 대한 찬가적 숭배의 형태들이 형성될 수 있었다.[110] 확실히 그러한 형태들은 운동의 전체주의적 지도자 구조의 조작, 동질화(*Gleichschaltung*)와 형이상학적 뒷받침을 위해 의도적으로 이용되었다. 그러나 그것은 민주적으로 자유로운 사회에서 점점 더 큰 공명을 얻었으며, 이익과 위대함뿐만 아니라 점점 더 성공적으로 구제와 보호를 선포하였고—이미 1933년 이전부터—종교적 순종을 기괴하게 입증하는 가운데 신앙 형성적 영향을 경험했던 선전의 가장 효과적 수단으로 입증되었다.[111]

이처럼 당의 초창기부터 모든 경쟁자들을 태연하게 제압하고 종파적 단체로부터 엄격한 조직을 창출할 수 있었던 "지도자" 아돌프 히틀러는 절대적 결정점으로서 운동 내에 그리고 운동 위에 서 있었다. 유일한 독재자, 막스 베버적 의미에서 말하자면 "카리스마적 지도자", 위계적 구조의 정점이자 모든 행동과 사고의 조준점으로서 그는 인사정책에서도 지방적 심급에까지 전체의 구조, 얼굴과 전술을 결정했다. 기구가 그렇게 중앙집권적 군사주의적으로 구조되었지만[112] 그것은 거의 "지도자"라는 인물을 통해서만 결속되는 수많은 경쟁적 심급들로 분열되어 있었다.[113] 바로 이것이 당 내외에서 히틀러의 권력지위와 조작가능성에 근간이 되었던 기반이었다.

그러나 특히 "내면적" 의미에서 히틀러는 절대적 지도자, 새로운 삶

---

110) 예를 들면, J. Goebbels, "Wenn Hitler spricht", *Der Angriff* v. 19. (Nov. 1928) (*Der Angriff*, 주 IV/82, S. 217f.).

111) 이에 대해서는 *Reibnitz* (주 III/27), S. 19ff.

112) A. Bullock, *Hitler. A Study in Tyranny* (London, 1952), S. 151ff.

113) 이 중요한 관점이 그 밖에는 오류와 비뚤어진 판단이 많은 W. Goerlitz와 H. A. Quint의 *Adolf Hitler. Eine Politische Biographie* (Stuttgart, 1952), S. 266; S. 283에서 잘 지적되었다. 또한 K. D. Bracher, "Das 'Phaenomen' Adolf Hitler", *Politische Literatur* 1, Heft 5/6 (Dez. 1952), S. 208ff.

의 의미의 공시자로서 강조되었다.[114] 그는 추종자들의 헌신, 봉사 및 복종욕구의 대상이었으며 이 욕구를 혼자 포착하고 구제적인 정치적 행위로 변환시키고 그 최종적 충족으로 이끌 수 있는 구세주였다. 그는 "민족공동체"[115]의 현현이요 모든 권리의 원천이요, 모든 다른 군주보다 더 모든 법적 및 도덕적 제한들로부터 자유로웠다. 즉, 직관과 지도자로서의 재능 덕분에 그는 "항상 옳았고", 법치국가의 제약들에 구속되지 않았으며 "민족공동체"의 이해관계에 대한 의무만을 지고 있었다. 그는 동시에 (민족공동체의 발산으로서) 누구도 부인할 수 없는 민족공동체의 해석자였다.[116] 그는 따라서 그의 종자들에 대해서조차도 어떤 법적 규정의 의무도 지고 있지 않았다.[117] 이 소명의식은 군주정의 정당성 의식조차도 제압할 수 있었는데, 아돌프 히틀러는 마침내 호헨촐레른 왕자가 보기에도 신이 보내준 지도자가 되었던 것이다.[118] 따라서 모든 다른 정당들과 달리 나치즘에 해당되는 전체 논의는 그를 둘러싸고 전개되었다. 그의 인물, 그의 연설, 그의 권위에 대한 동경이나 비판도 이에 해당되었다. 그러나 비판자들도 하나는 인정해야 했는데, 그것은 그의 조직 재능이었다.

나치당의 재건 후 1927년과 1929년 사이에 7배인 약 12만으로, 1930년 여름까지 약 30만,[119] 1932년 초까지 거의 80만 당원으로[120]

---

114) W. Ehrenstein, *Daemon Masse* (Frankfurt a. M., 1952), S. 36ff.

115) "공동체사상"에 대해서는 Heberle (주 III/25), S. 18ff.

116) 이 원칙이 지도구조에 미친 조직적 영향에 대해서는 Gerth (주 IV/82), S. 517ff.

117) 특히 "제 3제국"의 재판에 미친 결과에 대해서도 요약하고 있는 J. B. Mason, "The Judicial System of the Nazi Party", *The American Political Science Review*, (Feb. 1944), S. 89ff.

118) Prinz August Wilhelm, "Von Gott gesandt", *Berliner Tagesblatt*, Nr. 281 v. 17 (Juni 1931).

119) Walter Oehme과 Kurt Caro, *Kommt "Das Dritte Reich?"* (Berlin, 1930),

성장한 당 기구는 1923년의 지역적인 쿠데타의 실패 후 비록 소규모 전투정당의 소박한 틀 내에서였지만 훨씬 더 견고하고 전투력이 강해졌다. 엄격히 중앙집권적이었던 조직은 곧 사민당 당 기구의 관료제조차도 능가했지만 관료화와 — 더 멀리 볼 때 — 많은 비판의 대상이 된 "보스화"(*Verbonzung*)의 위험, 제도화의 자기중심성을 충분히 벗어날 수 없었다. 그러나 이 과정은 우선 연맹적, 군사적 당 구조의 특이한 혼합의 형태로 완료되었다. 다른 정당들에서 작용하였던 이데올로기와 강령에 구속된 부동성 대신 여기서는 "지도자"에 대한 비잔틴적 복종이 족벌주의와 조직적 경직을 초래했다. 나치당이 의회사상 유례없는 성장을 하는 데 도움이 되었던 현대식 당 기구의 엄격한 전제조직은 모든 아웃사이더의 자발성을 대체 불가의 지도자의 의지에 종속시켰기 때문이다.[121] 다수결 원리의 제거와 함께 유기적인 내적 이동, 순수한 분파형성, 당내 견해차이의 민주적 조정을 위한 거의 모든 표현 및 관철 기회가 차단되었다. 무조건적 규율과 위로부터 아래로의 엄격한 명령구조는 당원대중과 기구 담당자의 복종적 숙명론을 생산했고, 유일 지도자의 신비적 섭리의 재능이 이러한 의사종교적 상황을 무제한적으로 이용하면서 숙명론의 방향을 제시했다.[122] 당 조직의 폐쇄성은 모든 개인적 판단능력과 결정능력의 포기에 이르기까지 모든

S. 16; Bullock, *Hitler*(각주 IV/112), S. 134와 S. 152를 비교 참고할 것.

120) Neumann, *Parteien*(각주 II/5) S. 134의 Hitlers Neujahrsaufruf 1932; Bullock(각주 IV/112), S. 171.

121) 이러한 당구조에 대해서는 Heuss, *Hitlers Weg*(각주 IV/37), S. 115 이하와 특히 Carlo Mierendorff, "Gesicht und Charakter der National-Sozialistischen Bewegung", *Die Gesellschaft* 7(1930), S. 489 이하. Specht(각주 IV/39), S. 59 이하와 S. 64 이하도 참고.

122) 예를 들어, Joseph Gobbels, "Der Führer", *Der Angriff* v. 22. August 1929(*Der Angriff*, 각주 IV/82, S. 214 이하): "지도자는 만능이어야 한다 … 지도자는 말하자면 가장 작은 부분까지 작동하는 정치조직의 톱니바퀴를 담당하는 기계관리자이다."

명령의 무조건적 수행을 보장해야 했다. 그리고 이제 새로운 "세계관"은 그 도움을 받아 모든 사람들의 동조는 아니더라도 관심을 끌도록 모든 수단을 동원하여 길거리에 유포되었다.

이러한 전체주의 정당의 이념형에서는 불리한 결정의 어떤 수정조차도 명백한 결정오류에 직면해서도 보존되어야 할 절대적 복종구조를 위해서, 적어도 이론적으로는 배제되어 있었다.[123] 위로부터 조작된 하급 지도자의 노예적 종속뿐만 아니라 간부들의 처우와 봉급에서의 격심한 차이는 정당구조의 반민주적 특징들과 가차없이 목적지향적인 성격을 분명히 보여주었다. 그 밖에도 당원자격 박탈과 볼셰비키적 및 파시스트적 모델에 따른 숙청의 수단이 있었다 — 이 조치들은 나치당의 원래 한도를 최고 100만 명 당원으로 제한한 것과 일치되었다.[124] 물론 1929/1930년 강화된 의회적 합법노선과 함께 폭력적 전복전략이 철회되고 상황의 급작스런 호전에 따라 혁명적 간부정당으로부터 점진적 국민운동 및 대중운동으로의 전환이 성취되었을 때, 이들 조치는 단지 약화된 형태로만 수행되었다.[125] 이제 조밀한 조직은 사소한 개

---

123) Joseph Gobbels, "Der Maulhelden", *Der Angriff* No. 54 v. 6. Juli 1930을 비교. 그에 대한 일반적 서술로는 Bendix(각주 IV/65, S. 371 이하)를 비교.

124) Hitler(각주 IV/42), S. 653: "선전에서 인류 전체를 포괄적으로 다룰수록 그리고 투쟁을 실제로 수행하는 조직이 배타적이고 엄격하고 확고하면 할수록 하나의 사상의 승리는 그만큼 더 빨리 이루어진다. 그 결과로, 지지자의 수는 결코 충분히 많아지기 힘들지만, 회원수는 과소하기보다는 쉽게 과대해진다." 혹은 S. 655 이하: "일정 수준 이상의 회원수, 말하자면 조직은 점차로 그 투쟁력을 상실하고, 한 가지 생각의 선전을 단호하고 공격적으로 후원 내지 평가할 능력이 더 이상 없다…."

125) 1930년, 괴벨스는 "수백만 동조자들"에 관해서도 여전히 "이는 선거에는 좋지만, 투쟁에는 나쁘기만 하다. 우리가 이러한 수백만 동조자들로부터 우리의 투쟁에 필요하고 우리에게 부담을 줄 수 있는 것을 가차없이 물리칠 수 있는 것을 선별해낼 때이다"("1931", *Der Angriff* v. 31. Dezember

별사항들에까지 이르는 상세한 규제를 경험했는데, 이로써 적대적인 독일공산당(KPD)의 전체주의적 당 기구에 매우 유사해졌다. 특히 "가두세포"의 체계에서 공산주의적 모델이 분명해졌다. 그것은 위로부터의 엄격한 통제를 보장했을 뿐만 아니라 — 정당금지의 경우에 — 탈중앙화된, 그러나 조종할 수 있는 소그룹들에서의 불법활동의 가능성도 보장해주었다. 게다가 그의 특별한 소망들, 직업 및 연령상의 이해관계들에서 "사람들의 전체적 포섭"에 봉사하는 수많은 보조조직들이 있었는데, 청소년 및 여성단체들, 특히 성공적인 대학생 조직들, 교사동맹, 법률가동맹, 의사동맹 등이 그것이다.

"새로운 당"의 유형에 근본적 특징은 단순한 호전적 성격이 아니라 군사적 성격이었는데, 그것은 권위주의적 상급법원으로의 소송의 이행, 공고의 명령형태, 모든 외적 형태들 그리고 특히 군사훈련 사상의 의미, 돌격대(SA)와 나치당 내의 비슷한 전투 및 엘리트 동맹들의 활동에서 드러났다. 당과 그 엘리트구성체들의 군사적-전투적 외관이 단지 심리적 위협에 지나지 않았는지 아니면 실질적 전투력이 그 뒤에 있었는지는 가늠하기 매우 어렵다. 아무튼 동시대인들에게는 대부분 무해한 군사 쇼가 상당한 효과를 행사했다.[126] 확실히 그러한 단체들의 활동은 어느 정도의 자율성을 가지고 있어서, 그 혁명적 방향과 정점이 재삼재사 당의 기회주의적 합법전술 자체와 충돌했는데, 결국 다양한 봉기들과 조직변경들 이후 1934년의 "제 2의 혁명"으로 가는 과정에서야 비로소 가차없는 획일화의 지배를 받게 되었다.[127]

군사적 요소가 당의 세계관적 입장, 정치-심리학적 호소, 그리고

1930).

126) 돌격대 군사조직의 조직과 훈련상의 어려움에 관한 세부적 사실은 Oehme-Caro(각주 IV/104), S. 30 이하를 볼 것.

127) 여기에 대해서는 Hermann Mau, "Die 'Zweite Revolution' -Der 30. Juni 1934", Vierteljahrshefte für Zeitgeschichte 1(1953), S. 119 이하.

조직구조에 그처럼 중요했지만, 이 요소는 그럼에도 불구하고 1929/1930년의 대중정당의 탄생 이래로 혁명이론에도 매우 중요한 수정을 가했던 의도적 순응전술에 의해 단호히 통제되었다. 그로써 공화국의 우유부단한 담지자들이 당할 가능성이 높았을[128] 금지와 박해의 위험은 현저하게 감소했고, 이로써 비로소 강력하지만 혁명적이지는 않은 민족주의, 반볼셰비즘적이지만 사회주의적이지는 않은 "사회주의"를 원했던 광범한 시민계층의 지지를 얻을 수 있는 길이 열렸다. 성과는 미미했지만 유사한 수단으로 노동조합에 침투하여 이를 해체하려는 작업도 추진되었다. 즉, 1931년 9월 이래로 발족된 "힙(*Hib*) 작전"이 그것이었는데, 그때까지 아직 취약했던 나치-공장세포조직은 이에 힘입어 직접 노동자로부터도 어느 정도 충원이 이루어졌다.[129] 이로써, 전체주의 대중정당을 통한 "합법적 집권"가능성을 간과한 상당수의 외부관찰자들이 믿고 싶어 하던 대로,[130] 히틀러의 1927년 혁명적 변혁 구상은[131] 부정되고, 당의 본래적 열정이 심각하게 흔들렸다. 1930년

---

128) 예를 들어 StGB 129조("국가 적대적 연계")와 제 86조("고도로 매국적인 기업") 및 공화국보호법의 제 4조 1항("헌법적 국가형태의 전복")에 의해서.

129) Joseph Goebbels, "Hinein in die Betriebe!", *Der Angriff* v. 29. August 1931. 이것 역시 "이의 최고 목적은 특히 마르크스주의적 프롤레타리아를 다시 독일 민족공동체 내로 편입시키는 데 있다"는 이데올로기적 장식문과 함께 했다. 이에 대해서는 독일금속노동자협회에서 편찬한 시리즈 *Der Nationalsozialismus in Theorie und Praxis*(Berlin, 1937)를 볼 것.

130) 특히 Curzio Malaparte, Der Staatsstreich(Leipzig 1932), S. 219 이하("Ein Diktator, der es nicht wird: Hitler"); *Die Gesellschaft* 9, Heft 1 (Januar 1932), S. 80 이하에 실린 Otto Kirchheimer와의 그 당시의 회담도 비교할 것.

131) Hitler(각주 IV/42), S. 653~654: "선전이 전 민족을 한 가지 사상으로 충만케 했다면, 한 줌 인원의 조직도 결과를 낼 수 있다… 세계관적 혁명의 획기적 성공은 새로운 세계관이 가능한 모든 사람들을 가르치고 필요한 경우에는 나중에 강제될 때에는 항상 쟁취되는 반면에, 사상의 조직, 즉 운동은 문제시되는 국가의 신경중추를 점령하기 위해서 무조건 필요한 만큼

여름, 혁명적 사회주의자인 오토 슈트라서(Otto Strasser)가 떨어져 나간 것은 혁명적인 투쟁정당의 부르주아화를 보여주는 가장 뚜렷하고도 일견 최종적 표현이었다. 물론, 이러한 의사(擬似)민주화는 표면적인 수준에 그쳤으므로, 집권의 순간이 오자 그의 추진기회를 상실하고 이제 불필요해진 민주적 덮개를 벗어던졌다.[132]

그러나 나치당은 그러한 전술을 지켜서 현대적 대중선동용 선전도구를 투입하고 그들의 모호한 이론을 간략하고 인상적 원칙과 슬로건들로 작성하며, 암시적 반복을 통해서 사실들을 광고와 유사하게 토착화시키고, 비합리적이고 의식화되지 않은 지역들을 상징을 동원하여 포용하고, 운동의 역학을 함축적인 적대개념에 맞추어 활발히 유지할 줄을 알았다. 게다가 거침없는 비난과 폭력이 나타났는데, 이 모두는 일단 운동에 들어가면 개인들에게는 거부감을 불러일으켰지만 대중의 지지를 받았던 체계적 선동을 위한 것이었다. 듣는 사람의 취향은 고려치 않고 경제적 광고기술을 정치선전에 이전하는 것을 강행한 덕분에 당은 비약적 성장을 이룰 수 있었는데, 여기서 정치선전은 합리적 자기통제로부터 멀리 벗어나 있는 잠재의식을 조준하여 구속력이 적은 고정관념과 중심사상을 집중적으로 선전했다. 이제, 침체해 보였던 시기가 아직은 조작이 가능한 작은 당 기구의 틀 속에서 지도자를 교육하고 심리기술적 방법을 교육하고 시험하는 데에 얼마나 중요했던가가 드러났다. 경제적, 사회적, 정치적 문제들이 극심하게 첨예화되었던 때, 대중의 심리적 취약성, 그들의 보호받고 싶은 욕구에 대해 판

많은 사람들을 포섭해야 한다." 혹은 "화산 같은 열정의 고삐를 풀고, 분노가 분출되도록 각성시키고, 대중으로 하여금 행진케 만들고, 증오와 회의를 조직하며, 냉정한 계산으로, 즉 합법적 수단으로" 선전할 수 있는 나치 혁명가들에 대한 괴벨스의 찬가에서도 "이제는 그것이 정중하고 평화적으로 시민적으로 보이는 길에 접어들지라도, 운동의 혁명적 힘을 믿는 것이 … 관건이기 때문이다"라고 했다(Der Angriff v. 18. Februar 1929).

132) S. 636 이하.

에 박힌 확증, 출구, 치료책으로 이루어진 인과사슬을 우선시키고 수월하게 명확히 하는 동시에 그들의 가형적인 정치적 불안정성에 단단한 고삐를 채울 수 있는 수단들이 준비되어 있었다.[133] 압박을 받고 있던 상대편이 아직 개별적으로 선택하고 자신의 뜻대로 그 진행에 영향력을 행사할 수 있다고 믿었던 반면에, 이러한 수단들은 정치적으로나 인적으로 당원들의 의지에서 벗어나 규율화되어 있었던 당 기구를 통하여 하나의 전능한 지도자의 손에 합쳐졌는데, 오직 그의 권력비전만이 홀로 방향, 경로와 방법을 결정했다.

그처럼, 슬로건의 관리와 특히 대중에게 효과적인 포스터의 투입에서 유연하면서도 수단이 다양했던 만큼이나 지칠 줄 몰랐던 선전책은 편견 없는 독자들에게는 거부감을 불러일으킬 수 있을 만한 히틀러뿐만 아니라 나치즘 전체의 사상과 프로그램, 명제와 혁명 구상, 비전과 권력 구상의 원시성과 단순성을 보조하는 역할을 했다.[134] 선전책에게 모든 유의 정치적 철학주의는 영향력 발휘에 유용한 재료와 매체에 불과했다. 그에게는 정치적 체제구상도, 그것이 절대적 수준으로 고양된 나치의 "종족공동체"라 하더라도 단지 하나의 단계이자 시점에 지나지 않았고, 전체주의적 지배와 모든 생각과 감정을 조작해가는 과정에서 아직 반항적인 개인을 진정시키고 위로하는 동시에 교묘하게 명령할 수 있는 발판을 의미할 뿐이었다. 진정한 사상들이 — 바로 정

---

133) Ehrenstein (각주 IV/114), S. 43 이하.

134) 다른 정당들의 포스터 선전과 비교한 수많은 포스터 사례들을 곁들인 철저한 연구서로는 Friedrich Medebach, *Das Kampfplakat, Aufgabe, Wesen und Gesetzmäßigkeit des politischen Plakats, nachgewiesen an den Plakaten der Kampfjahre von 1918-1933* (Zeitung und Zeit, Neue Folge, Reihe A, Bad. 19) (Berlin, 1941). 여기서(논평의 시대적 제약들에도 불구하고), 공산당과 나치당이 포스터 선전의 제작과 투입에 가장 앞서 있었던 반면에 (S. 33 이하; S. 66 이하), 다름 아닌 독일민족인민당도 훨씬 뒤떨어져 있었음이 분명해진다(S. 111 이하).

치적 영역에서도—세상에서 인간행위의 문제 및 다른 생각들과의 경쟁적 대결이 갖는 내재적 법칙을 통해서, 새로운 사고, 감정, 행위영역의 개척을 통하여 그리고 개인과 사회의 모험적 행보를 통하여 앞으로 확장하고자 애쓰는 자유의 공간, 바로 이 공간은 순전히 도구적 투입으로 급조되어 떠들썩한 감정적 호소로 연설된 사상누더기에 의해 체계적으로 관철, 분열되었고, 모든 표현들을 끌어들이고 변형시켜 다시 방출했던 선전의 수많은 거점들에 의해 점점 더 치밀하게 통제되었다. 그리고 이러한 상황 자체가 실존양식이 되어, 개관적 통제와 존재하는 것들에 대한 숙고로부터 벗어나서 최종목표, 생산적인 내용이 없는 만능권력, 권력자의 자의적 전개를 위한 무제한적 공간으로 남을 때까지 이러한 통제는 계속되었다.

히틀러는 현대적 정당선전을 명백하고도 가차없이 공개적으로 설명한 평가와 분석에서 이러한 과정을 직접 개관했다.[135] 그의 첫 계명은 "민족성"이었다. 이는 단조롭게 낭독되는 슬로건의 원시성에 의해 사방에서 이루어졌다. 즉, 용어와 본보기들의 조작가능한 모호성은 그의 운동성과 적응력이 전적인 견해 및 운동지배와 가장 다양한 사회적 정치적 차원으로, 이질적인 감정 및 사고방식으로 그리고 바라는 상과 교육 및 반응방식의 전체 세계로 확장해가는—특히 나치당의 대중 및 결집정당으로의 확대에 직면하여—단계에서 유리하게 작용했다. 나치의 권력철학의 주된 척추는 모든 권위주의적이고 전체주의적인 운동들이 의지하고 있었던 "대중"에 대한 멸시였다. 이 권력철학은 히틀러가 명확한 논리로 자신의 생각들을 요약한 문장들에 들어 있었다. 즉, "모든 선전은 민족적이어야 하고 그의 정신적 수준을 그것이 대상으로 삼고자 하는 이들 중 가장 제약이 많은 집단의 수용력에 맞추어야 한다. 그로써 포섭될 대중의 규모가 커야 할수록, 선전의 정신적 수준은

135) Hitler(각주 IV/42, 1934), S. 375 이하.

그만큼 낮게 설정될 수 있을 것이다."[136] "왜냐하면 대중의 수용력은 오직 매우 제한되어 있을 뿐이고, 이해력은 작은 대신에 건망증은 심하기 때문이다. 이러한 사실로부터 어떤 효과적 선전도 매우 적은 항목에만 제한되어야 하고, 마지막 사람까지도 분명히 그러한 슬로건에서 자신이 원하는 것을 그려낼 수 있을 때까지 이를 슬로건 형식으로 활용해야 한다."[137]

여기서 히틀러가 형식적인 것과 조작형태를 다루는 데에도 얼마나 강력했는지가 분명해진다. 비합리적 소망으로 강등된 유치한 내용은 수백 번 반복되고 짧은 공식으로 표현되어 우선 형식적 선전수단의 무분별한 교묘함을 정당화시키도록 되어 있었는데, 그의 절충적인 정신사적 이데올로기사적인 요소들이 지적인 부분에 대해 물리적으로 작용하는 데 실패하지 않았음에도 불구하고, 이러한 내용은 뒷전으로 물러났다. 선전은 가령 "가능성은 두 가지밖에 … 없는데, 아리아인 측의 승리이든지 그들의 절멸과 유대인의 승리이든지이다"라는 무자비한 양

---

136) 같은 책, S. 197; 이에 대해서는 Reibnitz(각주 III/26), S. 13 이하도 볼 것.

137) Hitler(각주 IV/42), S. 198; S. 200도 비교할 것: "선전의 과제는 예를 들어 다양한 권리들에 대한 고려가 아니라, 바로 그를 통하여 대변될 것만 강조하는 것이다. 선전은 그것이 다른 이들에게 유리한 한, 이를 대중에게 순리적으로 숨김없이 제공하기 위해서는, 진리도 객관적으로 연구할 필요가 없고 부단히 유용하게 이용해야 한다." "그러나 선전은 거만한 신사들에게 달려가 흥미로운 기분전환을 시켜주기 위해서가 아니라, 확신시키기 위해서, 그러니까 대중을 확신시키기 위해서 있는 것이다. 그러나 이 대중은 둔중하므로, 오직 한 가지 사실만이라도 인식하려고 하기 전에, 일정한 시간이 필요하고 가장 간단한 개념을 수천 번 반복하고서야 마침내 기억하게 된다. 모든 기분전환용 변화는 선전으로 전달할 내용을 절대로 바꾸어서는 안 되고, 항상 마지막에 같은 것을 말해주어야 한다. 따라서 슬로건은 다양한 측면으로부터 조명되어야 하고, 각 조명의 끝부분만 항상 새로이 슬로건 자체에 나와 있어야 한다. 그렇게만이 선전이 통일적이고 완결적으로 작용할 수 있다"(S. 203).

자택일을 가지고 청중의 원시적 단순화 욕구에 호소했다.[138]

그러한 수단의 동원은 가능한 합리적으로 추진되었다. 객관성은 낭비를 의미했고, 문어체에서 훨씬 의미가 희미해지는 구어체의 암시력을 내세웠으며,[139] "숙명론"—히틀러 용어의 핵심어—, 대중 히스테리의 자극,[140] 대중결집의 특별한 양식개발이 주된 무기들이었는데, 그에 비해 언론활동은 대중의 여론조성에서 완전히 부차적 요소로 후퇴했다.[141] 히틀러식의 대중개념에 따르자면, 인간의 저항력의 체계적 약화—군사훈련의 원칙과 유사하게—는 엇나가는 충동적 의지를 성공적으로 통합시키기 위한 첫 전제조건이었다. 민주적 타협과정 속에서 의견과 이해관계의 균형을 합리적으로 맞추는 대신에, "단순화의

---

138) 뮌헨에서의 1922년 4월 12일에 행해진 아돌프 히틀러의 연설: Siebarth(각주 IV/51), S. 121. Hitler(각주 IV 42), S. 225를 비교 참조: "유대인과 타협은 없다. 단지 비정한 이것이냐 저것이냐의 선택이 있을 뿐."

139) 특히 Hitler, 같은 책, S. 525 이하를 비교.

140) 예를 들어 같은 책, S. 371: "믿음은 지식보다 흔들기 어렵고, 사랑은 존경보다 변화에 덜 민감하며, 증오는 거부감보다 지속적이다. 이 지구상에서 폭력적인 변혁을 할 수 있는 추동력은 대중을 지배하는 학문적 인식보다는 이들에게 생기를 불어넣는 숙명론과 때때로 이들을 전진케 할 수 있는 히스테리 속에 있다."

141) 이에 대해서는 Emil Dovifat, "Neue Aufgaben der deutschen Publizistik", *Krisis, Ein politisches Manifest*(Weimar 1932), S. 256 이하도 비교. 나치당의 비교적 빈약한 언론자료들은 노동당의 "언론 적대적인" 부상과 실제 당 및 의식상황에 미친 바이마르공화국의 대 민주언론의 미약한 영향에서도 볼 수 있는 일반적 현상을 너무나 명백히 말해준다. 1930년 이후에 가서야 비로소 여기서 전환이 시작되었는데, 그 당시에 나치당은 12개 이상의〔Völkische Beobachter와 Argriff(공격) 외에는 소규모의〕 일간지 (그에 비해 사민당은 170개), 34개의 주간지, 소수의 월간지, 전체 발행부수가 70만 부에 전혀 미치지 못했던 하나의 화보잡지(그리고 하나의 의회소식지)를 갖고 있었다. 광범한 "민족언론"의 호의적인 보도에 의한 (간접적) 지원이 본질적으로 더 많은 수의 지지자들로 하여금 후겐베르크로부터 히틀러의 이상경쟁 쪽으로 옮겨가게 했다.

대가"는 모든 저항을 무너뜨리는[142] "그의 말의 마술적 작용"을 내세웠고 그 결과로, 보다 효과적인 내적 외적 수단을 청중을 마비 및 도취시키는 데 쓰고 정신적이고 의지적인 긴장력이 저녁에는 떨어지는 것까지 고려했던 "강력한 의지"의 무법지배가 들어섰다.[143] 그러한 능력을 갖춘 "선동가"만이 "위대한 지도자이고 그의 영향력 전체와 권력은 대중을 움직일 수 있는 교묘함 속에 놓여 있다"고 히틀러는 선포했다.[144] 나치 지도자 철학의 순전히 형식적이고 반사유적인 성격을 드러내주는 간단명료함으로 말하자면, "생각하는 재능은 지도자의 능력과 아무런 관계가 없다."[145]

따라서 모든 것은 선전을 위해 작동했는데, 선전의 목적은 조직이 우선 엘리트에 국한된 구성원을 포섭하고, 교육시켜서, 당의 권위적으로 조직화되고 과두정적인 간부 및 투쟁단체들의 대열 속으로 융합시킴으로써 선전적 팽창의 적극적 담지자로 만들어가는 동안에, 의사(擬似)민주적 동의의 광범한 토대인 지지층을 무제한적으로 팽창시키는 데 있

---

142) Goebbels, "Wenn Hitler spricht"(각주 IV/95), S. 217~218: "히틀러가 말하면, 그의 말의 마술적 영향으로 모든 저항이 무너진다. 그의 친구가 되거나 그의 적이 될 뿐인 것이다… 그는 단순화의 대가이다." *Zwischenspiel Hitler*(각주 IV/38), S. 148 이하의 히틀러 연설기술에 대한 언론보도들의 요약도 비교 참조.

143) Hitler(각주 IV/42), S. 530 이하(저항력 해체와 자유의지의 약화의 필요성에 관하여), 특히 S. 531~532. "아침 시간과 낮 시간에는 사람의 의지력이 낯선 의지와 낯선 견해를 강요하려는 시도에 대해 그래도 최고의 에너지로 저항하는 것 같다. 그에 반해 저녁에는 그것은 보다 강한 의욕의 우세한 힘에 좀더 쉽게 굴복한다. 모든 그러한 집회는 두 가지의 대립된 힘들의 격투장이기 때문이다. 사도적 성격의 우세한 연설술은 아직 정신적 의지적 긴장력을 완전히 갖고 있는 사람들보다는 이미 스스로가 저항력의 약화를 자연스런 방식으로 경험한 사람들을 새로운 의욕으로 이끄는 데에 더 쉽게 성공할 것이다."

144) 같은 책, S. 650.

145) 같은 책, S. 650~651.

었다.[146] 오직 히틀러에게만 지지자들을 투쟁의 항상적 열광 속에 묶어둘 수 있는 가차없는 권력의지가 있었다. 즉, "우리는 권력을 갈망하고, 우리는 그것을 얻을 수 있는 곳에서 그것을 취한다… 우리는 어딘가에서 밀고 들어갈 수 있는 가능성을 보면 들어간다! … 우리의 옷자락에 한 번 매달린 자는 우리를 더 이상 놓지 않게 될 것이다."[147]

1930년, 선거에서의 첫 대성공을 이룬 후에는 이제 분명히 새로운 입장이 견지되고 확대되어야 했다. 시험해본 수단들은 충분하고 생산적인 정치의 구체적인 계획과 증명으로 옮아가는 일은 성공할 것인가? 비판의 부정적 과시와 권력상승 이후의 긍정법의 투입은 모호한 강령을 분명히 하고 구체화해 줄 것인가? 아니면 전술적으로 조작된 결집운동의 내적 모순이 결국 냉정한 정치적 과제에 직면하여, 현실의 진정하고 유동적인 문제들을 타개하고 사회적 정치적 구성요소로 해체된 "의회화된" 나치당을 그럼에도 불구하고 재생한 의회민주주의 내의 파편화된 정당으로 다시 침강하도록 할 것인가?[148] 여러 가지 정황은 이제 오직 한 사람에게만 달려 있었던 이 정당이 결국에는 그의 구성요소들의 다원주의로 파괴될 것임을 말해주었다.[149] 오토 슈트라서, 그 후에는 라이프치히 제국군 재판에서 판결을 받은 쉐링어와 벤트 두 장교, 마지막으로 슈테네스의 돌격대 반란과 그레고어 슈트라서의 발의

146) 같은 책, S. 651 이하.

147) Goebbels, "Kommunalpolitik"(각주 IV/50).

148) 이러한 문제에 대해서는 특히 Heuss, Hitlers Weg(각주 IV/37), S. 71 이하와 S. 136 이하도 볼 것; 변절한 Weigand v Miltenberg〔Herbert Blank〕, *Adolf Hitler Wilhelm III* (Berlin, 1931)의 히틀러 비판을 비교할 것; 같은 이, *Schleicher, Hitler?-Cromwell!*, *Der Rhythmus in der Geschichte* (Leipzig, 1932)과 오토 슈트라서계의 나머지 출판물에 대해서는 제 2부의 S. 321 이하를 볼 것.

149) 이에 대해서는 Rolf Boelke, "Die Krise der Nationalsozialisten", *Die Tat* 23, Heft 2(Mai 1933), S. 127 이하.

는 그러한 폭풍우의 신호들이었다. 그러나 전체주의적 조직, 히틀러의 주저 없는 정당성 비판과 세련되게 조작된 지도자 신화에 대한 열광이 여기서 승리할 것이었다.

제5장

정치적 공간에서의 급진운동

바이마르공화국 말기에 거의 모든 공공생활 영역의 논의를 지배하였던 '민주주의와 의회주의의 위기'라는 표어는 특히 전통적인 정당의 본질과 기능을 겨냥한 것이었다. 민주적 정당들의 운동능력, 수용능력 그리고 재생능력이 거의 사라져 간 대신에, 낭만적·유기체적인 논리를 기반으로 한 새로운 형식의 정치대표체에 대한 요구는 그만큼 커졌다. 즉, 정당 대신에 '운동' 혹은 '연맹',[1] 사회 대신에 '공동체', 민주적 조직 대신에 권위주의적 종자구조(從者構造, *Gefolgschaftsstruktur*),[2] 의회주의적 조정 대신에 혁명적 투쟁, 자유로운 결정 대신에 무조건적 복종, 다원주의 대신에 완전한 통합 등이 새로운 형식으로 자리잡아

---

1) Werner Kindt, "'Bund oder Partei?' in der Jugendbewegung", *Das Junge Deutschland* 26, Heft 12(Dezember 1932), S. 397ff.; Hermann Schmalenbach, "Die soziologische Kategorie des Bundes", *Die Dioskuren, Jahrbuch für Geisteswissenschaften*, Bd. I(München, 1922), S. 40ff.; 또 지금은 회고록 Friedrich Hielscher, *Fünfzig Jahre unter Deutschen* (Hamburg, 1954), S. 118ff., 그리고 Duverger(앞의 주 II/ 41), S. 149ff. 에 있는 기본적인 개념적 사회학적인 분석 등을 참조.

2) 〔역주〕 '종자'(*Gefolgschaft*)란 본래 영주, 군주 혹은 귀족과 從者 사이에 신뢰와 복종에 기초한 관계로, 게르만 법률의 본질적 요소인 commitatus 및 이로부터 파생된 모든 현상들을 지칭하는 용어. 나치는 이 개념을 독일사회의 모든 영역, 특히 노사관계에 도입하여 지도자-종자의 도식을 발전시켰다.

갔다. 그 배후에는 특히 '낡은 것'의 지배적 계서제(階序制)에 대한 전반적 저항이 자리하고 있었다. 이 시기의 저항은 세대문제가 표출된 것으로 초시대적 성격을 지녔으나, 다른 한편으로는 전후 상황이라는 특수성으로 인하여 그 정도가 특히 강했다. 이러한 저항의 움직임은 '젊은 세대의 소명'에서 그리고 '낡은 것들'[3] 이 지배하던 체제와 단절함으로써 당시의 모든 사회적·정치적 문제를 해결할 수 있다고 보았던 이데올로기적 운동의 기반으로 되었다. 실제로 정치와 경제영역에서 '고령화'(*Überalterung*) 문제는 혁명 후에도 해결되지 않았다. 또한 (제1차) 세계대전과 '전선세대'[4] 현상은 어느 시대이건 어려운 후계자 문제와 (세대) 교체문제의 시의적절한 해결을 매우 복잡하게 만들었다.[5]

1. 청년운동과 연합체들

이러한 발전의 첫 단초들은 청년운동 현상과 밀접히 관련되었다. '민족(주의)적 청년운동'[6] 은 특히 1901년 '반더포겔'(*Wandervogel*)의

---

3) 강령적으로 예컨대 Günther Gründel, *Die Sendung der jungen Generation* (München, 1932, 2판, 1933).

4) 〔역주〕 포이케르트는 바이마르공화국 시기에 활동한 사람들을 '빌헬름', '(제국) 창건기', '전선', '불필요' 등 4세대로 구분했다. '전선세대'란 1880~1890년대에 태어나, 청소년기인 1914년 이전에 호경기의 낙관주의와 미래에 대한 두려움을 경험한 세대를 말한다. 텔만, 히틀러, 브뤼닝 등은 이 세대에 속했다.

5) 다음의 사회학적 분석도 참조: Felix Pinner〔Frank Fernland〕, *Deutsche Wirtschaftsführer* (Berlin-Charlottenburg, 1924), S. 244ff.; Ferdinand Fried, *Das Ende des Kapitalismus* (Jena, 1931), S. 128ff. (신뢰할 정도는 아님); Robert Michels, *Umschichtungen in den Herrschenden Klassen nach dem Kriege* (Stuttgart/Berlin, 1934), S. 99ff. 출간일을 기준으로 하면 Karl Rauch, *Schluß mit "junger Generation!"* (Leipzig, 1933)에 청년의 "활동적 열정"과 찬미에 대한 (친나치적) 논쟁도 주목할 만하다.

창설에서 일시적 전국조직이었다가 곧 해체된 '대독일연맹'[7]에 이르기까지 거의 개관할 수 없을 정도로 수많은 (단체들의) 결성, 통합, 분화, 그리고 화해의 결과였다. 이 모든 현상들의 변화를 결정한 것은 사회현실과 거의 극복 불가능한 긴장관계 및 정치적 결정 공간과의 거리였다. 결국 나치즘은 무방비상태에 있던 그들을 쉽게 무력화시킬 수 있었다.[8] 왜냐하면 청년운동의 중심에 있었던 것은 정치적 관심이 아니라 청년공동체의 비합리적 체험이었기 때문이다. 그 (관심에) 방향성을 부여한 것은 세대의 사회학적 문제, 즉 산업적 대중사회의 징후 속에 협소해진 후기 부르주아적 생활형식과 그 생활형식의 출생지인 대도시에 대한 저항이었다. 청년운동은 단순히 미학적이라기보다는 오히려 사회적 체험으로서 '도보여행'(*Fahrt*)[9]이라는 이례적인 생활 속

---

6) 여기에 관해서는 Ernst Kemmer, "Deutsche Jugendbewegung", *Süddeutsche Monatshefte* 23, Heft 9(Juni 1926), S. 153ff. 시리즈 *Handbuch der deutschen Jugendbewegung*, ed. by Karl O. Paetel, Flarchheim/Thür. 1930에 있는 (히틀러유겐트를 포함하여) 각 그룹들의 직접적인 자기소개를 참조.

7) 〔역주〕 대독일연맹(*Großdeutscher Bund*)은 1933년 3월에 여러 청소년 단체들을 통합하여 히틀러 유겐트의 대항조직으로 창설되었으나, 4월에 나치즘을 지지하고, 6월에 오히려 히틀러-유겐트에 통합되었다.

8) 특히 Hermann Mau, "Die deutsche Jugendbewegung, Rückblick und Ausblick", *Zeitschrift für Religions-und Geistesgeschichte* 1(1948), S. 135ff.를 참조. Howard Becker, *Vom Barette schwankt die Feder. Die Geschichte der deutschen Jugendbewegung*(Wiesbaden, 1949) (출처를 표시한 영어 축약본: *German Youth-Bond or Free*, Oxford, 1947), 특히 S. 119ff.는 정신사적인 측면에 강조점을 둔 광범위한 총평을 제공한다. 같은 책, S. 288ff.과 Karl Krauße, *Die Jugendbewegung im Spiegel deutscher Dichtung* (Würzburg, 1939), S. 151ff.에 있는 참고문헌도 참조. 나아가서 Victor Engelhardt, *Die deutsche Jugendbewegung als kulturhistorische Phänomen* (Berlin, 1923), S. 123ff.에 있는 옛 참고문헌도 참조.

9) 〔역주〕 '도보여행'은 청년운동 단체인 '반더포겔'이 활용했던 활동방식으로, 자연 속에서 육체적 · 정신적 · 감성적으로 새로운 것을 경험하고, 거기에 기

에 표현되었다. 이처럼 진정 인간적 유대의 체험은 그것을 만들어 내면서 극히 고집스러운 구조형식들을 거기에 부여한 많은 단체들 속에서 끊임없이 반복되었다. 이들은 소규모로, 자족적으로 그리고 경직된 요구를 통해서 단순참가자들을 배제시키면서, 외부로는 거의 영향을 발휘하지 않았다. 또 단체들이 현실적인 주변환경과 연관관계를 갖지 못함으로써 그 내부에 있던 혁명적 요소들도 퇴조하였다. 동시에 반(反) 부르주아적 부르주아 청년을 당시의 질서, 즉 교육학적, 사회적, 정치적 가치들과 구별시켜 주는 긴장관계도 커졌다. 물론 대도시로부터의 탈출은 감성적 특징을 지니기도 했다. 그것은 시대로부터의 탈출이었으며, 현재의 부르주아적 '국가'와 — 빌헬름 왕조 이건 혹은 바이마르공화국이건 간에 — 대립하면서 여전히 유지되는 듯이 보인[10] 농민적·자연적·'인민적인' 생활질서를 낭만적으로 예찬하는 결과를 낳았다.

이 운동에서는 에로틱하고 남성단체적인 계기들이 엄청난 역할을 했다.[11] 운동의 강령, 실체가 분명하지 않은 겉모습, 구체적인 모든 문제에 대한 불확실성은 이 운동의 비합리적이고 낭만주의적인 성격에 잘 어울리는 것이었고, 따라서 그 문학적 표현들도 널리 확산될 수 있었다.[12] 이 운동은 점차 성장하여 더 거대한 사회적 과제들과 조직들

초하여 새로운 인간을 양성한다는 취지에서 행해진 운동. 그 핵심은 자연예찬, 중세의 이상화, 근대적 대도시 문명으로 표현되는 근대화의 거부 등이었음.

10) Krauße(앞의 주 V/8), S. 32ff.; S. 49ff. 등.

11) 여기에 관해서는 특히 (물론 확인되지 않은 일반화를 포함하고 있는) 잘 알려진 다음의 분석들이 기초가 된다: Hans Bühler, *Die deutsche Wandervogelbewegung als erotisches Phänomen* (Berlin, 1912); *Die Rolle der Erotik in der männlichen Gesellschaft*, 2 vols. (Jena, 1919); *Der Charakter der Jugendbewegung* (Launeburg, 1921); *Führer und Volk in der Jugendbewegung* (Jena, 1919).

12) 매우 일면적·나치적으로 해석되긴 했지만, 널리 유포된 Krauße(앞의 주

에 익숙해진 것이 아니라, 오히려 스스로에 만족하고 말았고, 그 결과 사회적으로 성숙을 보여줄 수 있는 단초들을 계속 발전시키지도 못하였다. 그것을 뛰어넘어 성장한 사람들은 이제 예전에 도망침으로써 오랫동안 피할 수 있었던 환경과의 대결이라는 위험지대에 더 결정적으로 빠져들게 되었다. 그들은 자신의 신조에 반하는 타협을 하느냐 또는 — 문제를 회피하지 않고 또 사회현실과의 연결 및 접촉을 포기했을 때 — 현존하는 질서와 결정적으로 단절하느냐의 기로에 서 있었다.[13] 자포자기로 인한 방향전환에서 대다수는 물질적 현실을 받아들였다. 이러한 현실로 노동자의 아들은 처음부터 청소년기의 격렬한 욕구를 펼칠 기회도 없었고, 또 (경험의) 지평을 넓히려는 모든 시도도 수포로 돌아갔다. 단체의 기본구조가 사회적·정치적 구속력을 갖지 못했기 때문에, '부르주아적 성격'으로의 퇴행을 건설적인 계속교육(*Weiterbildung*)으로 대체시키려는 일부의 시도도 실패하였다.

전체적으로 청년운동은 자신의 관심사를 단 한 번도 정치적 공식(公式)으로 구체화시킬 수 없었다. 청년운동은 사회주의적이면서 자유주의적인, 민족주의적이면서 세계시민주의적인, 군국주의적이면서 평화주의적인, 기독교적이면서 반기독교적인 사상이 불분명하게 뒤섞인 혼합체로서 본래 그 시기에 영향력 있었던 정치세력의 바깥에 머물렀다. 이 운동을 정치적으로 포섭해 보려는 일련의 시도도 수포로 돌아갔다. 그리고 마침내 청년운동은 그 겉모습을 모방한 '민족주의적 단체들' 및 방위단체들과의 경쟁에서도 완전히 밀려났다. 나치즘은 '몰락한 청년운동의 자산'들 중 많은 부분을 흡수했고,[14] 이데올로기나 문

V/8)에 있는 일괄표 참조.

13) Mau(앞의 주 V/8), S. 142ff.

14) 같은 책, S. 146. 여기에는 가우, 제복, 도보여행, 저녁간담회와 같은 개념들이 언급되어 있다.

〔역주〕'가우'(*Gau*)는 본래 고대 게르만족의 행정구역 단위, 나치시기에는

체 면에서 많은 접점을 보여주었으며, 또 처음부터 개별단체들을 자기 편으로 만드는 데 성공하였다.[15] 따라서 나치즘의 승리는 이 운동의 해체와 전도(顚倒)를 의미했다. 이제 이 운동은 여러 이탈자들의 영향을 받으면서 자신에게 낯선 사회적 조직원리, 즉 그로부터 초래된 정치화에 희생되었다. 그것은 이 운동이 그토록 오랫동안 고립을 통해 피하려 했던 바였다.

가톨릭 청년단체들은 이데올로기적으로나 조직적으로나 정당과 기관들의 정치활동에 더 의존한 반면에,[16] 프로테스탄트 청년단체들은 다시금 더 심한 분열을 보여주었다.[17] 그러나 특히 정당에 가까이 있던 (1920년에 창설된) 청년사회주의자 단체들, 강력하게 성장하고 있던 사회주의 노동자 청년, 그리고 공산주의 청년운동은,[18] 우파 부르

행정조직과는 구별되는 나치당 지방조직의 최상위 단위로, 그 책임자는 가우지도자(*Gauleiter*)였다. '제복'(*Kluft*)은 본래 '반더포겔' 대원들이 일반인들과 구별되어 보이게 하기 위해서 착용했으나, 나치의 히틀러유겐트도 동일한 방식을 따랐다. '저녁간담회'(*Heimabend*)는 나치가 여성의 이데올로기 교육을 위하여 매주 특정요일 저녁에 정규적으로 개최한 모임인데, 그 주제는 인종, 독일사, 나치운동 등이었다. '저녁간담회'에서는 충성심, 명예, 용기 복종 등이 나치적 덕목으로 교육되었다.

15) Becker(주 V/8), S. 159ff.를 참조. 또 히틀러유겐트 안팎에서 청년운동의 생활목표와 저항의 역할에 대해서도 같은 곳 참조. 저항의 역할이란 의미에서 많은 자료를 활용한 다음의 연구는 강조할 필요가 있음: Ernst Michael Jovy, *Deutsche Jugendbewegung und Nationalsozialismus. Versuch einer Klärung ihrer Zusammenhänge und Gegensätze*(Diss. Köln, 1952, 미간행), S. 9ff., 128ff., 244ff., 298ff.

16) P. Theo Hoffmann, S. J., "Katholische Jugendbewegung", *Süddeutsche Monatshefte* 23, H. 9(Juni 1926), S. 163ff.

17) Leopold Cordier, "Jugendbewegung und Protestantismus", *Ibid.*, S. 169ff. 및 목차개요(S. 173ff.). 여러 그룹들에 대한 광범위한 분석은 *Die neue Jugend*(Forschungen zur Völkerpsychologie und Soziologie, vol. IV), ed. by Richard Thurnwald(Leipzig, 1927) (1. und 2. Hälfte)을 참조.

18) 여기에 관해서는 다음의 참조: Walter G. Oschilewsky, "Der Hofgeismarkreis

주아적 청년운동과는 달리, 청년을 정치문제에 끌어들이는 것을 자신의 일차적 과제로 삼았으며, 그들 역시 사회적으로나 정신사적으로 일반적 청년운동과 연관관계에 있었다. 물론 이들을 평가할 때, 그 목적에 가까운 조직들의 상대적 취약점들이 간과되어서는 안 된다. 사회주의 노동자 청년도 한때 약 10만 명의 회원 — 청년 노동자 전체의 약 3% — 을 조직하여 절정기를 맞았다. 그러나 자유주의적 중도정당들은 청년운동 현상과 적절한 접점을 찾지 못했다. 이는 '민족적 반대파'에 비해 자유주의적 청년운동이 안팎으로 드러낸 본질적 약점이었으나, 청년독일기사단[19] 과 독일민주당이 통합에 실패함으로써(1930) 더 이상 만회되지 못했다.[20]

그 대신 투쟁단체들과 방위단체들은 청년들의 역동적 욕구를 정치적 대립의 최전선으로 끌어들였으며, 대립을 전면적 투쟁상황으로 과도하게 증폭시키고 또 왜곡시켰다. 이러한 투쟁은 혁명기의 자유의용군과 자위단체로부터 성장하였고, '전쟁신화 만들기'와 '등에 칼 꽂기'

---

der Jungsozialisten", *Süddeutsche Monatshefte* 23, Hefte 9(Juni 1926), S. 180ff.; Ernst Drahn, "Die sozialistische Arbeiterjugend", *Ibid.*, S. 187ff. (통계포함); "Die kommunistische Jugendbewegung", by a communist, *Ibid.*, S. 197ff. (참고문헌 S. 205ff.).

19) 〔역주〕 청년독일기사단(*Jungdeutscher Orden*): 제 1차 세계대전 직후 예비역 중위 마라운(Artur Mahraun)의 주도로 설립된 의용병 산하의 준군사조직으로, 후에 정치조직으로 발전했으며, 나치시기에는 많은 회원들이 제국보안청의 중요한 구성원으로 되었다. 1923년의 약관에 의하면 게르만 혈통의 남성들만이 회원으로 될 수 있었다. 또한 "기독교에 기초한 독일 민족공동체"를 기사단의 목표로 설정하였다. 마라운은 청년독일 인민국가가 '당파적 민주주의'를 극복하고 미래의 '국가시민'을 양성해야 한다고 주장했다. 또한 그는 새로 만들어질 미래의 국가가 본질적으로 공동체와 지도자라는 두 기둥에 의존해야 한다고 주장했다.

20) 특히 다음의 개괄적인 글 참조: "Jungendverbände in der Krise der Gegenwart", *Das Junge Deutschland* 26, Hefte 5-7(Mai-Juli 1932), S. 125ff., 165ff., 197ff. 1930년의 결합 및 제 2부는 S. 316ff. 참조

이데올로기로부터 후원을 받았으며, 왕조 복고사상 또는 권위주의적 '지도자 이데올로기'로 나아가는 길을 열었다. 결국 이 단체들은 정치적 자생능력이 있었음에도 불구하고[21] 나치의 소용돌이에 휩싸였다. 여기서 나치는 권위주의적 정치공동체의 이상에 가장 분명하고 설득력 있는 형식을 만들어 냈으며, 모든 본질적 특징들을 통일시키는 듯이 보였다. 그 특징들은 칭송받는 지도자, 위에서 아래로의 권위주의적 구성, 철저한 계서제, 엄격한 규율과 무조건적 복종, 일사불란한 명령구조 그리고 — 합리성에 근거한 이익옹호 대신에 — '책임감이 강한' 지도부를 갈채로서 정당화시키는 것 등이다.

이들은 합리적 논리를 비합리적 비전에 기초한 신념공동체(신앙연합체)의 신비로운 연대감으로 대체하고, '지도자' 속에 체현된 일반의지(*volonté générale*)를 통하여 무미건조하고 역겨운 일상정치를 조화로운 '민족공동체'의 영역으로 끌어올리겠다고 약속한 조직원리들이었다. 여기서 '낡은 것들'에 대한 청소년 — 청소년은 그들에게 전쟁에 대한 책임('좌파'단체들이 그랬다) 혹은 혁명에 대한 책임(그 '민족적' 반대파들이 그랬다)을 덮어씌웠다 — 의 저항은 조직적으로 표현되었다. 이 슬로건들은 급진정당들의 (젊은) 연령구성으로 매우 효과가 있었다. 이 슬로건들은 '상대화 경향이 있는 지식'보다는 교양에 회의적인 '행동'을 중시하였으며,[22] 이렇게 함으로써 대학교 및 대학생의 활동영역

---

21) 이 과정은 특히 중앙의 "계파를 초월한 독일청소년 단체 전국위원회의 잡지" *Das junge Deutschland*, 24~27(1930~1933)에서 추적해 볼 수 있다. 여기서는 마스(Hermann Maaß), 1933년 4월 이후부터 쉬라흐(Baldur v. Schirach)가 편집했던 이 월간지의 몇몇 논문들만 활용될 수 있다. 특히 마지막 국면에 대해서 피셔(Josepha Fischer)의 "청소년 단체들의 발전과 변화"에 관한 개관이 언급될 수 있겠다. *Ibid.*, 24(1930), S. 1ff.; 25(1931), S. 49ff.; 26(1932), S. 38ff.; 27(1933), S. 41ff.

22) 이런 집회에 대한 한 사례는 철모단 측 프랑크의(Helmut Frank, *Wir brechen die Bahn*)(Leipzig, 1926), S. 151ff. 에 언급된 내용이다. "청소년은

에서도 매우 일찍 호응을 얻었다.[23] 여기서도 이 구호들은 이념이나 정치적 분파들의 영역에 머물지 않았다. 그들은 권력의식적인 "엘리트들"의 수중에서 '스스로 책임지는' 전체주의의 단순가담자[24] 혹은 동반자로 되었다. 또 전체주의는 일반의지의 방향과 내용을 독자적 재량으로 결정하고, 갈채를 마음대로 조작하여 자신의 정당화에 이용할 수 있었다. 거기에 대한 단초들은 이미 그러한 단체들이 스스로 선택한 고립성과 배타성, 그리고 그 단체들의 귀족적·과두제적인 조직구조 및 지배구조 속에 있었다. 깊은 정신적·심리적·이데올로기적인 뿌리들과 동기들을 도외시하더라도,[25] 권위주의적 단체들은 전통적 정당체제 및 그 정치적 기능에 맞지 않는 것이었다. 이 단체들은 광범위한 정치공간에서 형성되었는데, 문제가 되지만 어쩔 수 없는 신생공화

몽상적이고 행동을 방해하는 사상적 심원함 대신에 의식적으로 잘못된 교육으로 왜곡되지 않은 행동주의, 즉 '건전한 피상성을' 진정한 정치적 성공을 보증하는 '모토로' 고양시켜야 한다. 출생과 교육 대신 힘과 능력, 이것이 바로 간단한 새 처방전이다." 여기에 관해서는 Michels, *Umschichtungen* (앞의 주 V/5), S. 100ff., 와 — 이 부문에서 나치 선동의 예로서 — 앞에서 인용된 (주 IV/99) 그레고어 슈트라서의 논문("Macht Platz, ihr Alten")을 참조하라. 특히 후자는 전쟁 이전, 전쟁, 패배, 혁명의 오류들을 "구식 사람들"의 지배체제 탓으로 돌린다.

23) 아래(S. 273ff.)의 보론 참조.

24) 〔역주〕 단순가담자(*Mitläufer*) : 전후 미군 점령지에 거주한 18세 이상 모든 독일인들의 나치시기 행동유형 범주들 — 범죄의 주요 책임자(*Hauptschuldige*), 적극가담자(*Belastete*), 소극적 가담자(*Minderbelastete*), 단순가담자, 무혐의자(*Entlastete*) — 중의 하나. 회비만 납부하고 강요에 의해서 각종 행사에 동원되어 비본질적으로만 나치를 후원한 사람들, 나치당의 후보자(*Anwärter*)에 불과했던 사람들, 군사적 행위자로 확인되지 않은 사람들 등을 포함. 확신 없이 특정의 이데올로기, 집단, 행위 등에 가담하여 (자신의 의사와 상관없이) 부차적 역할을 한 사람들을 지칭함.

25) Gebhardt Neumann, "Die geistige Krise", *Das junge Deutschland* 26, Heft 9(1932), S. 269ff. 참조.

국의 타협체제는 그 공간을 감당할 수 없었다.

이 단체들은 빌헬름 시기의 선행형식들과 전통들에 지향된 것이 아니라, 혁명기의 직접적 경험들을 특히 이탈리아의 파시즘과 러시아의 볼셰비즘 같은 여러 모델들과 결합시켰다. 노동조합과 노동자 정당에 속했던 노동자들은 해방운동을 책임질 조직과의 연결고리를 찾았다. 반면에 부르주아 정당들과 독일민족인민당은 광범위한 중간계급을 받아들여 결속시킬 수 없었고, 또 이 계층의 정치적·사회적 노력을 통합시킬 수도 없었다. 그 대신 청소년 운동은 그 자립성을 위협받던 중간계급의 자본주의적 사회변형에 대한 반대를 흡수하여, 이를 현존 사회 및 국가에 대한 반항으로 전환시켰다. 이 새로운 충동들은 이미 세계대전을 겪으면서 "내부 반대파"에게서 성장하였고, 패배, 내전, 그리고 공황기에 즉흥적으로 이루어진 지원정책 등의 영향을 받으면서 자유의용병과 '전선불패' 이데올로기,[26] 그리고 새로운 의회민주주의의 빛바랜 일상현실 및 '끊임없는 당쟁'에 대항하는 근본적 반대파의 전투적 민족주의에 속하는 것으로 생각되었다. 왜 혁명 대신에 붕괴, 신질서 대신에 고통스러운 타협에 이르게 되었는지에 대한 해명은 아직 이루어지지 않았다. 또한 혁명 후에 실망한 사람들, 즉 우파 지향적인 자원(自願)방위단 및 향토방위단,[27] 자위단체들 그리고 자유의용군 중에서 공화국으로 나아가는 길을 찾지 못하여 정치적 안식처를 찾지 못한 사람들을 융합시키는 일도 이루어지지 않았다.[28]

---

26) 〔역주〕 "전선불패"(*Im-Felde-unbesiegt*): 제 1차 세계대전에서 독일이 전선이 아니라, 후방의 혁명적 음모에 의해서 패배했다는 주장. 이는 곧 '등에 칼 꽂기'로 정착되어 나치 이데올로기의 중요한 일부가 됨.

27) 〔역주〕 자원방위군 및 향토방위군(*Freiwillige und Heimatwehren*): 제 1차 세계대전 후에 '의용병'의 전통 속에서 형성된 자원단체들로 극우 투쟁단체의 토대가 되었다.

28) Ernst H. Posse, *Die politischen Kampfbünde Deutschlands*, 2. Aufl. (Berlin, 1931), S. 10ff. 과 특히 Robert G. L. Waite, *Vanguard of*

이 단체들은 원칙적으로 "정당정치"와 거리를 두었다. 그들은 보호조직들의 순수 "애국적인" 토대와 좌우로부터 "초당파성"을 강조했으나, 한 번도 지키지 않았다.[29] 물론 극히 미사여구격인 이 "중립성"이 바로 공화국의 정당구조 자체를 겨냥했다는 것은 부인할 수 없었다. 수많은 단체들의 조직과 편제는 혼란스럽거나 혹은 애매하고 불분명했기 때문에, 국가가 그들을 통제하는 것도 너무나 어려웠다. 말하자면 국가는 그 단체들을 자극하고, 심지어는 제재를 가하기도 했으나, 방향을 바꾸게 할 수는 없었다. 오래 지속되지 못한 목적단체들과 더불어 일찍이 명백한 이념공동체들이 형성되었다. 이들은 본래 목적을 넘어 정치적 핵심 주변에 더 지속성 있는 형식들을 발전시켰고, 마침내 정치공간에서 이데올로기적 면모를 갖춘 투쟁단체로 활동하게 되었다. 철모단, 베어볼프(*Wehrwolf*),[30] 분트 오버란트(*Bund Oberland*),[31] 청년독일기사단과 같은 단체들은 정당의 진정한 경쟁자는 아니었으나, 부침을 거듭하던 의회 외부세력의 효소로 되어 정당들이 주목해야 할 엄청난 권력요소였다. 공산당이 적색전선 투사동맹(*Rotfront-kämpferbund*)[32]을, 바이마르 연립정당들이[33] 제국기

Nazism, The Free Corps Movement in Postwar Germany 1918-1923 (Cambridge, Mass., 1952), S. 17ff. 등에 있는 개별사항들을 참조.

29) 여기에 관해서는 "에셰리히 조직"(*Organisation Escherich*)의 약관 제 3조(앞의 주 V/26에 인용된 Posse, S. 12)를 참조하라. 또한 Günther Axhausen, *Organisation Escherich* (Leipzig/ Berlin, 1921)도 참조.
〔역주〕 "에셰리히 조직"은 바이에른 주 영림국(營林局)의 에셰리히가 앞서 자신이 조직한 향토방위단을 금지시키자 새로 조직한 대표적 극우단체로 1920년 8월에 금지되었으나, 1921년 7월에야 해체됨.

30) 〔역주〕 베어볼프(*Wehrwolf*) : 본래 전쟁이나 극단적 빈궁상태에서 자신을 방어하는 농민을 지칭, 의용군에서 분화된 소규모 극우단체.

31) 〔역주〕 분트 오버란트(*Bund Oberland*) 역시 의용군에서 분화된 소규모 극우단체.

32) 〔역주〕 적색전선투사동맹은 1924년 7월 말 할레(Halle)에서 창설된 공산당

치(帝國旗幟, *Reichsbanner*)[34]를, 또 나치당이 돌격대(SA)를 창설한 것은 특히 방위단체들의 조직적 강화 및 정당의 점진적 소외, 그들의 정치적 심리적인 경쟁능력에 대한 일종의 대응조치였다. 물론 이 당군대들은 준군사적 구조를 갖췄음에도 불구하고 (반더포겔의) 고립적 · 연맹체적(*isoliert-bündisch*) 성격을 지니지는 않았다.

공화국이 안정되자 그에 상응하여 의용군의 조직도 개편되었다. 의용군 조직들은 더 이상 자신을 필요로 하지 않는 국가로부터 점차 멀어져, 자신의 독자적 정치공동체로 물러났다. 이제 그들은 거기서 신비스럽고 찬란한 투쟁기를 소중히 간직한 채 고립성으로, 즉 비영웅주의적 · 공화주의적인 국가와 정당의 발전에 대한 내적 · 외적인 반대파로 되돌아갔다. 그러나 그렇지 않으면, 그들은 특히 철모단처럼, 나치의 하르츠부르크 전선을 거쳐서 '제 3제국'으로의 길을 열었던 직접적 · 정치적인 반(反)바이마르공화국 운동에 가담하려고 하였고, 또 실제로 가담하였다.

의 준군사적 방위조직. 1927년에 그 회원 수가 약 11만 명에 달했으나, 1929년 5월 시위 이후 불법단체로 금지됨. 1933년까지 독일공산당의 가장 중요한 조직들 중의 하나로 활동.

33) 〔역주〕 바이마르 연립정당: 1918/1819년의 혁명 후 첫 연립정부에 참여한 사민당, 중앙당, 독일민주당을 지칭.

34) 〔역주〕 帝國旗幟(*Reichsbanner*): 제 1차 세계대전에 참전했던 병사들 중 공화주의 이념을 지지하는 사람들이 극우 및 극좌 정파에 의한 반공화국적 폭력과 봉기시도로부터 의회민주주의를 보호하기 위하여 1924년 2월 마그데부르크에서 창립한 전사단체로 흑 · 적 · 황색의 깃발을 사용. 사민당, 중앙당과 독일민주당 그리고 노동조합도 참여한 초당적 조직, 1932년에 회원수가 3백만에 달한 바이마르 시기 최대의 대중조직.

2. 철모단의 발전

규모나 정치적 활동에 따라 분류하면 철모단은 첫 번째 자리에 있었다. 방위단체들이 자발적인 정치적 고립에서 우익 반대파에 의존하는 방향으로 또 정당의 활동영역으로 확대·발전되는 과정은 철모단의 발전에서 잘 드러난다. 이 단체는 1918년 크리스마스에 창설되면서부터[35] 이미 정치적 소용돌이에 휘말렸으며, "혁명의 추태"[36]에 대한 무기로 간주되었다. 또한 철모단은 1920년 3월 젤테(Seldte)를 제 1의장으로 선출한 이후에도 흑-백-적색기[37]를 내걸었으며, 혁명뿐만 아니라 공화국에도 반대하였다. 어쨌든 철모단이 정부 및 당국과 협력하는 한, 원칙적으로 오직 좌익혁명적 "국제주의자들"에 대해서만 반대하였다. 철모단은 먼저 젤테의 거주지인 마그데부르크 주변에서, 그리고 이어 프로이센의 광범위한 지역에서 매우 빠른 속도로 성장했으며, 이미 1920/1921년에 대중적 기반과 정치적 특색을 획득했다.

지도부의 이데올로기적 발언들은 일반적으로 극히 민족주의적이고 격한 성격을 지녔으며,[38] 1920년 3월의 첫 '전선군인대회(*Frontsoldaten-*

---

35) 창설위원회의 첫 구성회의는 1918년 12월 25일에 열렸다. 여기에 관해서는 그리고 보다 더 상세한 역사에 관해서는 Walter Kettner/Heinrich Hildebrand, eds., Stahlhelm-Handbuch, *Im Auftrage des Bundesamtes auf Grund amtlichen Materials*(Berlin, 1927), S. 5ff. 를 참조하라.

36) *Ibid.*, S. 6.

37) 〔역주〕 흑 - 백 - 적색기(*schwarz-weiss-rot*): 독일제국(1871~1918년)을 상징하는 깃발의 색깔.

38) 1919년 9월 20/21일 창립대회에서 젤테가 거행한 다음의 발언을 참조하라. "우리는 희생할 준비가 되어 있습니다. 우리는 참호에 서서 백 배의 죽음을 우리 위에 뿌리게 했습니다. 우리는 무장한 채 우리 자신을 희생시켰습니다. 이제 우리는 이 희생자들로부터, 즉 우리의 동경을 얻은 바로 그 사유로부터 건설하고자 합니다. 우리는 우리의 에너지가 이상적인 애국적 목표

tag)'는 흑 - 백 - 적색의 연합체 색깔에 대한 (충성) 고백으로 마무리했다. (철모단의) 조직화는 종종 정치적 충돌을 동반했던 군기수여식과 나란히 진행되었다. 철모단은 라테나우(Rathenau)의 암살로[39] 국내의 분위기가 격앙되자 1922/1923년에 일시적으로 금지되기도 했다.

다음 번의 "전선군인대회"에서는 철모단원 참가자 수가 13만 5천 명으로까지 증가하였으나, 전체 조직은, 자체의 (물론 과장된) 정보에 의하면, 절정기에 그 회원의 수가 100만 명에 달했다(1927/1928).[40] 철모단은 유사한 단체들을 받아들이고 전선투사단체의 범위를 넘어서 청소년 및 여성 그룹들까지도 포괄한 민족적 결집운동으로 되었다. 철모단은 곧 제국군대 지도부의 의식적 후원을 받기도 했는데, 이는 육군지휘부가 이 조직을 예전에 잃어버렸던 국방정책의 대중적 기반에 대한 일종의 대체물로 간주했기 때문이다. 철모단은 '등에 칼 꽂기' 전설을 의식적으로 교육하는 과정에서 자신이 "전투를 확실하게 치른 후 패배하지 않고 귀환한 독일 전선군인들과 방위에 적합한 정신을 갖도록 교육받은 독일 젊은이들의 연맹"이라고 선언하였다.[41] 여기서는

로 사용된다는 강력하고 확고한 느낌을 갖고서 건설하고자 합니다. 우리는 하나의 훌륭한 목표를 향해서 매진하고 있습니다. 그리고 이러한 노력을 위해서 오직 가장 훌륭하고 가장 순수한 수단을 사용하려는 사상은 우리를 강하게 만들고 우리에게 승리를 가져다줍니다"(주 V/28에 있는 Posse, S. 22에서 재인용).

39) 〔역주〕 라테나우(Walther Rathenau, 1867~1922): 독일의 기업가, 정치가, 작가. 전후 에르츠베르거와 함께 전쟁배상금 이행정책에 찬성했고, 1922년 2월 이후 외무부장관. 재임중 파리에서 극우파의 저격으로 사망

40) *Ibid.*, S. 23. 철모단의 발전에 대해서는 제버링의 개인적 언급(주 I/33, II, S. 179ff.)도 참조.

41) Berliner Stahlhelmbotschaft vom 8. Mai 1927, *Stahlhelm-Handbuch*(주 V/35), S. 13ff. 여기서는 허약성에 대한 투쟁, 강력한 대외정책(생활공간), 대통령 권력의 강화, 정당정치의 부정, 전선군인들의 이익보전(!), 마르크스주의의 거부, 그러나 필요한 이익조정에 찬성, 도시화에 반대, 이주

처음으로 "민족적 권력장악"이라는 구호도 제기되었다. 이 구호는 이어 "민족적 반대파"라는 어휘로 그 길을 걷기 시작했고, 하르츠부르크를 거쳐 나치당의 선전병기고에 병합되었다. 이제 1929년경에 연맹의 배타적 틀도 최종적으로 돌파되었으며, 이데올로기적 · 조직적인 팽창에 노력을 기울임으로써 "전선의 투사"에서 "민족적 반대파" 투사로의 진전이 이루어졌다. 이는 곧 두 개념의 정치적 동일화, 즉 완전한 정치화가 이루어졌음을 의미했다. 위대하고 강한 사람과 독일의 "생활공간"[42]에 대한 요구는 이제 군사적 연맹이 그렸던 이상적인 상(像)과 베르사유의 방위법 규정들에 대한 항의 이상의 것을 포함했다. 이 요구는 공화국 및 그 민주적 구조를 파괴하기 위하여 투쟁하는 목표관념, 즉 하나의 정치관을 표현했다.

바이마르공화국에서 공공생활의 정치화 과정이 한편으로는 정당들 및 그 국가와 나란히, 다른 한편으로는 그들과 반대방향으로 진행되었음은 여기서 명확해지지만, 정당들은 이 과정을 제대로 극복하지 못했다. 철모단은 정당 외부단체들의 비생산적 자기완결성 속에 작용하던 분파적 경향을 효과적으로 극복하는데, 보다 더 긍정적으로 말하면, 정치적으로 확장하는 데 처음으로 성공하였다. 공화국의 초기 건설과정에서 경시되었던 세력들은 — 먼저 이용했다가 다음에 적절히 정리

정책에 찬성, 과도한 외국의 영향 및 풍속의 황폐화에 반대, 이 목적을 위하여 오직 합법적 수단으로 투쟁할 것 등을 기본원리로서 선언하였다.

42) 1928년 9월 2일자 철모단 브란덴부르크 주 지부의 호소문을 참조: "우리는 진심으로 현재의 국가건설, 그 형식, 그 형성과정 그리고 그 본질을 증오한다. … 왜냐하면 국가는 노예로 전락해버린 조국을 해방시키고 독일민족을 엉터리 같은 전쟁배상금으로부터 벗어나게 하며, 동부에 필요한 생활공간을 획득하여 독일민족을 다시 방위능력이 있게 만들려는 … 우리의 전망을 가로막고 있기 때문이다." Wilhelm Kleinau, *Soldaten der Nation. Die geschichtliche Sendung des Stahlhelms* (Berlin, 1933), Anhang S. 56ff. 에서 재인용.

할 수 있으리라 믿었다 — 고립된 단체에서 진정한 정치적 권력요소로 바뀌었을 뿐만 아니라 광범위한 부르주아층을 포괄하는 전투적인 국가 내의 국가로 그룹화되었다. 또 이 세력들은 의식적인 지도부의 지휘 아래 통합작업과 개입활동을 계속했고, 바이마르공화국을 더 이상 자신의 국가로 인정하지 않으려 했다. 그러나 이는 이제 와서 공화국을 우파에 의해 야기된 새로운 내전상황으로 몰아넣을 수 있었다.

이 단체들은 애초에 "붉은" 국가와 정당에 맞서 싸웠으나, 이제 그 적 개념을 바이마르 국가와 그 정당으로 이동시켰다. 이들은 본래 극단적 혁명운동에 맞서 "질서"를 보호하려는 공화국 기관들과 협력하는 과정에서 형성되었으나, 이제 그 실질적 기능을 상실했다. 적 개념의 이동은 이 그룹들에게 전형적으로 나타난다. 전반적 반대분위기는 "전선군인대회"에서 그 지도부로부터 더욱 의미심장한 표현을 부여받았고,[43] 특히 군주주의적·군국주의적인 대규모 집회를 압도했다. 또한 이 분위기는 그 기본이념이 점차 공화국을 침투하여 내부로부터 공동화시킨다는 구체적인 정치적 요구들과 계획들로 채워져 갔다.[44] 국제연맹 가입뿐만 아니라[45] "서방의 일방적"(*westlerisch*) (전쟁배상금) 이행정책에 대한 반대투쟁, 특히 프랑스에 대한 설욕 선전이 거기에 속했는데, 이는 친러시아적 대외정책 및 파시스트 이탈리아에 대한 입장과 결합되었다.

독일인의 생활은 혁명 이후 더욱 심각하게 외국의 영향"을 받게 되었다. 즉, 서구 민주주의의 거부 — 외부의 "적"과 같은 존재인 민주주

---

43) 연맹의 제2인자인 뒤스터베르크(Duesterberg)의 다음 발언을 참조하라: "우리는 독일제국을 위하여 베벨, 에버트 혹은 샤이데만과 같은 사람에게 생명을 불어넣었던 것과 똑같이 정열적으로 이 나라를 사랑합니다"(Bericht der Kölnischen Zeitung v. 1. Juni 1929 über den 10. Frontsoldatentag in München).

44) 여기에 관해서는 Posse(주 V/28), S. 27f.

45) Entschließungen des Bundes-Vorstandes v. 4. Juli 1925, *Ibid.*, S. 38.

의 ―, "국제주의" 및 "민족적이기보다는 국제주의적 경향을 지닌 민주주의"에 대한 반대투쟁,[46] 그리고 어느 정도 공공연한 반유대주의 등은 서로 나란히 진행되었다. 결국 정당정치에 기반을 둔 의회주의, 즉 "의회주의적 긴급합의와 우연성의 전횡"을[47] 권위주의적이고 "독립적인" 국가운영으로 대체하라는 요구가 중심과제로 되었다. 철모단은 이 요구에 기반을 두면서 1929년의 "국민발안"(*Volksbegehren*)[48]을 내세워 후겐베르크-히틀러 전선으로 궤도를 수정하였다. 이는 "제 3제국"에서 이 단체를 더 이상 존속할 수 없게 한 극단적 나치 반대파에 결정적으로 굴복한 것이었다. 나치 반대파는 철모단 및 그 지도부[49] 내에서 다양한 견해차이를 거의 고려하지 않았다.

철모단은 종교적으로 프로테스탄트가 압도적이었고, 사회적으로는 전쟁 이전 부르주아 및 군부의 환경(*Habitus*)을 대표하고 유지했으나, 사회문제와 노동자문제에 대해서는 모순적 입장을 취했다. 철모단의

---

46) Hamburger Stahlhelmbotschaft v. 3. Juni 192, *Kleinau*(주 V/42), Anhang S. 51ff.

47) Berliner Stahlhelmbotschaft v. 8. Mai 1927, *Stahlhelm-Handbuch*(주 V/35), S. 13ff.

48) 〔역주〕 국민발안(*Volksnegehren*) : 국민투표, 국민소환과 더불어 직접민주주의의 요소들 중 하나. 바이마르공화국에서는 제국헌법 제 73조에 따라 직접 민주주의적 요소가 도입되었다. 이 조항에 따르면 국민발안에서 유권자의 1/10이 법안 초안에 찬성할 경우 거기에 대해서 국민투표(*Volksentscheid*)가 시행되어야만 했다. 그리고 여기서 그 법안 초안이 통과되기 위해서는 전체 유권자의 50%가 동의해야만 했다. 1929년 여름에 독일민족인민당, 나치당, 철모단, 전독일연맹 등이 주도하여 결성한 "반 영 안 독일 국민발안 전국위원회"(Reichsausschuß für das deutsche Volksbegehren gegen den Young-Plan)는 '영 안'의 비준을 금지하는 '국민발안'을 제안하였다.

49) 여기에는 각기 다른 환경(*Millieu*) 출신이면서 종종 대립적인 정치적 목표를 위하여 싸웠던 젤테와 뒤스터베르크가 대립되었다. 여기에 관해서는 특히 Theodor Duesterberg, *Der Stahlhelm und Hitler*(Wolfenbüttel-Hannover, 1949), S. 13, S. 38ff. 를 참조하라.

투쟁은 계급투쟁적 마르크스주의에 적용되었는데, 이 애매한 일반개념에는 좌파혁명적 내전에 대한 두려움과 사회주의적 노동조합에 대한 거부감이 투영되어 있었다. 그렇지만 거기에는 또한 개혁주의적 사회주의에 조심스럽게 긍정적인, 그러나 적지 않게 애매한 입장이 대비되었다. 물론 경제평화를 선전하고 동시에 파업을 볼셰비키적 "내전"의 수단으로 악평하면서 불신했으나, 실제로는 친기업가적·사회반동적인 경향들이 전면에 머물렀다.[50]

"독일적 자본주의"라는 경제정책의 이념은 특별히 정해지지 않은 복고적 개념이었다. 이 개념은 철모단을 독일민족 인민당(DNVP)과 나치당(NSDAP)의 사회적 제국주의적인 선전 근처로 이끌었다. 이 선전에 의하면 사회적·경제적 문제의 해결은 일차적으로 국내정책의 진정한 개혁수준에서가 아니라 대외정책적 팽창의 수준에서 기대될 수 있고 또 추구될 수 있었다.[51] 또한 철모단이 예하 노동자 조직을 통하여 관계를 맺고 있던 실제적 노동조합적인 노력들도 직업신분제적인 국가-사회구조라는 이상에 의해서 담지(擔持)되었으며, 일차적으로는 "마르크스주의"에 대한 반대, 즉 여기서는 자유노조에 대한 반대에 집중되었다.[52] 회원의 65%까지 "노동자"로 확인된, 따라서 선전으로 이해될 수 있는 철모단의 통계가 분명 심각하게 받아들여질 필요는 없지만, 경제적·사회적 보호가능성으로 조장되기도 했던 이 영역에서 철모단이 가졌던 어느 정도의 영향력은 부인할 수 없었다.[53]

---

50) Hamburger Stahlhelmbotschaft v. 3. Juni 1928, Posse(주 V/28), S. 37.

51) Berliner Stahlhelmbotschaft v. 8. Mai 1927에 있는 다음의 내용을 참조: "우리 민족의 경제적 사회적 빈궁은 생활공간과 노동공간의 부족으로 야기된 것이다. 철모단은 독일인의 과잉에 이주지역 및 노동지역을 개척하고 이 지역과 본토와의 문화적 경제적 정치적 연결을 생생하게 유지하는 어떠한 대외정책도 지지한다"(*Ibid.*, S. 33).

52) 예전에 사민당의 편집인이었던 철모단 조직가 라우흐(B. Rauch)가 Stahlhelm v. 27. April 1930에서 그렇게 했다.

이처럼 노동조합과 더불어 이 최대의 정당 외부 조직은 자위단체 및 참전자 단체에서 방위단체를 거쳐 명백히 정치적 그리고 급진적 반대파 정당에 의존하는 대중단체로 발전했으며, 이 과정은 조직의 정치적 급진화와 나란히 진행되었다. 예비역 중령인 뒤스터베르크를 동등한 권한을 가진 제 2의 전국 지도자로 선출한 것(1926)은 보다 더 강경한 노선을 보여주는 것이었다. 그는 "애국단체연합"(Vereinigte Vaterländische Verbände)[54] 내의 다른 민족주의적 연합체들과 보다 더 밀접한 결합을 통하여 정당의 외부에 있는 우익 반대파의 결집운동, 즉 "거대한 민족주의 우파" 전선의 선두에 섰다. 이 운동은 "국가지도부의 해방"[55]을 둘러싼 투쟁과 더불어 영 안(*Young-Plan*)[56]과 프로이센주 의회에 반대하는 국민청원을 거쳐 하르츠부르크 전선으로 그리고 마침내 '제 3 제국'으로의 길을 열었다. 물론 철모단이 그 지도자를 히틀러 내각에

---

53) Posse(주 V/28), S. 31.

54) Rüdiger Graf v. d. Goltz, "Die vaterländischen Verbände", *Volk und Reich*(주 II/17), II, S. 155ff. 에 있는 (조직의 세부사항들을 포함한) 개관을 참조하라.

55) Entschließungen des Bundesvorstands v. 19. Januar 1930, Posse(주 V/28), S. 38.

56) 〔역주〕 영 안(*Young-Plan*)은 베르사유조약을 기반으로 배상을 규정했던 도스 안의 요구조건들을 독일이 이행할 수 없는 것으로 보이자, 1928년 말 미국의 경제학자 영(Owen Young)의 주도하에 배상문제를 새로 규정하기 위하여 설치된 국제적인 전문가위원회에서 제시한 배상금 지불계획이다. 이 위원회의 구체적 계획은 8월 헤이그에서 열린 승전국 회의에서 승인되었다. 이 안은 1930년 3월 12일 독일제국의회에서 통과되었고, 5월 17일에는 1929년 9월 1일부로 소급되어 발효되었다. 독일은 영 안에 따라 59년 동안(1988년까지) 1,120억 라이히스마르크(*Reichsmark*)를 분할 배상하되, 라인란트 철수, 제국은행(Reichsbank)과 제국군대에 대한 국제적 통제의 종식을 통한 주권제한의 종료, 그리고 최종적인 지불의 대가로 배상문제의 종식 등을 달성하고자 하였다. 영 안은 1930년의 공황으로 실행될 수 없었고, 1933년에 히틀러의 베르사유조약 무효화 선언으로 효력을 상실하였다.

파견했음에도 불구하고, 독일민족인민당과 나치당이 자신의 극히 특유한 영역을 넘겨주어야 했듯이, 철모단은 불명예스럽게도 돌격대와의 강력한 경쟁에서 순식간에 패배하고 말았다. 젤테의 "전투를 결정하는 전선보병"은 현저히 약화되면서 공화국 말기에 엄청난 비용과 타협으로 자신의 것으로 만들었던 전장을 "경기병"(輕騎兵)[57] 인 나치 친위대에게 거의 싸움도 없이 넘겨주었다. 그것은 특히 활동이 왕성한 청년이 퇴역한 장교들에 승리한 것, 즉 혁명적·전체주의적 민족주의가 복고적·왕조주의적인 민족주의에 승리한 것이었다.[58] 이러한 발전과는 대조적으로 공화국의 운명적 상황은 그 원수인 힌덴부르크가 철모단의 명예회원이자 — 수차에 걸친 그의 개입이 증명하듯이[59] —, 의식적이고 내적으로 의존적인 보호자였다는 사실을 통해서 가장 인상적으로 조명된다.

3. 전투적 투쟁단체들과 온건한 투쟁단체들

청년운동, 전선의 경험, 자유의용병 정신 등으로부터 성장한 단체들은 개관하기 어려울 정도로 많다.[60] 여기서는 이들 중 수적으로 별

57) 예컨대 Der Stahlhelm v. 4. Mai 1930에 실린 여전히 자신만만한 Franz Seldte의 글을 참조.

58) 1929년 이후 황태자도 가족과 함께 자신이 내적으로는 이미 가까웠던 활동적인 철모단의 쇼에 공개적인 동정심을 보였다. 자신의 정계복귀에 극히 본질적으로 반대하였던 슈트레제만의 죽음은 하나의 장애물이 제거되었음을 의미했다. 여기에 관해서는 Herre(주 IV/85), S. 196f. 를 참조하라.

59) 이 책 제 2부(S. 110과 S. 306)를 참조하라.

60) "애국적 단체들"(1929)에서 한 가지 인상이 전달될 것이다. 전독일연맹(Alldeutscher Verband), 민족경제와 공장공동체 연맹(Bund für Nationalwirtschaft und Werksgemeinschaft), 독일 오스트마르크 연맹(Deutscher

로 중요하지 않지만 정치적으로는 나름대로의 특징을 지녔으면서도 그 엄격한 구조와 전투적 이데올로기가 민족주의적·반의회주의적인 반대파의 결집에, 그리하여 궁극적으로는 전체주의 운동의 승리에 나름대로 기여한 몇몇 조직들을 언급하고자 한다. 물론 철모단만큼 효과적으로 일반적인 정치적 활동으로 그리고 "민족적 반대파"와의 협력으로 전환한 조직은 없었다. 이 조직들은 혁명기의 화석으로서 안정화의 시기를 넘겼으나, 세계경제 대공황이 시작되면서 다시금 예전의 활동을 전개할 수는 없었고, 이제는 특히 나치당의 조직들이 이 활동을 넘겨

Ostmarkverein), 독일 식민연맹(Deutscher Kolonialverein), 독일 전함연맹(Deutscher Flottenverein), 독일 방위연맹(Deutscher Wehrverein), 청년독일연맹(Jungdeutschlandsbund)과 다수의 하부조직 및 병설조직들 등은 전쟁 이전부터 있었다. 또 전후 다음의 단체들이 새로 창설(일부는 다시 해체되거나 금지)되었다: 독일 장교연맹(Deutscher Offizierbund), 독일 장교전국연맹(Nationalverband Deutscher Offiziere), 해군장교연합(Marine-Offizier-Verband), 제국장교연맹(Reichsoffizierbund), 독일귀족조합(Deutsche Adelsgenossenschaft), 철모단, 베어볼프, 분트 오버란트, 청년독일십자단, 독일기사단(Deutschorden), 독일기치(Deutschbanner Schwarz-Weiß-Rot), 전선투사연맹(Frontkämpferbund Westküste), 니더작센링(Niedersachsenring), 바이에른과 제국연맹(Bund Bayern und Reich), 바이킹 연맹(Bund Wiking), 레나니아(Rhenania), 올림피아(Olympia), 발틱투사제국협회(Reichsverband der Baltikumkämpfer), 독일제국전사연맹 키프호이저(Deutscher Reichskriegerbund Kyffhäuser), 비행사 동호회(Ring der Flieger), 독일해군협회 연합(Bund Deutscher Marinevereine), 탄넨베르크분트(Tannenbergbund), 도이체-푈키쉬 장교연맹(Deutsch-völkischer Offizierbund), 여성연합(Frauenbünde). 이상은 Goltz(주 V/36), S. 155ff. 에 따름. 그 외에 청소년 운동으로부터 성장한 크고 작은 '새로운 민족주의' 그룹들이 있는데, 이들은—종종 좌우급진주의 사이를 오갔다—니키쉬(Nieckisch), 샤우베커(Schauwecker), 윙어(Jünger), 클라이나우(Kleinau), 페텔(Paetel), 힐셔(Hielscher), 하인츠(F. W. Heinz)와 같은 이름으로 불렸다. 종합적으로는 *Sozialrevolutionärer Nationalismus*(Schriften der "Kommenden"), ed. by Karl O. Paetel〔발행지 출간연도(1930) 미상, 문헌목록 포함〕, S. 82ff. 를 참조하라.

받았다. 이제 그들이 전후세대 계층에게 광범위하게 불어닥친 전투적 · 민족주의적 반대여론에 행한 기여는 들쑥날쑥한 정치적 역할보다 더 중요했다. 물론 그들은 여기서도 독자적 영향력을 획득하지 못했으며, 다만 군사적 지도와 복종의 원리로 귀결되는 반의회주의적 운동의 특수한 효모로만 작용하였다.[61] 이 운동은 독일민족인민당과 뒤이어 나치당을 성공적으로 흡수하거나 혹은 도구적으로 조작하여 자신의 구체적인 권력투쟁에 유용하게 만들 수 있었다.

별로 내세울 만한 특징이 없는 장교단체들 및 애국단체들 이외에 중부독일에서 활동하던 베어볼프나 프랑켄 지방에 본부를 둔 분트 오버란트(*Bund Oberland*)와 같은 폐쇄적 조직들도 있었다. 이들 두 단체는 — 철모단이나 정당의 방위단체들처럼 — 대규모 행진, 군기수여식, 행진보다는 오히려 회원 개개인의 정신적 교육이나 군 스포츠 교육에 더 집중하였다. 자유의용병 활동이 종식된 후 이 두 단체의 구조를 결정한 것은 엄격한 선발원리와 핵심공동체 및 지도자공동체의 체계적인 교육이었는데, 그 교육프로그램은 베르사유 질서의 거부와 '11월 공화국'을 지도자 국가로 변형 · 확대시키는 것이었다. 그들의 낭만주의적 기대는 자본주의적 자유주의, 마르크스주의적 · 민주주의적인 의회주의 그리고 공화주의적 무차별 평등주의를 넘어서 대독일의 완성으로 이해된 판 덴 브룩(Moeller van den Bruck)의 《제 3제국》에서 중요한 부분을 차지했다.[62] 또 대독일은 "공간문제"를 해결함과 동시에 (게르만족의 생존을) 위협하는 이민족의 영향력 증대와 도시화를 종식시키게 될 것이었다. 이 "제 3제국"은 그 공간적 핵심을 북유럽에 두겠지

---

61) 여기에 관해서는 Hans Zehrer, "Das Ende der Parteien", *Die Tat* 24 (1932), S. 74ff. 를 참조하라.

62) Arthur Moeller van den Bruck, *Das Dritte Reich* (Berlin, 1923). 또한 *Das Recht der jungen Völker. Sammlung politischer Aufsätze*, ed. by Hans Schwarz (Berlin, 1932) 도 참조하라.

만, 공간상으로는 크게 넓어지게 될 것이었다. 그리하여 제3제국은 "실제로 자신의 경계를 유지할 뿐만 아니라 자신의 깃발 아래 보호하면서 이 공간에서 살고자 하는 인종적 친족관계에 있는 모든 사람까지도 포괄하게 된다."[63)]

그러한 사고과정에는 사이비 과학적인 일반개념들 ― '아리안적', '인종적 친척관계', '공간' ― 의 특징적 애매모호함이 거의 숨겨지지 않은 사회적 제국주의라는 공격적 이데올로기와 결합되었다. 마치 일반개념들이 나치의 지역학과 인종학을 친근성이 있는 것으로 만들었듯이 말이다. "민족 거주지의 신성함"(*Sakral des Volksboden*)과 "영웅적" 지도자층은 새로운 민족국가에서 신분제적 '종자-지도자 사상'을 실현하려는 방위단체들의 세계관을 구성한 두 가지 기본요소들이었다. 특히 예비역 대위이자 교사인 프리츠 클로페(Fritz Kloppe)가 창설하여 이끌던 "베어볼프, 독일 남성과 전선전사 연맹"에서 이러한 노력들은 종족주의적(*völkisch*), 반유대주의적, 반자본주의적, 그리고 대외정책적으로는 친러시아적 특징을 지녔다. 그들은 1929년에 후겐베르크-히틀러의 국민발안전선(國民發案前線, *Volksbegehrens-Front*)에 가담하지 않았다. 그렇지만 베어볼프는 독자적으로 1929년의 지방자치단체 선거에 개입하려고 하였다. 여기서도 급진적·반공화주의적·반자본주의적인 구호들은 이 단체가 행한 선동의 주류를 이루었다.[64)] 그들은

---

63) Posse(주 V/28), S. 46ff.에 수록된 "Oberlandzeitschrift Das Dritte Reich"에서 인용.

64) *Der Wehrwolf* v. 1(Nov. 1929). 이 글은 "그 당의 자랑스러운 투쟁의 역사를 망각하고 우스꽝스러울 정도의 프티부르주아적 성격으로 항상 노동자 지도자들의 이름을 부당하게 참칭하는 희석된 사회민주주의자들에" 반대하고, "'부르주아층'(*Bürgertum*)이라는 이름을 자랑하면서 선거 때에만 그 소유물과 재산의 손실에 대한 두려움에 호소하는 반면에, 그 밖에는 입을 삐죽거리면서 게으름을 피우는 저 아부 잘하고 속물근성이 있는, 그리고 자유주의적 민주주의적인 사회"에 반대하며, "이 '고귀한 태생자들'의 카스트, 즉 인

전통적인 정당체제뿐만 아니라 "민족적 정당들"에도 반대하여 아래로부터 공동체의 정복을 통하여 만들어질 "제3제국"의 창건을 선포하였다. 즉, 공동체에는 "얼마 후에 다가올 현 유사민주주의체제의 붕괴 후"에 새로운 지도자층이 국가시민으로 성장해야만 한다는 것이다.[65]

규모와 정치적 입장에서 볼 때 본질적으로 더 중요한 "청년독일기사단"은 다른 길을 갔다. 이 단체는 전적으로 그 "단장" 마라운(Arthur Mahraun, 1890~1949)의 개인적 업적으로 보인다. 마라운은 동프로이센에서 카셀로 이주한 관리 및 장교가문 출신으로 일찍이 청년운동의 영향을 받았으며, 현역장교로서 전쟁에도 참가하였다. 그는 다른 여러 (청소년) 단체의 지도자들처럼 의용군 시기와 자위단체 시기를 거쳐 부르주아적인 생활로 복귀한 것이 아니라, 독특하게도 정치영역에서 군인과 같은 생활을 계속하였다.[66] 그는 카셀에서 자신의 의용군을 조직하면서 특히 "참호의 가치"(*Grabenwerte*)를 교육하고, 인격과 단체정신이 정치생활과 국가공동체에 영향을 미치게 하여, 신분, 계급, 이해관계를 넘어서는 (청소년) 단체적 공동체 사상의 정치적 실현에 주력하였다.[67] 마라운의 저작 및 다른 "기사단 형제들" 속에 담겨진 이념들은 낭만주의적 색채를 강하게 띠었고, 또 때로는 경직된 민족주의적 사명을 자각하고 있었다. 비록 이 이념들이 영웅적 혹은 생철학

간이 가장 순종적으로 지시를 받을 수 있는가 그리고 적절한 착취대상으로 유용할 수 있는가에 따라 평가하는 저 과두지배자들의 카스트"에 반대하는 호소문을 포함한다(같은 글, S. 50).

65) 같은 책, S. 51.

66) 마라운의 전기에 관해서는 Vera Gebhardt, *Ideen und Politik des Jungdeutschen Ordens unter besonderer Berücksichtigung des Versuches zur Gründung einer neuen Mittelpartei: Volksnationale Reichsvereinigung, Deutsche Staatspartei* (Diss. Hamburg, 1952) (ungedr.), S. 4ff. 또 Klaus Hornung, *Der Jungdeutsche Orden* (Düsseldorf, 1958), S. 11ff. 를 참조하라.

67) 특히 Arthur Mahren, *Das Jungdeutscher Manifest* (Berlin, 1927), S. 10.

적인 표현을 넘어서까지 구체화되지 못하긴 했지만, 세심하게 건설된 조직은 다른 방위단체들보다 훨씬 더 뚜렷하게 긍정적인 정치적 판짜기 과제에 매진했다.[68] 이 조직은 일찍이 자위단체 및 연합체들과의 자본주의적 이익정책 결합에서 벗어났고—이는 "에셰리히조직", 즉 "오르게쉬 관료"(*Orgesch-Bürokratie*)의 "반동과 금권정치"에 대한 의존성과 거리를 둔 데서 분명해진다[69]—, 마라운 자신이 독일민족인민당을 떠남으로써 정치적으로나 재정적으로나 독립적으로 되었다.

잠정적 금지가 일시적으로는 공화국에 대해 더 강력한 적대상황을 초래했음에도 불구하고, 이 조직은 대다수의 다른 단체들이 피할 수 없었던 극우 민족지상주의적 광신과도 거리를 두었다. 연령구성과 정치적 목표설정에서 차이가 매우 커 보일 수 있었지만,[70] 청년운동과의 선린관계는 부인할 수 없었다. 마라운은 부르주아층과 장교단체가 계급투쟁적인 고위자본과 협력한다는 이유로, 또 철모단이 병사를 희롱한다는 이유로 비판하였다. 1925년 1월에 일시적 접근이 있었으나, 변한 것은 아무것도 없었다.

청년독일기사단은 독일민족인민당뿐만 아니라, 지도자끼리의 갈등, 사회적 지역적 차이로 갈라선 여러 단체들과도 더욱 거리를 두었다. 철모단은 "민족주의적 정당들"에게서 의지할 곳을 찾았고, 나치당은 의회주의적 정당의 외적 성격을 받아들였다. 반면에, "기사단"은 대외정책적 결과와 더불어 러시아에 편향된 공산주의에 반대하는 독일인민

---

68) 여기에 관해서는 Gebhardt(주 V/49), S. 8ff. 에 수집되어 있는 마라운의 수많은 언급들을 참조.

69) Posse(주 V/28), S. 53에 있는 Arthur Mahraun. 또한 그의 선동적인 저작 *Gegen getarnte Gewalten, Weg und Kampf einer Volksbewegung*(Berlin, 1928).

70) Kurt Pastenaci, "Der Jungdeutsche Orden und die deutsche Jugendbewegung", *Süddeutsche Monatshefte* 23, Heft 9(Juni 1926), S. 177ff. 를 참조.

당(DVP)에 접근하였고,[71] 그 결과, 반볼셰비키적이면서 동시에 친러시아적으로 활동하는 철모단, 나치당 및 대다수의 연맹들과는 달리, 독일 대외정책의 서구화 구상에 관심을 기울였다. 결국 기사단은 독일과 프랑스 양국 산업의 밀접한 결합을 모델로 한 양국의 동맹에서 독일의 재상승을 위한 토대를 보았다. 기사단은 인접단체나 정당들이 지녔던 친이탈리아관이나 친러시아관과는 반대되는 이러한 대외정책 구상을 갖고 있어서, 감정상 반프랑스적 동맹 그룹들과 심각한 그리고 손실이 막대한 투쟁에 빠져들었으며, 마침내 최종적으로 특히 슈트레제만의 공화주의 정책에 접근해 갔다.

마라운의 국내정책에 관한 구상들도 본질적으로 그 밖의 민족지상주의적 · 나치적인, 반의회주의적인 그룹들의 그것보다 더 구체적인 출발점을 제공했다. "민족의 통일과 강함의 전제조건으로" 강조된 민족주의가 중심에 있기는 했다.[72] 또 "형제단들"의 조직원리도, 외관상 "형제"와 "너희들"(*Ihr*) 같은 호칭에 알 수 있듯이, 전통주의적인, 거의 종교적 신도행위의 특징을 보여주었다. 그렇지만 기사단은 후겐베르크나 클라스 같은 재정적 지원자나 배후조종자 속에 구현되어 있다고 보았던 "민족주의적 우파" 배후에 있는 "위장권력들"에 대한 투쟁에서 자신의 정치적 · 국가적인 요구를 내세워 왕정복고를 지지한 것이 아니라, 선동과 선전으로 오도된 무정형의 대중에 대한 직접적 · 민주적인 포용과 구성을 지지하였다. 이를 위해 약 2천 명의 시민들로 구성된 "이웃들"(*Nachbarschaften*) (이란 조직)이 정당국가체제를 대체해야 할 것이었다. 그 지도자들은 기사단의 "(단계별) 선거제도"(*Kursystem*)[73]에서 구

---

71) Otto Friedländer, "Die ideologische Front der nationalen Opposition", *Sozialistische Monatshefte* 35(1929), Heft 2, S. 208을 참조.

72) Arthur Mahraun, "Die Arbeit des Jungdeutschen Ordens", *Rüstzeug* 1 〔Kassel, 연대미상(1921)〕, S. 9.

73) 〔역주〕 (단계별) "선거제도"(*Kursystem*) : 마라운이 구상한 대표자 선출방식

현되었던[74] 방식으로 선출되어야 하고, 지역들, 가우들(*Gaue*), 종족지역들(*Stammgebiete*)의 고위 지도자들이 — 제국지도자까지 — 차례로 선출되어야 했다. 고위지도자들은 이 과정에서 선동에 의해서 건설된 계서제를 막기 위하여 각자 개별적인 동의를 주어야 했다.[75]

마지막으로 1929/1930년에 기사단은 《청년독일 선언》(*Jungdeutsches Manifest*)에서 민주적·권위주의적 이상의 결합물로 그려졌고, 개념상으로도 중세적 낭만주의에 의존한 구조적 구상을 포함했던 이 이상국가(관)뿐만 아니라[76] '인민민족주의자 전국연합'(Volksnationale Reichsvereinigung) 내에서 직접적·의회주의적인 국내 정치활동에 필요한 조직강령을 제공했다.[77] 이러한 발전은 공화주의의 권위인 힌덴부르크에 대한 지지에서[78] 기사단 자체에도 강한 영향을 되미쳤고, 또 구

이다. 이 방식에 의하면 '이웃' 사람들이 공동으로 대표를 선출하고, 선출된 대표들은 각각 단계별로 보다 상위의 대표들을 선출한다.

74) Mahraun, *Jungdeutsches Manifest*(주 V/67), S. 135를 참조.

75) 기사단은 유기체적 국가이론에 기초하여 있고, 연합체적 파시스트적 형식으로 치장한 일종의 민주적 운동으로 정의되었다. Heberle(주 III/25), S. 56, 주 54.

76) 이처럼 이 연맹은 독일기사단을 본받아서 다음과 같이 결성되었다. 지방의 "형제단"은 "Großmeister"(기사단장) 아래, "ballei"(기사수도회 대관구) (대략 지방행정관구)는 "komtur"(기사수도회장) 아래, "Großballei"는 "Großkomtur" 아래 있었다. "Großkapitel"은 Großkomtur의 총괄로서 최상부를 형성했다. 여기서 "기사단장"(*Hochmeister*)인 마라운의 권위는 사실상 결정적인 중요성을 지녔다.

77) Arthur Mahraun, *Der Aufbruch, Sinn und Zweck der volksnationalen Reichsvereinigung*(Berlin, 1929), 특히 S. 44. 직접민주주의적인 의미에서 발전된 그들의 조직형식은 *Volksnationale Reichsvereinigung. Der 1. Reichsvertretertag am 5./6. 4. 30*(Berlin, 1930), S. 46ff. 또 제 2권의 S. 77도 참조.

78) 예컨대 Arthur Mahraun, *Die neue Front. Hindenburgs Sendung*(Berlin, 1928), S. 74.

체적인 단기목표를 이용하여 이데올로기적인 장기목표를 현실적으로 변화시킴으로써 공화국에서 더 명확한 정치적 위치를 지정해주는 듯이 보였다.[79] 왜냐하면 이제 기사단은 투쟁의 열정에도 불구하고 사실에 근거한 공정하고 실질적인 노력을 통하여 부르주아적 민주주의 계층 내에서 어느 정도 반향을 얻었기 때문이다. 기사단은 혁명이나 독재와 같은 급진적 수단을 동원하지 않으면서[80] 정당에 염증을 느껴 점차 이탈하던 중간계급의 개혁에 대한 희망을 일깨웠다.

기사단은 사회적으로 "견고하고 생산에 종사하는 부르주아층"에 대한 호소를 통해서 (미래전망이 있는 세력임을) 증명하였고,[81] 또 철모단 이상으로 개인주의적 반금권주의적인 수공업 부르주아층과 소도시 부르주아층의 지지를 받았으며, 연령상으로는 1890년경의 세대를 (청년그룹과 심지어 — 사회활동을 하던 — "청년독일자매단"까지) 포괄하였다. 기사단은 이데올로기적으로 비현실적 · 단체적 · 민족주의적인 후진성을 지녔으며, 회원들의 수(최대 3만 5천 명)도 적었다. 그렇지만 1930년 여름 중간계급을 새로운 국가정당으로 통합하자고 호소하는 결집구호들이 등장했을 때, 기사단은 좌우전선 사이에서 정치적 중요성을 획득한 것으로 보였다. 그렇다면 이처럼 의회민주주의의 "정당지상주의"(*Parteiismus*)에 대한 신랄한 비판의 회피, 즉 "새로운 전선"[82] 내에서 분열을 극복하자는 이 호소는 마지막 순간에 다른 단체들에게 공화국으로의 길을 보여주고, 공황 이후 부르주아적 · 민족주의적 계층에서 나타나기 시작한 나치당의 성공에 대응하려는 것이었을까? 이

---

79) 인민민족주의 제국연합의 강령에 관해서는 Gebhardt(주 V/66), S. 31ff.

80) Mahraun, *Jungdeutsches Manifest*(주 V/50), S. 201ff.

81) Posse(주 V/28), S. 58을 참조.

82) 마라운은 1929년 도르트문트에서 개최된 한 집회에서 이렇게 했다. Erich Eggeling, *Partei oder Bewegung. Der jungdeutsche Kampf um die Staatspartei*(Berlin, 1930), S. 4.

"새로운 전선"은 좌파의 계급투쟁론과 강화되던 "민족적 반대파" (*Nationale Opposition*)의 — 기사단의 "인민민족주의적" 집회에 중도정당의 정치인들도 동원되었다 — 독재선전 사이에서 유권자들의 결집과 조직화에 성공하게 될 것인가?[83] 기사단은 독일민족인민당에서부터 모든 중도정당을 포괄하며 브뤼닝이 첫 정부구성에서 큰 희망을 걸기도 했던 (정당활동의 장에서 벌어진) 이 운동에서 중요한 일익을 담당했다.

4. 당군대(黨軍隊)의 등장

우익 반대파의 광범위한 활동공간에서 다양한 분파로 활동하던 수많은 반(半)정치적 단체들에 맞선 것이 바로 정당조직에 직접 연계된 투쟁단체들이었다. 이들은 자립적인 단체로서 지도자 문제와 대면하려 한 것이 아니라, 그 상위에 있는 정당조직의 목적에 부합하는 도구로서 실제의 정치적 목표들을 관철시키는 데 활용되었다. 좌파에서는 엄격한 당 기구와 사민당, 공산당, 노동조합의 규율이 있어서 독자적인 투쟁단체의 창설이 필요하지 않은 듯했다. 반동적·반공화주의적인 세력들의 조직장악을 막기 위해 노동자의 자경단(自警團, *Bürgerwehr*)[84] 가입을 독려한 〈전진〉(*Vorwärts*)지(紙)[85]의 호소문도 삽화에 불과했

83) 도르트문트 집회에서는 독일민족인민당 노동자계열의 프리츠 발트루쉬(Fritz Baltrusch), 독일민주당(DDP) 의장으로서 에리히 코흐-베저(Erich Koch-Weser), 이 당에 가까이 있는 사무직원 노동조합연맹(GdA: Gewerkschaftsbund der Angestellten)의 지도자 구스타프 슈나이더(Gustav Schneider), 독일민주당과 제국기치의 에른스트 레머(Ernst Lemmer) 그리고 라인바벤 남작(Rochus Frhr. v. Rheinbaben, DVP) 등이 연사로 나섰다. 보다 더 상세한 것은 이 책의 제 2권, S. 128을 참조.

84) Vorwärts v. 30. November 1919.

다. 이와는 반대로 첫 해의 노동자 방위단과 같은 대항단체의 창설은 특히 쿠데타를 선동하는 우익 자경단들에 대항한 보호에 기여하였으며, 공화주의 정당, 특히 사민당과 직접적인 의존관계에 있었다.

이러한 준군사 단체를 이용한 방위는 우익 반대파 투쟁단체들이 더욱 강화되어 1922/1923년에 직접적인 쿠데타 위험을 맞이하면서 비로소 광범위한 형식을 띠기 시작했고, 마침내 "공화국 자위단"(*republikanische Notwehr*) 및 슐레지엔의 "신철모단"(*Neuer Stahlhelm*) — 흑 - 백 - 적 철모단에 대한 대항단체 — 과 다른 선구적인 단체들을 거쳐 1924년에 "참전자 및 공화주의자연맹"(*Bund deutscher Kriegsteilnehmer und Republikaner*), 즉 제국기치 흑 - 적 - 황(*Reichsbanner Schwarz-Rot-Gold*)[86]으로의 길을 열었다. 에르츠베르거(Matthias Erzberger)[87]와 라테나우의 암살에서 예시적으로 잘 보여준 극우 투쟁단체의 선동은 광범위한 공화주의를 기반으로 한 단체가 지향할 수 있고 또 통일적인 모습을 얻을 수 있는 전선의 형성을 가져왔다. 오직 그렇게 함으로써만 중앙당과 독일민주당의 제국기치전선 참여도 설명될 수 있다. 그럼에도 불구하고 노동자 방위단체로부터 성장한 제국기치전선은 특히 사민당의 기반을 확대 · 강화하는 데 기여했다.

활동적인 전쟁세대 및 전후세대, "특히 참전자들"의 모집에서 외관상 군대와 유사한 대형과 엄격한 기술적 구성으로 반대파의 준군사조직들에게 매우 효과적인 경쟁자가 된 것은 지도자 이데올로기를 신봉하는 단체가 아니라, 국가에 충실하고 헌법을 보호하는, 심지어 외국

85) 〔역주〕 〈전진〉은 1876년 10월 1일에 창간되어 오늘에 이르고 있는 독일사민당의 중앙당 기관지.

86) 여기에 관해서는 특히 Friedrich Otto Hörsing (Bundesvorstand des Reichsbanners), "Das Reichsbanner Schwarz-Rot-Weiß", *Volk und Reich* (주 II/17), II, S. 178ff. ; Posse (주 V/28), S. 59ff.

87) 〔역주〕 에르츠베르거(1875~1921) : 독일 기독교 노조 및 중앙당 지도자, 1921년 8월 극우파에 암살.

에 지부를 두기까지 한 대중조직이었다.[88] 그들의 투쟁은 일차적으로 반공화주의적 정당들과 그 준군사단체들의 파괴활동에 집중되었다. 그러나 투쟁은 또한 해체되던 종파집단 및 단체의 민족지상주의적·권위주의적인 유토피아를 파괴하는 데에도 유용했다. 이 단체들은 역설적으로 제국기치가 지켜낸 상태를 극복한 후에 본래 실천하고자 했던 규정을 넘어서 낭만적·영웅주의적인 지도자 국가라는 아직 알려지지 않은 무인지대(*Niemandland*)로, 민족공동체라는 초민주적 독재의 비전으로 나아갔다. 제국기치는 그들이 직접적인 쿠데타나 그 실현 시도로 나아가는 길을 차단하여, 그들을 합법적 재편과 정신적 영향이라는 좁은 길로, 즉 분열된 소수파의 미약한 역할로 나아가도록 강요했다. 이 소수파는 결국 (공화국) 말기에 정당정치의 재편으로 "민족적 반대파"에 흡수되었다.

제국기치라는 대중조직은 공식적으로 350만 명의 회원이 속했으나,[89] 시대의 민주주의에 걸맞은 어떤 것을 갖지 못했다. 이 조직의 존재는 정치적 반목이 격렬함과 국내정치에서 공화국이 끊임없이 위협받고 있음을 의미했다. 그러나 이 조직은 "공화주의자 없는 공화국"과 "전선병사들"의 반(反)공화국 표어 또한 논박하였다. 민주헌법의 유지는 다시금 헌법상의 문제가 아니라, 공공여론 형성의 과제로, 다시 말해서 구체적인 권력의 문제로 확인되었다. 전투적 공화주의 조직은 이미 그 존재만으로도, 그리고 효과적인 궐기대회, 정치적 교육, 격렬한 선거운동, 신뢰할 만한 집회의 보호, 청소년 활동을 통해서 무기이자 통합점으로 될 수 있었으며, 공화주의적 교육에 봉사하는 국가시민적 대중운동의 미래가 오기를 기대했다.[90]

---

88) 여기에 관해서는 *Hörsing*(주 V/86), S. 181에 있는 1926년 제국기치 정관의 제 1조를 참조.

89) Posse(주 V/28), S. 65를 참조.

90) *Das Reichsbanner Schwarz Rot Gold.* Beiträge von Paul Löbe, Philipp

제국기치는 바로 이러한 관점에서 출발하였다. 그 조직은 민주적으로 건설되고 바이마르 연합정당들에 의해서 통제되긴 했지만,[91] 군사적 타격력과 목적정당성이 있는 역할을 겨냥했다. 그러나 그 후인 1930년에 중앙당이 "보수적 개혁"과 우파의 영입을 고백하고, 청년독일기사단이 부르주아적 중도파 및 독일민주당에 접근하면서, 전반적인 정치적 발전은 이들 정당들이 제국기치의 운영을 점차 사민당과 노동조합에 넘기는 단계에 이르게 되었다. 바로 여기서, 국내정치의 투쟁상황에 비추어 볼 때, 바이마르 연합정당들의 협력을 담보했던 하나의 중요한 끈이 해체되었다.

나치 돌격대(SA)의 활동은 (제국기치가 해체되면서) 점차 비워진 공간 속으로 더욱 깊숙이 파고들었다. 돌격대는 거리에서도 나치당의 권력성장이 존중받도록 배려했고, 폭력과 테러로 시민을 협박할 수 있었다. 바이마르공화국 말기에 집회, 행진, 가두투쟁 등 공공영역에서 거의 유일하게 강력한 반(反)제국기치 세력으로 된 돌격대는 오랫동안 철모단의 대중운동 그늘에 가려져 있는 듯했다. 그러나 그 내부에서도 결국 당군대(黨軍隊)는 "민족적 반대파"의 모든 연합단체들과 전사단체들보다 더 강력한 영향력과 더 구체적인 목표를 관철시켰다.[92] 히틀러는 돌격대를 나치당의 "물리적" 권력도구로 조직하여 투입하고자

Scheidemann, Wilhelm Sollmann, Fritz Koch, Robert Breuer, Arno Scholz u. a. (Magdeburg, 연대미상〔1924〕).

91) *Hörsing*(주 V/86), S. 183에 있는 정관 제 25조를 참조.

92) 나치 돌격대와 여타 모든 단체들 및 방위단체들과의 구별에 대해서는 Hitler(주 IV/42), S. 603ff. 를 참조. 히틀러는 돌격대 내에 "운동의 세계관 투쟁을 대표하고 강화하기 위한 도구를 마련하는 것"을 "최고의 과제"라고 지칭했다. 당은 "돌격대가 일종의 방위단체 혹은 비밀조직으로 몰락하는 것을 결코 용납해서는 안 된다"(같은 책, S. 620). 유사한 진술들은 Siebarth(주 IV/39), S. 77ff. 또 Heuss, *Hitlers Weg*(주 IV/37), S. 124ff. 와 Specht(주 IV/29), S. 29ff., 그리고 Mau, "Zweite Revolution"(주 IV/37), S. 120ff. 도 참조.

하였으며, 1930년의 저 극적인 사건들 이후에야 비로소 연합적 속성이 다시금 일시적으로 더 강력하게 등장했다.[93]

"적색전선투사 동맹"(RFB: Rote Frontkämpfer Bund) 또한 돌격대와 유사하게 공산당의 군사적 투쟁조직을 형성했다. 이 연맹은 1924년에 직접적인 혁명기도가 실패로 돌아간 후 철모단이나 할레의 제국기치와 마찬가지로 중부 독일지역에서 결성되었으며, 혁명기의 지역 투쟁조직으로부터 중앙에서 조종하는 공산당의 돌격대(*Stoßtrupp*)로 발전했다. 그러나 이 연맹은 당의 숙청과 손실로 큰 타격을 받았으며, 단 한 번도 경쟁자의 힘에 이르지 못하였다.[94] 나치 돌격대에 비교될 수 있는 이 조직은 방위단체들 혹은 본래 RFB의 창설을 야기했던 제국기치와 달리 정치적으로 독자적 생존을 영위할 수 없었으며, "적색 해군" 및 청년 조직인 "적색 청년전선"(Rote Jugendfront)과 함께 일차적으로 공산당을 위하여 더 많은 노동자층을 모집하고 획득하는 데 이용되었다. RFB에 가입하는 것은 특히 공산당 가입을 위한 첫 걸음으로 생각되었다.

RFB는 "적색분자들"의 "백색분자들"에 대한, 즉 프롤레타리아트의 반동세력에 대한 권력투쟁의 담지자로 간주되었다. 연맹의 견해에 의하면 우익단체에서부터 제국기치까지도 반동세력들이 지배하였다. RFB는 기본적으로 정당으로 나아가는 전 단계에 머물렀고, 진정한 독자적 과제도 없이 당에 도구적으로 종속되어 나치 돌격대 — 나치의 유사한 밀고자 조직 — 가 1934년 "룀반란"(Röhm-Revolte)[95]에 이르기까지 안전하게 유지할 수 있었던 정도의 정치적 자발성과 유효성을 단

---

93) 당시의 상황에 대한 상세한 내용은 Oehme-Caro(주 IV/119), S. 30ff. 을 보라.

94) 여기에 관해서는 Posse(주 V/28), S. 68을 참조.

95) 〔역주〕 히틀러의 명령에 따라 1934년 6월 30일에서 7월 2일까지 돌격대의 지도부를 제거한 사건을 지칭하는데, 여기서는 돌격대의 책임자인 에른스트 룀(Ernst Röhm) 등 히틀러의 정적들을 포함했다. 나치 지도부는 이 작전을 이른바 룀의 반란계획에 대한 예방조치라고 주장했다.

한 번도 발휘할 수 없었다.

공산당과 그 내부에서 각기 모스크바로부터 권력을 위탁받은 간부들은 RFB의 모든 인사와 자료들을 완전히 꿰뚫고 있었으므로, 이 방향에서의 모든 단초들을 잘 알고 있었다. 또 이들은 RFB 내 지도자의 권위 및 그룹의 형성 그리고 아직 제대로 형성되지 않은 구성원 대중들의 영향력 행사를 후원하면서 당 노선의 취지에 따라 조작하거나 압박할 수 있었다. 사민당 및 제국기치에 대한 RFB의 전술과 구호 또한 당 노선에 따라 바뀌었다. RFB가 집요하게 사회주의적 통일전선, 아래로부터의 혁명적 행동전선, 제국기치의 프롤레타리아 구성원들과의 친교 및 조직내부로의 침투를 달성하려 했음에도 불구하고, 여전히 제국기치의 월등한 경쟁에 대항하는 전투적 적대상황이 지배적이었다.[96]

RFB는 그 회원 수가 대략 15만 명으로까지 증가하였다가, 이어 1927년 이후 현저히 감소하였으며, 1929년에는 완전히 금지되었다.[97] 불법화된 시기에 이 단체가 지녔던 정치적 효용성을 평가하기는 어렵다. 그토록 지속적으로 불신당하면서 RFB에 의해서 정열적으로 타도의 대상이 되었던 바이마르공화국의 해체에 비춰볼 때, 확실히 조직적인 어려움들은 비밀단체의 심리적 견인력에 의해 상쇄되었다. 금지된 RFB의 신문은 불법적인 지하활동이라는 익명의 암흑세계로부터 발행되었으며, 점차 증가하던 공산주의 지지대중과 그 적대자들에게 계속 "우리는 여기에 있고, 계속 여기에 머문다"는[98] 것을 확인시켜 주었다. 나치당의 승리가 RFB — 제국기치 및 노동조합과 마찬가지로 — 의 단합된 대응방어에 마주치지 않았음에도 불구하고, 나치 돌격대와

---

96) Ernst Thälmann, "Fünf Jahre Roter Frontkämpferbund" (1928), *Kampfreden und Aufsätze*, ed. by KPD (Berlin, 1932), S. 26ff.

97) *Deutscher Reichsanzeiger und Preußischer Staatsanzeiger*, Nr. 105 v. 7. (Mai 1929).

98) Posse (주 V/28) 에서 인용.

치른 시가전 및 실내전투에서 거기에 관한 몇 가지의 흔적을 찾을 수 있다.

5. 보론: 대학생들의 급진화

위에 개관한 발전의 일반적 징후는 청년의 중요한 부분이 민주주의의 공간 내부가 아니라, 현존 체제와 나란히 또 거기에 대항해서 사회활동을 전개했다는 점이다. 대학생이라는 중요한 문제에 시선을 돌려보면, 이 문제는 더 분명해질 것이다.

특히 학문적 후계자 영역에서 공화국의 심리적 권력손실은 매우 분명해졌다. 대졸자들 대다수는 당시의 사회적 대변혁에 대하여 열등한 계층이라고 느꼈다. 저명한 교수들이 단호하게 공화국에 대한 지지를 선언했음에도 불구하고, 대다수는 새로운 것에 대하여 거부입장을 취했다.[99] 먼저 전시 대학생들은 독일 대학의 상을 각인했으며, 이후의 대학생들도 그들을 모방하였다.[100] 직업의 미래는 안정을 보장받지

---

99) 예컨대 Wilhelm Kahl, Friedrich Meinecke, Gustav Radbruch, *Die deutschen Universität und der heutige Staat*(Referate auf der Weimarer Tagung deutscher Hochschullehrer am 23. und 24. April 1926)(Tübingen, 1926), 특히 S. 38의 결의문 참조. 독일역사서술의 문제상황에 관해서는 Hans Herzfeld, "Staat und Nation in der deutschen Geschichtsschreibung der Weimarer Zeit", *Veritas, Justitia, Libertas.* Festschrift zur 200-Jahrfeier der Columbia University New York (Berlin, 1953), S. 130ff. 와 Meinecke, *Einleitung zu Troeltsch*(주 I/ 44), S. III(1923) 참조.

100) 다음을 참조: Michael Doeberl, "Hochschule und auswärtige Politik", *Das akademische Deutschland*, vol. III(Berlin, 1930), S. 143; Justus W. Hedemann, "Die geistige Strömungen in der heutigen deutschen Studentenschaft", *Ibid.*, S. 386; Franz Schnabel, *Zehn Jahre nach dem*

못했고, 전통적인 위신은 약해졌으며, 냉정하고 허약한 그리고 잿빛의 공화국은 국가개념과 결합된 질서와 위신이라는 옛 관념에 맞지 않았다. 독일의 종족주의적 민족주의(*Völkisch-nationalistisch*)의 관념들과 정당정치적 조직들은 공화주의적 자유주의에 반대하는 과정에서 처음으로 활동공간을 획득하였다. 특히 극우그룹들은 빠른 진전을 이룬 반면에, 민주적 단체들은 거의 활동을 전개하지 못하였으며, 가톨릭 대학생들은 폐쇄적인 정체상태(*Statik*)에 고집스럽게 집착했다.[101]

1926년에 창설된 나치독일 대학생연맹 발두어 폰 쉬락스(NS-Deutscher Studentenbund Baldur v. Schirachs)는 다른 우파그룹과의 협력을 통하여, 특히 그들을 능숙하게 이용함으로써 처음으로 주목할 만한 비중을 차지하게 되었다. 이 단체는 결국 지속적으로 독일 종족주의적 민족주의 성향의 대학생 단체들뿐만 아니라[102] 점차 급진화된 "독일 대학생회"(Deutsche Studentenschaft)의 상층부도 자신의 수레를 끌게 할 수 있었다. 반면에 "독일 대학생 연맹"(Deutscher Studentenbund)과 같은 공화주의적 대항단체의 창설은 특히 국제 대학생 연합회(internationale Studentenkonföderation)의 거의 이해할 수 없을 정도로 강력한 거부 태도로 실패로 돌아갔다.[103]

정치에 대한 무관심은 대다수의 대학생들에게 특징적인 것이었으

Kriege. Rede, gehalten bei der Neujahrsfeier der Badischen Staatsregierung am 1. Januar 1929(Karlsruhe, 1929), S. 4ff.; Paul Schulze-Sysmank, *Das deutsche Studententum von der ältensten Zeit bis zur Gegenwart* (München, 1931), S. 468ff.

101) Rudolf Smend, "Hochschule und Parteien", *Das akademische Deutschland* (주V/100), S. 153ff. 를 참조.

102) 여기에 특징적인 것으로 *Corpsstudentische Monatsblätter, Zeitschrift des Weihheimer Senioren-Convents* 39(1931), 특히 S. 253ff., 300ff., 454ff., 491ff. 등에 있는 표명들을 참조.

103) *Schulz-Sysmank*(주 V/100), S. 481ff.

며, 이어서 "민족적 반대파"의 새로운 상승은 바로 이러한 토양에서 현저한 표현을 얻게 되었다. 지도적 지위를 얻고자 하는 청년이 민주적 국가와 제대로 접촉하지 못했다는 것은[104] 1928년 이후 점차 민족주의적 방향으로 나아간 일련의 스캔들과 소요에서 분명히 표현되었다. 최고 교육장소인 대학의 정치적 프로필을 결정한 것은 한 번도 상징적 힘을 획득한 적이 없는 공화국 제헌일이 아니라, ―발작에 가까울 정도로 고집스럽게 유지한 비스마르크의 신화와 더불어―1월 18일의 "제국창건 기념일"이었다. 그리고 이 틀 내에서 보다 더 약한 몇몇 사회주의적·공화주의적 그룹들과 나란히 우익 대학생 단체들은 총학생회(AStA)의 중앙조직에서 곧 결정적이고 색깔을 좌우하는 우위를 얻을 수 있었다. 이러한 발전에 대한 국가의 대응조치들은 너무 약했다. 프로이센주의 교육부장관 베커(Becker)가 몇몇 이니셔티브를 발전시켰으나, 특히 두 번째로 큰 연방국가인 바이에른에서 그 문제는 거의 완전히 방치되었다. "학문적 자유"는 점차 한쪽에만 이익이 되는 요소로 확인되었으며, 1929년의 총학생회 선거와 더불어 "대학으로의 돌진"이[105] 시작되었는데, 이는 정치의 일반적 발전을 선행하였다.

나치 그룹들은 전역에서 먼저 특히 독일 민족주의적 단체들, 이어서 온건한 단체들을 희생시키면서 전진했다. 라이프치히에서는 1930년 초에 그 의석이 다섯 배나 늘었으며, 얼마 후 그라이프스발트에서 나치 그룹들은 모든 그룹들 중에서 선두에 자리했다. 또 그 밖의 대학에서도 나치 그룹은 강력한 전진을 하고 있었다. 다만 가톨릭이 압도적이었던 지역의 대학들은 잠정적으로 약간의 저항력을 보여주었다.[106]

---

104) 공화국의 이러한 소홀함에 대한 신랄한, 그러나 부정확한 다음의 비판을 참조: Leopold Dingräve, "Warum sind die Studenten so?" *Die Tat* 21, Heft 11(Februar 1930), S. 841ff.

105) 총학생회 선거의 분석에 관한 *Central-Verein-Zeitung*(Berlin), Nr. 48 v. 29. November 1929의 표제.

비록 학문적 좌파그룹이 그 수준을 유지할 수 있기는 했지만, 나치당은 청년단체들 수준에서보다 먼저 대학생단체 영역에서 침투와 동화를 통해서 광범위한 성공을 거두었다. 여기서 그 지지자들의 활동성은 온건한 혹은 정치적으로 무관심한 대학생들의 일상적인 비참여와는 분명한 대조를 이루었다. 이는 여기서도 급진그룹에게 수적으로 부당한 우위가 부여되었음을 잘 보여주는 것이다.[107] 나치당 기관지들은 — 이들은 독일 민족적 학생협회가 스클라렉당(Sklarek-Partei),[108] 즉 사

---

106) *Neue Leipziger Zeitung*, Nr. 240 v. 23. Juli 1930. Kurt Hirche, "Der Faschismus der Studentenschaft", *Die Hilfe* 37, Heft 5 v. 31. Januar 1931과 *Die Tat* 23, Heft 1(April 1933), S. 65 참조: 나치 득표(%).

		1929/30	1930/31
뮌헨	대학	18.4	33.3
	공대	20.0	36.6
에어랑엔		51.0	76.0
하노버		5.0	15.0
뷔르츠부르크		30.0	40.0
브레슬라우		25.4	70.9
베를린	공대	38.0	66.6
	수의대	30.0	50.0
기센		34.2	56.0
브라운슈바익		33.3	45.0
카를스루에		12.0	48.0
다름슈타트		18.0	43.6
그라이프스발트		53.0	60.0
함부르크		16.6	41.7
본		8.8	19.0
로슈톡		27.2	63.6
예나		30.0	66.6
쾨니히스베르크			50.0

107) *Bayerische Hochschulzeitung* 5 v. 5. Dezember 1929에 있는 비판을 참조. 특히 뮌헨에서의 선거과정에 관한 추가 자료들은 Ludwig Franz, *Der politische Kampf an den Münchener Hochschulen von 1929 bis 1933 im Spiegel der Presse*(Diss. München, 1949, ungedr.), S. 51ff.

108) 〔역주〕 스클라렉당(Sklarek-Partei): 유대계 스클라렉 형제(Leo und Willy Sklarek)가 1929년 9월까지 사기로 베를린 시에 약 천만 마르크의

민당과 타협한다고 비난함으로써[109] — 모든 수단을 동원하여 이러한 활동을 후원했다. 그렇지 않으면 나치는 대학 당국을 자극하였고, 이에 선동당한 학생들을 자기편으로 끌어들일 수 있었다. 총학생회의 대학생 자치는 책임있는 기구들의 이러한 관용으로 이미 1930년에 사실상 "나치의 사업을 위한 놀이터"로 되었다.[110] 그리하여 나치당이 1930년의 제국의회 선거에서 대약진을 달성하기 몇 달 전에[111] 치러진 총학생회 선거에서는 우파급진주의가 대승을 거두었다.

이 문제는 뮌헨에서 이미 매우 광범위하게 확산되어 있었는데, 특히 공대 총학생회는 한 편지에서 당시 튀링엔 주의 프릭(Frick) 장관이 예나대학의 인종연구(*Rasseforschung*) 교수직에 귄터(Hans F. K. Günther)를 임용한 것에 대하여 감사하면서 나머지 대학에도 그러한 교수직의 설치를 요구하였다.[112] 이러한 상황은 다음 해(1931년)에 놀라울 정도로 높은 투표참가로 더욱 발전하였다. 이제 나치당은 수많은 대학에서 실제로 이미 총학생회 의석의 다수를 행사하였는데, 특히 공과대학들에서 그 비율은 일반종합대학들을 훨씬 더 상회하였고, 독일민족주의 그룹은 최악의 패배를 당했다. 이로써 나치 학생단체들의 성공은 최고점에 도달하였다. 1932년에는 첫 패배가 시작되었으나, 이는 다

피해를 입혀 유죄판결을 받은 사기사건에 연루된 당, 즉 부정부패당이란 의미.

109) "Sozialdemokratisches Lob für den Münchener Waffenring", *Völkischer Beobachter*, Nr. 281 v. 2. Dezember 1929.

110) *Frankfurter Zeitung*, Nr. 466 v. 26. Juni 1930.

111) 1930년 7월 3일의 뮌헨 총학생회 선거결과 참조: *Bayerische Staatszeitung*, Nr. 152 v. 5. Juli 1930; Franz(주 V/107), S. 58. 또한 Kurt Hirche, "Nationalsozialistischer Hochschulsommer", *Die Hilfe* 37, Heft 33 v. 15. August 1931.

112) *Frankfurter Zeitung*, Nr. 504 v. 10(Juli 1930). 프릭은 대학당국의 의지와는 반대로 "인종 귄터"(*Rasse-Günther*)의 임용을 관철시켰다.

시 독일 민족주의적 단체들에게 유리하게 작용하였다. 특히 같은 해 11월에 나치당의 득표수 감소는 대학들에서 명확하게 반영되었다.113)

어쨌든 바이마르공화국의 정당 외부 및 의회 외부의 공간은 정치적, 반(半)정치적, 반(半)군사적 그룹들, 연맹들, 조직들의 대립과 혼란으로 채워졌다. 대연정의 붕괴, 대통령 비상령 정권의 시작, 1930년 9월의 돌격선거(*Sturmwahlen*) 등과 더불어 오랫동안 잠재해 있던 정당국가적 의회주의의 위기가 공공연하게 발생하였다.

---

113) 개별적인 것들은 Franz(주 V/107), S. 71. 이 해에 일어난 수많은 민족주의적 대학생들의 소요에 관해서는 예컨대 같은 책, S. 73ff. (Krawalle gegen Prof. Nawiasky in München). 그리고 덴 교수(Prof. Dehn)를 둘러싼 논쟁은 *Kirche und Völkerversöhnung. Dokumente zum Halleschen Universitätskonflikt, mit Nachwort von D. Günther Dehn*(Berlin, 연대미상〔1931〕)과 ― 반대로서 ― 다음의 캠페인: *Hallesche Universitätszeitung*, 특히 Nr. 4와 Nr. 5 v. 3. 와 15. Februar 1932; *Die Sturmfahne, Hochschule und Nationalsozialismus*, ed. by NSDStB, Kreisleitung IV (Mitteldeutschland), (Januar 1932); *Corpsstudentische Monatsblätter* 39 (1931), S. 496ff. 이 경우 (기독교적 동기에서의 군복무 거부) 나치단체들과 독일민족적 단체들은 같은 목표를 지향했고, 굼벨(Gumbel) (하이델베르크), 콘(Cohn, 브레슬라우), 테오도어 레싱(Theodor Lessing) 교수의 경우에도 만찬가지였다.

제6장

이데올로기와 사회구조

바이마르공화국의 조직적·제도적 구조의 배후에는 여러 복합적인 관념들이 작용하였는데—이것은 앞의 고찰에서 드러났다—, 이 관념들은 정치활동과 사회적 변화의 동력으로서뿐만 아니라 그 도구이자 담지자로서 가늠하기 어려운 중요성을 지녔다. 뿌리 깊은 이데올로기적 구상과 노력을 기반으로 한 대립관계는 교조적이고 경직된 독일정당체제의 성격뿐만 아니라 비밀정당과 유사한 집단화 경향 전반에도 그러한 독특한 (대립적) 성격을 부여했다. 만약 이러한 사실이 강조된다면, 세계관을 기반으로 한 집단화 경향들의 강점과 정치적 운동능력 또한 과대평가되지 않게 된다. 타협을 제약하는 세계관과 계급에 기초한 정당들과 근본적으로 타협능력이 없는 투쟁운동(단체)들은 정상적인 민주주의의 실천적 조정문제에 대한 통찰보다는 오히려 역사적·전통주의적인, 심리적·권력정치적인 성격의 원칙적인 고려에 입각하여 그들의 사회적 결속, 제도적 차별화, 그리고 정치적 활동을 뒷받침했다.

정치무대는 여러 가지 요구와 주장, 구호와 선언이 혼란스럽게 뒤죽박죽되어 있었으며, 이러한 혼란한 상황은 정당들과 단체들의 활동영역으로 보인다. 그러나 이러한 상황을 정리하려는 어떠한 시도도 정신사적이고 이데올로기 비판적인 범주 및 개념의 형성에서 어려움에 봉착하게 된다. 만약 누군가가 순전히 동기들에 대한 문헌분류와 해석을 넘어서려면, 또 사상들과 구상들을 사상사적으로 배열하는 데 국한하지 않으려면,[1] 그는 정치적 비중을 규정하는 일, 즉 이데올로기를 정치적 권력투쟁의 여러 담지자들과 구성요소들에 귀속시키는 일을 포기해서는 안 된다. 특히 정치이념들, 그리고 정당그룹들에 의해서 그러한 방향으로 발전된 집단 이데올로기의 합리적 구성요소들과 감성적 구성요소들은 서로 구별되어야 하고 또 그들의 상호관계가 고려되어야 한다. 이들은 특히 사회적 실제의 작용, 즉 그 형성에, 그리고 기존 권력관계의 형성, 유지 또는 변화에 기초해 있었다. 그리고 개인적 생각에서 나온 대담한 착상들은 정치적으로도 중요했다. 또 이 이념들을 사회 실제의 집단적 의지방향과 조화시키고, 출판을 통하여 공공영역에 각인시킨 것은[2] 그러한 방향이 역사적 의미를 획득할 수 있는 토대를 제공했다.

1. 정치의식의 위기

바이마르공화국에서 다양한 정치의식의 흐름들은 사회적 논쟁 및 노력들과 밀접히 상호작용하면서 변화를 거듭하였다. 그러나 여기서 이 흐름들은 프랑스혁명, 민족주의와 자유주의 운동 그리고 산업혁명 이후 정치생활의 중요한 사회적 구조변동에 뒤이어 19세기를 형성했던 여러 형식들과 연결되었다. 이들은 대중국가의 점진적 확대, 이 국가가 제 1차 세계대전에서 행했던 최초의 총체적 동원, 그리고 끝으로

1) 보수적인 이데올로기의 영역에 대하여 참고문헌상의 개요로서 공적이 있는 아르민 몰러의 책은 이러한 정리를 잘 제공한다. Armin Mohler, *Die Konservative Revolution in Deutschland 1918-1932. Grundriß ihrer Weltanschauungen* (Stuttgart, 1950).

2) Wilhelm Carlé, *Weltanschauung und Presse. Eine soziologische Untersuchung* (Leipzig, 1931), S. 11ff. 은 훌륭한 접근법을 제공한다.

유럽 국제관계의 위기, 특히 신생 독일 공화국이 불분명한 상황에 적응하려 한 형식들이었다.[3] 정치사상이 세속화·합리화된 후에는 자족적인 국가는 가장 높은 가치로 되었다. 관찰자들이 국가에게 (자유주의적 야경국가에서처럼) 수동적 보호역할, (보수적 신분제국가처럼) 계서제적 질서유지의 역할을 넘기려 했건 혹은 사회주의적 의미에서 능동적으로 변화시키고 통제하는 역할을 넘기려 했건 간에, 그들의 사색과 노력은 국가의 규정에 집중되었다. 그들은—자연법적, 민주적, 합리주의적인 선구자들의 결정적 제안에 따르면—국가의 과제가 "자연적 질서"의 실현에 있다고 보았다. 여기서 자연적 질서란 정치적 지배체제의 전통적·종교적인 강제조치들을 계속 근대적인 존재조건 및 사유조건에 맞게 형성시키고, 이들을 합리적 근거가 있는 지배체제 형식으로 전환할 수 있게 하는 것이었다.

이들은 근대사회에서 거대한 사회적·정치적 해방운동이 권력을 획득하려는 노력의 근거를 제시하고, 그러한 권력추구를 정당화시키는 데 유용한 사상이었다. 보수주의 또한 거기에 맞서 정력적 방어를 펼쳤다. 보수주의는 이 투쟁에서 비로소 자신을 의식하게 되었으며, 이로써 이론적으로 사상의 한 지류로서 파악되기 시작했다. 엄청난 인구의 증가, 경제의 혁명적 팽창 그리고 노동관계의 변화 등으로, 전통주의적 정당성(正當性) 관념들은 모든 정치적 지배와 형성의 기반이자 동의의 표시인 인민주권 요구에 밀려나 수세에 몰린 듯했다. 마키아벨리의 처방에 따른 정치권력의 자기편 만들기는 민주주의 운동을 승리의 길로 들어서게 했고, 또 근대의 모든 정치체제들은—그 외적인 국가형식에도 불구하고—결국 이 길을 인정해 주어야만 했다. 전통의 신성함을 빙자한 지배권의 남용에 대한 혁명권, 즉 저항권은 기본권의

---

3) 여기에 관해서는 Hermann Heller, *Die poltischen Ideenkreise der Gegenwart* (Breslau, 1926), S. 19ff. 를 참조. 또한 Trumpler(주 IV/5), S. 40ff. 에 있는 간단한 개관도 참조.

자유주의적·사회주의적 이데올로기뿐만 아니라, 모든 인간의 자유와 평등에 대한 요구에서 국가를 전(全) 시민의 의지 분출로서 정의하고, 완고한 군주주권에 맞서 인민주권을 정당화시켜 주기 위한 출발점이 되었다.

그러나 민주주의 발전의 두 요소인 자유주의와 사회주의는 이 분화과정에서 — 즉, 확대된 세계가 당면한 구체적인 정치적 문제들과 벌인 이러한 씨름과정에서 — 점차, 그렇지만 겉으로만 양보하는 듯이 보이는, 보수진영의 강력한 저항에 부딪쳤다.[4] 바로 이 진지의 깊숙한 곳으로부터 정력적인 반격이 시작되었다. 특히 정통주의적·권위주의적인 사상은 민주주의 이념의 승리를 막기 위한 반격에 나섰다. 이 사상의 영향력은 양측에 무기를 제공한 이데올로기에 의해서 곳곳에서 강화되었다. 민족주의는 혁명적이면서 동시에 복고적인 특징을 지니고 있어서 이 사상의 범주들 중 가장 강력했으며, 또 갖가지 논쟁의 장을 지배했다. 신성시된 왕조가 붕괴하고 민족주의가 패배하자, 이 논쟁들은 사방에서 공격받고 있던 (바이마르) 공화국을 발판으로 삼아 다시 한 번 정점에 도달하였다.[5]

당시 문학과 언론은 이렇게 꾸준히 커지던 이념과 이데올로기의 갈등에 대한 인상을 "현대세계의 위기"라는 표제어로 종합하였다. 정치

4) 여기에 관해서는 Mannheim, "Das konservative Denken", *Archiv für Sozialwissenschaft und Sozialpolitik* 57 (1927), Hefte 1과 2; Peter Richard Rohden, "Deutscher und französischer Konservativismus", *Die Dioskuren* (주 V/1), III (Grundideen des politischen Lebens der Gegenwart), S. 94ff.

5) 여기에 관해서는 Reinhard Wittram, *Nationalismus und Säkularisation. Beiträge zur Geschichte und Problematik des Nationalgeistes* (Lüneburg, 1949), 특히 S. 72ff.에 있는 일반적 언급을 참조. 특정부문에 대해서는 카우프만〔aufmann (주 I/40)〕 연구가 출발점을 제공한다. 물론 이 연구는 관점이나 사료에 따라 독일민족적인 왕조주의에 한정되어 있으며, 그 대상의 광범위한 사회적 심리적 평가를 포기했다.

적 세계관의 대립은 해결되지 못하고 결국 제 2차 세계대전이라는 파탄에서 잘 표현되었을 뿐이었다. 비록 이 대립이 세계정치의 보편적 현상이긴 했지만, 위기의 독일적 변종이나 이와 관련하여 많이 언급되었지만 정체가 불분명한 "독일적 성격"(*deutscher Charakter*)[6]은 특별한 비중을 차지했다. 왜냐하면, 1945년과는 전혀 다르게 일반적 정치의식은 1918년의 붕괴에서 그에 상응하는 평가를 냉정하게 이끌어 낼 수도 있었을 최종적 패배를 결코 인정하지 않았기 때문이다.[7] 독일에서 민주주의를 건설하고, 그것을 실질적인 권력관계에 맞게 유럽정책 속에 편입시키려는 작업에는 항상 조급함과 (감정적) 격앙이 수반되어 상황을 어렵게 하였다. 동시에 그러한 흥분의 계기들은 패배한 우파의 '등에 칼 꽂기 전설' 주장 및 실망한 좌파의 혁명적 예언에 이용되었다. 또한 그것들은 "신민족주의"의 철학으로 압축되었으며, 공화국의 적대자들에 의해서 의식적으로 강화되었다. 이는 곧 현실주의적 타협

---

6) Willy Hellpach, *Der deutsche Charakter* (Bonn, 1954), 특히 S. 108ff. 를 참조. 또한 프랑스 측에서 나온 극히 방대한 전체적 해석인 Edmond Vermeil, *L'Allemagne contemporaine, sociale, politique et culturelle*, T. II: La Republique de Weimar et le Troisième Reich (1918~1950) (Paris, 1953). 현재에 관해서는 Alfred Grosser, *Western Germany from Defeat to Rearmament* (London, 1955) (불어 초판: *L'Allemagne de l'Occident* (Paris, 1954)).

7) 이러한 딜레마의 정신적 심리적인 표현형식에 대해서는 Gerth Schreiner, *Die Republik der vierzehn Jahre* (Bilthoven, Holland, 1939), S. 32ff (특히 청년운동, 교육 그리고 문학)을 언급할 수 있겠다. Bernhard v Brentano, *Kapitalismus und schöne Literatur* (Berlin, 1930)이 도움이 될 수 있는 이러한 민주적 문화결산에 대한 민족주의적 대립물로서 라이엔의 저작이 언급될 수 있다: Friedrich v. d. Leyen, *Die Forderung des Tages-Das neue Reich. Eine Übersicht über die deutsche Dichtung der letzten Zeit* (1925/1930) (Jena, 1931). 여기서는 "탈주병식 사고"(*Deserteurgesinnung*)에 "독일깃발을 되찾고자" 하는 "진정한" 독일적 시가 대비된다(S. 38). 이러한 연관관계 속에서 독일 역사서술의 문제점에 관해서는 Herzfeld (주 V/99), S. 130ff.

이 견고히 되는 것을 방해하고, 상황을 계속 유동적으로 유지시키면서 권위주의적이고 전체주의적인 미래의 비전에 길을 터주기 위한 것이었다.[8] 사려깊은 정치가들과 관찰자들은 온갖 수단을 동원하여 여기에 대응했으나, 여론시장은 투쟁을 주장하는 갖가지 공격적 발언과 바램으로 넘쳐났다. 이 발언들은 최근의 역사 및 그것의 정치적 이데올로기적 결과들에 대한 비판적 평가에 공간을 제공한 것이 아니라, 전쟁의 결과에 반대하는 조급한 저항에 끊임없이 새로운 자양분을 제공했을 뿐이다.[9]

19세기의 독일 자유주의는 국내정치를 형성하고 개혁할 수 있는 힘을 민족주의 사상에 빼앗겼으나,[10] 사회주의의 발전에 그 흔적을 남겼다. 19세기는 민족주의 사상이 특히 서방 민주주의의 경험과 제안을 자신만만하고 오만하게 차단한 과정이었다. 게다가 독일인들은 전쟁의 패배를 예상하지도 못했고, 패배를 인정하려고 하지도 않았으며, 그로부터 국내외 정책에 파생된 모든 결과들을 받아들이려 하지도 않았다. 이러한 차단과정은 독일인들의 저항으로 더욱 심화되었고, 결국 거대한 정치적 흐름들 사이의 논쟁을 민족주의적 고립이라는 좁은 공간으로 몰아넣었다. 여기서 이 흐름들은 중재되지 못하고, 따라서 거의 불가피하게 걷잡을 수 없을 정도로 강렬하게 서로 충돌하였다. 그러한 상황에서 신중한 배상이행정책의 대표자들조차도 (자신의 입장에 대한) 공개적 고백으로부터 국제적 관계의 냉정한 평가로 물러섰

8) 이 "신민족주의" 철학의 반동적인 기본특징에 대한 당시대인의 평가는 다음의 책에 포함되어 있다: Walter Gerhart (Waldemar Gurian과 동일인), *Um des Reiches Zukunft, Nationale Wiedergeburt oder politische Reaktion*? (Freiburg I. Br., 1932) (eine Analyse des deutschen politischen Bewußtseins nach dem ersten Weltkrieg), 특히 S. 199ff.

9) 한 가지 사례: Edmund Schultz und Friedrich Georg Jünger, *Das Gesicht der Demokratie* (Leipzig, 1931) (특히 윙어의 서문, S. 1ff.).

10) 여기에 관해서는 현재 Sell (주 I/2), S. 49ff., 209ff., 254ff.

다. 즉, 이들은 좌우의 급진적인 정치적 요구와 약속이 위험스러울 정도로 유토피아적인 성격 혹은 상대성을 지녔다고 평가했다. 급진적인 이데올로기들은 바이마르공화국의 거의 모든 국면에서 (활동) 공간을 마련할 수 있었다. 비록 외적 안정과 번영의 5년 동안에 의회정치의 현실에 대한 이데올로기의 영향력이 외관상 줄어들었다고는 하나, 지속적인 정부의 위기는 정치적 대중매체의 끝없는 세계관 투쟁보다 더 분명하게 이데올로기적 갈등상황의 지속을 확인시켜 주었으며, 이 투쟁은 모든 변화들을 집요하게 따라다녔다.[11]

2. 이데올로기적 흐름들

전후시기의 이데올로기적 대립전선은 고래의 모든 분화를 넘어서 더 포괄적으로 그룹화되었는데, 거기서는 민주주의와 독재라는 두 거대한 권력구조 형식들이 서로 격렬하게 대립하였다. 제 1차 세계대전은 점차 민족주의적·제국주의적 갈등으로부터 이데올로기 전선들 사이의 첫 힘겨루기로 발전하였다. 겉으로 보기에 이 두 전선은 헌법이론상의 구조적 특징들을 지녔지만, 실제로는 국가들의 사회구조와 국내정치의 생활형식에 관련되었다. 이 문제는 전쟁의 종식과 더불어 향후 정치적 논쟁의 결정적 지렛대로 되었다. 처음에는 민주주의 원리가 유럽의 반(半)절대주의적 왕조들에 대하여 완벽한 승리를 거둔 듯했다. 군주정과 공화정의 비율은 1914년에 17대 3에서 1918년에 13대 13으로 바뀌었다. 나중에는 터키, 스페인 그리고 일시적으로는 그리

11) 여기에 관해서는 Carlé(주 VI/2), S. 51ff. 에 있는 분석을 참조. 또한 Sydney L. W. Mellen, "The German People and the Postwar World. A Study Based on Election Statistics, 1871-1933", *The American Political Science Review* 37(August 1943) 도 참조.

스도 공화국의 편에 섰다. 그러나 그러한 형식적으로 구별된 특징들은 곧 민주주의와 독재 사이의 보다 더 깊은 대립 배후로 밀려났다. 이러한 발전의 결과 고전적 특징을 지닌 민주주의는 제2차 세계대전이 발발할 때까지 불과 9개국에서만—이들 중 6개국은 군주정, 3개국은 공화정—유지될 수 있었다.[12)]

현대 민주주의는 그 승리의 순간에 가장 심각한 위기상황에 빠져들었다. 실제로 전쟁의 경과와 종식은 이러한 발전을 결정적으로 가속화시켰다. 보통선거권, 여성투표권, 의회주의 등은 실행가능하고 민주적인 신질서를 보증할 터였다. 그러나 이들은 전쟁의 영향으로 발생한 긴장들과 심리적·경제적·사회적 부담들의 압력 아래서 반대파 운동의 출발점이자 효과적인 지렛대로 되었다. 반대파 운동은 아직 그 원인이 규명되지 않은 어려움들에 대한 모든 책임을 민주주의의 승리 혹은—특히 독일에서처럼—붕괴된 왕조의 계승자 역할을 맡은 쪽에 떠넘기려 하였다. 파산자가 아니라 청산자 책임론도 대두되었다. 게다가 정치적 책임에 참여했던 대중은 이제 전쟁에서 위로부터의 강경한 조치들과 권위주의적인 권력집중의 효율성을 배웠고, 독재에 유사한 정부에 익숙해졌다. 그리하여 매우 경직되고 (권력이) 중앙에 집중된 정부, 그리고 어렵고 시간이 오래 걸리는 의회주의적 협상의 영향을 받지 않는 정부에 대한 요구는 열렬한 반응을 얻었다.

강한 지도자, 그리고 일반적 곤궁으로부터, 점차 약화되어 아마도 별 의미 없는 현재의 이익 및 이념 대립으로부터 (국가의) 구원자로 될 거대한 통합정당, 이들은 바로 루덴도르프의 군사독재 및 조국당[13)]의 여러 노력에서 첫 단초들이 형성되었다. 이들은 이어 1920년

---

12) 여기에 관해서는 Herzfeld, *Die Moderne Welt, 1798-1945*, II. Teil(주 I/30), S. 210; Maurice Baumont, *La Familité de la Paix*, vol. II(Paris, 1951), S. 551.

13) 〔역주〕 독일 조국당(Deutsche Vaterlandspartei): 전쟁중인 1917년에 제국

의 선거에서 자유주의적·민주적인 세력의 현저한 약화와 민족주의적·복고주의적인 세력의 엄청난 성장을 가져왔고, 나아가서 1920/1921년과 1923년의 전복시도에 이르기까지 급진적 욕망을 강화시켰으며, 통화와 경제가 안정된 후에야 비로소 그 직접적인 정치적 영향력에서 일시적으로 후퇴하였다.14)

독일공화국은 이미 심각한 위기에 처하긴 했지만, 처음에는 민주적이고 자유로운 구조를 유지할 수 있는 듯이 보였다. 반면에 유럽의 강대국에 속한 소비에트 러시아와 파시스트 이탈리아에서는 독재국가의 경향이 관철되었으며, 당내의 극단적 견해차이로 위협받던 중앙집중화된 권력이 전체주의적인 일당(독재)정권을 수립하는 데 성공하였다. 반면에 독일에서 민족감정은 상처를 입긴 했지만 낭만적으로 매우 고

의회의 평화결의에 반대해서 창당된 극우정당. 주요 창당 인사로는 바이마르공화국 초기에 반란을 일으킨 카프(Wolfgang Kapp), 해군제독 티르피츠(Alfred von Tirpitz), 기업가 후겐베르크(Alfred Hugenberg) 등이 포함되었으며, 전독일연맹적·민족주의적인 목표를 지향하였다. 또한 제 1차 세계대전을 종식하기 위한 평화조약에 강력히 반대하였다. 1918년 12월 10일 해체되었으나, 독일인민당, 나치당 등 극우정당들에 의해서 계승되었다.

14) "창조적이고 강력한 인물"에 관한 모든 문헌은 지도자 이데올로기가 어떻게 민족주의적 독재운동을 넘어서 부르주아적 보수적-기독교적인 국가사상 속으로 침투해 들어갔는지를 증명하며, 바이마르공화국 말기에 정치적 이념시장을 지배하였다. 여기에 관한 한 가지 예는 논문집 *Das Erbe der Väter. Wegweiser zum Geistesvermächtnis deutschen Führertums*, ed. by Karl August Walther and Albert Böhme(Stuttgart, 연대미상). 위기의 문제를 특히 "지도자의 부재"로부터 해석하는 많은 논문들에 다른 사람들과 더불어 힌덴부르크, 루터(Hans Luther), 셰퍼(Dietrich Schäfer), 셰어(Admiral Scheer), 마라운, 슈펭글러, 젤테, 슈프랑어, 슈타펠 등이 참여하였다. 그 반대편의 것으로는 Martin Leinert, *Volksstaat oder Diktatur. Eine Untersuchung auf dem Grund der deutschen Tradition*(Gotha, 1930), S. 48ff. 가 언급될 수 있다. 또 논문집 *Prozeß der Diktatur*, ed. by Otto Forst de Battaglia(Zürich/ Leipzig/ Wien, 1930), S. 81ff.

양되어 있었고, 동시에 세계정책적인 소명의식에 기초해 있었다. 이 소명의식은 근대화되고 자결능력이 있는 거대국가로 나아가려는 욕망에서 나온 것이었고, 또 집중적 대중선전, 세련되고 조작된 국민투표와 조종된 통합욕구라는 수단을 지녔다. 독일은 10년 동안이나 의회민주주의의 실험을 계속하였으나, 그 이념은 대중적 기반이 극단적 남용으로까지 변질되었고, 결국 신성한 것으로 인정된 지도자와 그의 독점적인 통제기재의 도구로 되었다.

나치즘의 독재 이데올로기와 지도자 이데올로기가 이용한[15] 세계관 이론들 중에서 인종사상과 그것의 일차적 변종인 반유대주의가 특히 활발한 영향력을 전개했다. 이제 경제적·사회적 증오의 전선은 18~19세기의 해방운동과 더불어 유대인의 종교적 고립과 차별보다 앞자리로 옮겨졌고, 이어 초이성적이고 사이비 과학적인 새로운 공격의 물결로, 인종적 반유대주의라는 생물학적 박해종교로의 길을 열었다. 이 흐름과 그것의 무자비한 이용 및 채찍질이 독일 전체주의의 형성과 최종적 승리에서 어떠한 역할을 하였는지는 그사이 여러 차례 증명되었다.[16] 여기서 판단의 기준으로 삼을 수 있는 것은 "최종해결"[17] 이라

15) 나치즘의 정신사적 토대 문제에 관해서는 Edmond Vermeil, "The Origin, Nature and Development of German Nationalist Ideology in the 19th and 20th Centuries", *The Third Reich*(주 IV/59), S. 3ff. 와 이 책의 제 1부 전체. 나아가서 Friedrich Glum, *Philosophen im Spiegel und Zerrspiegel, Deutschlands Weg in den Nationalsozialismus und Nationalsozialismus* (München, 1954), 특히 S. 15ff., 77ff., 220ff. 사회심리적 종교심리적인 측면에 관해서는 Ertel(주 IV/8), S. 25ff.

16) 여기에 관해서는 특히 Hanna Arendt, *The Origins of Totalitarianism*(New York, 1951), 특히 S. 301ff. 이 책이 항상 신뢰할 수 있을 정도로 근거를 제시하고 있지는 못하며, 동시에 약간은 일방적으로 반유대주의로부터 "전체주의적인 것"을 이끌어내는 데 중점을 두고 있다. Eva G. Reichmann, *Hostages of Civiliyation. The Social Sources of National Socialist Antisemitism*(Boston, 1951).

는 계획적 절멸정책에서 보인 반유대주의의 수미일관된 과잉과[18] 바이마르공화국의 이데올로기적 대립에서 드러난 반유대주의의 규모와 효과여야만 할 것이다. 왜냐하면 반유대주의의 (인종) 차별적이고 대중의 가장 원시적인 이기주의와 투쟁본능에 호소하는 불관용은 민주적 타협의 사상에 배치되었을 뿐만 아니라, 극히 일반적으로 불만감의 결정점(結晶点, *Kristalisationspunkt*)으로, 모든 정치적 영역에서 선전적 투쟁 및 이데올로기적 배타성의 기준점이자 추진체 그리고 훈련장으로 되었기 때문이다.[19]

실제로 반유대주의는 독일에서 최대의 정치적·세계관적 관철능력을 발전시켰는데, 경제적·사회적 구조에 대한 언급만으로는 이 사실을 제대로 설명할 수 없다. 이 사실은 오히려 반유대주의가 전체주의적 행동계획과 구성계획을 통해서 민주적 사회의식 및 국가의식을 파괴하는 데서 차지하는 전술적·전략적 중요성을 증명해 준다. 전체주의적 운동이 적과 동지라는 극단적 이데올로기를 통하여 사회적, 정신적, 종교적으로 위기의식에 휩싸인 당대인들에게 제공한 것은 "속죄양의 철학"이라는 편안한 탈출구였다. 이는 불쾌감과 실패, 공포와 분노의 근거를 잘 묘사하여 손쉽게 특정의 소수 그룹에 뒤집어씌우려는 아주 오래된 심리적·의식적인 욕구였다. 모든 박해의 기반이 된[20] 이

17) 〔역주〕 최종해결(*Endlösung*) : 나치시기에 독일의 권력자들이 국내 및 점령지에서 유대인의 계획적 추방과 학살을 지칭하기 위하여 사용한 용어로 홀로코스트의 계획과 실행에 대한 완곡한 표현이다.

18) Gerald Reitlinger, *The Final Solution. The Attempt to Exterminate the Jews in Europe 1939-1945* (London, 1953), 특히 S. 183ff에서 포괄적으로 다루고 있다.

19) 예컨대 논문집 *Der Jud ist schuld …?. Diskussionsbuch über die Judenfrage*, Teil I und II (Basel, 1932)는 토론의 모든 전선을 가로지르는 교훈적인 횡단면을 전달한다. 여기서 분석, 고백, 선전주의 등은 모든 정치적 세계관적인 진영으로부터 종합되었다.

20) 여기에 관해서는 Elisabeth Liefmann, "Der Sündenbock und der Schatten",

욕구는 결국 위기의 탈출구로, 문제를 극도로 단순화시킨 사람(*terrible simplificateur*)의 수중에 있는 가장 예리한 무기로 되었다. 여기서 실망, 적응의 어려움, 현실적인 문제의 부정, 그리고 이해할 수 있는 비이성적 공격성 등은 증오감으로 귀결되었다. 이 감정은 집단적인 언어로 바깥으로 표출되었고, 더 힘든 인간 내적인 논쟁을 회피하려 했다. 사실에 입각한 논쟁의 억압과 진정한 문제점의 은폐는 계속 누적되어 갔고, 외부로 자유롭게 공격적인 행동에 나설 수 있게 하였다. 예전에 집단화된 인간이 이단자들 속에서 느꼈던 자신의 종교적 의구심, 즉 마녀들 속에서 보이는 생활의 모순성에 반대해서 싸웠듯이, 이제 자신이 겪고 있는 갈등을 다른 그룹들과 생활형식들에 대한 감성적 투쟁으로 이전시켰고, 앞으로 도망침으로써 생존의 위기를 잊으려 했으며, 차별, 박해, "낯선 사람들"—타자—의 절멸에 도취되어 그것을 대체하려고 하였다.

반유대주의는 종교적인 것으로 정착되어 세속화된 시기까지 영향을 미쳤고, 이를 통하여 사회심리적으로 다른 어떤 종교들보다 더 극단적인 박해의 그릇으로 되었다. 반유대주의는 논리적으로 거의 설득력이 없었으나, 심리적으로는 너무도 기초가 잘 잡혀 있어서 이미 19세기에 "만약 유대인들이 없다면, 반유대주의자들은 그들을 발명해야만 했을 것"[21]이라고 말할 수 있을 정도였다. 종교적 설명을 대신하여 세속적 대중과학이 성공을 거두면서, 인종적 반유대주의의 탈을 쓴 생물학적 설명이 등장하였다. 그 설명은, 모든 과학적 반박에도 불구하고, 사이비 과학으로 장식된 정열(情熱)을 제공했다. 이 정열은 오늘날에도 여

Frankfurter Hefte 8, Heft 10(Oktober 1953), S. 745에 있는 이론적 언급을 참조.

21) Hermann Bahr, 같은 책, S. 750에서 인용. 인종적 반유대주의의 과학적 "내용"에 관해서는 Hans Nachtsheim, "Biologie und Totalitarismus", *Veritas*(주 V/100), S. 295ff.

전히 극복되지 못한 채 계속 증가하여 실제에 작용하고 있다. 한편으로 두려움, 불확실성, 자신감의 결여, 영향력 행사와 다른 한편으로 과다한 자기증식 사이에서 오고간 노이로제성 변동은 전체주의적 대중운동 내부의 심리적 동력을 형성했다. 이 운동은 바이마르공화국의 조정구조와 타협구조를 폭파시키려 하였다. 적(敵) 관념의 목록, 즉 건설적인 형성계획 자리에 나치의 선동을 앉힌 이 "속죄양"의 꾸러미는 거기에 기초한 이익과 기대의 신비로운 통합점으로 되었다. 여기서는 명백히 그려진 목표들이 공격욕구에 부여되었으며, 독재적인 지도와 종속의 구조에 안주하던 인간은 건설적 목표설정과 진정한 자기책임에 대한 의무를 면제받았다.

심리적 요인들이 결정적 영향을 미쳤던 투쟁철학과 적대주의는 — 가장 적절한 부정적 표현은 나치 선전의 대항표어(*Anti-Schlagwort*)에서 찾을 수 있다 — 사회운동과 사회계층 변동이 실제로 일어난 공간에서 형성되었다. 바이마르공화국의 부르주아층은 자신이 다른 어느 곳에서도 예상하지 못한 부당한 사회적 · 경제적 빈궁의 압력에 노출되어 있다고 생각했다. 인플레이션은 전쟁중에 시작된 일련의 과정을 더욱 가속화시켰다. 경제공황이 시작되자 부르주아층은 극단적으로 생존을 위협받는 상황에 내몰렸다. 부르주아적 세계의 본질적 내용은 상실되었고, 또 자유주의적 부르주아층의 안전망도 사라졌다. 그들은 자포자기에 빠져 "새로운 해결책들",[22] 즉 "보수혁명" 또는 별 내용이 없으면서도 역동적인 "우파혁명"[23]이라는 희미한 구호들에 더욱 취약해졌

22) 이 상황의 문화사회학적 조건들에 교훈적인 것은 특히 만(Heinrich Mann)의 당시대의 에세이집 *Das öffentliche Leben* (Berlin/ Wien/ Leipzig, 1932), S. 51ff., 115ff., 257ff. 등.

23) 강령적으로는 Hans Freyer, *Revolution von Rechts* (Jena, 1933), S. 53: "혁명적 원리는 … 그 본질상 구조나, 질서 혹은 재건이 아니다. 그것은 오히려 순수한 힘, 순수한 출발, 순수한 과정이다. 만약 그것이 그 운동의 목표 속에 있다면, 그것이 어떠한 형식에 순응하느냐라는 물음은 잘못일 뿐만

다. 국가와 경제의 관료규모가 확대되면서, 사무직원들의 지위도 상승되었으나, 사회적으로 볼 때, 단지 겉으로만 사라져가는 부르주아적 중간계급(*Mittelstand*)에 편입되었다. 중간계급은 꾸준히 증가하였으나, 내적으로는 매우 이질적이었다. 따라서 중간계급은 사회적·정치적으로 전쟁이전 시기의 질서에 상응하는 정치적 단체의 그 어디에도 도달하지 못하였다. 반면에 점차 진행된 산업화와 민주화는 사회주의도 정치권력에 참여할 수 있는 문을 도처에서 열어주었다. 자신의 외적 상태가 개선되고 정치의식이 확고해질수록, 노동자들은 의회민주주의의 본질적 운반자로 되었다. 물론 그들도 경제적 변동에 대해서는 매우 민감했으며, 결국에는 실업이라는 재앙이 노조조직이나 파업위협보다 정치적으로 더 중요하다는 것을 경험해야만 했다.

모든 그룹에서 불만이 비등했던 이유는 이성적이었지만 상징성이 부족한 국가에 시민들을 결합시켜 줄 끈이 거의 없었기 때문이다. 청교도적인 "바이마르의 비심리학자들(*Unpsychologe*)"[24] 은 이 국가를 자신의 의지보다는 오히려 거의 어쩔 수 없이 여러 사건들에 내몰려서 즉흥적으로 만들었고, 따라서 이제 정치적 현실에서 — 앞으로 혹은 뒤로 — 도망쳐버린 사람들의 심리적 욕구에 부합할 수 없었다.

아니라 비겁한 것이다! 왜냐하면 문제가 되는 것은 새로운 원리가 현재의 변증법 있는 활동적인 무, 말하자면 순수한 추진력이기 때문이다. 그렇지 않으면 그것은 밤을 새워 … 설치될 뿐 결코 행동으로 … 이어지지 못한다". S. 72: "바로 그 때문에 우파혁명은 … 구체제 내에서 권력을 추구하는 하나의 운동 이상이다. 바로 그 때문에 우파혁명은 시대의 내용이다."

24) 레버(Julius Leber)의 신랄한 비판: *Ein Mann*(주 III/34), S. 223. *Trumpler*(주 IV/8), S. 82ff. 도 참조.

3. 사회 계층구조의 변화와 중간계급의 위기

사회적 상황을 그것이 정치에 끼친 영향력에 따라 개관해 보면, 그 과정에서 전체주의적 운동들이 대중현상으로, 그 이데올로기적 도식들이 해방의 공식으로 되는 여러 심리적 반응들의 집단적·개인적인 출발점들이 명확하게 나타난다. 산업적 자본주의 시대에 심원한 계층변동은 엄청난 인구증가에서 가장 분명하게 드러났다. 독일의 인구는 1816년에 2,480만에서 1914년에 6천 7백만으로 증가하였으나, 이어 전쟁시기의 (인명) 손실과 출생률 저하로 다시 현저히 감소하였다.[25] 인구의 팽창과 동시에 인구의 공간적 이동, 즉 농촌에서 도시로,[26] 동에서 서로 경제생활의 중심지로 향하는 기차와 대도시적인 수백만의 복합체가 형성된 것 또한 중요한 파급효과였다. 독일은 역사적으로 매우 다양한 지역성을 지녔다. 여기서 지역간 인구이동(*Binnenwanderung*)은[27] 더 나은 생계조건 및 생활조건의 추구에서 나왔으며, 인구밀도의 변화와 사회적·지역적인 유동성의 증가 속에 표현되었다. 또한 독일에서 인구이동은 인구의 조정경향과 집중경향의 본질적 요소로 되었고, 부분적으로는 깊은 종교적 분열을 약화시키는 데에도 작용하였다. 사회내부적 인구이동의 결과들은 "대중화"(*Vermassung*)라는 구호로 지칭되었는데, 이 구호는 방법론적으로 매우 애매하고 때로는 오해를 야

---

25) 여기에 관해서는 Friedrich Zahn, "Die Entwicklung der räumlichen, beruflichen und sozialen Gliederung des deutschen Volkes seit dem Aufkommen der industriell-kapitalistischen Wirtschaftsweise", *Volk und Reich*(주 II/17), I, S. 221ff. 를 참조. 여기에는 풍부한 자료와 유용한 표들이 포함되어 있다.

26) 1871년에 인구의 36%, 1925년에는 64% 이상이 도시에 거주했다. 여기에 관해서는 *Zahn*(주 VI/25), S. 28의 표를 참조.

27) *Ibid.*, S. 226의 표를 참조.

기할 수도 있었다.[28] 이 개념이 규정하고자 했던 사회심리적 현상들은 확실히 새로운 이데올로기, 즉 정치적 종교의 승리가도에 중대한 기반을 제공했다. 그렇지만 전체주의적 운동이 대도시들보다는 오히려 도시적·산업적인 새로운 통합형식들과 문명화 형식들이 아직 완전히 수용되지 않고 서로 경쟁하던 농촌지역의 소도시들에서 출발했다는 사실도 잊어서는 안 된다.

앞에 암시한 발전경향의 배후에는 분명 경제적 팽창이 자리하고 있었다. 독일의 경제팽창은 영업활동의 증가와 그 중심점이 대기업으로 이동한 데서 분명히 드러난다.[29] 동시에 그러한 팽창은 특히 늘어난 사무직 분야 여성의 생업활동,[30] 중간계급의 빈곤화와 위기취약성 징후, 여성의 "자기해방"[31] 노력의 징후에서, 다음으로는 직업변동 전반에서, 특히 농업적 기반이 산업에 추월당한 곳에서, 강력한 사무직원 계층과 경영자 계층의 등장에서, 동시에 중간교역의 증가와 전문화의

---

28) 이 개념의 비판은 M. C. Lange, *Totalitäre Erziehung. Das Erziehungssystem der Sowjetzone Deutschlands* (Schriften des Instituts für poltische Wissenschaft, vol. III) (Frankfurt a. M., 1954), S. 15ff.

29) 이 과정의 사회적 영향은 특히 *Die Angestellten in der Wirtschaft. Eine Auswertung der amtlichen Berufszählung von 1925*, ed. by Allgemeiner Freier Angestelltenbund (Schriftleitung Otto Suhr), S. 7ff.

30) 여기에 관해서는 Steffi M. Tarrasch, *Die weiblichen Angestellten. Das System ihrer Organisation* (Diss. Heidelberg, 1931), S. 4ff., 20ff. Susanne Suhr (bearb.), *Die weiblichen Angestellten. Eine Umfrage des Zentralverbandes der Angestellten* (Berlin, 1930) (중간계급, 특히 사회적으로 거의 보호받지 못한 여성 사무직원의 계층변동위기에 관한 흥미로운 자료들 포함); Otto Reise, "Die weibliche Angestellte", *Das Junge Deutschland* 25, Heft 2 (Januar 1931), S. 72ff.; *Die Angestellten* (주 VI/29), S. 84ff. 이곳에서는 여성 생업활동의 총증가율이 약 35%로 계산되었다.

31) Ludwig Heyde, "Frau und Gewerkschaft", *Internationales Handwörterbuch des Gewerkschaftswesens* (Berlin, 1930/1932).

증가에서, 그리고 마지막으로 — 전반적으로 볼 때 — 명확한 직업의식의 퇴색 및 생활감정을 직업 외적인 영역으로 이전시킨 것 등에서도 두드러졌다. 여기서 시작된 사회적 계층변동은[32] 신분제적 서열과 등급화의 지속적 폐지라는 표식 속에 있었다. 계층변동은 모든 직업종사자들의 형식적 평등화로 이끄는 경향이 있었던 반면에, 동시에 재산과 수입의 차이는 새로운 종속성과 사회적 구분선을 제공했다. 그리고 이 선은 결국 직업의 구성을 넘어서 새로운 사회적 분화과정을 초래했다.[33]

여기에는 물질적으로나 사회적으로 토지소유귀족과 부유한 부르주아층을 추월한 자본주의적 기업가나 기업의 책임자 등 지도자 계층이 있었다.[34] 이 상층은 전쟁과 인플레이션의 결과 그 비중과 영향력을 더욱 증대시켰으며, 전통적인 중간계급을 기존의 지위로부터 몰아냈고, 특히 그들의 영업적 구성요소로서의 지위와 소상인의 생존을 위협했다.[35] 이들 호경기(好景氣)에 편승한 수혜자들(*Konjunkturritter*) 및 "신흥 부자들"(*Neureiche*)과 중간계급 내의 인플레이션 피해자들 사이에 생겨난 사회적 격차는 엄청나게 커졌다. 이러한 상황에서 급진적인 운동은 이데올로기와 선전을 의식적으로 강화시킴으로써 격렬한 분노와 증오의 분위기를 만들어냈다.[36] 그러나 프롤레타리아적인 노동자

---

32) *Die Angestellten*(주 VI/29), S. 10ff., 21ff.에 있는 표와 비교.

33) 여기에 관해서는 특히 Richard Lewinsohn, *Die Umschichtung der europäischen Vermögen*(Berlin, 1925), S. 44ff.; Fried(주 V/5), S. 68ff.

34) Carl Brinkmann, "Die Aristokratie im kapitalistischen Zeitalter", *Grundriß der Sozialökonomik*, vol. IX, 1(Tübingen, 1926), S. 22ff.

35) A. R. L. Gurland, Otto Kirchheimer, Franz L. Neumann, *The Fate of Small Business in Nazi Germany*(Senate Committee Print No. 14)(Washington, 1943), S. 3ff. 당시의 사회적 구성에 적합한 계급과 계층 개념에 대해서는 Theodor Geiger, *Die soziale Schichtung des deutschen Volkes*(Stuttgart, 1932), S. 2ff., 8ff., 12ff., 30ff.

36) 철모단 측에서 "전쟁 및 혁명의 수혜자들"에 대하여 행한 다음의 비판과 비교: Helmut Franke, *Staat im Staate. Aufzeichnungen eines Militaristen*

층은 아래로부터 중간으로 밀려갔다. 노동자층은 기업의 집중 및 생산과정의 정교화와 더불어 사무직계층을 점차 위쪽으로 밀친 반면에, 동시에 농민신분은 점진적 기계화 및 합리화를 통해서도 자신의 지위를 쉽게 유지할 수 없었으며, 여전히 위기에 취약했다. 직업단체들 및 이익단체들은 사회의 계층변동과 새로운 집단구성을 위한 운동을 조직하고 가속화시켰는데, 이 운동은 사회계급을 더욱 세심하게 조직화하면서 정치적 적대감을 더욱 심화시켰다.[37]

그렇지만 공식적인 통계의 구성(자영업자, 사무직원, 노동자, 보조원들)은 기업운영 기술상의 계서제만을 표현하기 때문에, 수치를 정확히 확정하기는 극히 어렵다. 나아가서 (1925년에 처음 실행된) 직업의 특별집계를 감안할 때에야[38] 비로소 더 선명한 직업의 사회구조상이 나오게 된다. 물론 계급 내지 계층의 정확한 통계적 구분은 불가능한 듯하다.[39] 왜냐하면 여기서도 사회심리적 긴장들, 통계상의 중복, 다른 계층으로의 이동 등 정치적·이데올로기적인 상황에 특징을 부여한 요소들은 감안되지 않았기 때문이다.[40] 즉, 본래의 직업을 더 이상 유지하지 못하는 사람들, 대소 연금생활자들, 특히 주로 중간계급 출신이었으나, 그 수입상태에 따라 더 이상 거기에 속하지 않게 된 "탈계

(Magdeburg, 1924), S. 51과 비교해보라. 이러한 종류의 정치적 문학적 출판업적인 언급들은 많다.

37) Michels, *Umschichtungen*(주 V/5), S. 4ff. (특히 개념형성에 관하여)과 비교해 보라.

38) *Zahn*(주 VI/25), S. 275의 표 13과 비교.

39) Geiger, *Soziale Schichtung*(주 VI/35), S. 12. 사무직의 개념과 규모: *Die Angestellten*(주 VI/29), S. 12ff.

40) 예컨대 Geiger(주 VI/35, S. 24)는 전통적인 도식을 더욱 세분하려고 시도한다. 전체적인 상황에 관해서는 Joseph A. Schumpeter, "Das soziale Antlitz des Deutschen Reiches", *Bonner Mitteilungen* Nr. 1(1929), S. 3ff.; Aufsätze zur Soziologie(Tübingen, 1953), S. 214ff.

급화된 사람들"은 (통계에) 포함되어 있지 않다.[41] 경제적 구조변동에 내맡겨졌던 이 계층은 반동적 혹은 혁명적 이데올로기로 도피함으로써 그 강제적인 상황을 모면해 보려 했다. 공황기에 이 그룹이 직면한 특수한 심리적 상황은 위기에 몰린 중간계급 전반에 매우 강력하게 영향을 미쳤다.

사회적 유동성, 즉 개인과 집단의 부침의 계기는 확실히 근대 민주주의의 필수불가결한 제약(*conditio sine qua non*)을 의미했다. 그러나 민주사회가 경제적·정치적 위기에 빠지고, 탈계급화된 사람들의 증오감이 상대적으로 안정된 계층의 위기감과 결합될 경우, 그 계기는 사회심리적 영향에서 계산 불가능한 위험군으로 된다. 왜냐하면 바이마르공화국에서 — 개방적인 미국사회와는 달리 — 개인의 빠른 상승은 거의 좁은 정치적 영역에서만 가능했고,[42] 그 밖에 만약 정상적인 직장 승진, 세대를 기준으로 한 계층교체이나 "사회적 결혼"(*soziales Konnubium*) 등이 아니라 계층 귀속성을 깨뜨리는 것이 문제가 되었다면,[43] 재산과 교양에 대한 엄청난 요구로 차단되었던 반면에, 근대적 자본이 그 경제적·정치적 여러 측면들과 결합할 경우 그 결과는 파탄에 가까운 계층의 몰락을 초래했기 때문이다.

1920~1933년의 시기에는 대규모 경제단체들의 성장이 지배적이었

---

41) 천 5백 마르크 이하의 수입으로 살아가는 취업자들을 "프롤레타리아트"라고 이해한다면, 1926년의 집계에서 "프롤레타리아트"는 72.6%로 계산될 수 있었다. 나아가서 흔히 인구의 약 50%로 산정된 "중간계급"의 절반 이상이 포함될 것이다. 여기에 대해서는 Geiger(주 VI/35), S. 28을 참조. 주로 경제적 관점에 따라 작성된 도식으로 동일한 집계에서 그 수치는 "자본가" 0.92%; "중간계급" 25.68%; "프롤레타리아트" 73.40%였다. 전체 인구 중 직업별 구성은 같은 책, S. 20, S. 72ff.를 비교.

42) Michels, *Parteiwesen*(주 I/39), S. 340ff.; 같은 이, *Umschichtungen*(주 V/5), S. 63ff., S. 79f.

43) 미헬스(*Umschichtungen*, 주 V/5, S. 96ff.)에게서는 보다 더 고위계층으로의 결혼편입을 통한 여성의 사회적 상승이 특히 높이 평가되고 있다.

다. 구중간계급인 소규모 자영기업가들은 거의 같은 정도로 그 재정적 적립금, 경제정책적 영향력 그리고 안정을 상실하였다.[44] 이러한 발전과정에서 독일의 중간계급은 파탄적인 인플레이션으로 초래된 위기의식을 극복할 수 없었다. 중간계급은 개인과 집단에게 경제적 보호와 이미 상실했거나 위협받고 있던 사회적 위신의 재건을 약속해 준 정치적 이데올로기 세계로 도피함으로써 새로운 위기징후에 화답했다.[45] 또 사회구조의 중간계급과 하위층, 심지어는 일부 상층까지도 명백한 평준화 경향에 빠져들었고, 그 결과 이들은 상대적으로 지배적인 기술적·상업적·관료적인 사무직원 유형으로 내몰렸다.[46] 또한 이러한 조정운동은 관료제로 보장되고 규정된 사회에서 확고한 자리를 얻으려는 노력이었고, 동시에 경기변동이나 혹은 구조적인 문제로 인한 고용위기에 비하여 취약성이 높아졌음을 의미했다.

마지막으로 고도자본주의의 승전가도에서 자본가와 프롤레타리아트의 직접적 대결에 자리를 내줄 것이라던 마르크스의 기대와는 달리 중간계급이 감소하지 않았다는 점도 한 가지 결정적인 특징으로 되었다.[47] 오늘날에도 여전히 내부에 극히 다양하고 대립적인 이해관계, 즉 고용주와 피고용인의 이데올로기를 포함하는, 더 의식적으로 프롤레타리아트와 대비되는 특유의 현상으로서 광범위한 중간계급의 존재

44) Heberle(주 III/25), S. 5.

45) 여기에 관해서는 심리분석적으로 채색된 다음을 참조: Harold D. Hasswell, "The Psychology of Hitlerism as a Response of the Lower Middle Class to Continuing Insecurity", idem., *The Analysis of Political Behavior* (London, 1949), S. 235ff.

46) 여기에 대해서는 경제의 각 부문에 종사하는 노동자, 사무직원, 자영업자 사이의 통계 비교: *Die Angestellten*(주 VI/29), S. 48ff., 93ff.

47) 《공산당 선언》과 《에어푸르트 강령》(Emil Grünberg, *Der Mittelstand in der kapitalistischen Gesellschaft. Eine ökonomische und soziologische Untersuchung*(Leipzig, 1932) S. 121에 있는 해당부분을 참조.

를 주장하는 사람들이 있다. 특히 중간계급의 신분의식은 갖가지 몰락 징후에도 불구하고 프롤레타리아적 · 혁명적 사회주의의 이데올로기와 기대에 극단적으로 대립되었다.[48] 학문적 후계자 — 이 부문에 프롤레타리아트는 거의 없다 — 가 점차 특히 하위 중간계급으로부터 충원된 반면에, 19세기 말에는 여기서도 여전히 학자의 자제들이 지배하였다는 사실은[49] 위의 사실과 일치했다.

중간계급은 자신의 위기감수성으로 확산일로에 있던 정치운동과 변동의 결정적 요인으로 되었다.[50] 이 계층은 재산과 수입뿐만 아니라 직업적 위신, 사회적 지위, 교육과 생계, 직업 및 노동의 분업 등에 따라 특징되었다. 이 계층을 발전시킨 이데올로기적 구상들은[51] 여전히 전쟁 이전의 경제적 · 사회적 · 정치적인 형식들에 강하게 지향되어 있었다. 그러나 이익정당 및 경제정당에서 의회주의적 중간계급 정책이 실패로 돌아간 후, 그 형식들은 점차 민족주의적 · 권위주의적인 수정주의의 소용돌이에 휩싸였다. 그리고 이 수정주의는 그들의 생존위

---

48) 여기에 대해서는 Gurland/ Kirchheimer/ Neumann (주 VI/35), S. 21ff. 또한 Gerhard Albrecht, *Die sozialen Klassen* (Leipzig, 1926), S. 40: "산업노동자만큼 소득이 적은 소장인(小匠人) 혹은 전혀 재산이 없는 사적인 지식인, 작가 혹은 이들 양자와 동일한 소득이 있는 예술가, 이들은 모두 오직 소득의 평등 때문에 계급적으로 결합될 수는 없다." 이 상황에 대한 사회주의 사무직원 노동조합(AfA) 측의 비판은 Siegfried Aufhäuser, *Ideologie und Taktik der Angestelltenbewegung* (berlin, 1931), S. 7ff.

49) 이는 특히 Michels, *Umschichtungen* (주 V/5), S. 58ff. 에서 분명하게 다루고 있다. 또 이 경우에 위신에 대한 고려는 하위 중간계급의 위기상황 심화와 결합되어 중요한 역할을 하고 있으며, 이는 학문 종사자의 실업에 비추어볼 때 경제적으로 거의 정당화될 수 없을 듯하다.

50) Horst Grueneberg, "Mittelstandspolitik-Staatspolitik", *Die Tat* 23, Heft 3 (Juni 1931), S. 191ff.

51) 이 규정에 관해서는 Gustav Schmoller, *Was verstehen wir unter dem Mittelstande* (Göttingen, 1897), S. 6. 당시 중간계급 개념의 문제에 관한 풍부한 자료: Grünberg, *Der Mittelstand* (주 VI/47), S. 124ff.

협을 타협에 의존하는 의회민주주의 저편에 있는 강한 국가로 이전시켰다. 널리 확산된 직업조직들과 신분제 조직들은 (중간계급이라는) 특수존재를 보전 강화하고, 새로운 문제의 발생을 막아, 그들의 이익을 대표하려고 더욱 노력하였다. 그렇지만 경제적 의미와 사회적 의미 사이의 간극, 경제정책적 현실과 사회적·이데올로기적 요구 사이의 간극, 그리고 계급상태와 그보다 더 강력한 신분의식 사이의 간극은 점점 더 커졌고, 1930~1932년의 대규모 세계경제 대공황이 진행되는 과정에서 마침내 파열점에 도달하였다.[52] 이제 경제적 위기감은 정치적 위기감으로 그리고 공격행위로 전환되었다. 그 공격의 역동성은 주로 중간계급의 생존위기에 호소하는 나치즘의 약속들을 자신의 것으로 만들어 행동하기 시작했다.

영업이나 사무직원 및 관리계층의 재산 및 소득관계를 일별해 보면, 중간계급의 사회적 비중이 경제적 상태보다 더 커졌다는 것이 확인된다.[53] 마찬가지로 사회적 심성에는 소득의 종류보다는 누가 누구와 회의탁자에 앉느냐의 문제가 훨씬 더 중요하다.[54] 나치즘은 민족지상주의적·전체주의적인 정당으로서보다는 경제적 현실과 사회적 위신 요구 사이에서 갈기갈기 찢어진 중간계급 선박의 이른바 조난구호자로 나섬으로써 대중운동으로 될 수 있었다.[55] 그러나 그와 동시에 제한

52) 같은 책, S. 122ff.

53) 소매업에서의 소득상황에 관해서는 Joachim Tiburtius, "Umsatzbewegung und Wettbewerbsregelung im Einzelhandel", *Wege zur Arbeit* 1, Heft 2 v. 25 (Mai 1932), S. 42ff. 세부적인 조사에 관한 논의는 Grünberg (주 VI/47), S. 125ff. 사무직원에 대해서는 특히: *Die wirtschaftliche und soziale Lage der Angestellten-Ergebnisse und Erkenntnisse aus der großen Erhebung des GdA* (Berlin, 1931), S. 98ff. 이 조사 및 다른 조직이 시작한 조사들의 결과들은 다음에 요약되어 있다: Heinrich Geiger, "Was verdient heute der Angestellte", *Die Tat* 21, Heft 11 (Februar 1930), S. 836.

54) Geiger, *Soziale Schichtung* (주 VI/35), S. 99.

55) Bendix (주 IV/65), S. 367ff.

적으로 중간계급 내부의 깊은 분화, 특히 그들에게 고유한 의식상태 내부에서 깊은 분화가 고찰되어야 한다. 먼저 역사적으로 전(前) 자본주의적 중간계급 개념과 자본주의적 중간계급 개념을 구별할 수 있을 것이다. 그러나 좀더 세분하여 물질적 상황에서 그리고 기능과 위신에서의 엄청난 차이도 고려해야 한다. 소자영업자와 그 사무직원들 사이에서, 다시금 이 사무직원들과 대기업의 사무직원들 사이에서, 마지막으로 정치적 간부들, 무엇보다도 국가사무직원 및 관리들과 관련하여 이 차이점들이 드러나게 된다. 현실정치에 기초하여 서로 극단적으로 대립하면서 경제적·사회적 발전의 역동성에 의해서 꾸준히 움직였던 것은 바로 고용주, 피고용인, 대자본주의, 소자본주의 사회개혁주의 그리고 나치 등의 이익이었다.

이 계층에 속하는 사람들은 현존하는 신분제적 감정의 영역, 즉 사회의식의 영역에서 긴장된 바이마르공화국의 경제상황, 더 대규모의 경제정책적 융합 및 기능적 종속경향 등의 압력 아래 있었다. 이 계층은 프롤레타리아화의 위협에 대항하는 보루, 경제적 상태와 사회 이데올로기적 요구 사이에 놓여 있는 격차의 해소책,[56] 신분제적 특수존재 — 필요하고 가능하다면, 위기에 책임이 있는 실망스러운 민주주의를 넘어 — 의 구제자를 찾았다. 《공산당 선언》의 저자들이 관찰했듯이, 그런 추동력으로부터 성장한 것은 혁명적 이데올로기보다는 오히

---

56) 여기에 관해서는 M. Viktor, "Verbürgrlichung des Proletariats und Proletarisierung des Mittelstands", *Die Arbeit* (1931), Heft 1; Rudolf Küstermeier, "Die Proletarisierung des Mittelstandes und die Verwirklichung des Sozoalismus", *Ibid.* (1935), Heft 10. 비판: Theodor Geiger, "Zur Kritik der arbeiterpsychoologischen Forschung", *Die Gesellschaft* 8 (1931), S. 237ff. 또 Heinrich Geiger, "Die Stoßkraft der Angestellten", *Die Tat* 21, Heft 10 (Januar 1930), S. 758ff. 를 참조. 여기에는 또 사무직원들 내부에서의 그룹 재편 및 해체현상에 관한 조직정책적 세부내용들도 들어 있음.

려 보수적 이데올로기였다.[57]

전투적 중간계급의 이데올로기는 (제1차) 세계대전 이후 경제적·사회적 구조변동으로부터 가장 심각한 피해를 입은 이 계층의 지속적인 몰락에 대한 저항의 표현으로 되었다. 중간계급의 후계자는 주로 전에 더 높은 생활수준, 더 안전한 경제생활 그리고 자명한 사회적 위신 등을 보장받은 독립적이었던 계층으로부터 충원되었다.[58] 이 계층은 이러한 사실과 과거에 대한 자신의 사회적 회상으로부터 사회적이고 마침내 — 현존하는 국가는 그들의 방어투쟁을 고려할 수 없으므로 — 정치적 분노와 격앙이라는 강력한 추진력을 발전시켰다. 그들은 불과 몇십 년 전까지만 해도 자영업에 종사한 자유로운 "시민"이었거나 노동자로서 그 활동과 지위에 의해서 본래 프롤레타리아트와는 분명하게 구별되는 지위를 보유했었다는 것을 잊지 않았다.

일차적으로 경제적 구조변동을 근거로 했으나, 정치적 변화와 더불어 인과적 연관관계 속으로 편입된 이러한 놀라운 속도의 발전으로 중간계급에게는 전반적으로 곤혹스러움과 정치적 취약성이 더욱 커졌다. 또 더욱 공격적인 형식을 취했던 방어감정은 자연스럽게 사회적 경계영역에서 훨씬 더 분명했으며, 하층민들의 소시민적 생활행위 및

---

57) *Das Kommunistische Manifest*, Mit Vorreden von Karl Marx und Friedrich Engels, Vorworten von Karl Kautsky und Johannes Schult (Hamburg, 1946), S. 43: "중간계급, 즉 소기업가, 소상인, 수공업자, 농민, 이들은 모두 중간계급으로서 자신의 생존을 몰락으로부터 안전하게 하기 위하여 부르주아지와 투쟁한다. 그들은 혁명적인 것이 아니라 보수적이다. 그들은 그들 앞에 놓여 있는 프롤레타리아트로의 이행에 비추어볼 때 … 더욱 그렇다."

58) 특히 *Sozialer Auf- und Abstieg im Deutschen Reich*, Heft 117 der Beiträge zur Statistik Bayerns, ed. by Bayerisches Statistisches Landesamt (Friedrich Zahl) (München, 1930), S. 83ff. 참조. 이 통계는 "자영중간계급으로부터 비자영적 계층으로의 끊임없는 흐름이 있었던 반면에, 역으로 (개인적으로 혹은 후손에 의해서) 비자영층에서 자영층으로 넘어가는 것이 경험상 비교적 드물다" (S. 94) 는 것을 전해준다.

의식행위를 멀리하는 것과 부르주아층이라는 사실에 대한 자부심은 대부르주아지가 프롤레타리아트에게 지녀야 할 필요가 있다고 생각했던 것보다 더 강했다. 이러한 사실은 세계경제 대공황으로 전통적인 기준궤도에서 쫓겨난 부르주아적 청소년에게도 적용되었다.[59] 마지막으로 이것은 노동자로부터 상승한 사람들에게도 거의 그대로 적용되었다.[60] 이들은 새로운 신분하강으로 자신의 사회적 성공이 위협받는 것을 원하지 않았고, 생활방식과 사회적 이데올로기를 가능한 한 빨리 부르주아적인 삶의 매력과 위신요구에 적응하고자 하였다. 지위와 문화적인 면에서 새로운 요구는 거주욕구에서 명확히 확인되었다. 그 결과 이 요구는 경제적으로 현실적인 존재상태와 심각한 갈등에 빠졌고, 소부르주아층을 뿌리깊은 불만, 불안, 조급한 기대와 더불어 정치적 종교의 호소, 모든 것을 약속하는 권위주의적 신질서의 모험 등으로 몰고 갔다.

4. 방어이데올로기와 급진화

이처럼 심리적·이데올로기적 가치가 있는 사회적 역동성 문제를 간략하게 관찰해 보면 동시에 일반적 이데올로기와 특수하게 위치 구속적이면서도 사회적이기도 한 심성 사이에 상존하는 긴장에 대한 인상이 전달될 것이다. 중간계급의 위기감에서 우리에 대항하는 "허위의식" 현상은 한편으로 특히 경제적으로 그 근거가 설명된 실질적인 사

59) 이에 대해서는 Alfred Kantorowicz, "Zwischen den Klassen", *Die Tat* 21, Heft 10(Jan. 1930), S. 765ff.

60) GdA의 조사(Wirtschaftliche und soziale Lage, 주 VI/53, S. 43) 에 의하면, 대략 사무직원의 25%. 그렇지만 아마도 사회주의적인 AfA연맹이 더 강하게 고려된다면, 그 수치는 더 많을 것이다.

회상태와 다른 한편으로 전통적인 혹은 투영된 위신욕구들간의 차이와 관련되어 있다. 물론 그런 한에서는 이 현상은 전반적으로 자연스러운 현상 형태이지, 그러한 긴장이 운동력과 영향력, 이데올로기의 본질 전체까지도 설명할 때 어느 한 계층의 위기 혹은 해체의 표시는 결코 아니다. 마르크스주의의 상부구조 및 의식이론은 여기서 결정적 결함을 드러낸다. 그 이론은 “허위의식” 개념을 오직 적대적 계급과 이미 일어나는 붕괴에 직면하여 방어와 기만의 수단으로 해석되는 이데올로기에만 적용하고, 독자적 투쟁이데올로기와 개선이데올로기의 변증법적 긴장상황에는 적용하지 않는다. 그 밖에 이 이론은 이데올로기가 개별 존재의 형성에 끼치는 역영향을 의도적으로 간과한다. 이에 비해 계층변화와 위기의 시기에 경제적·사회적 응집물로서[61] “계급의 이중성”이 사회적으로나 정치적으로 일차적 중요성을 갖는다는 점은 명확히 되어야 한다.

이제 사회적 상태, 거기에 뿌리박고 있는 심성 그리고 거기에 적응한 전체 이데올로기 사이의 더 정확한 연관관계는 엄청나게 다양하고 개관하기도 어렵다. 전체 이데올로기는 극히 다양한 의식의 뉘앙스들을 포함하며, 정신적 전통과 심리적 영향력 행사수단 및 통합수단 모두를 동원할 수 있는 사회 외적 추동력들과 함께 작용한다. 암시적이고 설득적이며 유혹적인 권력들은 개별적인 이익과 의식을 종합하여, 거기에 집단적 충격력을 제공한다. 그리고 그들은 이데올로기적 통합과 강제적 단일화를 통하여 사회적 상황들, 심성들 그리고 운동들의 정치화에 영향을 미친다. 물론 보다 더 상세한 규정들은 매우 어렵다. 사회통계에 기초한 선거분석 및 정당분석이 없기 때문에 그런 것만은 아니다. 주요 인물들과 효과적 조직 및 선전방법의 비중을 평가하는 것이 거의 불가능하듯이, 각 계층을 사회적으로 정확히 위치지우고 개

61) Michels, *Umschichtungen*(주 V/5), S. 33.

념의 경계를 설정하는 문제, 그리고 역사적·지역적인 다변화 속에서도 결합의 다양성과 발전의 역동적 성격은 우리를 거의 해결할 수 없는 과제와 대면하게 한다. 일상생활의 무수한 자료들에서 나온 생활 및 의식표현(*Lebens - und Bewußtseinsduktus*)의 상세한 서술과 광범위한 분석이 없다면 유효한 진술은 제한적으로만 가능하다. 그사이 접근할 수 있게 된 생활에 대한 묘사들과 회고록들도 별다른 변화를 주지 못한다.[62] 그들의 우연성은 개성기술적인 것의 종합적 배열을 넘어서서 사회지학(社會誌學)적 의미의 비교에 입각한 평가를 어렵게 만든다.

발전의 중요한 특징들에 한정한다면,[63] 극히 소규모이지만, 우리는 중요한 자본가 계층 — 가이거(Theodor Geiger)는 상층 자본가들(*Hochkapitalisten*)을 1만 5천 명 정도로 추산한다 — 내에서 세계경제 대공황으로부터 거의 동요되지 않고 엄청난 비난을 받으면서 가끔은 죽었다고들 하지만 항상 새로운 개인적 상승을 통해서 다시 신선해진 자본주의를 관찰하게 된다.[64] 이미 1930년 이전에도 꾸준히 나왔던 주장, 즉 "반자본주의적" 나치당이 자본주의적 경제로부터 재정적 후원을 받았다는 소문 역시 여기서는 아무것도 바꾸지 못한다. 오히려 이것은 과도한 트러스트화에, 특히 노동조합의 경제민주주의적 노력과 권력 지위에 반대했다. 기업가층이 작을수록 그리고 개인적일수록 노동조합뿐만 아니라, 독점적이고 익명의 대자본주의, 기술적 발전, 트러스

---

62) K. D. Bracher, "Die Weimarer Republik im Spiegel der Memoiren", *Politische Literatur* 2, Heft 9(1953), S. 339ff.

63) 독일의 사회학적 연구는 여기서, 만약 개념이론적이고 분류이론적인 관심을 뒤로 미룬다면, 많은 것을 수행할 수 있을 것이다. 가이거(Theodor Geiger, *Soziale Umschichtung*, 주 VI/33, S. 82ff.)와 미헬스(Michels, *Umschichtungen*, 주 V/5, S. 42ff.)는 여전히 가장 탁월한 접근법들을 제공한다.

64) Paul Jostock, *Der Ausgang des Kapitalismus*(München, 1928), S. 190ff. 을 참조.

트와 백화점 등에도 대항하는 방어이데올로기가 더 분명하게 발전되었다.[65] 봉건적·가산제적인 전통을 갖고 있었고, 자유주의적 대 산업주의와 맺었던 일시적 동맹에서 점차 멀어져 간 대농업가층은 유사한 신분제적 구상을 갖고 있다는 이유로 이 전선에 순응했다. 그래서 그들 사이의 정신적·심리적·정치적·사회적인 차이들은 너무나 크며 또 계속 그럴 수 있었다. 바이마르공화국의 발전과정에서 실제로나 사회적으로나 그 수축, 즉 "자본주의의 위기"는 거기서 확연해졌다. 이러한 위기는 정치적으로 독일인민당의 퇴조와 자유주의적 자본주의 경제사상을 대표하는 거대정당의 결여에서 드러났으며, 자본주의적 압력단체들로 하여금 반마르크스주의적인 "민족적 반대파"의 영향력을 더 강력히 추구하게 하였다.

신분제적·소자본주의적인 특징을 지닌 여러 역사적·사회적 계층들은 몰락에 완강히 맞서려 했다. 이들 중소기업가층이 "반자본주의적" 운동에 합류하게 된 동기는 서로 매우 달랐지만, 독일민주당의 몰락에서 드러났듯이, 어느 정도는 "반(反)프롤레타리아적인" 것이었다.[66] 이는 특히 인원이 너무 많아 디플레이션 위기로부터 특히 많은 타격을 입은 소상인층에도 적용된다. 이 계층은 ― 수공업자층이나 토착 상인신분과 달리 ― 독자적 예비지식이 없었고, 또 전반적으로 프롤레타로이데(*Proletaroide*)[67]적 발전경향에 취약했다. 이는 농민에게

65) 여기에 관해서는 Leonhard Fritzsching, "Der Mittelstand als Klasse. Zur Wirtschaft des nichtkapitalistischen Unternehmers", *Schmollers Jahrbuch* 1930, Heft 4, S. 109ff. Ferdinand Fried, "Der mittlere Unternehmer", *Die Tat* 21, Heft 11(Februar 1930), S. 807ff. 도 참조.

66) 여기에 관해서는 A. R. L. Gurland, "Technological Trends and Economic Structure in National Socialism", *Studies in Philosophy and Social Science* 9, No. 2(New York, 1941), S. 241ff.

67) 〔역주〕 프롤레타로이데(*Proletaroide*): 구중간계급(소상인, 소장인, 소농민 등)으로부터 탈락한 사회계층.

도 적용된다. 농민의 엄격한 지역구속성과 상대적인 자급자족경제 (*Autarkie*)는 도시민 및 비농민들에 대하여 전혀 편견이 없지는 않은 자기의식 속에 표현되었다. 이는 종종 그가 더 많은 현금을 벌고 쓰는 것으로 알던 급료수령자나 임금수령자에 대한 질투심과 결합되었다.

1929년에 설립된 "녹색전선"(*Grüne Front*)[68]의 틀을 깨고 나온 농민의 저항운동과 나치즘의 상승이 갖는 연관관계는 특히 중요하다. 나치당이 1929년 이후 농업이 우위에 있던 지역들, 특히 슐레스비히-홀스타인과 니더작센에서 가장 깊숙이 침투할 수 있었고, 또 이미 1933년 이전에 — 도시에서와는 달리 — 많은 마을들에서 독점적 지위를 획득하였다. 슐레스비히-홀스타인의 극단적 사례에 대한 지역연구는 농촌에서 자유주의적인 그리고 이익정책적-지역적인 정당들과 단체들이 파괴되고,[69] 결국 기회주의적인 나치의 농업이데올로기를 통해서 나치의 길로 넘어가게 된[70] 과정의 특수하고 전형적인 현상 형식들을 보여주었다. 나치 지도부는 여기서 심지어 폭력적인 권력장악을 위한 지렛대를 보았다.[71] 공황기에 이익정당들의 붕괴는 이 부문에서도 압

---

68) 여기에 관해서는 Fritz Reichardt, *Andreas Hermes* (Neuwied, 1953), S. 118 ff, 186 ff.

69) Heberle(주 III/25), S. 32ff. 이 책의 제 3권 S. 196 참조.

70) Nilson(주 III/41), S. 298ff. (다른 나라에서의 농업 파시스트적 현상들에 관한 언급 포함, 특히 미국의 인민주의와 그 계승자들, Huey Long). David J. Saposs, "The Role of the Middle Classes in Social Development: Fascism, Populism, Communism, Socialism", *Economic Essays in Honor of Wesley C. Mitchell*(New York, 1935), S. 408ff.; Heberle, *Social Movements*(New York, 1951), S. 257ff.

71) 다레스(Darrés)의 히틀러를 위한 보고서(주 IV/98) 참조. 여기서는 도시의 정복이 "조직화된 농촌판매자 파업" 위에서 혹은 "생필품 보이콧 위에서 도시 나치와 나란히 조직되었으며", "도시화된 공화국정부에 대항하는 무기"로서 칭송되고 있다. 이 무기를 "보안경찰이나 제국군대의 어떠한 기관총도 당하지 못한다."

도적으로 나치당(NSDAP)에 이득이 되었다. 여기서 특히 자영 프로테스탄트적 소농민들과 "소작농들"(*Kätner*) 들은 취약했고, 대농장주들(DNVP)은 덜 취약했으며, 농업노동자들(SPD-KPD)은 전혀 취약하지 않은 것으로 확인되었다.[72] 이것 역시 도시 중간계급에서의 과정과 흡사하다.

자유주의적 정당들, 사회주의적 정당들, 특히 부르주아적 "농민연맹"과 "슐레스비히-홀스타인의 주 정당"—부분적으로는 "농촌주민당"(Landvolk)도 포함—의 전통적 영역들은 이미 1932년 여름에 극우 급진주의의 다수지역으로 되었다. "녹색민주주의"(*grüne Demokratie*)[73]는 "황금색 민주주의"(*goldene Demokratie*)에 대한 반자본주의적 증오심에서 하임(Klaus Heim)[74]의 전투적 저항운동과 농민 채무자들의 행동그룹을 거쳐서 나치의 피와 땅 이데올로기에 이르렀다. 이 이데올로기는 국제주의적-세계시민적, 상업적인 사회 대신에 "생산자 신분"(*Nährstand*)이 다시 첫 번째 자리로 가게 될 민족주의적-자급자족적인 농민국가를 세우겠다고 약속했다.[75] 이 경우 전통적인 반(反)프로이센적 연방주의는 위기의 순간에 "자본"과 "자유주의적"인 국가 전반에 대항하는 농업적 생존투쟁 전체의 공통분모로 된 신분제적 이익들과

72) Heberle, *From Democracy to Nazism*(주 III/25), S. 39, 112ff.

73) 예컨대 주 정당의 당원인 Iversen-Munckbrarup가 1921년 1월 1일 렌스부르크(Rensburg)에서 행한 연설〔*Der Schleswig-Holsteiner* v. 8(Januar 1921)에서 인용〕.

74) 당시 환경(Milieu)을 조명한 작품으로는 Hans Fallada, *Bauern, Bonzen und Bomben*(Berlin, 1931). 이 테러리스트적 농민적인 자기보호운동이 민족적 반대파와 얼마나 강하게 제휴하고 있었는지는 에른스트 잘로몬(Ernst v. Salomon)의 품위 없는 보고서에서도 명확히 확인된다: *Der Fragebogen*(Hamburg, 1951), S. 265ff.

75) "Adolf Hitlers Programm", Aufruf zur Wahl am 31. Juli 1932: "농민신분의 구출이란 독일민족의 구출을 의미한다"(인용은 *Siebarth*, 주 IV/51, S. 139. 거기에 있는 이러한 종류의 다른 언급들도 참조).

결합되었다.[76] 이렇게 해서 "체제"에 대한 반대투쟁은 바이마르 민주주의에 대한 급진적 나치캠페인으로 직결되었으며, 도시 소부르주아층에 해당되는 농민인 농민적 중간계급 운동은 투쟁의 최전선으로 옮겨졌다.

이미 지속적으로 몰락하던 "프롤레타리아층"과 더불어 구중간계급의 담지자들에게 공통적인 것은 전반적으로 이미 주어진 개선가능성들에 대한 시야를 가로막은 강력한 방어진지였다. 왜냐하면 이들은 위신에 맞는 결과를 두려워했기 때문이다. 말하자면 특별한 위기상황은 객관적인 경제적 발전가능성보다는, 오히려 대중민주주의 시대의 사회적 계층변동에 기반을 둔 주관적 의식 속에 포함되어 있었기 때문이다.[77] 인구의 팽창과 더불어 구중간계급의 비중도 꾸준히 감소하였으며, 급진적 구호에 취약한 신경질적 초조감은 경제적 곤궁보다는 오히려 영향력 상실에서 연유했다.[78] 구중간계급이 매우 오랫동안 정치에 관심 없이 직업신분제적 고립 속에서 민주주의를 대해 오다가, 인플레이션이라는 파탄을 경험한 후에 새로운 위기에 극히 정치적으로 반응한 것은 바로 이 일반적 안전욕구 때문이었다.[79] 그리고 그것은 하나의 "새로운" 정당을 찾았다.

이처럼 위기감이 커지는 과정에서는 관리, 학자, 사무직원과 같은

---

76) Heberle, *From Democracy to Nazism* (주 III/25), S. 48ff. 거기에도 이데올로기적 조직적인 공생관계에 관한 훌륭한 분석이 있음.

77) 애초에 소득상태와 계급지각은 직업이 깊은 준비 없이, 개인적 소속감 없이 행사되고 거기에 상응하여 쉽게 바뀔 수 있는 곳에서 동일하게 된다: Max Weber, *Die Wirtschaft und die gesellschaftlichen Ordnungen und Mächte* (Tübingen, 1921), vol. I, S. 177. 또 Michels, *Umschichtungen* (주 V/5), S. 7도 참조. 그러나 이 제한은 이데올로기적으로 폐쇄적인 직업영역이라는 독일적 현 상황에서는 비교적 약하게 작용하였다.

78) Geiger, *Soziale Schichtung* (주 VI/35), S. 88ff.

79) *Grueneberg* (주 VI/50), S. 192ff.

"신중간계급"이 특별한 역할을 했다.[80] 연금혜택을 받을 수 있는 관리계층(*Beamtentum*)의 특수한 경제사회적 그리고 국가정책적 상황은 우리의 경우 특별한 사회적 고찰을 정당하게 만든다.[81] 공공부문의 사무직원은 관리계층에 매우 가까이 접근했으나,[82] 경제분야 사무직원과의 연결도 유지했다. 특히 학자신분 및 그 위신의 해체는 경제적 · 사회적 평준화 운동의 징후로 되었다. 이 운동은 엄청나게 증가한 사무직원군 속에서 그 목표를 발견했으며, 이 그룹에게 극히 다양한 사회적 경향, 위신감정, 증오심 등에 의해서 규정된 너무도 여러 얼굴을 가진 모습을 부여했다.[83] "모든 분야를 망라한"(*branchen-indifferent*) 사무직원(*Büroangestellte*)이 개인적 · 상업적인 사무직원과 나란히 등장했다.[84] 부서 관리자(*Abteilungsleiter*)와 사무실 노동자 사이의 사회의식 차이들이 결코 과대평가되어서는 안 된다.[85]

이 새로운 주민집단은 그 색깔이 매우 다양해서 계층의 고유한 특징을 내세울 수는 없었지만, 전통적으로 그리고 사회적으로 변동이 잦은 극히 다양한 요소들과 심성들을 통합하였다. 그러나 이 집단은 역사적 기반과의 연결과정에서, 노동자와 스스로 거리를 두는 과정에서, 그리고 관리계층에 접근하려고 노력하는 과정에서 새로운 구성원들이 가져

80) 여기에 관해서는 Emil Lederer und Jakob Marschak, "Der neue Mittelstand", *Grundriß der Sozialökonomik*(주 VI/34), IX, 1, S. 120ff.

81) 이 책 아래의 제 7장을 참조.

82) 개념적-사회적, 수적인 구별에 관해서는 *Die Angestellten*(주 VI/29), S. 15ff.

83) Karl Höfchen, *Der Stand angestellter Akademiker in Volk und Wirtschaft. Eine soziologische Denkschrift*(Sozialpolitische Schriften des Bundes angestellter Akademiker technisch-naturwissenschaftlicher Berufe, 1. Folge, Heft 4) (Berlin, 1925).

84) Geiger, *Soziale Schichtung*(주 VI/35), S. 101.

85) 이러한 차별화를 통계적으로 뒷받침하려는 다음 시도를 참조: *Die Angestellten*(주 VI/29), S. 30ff.

온 심성을 흡수하려고 노력한 신분제적 의식으로 기울어지는 경향이 있었다.[86] 게다가 마르크스주의가 받아들인 낡은 2계급이론은 이 현상에 전혀 적합하지 않았다.[87] 의미 있는 것은 오히려 바로 이러한 분화, 즉 거친 도식의 다양한 돌파였다. 왜냐하면 그로부터 정치적으로 엄청난 영향력이 있는 다양한 긴장이 생겨났기 때문이다. 이데올로기적 불확실성이나 "허위이데올로기들"이 진입할 수 있었던 분야 등은 특히 경제공황이 시작된 이후 조직적 유대에 대한 열망과 노동조합적인 이익대표 형식들에 의해서 여전히 표면적으로만 감추어져 있었다.[88]

5. 나치당의 중간계급 침투

1929년 이후 현저히 드러났듯이 나치의 이데올로기가 중간계급을 성공적으로 공격할 수 있었던 것은 바로 이 계층이 수차에 걸쳐서 공공연히 밝혔던 "반자본주의적 분위기"와 밀접히 관련되어 있었다.[89] 물론 인간적이고 흔히 낭만적으로 미화된 구자본주의 및 소자본주의의 전통적 중간신분에 기초한 구상은 익명의 고위자본주의에 대항하는 일

86) 여기에 관해서는 Karl Dreyfuß, *Beruf und Ideologie der Angestellten* (München/ Leipzig, 1933); F. Fischer, *Die Angestellten, ihre Bewegung und ihre Ideologien* (Diss. Heidelberg, 1931).

87) Michels, *Umschichtungen* (주 V/5), S. 19ff.

88) 여기에 관해서는 (베를린의 대기업들이 제작한) 많은 시사점을 제공하는 사회학적 시각학습자료를 참조. 이 자료로부터 경제공황 이전의 대자본주의에서 상황과 사무직원 심성의 극단적 결과들이 명확히 되고 있다. Siegfried Kracauer, *Die Angestellten. Aus dem neueren Deutschland* (Frankfurt a. M., 1930), 특히 S. 105ff (계층심성의 문제들에 관한 부분).

89) 이하에서는 주로 Geiger, *Soziale Schichtung* (주 VI/35), S. 106ff., 특히 S. 109ff.

반적인 전선과 대비되어야만 한다. 그들의 소망은 사회주의가 아니라, 대자본의 점증하는 침투로부터 소재산의 보호에 쏠려 있었다. 부르주아층은 마르크스주의적 기대와는 반대로 사회주의의 이데올로기적 영역으로 빠져들지 않았다. 따라서 일반적으로는—많은 전향의 경우—공황기에 자포자기에 빠진 중간계급의 일부가 파시스트적 구호를 따르는 경향이 있었고, 노동자들의 일부는 공산주의적 구호를 따르는 경향이 있었다고 말할 수 있다.[90] 이미 "예전부터 정주해 있던" 산업노동자층, 즉 많은 산업적·농업적인 주민이 공존하는 지역으로 확산된 소유사상의 정신은 서로 달랐다. 그러나 바로 여기서 나치의 선동은 처음에 "노동자 정당"의 호소가 쏠렸던 중간계급 근로자들의 노동조합적·반자본주의적인 분위기를 무시하지 않으면서 특히 유연하고 매력적으로 전개될 수 있었다. 프롤레타리아적 물질주의와 자본주의적인 물질주의라는 부패한 "낯선 세력"에 대항하는 "이상주의적·민족주의적인" 인민의 두 전선 투쟁이라는 구호를 통하여 경제사상보다는 정치사상의 우위, 경제적 물질주의보다는 국가 민족주의적 "이상주의"의 우위가 선언되었다.

평준화를 주장하는 사회주의와 압살적인 자본주의적 거대조직들 양측으로부터의 압력이 커지면서 중간계급은 극단적인 곤경에 빠졌으며, 그 그룹들은 아무런 의지할 곳 없이 권력을 박탈당한 "이해관계자 무리"(*Interessentenhaufen*)로 찢어지고 말았다. 그러나 여기에는 경제적 상태와 사회적 위신 사이의 긴장을 후자에 유리하게 고쳐서 사회적 제국주의적 해결을 이끌어 내겠다고 약속한 한 프로그램이 있었다. 선거에서 대성공을 거두었음에도 불구하고, 노동조합을 기반으로 하여 건설된 노동자—실업자를 제외하고—정당으로의 침투가 성공적이지 못한 것으로 보이자, 나치의 대중선전이 마지막 단계에는 훨씬 더 집

---

90) Nilson(주 III/41), S. 295도 참조.

중적으로 중간계급을 겨냥했다는 것은 극히 분명하다.[91] 이처럼 의문의 여지없이 핵심적 위치를 차지하는 한 계층에 광고를 집중함으로써[92] 중앙당을 제외하고는 느슨하게 조직된 대부분의 중도정당들은 거의 해체수준에 이르게 되었다. 또한 이 전략은 수많은 새로운 투표자들과 (기존에 투표에 참여하지 않은) 비투표자들을 동원하였으나, 사회적 조건의 한계에 부딪쳤으며, 1932년에는 마침내 나치당의 확대에 종지부를 찍었다.

나치당은, 그 이데올로기가 요구했듯이, 모든 계층의 광범위한 인민운동으로 되지는 못했다. 그러나 이 당은 1918년 이후 전쟁과 인플레이션으로 그 기저가 해체과정에 내던져져 부침을 거듭한 (광의의) 중간계급의 강력한 결집정당으로 성장할 수 있었고, 또 공화국을 지지했던 광범위한 부르주아적 기반을 파괴할 수 있었다.[93] 이러한 사실은 매우 저급한 경제적 약속에만 기인한 것은 아니었다. 부르주아적 · 중간계급적인 경제심성의 이질적이고 긴장된 성격은 경제이데올로기적 수준에서 그러한 통합노력에 자연스러운 경계를 설정했다.[94] 따라서 나치당을 순전히 사회적 · 경제적으로 부르주아적 · 농민적인 반동운동으로 이해하는 당시대의 사회주의적 해석도[95] 그 현상의 한 가지 뿌리만 파악했을 뿐이고, 결국 그 현상의 이데올로기적 가면을 벗겨내

---

91) 새로운 신분제적 시대의 약속은 특징적이다. 1930년 제국의회 의원으로 당선한 107명의 나치 의원들은 당 공식적으로 이 약속과 더불어 소개된다: "17명은 생산자 신분에, 44명은 잉여신분(*Mehrstand*)에, 20명은 교육신분에, 6명은 군인신분에 속한다 ⋯."

92) *Grueneberg*(주 VI/50), S. 191ff.

93) Lasswell, "The Psychology of Hitlerism"(주 VI/45), S. 235ff. 를 참조. 또한 Michels, *Umschichtungen*(주 V/5), S. 103ff. 등도 참조.

94) Gurland/ Kirchheimer/ Neumann(주 VI/35), S. 40ff. 등도 참조.

95) 예컨대 Günter Keiser, "Der Nationalsozialismus, eine reaktionäre Revolution", *Neue Blätter für den Sozialismus* 2, Heft 6(Juni 1931).

어, 효과적으로 그러한 현상을 막아야 한다는 과제의 정치적 해결책을 찾는 데에는 실패했다. 오히려 중요한 것은 중간계급의 "민족적 이상주의"에 보내는 호소를 통하여 바로 그러한 이데올로기적 유혹수단과 연결수단, 즉 직접적인 이익방향들을 넘어서 통합효과를 약속해 줄 다양한 수단이 투입되었다는 점이었다. 나치즘은 — 파시즘처럼 — 사회적으로 폐쇄적인 중간계급의 이익운동, 즉 계급운동으로서가 아니라, 극히 다양한 심지어 적대적인 그룹들의 강력한 통합운동으로서 그 역동성과 유인력을 발전시켰다.[96] 나치즘이 극히 이질적인 이익들, 고려들, 감정들을 넘어서 이러한 결속력을 발전시킬 수 있었던 것은 다만 군사적 붕괴에 떠밀려서 진행된 공화국의 형성사와 관련되어 있다. 주로 사회민주주의적 노동자계급은 민주적 공화국에서도 비민족주의적 태도에 대한 비난으로부터 자유로울 수 없었고, 다만 — 빌헬름주의적 관헌국가는 노동자계급에게 심원한 애국주의적 전통을 전혀 전달하지 못했으므로 — 냉정하고 확실한 그리고 현재적인 국가관을 발전시켰다. 반면에 사회적 몰락과 열등감에 맞서 투쟁하는 대다수의 중간계급은 이제 다시 장중하고 영광으로 가득 찬 애국신화의 필요성에 종속되었다. 왜냐하면 정치적 종속성을 문서로 확인해 준 여러 국제적 책무와 더불어 사실에 근거한 공화국의 전쟁배상 이행정책은 그러한 애국신화를 화려하고 눈에 띄게 복원시킬 수 없었기 때문이다.[97]

---

96) 이것은 Bendix(주 IV/55), S. 370ff.의 핵심테제이기도 하다.

97) 언급된 문헌에 대해서는 de Man, *Sozialismus und Nationalfaschismus*(주 IV/47). 여기서 "민족파시즘"(*Nationalfaschism*)은 "경제적 문제 대신에 비경제적 범주들을 결정하게 하는" 경향에 의해서 특징 지워진다. "여기서는 반유대주의의 경우처럼, 경제적 사회적 증오심을 인종적 증오심으로, 또 민족주의의 경우에서처럼 민족주의적 정치적인 증오심으로 전환시키는 것이 핵심적 역할을 한다. 민족주의는 사회적 열등감(*Minderwertigekeitsgefühl*)에 대한 정신적 안전판이자 위협받는 집단적 자존심(*Selbstschätzung*)에 대한 탁월한 상쇄형식이다…"(S. 16).

나치즘은 이를 이어받아 사회주의적 경제사상에 대한 예전의 많은 양보를 축소시키면서, 동시에 노동자 정복을 포기하고 중소부르주아지의 부분적 반자본주의에 더욱 집중하였다. 물론 1930년 사회주의적 오토 슈트라서파(Otto Strasserflügel)의 분열에서 표현되었듯이,[98] 이러한 발전은 당내의 노선위기를 초래하였다. 그러나 나치 이데올로그들은 이제 자신의 민족주의 구상으로 부르주아 중간계급의 이러한 전통주의적이고 보수적인 애국주의를 훨씬 넘어섰다. 그들은 혈통에 근거한 극히 비역사적 민족개념을 광범위하고 절대적인 것(*absolutum*)으로 고양시켰다. 이 "민족주의"의 담지자는 혁명적인 사상을 품고 활동에 전념하는 전후의 청년이었다. 이들에게서 "민족적 혁명"이란 제국(*Kaiserreich*)의 영광스러운 기억에 대한 재선서, 평준화된 사회에서 "부르주아적" 위신의 복구를 의미한 것이 아니라, 무조건적인 권력정책의 승리, 역사적 연속성의 담지자 정신으로부터 반(反)역사적 일탈을 의미했다. 정치적 존재가 아니라 전쟁이 사전에 의식적·규정적인 체험이자 제일의 지향점이었던 그러한 일탈은 나치당에서 주도권을 장악했다. 부르주아지의 역사적 애국주의에 대한 혈통적 낭만주의의 승리는, 다면적 오해가 아니라면, 어쨌든 사회적 불확실성과 정치적·이데올로기적 분규, 취약성, 고향상실(*Heimatlosigkeit*) 등의 표현이었다.

이제 가장 급진적인 반대파 정당이자 동시에 가장 시끄러운 반공운동 조직인 나치당을 선택한 사무직원, 부르주아지, 농민 등은 아직 거의 초안도 잡히지 않은 나치국가에 찬성한 것이 아니라 우선 현존하는 국가에 반대하기로 결정했다. 민족주의적 혹은 신분제적이고 낭만적인, 반자본주의적인 구호 혹은 계급투쟁에 적대적인 구호를 동원해서 달성했건 간에, 나치당은 중간계급의 거대한 정당으로 되었다. 나아가서 나치당은 새로운 (비)투표자, 자포자기에 빠진 실업자들과 본능

---

98) 이 책의 제 2권, S. 136을 참조.

적 확신에 찬 기회주의자들에게도 손을 뻗칠 수가 있었다. 나치당은 ―당연히 중간계급을 위해서, 어떻게 노동자들 혹은 대자본가들을 신분제적으로 구성하려 했을까?―특히 그 경제적 토대를 빼앗긴 계층의 위신욕구를 채워 줄 신분제적 질서에 대한 희망을 품게 했다. "민족적"(*national*)이란 이 중간계급적 의미에서 반(反)프롤레타리아적인 것을 뜻했고, "사회주의적"이란 반(反)금권정치적(*antiplutokratisch*)인 것을 의미했다.[99]

바로 여기서 나치당은 계급사회의 평준화 경향에 대항한 "신중간계급"의 영향력 요구도 받아들였다. 나치당은 또 자본과 프롤레타리아트에 대항한 절망적인 두 전선투쟁에서도 신중간계급을 강화시켰다. 따라서 이 투쟁은 본질적으로 파시스트 운동의 온상이다.[100] 물론 사무직원인 신중간계급은 정치적 단체의 가입에서 완전히 분열되었다. 특히 독일민족인민당의 좌파에 가까웠던 "민족주의적" 사무직원들은 '사무직원 노조연합'(AfA)으로 조직되어 있던 강력한 소수파와 대립하였으며, 이어 1930년 이후에는 나치당에 들어갔다. 어쨌든 여기서도 자유주의적 중간계급은 배후에 머물렀다.

신분제 원리는 평준화 위협에 대한 균형추로서의 사무직원들에게서도 유인력을 가졌다. 이 원리는 관리계층에게서는 더 많은 유인력을 가졌다. 왜냐하면 관리계층은 고위 저명인사들 속에서만 자명한 위신을 보장받을 수 있었고, 이와는 반대로 수입이 적은 중하위층에서는 이제껏 추구되었던 신분제적 요구를 거의 주장할 수 없었기 때문이다.

---

99) Eduard Heimann, "Was will der Nationalsozialismus?" *Neue Blätter für den Sozialismus* 2, Heft 4(April 1931).

100) 불랑제적인 독재운동, 즉 프랑스에서의 "국민투표운동"(*mouvements plébiscitaires*)에 관한 연구는 흥미로운 비교자료를 제공한다. André Siegfried, *Tableau politique de la France de l'Ouèst sous la Troisième République*(Paris, 1913), S. 431.

확실히 나치당 목표의 구속력 있는 표현, 즉 이데올로기적 소망형(所望型, *Wunschbild*) 배후에 있는 명백한 이해관계에 대한 구체적인 개입은 다시금 중간계급 내부에 있는 다양한 견해 차이와 긴장을 초래하였으며, 특히 직업신분제적 해결에 반대하는 "고상한" 노동자들의 노동조합적 본능과 경향을 불신하게 만들었다.[101] 여기서 나치당은 반사회주의적 노선으로 전환하면서 사무직원의 일부를 잃었고, 나아가서는 점차 자신의 품으로 쏟아져 들어온 다양한 이익구성 요소들로 인하여 심각한 상황으로 내몰려 분명한 입장표명을 강요당하는 듯했다.

문제는 다양한 면모를 지닌 중간계급이 명백한 선전강령 아래서 얼마나 오랫동안 그리고 어떠한 형식으로 결속될 수 있는가의 여부였다. 특히 1932년에는 운동의 한계들과 첫 붕괴조짐이 가시적으로 되었다. 또 경제공황이 점진적·가시적으로 완화되면서 또는 이제껏 자제했던 긍정적 의도를 드러낼 연립의 참여와 더불어 당시대인들은 중간계급이 거의 해체되고 있다고 생각했다. 마침내 전체주의적 권력으로의 도약이 이루어졌는데, 이는 나치당을 실제 정책의 모든 민주적 책임에서 벗어나게 했다. 세계경제의 새로운 비약으로 나치당의 대담한 선동적 약속들 중 많은 것들이 외관상 충족될 수 있었다. 중간계급의 구조적 위기가 "제 3제국"의 "신분제적 신질서"에 의해서 실제로 제거되지 못했다는 것은[102] 중요하지 않다. 왜냐하면 중간계급이란 구호는 이미 1933년에 그 소명을 다했기 때문이다. 나치당은 막무가내식 개입으로 획득한 정치권력을 수단으로 선전하는 결집정당의 매우 노련한 돌파전술 대신에 전체주의적 국가정당의 빈틈없는 권력독점을 내세울 수 있었다.

---

101) "사회적 여론형성 동기로서의 구중간계급과 신중간계급 사이에 있는 경제사회적 소재지의 (엄청난) 다양성"은 Geiger, *Soziale Schichtung*(주 VI/35), S. 122ff. 그리고 특히 S. 131에 의거하여 서술되었다.

102) 이것은 Gurland/ Kirchheim/ Neumann(주 VI/35), passim에서 설득력 있게 증명된다. 또한 Franz L. Neumann(주 I/50), S. 282ff. 도 참조.

제7장

관료제 문제

바이마르공화국을 고찰해보면 오늘날에도 여전히 공무원집단(*Beamtenschaft*)과 넓은 의미의 관료제가 정치적 전체구조 속에서 행하는 역할을 정치적·사회학적 의미에서가 아니라, 압도적으로 그 공법적·이론적 의미에서 평가하고 있다는 사실에 마주치게 된다.[1] 관료제에 적대적인 연구문헌조차도 대개 사례들을 피상적으로 참조할 뿐, 이들을 역사적·사회학적인 제약성과 관련성 속에서 상황에 적합하게 파악하는 경우는 매우 드물다. 공무원(*Beamten*)의 개념을 정치적·사회학적으로 다변화시킬 때에야 비로소[2] 국가에 대해서뿐만 아니라 사회 내부에서 이 사회집단의 존재 및 이익 구속성이 지니는 의미는 가시

---

1) 마우스의 연구 Hans Maus, *Die soziologischen Formkräfte und Auswirkungen der deutschen Bürokratie als Sozialgebilde*(Diss. Heidelberg, 1950, 미간행)도 본질적으로는 일반적인 개념형성에 머물러 있다. Köttgen, "Die Entwicklung des deutschen Beamtenrechts"(주 II/17), S. 1ff. 에 있는 개관을 참조. 관료제의 개념에 관해서는 현재 Arnold Brecht, "How Bureaucracies Develop and Function", *The Annals of the American Academy of Political and Social Science* 292(March 1954), S. 1ff. 이 책 전체는 비교에 입각한 고찰에 중요하다.

2) 공무원을 부분적으로 의도된 긴장관계에 있는 의회주의 국가의 다른 정치적 요소들에 대비해 규정하고 한계를 설정하기 어려운 점에 대해서는 Köttgen, *Berufbeamtentum*(주 II/10), S. 139ff. 참조.

화되며, 그런 한에서만 임용, 급료, 연금과 같은 명백한 생존욕구의 차원을 넘어서게 된다.[3]

1. 문제의 근본

바이마르공화국의 상황에 특징적인 것은 행정이 계속 법률가들의 독점물이었다는 점과 실제의 선택이 통제할 수 없을 정도로 많은 예전의 보호-이익 메커니즘으로 거슬러 올라갔다는 점이다. 그리고 거기서는 쾨젠 학생단체와 같은 귀족 학생조합이 제공했던 것과 같은 사회적 관계들이 중요한 역할을 하였다.[4] 나치즘도 학문적 독점을 완전히

3) Oskar Aust, *Die Reform der öffentlichen Verwaltung in Deutschland* (Berlin, 1928), S. 142ff. 와 Arnold Brecht, *Das deutsche Beamtentum von heute* (Deutsche Gesellschaft für Personalwesen e. V.) (1951), S. 28에 있는 브뤼닝의 급료삭감이 끼친 정치적 영향에 관한 브레히트의 고찰 참조. 나아가서 다른 피고용인 집단과 대비되게 공무원층이 지닌 조합적 신분제적(*korporativ-ständisch*: 동질적으로 구성되고 단체에 충실하다는 의미에서 협력에 의존하는 협동조합을 지칭하는 개념, 약간 구식으로 폄하된 의미—옮긴이)인 질서로 나아가는 경향이 있는 "가부장제적"인 특별지위의 역사적 사회적인 측면들에 관해서는 Köttgen, "Beamtenrecht"(주 II/17), S. 2ff., S. 6ff. 와 같은 이, "Beamtenrecht und Arbeitsrecht", *Mitteilungen des Jenaer Instituts für Wirtschaftsrecht* 16 (November 1928), S. 7ff. 또한 특히 사무직원과의 법적인 경계문제 및 독일적 상황과 영국적 상황의 차이에 관해서도 같은 곳을 참조. 또 Max Weber, *Wirtschaft und Gesellschaft* (주 II/13), S. 654f. 는 "급료의 종신성" 및 "이력"(*Laufnahn*)의 중요성을 언급하고 있다. 그 밖에도 여기서 시도된 고찰방식의 중요성을 위해서 주목할 만한 것은 1931년 10월의 국가법학자 대회가 본래 공무원의 권리를 논의의 대상으로 했으나, 근본적으로 거의 부지불식간에 공무원과 정치의 관계를 중심과제로 삼았다는 점이다.

4) Deutsche Berufskunde, *Ein Querschnitt durch die Berufe und Arbeitskreise der Gegenwart*, ed. by Otto Heinrich v. d. Gablentz und Carl Mennicke

파괴할 수 없었다.[5] 산업, 노동운동, 교회, 학교, 언론 등의 관료제 또한 어느 정도 배타성을 더해가는 경향이 있었다. 그렇지만 그것은 국가 관료제보다 특별한 선발원리들, 과제에 대한 분명한 의식 그리고 그 기능 및 핵심지지자(*Träger*)들에 대한 긍정적 관계가 더 컸다.[6] 가톨릭교회는 "민주적으로 선출되고, 귀족이 우위에 있으며, 군주가 지배하는 관료제의 가장 훌륭한 사례"를 제공했다.[7]

물론 자유로운 사회와 꾸준히 성장한 관료적 카스트의 대립이라는 반(反)관료제적 문헌이 보여주는 이미지는[8] 분명하지 않으며, 두 그룹간의 이동과 상호침투를 과소평가한다.[9] 엄격한 의미의 관료제화란 근대국가가 점차 확대되고 복잡해지면서 진전된 하나의 발전과정을 의미한다. 그것은 공적 영역에서 사적 영역으로, 국가에서 사회로 파급되며, 특히 직접적 유대를 간접적 유대로 대체하는 과정에서, 계서제적이고 단일지배체제적인 능력의 확대과정에서, 간부층의 과도한 증가에서 그리고 모든 관계의 기계적 합리화에서 표현된다.[10] 관료제는

(Leipzig, 1930), S. 400ff. (공무원의 개념과 유형의 지역적 차이), S. 426ff.

5) Franz L. Neumann(주 I/50), S. 370 등.

6) Otto Heinrich v. d. Gablentz, "Industriebürokratie", *Schmollers Jahrbuch* 50(1926), S. 44ff.; Aust(주 VII/3), S. 95ff. 도 참조.

7) Erwin Kleinstück, *Vom Wesen des deutschen Beamtentums*(Einzelschriften zu Politik und Wirtschaft, 7)(Berlin, 1927), S. 19 참조.

8) 1927년에 각 주에서 주민 1인당 인력 관련 행정비용은 다음과 같았다.

프로이센	바이에른	헤센	뷔르템베르크	바덴	함부르크	브레멘
39	54	64	50	53	141	115

J. Kreppel, *Handwörterbuch für Politik und Wirtschaft der Gegenwart*, vol. I(Wien, 1930), S. 515f.에 따른 것임. 그는 프랑스에서 관료화가 훨씬 더 많이 진전되었다는 것을 확인시켜 준다.

9) 자유주의적인 진영으로부터 나온 가장 신랄한 비판: Ludwig v. Mises, *Bureaucracy*(New Haven, 1944).

10) Robert K. Merton, "Bureaucratic Structure and Personality", *Social Forces* 18(1940), S. 560ff.를 참조. 이 글은 *Reader in Bureaucracy*, ed. by

사회생활의 거의 모든 현상들에 침투한다. 또한 그 자체는 모든 신분 구성원들을 포괄하여 견고한 지배관계를 갖춘 필수불가결한 권력으로, 여러 정치적 사회적 권력들이 계속 도구로서 이용할 수 있는 간부들의 이익공동체로 된다.

여기서는 극히 양면적인 얼굴을 지닌 그리고 긍정적으로도 부정적으로도 작용할 수 있는 이 과정의 몇몇 측면들에 한정해 보고자 한다.[11] 공무원의 다양한 유형들은 결코 항상 지위와 기능에 따라서가 아니라, 오히려 관련된 사람들의 사회적 상황에 좌우되는 심리적·정치적인 행위에 따라 결정될 수 있다. 출신, 교육인정서, 수입, 그리고 신분적 전승 등은 독일 공무원 계층의 유형 형성에 중요한 요소들이다. 이 유형은 전체적으로 매우 통일적으로 나타나며, 이 형식 속에서 관료제 구조 전반의 특징이 결정된다.[12] 바이마르공화국 공무원 단체들의 구성과 정책도 고급, 중간, 그리고 하급공무원별 구분을 넘어서는 분화에 대해서는 그 근거들을 거의 제공하지 못한다. 그것들은 다만 — 사무직원의 경우처럼 — 공무원 계층이 수적으로 꾸준히 증가하였다는 점과 — 그 이상으로 — 주로 반노조적·"민족주의적" 단체들에

Robert K. Merton et al. (Glencoe 〔Ill.〕, 1952), S. 361ff. 에도 수록되어 있다. 베버는 *Wirtschaft und Gesellschaft* (주 II/13, S. 661ff.) 에서 근대자본주의적 경제교류의 바로 이 관료조직과 완벽이념이 공적 과제를 더 빠른, 더 정교한 그리고 연속적인 마무리에 대한 요구와 더불어 국가의 엄격하고 전문화된 관료적 조직의 발전에 어떻게 영향을 미치고 조건지었는지에 관해 언급하였다. 개념에 관해서는 Joseph Oiszewski, *Bürokratie* (Würzburg, 1904), S. 70.

11) Max Weber, *Wirtschaft und Gesellschaft* (주 II/13), II, S. 650ff.; Franz L. Neumann (주 I/50), S. 368; 같은 이, "Approaches to the Study of Political Theory Power", *Political Science Quartly* 65 (1950), S. 161ff. 를 참조.

12) Weber, *Wirtschaft und Gesellschaft* (주 II/13), II, S. 652; Gablentz, *Berufskunde* (주 VII/4), S. 440.

서 조직되었다는 점만 알려준다.[13] 그래도 가장 많은 정보를 제공하는 것은 고위공무원들의 정치적 견해들과 발언들이다. 반면에 그 수가 꾸준히 감소한 이른바 정무직 공무원들은 그 직위에 따를 경우 저명한 대표자들이었지만, 대부분 정파적·의회주의적인 관점에 따라 임용된 이들 "국외자들"에게 매우 비판적이었던 공무원 계층에게는 전형적인 것으로 간주되지 않는다.[14]

공무원 계층의 명백한 자제는 그들의 사회적 연계, 특히 정치적 활동에 대한 학문적 연구가 현저히 결여되어 있다는 사실로부터 추론될

---

13) Maus(주 VII/1), S. 133ff. 에 있는 표:

"중립적"	독일공무원연맹	827,000
	고위공무원제국연맹	101,000
	기타	113,000
기독교적-민족주의적	독일공무원노동조합 총연맹	390,000
자유-민족주의적	독일공무원단체 연합	56,000
	전국철도공무원 연맹	82,000
경제평화적	독일직업공무원 제국연맹	6,000
자유노조적	전독일노동조합연맹	354,000

여러 단체들의 경쟁에 관해서는 Hans Völter, "Berufsbeamtentum und ADB", *Das Beamtentum im neuen Staat*(Berlin, 1930), S. 19ff.; Neumann, *Behemoth*(주 I/50), S. 379.

14) 이들 정무직 공무원들, 특히 차관들(*Staatssekretäre*: 1919년 이후 독일의 한 부처에서 장관 다음의 최고위공무원—옮긴이)의 의미에 관해서는, 제한적으로 Gerhard Lassar, "Reichseigene Verwaltung unter der Weimarer Verfassung", *Jahrbuch für öffentliches Recht* 14(1926), S. 42; *Bredt*(주 II/18), S. 173ff.; Köttgen, *Berufsbeamtentum*(주 II/10), S. 152ff. 프로이센 내무부의 통계표들에 따르면 1929년 10월 1일 현재 총 539명의 정무직 공무원들 중에서 155명이 무소속 혹은 독일민족인민당에, 105명이 사민당에, 113명이 중앙당에, 95명이 독일인민당에, 71명이 독일민주당에 속했다. Albert Grzesinski, "Republik und Beamter"(Rede auf dem mitteldeutschen Beamtentag des ADB in Magdeburg am 1. Dezember 1929), *Das Beamtentum im neuen Staat*(주 VII/13), S. 13. 또한 *Reibnitz*(주 III/27), S. 172도 참조.

수도 있을 것이다.[15] 그렇지만 이러한 "중립성"이나 "비당파성"이라는 인기 있는 이상은 본질적으로 부정적 동기들과 효과들을 지녔다. 중립성은 국가의 불가피한 기술화, 그리고 군대에서처럼 전문성을 갖춘 공무원이라는 관료메커니즘의 기술적 우위에 의존하여 실질적 통합이랄 수 있는 정치적 기능관계 속으로의 진정한 성장을 방해하는 반면에, 동시에 의식적으로 거기에 반대되는 노력들을 숨긴다.[16] 게다가 결함을 지닌 보고서에 의존하여 이 문제가 중요하지 않다고 추론하는 것은 관료제에 관한 모든 정치적·사회적인 연구가 당면하는 엄청난 어려움을 간과한 것이다.

독일에서 줄곧 지배적인 견해에 따르면 공무원과 국가는 특별한 충성과 복종의 관계에 있었다.[17] 바이마르 헌법(제 130조 2항)에 따르면 공무원은 정치적 신념과 의사표현의 자유 그리고 단체가입의 자유를 가졌다. 물론 단체가입의 자유는 기본적으로 국가권력에 대해 요구된 충성과 충돌하지 않는 한에서만 유효했다. 어쨌든 이것은 실제로든 혹

---

15) Max Weber, *Wirtschaft und Gesellschaft*(주 II/13), I, S. 126ff. 와 II, S. 650ff. 에서 관료제 문제와 관료화 문제에 관한 베버의 일반적 언급 및 그의 예비작업과 더불어 체계적-형식적으로 다루어진 저작들이 지배적이다. 쾨트겐의 저작(*Berufsbeamtentum*, 주 II/10)은 주로 법학적인 목표들을 추적한다. 그는 이전 왕조 및 다른 나라 상황과의 비교를 통해서 근본적이고 가치 있는 관점을 얻지만, 이 관점도 보다 더 정확한 접근을 회피한다(예컨대 위의 S. 77). 나아가서 Nawiasky, *Berufsbeamtentum*(주 II/9)도 참조하라. 그의 기본테제(S. 16)도 마찬가지로 직업공무원들에게 정당정치로부터 거리두기를 요구한다. Kurt Jeserich, *Das kommunal-wissenschaftliche Institut der Universität Berlin*(Berlin, 1936)은 특히 나치시기로의 이행기에 관료제 문제에 관한 광범위한 문헌목록을 제공한다.

16) 여기에 관해서는 Brecht, *Beamtentum*(주 VII/3), S. 55; Meumann, *Behemoth*(주 I/50), S. 371.

17) Hans Gerber(주 II/71, S. 36f.)는 공무원 문제의 핵심을 "신념의 문제"(*Gesinnungsproblem*)로 간주하려는 지속적 경향에 대하여 언급한다.

은 잠재적으로든 본질적으로는 정치적 과정에 투입된[18] 150만 명에 달하는 시민들에게는 "어느 정도의 정치적 체념"[19]을 의미했다. 공무원은 국가의 사무직원으로서 국가메커니즘의 직접적인 핵심 지지자였고, 또 그 기능에 직접 의존했다. 그는 — 정당이나 이익단체들처럼 — 그 규정을 벗어나서 국가와 변증법적 관계에 있지 않았고, 이들과 동일한 형식으로 자신의 이익을 표현하지 못했으며, 자본주의적 사회형식과도 자연적 긴장관계에 있었다.[20] 독일의 공무원 관료제가 일반적 관념과 일치되지만 정당정치 세력과 반대로 국가조직의 이상적 기초를 이루는 초당파적 대표자로 간주되었음에도 불구하고,[21] 정치적 평등

---

18) *Deutsche Wirtschaftskunde*, *Statistisches Reichsamt*(Berlin, 1930), S. 54: 제국, 주, 지방자치단체 행정관청들(교사와 성직자 포함) 80만 명, 제국철도청 33만 명, 제국체신청 25만 명, 기타 행정관청 10만 명, 재판관(1929; S. 384) 9천 7백 명.

19) Köttgen, *Berufsbeamtentum*(주 II/10), S. 112. 반면 게르버(Gerber, 주 II/71, S. 49ff.)는 공무원들이 정치적 기능영역과 종속적 공무원이자 독립적인 능동시민이라는 이중적 관계에서 생겨난 충돌점들을 강조한다. 또한 공무원들의 정치적 권리문제에 관해서 Adolf Merkl, 같은 책, S. 96ff.도 참조.

20) Kurt Weidenfeld, *Kapitalismus und Beamtentum*(Berlin-Leipzig, 1932), S. 10ff.

21) Köttgen, "Beamtenrecht"(주 VII/3), S. 6ff. (문헌포함)은 이렇게 주장했다. Leibholz, *Repräsentation*(주 II/17), S. 17ff.은 여기에 반대(대표제의 개념은 S. 25ff.). 마찬가지로 Hermann Heller, *Die Souveränität* (Berlin-Leipzig, 1927), S. 75; Carl Schmitt, *Verfassungslehre*(주 II/51), S. 212ff.; 또한 Max Weber, *Wirtschaft und Gesellschaft*(주 II/13), I, S. 170ff. 그러나 특히 고위 공무원들 내부에서 이러한 신념의 실질적 존재와 엄청난 중요성은 논쟁의 여지가 없다. 그러나 공무원 계층의 의존성과 복종의무에 비춰볼 때 그 형식상 합법적 근거설명도 너무나 어려울 것이다. 게다가 이 형식상 합법적 의존성이 의회체제의 지속적 약화와 더불어 사실상 많은 자리에서 파괴되었다는 것은 위의 S. 29ff.에서 암시되었다. 그러한 "대표제적" 과정들은 (실제로는 공무원 계층의 구체적 정치적 권력 강화) 법학수준에서 진행되지 않는다. 이와는 반대로 쾨트겐("Beamtentum", 주 VII/3, S. 9)은

권의 요구로써 사회주의적 자유주의적인 정치가들의 개혁열정이 혁명 후에 추인한 의회직 공무원의 피선거권으로 인해[22] 이제 엄청난 사람들이 정당정책에 능동적으로 개입할 수 있게 되었다.[23] 공무원 단체들은 영향력의 기반을 넓히기 위하여 여러 정당의 관련된 입후보자를 지원하였다. 그리하여 독일공무원연맹은 모든 정당에 두루 의회의 연결점을 갖고 있었다.[24] 공무원 계층이 모든 입법단체들과 위원회들에서 행사한 영향력은 엄청났으며, 특히 공공서비스 문제를 다룰 때 적

독일 공무원 계층의 이상적 대의제 성격(그리고 독자적인 사회적 정치적 우발성을 받쳐주는 자기의식적인 공무원 이데올로기)이라는 자신의 관점에서 공무원 계층을 다른 모든 피고용인 관계와 지나치게 강렬하게 대비시키지만 이러한 현상의 정치적 사회적 이면을 충분히 평가하지 못하고 있다. 이와 반대되는 것으로는 특히 Leibholz, *Repräsentation*(주 II/17), S. 138. 근대국가의 개인적 기구들과 제도적 기구들을 뉘앙스들을 지워버리고 거칠게 구별하는 것은 아마도 어느 정도 용어적 가능성들을 제공할 것이다. 게르버(주 II/71, S. 9ff.)는 이 구별에 따라 헌법에 적합한 공무원의 등급화를 실행하였다. 그것도 법적 정치적인 기능영역의 병렬(과 혼합)을 의미할 수 있다. 그렇지만 거의 모든 행정행위도 일종의 정책을 포함한다.

22) 현재 이러한 발전에 대한 다음의 비판을 참조: Theodor Eschenberg, *Der Beamte in Partei und Parlament*(Frankfurt a. M., 1952), S. 78~139 ("Nachteile und Vorzüge der prateipolitischen Betätigung des Beamten"). 여기에는 논지들과 중요한 사례들의 광범위한 비교가 포함되어 있다. 이런 식으로 공직수행중인 공무원과 사적인 생활 속의 공무원을 구별하는 관료제의 정치화 위험성과 내적인 문제들에 대해서는 당시에 Köttgen, *Berufsbeamtentum*(주 II/10), S. 106ff. 를 참조. 그러나 여기서도 정치적 평등이라는 기본원칙의 배제 속에 있음에 틀림없는 사회적 함축성은 적게 고려되고 있다.

23) 오늘날의 관점에서 "우리의 공공생활에서 중요한 부분문제로서 공무원의 선거권과 정당정치적 활동의 복합체"는 다음에서 가장 잘 다루어지고 있다: Eschenberg, *Der Beamte*(주 VII/22), S. 5ff.

24) 1930~1932년의 제국의회에서 이 단체의 총 31명의 의원들(!) 중에서 9명은 나치당, 3명은 독일민족인민당, 6명은 중앙당, 2명은 기독교 사회 인민봉사(Christlich-Sozialer Volksdienst), 1명은 경제당, 2명이 독일인민당, 6명이 사민당, 1명이 공산당에 속했다. Grueneberg(주 VI/50), S. 203을 참조.

극적으로 되었다.[25]

내각의 부처관료는 고위공무원 계층 내에서 요직을 보유했다. 관료의 권력은 공화국 말기에 엄청나게 성장했으나, 그 결과 의회민주주의의 직속기관이 갖는 권력은 줄어들었다. 차관(*Staatsskretäre*), 국장(*Ministerialdirektor*) 그리고 부(部)참사관(*Ministerialräte*)은 관할기업을 결속시켰다. 따라서 그들은 근본적으로 내각의 교체, 곧 민주적인 정책의 변화과정에서 안정을 유지시킬 중심인물로 생각되었다.[26] 그들은 츠바이게르트(Zweigert)가 내무부 차관으로서, 트렌델렌부르크(Trendelenburg)가 경제부 차관으로서 했던 것처럼 여러 달 동안 독자적으로 부처를 관리하기도 했다. 특히 널리 확산되었던 위임입법 및 비상령 정책의 실행, 그리고 예산정책과 행정부에 대한 의회 영향력의 현저한 약화 등이 이러한 발전과정에 수반되었다.[27] 행정을 간소화해야 한다는 정력적인 개혁요구들은 항상 모든 참여자들에게 엄청난 비용을 수반하는 역량의 어려움을 그 근거로 내세웠다.[28] 또한 법관들이 정치적 중립성을 이유로 여러 면에서 합법화된 활동에 돌입했다는 사실도

---

25) Brecht, *Beamtentum*(주 VII/3), S. 35를 참조. 그는 여기서 권력배분원리의 장애를 보고 있다. 의회에서 활동한 공무원들을 위한 특별한 경감(제국헌법 제39조에 따른 휴가, 봉급, 진급 등)은 정치활성화에 중요하다. 전반적으로 *Diskussion auf der Staatsrechtslehretagung* 1931(주 II/47), S. 111ff., S. 115. 에서의 논의 참조. 여기서 아펠트(Willibalt Apelt)는 "탈정치화"를 비현실적인 것으로 간주했으며, "전문공무원"은 정당관료보다 더 나은 법치국가의 공복이라는 관료적 견해를 일방적이고 위험한 것이라고 생각했다. 이 논의에서는 특히 쾰로이터(Otto Koelreuter), 헤어파트(Heinrich Herrfahrdt)(같은 곳, S. 117) 그리고 야코비(Erwin Jakobi)(같은 곳, S. 121ff.)는 권위주의적 국가이념의 의미에서 "탈정치화"를 대표했다.

26) *Reibnitz*(주 III/27), S. 155ff.

27) Neumann, *Behemoth*(주 I/50), S. 371. 위의 S. 96ff. 도 참조.

28) Bill Drews, "Probleme der Verwaltungsreform", *Recht und Staat*(주 II/3), II, S. 19ff.

적잖이 중요하다. 이 경향은 그러한 활동의 결과에 따라 공화국 말기에 법관 관리층의 정치적 구상과 헌법이성(憲法理性, *ratio constitutionis*) 사이에 간극을 넓히는 데 영향을 미쳤으며, 이는 이미 공화국 초기의 신뢰할 수 없는 정치적 판결에서 여러 차례 가시적으로 발생했다.[29] 이러한 비정상적 관계는 결코 구체적 사례의 예외적 일탈에 한정되지 않고 일반적 성격을 지녔는데, 그러한 관계의 원인들과 현상형식들에 대한 물음은 연구의 정치적·사회학적인 중심문제로 이끈다. 거기에 대한 대답은 몇 가지 일반적인 역사적 언급을 필요로 한다.[30]

2. 직업공무원층을 둘러싼 투쟁

왕조적 절대주의에 의해서 만들어진 직업공무원 계층은[31] 귀족과 더불어 신분제 국가의 붕괴 이후에도 계속 존속했으며, 인민 전체로부터 떨어져 나온 사회집단이었다. 그런데 이 사회집단을 의회민주주의와 결합시키는 일은 그들의 강력한 신분제적 결속으로 처음부터 방해

29) 이 책의 아래 S. 352ff. 를 참조. 공무원 계층 내에서 법관집단의 특수지위에 관해서는 Köttgen, *Berufsbeamtentum*(주 II/10), S. 78ff. 이와는 반대로 게르버(주 II/71, S. 8ff.)는 법관을 포괄하는 직업공무원들의 근본적 통일성을 강조한다. 현존하는 단계적 차이를 넘어서지 않는 중도가 올바를 것이다.

30) 1870년의 왕조와 바이마르공화국에서 공무원 계층의 정치적 지위에 대해서는 역사적이면서 정치적·사회적인 다음의 관찰을 참조: Eschenberg, *Der Beamte*(주 VII/22), S. 39ff. 특히 여기서 제기된 문제들에 전반적으로 중요한 것으로는 Herbert v. Borch, *Obrigkeit und Widerstand. Zur politischen Soziologie des Beamtentums*(Tübingen, 1954).

31) 직업적인 공무원의 역사에 관해서는 다음의 광범위한 개관을 참조: *Borch*(주 VII/30), S. 23ff.; Maus(주 VII/1), S. 9ff., 특히 S. 43ff.; Gustav Schmoller, *Der deutsche Beamtenstaat vom 16. bis 18. Jahrhundert*(Leipzig, 1894), S. 2ff.; *Finer*(주 II/5), S. 724ff.

를 받았다.[32] 비스마르크 시기에는 프로이센 내무부장관이었던 푸트카머의 조치를 통해 공무원제도의 절대주의적 개혁이 이루어졌으며, 이어 전통적으로 계몽된 그리고 여러 방면에서 봉건제에 적대적이었던 이 계층의 태도는 카스트의 계서제적 폐쇄성으로 대체되었다. 또 이 카스트는 종종 기괴하게 보일 정도로 습관과 세계관이 동일했고, 특히 보수적 당국의 정치문제들에 대해서는 비교적 통일적인 사고방식을 갖고 있었다.[33] 결정권을 갖는 군주는 엄격하게 조직된 행정 계서제의 꼭대기에 있었다.[34] 이 — 의회가 아니라 — 계서제 또한 "장관 후보자

---

32) Lorenz v. Stein, *Die Verwaltungslehre*, Teil I, Abtlg. 1, *Die vollziehende Gewalt*, 2판, 1889, S. 226: "실제로 공무원들의 본질적 자립성은 본질적으로 그 개인적 권리들이 신분법의 성격을 지닌다는 점에 있다." 세기 전환기 경의 공무원 계층을 일별해보면 이것은 사회학적으로도 명백하다. Grzesinski, "Republik und Beamter" (주 VII/14), S. 10ff. 에 (사례포함) 있는 프로이센 내무부의 공문서에서 나온 1895년에서 1911년까지의 자료들을 참조: 이 기간에 전체 고위 행정공무원들의 34%는 귀족에 속했는데, 여기서 그것이 정무직에서 차지하는 비율은 지위의 등급에 따라 증가하였던 반면에, 전문 공무원들의 경우에는 더 낮았다. 가톨릭의 비율이 인구의 절대적 비율에 상응하지 않았고, 고위 행정공무원들이 70% 이상까지 장교가문, 농장주가문, 고위 공무원가문 출신이었다는 사실도 이 상에 속한다. 또한 *Kirchliches Handbuch* XII (1924), S. 404ff. 에 있는 다음의 분류도 참조. 여기에 의하면 1924년에도 다음과 같은 공무원들이 가톨릭교도들이었다.

18명의 차관들 중에서	2명이 가톨릭
39명의 부처 국장들 중에서	10명이 가톨릭
307명의 부처 참사관들 중에서	25명이 가톨릭
159명의 상급행정관들 중에서	19명이 가톨릭
157명의 행정관들 중에서	25명이 가톨릭

680명의 최고위직 제국공무원들 중에서 81명 (11.9%) 이 가톨릭교도였던 반면에, 전체 인구에서 가톨릭교도가 차지하는 비율은 33% 이상에 달했다.

33) Köttgen, *Berufsbeamtentum* (주 II/10), S. 87ff. 또 Schmoller, *Der deutsche Beamtenstaat* (주 VII/31), S. 16; Wittmayer, *Weimarer Reichsverfassung* (주 II/2), S. 87ff. 도 참조.

34) 대륙의 입헌적 정권들의 상태에 대해서는 몰(Robert v. Mohl) 이 그 시기에

들을 위한 저수지"를 형성했다.[35] "공무원 계층의 탈정치화" 요구는 바로 이 시기에 그 기원을 두고 있다. 이 요구는 혁명 전에도 후에도 공무원 계층의 보수적 후원과 정치적 배타성에 대한 막스 베버의 비판에서도 표현되었다.[36]

제기했던 주장을 참조: "그 전체 개념들에 따른 그리고 꽉 채워진 국가권력은 그 조상 전래의 법들로부터 나온 세습군주들에게 귀속되었다. 말하자면 공무원들은 국가원수에게서 나오는 의지를 수행하도록 규정되었다. 그 최고 위자들인 장관들은 군주의 무조건적이고 개인적인 선택이며, 그에 의해서 임의로 면직될 수 있다 … 인민대표단은 특정의 정부행위에 대하여 다만 항고권(*Beschwerderecht*)과 의사표현권만 갖는다. … 이러한 이원성(*Dualismus*) 속에 엄청난 위험이 내재해 있다." 이원성의 위험성을 극복하기 위한 유일한 수단은 의회체제의 도입이라고 그는 주장하였다. Robert v. Mohl, *Das Repräsentativ-system, seine Mängel und die Heilmittel, Politische Briefe, abgedr., Staatsrecht, Völkerrecht und Politik*(주 II/130), I, S. 393ff. *Gerber*(주 II/71), S. 12ff. 도 참조. 그러나 거기에 당시 이론들은 반대했다. 이 이론들은 자유주의적 조류들의 영향 아래서 다원주의적인 정당국가에서 공무원 계층의 독립성, 자기책임, 그리고 "중립성"에 대한 신념으로 이끌어 갔다.

35) Eschenberg, *Der Beamte*(주 VII/22), S. 33은 독일 입헌군주정에서 공무원들의 상황에 대한 개관을 싣고 있다.

36) Max Weber, "Beamtenherrschaft und politische Führertum", *Gesammelte politische Schriften*(주 II/13), S. 147ff. 또한 논문: "Parlament und Regierung im neugeordneten Deutschland", 같은 책, S. 126ff. 이 논문은 독일 정치의 불행을 의회주의체제의 발전에 대한 억압에서 찾는다. 이것은 "서유럽적인 것"으로 불신받았고, 독일 국가이념에 대립되는 것으로 설정되었다. 또 독일의 국가이념은 근본적으로 직업적 공무원 계층 및 임명된 장관들의 찬양에 다름 아니었다(S. 134). 전반적으로 베버는 의회의 무력함을 극히 본질적으로 장관직의 순수한 공무원적 성격의 탓으로 돌리며 (S. 165), 여기에 대응하여 "효과적인 의회의 통제를 통하여 강제된 행정의 공공성"을 "모든 유익한 의회활동 및 민족의 정치적 교육을 위한 전제조건" (S. 174)으로 요구한다. 당시 이미 선언되었던 "의회 없는 사회주의" 혹은 "의회 없는 민주주의"란 우리에게 잘 알려진 통제 없는 관료계층의 극히 순수한 하나의 형식에 불과하다는 것이다(S. 213f.).

실제로 공무원 계층이 지녔던 압도적으로 보수적인 기본태도 — 이는 전쟁 이전 시기에 명약관화했다[37] — 는 정당과 관계없이 신분의 구조와 지위를 통해서 부여되었다.[38] 정부와 행정당국은 폐쇄적인 정치단위를 형성했다.[39] 그 전문적 능력으로 외국인들을 놀라게 하기도 했던 독일의 공무원 계층이 변화된 상황을 알고, 새로운 국가구조 및 의회민주주의에 대하여 거기에 상응하는 관계를 얻을 수 있었을까? 왕조주의적 행정부의 초당파성이라는 지금까지의 관계에 상응하는 세계관은 어떻게 작용할까? 공무원이 지금껏 그 틀 속에서 정당제도와 이익대변제도라는 편협한 경향에 맞서서 보편적인 "국가정책적" 관심사들을 떠맡아야 한다는 자신의 과제를 실행했던 이 신분제적 이데올로기로부터 무엇이 만들어졌을까?[40]

---

37) Hans Delbrück, *Regierung und Volkswille* (1914), 183; Eschenberg, *Der Beamte* (주 VII/22), 34.

38) Georg Jellinek, *Allgemeine Staatslehre*, 3판(Berlin, 1929), S. 288f., S. 34. Köttgen (*Berufsbeamtentum*, 주 II/10, S. 35ff.)은 보수적 정당정책과 국가 내지 공무원정책 사이의 일치에서 "우연성"을 지나치게 강조한다. 문제상황은 *Willibalt Apelt in der Diskussion auf der Staatsrechtslehrertagung* 1931 (주 II/47), S. 114f.

39) Eschenberg, *Der Beamte* (주 VII/22), S. 34. 프로이센 독일에서 공무원 계층의 역사적 발전과 사회적 정치적 기능에 관해서는 특히 *Borch* (주 VII/30), S. 118ff.

40) 군주정에서 공화정으로의 이행기에 "초당파성"의 특별한 문제점들: Köttgen, "Beamtenrecht" (주 VII/22), S. 10. 그것은 현저한 위험성에도 불구하고 다수의 이론적 고찰자들에 의해서 확인된다. 주로 일차적으로 사회적 정치적 문제에 대한 형식적 법학적인 고찰방식이 갖는 맹점은 여기서 관찰된다. 예컨대 Kelsen (주 II/9), S. 73, 76 (제 2판에서 자신의 관점을 크게 수정.); 같은 이, *Die politischen Parteien im moderen Staat* (1926), S. 78ff.; Nawiasky, *Berufsbeamtentum* (주 II/9), S. 12ff.; *Merkl* (주 VII/18), S. 75ff. 이렇게 의회적 정당국가적 민주주의에 대한 비판은 직업적 공무원 계층에 관한 논의로 이동되었으며, 다음과 같은 것이 공무원 계층의 과제로 지칭되었다: 국가지도부의 연속성과 안전성을 보장하는 것, 정당정치적 권

역사적으로 대륙국가들의 구조와 밀접히 관련되었던 직업공무원 계층을[41] 둘러싼 투쟁은 공화국에서도 즉시 시작되었다. 이 투쟁은 반세기 전에 유사한 조건 아래서 프랑스,[42] 또 미국, 스위스 그리고 오스트리아에서 오랫동안 격렬하게 진행되었던 터였다.[43] 왜냐하면 민주주의에서도 사람들은 관료적 조직에 의존하기 때문이다. 자치행정은 아래로부터 (갈등을) 완화시키는 작용을 하지만, 사회는 관료적으로 꽉 짜인 채 머물러 있다. 이것이 강력해질수록 내정과 외정을 둘러싼 마찰들은 통일적 명령권을 더욱 요구하는 듯이 보인다. 동시에 자치행정으로 나아가려는 정치적 의지는 약화되고, 그 대신에 시장(*Oberbürger-meister*)이 관료적 "지도자"(*Führer*)로 등장한다. 민주주의 자체에 대한 직접적인 위험성이 생겨난다.[44] 모든 종류의 관료화(정

력에 대하여 중립적 요소로서, "헌법의 수호자"로서, "민족적 책임성의 보호자"로서 (다른 "독립적이고 중립적인" 권력들과 협력하여) 기능하게 하는 것: Carl Schmitt, *Hütter der Verfassung*(주 II/1), S. 149ff. 약간 더 약하게는 Köttgen, *Berufsbeamtentum*(주 II/10), S. 57ff., 93ff.; Zweigert (주 II/17), S. 463; Friedrich Giese, *Das Berufsbeamtentum im deutschen Volksstaat*(Berlin, 1929), S. 31; Hermann Heller, "Das deutsche Beamtentum in der Deutschen Demokratie", *Neue Rundschau*(1930), S. 726, 752f. 공무원 계층의 환상적 "탈정치화"의 위험한 결과들에 반대: Gerber(주 II/71), S. 8ff, 29ff., 125f. 공무원들은 전적으로 정치적 결정과 관련되어 있다. 그들은 ("정당정치"와는 달리) 법적인 정치적 사전결정들에 의해서만 규정되는 "사실적 정치"를 추구한다.

41) 공화국과의 관계에 대한 특별한 고찰을 포함한 개념에 관해서는 Völter(주 VII/13), S. 19ff.; Zweigert(주 II/17), S. 460ff. 초당파성 이데올로기의 의미에서: Hermann Hieronimi, *Berufsbeamtentum und Politik*(Würzburg, 1953), S. 1ff.

42) Wilhelm Hasbach, *Die moderne Demokratie*, 2판 (Jena, 1921), S. 197ff.

43) 여기에 관해서는 Köttgen, *Berufsbeamtentum*(주 II/10), S. 189ff. 독일의 상황과 가장 유사했던 오스트리아의 상황에 관해서는 *Merkl*(주 VII/18), S. 55ff.

44) 여기에 관해서는 Maus(주 VII/1), S. 99f. 민주주의에서 관료제의 지위에

당 내부의 관료제 포함)와 관련된 중요한 비난들은 "국가의 공복들"이 사회적 공동체 형식들과 충분히 접촉하지 않고 인민으로부터 소외되어, 결국 인민이 여전히 대상으로만 받아들여진다는 점, 그리고 비합리적으로 은폐된 독단적 지도권의 형성에도 적용되었다.[45] 출신보다는 적합성의 우위를 차지하려는 노력들 그리고 명사적인 명예공무원 계층이나[46] 민주적인 선출직 공무원 계층을 포섭하려는 노력들은 일정기간 동안 혁명적 개혁추구의 중심에 있었다.[47] 그러나 복고적 집단들은 그러한 노력들에 반대하여 투쟁했을 뿐만 아니라, 프로이스(Preuß)와 (더 근본적으로는) 막스 베버도 국가의 특별한 곤경상태를 언급하면서 그러한 노력들을 명백히 거부했다.

이렇게 "정치적"이고 해임가능한 공무원의 수와 권한을 확대하려는 초기의 시도들은 이후 다시 완전히 위축되고 말았다. 이러한 실천관행은 제국과 각 주의 수준에서 다양하게 이루어졌으나 단 한 번도 중요성을 얻지 못했다.[48] 모든 민주주의의 기능에 본질적인 문제, 즉 행정직의 임용이 정당의 과제영역에 해당되어야 할지, 그리고 어느 정도나 해당되는 것이 좋은지 등의 문제는 한 번도 최종적 결론에 이른 적이 없으며, 행정부의 개편은 동일한 이유에서 중지되었다. 왜냐하면

관한 원칙적 언급은 Neumann, *Behemoth*(주 I/32), S. 78ff.를 참조.

45) Eric Josephson, "Irrational Leadership in Formal Organisation", *Social Forces* 31(1952), S. 109ff(다른 미국 연구들도 포함).

46) Hans Peters, "Ehrenbeamte", *Handbuch*(주 I/20), II, S. 100ff(풍부한 문헌목록 포함).

47) 이러한 시도들은 Wittmayer, *Weimarer Reichsverfassung*(주 II/2), S. 82ff.; Kelsen, *Vom Wesen und Wert der Demokratie*(주 II/9), S. 23.; Schiffer, *Die deutsche Justiz*(주 II/15), S. 31ff.; Grzesinski(주 VII/14), S. 12ff.

48) 예컨대 튀링엔은 1923년에 거의 "정치적인" 고위 공무원들만 보유했으나, 바이마르 말기 무렵에 그 수는 최소한으로 줄었고, 뷔르템베르크와 바이에른에서는 완전히 폐지되었다. Arnold Köttgen, "Sonstige Sonderregelungen der Rechtsverhältnisse von Berufsbeamten", *Handbuch*(주 I/20), S. 97.

기존의 행정부는 다른 측면에서도 전통적인 국가조직의 어떠한 약화도 허용하지 않고, 신생 민주주의와 구질서 권력과의 광범위한 타협을 통해서 문제의 해결을 권고하는 듯했기 때문이다.[49] 선출직 공무원 계층(*Wahlbeamtentum*)의 경우에서 나타난[50] 지방자치단체 선거의 "정치화"에 대한 근본적 우려 또한 바이마르 헌법에서 직업공무원 계층을 정부 내에 안착시켰고 의회의 통제력과 영향력에 대한 이들의 종속을 극히 불완전하게 한 요인이 되었다.[51]

개별적으로는 바이마르 헌법뿐만 아니라 주의 헌법에서도 충분히 표현되지 않은 이 타협은 입법부와 그 행정위원회들 그리고 영향력 행사가 불가능한 행정부의 일부 사이에 간극이 남게 했다. 그러한 간극은 특히 (헌법 제129조에 따라) 공무원의 해임불가능성에 의해서 더욱 심화되었으며, 장관의 이중적 지위로 (직접적인 국가기구이자 동시에 공무원 계층 구성원) 인한 내각의 관료화와 더불어 지속적 분규를 만들어 냈음에 틀림없었다.[52] "감정을 속일 줄 모르는" 많은 사회주의자들

---

49) 여기에 관해서는 직업적 공무원 계층의 의미에서 Zweigert(주 II/17), S. 460ff. 여기에 제정기와 바이마르공화국 표준서의 보수적 노선이 상응한다. Robert Graf Hue de Grais, *Handbuch der Verfassung und Verwaltung* (Berlin, 1926) (23판).

50) 이러한 의미에서는 Heuss, *Die neue Demokratie*(주 II/70), S. 90.

51) Stegerwald(주 III/128), S. 42ff. 를 참조. 그는 이미 당시에 "대규모 직업공무원 계층"에 격렬히 반대했으면서 그 대신에 정무적 공무원들의 보다 더 강력한 활용 그리고 많은 직업적 공무원들을 사무직원 지위로 이전시킬 것을 요구했다. 이와 비슷하게는 R. Schmitt, "Volksstaat und Obrigkeitsstaat", *Zeitschrift für Politik* 15(1926), S. 193ff. 이와는 반대: Köttgen, *Berufsbeamtentum*(주 II/10), S. 62ff. 또한 Gerber(주 II/71), S. 4 ff., Giese, *Berufsbeamtentum*(주 VII/40), S. 26.

52) Gerber(주 II/71), S. 47f., Köttgen, *Berufsbeamtentum*(주 II/10), S. 42ff., 95ff. (또한 그로 인하여 조건지어진 제국의회와 정부 사이의 관계에서 어려움에 관해서도). 같은 이, "Beamtenrecht"(주 VII/3), S. 5, 9f., Zwigert (주 II/17), S. 464ff. 특히 Leibholz, *Repräsentation*(주 II/17), S. 81은 의

과 민주주의자들은 이 딜레마로부터의 탈출구를 찾는 과정에서 의회 없는 사회주의 혹은 의회 없는 민주주의 사상으로까지 나아가게 되었다. 그렇지만 이미 1917년에 막스 베버는 그렇게 "순전히 수동적인 민주화"의 단점에 관해서 언급하였다. 즉, 그에 의하면 그러한 민주화는 "'왕조적 통치'라고 불릴 수 있는 우리에게 잘 알려진 통제 없는 관료지배체제의 극히 순수한 형식"을 초래할 것이었다.[53]

이렇게 하여 근대적 행정국가 내에서 꾸준히 성장하지만 동시에 그 민주주의 이전의 전통을 지닌 관료제는 의회민주주의, 의회, 정당들 및 그 직할기관들과 잠재적 대립위치에 고착되었다.[54] 이 상태는 공무원 계층의 특권들에 적게 접촉할수록[55] 정치적 영역에 더 많이 영향을 미쳤다. 역설적인 상황은 이미 바이마르 헌법 제 130조에 극히 분명하게 등장하였다. 이 조항은 공무원들을 "한 정당의 공복이 아닌 전체의 공복"으로 선언했으며, 계속해서 (의원의 규정에서와 유사하게 모순적으로) "모든 공무원들에게 그 정치적 사상의 자유는 보장된다"고

회민주주의에서 내각의 관료적이지 않은 성격을 강조한다. 내각 각 부처의 연금법에 관해서는 Wilhelm Keil, *Erlebnisse eines Sozialdemokraten*, vol. II (Stuttgart, 1948), S. 372ff.

53) Max Weber, "Parlament und Regierung im neugeordneten Deutschland" (주 VII/36), S. 213f. ; 주 VII/36도 참조.

54) Zweigert (주 II/17), S. 463ff. ; Schiffer, *Ein Leben für den Liberalismus* (주 I/47), S. 237ff.

55) 공무원권을 노동권으로 옮기려는 시도들이 특히 독일노동조합총연맹 (ADB) 측에 의해서, 자신의 공무원법 초안(Berlin, 1926)에 없지 않았음에도 불구하고, 공무원권과 노동권 사이의 차이는 확인된다(Nawisaky, *Berufsbeamtentum*, 주 II/9, S. 14f. ; Giese, *Berufsbeamtentum*, 주 VII/40, S. 19ff; Gerber, 주 II/71, S. 23 ff. 참조). 다음을 참조: Hugo Sinzheimer, *Grundzüge des Arbeitsrechts* (Jena, 1921), S. 6; Lutz Richter, *Arbeitsrecht als Rechtsbegriff* (Leipzig/ Erlangen, 1923), S. 26; 같은 이, *Grundverhältnisse des Arbeitsrechts* (Berlin, 1928), S. 17, S. 35. 나아가서 리히터의 게르버 테제에 대한 답변형식의 토론문 *Veröffentlichungen* (주 II/47), S. 108.

규정했다.[56] 당적의 변경에서처럼, 여기서도 헌법은 정치적 현실에서 작동하지 않았으며, 정치적으로 활동하면서 동시에 중립적인, 끊임없이 교체되는 정당정부 공복의 모순을 방치하였다. 또한 헌법은 정치적으로나 언론매체를 통하여 논의의 확산에 불을 지폈으나, 그 기본색조는 바이마르적 해결책에 의문을 제기하는 것이었다. 또한 공무원의 권한과 관련된 학술논문에서도 대상의 행정법적 의미 대신에 헌법적 의미를 전면에 부각시키고 판단의 출발점과 기준으로 삼으려는 노력이 더욱 강화되었다. 그리하여 공무원 계층이 국가의 기본적 제도로서 어떻게 헌법의 전체적 연관관계 속에 편입될 것인가라는 문제는 계속 관심의 초점으로 되었다.[57] 만약 보편적으로 파악되는 국가이성을[58] 위하여 그리고 놀랄 만큼 기술적으로 진전된 행정의 도구로서[59] 공무원 계층에게 법적으로 이미 정당정치적 중립성이 인정되었다면, 적어도 이 계층에게 결단성 있게 민주적 지향성을 요구했어야만 했다.

바로 여기에 특히 부처관료제(*Miniterialbürokratie*)의 저항력이 드러난다. 우리는 여기서 관료계층의 가장 영향력이 강한 핵심집단이 민주주의 본래의 문제점들에 거의 입장을 표명하지 않음을 알게 된다. 이 집단의 경향과 관심사는 본질적으로 정치적 문제점들을 행정기술적 과

56) 여기에 관해서는 Eschenberg, *Der Beamte*(주 VII/22), S. 43.

57) Gerber(주 II/71), S. 3ff., S. 9(문헌 포함) 참조.

58) 개념에 관해서는 Friedrich Meinecke, *Die Idee der Staatsraison in der neueren Geschichte*(München/ Berlin, 1924), 특히 S. 23. 국가의 목적 문제에 관해서는 Richard Thoma, "Staat"(주 II/44), S. 755. 주관적 비합리적인 요소들에 대한 강조: Carl Schmitt, *Geistesgeschichtliche Lage*(주 II/43), S. 56ff. 종합적으로 Köttgen, *Berufsbeamtentum*(주 II/10), S. 58ff. 또한 Max Weber, *Wirtschaft und Gesellschaft*(주 II/13), S. 664도 참조.

59) 여기에 관해서는 브레히트와 글라저의 상세한 연구(주 II/20)를 참조. 이 책은 바이마르공화국 각 내각 부처의 행정기술을 연구하였을 뿐만 아니라, 특히 민주주의에서 독재로의 이행기에 그 정치적 중요성을 확인시켜 주며, (특히 미국에서의) 일반적 발전과 관련시켰다.

제로 환원시키고, 과도한 전문화를 통하여 법을 "법학적 대수표"(*Logarithmentafel*)[60]로 만들어 입법부를 회피하는, 간단히 말해서 모든 생활을 명령에 끼워 넣는 방향으로 나아가는 것이었다. 의회의 통제와 내각 상급자들의 취약함은 주로 이러한 기술적 사고방식을 강화시켰는데,[61] 이 사고방식은 다양한 정치적 음모, 심지어는 "관료의 사보타지"에 공간을 제공했다.[62] 거기에는 또 기술적 능력을 기반으로 한 질서의 권위주의적 국가상, 즉 계서제로 등급화된 관헌국가의 형식적 신격화가 사회적으로 개방적이고 민주적인 그리고 유동성이 있는 국가구상보다 더 가까이 있었음에 틀림없었다. 부처관료제의 인사정책과 행동은 특히 나치 지배체제로 넘어가는 이행기에도 배타적, 비판적, 대기적인 특징을 지녔는데, 공무원 계층의 그러한 태도는 이미 공화국으로의 이행기에도 보여주었다.[63] 그러한 특징은 또한 "초당적인" 관료계층에게 "그들의" 국가에 대항하여 이익정책적인 이니셔티브를 부과했던 그리하여 "초당파성"을 허구로 만들었던 급여규정(給與規定, *Besoldungsordnung*)을 둘러싼 투쟁에 의해 더욱 강화되었다.[64]

---

60) Fritz Fleiner, *Die Institutionen des deutschen Verwaltungsrechts* (Freiburg, 1928), S. 199.

61) "아마추어"(*Dilettant*)에 비해 "전문가"의 우위는 관료제에서 비밀유지라는 수단에 의해서 더욱 커졌다. Max Weber, *Wirtschaft und Gesellschaft* (주 II/13), II, S. 671ff. 를 참조. "관료적 행정은 그 경향상 항상 공공성을 배재한 행정이다. 관료제는 가능한 한 그 지식과 행동을 비판 앞에서 숨긴다." 바로 여기에 그 권력지위의 본질적 요소가 있다.

62) *Reibnitz* (주 III/27), S. 158ff. 에 있는 사례 참조. 개념은 Alvin Goulder, "The Problem of Succession and Bureaucracy", *Studies in Leadership* (New York, 1950), S. 644ff. ; Arnold Brecht, "Bureaucratic Sabotage", *Annals of the American Academy of Political Science* (Jan. 1972), S. 48ff.

63) Neumann, *Behemoth* (주 I/50), S. 371f. 이 관점하에서 독일 각 부처의 조직에 관해서는 특히 Brecht/ Glaser (주 II/20), S. 6ff.

64) 여기에 관해서는 Maus (주 VII/1), S. 77ff.

이러한 상황에 비춰볼 때 공무원 정책의 특별한 중요성은 항상—각자 자신의 의미대로—"공무원신분(*Beamtenstand*)의 정화"[65]를 요구하였던 공화주의파와 반공화주의파 모두에 의해서 똑같이 인정되었다. 그러나 1932년 7월 20일 이후 프로이센에서 파펜의 조치로 그리고 1933년 4월 7일 나치의 "직업공무원층의 재건에 관한 법"으로 둘 중 한쪽만 인정되었다.[66] 여기서는 1930년 튀링엔에서 프릭(Frick)의

---

65) 동일한 제목의 논문 Hermann Martin, *Die Justiz* 5(1929), S. 404ff.와 Schiffer, *Die deutsche Justizfrage*(주 II/15), S. 152ff.에 있는 행정개혁(S. 186ff. 사법개혁)에 관한 언급과 제안을 참조.

66) 1933년에 부분적으로 많은 당국의 고위직에 있던 행정공무원들의 1/4 혹은 그 이상이 면직되었으며, 특히 인사담당관, 프로빈스의 장(*Oberpräsident*), 행정구역의 장(*Regierungspräsident*), 그리고 크라이스의 장(*Landräte*)과 같은 요직들은 비밀요원들로 충원되었고, 구경찰공무원들은 확대된 제국군으로 보내졌으며, 그들 대신에 나치 친위대원들이 임용되었다. 여기에 관해서는 Brecht, *Beamtentum*(주 VII/3), S. 3; Rudolf Diels, *Lucifer ante portas. Es spricht der erste Chef der Gestapo*(Stuttgart, 1950), S. 172. 그는 여기서 심지어 나치들이 프로이센의 공무원 계층에서 극소수에 불과했다고 주장한다. 이와는 반대로 노이만(*Behemoth*, 주 I/32, S. 380)은 해고의 수치로부터 공무원 계층의 정치적 기본입장과 관련해서 부정적 결론을 내린다. 또한 거기에는 공무원 계층의 일방적 나치적인 재조직화에 관한 다른 여러 가지 수치들도 참조.

〔역주〕 프로빈스의 장, 행정구역의 장, 크라이스의 장 : 1945년 이전 프로이센의 지방행정조직은 그 규모의 광대함에서(독일제국 인구와 국토의 약 60%) 다른 독일연방 소속국가들과 달랐다. 프로이센 전역은 여러 개의 프로빈스(*Provinz*)로, 각 프로빈스는 행정구역(*Regierungsbezirk*)으로, 각 행정구역은 다시 란트크라이스(*Landkreis*)와 독립도시(*kreisfreie Stadt*)로, 그리고 마지막으로 란트크라이스는 다시 예하의 중소도시와 게마인데(*Gemeinde*)로 구성되었다. 그 책임자는 각각 Oberpräsident, Regierungspräsident, Landrat, Amtmann이었다. 프로이센을 제외한 다른 연방국가들에서는 프로이센의 최고 지방행정단위인 프로빈스가 없었다. 행정명령상으로 보면 프로이센의 Oberpräsident는 국왕 직속으로 국왕에 대해서만 책임을 졌으나, Regierungspräsident는 내무부장관 직속으로 프로빈스의 장과 실질적인 상

조치들은 나치의 의도와 그 행정기술적 맹점과 자의성에 관해서 거의 의심할 수 없게 한 하나의 서막을 제공했다.[67] 정부에 행정재판 관할권과 경찰 등 모든 내무행정 영역에서 특별입법권을 보장한 수권법이 근소한 다수로 통과된 데 이어, 이미 당시에 "전체 주 행정, 전체 관청의 구조는 행정의 단순화와 현실화를 위하여 재편성되어야"만 할 것이었다.[68] 그러나 그것은 (이 법 제 3조 제 1항에 따라) 거의 모든 공무원들을 임의로 줄일 수 있는 가능성을 제공했다. 이 수권법 서곡에서 미래를 위하여 선포한 가능성들이 많은 공무원들의 정치적 자세에 얼마나 영향을 미쳤음에 틀림없다는 것을 분명히 보여준다.[69]

하관계는 아니었다.

67) Hermann L. Brill, "Kämpfe um den Rechtsstaat", *Die Justiz* 6(1930), S. 98ff. 또 튀링엔 DVP 의원 비츠만의 회고록 Georg Witzmann, *Thüringen von 1918-1933*(Meisenheim, 1958), S. 153.

68) *Ibid.*

69) 공무원 계층의 법적 문제(징계권: *Disziplinarrecht*)와 그 위험성(근무감독을 정치적 영향력과 의존성을 위하여 남용)에 관해서는 Köttgen, *Berufsbeamtentum*(주 II/10), S. 35ff. 를 참조. 이미 1930년에 "중립적인" 관리계층에 대한 위험을 분명히 하였던 바덴 주 문화부의 나치당에서 능동적으로 활동중이던 교사에 대한 징계절차는 이와 관련된, 특히 나치당의 활동과 관련된 어려움의 한 사례를 제공한다. 여기에 관해서는 다음의 평가서를 참조: Anschütz/ Glockner, "Die politische Betätigung des Beamten", *Sonderdruck der Badischen Schulzeitung*, Nr. 50/51(1930) : 또한 나치당의 합법성과 직업공무원 계층에 대한 그 영향력 문제와 관련된 당대의 원칙적 논쟁으로도 중요. 프로이센(1930. 6)과 바덴(1930. 7)에서 교사들에 대한 나치당 및 공산당을 위한 능동적인 활동금지는 제대로 실행되지 못하였다. 그것은 끊임없이 헌법에 위배되는 것으로 소송을 당했다〔우파인 DBB의 기관지, *Der Beamtenbund*(1930), Nr. 51〕.

3. 관료제와 공화국

이 이행기적 상황의 진정한 문제점은 이미 당대의 관찰자들에 의해서 분명하게 수용되고 표현되었다.[70] 그럼에도 불구하고 사람들은 거의 일반적으로 근대적 행정국가로서의 새로운 민주주의가 잘 훈련된 공무원 계층을 포기할 수 없었다는 견해에 굴복했다. 막스 베버는 다음과 같이 썼다. "민주주의가 확고한 명예개념을 갖는 공무원 신분의 형성을 방해하는 데에서 자신의 주요 과제를 보았던 시대가 있었다. 이제 그러한 시대는 영원히 사라졌다. 민주주의는 자기 직책에 대한 명예심이 없는 공무원 계층이 지금까지 독일 공무원 계층이 지녔던 높은 청렴성과 전문능력을 유지할 수 있으리라고 믿지 않기를 바란다."[71]

개인중심의 정권과 관료국가에 대한 신랄한 비판자인 그가 직업공

---

70) Wittmayer, *Weimarer Reichsverfassung* (주 II/2), S. 353: "이것은 위대하고 참된 진짜의 분열이다. 이 분열은 독일뿐만 아니라 그 이상의 민주화와 의회화를 관철시킨다. 직업공무원이 거의 이방인으로서 묘사될 뿐만 아니라 그의 고유한, 이미 낯설지 않은 영혼도 함께 가지고 오기 때문에 이 분열은 더더욱 중요하다. 그 영혼은 훌륭하게 남아 있는 업무형식과 전혀 변화되지 않은 기술과 작업방식 의해서 유지되고 있다. 그의 기술과 작업방식은 공적인 법의 형식, 입법의 언어, 행정의 형식과 표현 등에 결정적으로 남아 있다. 따라서 이 낯선 영혼 속에는 아마도 항상 자립적인 어떠한 분열로부터도 독립적인 공익이라는 결정가능성에 대한 구상이 활동하고 있을 것이다. 그리고 그와 더불어 예전의 국가시기와 국가형식들로부터 물려받은 독자적 관념을 절대적 국가이념의 등급으로 고양시키려는 경향, 이것은 간단히 말해서 국가 그 자체와 동일시되는 것을 넘어서서 나아가야 한다."

71) Max Weber, "Deutschlands künftige Staatsform", *Gesammelte politische Schriften* (주 II/13), S. 371. 또한 "Beamtenherrschaft und politische Führertum", 같은 책, S. 139ff. 유사하게 Heller, "Das Berufsbeamtentum" (주 VII/40), S. 723: "오늘날 독일 민주주의에서 직업공무원 계층의 필수불가결함은 논쟁의 여지가 없다."

무원 계층을 과대평가했다는 의심을 받을 수는 없다. 다만 그는 혁명이 이미 전쟁 이전에 나타났던 무조건 유효한 왕조적 통합점의 상실을 증명했으나, 공무원 계층이 외관상 새로운 국가로 전향했음에도 불구하고[72] 의회민주주의와 그 사회적·정치적인 중요 문제와의 진정한 관계 속에서 대체물을 거의 찾기 어려웠다는 사실의 중요성을 과소평가했을 뿐이다. 넓은 시야에서 보면 "민주주의와 공무원 계층 사이의 공생" 문제는[73] 공무원 계층을 변화된 국가제도 속으로 편입해 정리하는 문제, 즉 1918년이라는 강제적 상황에서 공무원 계층이 공화국 지지로 전향한 것과 일반적 직업공무원 계층을 위하여[74] 모든 민주적 정당들이 전술적 결정을 내린 것으로 해결되지 못했다. 그것은 모든 정치적 위기에서 중요하게 작용할 수 있었다.

이렇게 하여 관료제는 의회 및 정부와 더불어 제 3의 국가기구로 머물렀다. 이 기구는 이 속성에서 정당들과 마찬가지로 헌법상 인정되지 않았으나, 불안정한 정치적 기구들끼리의 경쟁 때문에 그 안정성과 폐쇄성을 이용할 수 있었고, 또 민주주의의 기능적 연관관계 속에서 그 지배적 지위를 주장할 수 있었다. 이에 따라 배타적 관료제의 헌법상 위치규정이 의회민주주의에서 이루어지지 않자, 이제 정당들과 이익단체들은 그들 나름대로 공무원 계층의 정치적 구조에[75] 혹은 — 반대의 방식으로 — 그 직업조직들에 대한 영향력을 획득하고자 하였다.[76] 이는 요직에 확고한 민주주의자들을 앉힘으로써 새로운 국가의 내적

72) 여기에 관해서 매우 낙관적으로 Thoma, "Der Begriff der modernen Demokratie in seinem Verhältnis zum Staatsbegriff"(주 II/122), II, S. 58.

73) Wittmayer, *Weimarer Reichsverfassung*(주 II/2), S. 90.

74) Zweigert(주 II/17), S. 462ff.

75) Eschenberg, *Der Beamte*(주 VII/22), S. 134ff("공무원의 정치활동의 장점들").

76) 여기에 대한 한 사례는 사민당에 가까운 ADB의 문건이다: *Organisationsfrage der Beamten und Sozialdemokratische Partei*(Berlin, 1930)(우파의 DBB에 대한 논박이 들어 있다).

안전을 추후에도 달성하려는 공화주의 정당들의 시도로 이해할 수 있다. 그러나 이는 동시에 이익에 구속되었던 왕정복고적 혹은 반공화주의적 집단, 즉 새로운 국가가 점차 안정되자 민주적 수단으로—공화국이라는 임시적 타협체제가 허용하는 중요한 출발점들로부터—민주주의를 전복하고자 했던 집단의 노력에 대한 대응이기도 했다.[77)]

정당이 관료의 임면에 끼친 영향력은 분명 과소평가될 수 없다. 물론 정확히 확인할 수는 없지만, 정당이나 원내교섭단체의 인사담당자들은 일시적으로 중요한 활동을 전개하면서 직업관료 계층의 중요한 부분을 통제할 수 있었다.[78)] 각양각색으로 공적이 많은 당원을 지원하기 위하여[79)] 제국과 각 주에서 특정 핵심직책을 연립에 비례하여 배분하는 이른바 "할당제"(*Quotierung*)의 관습이 발전되었다. 특히 크라이스의 장(*Landrat*) 직책들 중에는 전통적인 활동영역들이 있었으며, 이 경향은 사법부로까지 파급되었다.[80)] 그러나 이것은 이미 딜레마의 예사롭지 않은 한 가지 이면이었다.[81)] 여기서부터 관료에 대한 나치의 조작에 제공된 단초들이 결코 간과되어서는 안 된다.[82)] 왜냐하면 정당정치의 민주화를 위한 노력, 즉 궁핍으로부터 미덕을 만들어 내려던 노력은 지방의 행정기관으로 파급되었고, 지금까지의 "족벌주의"(*Vetterleswirtschaft*)[83)]

---

77) 공무원 신분에 속한 제국의회 의원들 중에서(거의 1/3) DNVP가 상대적 다수: Braun(주 I/23), S. 47ff.

78) Eschenberg, *Der Beamte*(주 VII/22), S. 47ff. 에 있는 사례들.

79) Severing(주 I/16), I, S. 353, 288에 있는 사례들 참조.

80) Schiffer, *Die deutsche Justiz*(주 II/15), S. 41f. Hans-Karl Behrend, "Zur Politik des preußischen Ministeriums des Innern", Jb. f. d. *Gesch. Mittel-und Ostdeutschlands* VI(1957), S. 173ff.; Eberhard Pikart, "Preußische Beamtenpolitik 1918-1933", *Vierteljahrsh. f. Zeitgeschichte* 6 (1958), S. 199ff.

81) 여기에 관해서 상세하게는 Eschenberg, *Der Beamte*(주 VII/22), 특히 S. 139ff.

82) Glum, *Das parlamentarische Regierungssystem*(주 II/4), S. 376 참조.

및 은밀한 정당후원과 나란히 지방 및 지역 공무원제도의 정치화를 가져왔기 때문이다.

그렇지만 이 예사롭지 않은 부분적 발전들은 폐쇄적인 공무원 신분을 관료적 행정권의 통제에서 그 직책의 일반적 접근과 보다 더 큰 일반 여론의 영향력으로 대체한다는 본래 의미의 "민주화"가 애초부터 포기되었다고 평가할 때에만[84] 비로소 이해될 수 있다. 우리는 이것이 부분적으로는 헌법에 있다는 것을 알았다. 여기서 헌법은 공무원 계층의 독특한 조건들을 고려하면서도, 전체를 위한 광범위한 타협을 통해 이 계층을 새로운 국가구조, 이제야 비로소 획득된 국가와 인민의 통합 그리고 그 정신에 이르게 하고자 하였다. 동시에 특히 내적 위기가 자라나게 한 원인을 제공한 전쟁 이후의 국가에 대한 권태감과 전반적으로 초래된 "국가이념의 위기"는 — 이 위기는 바이마르공화국 말기에 잠재적으로 지배적이고 절대적인 세계관에 기반을 둔 권위주의적 국가에 대한 요구를 매우 영향력 있는 표어로 되게 했다[85] — 공무원들의 정치적 무관심을 강화시켰다. 1918년의 대변혁이 국가와의 내적 연결을 해지하지 않았고 정당정책적 중립화 노력이 전적으로 정치적 책임의식을 초연한 전문가 이데올로기로 대체하였던 한에서 말이다.[86]

---

83) 〔역주〕 족벌주의(*Vetterleswirtschaft*) : nepotism, 즉 정실주의의 독일식 표현이다. 본래 중세에 교황이 자신의 사생아를 조카라고 속여 요직에 기용한 데서 유래하였으며, 따라서 가족 구성원들에게 온갖 특혜를 부여하거나, 특정의 자리에 앉히는 것을 의미했다. 그러나 이후에는 능력과 관계없이 과도한 특혜에 의해서 각종 직위에 임용되는 관행을 지칭했다.

84) 관료제의 민주화 문제에 관해서는 Max Weber, *Wirtschaft und Gesellschaft* (주 II/13), II, S. 667f.

85) Köttgen, "Beamtenrecht"(주 VII/3), S. 18f. 에 있는 토론 참조. 온건한 권위주의적 조합주의적 해결책.

86) 유일한 예외는 카프 쿠데타에 대한 내각관료들의 강력한 저항. 여기에 관해서는 Borch(주 VII/30), S. 224ff. 하위직 공무원의 태도는 잘로몬(Salomon, 주 VI/73, S. 311)이 자신의 투옥기간중 경험한 일상적 냉소적

그 기준이 폐쇄적인 공무원 신분에 대항하는 장관들에게는 관료제적 효율성이 일반적으로 과대평가되어 적용되었다. 그러나 동시에 "정치적인 것"의 성격과 기능은 매우 광범위해서 관료제적 예비교육, 즉 관료제 사상에서 인식될 수 없었음에도 불구하고 과소평가되었다. 바로 이 두 가지 평가는 정부의 공무원화(*Verbeamtung*)를 가장 원대한 목표 관념으로 만든 매우 심리적인 규정 근거들이었다. 관료제는 정치적으로 충분히 통합되지 못한 채 — 쉽게 비밀정파적 권력정책 기구로 되어 버린[87] — 자립적으로 되어 갔으며, 행정부의 권력도 꾸준히 성장했다. 이러한 현상은 의회체제, 대통령 권력의 증대, 그리고 비상령법의 만연 등에 대한 비판과 나란히 진행된 발전의 이면이었다. 파펜 시기에는 브뤼닝의 비상령 정권에서 최소한 형식적으로 보장되었던 "중립성"을 충족시킨다는 이유에서 나온 관료의 우위와 정치적 등장은 가장 중요한 정치적 사실로 되었다.[88]

나치즘은 현대 사회구조에 특징적 관료화 과정을 극단적으로까지 밀어붙였다. 민주주의가 여러 경쟁하는 조직들 사이에서 어느 정도 선택의 가능성을 허용한 반면에, 권위주의적 단체들의 관료제는 특히 당

인 자기의식과 함께 당시의 분위기 및 감옥 공무원의 정치적 기본입장에 관해서 설명하는 일화가 매우 유용하다. 그에 의하면 복무관(服務觀, *Dienstauffassung*)의 변화는 그들 국가의 적대자들, 즉 공산주의자들과의 공감을 보여주었다. 이와는 반대로 그들은 "범죄적으로 타락한 바이마르공화국의 지지자"에 대해서는 같은 곳에 투옥된 슈칼렉 재판의 피고처럼 공개적으로 비웃었다. 간수장은 잘로몬의 정치적 견해를 "전적으로 옳다"(*goldrichtig*)고, 제국의회에 그가 폭발물을 설치한 것을 "잘했다"(*prima*)고 생각했다. 그는 단순히 내용과 더불어 전체 "잡담장"(*Quasselbude*) (의회를 폄하하는 말 — 옮긴이)과 그 안에 있는 사람들을 폭발시키지 못한 미숙한 일처리를 유감으로 생각했다!

87) Max Weber, *Wirtschaft und Gesellschaft* (주 II/13), II, S. 670.

88) Hatto Gynther Bölling, "Die Krise der Bürokratie", *Die Tat* 24, Heft 7 (Oktober 1932), S. 536ff.

과 국가에서 모든 것을 지배하게 되었다. 이제 독일사회는 전체주의적 유일정당 사회로 전환되었는데, 이 사회는 이데올로기적으로 과도한 지도자 사상과 애매모호한 민족공동체 원리에 기초했다.[89]

4. "제3제국"으로의 길

이제 공무원 계층은 "자신의" 국가를 무질서하고 끊임없이 변화하는 정당다원주의의 대상으로 변화시켜버린 듯이 보이는 정치체제에 대해 회의(懷疑)하게 되었는데, 이는 자연적이고 전문성과 신분에 의해서 생겨난 것이자, 전통적 직업적인 생존이익과 관련된 것이었다. 그것은 결국 파악하기 어렵긴 하지만 바이마르공화국의 해체과정에서 하나의 중요한 요소로 되었다. 왜냐하면 관료제가 정당국가에 영향력을 행사하고 조작을 일삼는다는 비판은 어느 정도까지는 명백히 과도한 것이긴 하나, 전반적으로 초민주적인 중립적 권력(*pouvoir neutre*)을 둘러싼 노력과 — 대통령의 권력강화에 의해서건 혹은 정당연립제도와 의회의 제한을 통해서건 간에 — 나란히 진행되었기 때문이다. 비판은 바이마르 헌법의 모순적 규정들(제130조)에서 출발하였으며, 양립불가능성 사상,[90] 즉 공무원의 지위와 의원의 지위, 행정부의 활동과 정당활동의 합일불가능 사상을 저편으로 밀어냈다.[91] 비판은 먼저 영국의 사례에 따라 정당으로부터 독립적·영속적인 차관제(次官制)(를

89) Neumann, *Behemoth*(주 I/50), S. 368ff.; Finer(주 II/5), S. 808ff.

90) 당시 이 사상의 가장 포괄적인 논증: Werner Weber, "Parlamentarische Zusammenarbeit", *Archiv des öffentlichen Rechts*, N. F. 19(1930), S. 161ff.

91) 이 의미에서 Nawiasky, *Die Stellung des Berufsbeamtentums*(주 II/9), S. 16; Köttgen, *Berufsbeamtentum*(주 II/10), S. 265. 또한 Braun(주 I/41), S. 232. 지금은 특히 Eschenberg, *Der Beamte*(주 II/22), S. 34ff., 41ff., 50ff.

도입하자는) 요구에서 절정에 달했다. 그리하여 차관은 내각의 각 부처에 직업공무원 계층의 안정된 버팀목을 형성하고, 행정의 연속성을 위하여 의회주의적 내각교체의 단점들을 약화시킬 수 있을 것으로 보였다.[92] 그럼에도 불구하고 곧 그러한 사고과정들이 바로 공화국의 반대자들에게 환영할 만한 출발점을 제공할 수 있었고, 또 칼 슈미트(Carl Schmitt)의 비판과[93] 파펜의 개입에 훌륭한 논거들을 제공할 수 있었다.

그럼에도 불구하고 정당과 이익단체들의 후원을 받는 강력한 인물들을 공무원 계서제 내로 밀어넣음으로써 관료제의 복종구조가 파괴되고 분파적 관직거래가 조장되었다는 사실에 대한 비판은[94] 동시에 대안적 해결책〔代案策, *Alternativlösung*〕의 현실적 가치에 따라 평가되어야 한다. 진정한 문제점은 바로 여기에 있었다. 그리고 역사적·정치적인 경험에서 볼 때 바이마르공화국의 최종적 파탄의 원인들 중의 하나는—어차피 취약한—관료제의 정당의회주의적 통제 혹은 그로부터 초래된 계서제적 복종구조의 오작동보다는 오히려 민주적 통합의 부족이었다고 할 수 있다. 그렇지만 그 문제는 간단히 묵살되었으며, 이는 모든 해결책들 중에서 최악이었다.

절대주의적으로 정렬된 새로운 체제 또한 이러한 상황에서 신념에 따른 것은 아니지만 관료의 기술적 후원을 받게 되었을 것이다. 나치당의 대표자들이 "그들을 권력에 그대로 두라. 그러면 그들은 죽는 힘을 다해서 뛸 것이다!"라고 생각했듯이, 나치즘도 국가와 지방행정에 필요한 숙련된 인력의 부족으로 실패한 것은 아닐 것이다. 왜냐하면 전문

92) Köttgen, *Berufsbeamtentum*(주 II/10), S. 244ff.

93) 그의 *Verfassungslehre*와 *Hüter der Verfassung*은 양립불가능성을 제시한다.

94) Werner Weber(주 VII/90), S. 220ff. 그러나 사민당 측으로부터 Heller, "Das Berufsbeamtentum"(주 VII/40), S. 721ff. 재판관에 관해서는 Schiffer, *Die deutsche Justiz*(주 II/15), S. 57.

적 교육을 받은 비정치적 직업공무원 계층이라는 사상은 거의 모든 정치집단들 속에서 실제뿐만 아니라 이론적으로도 논쟁의 여지없이 지배권을 유지했기 때문이다. 이 사상은 민주주의 내부에서 그리고 특히 정상적 기능의 점진적 마비로, 의회와 정당에 비해 행정부의 확대로 그 요구와 그 비중을 엄청나게 증대시킬 수 있었다. 필수불가결한 관료제 메커니즘을 "걸어 잠그는 것"[95] 은 15년 전 왕조를 의회민주주의로 대체할 때처럼 혹은—20여 년의 지배과정에서 동료장관들을 완전히 관료제의 종속에 빠뜨렸던—비스마르크의 해임에서처럼 1933년의 권력장악에서도 별다른 형식적 변화 없이 순조롭게 진행될 수 있었다.

우리는 다시 저 공무원 이데올로기가 전체적으로 어느 정도나 현실적이었는지, 왕조 아래서의 비정치적 초당파성이 실제로는 어느 정도나 비밀스러운 당파성이라는 보다 더 큰 위험성을 초래했는지 물어보아야 한다. 이제 이 현상의 이면이 드러나게 될 것이다. "직업공무원은 어떠한 경우에도 그에게 요구되는 일을 실행하도록 교육받는다. 그는 '아니 나는 그것을 못해, 다른 사람을 한 번 찾아봐!'라고 말하는 것을 배우지 않았다. 그러나 이것은 단점이다. 따라서 나는 전문적으로 교육받은 직업공무원이 항상 정치적인 공무원보다 더 확고한 입장을 취한다는 주장에 동의하지 않는다."

이것은 1931년 말에 국법학자 대회의 논의에서 나온 반박이다.[96] 다음 몇 달 동안의 발전은 예행연습이었다. 나치의 권력장악은 그 문

---

95) 개념은 Max Weber, *Wirtschaft und Gesellschaft* (주 II/13), S. 669. 민주적 상황에서와 전체주의적 상황에서 관료적 소송절차의 관성에 관해서는 Brecht/ Glaser (주 II/20), S. 19ff. 그리고 행정기술의 "전용가능한 가치"에 관한 일반적인 언급: Charles Edward Merriam, *Prologue to Politics* (1939), S. 79.

96) Apelt의 글: *Veröffentlichungen* 7 (주 II/47), S. 115. 또 Brecht, "Bureaucratic Sabotage" (주 VII/62), S. 48ff.; Borch (주 VII/30), S. 6ff., 164ff. 보르히는 관료제의 유일무이한 권력지위로부터 저항의무를 이끌어낸다.

제를 폭력적 방식으로 해결할 수 있었다. 이로써 독일에서 근대적 관료화의 양면성과 민주주의에서 공무원 계층의 문제점은 잠정적으로 부정적인 쪽으로 판명되었다.

그러나 이로써 "제 2제국"의 군주제적 관료국가가 재건되지는 않았다. 비스마르크의 행정국가에서 민주적·의회적 요소보다 군주제적 국가운영이 우위에 있음을 뒷받침한 저 보수이념의 통일성은 근대적 일당국가에서 억지로 끊임없이 새로운 것을 강요하는 관료제적 경향에 자리를 내주었다. 여기서 법치국가적·입헌주의적인 제약들은 모두 제거되었으며, 이제 절대주의적 국가운영에 대한 모든 균형추도 사라졌다. 반면에 당파적 중립화의 원리는—그 함축성은 민주주의의 비판자들에게 "당파적 정책"에 대한 많은 반론을 제기하게 했다—나치의 공무원 정책에서 극단적 논박을 경험하게 되었다.[97] 바로 밀정체제(密偵體制, *Spitzelsystem*)와 세련된 테러의 후원을 받은 공무원 계층의 정치화 과정은 히틀러—그의 선전은 "체제의 당파적 부패"에 대한 모든 논박에 이용할 수 있었다—아래서 시작되었는데, 이 계층이 하나의 정당으로 나아간 방향은 예전의 모든 발전경향들을 무색케 하였다.

5. "사법부의 정치화"

민주주의에서는 행정관료 문제와 관련하여 "사법부의 정치화"라는 표제어로 종합된 현상들도 중요한 역할을 하였다.[98] 그러나 이 애매

---

97) Eschenberg, *Der Beamte*(주 VII/22), S. 38, 58.

98) 공화주의적 비판의 많은 증언으로부터 특히 다음의 것들이 강조될 수 있을 것이다: Ernst Fraenkel, *Zur Soziologie der Klassenjustiz*(Berlin, 1927); Kirchheimer(주 II/1); *Acht Jahre politische Justiz. Das Zuchthaus-die politische Waffe, Eine Denkschrift der deutschen Liga für Menschenrechte* e.

한 개념은 사법부가 "정치적인 것"의 영역에 속한다는 인식에 주목하지 않는다. 그것이 불명료하다는 것은 기준들의 불확실성과 혼란을 상징한다.[99] 이는 공무원과 구체적인 국가이념 사이의 관계결여로 인하여, 또 많은 법률가들이 자신의 학문과 실천을 올바른 사회적·정치적 연관관계 속에서 보려는 능력이나 준비의 결여로 인하여[100] 공화국의 법제도에 특징적으로 나타난다. 본래 사법부는 직접적인 국가기구이

V. (Berlin, 1927) (참고문헌 포함); Emil Julius Gumbel, *Vier Jahre politischer Mord* (Berlin, 1924). 다음에 실린 논문들도 참조: *Die Justiz*. Zeitschrift für Erneurung des Rechtswesens; *Das Tagebuch. Wochenzeitschrift*, ed. by Stefan Großmann/ Leopold Schwarzschild; *Die Weltbühne*, ed. by Carl v. Ossietzky/ Kurt Tucholskz. 공화국에 적대적인 측의 대항저작: Gottfried Zarnow (Pseud.), *Gefesselte Justiz. Politische Bilder aus deutscher Gegenwart*, 2 vols. (München, 1931/1932), Rüdiger Graf v. d. *Golz, Tribut-Justiz. Ein Buch um die deutsche Freiheit* (Berlin, 1932).

99) Rudolf Laun, "Der Staatsrechtslehrer und die Politik", *Archiv für öffentliches Recht* 43 (1922), S. 195: "오늘날 우리는 정당정책의 비난이 똑같이 정당하게 개인끼리도 제기될 수 있다는 것을 잘 알고 있다. 사민당은 계급재판의 재판관과 공무원을 우파의 지지자들에게 주관적으로 또 '정당보다 위에 있는' 듯이 보이는 활동 때문에 비난한다. 역으로 우파도 좌파 간부들에게, 만약 그들이 1918년 이전에 보수적인 관료가 했던 것과 다르지 않은 어떤 것, 즉 현재의 권력배분 유지를 위해서 어떤 것을 하면, 똑같이 '정당정치'라는 죄를 뒤집어 씌워 비난한다. 가장 우스꽝스러운 것은 '탈정치화'라는 구호로 행하는 오용이다. 예컨대 행정의 탈정치화가 요구되지만, 진실로는 행정직에 특정의 긍정적 정치관을 지닌 지지자를 앉히는 것을 의미하지, 결코 이 자리를 중립적인 개인에게 넘기는 것을 의미하지 않는다." Helmuth Mende, "Die Rechtsverhältnisse der übrigen Amtsträger des Reichs und der Länder", *Hansbuch* (주 I/10), II, S. 85 참조. 또한 미래에 지배적으로 될 사법부의 "정당정치적 독립성"에 대한 요구의 예로서도 같은 곳을 참조. 이 문제점들 일반에 관해서는 Max Weber, *Wirtschaft und Gesellschaft* (주 II/13), S. 653.

100) 이 문제에 관해서는 Wolfgang Abendroth, "Das Problem der politischen Wissenschaft", *Gewerkschaftliche Monatshefte* 1 (1950), S. 224에 있는 언급.

자 관료적인 실행기구라는 이중적인 기능 덕택에 애매한 중간입장을 취했고,[101] 게다가 독일적인 견해에 의하면 그 지위와 활동을 지나치게 실용적 설명에 기초할 수 있었기 때문에, 근대사회에서 형이상학적 정의의 원리에 대한 믿음이 약해졌음에도 불구하고[102] 여론의 형성과 조정에서 특히 효과적인 심리적 도구로 될 수 있었다.

모든 법질서는 그 형성으로 인해 관련 공동체에서 권력의 배분에 직접 영향을 미치므로,[103] 모든 법체계에서 사법부는 남용될 수 있다. 이것은 바이마르공화국에서도 현저했다.[104] 거기에 영향을 미친 것은 특히 — 전문적인 특수화 경향과 학문적 법률가 신분의 사회적 폐쇄성 경향 속에 각기 포함된 — 재판관 권력의 증대였다. 완고한 인사정책은 정치적 과정과 헌법의 발전 속에 표현된 법 개념의 약화와 해체를 더욱 심화시켰다.[105] 재판관의 양성교육이 사회적 · 정치적 사건과의 생생한 연관성을 소홀한 반면에, 사방에서 공격받았던 사법 심사권(*richterliches Prüfungsrecht*)은 그가 법률을 헌법이나 매우 일반적으로 지켜진 기본권들과의 합치성에서 비판적으로 판단할 있는 권한을 부여했다.[106] 심사권은 군주정에서 흔히 민주적 통제기재로 작용했으나,

---

101) Köttgen, *Berufsbeamtentum* (주 II/10), S. 18. Schiffer, *Die deutsche Justiz* (주 II/15).

102) 같은 책, S. 130ff.

103) Max Weber, *Wirtschaft und Gesellschaft* (주 II/13), II, S. 631.

104) 여기에 관해서는 Neumann, *Behemoth* (주 I/50), S. 20ff.; Gablentz, *Berufskunde* (주 VII/4), S. 404. 종합적으로 다룬 다음의 글도 언급될 수 있다: Philipp Loewenfeld, *Das Strafrecht als politische Waffe* (Berlin, 1933).

105) Gablentz, *Berufskunde* (주 VII/4), S. 400ff.

106) 여기에 관해서 기본적으로 그리고 제국, 각 주, 외국의 헌법학적 측면, 정치적 함축성들, 구체적인 실제, 헌법적 계획들에 관한 개별사항들을 포함한 것으로 Ernst v. Hippel, "Das richterliche Prüfungsrecht", *Handbuch* (주 I/10), II, S. 546ff. 저자 자신은 심사권에 긍정적이며, 특히 그 지지 논거들과 수많은 대표자들을 종합한다. 그렇지만 논거들을 평가할 때에는

변화된 정치적 관계 아래서는 역으로 민주적인 기구들 및 과정들과 갈등을 일으킬 수 있는 경향을 강화시켰다. 정당과 여론의 입장표명도 이에 따라 변화되었다. 자유주의적 · 사회주의적 집단은 사법심사권의 선구적 투사에서 반대자로 되었으나, 보수적 · 복고적인 집단에서 사법심사권은 점차 많은 공감을 얻었다.107)

이처럼 재판관직의 정치적 권력확대는 법적인 판단을 최고의 정치적 의미가 있는 것으로 끌어올린 국사재판소108)의 활동으로도 뒷받침되었다.109) 현실주의적 관찰자와 회의적 관찰자는 그렇게 해서 1932

정치적 위험성이 충분히 고려되지 못하고 있다. 광범위한 문헌정보로부터 전선의 상이 획득될 수 있다(S. 554f.). 또 Max Layer/ Ernst v. Hippel, "Überprüfung von Verwaltungsakten durch die ordentlichen Gerichte", *Veröffentlichungen* 5(1929), S. 124ff., S. 178ff., S. 203ff. (토론). 또한 Rossitter(주 II/92), S. 70(특히 헌법 제 48조와 관련), 비교에 입각한 개관 Finer(주 II/5), S. 144ff. ("재판관에 의한 정부"), 특히 S. 153(오스트리아와 미국에서 적용의 역사적 사례들과 비교들): Hans Spanner, *Die richterliche Prüfung von Gesetzen und Verordnungen*(Wien, 1951), 특히 S. 4ff., 22ff. (저자는 켈젠학파에 속한다).

107) Merkl in der Diskussion der Staatsrechtslehrertagung 1928 (*Veröffentlichungen* 5, 앞의 주), S. 219와 특히 Richard Thoma, "Das richterliche Prüfungsrecht", *Archiv für öffentliches Recht* 43(1922), S. 667ff. 참조. 같은 이, "Zur Frage des richterlichen Prüfungsrechts", *Deutsche Juristenzeitung 1924*, S. 729f. (1925), S. 573f.; R. D. Masters, "The Relation of International Law to the Law of Germany", *Political Science Quarterly* 45(1930), S. 390ff.

108) 〔역주〕 국사재판소(*Staatsgerichtshof*): 1919년 8월 11일의 바이마르 헌법 제 108조에 따라 헌법기구로 설치될 수 있었으나, 실제로는 외무부장관 라테나우 암살사건 직후인 1922년 7월 1일의 "공화국 수호법"으로 라이프치히에 설치되었다. 오늘날 독일연방국사재판소의 전신.

109) 다음 두 사람의 논쟁을 참조: Heinrich Triepel/ Hans Kelsen, "Wesen und Entwicklung der Staatsgerichtsbarkeit", *Veröffentlichungen* 5(주 VII/106), S. 3ff., 30ff., 88ff. (토론). 그것의 정치적 성격은 사법절차를

년에 제국-프로이센의 국사재판소 소송절차에서 정점에 도달했던 것과 같은 일종의 "사법부형 정치"가 어떻게 영향력을 획득했는지를 확인할 수 있었다.[110] 칼 슈미트의 공격은 (그는 합리적이고 올바른 관찰과 파당적으로 이루어진 주관적 결론들을 혼합시킨 전형적인 법학자였다) 국가의 사법관할권이 정치영역으로까지 파급될 필요가 없다는 — 왜냐하면 정치적 문제가 국사재판소에서 다뤄져 사법부의 판단에 맡겨질 수 있으므로 — 바로 이 "경련을 일으킬 수 있을 정도의 허구"에 지향되어 있었다.[111] 이 비판은 나치하에서는 다른 방식으로 이용되었음에도 불구하고 매우 중요했다. 왜냐하면 그것은 재판관의 권력지위가 커지면서 사법부의 정치화라는 위험한 과정도 보여주기 때문이다.[112] 여기서도 미국 연방최고법원의 권력지위를 언급할 수 있겠다. 중요한 것은 광범위하게 논의된 이론적 관점들을 넘어서 국가 및 그것의 민주적 기능에 대해 재판관이 가졌던 정치적 기본입장이었다. 그러나 여러 중요한 사례들에서 이러한 기본입장은 민주주의의 핵심지지자와 기구

장관 탄핵으로까지 확대시킨 데서 그리고 헌법논쟁 소송절차에서 가장 분명하게 드러난다. Thoma, 같은 곳, S. 107ff. 또 Martin Drath, "Die Grenzen der Verfassungsgerichtsbarkeit", *Veröffentlichungen* 9 (1951), S. 17ff. 나아가서 Ernst Friesenhahn, "Die Staatsgerichtsbarkeit", *Handbuch* (주 I/20), II, S. 523ff. (논쟁문헌들 포함) 〔저자는 보수적인 *Ring*의 저자군에 속한다. 그의 국사재판소에 대한 신랄한 비판을 참조. *Ring* 4, Heft 35, (August 1931), S. 659ff.〕. Franz W. Jerusalem, *Die Staatsgerichtsbarkeit* (Tübingen, 1930) 도 참조. 개인적 정치적인 문제에 관해서는 라트브루흐의 회고록: Gustav Radbruch, *Der innere Weg* (Stuttgart, 1951), S. 162ff. : 여기에는 특히 공화국 초기 사법부의 정치적 입장과 영향력에 관한 언급도 포함되어 있다.

110) 여기에 상응하는 표현들은 특히 Schmitt, *Hüter der Verfassung* (주 II/1), S. 22ff., 52f., S. 70.

111) 같은 책, S. 31, 26ff., 37ff., 50ff.

112) Tiggls, *Die Stellung des Richters im modernen Staat* (Berlin, 1935), S. 147을 참조.

에 대한 엄청난 회의에 의해서 규정된 듯했다.

특히 정치적 재판의 실행과정에서 재량을 넘어서는 경향이 등장하였는데, 이는 재판관의 정치적 이해관계에 의해서 주어진 것이었다.[113] 증거에 대한 일방적 평가, 부적절한 처벌 정도 혹은 의심쩍은 사면의 사용에 의해서 이상한 느낌을 주었음에 틀림없는 사건들은 사법부의 태도에 대해서뿐만 아니라 여론의 정치적 환경에 대해서도 많은 것을 알려준다.[114] 일찍이 정치적 소수가 내린 판결은 민주적으로 통제받는 행정정책과 갈등에 빠져들었는데, 이는 국가적 사안과 사적인 사안을 심각하게 위협할 수 있었다.[115] 좌우 급진그룹에 대한 소송절차와 판결을 비교해 보면 사법부의 일방적 정치화가 최고기관에까지 진행되고 있었다는 결론을 암시해준다.[116]

---

113) 사법부의 영향력 행사와 형량의 편파성에 관해서는 다음의 통계들을 참조: Emil Julius Gumbel, *Laßt Köpfe rollen. Faschistische Morde 1924-1931* (Berlin, 1931); 같은 이, *Vier Jahre politische Mord* (주 VII/97), S. 73ff. (정치적 살인의 사회학, S. 87ff.); 같은 이, "Strafvollzugsstatistik", *Die Justiz* 5 (1929), S. 690ff.

114) 추가 자료들: Alfred Delmar, "Richterliche Unabhängigkeit und politische Justiz", *Die Justiz* 4 (1928), S. 464ff., 657ff., S. 595 (여기에 묘사된 과정의 정치적 의미에 관한 상세한 논의 포함). Schiffer, *Die deutsche Justiz* (주 II/15), S. 13ff. 도 참조. 문헌: *The Wiener Liberary* (주 II/104), S. 52ff.

115) 재판관 선출을 둘러싸고 서로 격렬히 싸웠던 사례: Schiffer, *Die deutsche Justiz* (주 II/15), S. 31ff.

116) *Die Justiz*에 연속 게재된 일련의 관찰들을 참조, 특히 '영 안'을 위한 국민청원에 관한 논쟁과 관련: *Die Justiz* 5 (1929), S. 124ff., S. 222ff. 또 Severing, *Lebensweg* (주 I/6), II, S. 190. Erwin Bumke, *Ausgewählte Entscheidungen der Staatsgerichtsbarkeit* I, S. 31ff. 와 재판관의 이례적인 활동에 관한 쉬퍼의 언급 Schiffer, *Die deutsche Justiz* (주 II/15), S. 52ff., 그리고 관헌국가적 법률 비대화 현상 (*Rechtshypertrophie*) 에 관한 언급 (S. 132ff.) 등을 참조.

물론 그 책임은 일차로 사법적인 해석원칙의 공공연한 위반이 아니라, 공화국에 대한 재판관의 내적 입장에 있었다. 광범위한 여론은 바이에른의 소비에트공화국과 카프의 쿠데타, 작센의 좌익정권과 1923년 바이에른의 우익정권 내지 히틀러 반란사건에 대한 정부뿐만 아니라, 특히 사법부의 불공정한 조치들도 비판하였다.[117]

자유주의적, 평화주의적 혹은 사회주의적 정치가들과 정치평론가들은 검은 제국군대의 불법적 기구들 및 그 밖의 군국주의적 우익급진주의 현상들을 비판했다. 그러데 이 모든 비판이 반역으로 처벌받았던 반면에,[118] (반란자 처벌을 위한) 특별재판소의 재판(*Feme-Prozess*)에서 놀라울 정도로 가볍게 처벌되었다는 사실은 상당히 일방적인 것이었다.[119] 나치 장교들에 대한 라이프치히의 반역죄(*Hochverrat*) 재판에서 히틀러를 "증인"으로 출석시킨 것, 재판 자체의 실행, 주심에서 제국재판소 검찰관의 이해할 수 없는 태만 등은 사법관료 수뇌부의 정치적 취약성 혹은 약점을 증명했다. 기존의 민주주의에 대한 히틀러의 2시간에 걸친 논박은, 공화국 보호법과 직결된 영역이었음에도 불구하고, 반론이나 처벌이 이루어지지 않았다.[120] 그리고 후에도 재개된

---

117) 자유주의적 경향의 *Frankfurter Zeitung* v. 18(Oktober 1923) (특히 슈트레제만의 별 당파적이지 않은 특별 조치정책에 대한 비판). 사민당 측의 비판이 가장 강력하다. 여기에 관해서는 Watkins(주 II/94), S. 46ff., 36ff. (그 조치들이 우익급진주의자들을 겨냥하자마자, 헌법 제 48조에 따른 조치들에 특히 소극적 태도에 관해서). 제 48조에 따른 행정기구들, 특히 제국군부에 대한 비판은 이 책의 S. 237ff., Rossitter(주 II/94), S. 40을 참조.

118) Emil Julius Gumbel의 "반역죄 통계"(*Landesverratsstatistik*), *Menschenrechte* 3(1928), S. 1~8과 *Weltbühne*에 있는 오시에츠키, 힐러, 투홀스키의 비판도 참조.

119) Emil Julius Gumbel, *Verräte verfallen der Feme*(Berlin, 1929), S. 386ff.; 같은 이, "Feme-Literatur", *Die Justiz* 4(1928), S. 532~546.

120) 라이프치히 재판(1930)에 관해서는 John W. Wheeler-Bennet, *The Nemesis*

나치당에 대한 반역죄 재판들은 악명 높은 복스하임 문서(*Boxheimer Dokumente*) 사건에서처럼, 항상 질질 끌거나 공산주의의 위험을 언급하면서 중지되었다.[121] 그러한 현상들의 정치적 영향은 결국 극히 무의식적으로도 조장되었다고 할 수 있다. 정치적 사건에 대한 일방적인 판결들은 증오심에서 부당하게 취급된 사람들, 회의적인 경멸과 권력현실적인 사법부의 평가를 통해서 이득을 본 자들로 채워져 있다.[122] 특히 독일민족적 선전과 나치당의 선전은 역설적으로 이러한 분위기를 사법부의 "마르크스주의적 족쇄와 오염"에 대한 신랄한 공격에 이용하였다.[123] 25건의 집단사면과 수많은 개별사면은 정치적 범죄에 대한 의미를 무감각하게 만드는 데 영향을 미칠 수 있었다.[124] 이 모든 것은 의회와 민주적인 통제기관에 불리하게 판사권력을 신장시킨 발전의 배후에서 진행되었다.

이 간략한 언급으로부터 민주주의의 틀 내에서 정치적·사회적으로 사법부의 분명한 위치규정을 둘러싼 노력, 특히 민주적 법질서와 사법

---

of Power. The German Army in Politics 1918-1945(London, 1953), S. 213ff. K. D. Bracher, *Auflösung einer Demokratie*(주 I/39), S. 80ff. 와 이 책의 아래 S. 490f. 참조.

121) 이 책 제 2권, S. 253ff.; Gustav Radbruch, *Die Justiz* 6(1932), S. 187; Loewenfeld(주 VII/104), S. 36 참조.

122) Schiffer, *Die deutsche Justiz*(주 II/15), S. 11ff., 60ff. ("일반대중과 사법부 사이의 신뢰의 위기").

123) 차르노(Zarnow, *Gefesselte Justiz*, 주 VII/97), 그림(Friedrich Grimm)(비밀재판운동에 관하여) 혹은 힌덴부르크에 대항한 괴벨스의 옹호자 골츠(Rüdiger Graf v. Goltz) 등의 책들은 앞에서 인용된 굼벨의 저작에 대하여 반대입장에 있는 저작들이다.

124) Friedensburg(주 I/41), S. 183f. 와 S. 252를 참조. 여러 사례들 중의 하나는 라테나우 암살에 즈음하여 비밀단체들 내에서의 분위기에 관한 잘로몬의 경박한 보고서이다. *Die Geächten*(Berlin, 1933), S. 267; *Der Fragebogen*(주 VI/85), S. 129ff.

부의 개혁에 대한 요구를 둘러싸고 그룹화되었던 노력에 어떠한 등급이 매겨졌는지가 분명해진다. 여기서도 혁명이라는 사건과 바이마르 타협의 구조는 원칙적인 일련의 문제점을 미리 보여주었다. 군주정에서 공화정으로의 혁명적 이행을 실질적 기반으로 한 새로운 국가질서의 정당화는 수많은 헌법상의 문제들을 해결하지 못한 상태에서 이루어졌다. 그것은 동시에 법적인 문제인 혁명을 법정책적 논의의 중심에 위치시켰고, 공화국의 반대자들은 거기서 자신의 논지를 피력할 수 있었다. 정치적 사건들 및 그 역사적 의미에 불만을 가진 사람은 변화한 법적 토대 및 여러 중요한 개념들의 필연적인 가치변화를 의심했다. 거기서 기존의 낡은 구상들과 판에 박힌 것들을 주어진 상황과의 적절한 관계 속에 위치시키려는 노력을 하지도 않은 채 말이다.

여기에 의문의 여지없이 진정한 내적 외적인 어려움들이 있었는데, 이는 관료제의 문제점들은 애매한 처리로 인해 줄어들지도 않았다. 그렇지만 현실에서는 '등에 칼 꽂기' 쿠데타와 반란 전설의 논거들이 1918년의 혁명 및 민주운동의 대약진의 본질과 동시에 독일의 모든 영방국가들에서 왕조체제 퇴진의 진정한 중요성에 거의 영향을 끼치지 못했음을 알아야만 한다. 바이마르공화국의 토대를 형성한 것은 파괴나 절멸이 아니라, 개별적·정치적·사회적 집단들의 권리의 엄청난 확대였다. 그 안에서 관철된 근대사회 및 그 국가형식의—자의적인 법 위반의 결과가 아닌—발전법칙은 변화된 조건들과 과제들을 정당화시켰는데, 사법부는 거기에 맞서 있었다. 새로운 국가를 둘러싼 깊은 논쟁들이 특히 정치적 문제를 사법부의 처리에 맡김으로써 적나라하게 보여준 치명적 약점들에서 시작되었다는 점도 이것을 방해하지 않았다.

발전은 좁은 의미에서의 관료제 영역과 유사하게 진행되었다. "사법부의 독립성" 사상은 이중적으로 실질적 연계와 관계를 숨기기에 위험하기도 하고 적합하기도 한 공동의 장이었으며, 진정한 개혁가들의 이상(*Leitbild*)으로 되었을 뿐만 아니라 관료의 "초당파성"을 방패에 태워 높이 들었던 진실성이 없는 공화국 반대자들의 이상으로도 되었다. 사법부의 민주적 개혁은 시대의 요구였다. 그러나 그 개혁은 유토피아적 이상들을 뒤쫓다가 그 절반의 실현을 원칙론적인 공격의 과녁으로 되게 해서는 안 되었다. 관료제적 관점에서 "독립적인" 사법부의 재량권에 필요한 통제를 제대로 할 수 있기 위해서, 개혁은 특히 법의 핵심 지지자들이 종속되었던 연계와 의무에 대해 이미 주어진 정도를 현실적으로 인정해야만 했다.

이 과제는 이미 알려졌으나 소홀히 취급되었다. 또 하나의 중립적 권력(*pouvoir neutre*)인 사법부가 — 관료제처럼 — 자명하게도 정치적 발전과 결정들의 흐름에 씻겨 없어졌다는 이론이 우위를 차지했다. 이것은 널리 퍼져 있던 다음의 견해에 상응했다: 즉, 법과 권력 사이의 관계와 유사하게 정적인 원리와 동적인 원리가 갖는 근본적 차이를 가정하는 것은 정치적 현상의 관찰과 분석의 기초로 될 수 있고 또 그래야만 한다는 것이다. 특히 헌법재판 관할권에서 국내법의 독립적 지위에 관한 허구를 보호할 때 정치권력의 기능인 법의 성격이 어떻게 활용될 수 있는가에 대한 가능성과 사례들이 생겨났다. 이것은 비상령 정치가 시작된 이후 (헌법) 제 48조에 따른 여러 조치에서도 잘 드러났다. 이 조항에 따르면 제국대통령의 재량은, 그것이 "명백한" 오용 혹은 월권이 아닌 한, 법원의 검토대상이 될 필요가 없었다. 말하자면 판결은 전체 정황이 아니라, 그 일부의 인지에만 의존했다. 알려지지 않은 부분, 재량, 의도, 목적은 적합한 것, 맞는 것, 올바른 것, 즉 헌법에 부합하는 것으로 가정되었으며, 결국 실제 판결에서는 고려되지 않았다. 그 근거는 전체적으로 정치적이었다. 그래서 1932년 프로이센에 대한 제국령(*Reichsexekution*)과 관련된 조치들을 검토할 즈음에 국사재판소의 논거는 재량의 검토로 인하여 국가권위의 위신과 존재를 위협할 수도 있는 사건이 백일하에 드러날 수 있는 일을 감행해서는 안 된다는 방향으로 나아갔다.[125] 그러나 사법부의 판결이 정치적으로 측정할 수 없는 구성요소를 지녔기 때문에 "순수한" 법해석은 어느 정도 일방적인 정치적 행위로 되었다.

이로써 어떠한 결정이 판사의 수중에 넘어갔는지도 이 시기에 일반조항의 놀라운 확산에서 명확해진다. 해석가능성의 확대라는 의미에서 엄격한 법조문의 완화와 더불어 확실하게 표현된 개별조항들과 특정되지 않은 일반조항 사이의 오랜 긴장관계는 후자에게 중요한 정치적 기능을 전해주는 단계로 빠져들었다.[126] 사법부의 정치화에 동반된 하나의 부수현상인 일반조항으로의 쇄도는 행정법과 국법이라는 정치적 영역 내부로 들어가 작용하였다. 그것은 지금까지 비판받아온 여러 통제불가능한 다원주의적 세력들에 반응하면서 정치공간에서 성장하였으며, 공화국의 반대자들은 거기서 특히 그 "경험적으로 현실적인" 상태를 보았다. 사람들은 이 국가를 "사회적·경제적 권력집단들의 타협대상, 즉 이질적 요소들, 정당들, 이익단체들, 콘체른들, 노동조합들, 교회들 등이 서로 합의하는 복합체"라고 비난하였다.[127] 차분한 관찰자들은 끝까지 파시스트 이탈리아를 언급하면서 권위주의적 국가운영을 통하여 이 다원주의를 극복해야 한다는 많은 국법학자들의 요구에 반대하였다. 물론 이것은 전체주의 국가에 대한 향수, 즉 딜레마의 해결책으로서 독재에 대한 호소가 점차 강화되고, 보다 온건한 대표자들이 적어도 초당파적인 자리, 즉 "중립적인" 권력의 강화를 지

---

125) 특히 다음을 참조: *Preußen contra Reich vor dem Staatsgerichtshof. Stenogrammbericht der Verhandungen vor dem Staatsgerichtshof in Leipzig vom 10.-14. und vom 17. Oktober 1932*, hrsg. und eingeleitet von A. Brecht (Berlin, 1933), S. 513ff. 상세하게는 이 책의 제3권 S. 178 참조.

126) Justus W. Hedemann, *Die Flucht in die Generalklauseln. Eine Gefahr für Recht und Staat* (Tübingen, 1933), S. 3ff.; Neumann, *Behemoth* (주 I/50), S. 446ff. (이 경향의 사회적 설명).

127) Carl schmitt, 1930, 인용은 Hedemann (주 VII/126), S. 46.

지하는 것을 막을 수는 없었다. 직업공무원 계층은 독일적 전통을 고려하여 특히 "당파정치의 악취"로부터 해방시키고 정치지도자층으로부터 장관들을 분리시키고자 했으며, 다원주의적 혼란 속에서 "비당파성"이라는 기둥을 세우기 위하여 노력하였다.[128]

다양한 정규적·비정규적인 권력들을 권위주의적으로 조정하려는 노력들은 사법적·정치적인 일반조항을 더 강하게 적용하는 것을 이용했다. 이 일반조항의 보편성은 실제로는 애매하고 일방적인 해석으로 나아갈 수 있었으며, 결코 사회의 강력한 동의에 근거하지도 않았다. "건전한 인종감정"에 관한 일반규정은 하나의 극단적 예가 될 것이다.[129] 상호대립의 폭로를 피해야만 할 일반조항을 통한 그러한 조정들의 형식은 바이마르공화국의 경우 특히 이른바 수권법 및 비상령의 제정을 통해서 규정되었다. 그러나 수권입법과 대통령의 비상령은 동시에 그 기초가 "공공의 안전과 질서의 회복"에 관한 일반조항이었던 헌법 제 48조에 의거했다.

이 위험은 나치의 권력장악 후에 모든 비판적 관찰자들에게서 백일하에 드러났다. "국가를 그러한 최후 공식들의 포위로부터 해방시키고, 적나라한 폭력국가 혹은 권력국가로 선언하려는 문학적 노력들이 등장하고 있다. 그렇게 되면 그 기관들은 더 이상 아무것에도, 다시 말해서 신실과 신뢰에도, 안전과 질서에도 구속받지 않게 될 것이다."[130] 말하자면 통제불가능한 최고권력인 "국가"는 이제 일반조항을 자신의 행위를 위하여 설정하였다. 기동성과 권력이라는 두 요소가 합쳐짐으로써 일반조항은 더 이상 적절한 기준일 수 없게 되었으며, 일방적이고 통제불가능하게 이용될 수 있는 무기로 되었다. 만약 권력의 핵심지지

---

128) Koellreutter, 같은 곳, S. 47에서 인용.

129) 이 문제점들에 관해서는 Neumann, *Behemoth* (주 I/50), S. 440ff.

130) Hedemann (주 VII/126), S. 51f. 같은 책 S. 73ff.; Neumann, *Behemoth* (주 I/50), S. 443ff. 참조.

자가 진정으로 국가에 필수불가결한 문제들과 불가침의 기본권 체제 사이의 차이, 말하자면 민주적 법질서로 모든 비상조치들의 불가피한 제한을 알지 못했다면, 일반조항의 정치적 확대는 결과적으로 법치국가의 해체를 초래했을 것임에 틀림없다. 아마도 그것은 사람을 지나치게 신용하여 한 개별인간의 정치적 재량과 행동을 뒷받침했고, 또 온건한 권위주의적 대통령제의 옹호자들이 출발점으로 삼았던 공리일 수 있다. 결국 이 공리는 어느 정도 부담가능한 선에서 일반조항의 적용을 유지할 수 있었을 것이다. 그러나 이러한 구별과 그 실현가능성이 극히 의심스러워 보임에 틀림없었듯이, 그것은 이미 공화국의 마지막 지도부에 의해서 주변으로 밀려났다. 히틀러는 그것을 완전히 넘겨받지도 않았고, 또 그것을 단 한 번도 인정한 적이 없다.

제8장

경제정책적 권력구조

바이마르공화국의 특별한 구조문제는 권력의 배분, 주장, 이동문제, 즉 한 민주주의체제에서 정당정치와 이익정치의 상호관계에 대한 고찰을 필요로 하며, 경제정책의 성격과 발전에 규정적으로 영향을 미쳤다. 경제와 정치의 밀접한 융합, 그리고 그것을 통하여 이익단체들의 영향력 있는 활동은 근대적 발전의 중요한 특징들 중의 하나에 속한다. 동시에 그것은 매우 현저히 민주적 이데올로기의 문제점을 확인해 준다. 즉, 민주주의의 평등공리는 다원화되는 현실을 정당화시킬 수 없으며, 그것이 지닌 자유의 사상은 정치적 사회적 경제적 공간에서 구체적인 결합의 정도를 과소평가하는 경향이 있다. 또한 정치와 경제의 관계에 관한 문제도 있었으며, 이는 이데올로기적으로 부풀려진 경제의 "자립성"에 대한 요구, 정치에 대한 경제의 구체적인 영향력 행사가능성들과 은폐된 권력요구의 문제는 이론적 논쟁에서뿐만 아니라, 특히 정치적 전선과 개별화 과정에서 더 강한 것에 내맡겨진 개체의 집단적 자기주장을 위해 조직화된 집단의 형성에서도 중요한 역할을 했다.

1. 이익집단의 정책

강력한 중앙조직들은 바이마르공화국의 경제정책 구조를 결정하였다. 상업, 공업, 농업의 이익은 거대한 전국단위의 단체들, 즉 "독일경제의 최고위 단체들"로 통합되어 대표되었다.[1] "독일산업의 … 권력"과 이익을 강력히 후원하기 위하여 1919년 2월에 창설된 독일산업 제국연맹과[2] 더불어 제국농업연맹(Reichslandbund) (대농업)과 독일농민단체 총연맹(Vereinigung der deutschen Bauernvereine) (기독교적 지역단체들), [3] 독일농민(Deutsche Bauernschaft) (소농민들), 도매상 및 대외무역상, 소매상 단체들, 그리고 독일은행연합 등이 병립했다. 노동법상 그들의 파트너는 독일고용주단체연맹(Vereinigung deutscher Arbeitgeberverbände) 이었다. 모든 부르주아 정당들과 사방으로 연결을 유지하면서 내각 부처의 관료제와 유사하게 경제관료제에 의해서 운영된 복잡한 대조직들, 즉 거대한 압력단체들이 있었다. 그들에게는 노동조합의 최고위단체들과 기타 종업원조직들이 대응하였다. 이들은 — 압력단체로서 그 기능에 관한 한 — 유사한 특징들을 발전시켰

---

1) 고용주 측의 표: Alfred Kuhlo, *Die Organisation der deutschen Industrie* (Berlin, 1928), S. 59ff. 또 다음의 개관: Robert A. Brady, *Business as a System of Power* (New York, 1943), S. 25ff.; Gurland, "Technological Trends" (주 VI/66), S. 227ff.

2) *Veröffentlichungen des Reichsverbandes der Deutschen Industrie*, Heft 1 (Mai 1919), S. 17ff. 에 수록된 보고서. 제 1차 의장단(*Präsidium*)에는 다음과 같은 인사들이 속했다: 보쉬, 뒤스베르크, 프로바인, 후겐베르크, 지멘스, 슈티네스 그리고 의장으로 크룹사장 조르게.

3) 여기에 관해서는 현재 이 총연맹의 의장(1928~1933)의 전기를 보라: *Reichardt*, *Andreas Hermes* (주 VI/68), S. 112ff. 농업의 이익정책에 관해서는 이 책의 아래 S. 374를 참조.

다. 전체 모습은 특히 매우 다양한 경제정책과 기술에서 수많은 연결망과 (기업)결합으로 복잡했으며, 이들은 모두가 신디케이트, 트러스트, 카르텔과 같이 국가 내의 국가 역할로 나아가는 경향이 있었다.

전쟁, 사실상의 권력이동, 활용되지 못한 1918년 혁명의 가능성들, 그리고 인플레이션 등으로 물질적으로나 심리적으로 현저히 커졌던 사회적 구조의 문제가 1920년대 말경에 새로이 심각해졌다. 사회정책은 필요한 결정들을 내려야 할 상황에 직면하게 되었다. 즉, "사회정책의 위기"는[4] 변화된 전제조건 아래서 전쟁 이전의 정책을 포괄적으로 추구하려 했던 자본주의적 관심방향뿐만 아니라, 혁명 후에 새로운 국가에 지향되었던 사회주의적 노력들은 변화된 경제사회의 광범위한 재편에서 출발한 사회주의적인 관심방향의 가장 중요한 표제어로도 되었다.[5] 정치적 권력관계가 바뀌면서 기존의 사회정책 전선들 사이에는 이동과 비중변화가 있었고, 동시에 그들을 새로이 통제하고 영향력을 행사할 수 있는 길이 열렸다. 또 사회정책과 사회의 정치적·경제적 구조와의 관계문제는 새로운 형식 속에 설정되었다. 노동운동의 주도권을 둘러싼 투쟁은 사실상 노동조합을 정치화시키고, 의회 및 정부에 대해 그 영향력을 증대시켰다. 상대방도 거기에 방향을 맞추었다. 정당이 사회정책과 경제정책에 대해 취했던 이니셔티브는 이제 의회 바깥의 고용주 단체 및 노동조합 사무실에서 포괄적으로 표현되고 논의되었다. 이로써 이 단체들은 정치적으로 극히 중요한 결정을 내려야

4) 이 문제의 논의와 그룹화에 관한 개관을 참조: Ludwig Preller, *Sozialpolitik in der Weimarer Republik*(Stuttgart, 1949), S. 208ff. 또 Bernhard Otto, "Die Krise der Sozialpolitik", *Krisis*(주 IV/141), S. 131ff.; *Deutsche Sozialpolitik 1918-1928. Erinnerungsschrift des Reichsarbeitsministeriums*(Berlin, 1929).

5) 전후 혼란기의 노동조합 정책에 관해서는 Theodor Cassau, *Die Gewerkschaftsbewegung, ihre Soziololgie und ihr Kampf*(Halberstadt, 1925), S. 44ff., 253ff., 309ff. 이 기본적인 저작은 전쟁 이전의 발전과 체제문제도 다룬다.

했으며, 정치와 경제의 실질적 연결은 이 단체들의 활동에서 명백해졌다.[6] 만약 주도권이 포괄적으로 경제에 그리고 인플레이션이 종식된 이후에는 특히 중공업에 있었다면, 경제주기는 다시 역으로 사회정책에 작용했을 것임에 틀림없었다.[7] 고용주 단체와 피고용인 단체 사이의 사회정책을 둘러싼 대립은 힘의 배분과 투입에 따라, 또 경제상황에 따라 결정되었다.

그래서 특히 1929년에 세계경제 대공황이 발발한 이후 노동조합의 영향력 및 조직과 그 권력정책적인 가능성들 사이의 불균형이 두드러진 것은 자연스러운 것이었다. 실업의 점증으로 노동조합의 재정력은 소진되었고, 동시에 노동조합 안에서 그 존재의 안전을 보장받고 있다는 노동자의 믿음도 흔들렸다. 이러한 발전은 너무 자립적으로 된 관료기제와 이 기제에 의해 대표된 사람들 및 그들의 문제점들과 직접 접촉하는 과정에서 생겨난 결함으로 강화되었으며, 노동조합 잡지 또한 좌우로부터의 공격 와중에도 끝까지 주목할 만한 영향력을 유지할 수 있었다.[8] 비록 조합원의 수는 끝까지 거의 줄지 않았지만,[9] 환멸

---

6) Richard Woldt, "Die detuschen Gewerkschaften in der Nachkriegszeit", *Strukturwandlungen der Deutschen Volkswirtschaft*, ed. by Bernhard Harms, 2판(Berlin, 1929), vol. 1, S. 503ff., 520; Margarete Bischke, *Entwicklungstendenzen der modernen deutschen Gewerkschaftsbewegung*, 〔1930(문헌 포함)〕. 현재는 Theodor Piker, "Die Gewerkschaft als poltische Organisation", *Gewerkschaftliche Monatshefte* 2(1952), S. 76ff. (전통적인 독일의 "국가중심적인 오류"—정당만 정치적 조직으로 간주됨—와 정당 및 국가의 기능 구분에 대한 비판 포함).

7) 일반적인 것: Friedensburg(주 I/41), S. 309ff. 개별적인 것: Preller(주 VIII/4), S. 173ff.

8) 이에 관해서는 Ernst Drahn, "Zur Quellenkunde für eine Geschichte der deutschen Gewerkschaftspresse", *Jahrbücher für Nationalökonomie und Statistik* 136, 3. F. 81(1932), S. 881ff. 논쟁적인 것: Ludwig Sabel, "Wirtschaftliche Gewerkschaftsunternehmungen", 같은 곳, 82(1932), S. 90.

로 바뀐 기대들, 즉 조직과 조직된 사람들의 불안정, 불확실한 수동성 등은 그 결과였다. 이것은 사회주의적 노조와 기독교 노조, 히르쉬-둥커 노조에도 마찬가지였다. 이것은 또 사무직원 단체 및 이 상황에서 변하고 있던 공무원 조직들에도 마찬가지로 적용된다.

특히 노동조합의 실질적인 권력상실은 산업의 지속적 합리화와 확산일로에 있던 집중으로 더욱 조장되었다.[10] 전통 구속성, 노조가 직접 보유한 "자본주의"[11] 그리고 관료화는 1918년 이후 전통적인 상호관계 속에서 특히 사민당에 협력하였던[12] 피고용인단체들과 국가가

---

9) 개별조직의 강도에 관한 것: Preller(주 VIII/4), S. 182ff. Carl Rothe, *Die Front der Gewerkschaften*(Jena, 1932), Anhang, S. 204와 Ferdinand Fried, "Kapital und Masse", *Die Tat* 22, Heft 6(Januar 1931), S. 790에 있는 수치들도 참조. 노동자 중 거의 절반, 사무직원들과 공무원들 중에서는 불과 1/4만이 조직되었다. 전자는 압도적으로, 나중의 두 집단은 불과 절반 정도가 사회주의적이었다.

10) 이 책의 S. 195ff.와 Ludwig Heyde, "Rationalisierung und Arbeiterschaft", *Strukturwandlungen*(주 VIII/6), S. 287ff.를 참조. Elisabeth Schalldach, *Rationalisierungsmaßnahmen der Nachinflationszeit im Urteil der Freien Gewerkschaften*(Jena, 1930), S. 84ff.; *Wirtschaftsdemokratie, ihr Wesen, Weg und Ziel*, hrsg. im Auftrag des Allgemeinen Deutschen Gewerkschaftsbundes von F. Naphtali, 1928, S. 28ff.; Robert A. Brady, *The Rationalization Movement in German Industry*(Berkeley, Calif., 1933).

11) Otto de la Chevallerie, *Die Gewerkschaften als Unternehmer*(Berlin, 1930)에 있는 자료 참조. 또한 Fritz Leinweber, "Der Kapitalismus der Gewerkschaften", *Die Tat* 22, Heft 5(August 1930), S. 344ff.에 있는 비판도 참조. 독자적인 은행과 보험회사를 설립하려는 운동은 사무직원 조직들로부터 모든 피고용인 단체로 확산되었으며, 일급 경제요소로 되었다. 거기에는 또 (소비자 및 생산자) 협동조합제도에서와 마찬가지로 "자본과 노동" 사이의 중간위치를 강화시키려는 경향이 표현되었는데, 이는 본래 노동조합 정책의 수준에서 마르크스주의적 사회학의 논박을 의미했다. 아래의 S. 388f.를 참조.

12) Gerhard Kessler, "Die Lage der deutschen Arbeiterschaft seit 1914",

행사할 수 있는 운신의 폭을 더욱 좁혔고, 세계경제 대공황이 발생하기 이전에 이미 현저한 권력손실을 초래했다. 특히 파업운동의 감소는 그것을 잘 보여준다. 파업운동은 이제 매우 거대한 경제적 단위들의 상부통제와 거기에 상응하는 강력한 고용주 조직들에 의해서 배상될 수 있었다. 국가의 개입이 증대되면서 파업은 반국가적인 것으로 혹은 — 국가적인 규정이 있을 경우 — 노동조합의 조직들은 불필요한 것으로 보였음에 틀림없다. 특히 조직화되지 않은 미숙련 노동자와 여성들의 증가 그리고 더 좋은 임금을 받는 십장(*Vormänner*)과 사무직원 등으로의 강력한 분화를 포함한 사회계층의 변화들은 특별한 역할을 했다. 게다가 점증하는 실업은 심리적으로 사회적 환멸과 정치적 급진화를 초래했으며, 이로 인해 노조조직들도 점차 합리적으로 기능할 수 없게 되었다. 그러나 노동조합 활동의 자유를 더욱 위축시킨 것은 "사회적-자본주의적"인 파괴활동들뿐만 아니라,[13] 공산주의자들과의 지

Strukturwandlungen(주 VIII/6), I, S. 455ff.; Neumann, *Behemoth*(주 I/32), S. 17ff., 411ff.; Cassau(주 VIII/5), S. 54ff. 1925년까지 사민당과 노조관계에서의 기복에 관해서는 같은 책, S. 284ff., 특히 S. 294ff.

13) 예컨대 셰를(Scherl, Hugenberg)에서 출판된 하르츠의 책에 표현된 신분제적 신질서라는 의미에서의 "사회자본주의적 독일 노동조합"에 대한 요구를 참조: Gustav Hartz, *Irrwege der deutschen Sozialpolitik und der Weg zur sozoalen Freiheit*(Berlin, 1928), S. 228. 이러한 발전의 결과 반사회주의적, 부분적으로는 반노조적인 중간계급 이데올로기의 침투에 관한 훌륭한 연구를 제공하는 것: Hans Speier, "The Salaried Employer in Modern Society", *Social Research* 1934, S. 118f. 반대의 상은 아직 공황이 발발하기 이전에 공식적인 노조지도부의 실업자문제에 대한 불확실한 태도이다. 경제의 합리적 근대화에는, 비록 조직적 실행에서 개별적으로 비판되기는 했지만, 원칙적으로 동의하였고 사회적인 가혹함(*Härte*)은 일시적인 것으로 감수되었다. 예컨대 Fritz Tarnow, *Warum arm sein?*(Berlin, 1929). 이러한 의미에서 라이파트, 나프탈리, 에거트. 개별적인 것들은 Schalldach(주 VIII/10), S. 26f., S. 75ff., S. 118ff., S. 132ff. 또한 각서 Gegenwartsaufgaben deutscher Wirtschaftspolitik(1926)은 독일산업제국연맹의 각서

속적 논쟁이었다. 실제로 동일한 계층에 호소하였던 공산당은 독자적인 노조건설에 실패한 후 다시 기존 노동조합의 점령을 목표로 하였으며,[14] 공황기에 그 영향력을 크게 증대시킬 수 있었다. 그 결과는 경제정책에 대한 입장 및 정치적 태도에서 보여준 불확실성이었다.[15] 이 불확실성은 브뤼닝 내각에 대한 관용정책(*Tolerierungspolitik*)과 이어 파펜과 슐라이허의 실험에 대한 반대입장에서 보여준 말로 표현할 수 없는 혼란상에 작용할 수 있었다. 이러한 상황 아래서 공산주의에 대한 방어와 공격은 노동조합을 퇴치하기 위한 환영할 만한 구실로 되었다. 왜냐하면 노동조합들은 자신의 분열뿐만 아니라 "개혁주의"(*Reformismus*)라는 낡은 문제도 제대로 해결하지 못하고 있었기 때문이다.[16]

경제, 사회정책 그리고 정치 일반의 연관관계는 고용주 단체들의 활동에서 더욱 분명해졌다. 제 1차 세계대전 이전에 기업가들은 정부의 전폭적인 후원을 받으면서 노동조합에 대하여 공개적 투쟁을 전개했다. 특히 사회주의적 노동조합들은 사회민주적 전복운동의 일부로 간주되었으며, 따라서 노동자계급의 정당한 대표로 인정받지 못했다. 국가공무원들과 사무직원들의 노조가입은 금지되었고, 결사권은 갖가

(Denkschrift des Reichsverbands Deutschen Industrie, 1925)에 대한 독일노동조합총연맹, 사무직원단체연맹(AfA), 공무원연맹(ADB)의 대응으로 정부에 전달될 것인데, 이는 이러한 분열적인 자세에 대해서 잘 알려준다.

14) Cassau(주 VIII/5), S. 295ff.; Flechtheim, *Die KPD*(주 I/33), S. 139ff., 160ff.를 참조. 사민당-공산당의 통일전선 및 노동조합의 행동문제에 관해서는 예컨대 Fritz Sternberg, *Der Niedergang des deutschen Kapitalismus* (Berlin, 1932), S. 382ff.; Stechert(주 III/91), S. 349ff.를 참조.

15) 예컨대 개별 전문단체들과 기업 내에서의 합리화에 대한 입장에서 공산주의자들과의 지속적 논쟁에 의해서 야기된 약점들: Schalldach(주 VIII/10), S. 169.

16) Adolf Sturmthal, *The Tragedy of European Labor 1918-1939* (New York, 1943), S. 83ff.

지 속임수에 의해서 개정되었으며, 노조의 조직화는 빈번히 노동자의 해고이유가 되기도 했다. 그렇지만 그러한 현상들은 경제적 호경기와 전체 주민의 생활수준이 지속적으로 상승하면서 다시 광범위하게 상쇄되었다. 제 1차 세계대전 자체는 해방의 노력을 가속화시켰다. 그러나 동시에 그것은 "정쟁중단"(*Burgfrieden*)의 영향을 받아 사회적 동반자를 "노동공동체"로 접근시켰다. 이로써 국가도 노동조합의 인정을 더 이상 방해할 수 없었다. 노동조합들은 여러 전시(戰時) 경제조직에서 협력하였으며, 그 종업원위원회(*Betriebsausschüsse*)의 관용과 존중을 얻게 되었다. 고용주 단체들은 여전히 이들에게 일시적인, 전쟁으로 인한 조건부로만—특히 종전 무렵에 계급투쟁 내지 "가부장제"적 관점이라는 적대적 이데올로기들이 다시 더욱 첨예하게 충돌하였을 때—용인하려고 노력하였다. 그러나 조직적 개인적인 접촉은 매우 집요했으며, 결국에는 협력을 계속 보장하고, 혁명 이전에 이미 대규모의 노사 동수에 의한 "중앙노동공동체"(*Zentrale Arbeitsgemeinschaft*)로 정착시킬 수 있었다.[17]

고용주 대표들이 여기서 정당성 있는 노동자 대표성, 무제한적인 결사권, "황색노조"의 포기, 그리고 직업소개소, 중재기관들, 임금협정 등의 문제에서 엄격한 노사동수를, 또 평화경제로의 이행을 조건으로 한 양측의 계획들을 인정했을 때, 노동조합은 자신의 첫 목표를 달성하였다.[18] 그러나 슈티네스(Hugo Stinnes)와 레기엔(Carl Legien) 사

---

17) 이 책의 S. 75를 참조. 독일전기산업중앙협회의 당시 지도자이자(1920/1921, 1923) 제국재무경제장관이었던 라우머의 언급들: Hans v. Raumer (주 I/54), S. 425ff. (고용주의 입장에서 "중앙노사공동체"를 둘러싼 과정에 관한 진솔한 묘사를 포함).

18) *Zur Sozialisierungsfrage. Die Arbeitsgemeinschaft der industriellen und gewerblichen Arbeitgeber und Arbeinehmer Deutschlands* (vier Referate, erstattet auf dem zehnten Deutschen Gewerkschaftskongreß zu Nürenberg), Sonderdruck (Berlin, 1919), S. 55ff.

이의 협약은 특히 라우머(Hans v. Raumer)의 노련한 개인적 중재로 성사되었다.[19] 처음에 이 협약은 신생공화국의 첫 번째 권력요소였으나, 곧 거의 영향력이 없는 법적 조직인 제국경제평의회(*Reichswirtschaftsrat*)에 의해서 희석되었다. 반면에 동시에 인플레이션의 영향 아래서 이익에 구속된 경제정책적인 고려들은 새로운 갈등과 옛 적대주의를 부활시켰다. 실질적 "협력"(기간)은 너무 짧았고, 조직적으로나 심리적으로도 너무 허약했다. 이제 전쟁 이전의 대립관계는 새로운 형식으로 그리고 새로운 국가적 상황 아래에 다시 시작되었다. "중앙노동공동체"는 1923년 말에 마침내 격화된 투쟁노선에 굴복하였다.

이 발전은 이미 전쟁 직후에 기업가의 경제정책적 도구인 "독일고용주단체연합"과 "독일산업제국연맹"의 통합 시도에서 표현되었다.[20] "제국연맹"은 이미 1919년 창설 당시 — 어느 정도의 희망과 함께 — "노동조합을 조직노동자들의 정당성을 가진 대표로 인정한다는 원칙이 이제 다시는 거의 움직일 수 없게 되었다"는 점에 유감을 표명하였다.[21] 이 위원회가 단지 혁명적 상황에서 "경제적 · 사회적 문제의 해결을 위한 피고용인들과의 협력"을[22] 인정했다는 것은 거의 부인할 수 없다. 고용주들의 새로운 활동이 가져온 직접적인 결과는 정부정책에 영향력을 행사하기 위해 더 많은 노력을 기울였다는 점이다. 그들은

---

19) Raumer(주 I/54), S. 428ff. 라우머는 동시에 DVP의 의원이었다.

20) 인적 유대는 크룹 사장이자 "제국연맹" 의장인 조르게의 주도로 계획되었다. *Soziale Praxis* 29, S. 275 참조. 고용주 단체들의 조직에 관해서는 여전히 Neumann, *Behemoth*(주 I/50), S. 235ff.; Preller(주 VIII/2), S. 197f.

21) *Veröffentlichung des Reichsverbandes der Deutschen Industrie*(주 VIII/2), S. 17. 당시 "중앙노동공동체"에 대한 동의가 특히 그 정관의 임시적인 성격에 대한 유화적인 언급으로 정당화되었다는 것은(S. 23) 주목할 만하다.

22) 같은 책, S. 23. 이로써 계속 (오늘날까지) 격렬히 싸우는 경제적 사회적 공동결정권이 완전히 인정되었다는 것도 주목할 만하다. "… 피고용인은 경제적 문제의 협의에 참여한다. 앞으로도 마찬가지다"(Abraham Frowein, 같은 책).

특히 인플레이션과 배상규정 문제들을 적절하게 이용하려고 했다. 이 진영의 전술적 우위는 1923년의 루어 침공시에 사회정책 분야에서 표현되었다. 이때 산업계는 동원해제 규정의 거부를 "가부장제적" 관점에서 현재 유효한 노동시간법 제정의 변경시도와 연결시켰던 것이다.[23]

안정화 시기에 대중을 둘러싼 투쟁은 부르주아 소수파 정부들과 정당간의 정치적 논쟁으로 표면에 잘 드러나지 않았으나, 이제 정당에서 점차 대규모의 경제조직들로 넘어갔다. 이 투쟁은 겉으로만 여러 세력의 안정된 균형으로 귀결되었다.[24] 왜냐하면 이 시기는 대기업이 안정시키면서 권력을 확장한 시기이자, 연합철강(Vereinigte Stahlwerke)과 IG 파르벤(IG Farben)의 설립에서 표현되었듯이, 독점적 발전이 더욱 진전된 시기였다.[25] 또한 이 시기에 출판된 "제국연맹"의 실태보고서는 조세, 기업, 카르텔 등의 정책영역에서 더 많은 권력요구의 징후를 반영했으나, 그 색조와 형식은 화해적이고 온건했다.[26] 이것은 기업가들의 사회정책적 의무에 대한 비판에도 적용된다. 반면에 공동

---

23) 몇 가지 상세한 내용들: Stegerwald(주 III/128), S. 45. Preller(주 VIII/4), S. 199ff., S. 32; 히르쉬는 〔Hirsch, *Strukturwandlungen*(주 VIII/6), I,〕 S. 224에서 산업의 구조전환에 관한 자신의 고찰을 다음과 같은 결론으로 끝을 맺는다: "독일 산업은 실제적으로 내정이든 외정이든 독일정치를 지배한다. … 정치적 결정을 주로 노동자들에게 떠넘기려는 시도는 제국에서의 독특한 길에 부딪쳐 부분적으로 실패하였다 … ."

24) 당시 슘페터와 같이 기업가와 가까웠던 학자들의 낙관적인 진단을 참조: Joseph A. Schumpeter, "Der Unternehmer in der Volkswirtschaft von heute", *Strukturwandlungen*(주 VIII/6), I, S. 303ff., S. 324. 안정은 "제국연맹"의 발표에도 반영되어 있다. 뒤스베르크는 조르게의 후임자로서 공화국과 그 헌법에 대한 기업가들의 충성을 보장했다. *Veröffentlichung des Reichsverbandes der Deutschen Industrie*, Heft 28(Juli 1925), S. 10ff. 또 Heft 25(Mai 1925), S. 20(기업가-노동자의 협력).

25) 이 책의 S. 391ff.

26) "Deutsche Wirtschafts-und Finanzpolitik", *Veröffentlichungen des Reichsverbandes der Deutschen Industrie*, Heft 29(Dezember 1929).

결정 문제는 여기서 거의 언급되지 않았고, 경제민주주의 문제는 완전히 거부하는 의미에서 답변했다.[27)]

공황이 시작되면서 또 디플레이션 정책을 이용하여 새로운 파괴시도들이 이어졌다. 이들은 임금협정의 일반적 효력구속성 선언(*Allgemeinverbindlichkeitserklärung*) 및 강제법규성(*Unabdingbarkeit*)[28)]의 철폐, 특히 실업보험 성과급의 축소로 나아갔는데, 그 수준은 임금형성과 직접 관련되어 있었다. 그 배후에는 사회정책적 함축성을 훨씬 뛰어넘어 공화국 자체로 돌진할 때 중요한 역할을 하게 될 노동법이 정치적으로도 매우 중요하다는 점에 대한 인식이 자리하고 있었다.[29)] 이와 관련된 주요 대표자들의 발언은 은밀히 또는 공공연히 이미 이 방향으로 나아갔다. 그들은 "한편으로 사회적 필요성과 다른 한편으로 경제적 소여성(所與性) 사이의 필수불가결한 균형"이라는 표현을 논거로 제시하면서,[30)] "국가의 강제적인 임금정책", "사회보험의 과도한 확대", "복지원리(*Fürsorgeprinzip*)의 과도함" 등을 논박하였다.[31)] 이

---

27) 특히 주요 경제학자들과 저명한 학자들로부터 논박을 받은 논문집을 참조: *Das Problem der Wirtschaftsdemokratie. Zur Düsseldorfer Tagung des Reichsverbandes der Deutschen Industrie*, ed. by Deutsche Bergwerks-zeitung (Düsseldorf, 1929).

28) 〔역주〕 '일반적 효력구속성 선언'이란 특정 임금협정의 법규가 이제까지 실제로 임금협정의 영향권 내에 있었으나 임금협정의 적용을 받지 않았던 모든 고용주와 피고용인에 대해서도 강제적으로 적용된다고 선언하는 것을 의미한다. '강제법규성'이란 계약 당사자들 사이의 협정이 특정 법률규정을 벗어날 수 없다는 규정을 말한다.

29) Ernst Fraenkel, "Die politische Bedeutung des Arbeitsrechts", *Die Gesellschaft* 9, Heft 1 (Januar 1932), S. 36ff.

30) August P. E. v. Borsig auf der Mitgliederversammlung der Vereinigung der Arbeitgeberverbände 1928, *Soziale Praxis* 38, S. 400; 39, S. 64.

31) Preller (주 VIII/4), S. 200ff. 에 있는 증거들.

발전은 브뤼닝의 비상령 정치의 명백한 침해에 즈음하여 경제적 민주주의 개념을 신랄하게 비판하려던 우파 헌법학자들의 노력과 일치하는 방향으로 진전되었다.[32)]

물론 사회적 조건까지도 더 상세히 주목하는 더 정확한 관찰은 이러한 대립전선의 모습을 본질적으로 다양화시킬 것임에 틀림없다.[33)] 특히 여기서 고려되어야 할 기업가 집단으로 슈트레제만(Stresemann)이나 질버베르크(Silverberg)와 같은 이름으로 지칭될 수 있을 터인데, 이들은 본질적으로 수출, 화학, 전기, 완제품산업을 포괄했다. 우리는 얼마 전에 출간된 책으로 질버베르크의 인물상과 활동상을 좀더 잘 파악할 수 있게 되었다.[34)] 이 책은 다른 식으로는 접근이 불가능한 경제정책적 사건들의 배경, 권력관계, 경향 등에 주목하게 한다.[35)] 질버베르크는 온건한 자본주의 기업가층의 대표자로서 특히 1926년 드레스덴에서 열린 독일산업제국연맹 총회에서 혁명과 인플레이션 이후 경제정책과 그것이 정치 일반에 대한 개입에 영향을 미쳤던 여러 세력

---

32) 훗날 나치 헌법학자인 후버의 저작이 여기에 속한다. Ernst Rudolf Huber, *Das Deutsche Reich als Wirtschaftsstaat* (Recht und Staat in Geschichte und Gegenwart, Heft 85) (Tübingen, 1931). 이 책에는 파펜의 각인이 찍힌 권위주의 국가가 경제정책적인 측면과 함께 묘사되어 있다. 노동조합의 입장에 대해서는: *Wirtschaftsdemokratie* (주 VIII/10), 특히 S. 175ff. Schalldach (주 VIII/10), S. 90ff.; Cassau (주 VIII/5), S. 309ff. 도 참조.

33) Gablentz, Berufskunde (주 VII/4), 특히 S. 104ff.; Geiger, *Soziale Schichtungen* (주 VI/35) (중간계급에서의 변화에 특별히 주목 S. 109ff.); Cassau (주 VIII/5), S. 25ff., S. 340ff.; Sternberg (주 VIII/4), S. 353ff.

34) Paul Silverberg, *Reden und Schriften*, ed. by Franz Mariaux (Köln, 1951) (독일 기업가들의 상황, 상호그룹화, 연계에 대한 상세한 서문 포함). 인물 스케치: Reinitz (주 III/27), S. 174ff.

35) 티센(Thyssen)의 고백서: I paid Hitler (주 IV/56). 이 책은 노련한 인터뷰에 의해서 완전히 완벽하게 종합되지 못했고, 티센 스스로도 나중에 대부분 철회하였다. 이 책은 이러한 연관관계 속에서 실망스럽다.

의 균형을 위한 노력을 지지하였다. 독일 기업가들이 현존국가와 제국헌법의 토대 위에 서 있다는 그의 확고한 신념은 "노동자 없이는 통치될 수도 없다"는 고백을 포함하며, 타협에 기초한 노동조합과의 협력 지속을 지향했다.[36)]

이와 반대편에는 특히 중공업의 정치노선이 있었다. 1923년 이후 나치당을 후원했던 티센(Thyssen)은 랑남협회(Langnamverein)에서 중공업을 대표하여 질버베르크에게 화답했다. 티센은 여기서 노동자 이익을 경제적·정치적 대표와 결합시키는 것을 비판하였고, 사회정책적인 사안을 '노동자들의 영혼은 사회주의적이지도 교권주의적이지도 않고, 독일적'이라는 사회적 제국주의적인 구호로 대체하였다.[37)] 이와 동일한 노선에서는 1926년 2월 12일 "제국연맹"의 중앙위원회 회의가 서두에서 다음과 같이 매우 애매하게 언급한 부분이 있다. 즉, 모든 기업가들은 "우리가 전쟁 전에 갖고 있었던 것을 독일에서 다시 얻었으면" 하는 소망을 갖고 있으리라는 것이다.[38)]

1929년 9월 뒤셀도르프에서 개최한 "제국연맹" 총회에서 뒤스부르크 의장이 뮐러정부의 "사회주의적" 경향에 대하여 신랄한 공격을 퍼붓고,[39)] 이에 맞선 다수의 발표문에서 산업 기업가들의 "민족주의적"인 우선권 요구가 언급되었을 때 — 민주주의와 "국가사회주의"(*Staatssozialismus*)에 대한 신랄한 발언이 없지 않았으나 —, 산업의 주요 부분들이 "민족적 반대파"로 가는 길을 방해할 장애물은 최종적으로 제

---

36) 1926년 9월 4일 질버베르크의 연설: *Veröffentlichungen des Reichsverbandes der Deutschen Industrie*, Heft 32(Sept. 1926), S. 55ff. 질버베르크가 이로써 "제국연맹"의 봄 대회에서 행했던 공격적인 발언을 철회하고자 했다는 것은 의문의 여지가 없다.

37) *Soziale Praxis* 35, S. 1125.

38) Frowein, *Veröffentlichungen des Reichsverbandes der Deutschen Industrie*, Heft 30(April 1926), S. 6.

39) Duisberg am 20. September 1929, *Ibid.*, Heft 48(Oktober 1929), S. 5f.

거되었다.[40] 1930~1932년의 발언들은 이러한 공격적인 경향을 계속 유지했다. 그들은 보다 강력한 사회정책적 투쟁자세를 보여주었다.[41] 노동조합과 기업가의 동시 후원으로 출범했던 뮐러 내각의 어려움과 붕괴는 사소한 사회정책적 문제에서 경제정책적인 전선들끼리의 대립이 새로이 심화되었음을 보여주었다. 또한 그것은 전반적으로 이익집단들의 정치적 비중과 새로이 길을 열어 가는 권력이동 방향을 표현한 것이기도 했다. 첨예화된 투쟁자세는 이제 다른 중요한 문제들에 대한 대립적인 사고방식에도 작용하였다. 그 중에서도 가장 중요한 과제는 내정에서 '영 안'에 규정된 배상부담을 조정하고 점차 커져가던 재정난 문제를 해소하는 것이었다.[42]

동시에 세계경제 대공황의 시작은 농업의 이익정책을 더욱 강화시켰다. 그것의 분명한 표현은 농업 이익그룹들과 "녹색전선"의 결합이었다. 독일 농업평의회, 제국농업연맹, 독일농민 그리고 독일 기독교

---

40) 같은 곳에 있는 발표문들: Dr. Katte(I. G. Farben): "Die Aufgaben der Industrie im öffentlichen und kulturellen Leben der Nation"(S. 47); Dr. Werner Kehl(Deutsche Bank): "Die Bedeutung des internationalen Kapitalmarktes für Deutschland"(특히 S. 64); August Weber(DDP): "Unternehmertum und Kapitalismus"(특히 S. 65, S. 71f.).

41) Preller(주 VIII/4), S. 203f.; Hjalmar Schacht, *Grundsätze deutscher Wirtschaftspolitik*(Oldenburg, 1932), S. 10. 그는 1930년 이후 "반체제"투쟁에서 중요한 위치에 있었다. 여기에 관해서는 Edward N. Peterson, Hjalmar Schacht, *For and against Hitler. A political economic Study of Germany 1923~1945*(Boston, 1954). 이와 관련하여 고용주 단체 측에서 나치의 권력장악과 산업 사이의 관계를 하찮은 일로 다루려는 최근의 시도들이 언급될 필요가 있다. Dr. O 〔아마도 Osthold〕, "Hitler und die Unternehmer", *Der Arbeitgeber* 23(Dezember 1951), S. 5ff.

42) 이 책의 제 2권 S. 17ff. 또한 Preller(주 VIII/4), S. 392; Helga Timm, *Die deutsche Sozialpolitik und der Bruch der Großen Koalition im März 1930*(Beiträge zur Geschichte des Parlamentarismus und der politischen Parteien 1)(Düsseldorf, 1953).

농민단체연합은 1929년 3월에 최고위 조직을 결성하였다. 이 조직은 의회 내외의 수단으로,[43] 또 산업과 상업 그리고 노동조합에 대항하는 두 전선전쟁에서 전통적인 보호관세 요구를 위하여 투쟁하였으며, 브뤼닝 정부의 형성과 운명에 엄청나게 중요해질 것이라고 주장했다. "녹색전선"은 브뤼닝의 초빙과 실각에, 이어 슐라이허의 옹립과 실각에 엄청나게 중요한 의미가 있는 사실상 "통일적인 추진력"[44]을 발전시켰다. 이 조직은 때로는 그 저명인사들의 의지 없이, 때로는 의도적으로 바이마르공화국의 해체를 조장했다.

이로써 경제정책과 사회정책에서 적대적인 입장은 주요 특징을 중심으로 개관되었다. 설득력 있는 총체적 서술은 아직 없다.[45] 브뤼닝 정부가 맞서야 했던 어려움의 정도는 점점 명확해진다. 공격적 급진운동들이 바이마르공화국으로 돌진하는데, 다가오는 나치 지배질서가 자신의 권력목표라는 의미에서 경제정책적 사회정책적인 잠재력을 종속시키고 도구화시키는 데 동시에 제공되었을 사회적 · 심리적인 요인의 투입가능성들도 암시되었다.[46]

---

43) Reichardt(주 VI/68), S. 118: "투쟁은 농민계층에게 전반적으로 불리한 세력배분이 당시〔1928/1929〕 입법에 중요한 의회, 제국의회 그리고 제국정부에서 있었다는 사실로 특히 어려웠다." 이어 완전히 공개적으로 "녹색전선"의 창설과 — 브뤼닝 시기에 너무도 중요한 의미를 갖는 — 활동을 선언하였다(S. 119ff.).

44) 어느 정도는 순박한 자부심으로 같은 책, S. 19. 이 책의 제 2권, S. 22도 참조.

45) 카사우의 시도(Cassau, 주 VIII/5, S. 124ff., 340ff.)는 1925년까지만 이루어졌다. 프렐러(주 VIII/4)와 팀(주 VIII/41)의 상세한 분석은 사회적 논증을 포기한 반면에, 가블렌츠(Gablentz, Berufskunde, 주 VII/4)는 신분적, 직업적으로 구성된 유형화에서 출발한다. Geiger, *Soziale Schichtung*(주 VI/35)은 귀중한 용어상의 설명을 제공한다. 그는 특히 계층개념과 특히 중간계급의 등장상(*Erscheinungsbild*)을 연구해 낸다.

46) 나치시기로의 이행과 뒤이은 등급화 과정에서 산업권력의 조직화에 관해서는 Brady, *Business*(주 VIII/1), S. 22ff. (문헌 포함); Neumann, *Behemoth*

2. 세계경제 대공황의 시작

경제영역에서 이익정책을 둘러싼 대립과 권력갈등을 균형감 있게 평가하는 것은 공황발발 당시의 경제정책적 상황에 대한 이해를 필요로 한다. 왜냐하면 1929, 1930년의 세계경제 대공황은 경제구조가 취약한 지점들을 강타했고, 예전에는 각 그룹들간의 대립을 심화시켰으나, 그것을 최전방의 정치적 공간으로까지 확산시킴으로써 다시금 이미 직면한 정부의 어려움을 가중시킨 경제정책을 전제로 했기 때문이다.[47]

거대해진 독일산업의 생산능력은 1920년대 말에 현저한 효과를 나타내기 시작했다. 인플레이션 이후 경제의 재편은 강력한 합리화를 지향하였는데, 그 이중적 성격에 대해서는 이미 당시에도 견해가 일치되었다.[48] 이러한 합리화는 이전에 시작된 독일의 특수한 위기,[49] 즉

(주 I/50), S. 235ff. ; Hermann Levy, *Industrial Germany. A Study of its Monopoly Organisations and their Control by the State* (Cambridge, 1935) ; Horst Wagenführ, *Kartelle in Deutschland* (Nürnberg, 1931) 등을 참조. 또 Robert A. Brady의 다음 연구들도 참조: *Spirit and Structure of German Fascism* (New York, 1937), 특히 S. 296ff. ; "Policies of National Manufacturing Spitzenverbände", *Political Science Quarterly* 56 (1941), S. 199ff., 379ff.

47) Friedenberg (주 I/41), S. 201ff.에 있는 일반적 서술을 참조. 현재는 Andreas Predöhl, "Die Epochennedrutung der Weltwirtschaftskrise von 1929 bis 1931", *Vierteljahrshefte für Zeitgeschichte* 1 (1953), S. 97ff.와 개관으로서 Werner Gebauer, "Wirtschaftspolitische Probleme der Weimarer Republik in neueren Darstellungen", *Jahrbuch für Sozialwissenschaft* 2 (1951), S. 223ff.

48) 긍정적 영향에 관해서는 예컨대 August Sartorius v. Waltershausen, *Die Umgestaltung der zwischenstaatlichen Wirtschaft. Ein geschichtlicher Überblick 1914-1932* (Jena, 1935), S. 107 (기업가에 가까운 일부 국민경제학자들 포함). 부정적 영향들을 매우 강조한 것들: Carl Steuermann,

자본주의의 가장 약한 고리로서의 독일 경제라는 견해에 논거를 제공하기도 했는데,[50] 본질적으로 미국 차관(借款)의 도움으로 실행된 것

Weltkrise-Weltwende. Kurs auf Staatskapitalismus (Berlin, 1931), S. 78; Stechert (주 VIII/10), S. 286f. 외국의 많은 관찰자들(예: Scheele, 주 IV/59)과 사민당 및 노동조합에 가까이 있는 저자들은 세계경제 대공황, 판매난, 실업에 대한 책임을 합리화에 돌렸다. 그러나 이와는 반대로 다음의 것들을 참조: Neumann, *Behemoth* (주 I/50), S. 15f.; Brady, *Rationalization Movement* (주 VIII/10), S. 336ff.; Schalldach (주 VIII/10), 특히 S. 20ff., 그리고 각 주장들의 정리: Emil Lederer, *Technischer Fortschritt und Arbeitslosigkeit* (Tübingen, 1931), S. 6ff.; 같은 이, *Wirkungen des Lohnabbaus* (Tübingen, 1931), S. 11ff. 그에 따르면 특히 노동조합의 강력한 개혁주의적 분파가 집중운동과 합리화 운동에 완전히 부정적으로 대응하지는 않았다고 할 수 있다. 전쟁 이전 독일산업의 지위에 관해서는 Franz Eulenburg, "Die deutsche Industrie auf dem Weltmarkt", *Strukturwandlungen* (주 VIII/6), I, S. 389ff.; Edgar Salin, "Standortsverschiebungen der deutschen Wirtschaft", 같은 곳, S. 83ff.; Julius Hirsch, "Wandlungen im Aufbau der deutschen Industrie", 같은 곳, S. 202ff. 더 많은 문헌: *The Wiener Liberary* (주 II/102), S. 35ff.

49) 이러한 의미에서는 특히 Friedrich Wilhelm Bitter/ Arnold Zelle, *Die Krankheit Europas. Handbuch für die deutsche Freiheitspolitik* (Freiburg I. Br., 1932), S. 42(샤흐트는 이것을 논거로 삼고 있다). 유사하게는 Max Sering, *Die Weltkrise und die Neuordnung Europas* (Berlin, 1932), S. 32. 그는 영미권의 위기를 경제주기의 탓으로 돌린 반면, 대륙의 위기를 순수한 정치의 탓으로 돌렸다. 그 도식은 매우 간단하다: 프랑스의 경우에는 군비 지출이, 독일의 경우에는 전쟁배상금과 기타 정치적 부담들이 너무 무거웠다. 샤흐트도 유사한 입장을 취한다. Schacht, *Grundsätze* (주 VIII/40), S. 11, S. 15. 그가 보기에 독일의 특수한 위기는 전쟁, 인플레이션 그리고 "마르크스주의"가 독일 경제로부터 그 저수지를 빼앗았다는 사실에 의해서 규정된다. 후일 "민족적 반대파"의 논조는 전반적으로 이러한 일반화 속에서 움직였다. 이와는 반대로 노동조합 측으로부터는 베르사유와 배상이 아니라 독일 경제의 내적 구조가 경제적 딜레마의 주요 원인으로 간주되었다. 지도적인 노동조합 인사의 발언: Schalldach (주 VIII/10), S. 22f.

50) Sternberg (주 VIII/14), S. 302ff.

이었다. 그러나 제 1차 세계대전 중에 그리고 그 후에 미국의 경제적 발전에 필요한 자본을 조달하기 위해서 만들어진 연방준비제도이사회(Federal Reserve Board)는 곧 미국의 신용수요를 충족시키기에 더 이상 충분하지 못했다. 그래서 하필이면 기초가 튼튼한 잉글랜드 은행의 할인율 인상조치로 야기된 유럽에서 미국으로 신용공급 중단은 산업의 팽창과 더불어 미국경제의 전반적인 번영에 타격을 주었다.[51] 뒤이은 신용위기는 1924년에서 1929년 사이에 시작된 국제적 신용결합의 청산으로 — 최종적인 붕괴에 이르기까지 — 파악될 수 있으나,[52] 곧 판매위기(*Absatzkrise*)로 전환되었다. 판매위기는 생산위기에서도 작용하였다. 원료시장과 농업의 위기가 이어졌다. 불황은 많은 빚을 지고 있던 유럽의 한 가지 이상의 관계에서 출발하였으나,[53] 이제 역으로 그

51) Waltershausen(주 VIII/47), S. 216, S. 236ff.; David Lloyd George, *Die Wahrheit über Reparationen und Kriegsschulden*(Berlin, 1932), S. 175f. 을 참조. 이러한 관계 속에서의 경기순환 주기이론에 관해서는 Ernst Wagemann, *Struktur und Rhythmus der Weltwirtschaft*(Berlin, 1931), S. 3ff. (체계적), S. 298ff.

52) 가장 훌륭한 종합적 서술: Rudolf Stücken, *Deutsche Geld-und Kreditpolitik 1914~1953*(Tübingen, 1953), S. 47ff. *Wirtschaft und Statistik, Sonderheft 1933*도 참조. 여기에도 역시 부분결산을 포함한 수적인 결산. 1931년까지 외국에서 도입한 자본의 수준과 신용결합의 청산에 관해서는 다양한 추정들을 참조: Bank für Internationalen Zahlungsausgleich. Das dem beratenden Sonderausschuß aus amtlichen deutschen Quellen zur Verfügung gestellte Material, Basel, Dezember 1931, S. 5. 미국 측으로부터는: Cleona Lewis, *America's Stake in International Investments*(Washington, 1938), S. 376ff., S. 449, S. 557ff. 채무문제에 관해서는 Waltershausen(주 VIII/47), S. 170의 정리. Sering, *Weltkrise*(주 VIII/48), S. 7ff. 그는 농업의 상태를 고찰하였으나, 민족주의적 논조와 악센트가 약간 가미되어 있다. 벨터는 특히 안정화 이후 자본문제를 원칙적인 측면에서 다룬다. Erich Welter, *Die Ursachen des Kapitalmanngels in Deutschland*(Tübingen, 1931), 특히 S. 140ff.

53) 이것은 당시 미국 대통령 회고록의 기본테제이다. *The Memoirs of Herbert*

곳에 가장 강력하게 영향을 미쳤으며, 전반적인 자금의 회수사태가 벌어졌다.[54] 본래 이 자금은 단기 대부금으로 주어졌으나, 장기적으로 투자된 자금이었다.[55] 특히 대부분 외국자본에 의존하던 독일 경제는 그로부터 엄청난 타격을 받았다. 정치적 사건들과 경제적 사건들의 상호 중첩은 1930년 9월에 나치 득표수의 급증이 국제화폐시장에 공황을 야기하였다는 사실과 프랑스 외무부장관 브리앙(Briand)이 제네바의 경제협상을 즉각 중단시켰다는 사실에서 잘 드러났다.[56]

말하자면 딜레마는 극히 다양한 측면들과 영향을 보여주었다. 세계경제적 함축성을 지닌 대부정책의 문제점들과 더불어 한편에서의 생산성의 증가, 시장의 포화, 그리고 상품의 과잉공급,[57] 다른 한편에서의 무더기 해고, 전반적인 임금삭감, 구매력과 상품판매의 감소[58] 사

Hoover. The Great Depression, 1929~1941 (London, 1953), S. 2ff.

54) 미국 은행들의 책임 테제는 특히 1933년 이후 확장되었다. 예컨대 Philipp Hövel, *Grundfragen deutscher Wirtschaftspolitik* (Berlin, 1935), S. 16.

55) Bericht an die BIZ (주 VIII/51), S. 70ff. 에 있는 자료. J. Landmann, "Kurzfristige Auslandsverschuldung-ein Problem der inneren Kapitalpolitik", *Archiv für Sozialwissenschaft und Sozialpolitik* 64 (1930), S. 5 ff.; Franz Gutmann, "Auslandskredite und Auslandsverschuldung", *Wirtschaftsprobleme der Gegenwart* 8 (Berlin, 1930), S. 1ff. (문헌 포함). 이 상황이 물적 신용으로(*Osthilfe*) 몰아갔던 농업에 관해서는 Max Sering, *Deutsche Agrarpolitik auf geschichtlicher und landeskundlicher Grundlage* (Leipzig, 1934), S. 109ff. 를 참조.

56) Julius Curtius, *Sechs Jahre Minister der deutschen Republik* (Heidelberg, 1948), S. 170 및 이 책 제 2권, S. 152 참조.

57) 경기연구소의 계산에 의하면 (Wochenbericht 6, Heft 14) 1925년에서 1932년 사이에 독일 경제에서는 시간당 생산성이 평균 약 42% 증가했다. 그 원인은 기술적 조직적인 단순화 이외에 수익이 더 많이 나는 기업들과 가장 생산적인 노동력으로의 이동에 있었다. 여기에 관해서는 *Geschäftsberichte der Reichskreditgesellschaft AG für das zweite Halbjahr 1933*, S. 28; Hövel (주 VIII/53), S. 19 참조.

58) 합리화 운동의 상은 개별적으로 다변화시킬 수 있을 것이다. 그것은 여러

이에는 합리화로 야기된 긴장이 있었다. 위기는 당시 좌우의 관찰자들이 자본주의 경제체제 전반에 내재한 거의 치유 불가능한 구조적 모순으로 해석할 수 있다고 생각했던 것의 표현이었다. 이 극히 다양한 "반자본주의자들"의 논점은 그 출발점이 유사했다. 사회주의적 해석에 의하면 자본주의는 생산문제와 판매문제를 해결하고, 상품판매 역시 성공적이고 합리적인 상품생산과 적절한 관계 속에 위치시켜야 한다는 가장 중요한 경제적 과제를 충족시킬 수 없게 될 것이었다.[59] 이렇게 자본주의의 "만개"(*Altweibersommer*)를 마감하는 경제공황은 일종의 정치적 위기로 파악될 수 있다. 그리고 다른 측에서 가한 유사하게 급진적인 비판은 심리적 정치적 상황 전반에 대한 광범위한 결과를 이끌어냈다. 특히 보수적 민족주의적인 "타트크라이스"(*Tatkreis*)[60]는 경제적 악순환이 사회적 정치일반의 구조를 뒤흔드는 듯한 순간에 자본주의에

영역에서 매우 상이한 속도를 보여주며, 파산이나 합병을 통하여 비조직적으로 확대된 콘체른에, 그리고 점차 피고용인의 해고에 영향을 미쳤다. 여기에 관해서는 특히 Max Sering, *Deutsschland unter dem Dawes-Plan* (1928), S. 149; Schalldach(주 VIII/10), S. 10ff. 대규모 주식회사들의 합리화 및 베를린 주식시장에서의 주가에 대한 자료들은 예컨대 1926년에 대해서 *Halbjahrsberichte der Reichskreditgesellschaft AG, 1. Halbjahr 1927*, S. 34ff. 에(경영보고서와 총회로부터 종합된 것) 언급되어 있다. 이 문제 일반에 관해서는 Oskar Weigert, "Die Organisation des Arbeitsmarkts", *Strukturwandlungen*(주 VIII/6), S. 490f. 농업에 대한 역영향에 관해서는 Fritz Beckmann, "Landwirtschaftliche Absatzfragen", 같은 곳, S. 149ff.; Hans Schlange-Schöningen, *Acker und Arbeit*(Oldenburg, 1932), S. 45, S. 58.

59) Sternberg(주 VIII/14), S. 323; Steuermann(주 VIII/47), S. 62ff.; Moritz J. Bonn, *Das Schicksal des deutschen Kapitalismus*(Berlin, 1930), passim, 특히 S. 52(특수한 독일적 "권위주의적 자본주의").

60) 〔역주〕 "타트크라이스"(*Tatkreis*): 본래 'Tat'라는 잡지 혹은 단체 주변에 있는 사람들을 지칭. '실행단' 혹은 '행동하는 사람들' 정도로 옮길 수 있으나 'Tat'이라는 단어를 살리기 위해서 번역하지 않았다.

대한 가차없는 캠페인을 펼쳤다. "이 체제는 잘못된 방향으로 빠져들었다." 이것은 그의 결론이었다.[61] 인간들, 집단들, 이데올로기들은 이러한 지배적인 분위기에 정치적으로 반응하였다. 그들은 지금까지의 구조와 권력배분 구조를 깨뜨리는 듯한 방향으로 움직이기 시작했다. 또한 사람들은 나중에도 나치시대로부터 경제위기를 순전히 정치의 탓으로 돌리면서, 이 위기가 일상적인 경제주기 변동처럼 경제 자체의 자율성에 의해서가 아니라 오직 "정치적 조치들"을 통해서만 극복될 수 있었다고 강조했다.[62]

"대공황"의 세부적인 내용을 다룬 연구는 아직 유보되어야만 한다.[63] 우리는 경제주기의 발전을 고찰함으로써 세계경제 대공황의 경제적 변화와 과정에 관한 외적인 상을 얻을 수 있다.[64] 경기변동의 리

61) 예컨대 Ferdinand Fried, "Zusammenbruch der Weltwirtschaft", *Die Tat* 22, Heft 8 (November 1930), S. 591. "타트크라이스"에 관해서는 Hans Paul Brunzel, *Die "Tat" 1918-1933. Ein publizistischer Angriff auf die Verfassung von Weimar innerhalb der "konservativen Revolution"* (Diss. Bonn, 1952, 미출간), S. 56ff.

62) Hövel (주 VIII/53), S. 4ff., S. 20. 여기서는 물론 나치적 테제의 의미에서 오직 "배상"만이 "정치적 원인"으로 지칭된다. 이 견해에 따르면 그들로부터 뒤이은 경제적 정치적인 모든 결과들이 생겨난다.

63) 특히 뮐리히 (Ludwig Mühlich) 의 미간행 박사논문 *Die Reichsfinanypolitik in der Weltwirtschaftskrise 1929～1932* (Tübingen, 1950) 이 언급될 수 있겠다. 또 Stücken (주 VIII/51), S. 77ff. 와 Wilhelm Grotkopp, *Die große Krise, Lehren aus der Überwingung der Wirtschaftskrise, 1929～1932* (Düsseldorf, 1954), S. 1ff. 도 언급될 수 있다.

64) 경기동향의 경과에 대해서는 아래의 보론 S. 398ff. 를 참조. 구체적인 수치자료들은 Berichte des Instituts für Konjunkturforschung에 있다. 이와 관련된 진단들은 극히 의심스럽다. 또 Halbjahresberichte der Reichskreditanstalt AG를 참조(지속적인 경기분석포함); Waltershausen (주 VIII/47), S. 221ff., 특히 S. 239ff. (경기발전의 세계경제적인 측면과 그것이 실업과 갖는 연관성); 가장 상세한 당시대의 경기이론으로서 Wagemann (주 VIII/50), passim, 특히 S. 318ff. (세계경제 대공황의 경기적 구조적인

들은 경제적 영역에 대한 분석에서 명확해진다. 운동의 동일성은 생산규모, 환율, 시세발전에서 나타난다. 동일한 사실은 화폐시장, 자본시장, 노동시장의 상태에 대해서도 적용되는데, 이 상태는 사회적 지출과 생활수준의 발전에 따라 사회정책과 특히 실업자 문제를 결정했다.[65] 게다가 독일의 재정정책은 이러한 상황에 직면하여 점점 많이 보조를 해야 했는데, 이는 다시금 경제에 부정적으로 영향을 미쳤다. 이 재정정책은 지나치게 복잡하고 비합리적인 조세 및 행정체계로 방해를 받았다. 독일의 경제적 수치에 대한 전체적인 개관은 이 부분적 분석을 모든 방향에서 확인해줄 것이며, 특히 사회적 역작용을 언급하게 될 것이다. 여기서 물론 그 근거는 계속 소급해서 설명될 것인데, 적어도 제1차 세계대전의 종식과 더불어 시작될 것이며, 위기를 특징짓는 경기적 계기와 구조적 계기의 일치를 보여줄 것이다.[66] 전쟁의 유산, 영토상의 변화, 자금의 조달문제라기보다는 오히려 환송금의 문제라는[67] 사실적인 측면보다는 심리적인 측면이 더 중요했던[68] 배

원인들).

65) Welter(주 VIII/51), S. 155ff. (부문별 자본수요, 노동시장, 경제정책과의 관계); Stücken(주 VIII/51), S. 82ff.

66) 공황 전야에 출간된 하름스(Harms, *Strukturwandlungen*, 주 VIII/6)의 논문집은 전쟁 이전의 시기 이후 변화의 구조적 계기들을 다룬다(모든 진영으로부터 나온 이론가들과 실무자들의 논문들). 하름스 자신이 보기에(S. 3ff.) 구조변동은 본질적으로 한편으로는 농업 및 산업생산력의 손실 및 관계변동을 포함한 영역양도로 인하여, 다른 한편으로는 재정정책의 변화로 인하여 발생했다. 또한 자본위기에 관한 기본적인 연구: Welter(주 VIII/51), S. 146ff. 그는 특히 인플레이션에서의 채무면제를 통한 자본의 잘못된 운용을 비판하였다.

67) 여기에 관해서는 *Das Reparationsproblem, Verhandlungen und Gutachten der Konferenzen von Pyrmont und Berlin*, hrsg. von Edgar Salin, 2 vols. (Berlin, 1929); Richard Castillon, *Les Réparations Allemandes, Deux Expériences 1919-1932, 1945-1952* (Paris, 1953), S. 47ff.; Hans Ronde, *Von Versailles bis Lausanne. Der Verlauf der Reparations-verhandlungen*

상문제, 인플레이션의 군살빼기 이후 농업 부채문제, 판매위기의 고조를 막기 위한 강력한 보호관세와 국가보조의 촉구,[69] 이 모든 문제는 자본회수와 가격폭락이 생산을 결정적으로 감소시킨 시점에, 정치적인 회의와 높은 과세에 대한 반작용으로 독일에서 자본이 빠져나가기 시작한 시점에, 그리고 합리화가 마침내 실업의 극적인 증가에 영향을 미치고 관료층에까지 확산되었던 시점에 극도의 어려움과 마주치게 되었다.[70] 생산위기의 해결책으로서 수출의 증대는 특히 수입을

---

nach dem Ersten Weltkrieg (Stuttgart, 1950) ; George (주 VIII/50). 또 격렬한 공격: Hjalmar Schacht, *Das Ende der Reparationen* (Oldenburg, 1931), S. 192ff. 참고문헌: The Wiener Liberary (주 II/104), S. 19ff.

68) 예컨대 George (주 VIII/50), S. 187f. 의 언급과 *The Wiener Liberary* (주 II/104), S. 14f. 에 있는 수정주의적 문헌들 참조.

69) 이에 관해서는 이미 1929년에 Fritz Beckmann, "Landwirtschaftliche Kreditfragen", *Strukturwandlungen* (주 VIII/6), S. 160ff. ; Sering, *Agrarpolitik* (주 VIII/54), S. 113ff. ; Konstantin v. Dietze, *Die gegenw'ärtige "Agrarkrise"* (Berlin, 1930), S. 31ff. (저자는 배상의 일차적 중요성이라는 자신의 견해 맞게 내생적 농업위기보다는 외생적 농업위기라는 테제를 제시했다). 이와는 반대로 Welter (주 VIII/51), S. 169ff., 200ff. (농업에서 개인과 국가의 잘못된 자본운용에 관한 정보: 새로운 생산설비 대신 적자기업의 후원). 동부지역 지원(*Osthilfe*) 논쟁으로 농업문제는 정점에 도달했다. 여기에 관해서는 Fritz Beckmann, *Die Kreditwirt- schaft*, vol. 1 (Leipzig, 1927), S. 175; W. M. Frhr. v. Bissing, *Der Realkredit der deutschen Landwirtschaft* (Berlin, 1930), S. 189; Hermann Dietrich, *Ein Jahr Agrarpoltik* (Berlin, 1929), S. 4; Schlange- Schöningen (주 VIII/57), S. 27. 점차 커지는 가격차, 즉 농산물 가격의 따라잡기의 영향에 관해서는 Waltershausen (주 VIII/47), S. 109f. (수치 비교 포함). 농업협동자 조합의 필요한 합리화는 재정정책의 또 다른 부담이 되었다. 여기에 관해서는 Sering, *Agrarpolitik* (주 VIII/54), S. 99ff. (산업의 합리화가 산업생산물에 대한 식량의 기초로서뿐만 아니라 판매지역으로 기능했던 농업에 끼친 영향). Sering, *Deutschland unter dem Dawes-Plan* (주 VIII/57), S. 164ff. 합리화 문제와 관련하여 노동조합이 농업노동자들에게 끼친 영향 Schalldach (주 VIII/10), S. 154ff.

방해하는 외국의 여러 조치들에 의해서 차단되었고,[71] 또 이미 세계시장에서 독일 생산물의 판매능력을 방해한 불리한 비용상태(*Kostenlage*)에 부딪쳐 실패해야만 했다.[72]

그러나 고찰을 이처럼 외적인 그리고 동시에 경제기술적인 관점에 입각해서 설명하는 것은 결코 충분하지 못하다. 그러한 고찰은 세련된 형식으로도 이미 많이 이용되었던 옛 테제, 즉 전쟁의 결과, 외국의 "악의적인" 혹은 "무책임하고 경거망동한 이기주의", 독일정부의 충실한 전쟁배상금 이행정책 등으로 인한 독일 경제의 절망적 봉쇄라는 기존 테제의 재수용으로 나아가게 할 것이다.[73] 또한 파탄의 세계경제적 측면에 대한 숙명론적 언급은, 그것이 단순히 너무 쉽게 나치의 표어로 휘말려 들어간 잘못된 배상정책이라는 주장으로 작업을 하든 혹은 "최종단계에 이른 자본주의의 구조적 결함"이라는 도그마적이고 과도한 테제로 작업을 하든, 고찰을 발전의 변경불가능성이라는 슬로건에서 끝나게 할 수 있다. 좌우에서 나온 수많은 문헌들이 그 논거를 설명하는 "자본주의의 종말"이라는 구호는[74] 일련의 분석들의 전제이

---

70) Wilhelm Kalveram, "Rationalisierung der kaufmännischen Betriebsorganisation", *Strukturwandlungen*(주 VIII/6), S. 279f. (사회적 결과).

71) Bericht an die BIZ(주 VIII/51), S. 19ff., S. 41ff. 에 있는 자료 참조; Waltershausen(주 VIII/47), S. 307. 이 책의 S. 370 참조.

72) Der deutsche Außenpolitik unter Einwirkung volkswirtschaftlicher Strukturwandlungen(Veröffentlichungen des deutschen Enquête-Ausschusses, bearbeitet und hrsg. vom Institut für Weltwirtschaft und Seeverkehr an der Universität Kiel 20, 1932).

73) 이른바 "배상 이행정책"의 모든 비판자들, 예컨대 샤흐트는 자신의 저작 *Abrechnung mit Hitler*(Hamburg, 1948), S. 43과 당시대의 논쟁적 저작 *Grundsätze*(주 VIII/40); *Das Ende*(주 VIII/66); *Nicht reden-handeln! Rede vor der Bremer Handelskammer, 3. Dezember 1930* 등에서 비슷한 견해를 제시.

74) 타트크라이스의 불길한 예언들이 가장 크게 들린다. 동일한 이름의 책을 모

자 결과로 되었다. 즉, 이 분석들은 그 선험적 출발점 때문에 하나의 해석을 포기하고 위기의 외적 현상형식들을 순전히 묘사적으로만 설명하는 것보다는 이성적이지 못하다. 만약 우리가 외적 정황의 확인을 넘어서고자 한다면, 그 틀이 계속 긴장되어 있어야 한다. 이것은 경제공황의 과정과 결과가 정치적·학문적인 전체 분석의 범위 내에서 파악되고 해석되어야 함을 의미한다. 사실의 나열은 권력구조, 그 조직형식들 그리고 특히 그것의 정치적으로 중요한 경향 등의 연구로 거슬러 올라간다. 경제적 과정에 대한 평가는 모든 정치적 분야들의 밀접한 관계에서 눈을 떼서는 안 된다.

3. 경제발전의 구조적 문제점들

대공황 이전 독일 경제정책의 발전은 일반적 측면과 특수한 측면을 지닌다. 만약 여기서 — 여느 때와 마찬가지로 — 주기적·구조적인 연관관계를 구별하여 그 상호관계 속에서 발전의 원동력(*agens*)을 알고자 한다면, 이 구별을 내용적으로 더 예리하게 규정하여 그 경제적·기술적인 비중뿐만 아니라 그 사회적·정치적인 비중에 따라서도 측정해 보는 것이 유용할 것이다. 독일 경제는 정치적 구조와 밀접히 결합되어 있어서, 정치적 권력형성과정에 결정적으로 중요했다. 그리고 독일 경제의 구조적 짜임새는 본질적으로 점차 공적·사적인 모든 생활영역에 영향을 미친 경제적 집중과정에 의해서 형성되었다. 전쟁 이후와 인플레이션 시기의 독일에서 중간계급의 경제적 몰락 그리고 이로부터 파생된 광범위한 부르주아층의 정치적 불안정은 실제로 그것과

을 때까지, 페르디난트 프리트(Ferdinand Fried)는 호른을 힘껏 분다. 다른 측에 대해서는 Sternberg(주 VIII/14); Steuermann(주 VIII/47) 등.

매우 밀접한 관계에 있었다. 모든 경제구조의 고찰이 정치적 발전을 보다 더 일반적으로 이해하는 데 유용하다면, 그것은 경제기술적인 확정을 넘어서 특히 저 집중과정의 조직적 기초와 결과들에 시선을 돌리게 될 것이다. 연합철강, 오버슐레지엔 제련소, IG 파르벤 등 유사한 등급의 수많은 결합들과 더불어 바이마르공화국은 지금까지 유례가 없는 규모와 평가하기 어려운 정치적 비중을 갖는 경제적 권력구조에 직면해 있었다.[75] 물론 근본적이고 신뢰할 만한 예비작업이 없어서 중요한 현상들을 종합적으로 스케치하기가 어렵다.[76]

경제발전과 그것의 정치적 영향이 의존했던 경제주기적 조건들의 그림은 더 분명하게 그려진다. 물론 여기서도 일반적이고 세계경제적인 연관관계들 및 결정론적으로 받아들어진 생산수치, 가격수치, 판매수치, 수출수치, 수입수치 등으로부터, 그리고 내적인, 다시금 조직적-정치적으로 규정된 원인 및 동기의 연쇄로부터 (다른 곳으로) 시선을 돌리는 그 순간에 어려움은 시작된다. 이러한 상황 아래서 이 글에서 경제와 정치를 연결시키는 구조적·주기적인 중간현상들에 더 강

---

75) 카르텔과 콘체른의 정의에 관한 문헌은 Rolf Wagenführ, *Konjunktur und Kartelle*(Berlin, 1932), S. 4 참조. 바이마르공화국에서 카르텔 발전은 특히 Arnold Wolfers, "Das Kartellproblem im Licht der deutschen Kartelliteratur", *Schriften des Vereins für Sozialpolitik*, vol. CLXXX(Das Kartellproblem, Teil II), hrsg. von Emil Lederer(München/ Leipzig, 1931), S. 128ff. 독일 최대의 산업지역에서 각인된 집중운동은 Wilhelm Helmich, *Das Ruhrgebiet. Wirtschaft und Verflechtung*(= Veröffentlichungen des Provinzialinstituts für Westfälische Landes und Volkskunde, Reihe I, Heft 3(= *Schriften der volks-und betriebswirtschaftlichen Vereinigung im Rheinisch-Westfälischen Industriegebiet*, *Hauptreihe*, Heft 4) (Münster I. W., 1949), 특히 S. 209ff. (1937년까지의 발전).

76) 종합: Gurland, "Technological Trends"(주 VI/64), S. 227ff. (문헌목록 포함). Brady, *Business*(주 VIII/1), S. 25ff.; Calvin B. Hoover, *Germany enters the Third Reich*(New York, 1933), S. 3ff.

한 시선을 보내기 위해서는 전통적인 구분범주를 경시할 필요가 있을 듯하다. 이러한 제한을 덧붙일 경우에만 1930년 세계경제 대공황의 전사(前史)도 원용될 것이다.

바이마르공화국의 경제구조는 세계대전이 빌헬름 시대의 자본주의에 부과한 수많은 강제와 자극으로부터 결정적으로 영향을 받았다. 먼저 전쟁 직후의 어려운 상황과 중차대한 대외정책적 조건들은 전시경제적 변질을 효과적으로 규제하는 데 방해가 되었고, 또 혁명적 극단주의의 퇴치는 자본주의적 국가경제의 관료제적 확장 혹은 사회주의적 전환을 동시에 가로막았다. 신생공화국의 존재와 구조에 기반을 제공했던 타협체제는 사회 및 경제정책적 발전에 극히 애매한 기반을 제공했다. 특히 루어투쟁(*Ruhrkampf*)과 인플레이션은 경제적 권력형성의 건전한 조정에 대해서도, 노동조합과 경제적 권력자들 사이의 안정된 세력균형에 대해서도, 정치적 민주주의를 떠받치는 경제민주주의에 대해서도 말할 수 없다는 것을 가장 극명하게 보여주었다. 제국경제평의회는 경제신분제적 대립을 조정하기 위한 민주적 기관으로서 의회민주주의의 기반을 경제영역으로까지 확대하기 위해 설치된 것이었다. 그러나 이익단체와 그 구체적인 권력대표자들은 정치적으로 중요한 모든 문제와 결정에서 제국경제평의회의 권위를 능숙하게 따돌렸고, 결국 그 권위는 순전히 형식적이고 정치적으로는 아무 의미도 없는 사안들에 제한되었다. 경제적 권력구조는 — 정당에 대한 엄청난 영향력 행사와 정치적·경제적인 인적 연합체제를 통해서뿐만 아니라, 관료의 영향력 아래 있던 각종 정부 위원회들의 복잡한 연결과 — "전문가 이데올로기"로 위장된 — 경제정책의 협상과 결정에 직접적인 영향력 행사를 통해서도 — 말하자면 민주적으로 은폐된 그리고 관료적·"전문가적으로" 정당화된 직접적인 이니셔티브를 통하여 정치적 공간에서 찾아내어 영향력을 행사할 수 있었던 민주적 기구들에 의한 최소한의 통제도 빼앗았다. 정치에서 이익정치로, 그리고 이익정책에서 정치로의 이 지속적인 변화는 집중과정, 즉 독점적 카르텔 및 콘체른의 형성과정과[77] 마찬가지로 자본주의적 자유주의의 이상으로부터 멀리 떨어져 있었다. 집중과정은 정치적·경제적 연결과정들을 떠받쳤고, 여기에 과두제적 성격을 부여했다.

특히 마르크스주의 이론가들이 간단한 형식으로 그러한 과정의 비판에 쏟았듯이, "독점자본주의"에 대한 정치적 비판은 엄청난 그리고 질적 차별화를 간과하지 말아야 할 것이다. 그 비판이 잊지 말아야 할 것은 — 이는 마르크스의 시대에 아직 예상할 수 없었던 것이다 — 특히 노동조합의 활동과 더불어 영향력 행사와 독점화라는 유사한 수단을 가진 정치적으로 비교할 만한 권력의 개혁주의적 대항운동이 이러한 발전에 맞섰고, 또 이를 통하여 그 핵심 지지자들이 자신의 위치를 강화시키기 위하여 항상 새로이 노력했다는 점이다.[78] 이제 이 과정이 근거하는 지속적인 상호작용을 방해한 것은 객관적 정치적 경제정책적인 사건들과 요구들이었다. 그런 한에서 베르사유 조약과 배상체제가 부과한 경기적·구조적 조건들은 당연히 세계경제 대공황의 전사에서 본질적 요소들 중의 하나로 간주될 수 있다. 관찰자들의 대다수는 다만 바이마르 시기와 나치시기에 나치적 동기 혹은 이익정책적인 동기에서 — 누가 그것을 개별적으로 타개하려 했겠는가! — 이 상황을 이용하였다. 그들은 이를 위하여 대외정책적 세계경제적인 사실들에 대하여 적절히 언급함으로써 의회민주주의 정치와의 관계에서 경제의 내적 구조문제와 기능문제를 몰아내거나 혹은 이상적인 해결책을 민족주의적 통합의 신화 위에 구축하려고 하였다. 이 분야에 대해 평가를 내리는 과정에서도 '대외정책의 우위'라는 테제가 운명적인 승리를 거두었다. 왜냐하면 이 테제는 그 구조적 결합에 시달리던 경제의 팽창

---

77) 개념설명에 대해서는 Guido Fischer, *Allgemeine Betriebswirtschaftslehre* (Stuttgart, 1947), S. 31ff.

78) 이 책의 S. 395f. 를 참조.

에 대한 소망과 거기에 의존하여 이중의 위험에 빠져 있던 대중의 불만을 나치즘의 대외정책적 침략이데올로기와 생활공간(*Lebensraum*) 이데올로기에서 그 최후의 표현을 발견했고, 결국 한 극단적인 분파에게 "인민운동"(*Volksbewegung*)으로의 갑작스런 비약을 가능케 한 방향으로 몰아갔기 때문이다.

실제로 경제영역의 내적·구조적인 연관관계들은 패전의 엄청난 부담으로부터 영향을 받았으나, 결코 그것에 의해서 결정적으로 좌우되지는 않았다. 그렇지만 이러한 관계들의 전통적 혹은 의식적인 은폐가 이러한 "제 3제국"이라는 사회적 제국주의로의 전향을 용이하게 했다.[79] 노련한 경제매니저의 어마어마한 전후의 성공—그 원형은 후고 슈티네스였다—은 인플레이션에서—경제적으로 취약한 계층의 희생으로 이 재정파탄의 원인과 결과—절정에 달했다. 여기서 길이 열린 발전은 여러 차례의 붕괴와 변화를 거친 후에 카르텔과 콘체른의 체제로 들어가게 되었는데, 이들은 모든 경제생활을 자신과 정치의 관계 속에서 과두제적으로 구조화된 조직들과 영향력 있는 이익적 결합들의 네트워크로 덮어씌웠다.[80] 통제하기 어려운 독점적 권력은 노동시장과 민주주의의 기구로까지 확대되었으며, 심리적으로는 집중정책의 최대 효율성이라는 전통적 논거에 기초했다.

이러한 발전에 대한 실질적 조치들은 매우 약했다. 그 조치들은 특히 하필이면 민족정책적 관점에 의해서 방해를 받았다. 만약 광범위한 반(反)트러스트 입법에 대해서 한 번도 진지하게 말할 수 없었다면, 여기에 기여한 것은 공산당과 부분적으로는 사민당 측에서 자본주의의 이러한 "최후의 과잉"이 지닌 불가피성에 대한 결정론적 확신이었다.

---

79) Gurland, "Technological Trends"(주 VI/66), S. 229ff.

80) Gurland/ Kirchheimer/ Neumann, *The Fate of Small Business*(주 VI/35), S. 1ff. 콘체른 발전의 법적 형식에 관해서는 Richard Rosendorff, *Die rechtliche Organisation der Konzerne*(Berlin/ Wien, 1927), S. 11ff.

특히 노동조합과 사민당 온건파에게서는 희망적인 견해가 발전될 수 있었다. 즉, 이 단계에서 자본주의는 원하지 않았지만 자유경쟁을 포기하고 사회주의적 계획경제를 준비했다는 것이었다. 나아가서 사민당의 지도적인 경제이론가는 1927년에[81] 현존하는 경제에서는 모범적인 민주주의적 경제체제를 이끌어내기 위하여 국가의 개입이 필요하다고 주장하였다.

또한 대다수의 경제학자들도 당연히 상이한 경제이론적 사회정책적 그리고 정치현실적인 사고과정들로부터 국가가 간섭주의적으로 카르텔정책에 개입하는 것을 지지하였다. 이러한 카르텔정책은 시장 독립성으로 나아가려는 경향과 함께 자유로운 시장정책의 모든 경제적 경기규칙들에 영향을 미쳤고, 국가의 불간섭이 기초하던 자유주의적 전제조건들을 철폐하였다.[82] 여기서 문제가 되는 것은 그러한 경제자유주의적인 전제조건의 궁극적 재건뿐만 아니라, 극히 본질적으로는 집중운동의 정치적 측면, 즉 카르텔 발전의 권력정치적인 경향이기도 했다. 왜냐하면 이러한 발전은 독점적 카르텔을 국가 내의 국가로 되게 하고, 국가 전체의 정책을 일방적이고 강력한 집단이익에 봉사하게 할 위험이 있었기 때문이다. 여기서도 그리고 국가가 운영하는 카르텔청(Kartellamt)의 설립을 둘러싼 논쟁에서도[83] 경제와 정치의 밀접한 결

---

81) Rudolf Hilfding, "Die Aufgaben der Sozialdemokratie in der Republik", *Protokoll Sozialdemokratischer Parteitag Kiel* (Berlin, 1927), S. 165ff. 또한 Brady, *Rationalization Movement* (주 VIII/10), S. 336ff. 카르텔을 국유화의 전 단계로 해석하는 사회주의적 경제이론 문헌에 관해서는 Wolfers (주 VIII/74), S. 135ff.

82) 예컨대 Emil Eggmann, *Der Staat und die Kartelle. Eine internationale vergleichende Untersuchung* (Züricher volkswirtschaftliche Forschungen, vol. XXXV) (Zürich, 1945), S. 87f. 와 논의에 관한 개관 Wolfers (주 VIII/74), S. 120ff.

83) Wolfers (주 VIII/74), S. 136f.

합이 명백히 드러난다. 즉, 경제적 합리적인 근거들에 대항하여 국가 간섭의 직접적 정치적인 근거들이 등장하는 것이다. 왜냐하면 사적-독점적인 카르텔 이익은 경제정책을 넘어서 국가의 국내외 정책에 가장 강력한 영향력을 행사할 수 있었고, 또 게다가 사회적·법적인 정책 전체의 상황을 변화시킬 수 있었기 때문이다.[84] 그리고 이 모든 것은 자유경쟁의 길에서나 민주적 메커니즘의 도움에 의해서가 아니라, 유연하고 팽창적인 독점적 지위를 이용함으로써 그렇게 할 수 있었다. 그러나 우리는 이제 다른 한 측면에서 정치적으로 비민주적-권위주의적인, 경제적으로 반자유주의적인 정권의 수중에 있는 그리고 일반적인 위기의 징후 속에서 "경제적 권력지위 남용"에 대한, 인플레이션 이후 현존하지만, 지금껏 거의 행사되지 않은 국가의 간섭권이 결국 정치적 민주주의를 향하여 국가적 전체주의적인 군비체제를 만들어 낼 수 있는 도구로 될 수는 없었는지도 질문해 보아야만 했다.[85]

4. 집중운동

여기에도 권위주의적 발전을 위한 또 하나의 출발점이 있었는데, 그 중요성은—정당의회주의와 대통령 권력의 경우처럼—이미 특수한 (여기서는 경제적) 측면을 넘어섰다. 왜냐하면 카르텔정책에 대한 국

---

84) 산업의 대규모 집중이 정치에 미친 영향과 국가 및 노동조합의 대응조치에 관해서는 당시의 경제부 국장 섀퍼의 언급을 참조: Hans Schäffer, "Kartelle und Konzerne", *Strukturwandlungen*(주 VIII/6), I, S. 327ff., S. 359f.

85) 나중에 Gurland, "Technological Trends"(주 VI/66), S. 230ff.; Neumann, *Behemoth*(주 I/50), S. 16. 이 관점에 대해서는 이미 당시 Theodor Willy Stadler, *Kartelle und Schutzzoll*(Berlin, 1933), S. 6; 바이마르공화국에서의 논의에 관해서는 Wolfers(주 VIII/74), 특히 S. 140ff.

가적 대응조치들은 바이마르공화국의 나머지 통제기구들의 활동보다 의회기구들의 취약함과 행정부의 애매한 구조 아래에서 더 어려움을 겪었기 때문이다. 집중운동을 제한하기 위해 국가가 동원할 수 있는 모든 수단들 — 금지, 회원들에 대한 내적인 카르텔정책의 통제, 투자의 통제, 외적인 카르텔 강제정책에 대하여 국외자와 상대편 당사자의 보호, 가격정책과 카르텔 형성 공개의 통제 — 은 이로 인하여 항상 문제시 되었으며, 심지어는 정치지도부와의 이익정책적 결합관계로 자주 전혀 효과가 없는 것으로 조작된 듯이 보인다. 게다가 이와는 달리 국가가 통일적인 대외무역정책과 가격정책을 위하여 후원했던 카르텔이 사적인, 통제되지 않는 결합의 결정적인 저항에 부딪쳤다. 이는 다시금 강제적 카르텔정책 반대자들의 논지로 역전되어 정화되었으나 원칙적으로 불가침하게 된 시장정책 존속에 대한 표시로 평가될 수도 있었다.[86]

전체 상황에 대한 총괄적인 평가는 집중문제에 대한 다양한 논의가 이론적이면서 동시에 구체적인 상황을 드러낸다는 특징으로 매우 어렵다.[87] "독점자본주의"의 경제적 · 합리적인 자기 정당화는 그에 대한 자유주의적 · 경제적인 반론뿐만 아니라 사회정책이나 정치 일반과 관련된 반론에도 완고하게 그러나 엄청나게 효과적으로 대응하였다. 이는 합리화운동의 전반적인 틀 속에서 카르텔 운동과 콘체른 운동이 갖는 경제적 효율성에서 출발하였고, 다음에는 이윤, 임금, 가격 등의

86) Kurt Wiedenfeld, *Kartelle und Konzerne* (Moderne Wirtschafts-gestaltung, Heft 10) (Berlin/ Leipzig, 1927), S. 17f.

87) 카르텔 및 콘체른의 여러 가지 정의들을 참조: Richard Passow, *Kartelle* (Jena, 1930); Oskar Klug, *Das Wesen der Kartell-, Konzern-und Trustbewegung* (Jena, 1930); Tschiersky, *Kartellorganisation* (Berlin/ Wien, 1928); Jakob Herle/ Max Metzner, *Neue Beiträge zum Kartellproblem* (Berlin, 1929). 또한 Rosendorff, Stadler, Wiedenfeld, Eggmann의 앞에서 인용된 저작들도 참조. 특히 Wagenführ와 Wolfers의 저작(문헌 포함).

발전과 인구에 대한 그 배분을 고려하였다. 반면에 이 자기정당화는 그것이 정치권력의 배분에 미치는 영향 문제를 무시하였다.[88] 세계경제 대공황의 발생과 전개과정은 여기서도 경제와 정치의 밀접한 결합을 보다 더 분명하게 조명해 주며, 결국 경제체제에 비해 정치체제가 허약했다는 것을 확인시켜 주었다. 이제 이 경제체제는 구조적·주기적 원인으로 발생한 각종 어려움들을 정치수준으로 이동시켰고, 아래로부터, 즉 해고된 노동자들, 사무직원들, 소상점주들, 탈출구가 없어 보이는 실업으로부터 민주주의적 메커니즘을 흔들리게 하였다.

따라서 독점의 문제를 사회적·정치적인 일반상황에 너무도 중요한 경기의 발전과 연관관계 속에서 이해할 필요가 있다. 다른 한편 경기의 변동과정에 관한 고찰은 그것이 유럽의 다양한 결합체들, 특히 독점체의 정책과 "정치적" 임금 및 가격을 통해서 경험했던 특정의 영향력 행사에서 출발해야만 한다.[89] 결코 독일에 특징적인 것이 아니라 유럽적 현상인[90] 카르텔과 유사한 결합체들의 증가는 외관상 가격 및 임금구조의 고착화와 나란히 진행되었다.[91] 그렇지만 실제로는 경기변동에 유연하게 적응하는 대신에, "자유로운 가격"이 보여주듯이, 독점체와 유사독점체는 뒤늦게 갑자기 반응했다.[92] 물론 경제적 집중을

---

88) Wiedenfeld(주 VIII/85), S. 30ff. 와 Herle(독일산업제국연맹 사무총장)와 Metzner(제국연맹의 카르텔부 책임자)의 저작도 참조.

89) Wagenführ, *Konjunktur*(주 VIII/74), S. 1ff.

90) Paul Th. Fischer/ Horst Wagenführ, *Kartelle in Europa*(Nürnberg, 1929). 가장 중요한 자료집: *Konzerne, Interessengemeinschaften und ähnliche Zusammenschlüsse im deutschen Reich Ende 1926*, hrsg. vom Statistischen Reichsamt(Berlin, 1927). 또 Robert Michels, "Die internationalen Trusts und Kartelle", *Jahrbücher für Nationalökonomik und Statistik* 137, 3. F. 82(1932), S. 815ff.

91) 이 의미에서 물론 특히 Herle/ Metzner(주 VIII/86), S. 16ff.

92) Wagenführ, *Konjunktur*(주 VIII/74), S. 19ff. (표 포함).

통한 권력정책 못지않게 노동조합과 국가에 의한 임금 및 봉급정책의 관료화도 이 현상에 일익을 담당했다.[93]

전반적으로 독점구조가 세계경제 대공황 시기의 경기변동 과정에 끼친 영향은 그 안정된 가격정책에도 불구하고 안정적이었다기보다는 혼란스러운 것이었다. 독점구조는 결국 — 기대와는 달리 — 변동을 심화시켰고, 변동의 지속기간을 늘림으로써, 침체를 위기, 즉 공황으로 악화시켰으며,[94] 이어 1932년의 첫 경기회복에 아직도 적응할 수 없었거나 혹은 너무 늦게야 적응할 수 있었다. 이는 그 정치적 결과가 특히 경제적 곤궁에 의해서 성장한 나치즘의 승리를 마지막 순간에 이끌어 냈다는 것을 보여준다. 물론 만약 우리가 향수에 젖은 회고에서 "고정비용에 의한 경제의 파괴"를 불평하면서[95] 공황기에 고용을 요청하는 "배부르지 않은 직장공동체(*Betriebsgemeinschaft*)"를 그 탓으로 돌렸다면,[96] 그것은 충분할 수가 없다. 대중사회에서 경제적 차원의 팽창은 이제 생산과 판매의 종합적인 규정만들기를 요구한다. 그러나 공황기에 항상 요구되었던,[97] 수지타산이 맞지 않는 기업들의 가동중단

---

93) 피고용인 및 (약간 더 완화한다면) 고용주 측에서 독점화 현상들에 반대하는 이러한 발전에 대한 "순전히" 자유주의적인 비판: Gustav Cassel, *Neuere monopolistische Tendenzen in Industrie und Handel* (Memorandum für die Weldwirtschaftskonferenz in Genf 1927) (Berlin, 1927), passim, 특히 S. 67ff.

94) 개별적인 것들: Wagenführ, *Konjunktur* (주 VIII/74), S. 32ff.; Stadler (주 VIII/84), S. 2f.

95) Hermann Schmalenbach, "Die Betriebswirtschaftslehre an der Schwelle der neuen Wirtschaftsverfassung" (Vortrag v. 3. August 1928), *Zeitschrift für Handelswissenschaft und handelswissenschaftliche Forschung* (1928), S. 241ff.

96) 같은 이, *Grundlage der Selbstkostenrechnung und Preispolitik*, 5판 (Leipzig, 1930), S. 97.

97) Jakob Metzner, "Kostensenkung durch organisierte Betriebsstillegung",

에서 탈출구를 찾는다면, 이는 자유주의적 원리를 극단적으로 밀고 나가는 그리고 정치적으로도 중요한 반사회적인 결과들과 더불어 이 현실을 지나쳐버리게 된다.

카르텔에서의 생산수치를 일련의 가격과 비교해보면, 수요가 급격히 감소하는 특정 시점에 가격은 비교적 안정되었지만, 경기회복은 엄청나게 지연되었다는 점이 확인된다.[98] 협정, 내적인 통제, 그리고 국가의 지원을 받는 강력한 보호관세정책 등을 통하여[99] 카르텔과 신디케이트에서 경제 내부의 경제는 고립되었으며, 바이마르공화국에서 이익집단, 관료제 또는 제국군대의 역할에 특징적이었던 "국가 내의 국가" 현상은 경제영역에서도 민주주의의 확대, 기능능력, 유연성을 방해하였다. 이러한 정치적 결과는 여기서도 확인될 수 있다. 비록 보다 더 상세한 확인사항들이 정의(*Definitionen*)의 불확실성, 카르텔과 콘체른의 — 계속 고통스럽게 비밀을 유지하는 — 내적인 연관관계의 개관불가능 등으로 어려워지긴 하지만 말이다. 특징적인 것은 독일의 '사회화위원회'(Sozialisierungskommission)가 계획했던 카르텔과 트러스트 앙케트(*Kartell-und Trust-Enquete*)가 영원히 실행되지 못했고, 다만 1926년에 설치된 앙케트위원회에 의해서 정보전달 차원의 단초들만이 달성될 수 있었다는 점이다.[100] 카르텔과 유사한 단체들이 시장의 독점적 지배를 위해서[101] — 근사치의 통계작성도 너무나 어렵다 —

Wirtschaftsdienst 16, Heft 23(5. Juni 1931), S. 961ff.

98) Wagenführ, *Konjunktur*(주 VIII/76), S. 41ff. 에 있는 수치들과 Stadler (주 VIII/84).

99) 여기에 관해서 그리고 특히 이와 관련된 관세의 기능전환: Stadler(주 VIII/84), S. 2ff.

100) 가장 훌륭한 자료집, 그러나 정치적 분석은 제공하지 않는 것: Wagenführ, *Kartelle*(주 VIII/45).

101) Robert Liefmann, *Konzerne, Kartelle, Trusts*(8판, Stuttgart, 1930), S. 9 참조.

공업의 모든 부문에서뿐만 아니라, 농업, 수공업,[102] 건설업, 영화, 인쇄업, 교통, 은행 및 보험업, 그리고 정치적으로 중요한 신문[103] 등에서도 광범위하게 경제정책적인 상황에 영향을 미쳤다는 사실은 여전히 유효하다. 이것은 본래 석탄산업에 가장 잘 적용된다. 그렇지만 광업은 점점 더 국가의 영향력 아래 들어가게 되었고, 1918년 이후의 사회화과정에서는 공동경제적인 타협형식들, 즉 국가와 민간인들이 혼합구성되어 공동통제 아래 놓이게 되었다.[104] 이와는 반대로 철강산업 부문에서는 자율적인 거대단체들이 거의 완전히 생산, 판매, 가격의 발전을[105] 지배했는데, 이는 외국의 경쟁에 대하여 보호 및 자립경제의 필요성이란 의미에서도 그랬다.[106] 화학산업의 상황도 유사했으나, 당연한 이유에서 조직의 공개는 특히 부족했다.[107] 독일산업제국연맹의 전문그룹구성에서 가장 먼저 수적인 개관을 얻을 수 있다. 물론 이 개관은 독점단체들의 규모, 비중, 광범위한 연결관계에 대해

---

102) 수공업 내에서의 (신분제적 보수주의를 축소와 함께) 집중운동에 관해서는 특히 Grünberg, *Der Mittelstand* (주 VI/45), S. 66ff. 또 Hrsg. Ausschuß zur Untersuchung der Erzeugungs-und Absatzbedingungen der deutschen Wirtschaft (Enquête-Ausschuß), III. Unterausschuß, 8. Gruppe, *Das Deutsche Handwerk* (Berlin, 1930), vol. I, S. 220ff (많은 통계자료).

103) Rolf Strüder, *Der ökonomische Konzentrationsprozeß im deutschen Zeitungswesen unter besonderer Berücksichtigung der Provinzpresse. Ein wirtschaftsgeschichtlich-soziologischer Versuch* (Diss. Heidelberg, 1933), 특히 S. 21ff, 37ff., 71ff. 또 Ludwig Bernhard, *Der "Hugenberg-Konzern", Psychologie und Technik einer Großorganisation der Presse* (Berlin, 1928), S. 65ff., 94ff.

104) Wagenführ, *Kartelle* (주 VIII/45), S. 23ff.

105) 조직 수와 회원 수(부문별로 분류), 같은 책, S. 10ff.

106) 한 가지 예: Kurt Stallmann, *Der Stahlwerksverband in seinen internationalen Beziehungen* (Diss. Berlin, 1935), S. 4ff.

107) Wagenführ, *Kartelle* (주 VIII/45), S. 239.

서는 아무것도 말해주지 않는다.[108]

피고용인의 결합 및 임금정책, 가격정책, 노동시장정책에 대한 그 영향력의 증대가 집중운동에 대응했다는 것, 그러나 이 권력갈등이 자본주의의 독점적 발전을 결코 가로막은 것이 아니라, 오히려 정반대로 광범위하게 — 비록 간접적이기는 하지만 — 후원하고자 했다는 것은 이미 암시되었다. 좀더 멀리 나아가서 한편으로는 카르텔 및 그와 유사한 집단들에서, 다른 한편으로는 노동조합에서 새로운 신분제적 구성물과 결합관계들을 볼 수 있다.[109] 물론 그 활동이 단순한 사실 메커니즘이 아니라 — 인간적으로 보았을 때 — 인간 노동력의 정당한 평가를 위해서 노력하는 한, 노동조합은 본래 자본주의적 경쟁원리에서 벗어난 경제적 집중의 조직현상들과 간단히 비교될 수 없다.[110] 다만 이 노동력이 그 밖의 모든 상품들과 동일한 시장법칙에 종속된다고 가정한다면, 노동조합을 독점적 트러스트 형성체들과 비교 내지 등치시키는 일은 가능할 것이다. 이러한 시도는 "독점자본주의"의 옹호자들에 의해서 "노동조합 독점주의"(*Gewerkschaftsmonopolismus*) 라는 조직형식들 및 투쟁형식들에 대한 언급과 함께 이루어졌다.[111] 노동조합이 그 조직을 확고히 하는 과정에서, 생산독점에서 커지는 경제적 도덕적인 단점들을 노동자에게서 완화시켜 주려는 노력에서 경제정책 및 권력정책의 관료제적 자기비중(*Eigengewicht*) 을 획득했으며 이것은 다시금 기업가조직들을 경제적 및 정체적 집중화 운동으로 몰아갔다는 것은 물론 노동조합 옹호자들이 상당히 단호하게 숨기거나 경시한 결과

108) 같은 책, S. XIV에 있는 표.

109) Hans Franke, "Der Wesenswandel der Gewerkschaften", *Jahrbücher für Nationalökonomik und Statistik* 133, 3. F. 78(1930), S. 555ff.

110) Fritz Marbach, *Kartelle, Trusts und Sozialwirtschaft* (Berlin, 1932), S. 8ff.

111) 개념에 관해서는 Cassel(주 VIII/92), S. 76. 또한 Johann Fiedler, *Konzentrationsbewegung der Gewerkschaften* (Wien, 1924), S. 41; Franke (주 VIII/108), S. 557ff.

였다.[112]

여기서 자유주의적 독점개념과 사회주의적 독점개념 사이에 깊은 차이점들이 매우 분명하게 드러난다. 전선은 노동력 및 전문성에 갇혀버린 경제수치들의 비교가능성 혹은 비교불가능성의 문제에서, 또 이 갈등을 해결하려 할 때 조직규정과 투쟁규정의 문제에서 가장 첨예하게 대립되었다. 사회주의적 이론가들은 노동조합 독점주의와 기업가 독점주의의 동일성이라는 자유주의적 테제에 대하여 사회인류학적인 근거에서 부정적이었다. 그리고 여기서도 경제의 사회정책적 정치 일반적인 결과연계들에 대한 인식은 "경제의 자율성" 사상에, 사회적 정치적-과학적 고찰방식은 순수 경제기술적인 고찰방식에 마주치게 된다. 그러한 인식은 기업가에 가까운 권력기제와 노동조합에 가까운 권력기제 사이의 갈등에서 정점에 도달했다. 이 갈등은 공히 민주적 다수파 정부를 붕괴시키고 — 전체주의적 국가계획경제에서의 폭력적인 해결책에 이르기까지 — 권위주의적 개입을 통해서 어렵게 극복되었다.

5. 보론: 경제공황기의 경기변동[113]

1928년에 시작한 경기후퇴는 1926/1927년의 독일 호경기를 종식시켰다. 경기후퇴는 특이하게도 정점에서 전혀 위기 없이 시작되었다. 또한 "규칙과는 달리" 먼저 소비재 생산이 하강의 문을 열었던 반면에, 생산재의 생산지수는 1929년까지 증가하여 일시적인 특별호황에 대해

112) Sabel(주 VIII/8), S. 90ff.

113) 이 보론은 발퍼(Klaus Walper)의 도움으로 다음에 언급한 잡지들의 도표를 이용하여 이루어진 조사에서 얻은 간단한 요약이다: *Die Wirtschaftskurve*; Zeitschrift für das gesamte Kreditwesen; Vierteljahrshefte des Instituts für Konjunkturforschung(I. f. K.); Statistische Praxis.

서도 말할 수 있었다. 이 시점에서야 비로소 여기서도 생산규모가 감소하였다. 이 현상은 한편으로 투자의 일부를 다음 달로 밀어낸 이례적으로 춥고 긴 1928/1929년 겨울 때문이었고, 다른 한편으로는 엄청난 수출확대를 가능케 했던 세계시장의 유리한 상황 때문이기도 했다. 또한 자본공급이 보장된 시기에 세웠던 각종 투자프로그램들을 실행하려는 노력들도 있었다. 그럼에도 불구하고 1929년 가을에는 여기에 동원될 수 있었던 예비금이 바닥을 드러냈다.

외국에서의 경기호전도 처음에는 경기를 유지시키는 데 영향을 미쳤다. 그러나 그것은 이후 충분한 자본조달을 어렵게 만들었다. 채권국가의 자본수요는 증가하였으며, 특히 독일에서 자본처분의 철회에 영향을 미쳤다. 독일에서는 막대한 규모의 유동성이 강한 외국신용이 매우 느슨하게 자리잡고 있었고, 이자율의 차이에 쉽게 반응하였다. 1929년 가을 이후 거의 모든 산업부문에서 주문량이 감소하였다. 이제 산업고용의 전반적인 감소가 시작되었는데, 이 감소는 여전히 유리한 수출상황 덕택에 느리긴 했지만, 중단되지는 않았다. 1929년의 연간 생산은 전년보다 아래에 있었다. 이러한 감소는 다른 산업국가들이 국내시장의 엄청난 확대를 보여주었던 시기에 일어났기 때문에 더욱더 심각했다.

1930년의 전반기에 독일에서 영업부문을 포함한 전반적인 고용감소가 두드러졌다. 주문수주량은 예전의 주문으로 버티고 있던 생산에 훨씬 못 미쳤다. 경기연구소(Institut für Konjunkturforschung)의 계산에 따르면 산업생산지수는(1928=100) 1929년 이후 급속한 감소를 보여주었다.

1930년 후반기에는 외국에서도 산업생산의 감소가 시작되었다. 전반기에 전반적인 감소에 능동적으로 대응하였거나 혹은 프랑스처럼 그 산업생산을 더욱 늘릴 수 있었던 유럽의 몇몇 나라도 이제, 비록 느리지만, 생산을 감소시켜야만 했다.

독일에서는 주문량의 감소가 생산의 감소보다 훨씬 심했다. 생산자에게서 완제품의 재고량은 늘어갔다. 독일 경기연구소의 지수계산에 의하면 산업의 생산감소는 1929년 대비 약 33%에 달했다. 이는 미국에서의 그것보다는 적었지만, 영국과 유럽의 다른 자본잉여국가들보다는 컸고, 유럽의 다른 자본수요국들보다는 적거나 혹은 거의 비슷했다. 1930년 마지막 몇 달 동안의 생산규모는 1925/1926년 경기상승기의 최저수준보다 약 10%가량 높았으며 1926년의 연평균 규모와 비슷했다.

산업생산의 발전

	독일 경기연구소	미국 연방준비은행	영국 무역위원회	프랑스 Stat. gen.
1928년 1분기	128.4	109	109	119
2분기	121.6	110	104	125
3분기	117.6	113	100	129
4분기	112	113	108	132
1929년 1분기	120.6	118	110	137
2분기	126.1	125	112	140
3분기	123.5	124	110	139

	1926	1927	1928	1929	1930
1분기	72.2	93.1	101.9	95.0	93.6
2분기	74.8	101.3	103.6	109.1	84.6[114]
3분기	79.8	102.7	103.0	103.3	
4분기	89.0	103.4	91.5[115]	99.1	

114) 1930년 4/5월의 평균.

115) 철도폐쇄의 영향.

그 결과 투자율은 엄청난 변동 아래 놓였다. 1931년의 첫 6개월 동안에 철강산업과 기계산업 그리고 건설시장에서 고용지수 및 주문지수로부터 혹은 생산재 산업의 노동상태로부터 투자가 1928/1929년 규모의 1/3에서 절반 정도의 수준에서 유지되었다는 결과가 나온다. 계절적인 변동을 제외한, 다시 말해서 실질적인 생산변동 수치들에 계절변수를 제외한 수치들을 대비시킨 도표는 경기변동의 방향을 더 분명히 드러나게 할 수 있다. 이 도표는 1931년의 첫 5개월 동안에 매우 낮은 생산수준이 거의 줄지 않았음을 보여준다. 외국의 자본회수에서 나온 압력은 다음 달에 현저해졌다.

1931년 2분기에 심화한 독일 등 대부분의 중부유럽 국가로부터의 자본회수는 새로이 고용수의 급격한 감소를 초래했다. 독일에서 생산지수로 측정될 수 있는 산업생산은 1931년 1분기에 70.2%, 2분기에 74.9%에 달했던 반면에, 3분기에는 68.4%로 감소했고, 10월에는 1928년 수준의 65.3%에 불과했다. 계절적인 영향을 제외한다면, 그 수치는 1분기에 71.1%, 2분기에 74.1%, 3분기에 68.0%, 그리고 10월에는 74.7%에 도달했다. 마지막 분기에는 하강운동이 약간 느려졌으나, 연말에는 다시 새로운 — 부분적으로는 계절변화의 결과 — 생산제한에 자리를 내주어야만 했다. 경제주기에 따른 생산변동은 투자활동의 변동, 그에 따른 투자재 생산의 변동에 기인한 것이었다. 그러나 이 변동은 일반구매력의 변동과 그 결과 생계 및 소비재생산의 등락을 초래했다. 1931년 말에 투자활동은 보충투자가 중단됐을 정도로 감소하였다.

1931년 2분기의 고용감소는 거의 오직 생산재 산업에서 보인 반면에, 소비재 산업은 별다른 생산손실을 경험하지 않았다.

나아가서 국제적 생산발전과의 비교는 중부유럽으로부터의 갑작스런 자본회수가 얼마나 전 세계경제를 뒤흔들었는지는 알게 해준다. 일반적인 급격한 악화는 특히 미국, 독일, 오스트리아에서 강했다.

1932년 전반기에 하강운동은 마침내 중단되었으나, 잃어버린 영역으로부터 무언가를 되찾을 수는 없었다.

이와는 반대로 1932년 후반기는 독일과 대부분의 나머지 국가들에서 결정적인 개선이 인지될 수 있었다. 그 전환은 부분적으로 생산의 증가에서, 부분적으로는 1년 내내 계속되던 생산감소의 중단에 표현되었다.

독일의 생산지수(1928=100)

1월		96.9	93.7	67.7	99.3	96.0	69.4
2월		92.6	91.0	68.8	93.9	92.3	69.8
3월		100.3	90.9	72.2	100.3	91.1	72.3
4월		108.4	92.3	74.0	107.5	91.6	73.4
5월		107.8	88.4		106.5	87.1	
6월		107.9	82.0		107.2	81.4	
월평균	3분기	102.4			101.8	79.2	
	4분기	98.5			98.4	75.0	
	연간	101.4	83.6		101.4	83.6	

독일의 산업생산(월평균 1928년=100)

	1929년 분기				1930년 분기				31년 분기		1931년 월			
	1	2	3	4	1	2	3	4	1	2	7	8	9	10
총 지수	96.6	108.4	102.4	98.5	91.9	87.6	79.7	75.2	70.2	74.9	71.7	66.6	66.9	65.3
그 중														
생산재	97.3	115.6	109.5	101.0	92.2	85.5	77.8	72.3	65.8	69.1	66.3	61.7	59.0	56.2
소비재	95.4	94.8	89.9	94.0	91.4	91.2	82.8	80.2	76.1	84.9	81.1	75.1	80.7	81.2
종합지수 (계절변동제외)	97.9	107.0	101.8	98.4	93.1	86.7	79.2	75.0	71.1	74.1	71.8	66.5	65.7	64.7

산업생산 일반의 변동에 관해서는 경기연구소가 출판한 다음의 지수개관이 잘 알려준다. 이 지수를 평가하기 위해서 제한적으로 언급되어야 할 것은 그것이 개별적으로 중요한 산업그룹의 생산변동에 근거해서 작성되었으며, 낮은 생산수준은 변동을 실제의 총생산에 상응하는 것보다 훨씬 더 강력하게 반영한다는 점이다.

이러한 개선으로의 전환은 같은 해 중반 이후 채권국과 채무국 모두에서, 비록 그 강도에서는 차이가 있지만, 전반적으로 감지할 수 있었다. 경기연구소가 계산한 세계의 산업생산에 관한 지표는 1932년의 전환기 이후 약 6.1%의 증가를 보여주는데, 이로써 1929년 생산규모

각국의 산업생산(월평균 1929년=100)

월평균		독일	미국	영국	프랑스	스웨덴	오스트리아	폴란드
1925		78.2	88.2	-	77.0	78.6[116]	-	72.7
1926		75.4	90.8	-	89.2	80.8	76.4	71.3
1927		95.9	89.1	96.2	78.4	85.2	89.6	88.7
1928		98.6	94.1	94.3	91.4	81.5[115]	100.5	100.3
1929		100.0	100.0	100.0	100.0	100.0	100.0	100.0
1930		82.4	80.7	100.7	100.7	97.1	82.5	82.4
1930	1분기	90.6	90.8	99.3	103.4	109.7	87.5	84.8
	2분기	86.4	88.5	92.2	103.6	101.8	89.3	80.0
	3분기	78.6	75.6	89.0	98.6	93.2	79.7	82.3
	4분기	74.2	69.5	88.5	97.1	90.4	73.6	82.2
1931	1분기	69.2	71.4	85.0	95.5	88.4	66.0	72.0
	2분기	73.9	73.7	82.2	92.5	81.5	69.3	72.2
	3분기	67.5	66.7	80.1	87.1	80.0	63.0	71.5
	10월	64.4	60.5	-	84.2	81.5	63.0	-

116) 노동쟁의의 영향을 받음.

의 2/3 수준에서 전쟁 전 마지막 해의 생산규모가 다시 달성되었다. 거대 산업국가들 중에서 오직 영국만이 예외였는데, 그 지수는 더 강력한 생산감소를 보여주었고 1932년의 3분기에는 새로운 최저점에 도달하였다.

이 개관에 의하면 독일에서 산업생산은 1932년 중반에 최저점에 도달하였다. 이어 후반기에는 소량의 생산증가가 시작되었으나, 후반기의 월평균 생산은 전반기의 그것을 거의 넘어서지 못하였다. 비록 1932년에 산업재의 생산이 필요한 보충투자지출에 필요한 수준을 약간 상회하긴 했지만, 여전히 변동 아래서 이루어지는 생산재 생산의 증가는 1932년 3분기 이후 시작된 경향의 대변동에 대한 부인할 수 없

1932년의 산업생산(1928년=100)

	1월	2월	3월	4월	5월
총지수	52.9	55.1	56.7	56.5	59.2
그 중					
생산재	40.8	42.1	44.7	46.6	52.6
소비재	74.0	75.9	77.5	73.8	70.7
계절변동을 제외한 총지수	54.2	55.9	56.8	56.1	58.3

1932년의 산업생산(1928년=100)

	1분기	2분기	7월	8월	9월	10월	11월
총지수	55.0	57.7	53.1	52.3	56.2	59.5	62.9
그 중							
생산재	42.8	49.3	44.5	42.6	45.3	49.1	50.1
소비재	76.1	72.2	68.1	69.3	75.4	82.1	85.1
계절변동을 제외한 총지수	55.7	57.1	53.2	52.2	55.2	59.3	52.3

여러 국가의 산업생산(월평균 1929= 100)

월평균		세계 생산[117]	독일	미국	영국	프랑스	스웨덴	오스트리아	폴란드	벨기에
1928			98.6	94.1	94.3	94.1	99.1	97.5	100.3	99.4
1929		100.0	100.0	100.0	100.0	100.0	100.0	100.0		
1930		84.9	82.4	81.4	92.4	100.8	96.3	84.8	82.0	84.2
1931		72.3	69.1	68.6	83.5	89.3	85.3	74.3	69.5	76.1
1930	1분기	91.3	89.8	89.8	99.3	103.4	-	-	86.5	94.3
	2분기	88.7	85.6	85.6	92.2	103.6	-	-	80.7	86.3
	3분기	82.1	78.6	77.1	89.0	98.3	-	-	81.7	78.0
	4분기	77.6	74.2	72.9	86.6	97.1	-	-	79.4	78.3
1931	1분기	74.3	62.2	72.0	85.0	95.5	-	76.1	73.1	79.0
	2분기	74.9	73.9	72.9	82.2	92.5	84.1	73.3	72.2	76.1
	3분기	71.7	67.7	66.9	80.0	87.1	86.6	73.4	70.2	77.1
	7월	74.7	70.7	69.5	-	88.5	87.2	74.6	71.7	77.2
	8월	71.3	66.6	66.1	-	87.1	85.3	71.1	70.1	76.8
	9월	69.1	66.1	64.4	-	85.6	87.2	74.3	68.8	75.9
	4분기	67.8	61.6	61.9	86.9	82.0	89.0	75.5	62.5	73.4
1932	1분기	63.1	54.2	58.8	85.1	72.3	88.7	71.9	52.4	67.5
	2분기	57.5	56.9	51.4	84.3	67.3	78.0	64.6	54.7	63.5
	7월	57.2	52.4	49.2		65.9	67.9	57.0	54.3	47.8[118]
	8월	57.5	51.6	50.8	78.1	66.6	74.3	60.5	54.8	47.4
	9월	60.1	55.4	55.0		67.3	55.2	60.5	53.4	64.1
	10월		59.1	55.1		68.0	74.3	64.1	56.3	65.3
	11월		62.0							

117) 러시아 제외.

118) 노동쟁의의 영향을 받음.

는 표시였다.

미국에서는 생산지수의 비약적인 증가 속에 표현되었다. 반대파에 있던 나치당은 오직 일반적인 경제상황의 악화로부터 이득을 볼 수 있었던 반면에, 집권당은 경기의 새로운 상승으로부터 이득을 볼 수 있었다. 경제적 비약이 시간상으로 이미 하강하기 시작한 나치당의 권력 장악과 일치했다는 것은 비약에 그 세계정치적인 의미를 부여했다.

제 9 장

제국군대*

제도로서 제국군대(*Reichswehr*)의 본질과 그것이 바이마르공화국에서 행한 역할을 이해하기 위해서는 그것이 생겨난 뿌리를 명확히 하고 그 건설과정에서 고려되어야만 할 전제들을 알 필요가 있다.[1] 여기서는 세 가지 요소가 중요하다. 그 첫째는 베르사유 조약이 군사적인 측면에서 부과한 압도적으로 구속력이 있는 규정들 속에 있다. 둘째는 1918/1919년에 독일의 혁명적인 정치상황 및 그로부터 생겨난 내전군에 의해서 부여되었다. 그러나 세 번째 것은 집단적인 종류가 아니라, 권력 그 자체였던 개인인 제크트 장군인데, 그는 1920~1926년에 군 지휘부로서 제국군대의 발전에 결정적인 영향력을 행사했다. 제국군대의 역사적 형식에 결정적인 이 세 요소들을 총괄해 보는 것은 제국군대의 결정적인 문제점들을 발견해 내기에 충분하다. 왜냐하면, 군대가 한 국가의 도구로 머무르기 위해서는, 이 요소들 중 (군대에 대한) '민간의 정치적 통제'라는 없어서는 안 될 요소가 결여되어 있기 때

---

* 이 장은 볼프강 자우어(Wolfgang Sauer)가 책임지고 작성하였다.

1) 여기서 내린 결론은 이 책의 주어진 공간에서 충분히 담을 수 없을 정도로 너무 방대한 자료에 기초한다. 그렇지만 후에 상세한 별도의 출판물에서 이것을 보충할 예정이다. 여기에 관한 사전 연구로는 Bracher, "Auflösung einer Demokratie"(주 I/58), S. 39~98, 특히 S. 62ff. 이 있다. 거기에 제시된 자료들은 아래에서는 필수불가결한 경우에만 고려되었다.

문이다.

1. 베르사유 조약: 국방정책적인 측면들

독일의 전권대표들이 1919년 6월 28일에 신생 독일 국가를 대표하여 서명함으로써 충실히 이행할 준비가 되어 있다고 선언한 평화조약의 군사적 조건들은 조약문 제5부 "육군, 해군, 공군에 관한 규정들"에 반영되어 있다.[2] 이 규정들은 여기서 구체적인 내용을 반복할 필요가 없을 정도로 자주 묘사되었다. 육군의 실제 병력이 4천 명의 장교를 포함해서 10만 명으로, 해군의 실제병력이 천5백 명의 장교를 포함해서 1만5천 명으로 제한되었다는 사실은 잘 알려져 있다. 군대기본법에는 오랫동안 복무하는 직업군인이 규정되었다는 점, 예비군의 구성도 금지되었다는 점, 동원준비의 실행이 금지되었다는 점 등도 잘 알려져 있다. 제국군대가 공군이나 화학무기, 탱크나 중화기를 보유할 수 없었고, 끝으로 지휘부 조직(대참모부의 금지), 군교육제도 및 방어시설 그리고 군수산업 분야에서 결정적인 제한이 가해졌다는 것도 잘 알려져 있다. 거의 알려져 있지 않지만, 매우 잘 눈에 띄는 이러한 제한들보다 베르사유 조건들을 평가하는데 보다 중요한 것은 허용된 무기—휴대용 무기, 중보병 무기, 경포병—및 거기에 필요한 탄약범주들에 엄격한 할당량이 정해졌다는 사실이다.[3] 이 두 경우

2) *Der Friedensvertrag von Versailles nebst Schlußprotokoll und Rheinlandstatut, Neue durchgesehene Ausgabe in der durch das Londoner Protokoll vom 30. August 1924 revidierten Fassung*(Berlin, 1925), S. 90~108은 공식적인 독일어 텍스트를 수록하고 있다. 그 밖의 참고문헌: Fritz Berber, *Das Diktat von Versailles. Entstehung-Inhalt-Zerfall*(Veröffentlichung des Deutschen Instituts für Außenpolitische Forschung, vol. III) (Essen, 1939), S. 1044.

에 허용량은 10만 병력에 필요한 기본장비를 제공하는 수준을 거의 넘지 못하였다. 어쨌든 독일 측에서 베르사유 규정을 엄격히 준수하려 하는 한, 어떠한 예비군 교육도 불가능했다.[4] 그리고 독일 군수산업의 규정들도 마찬가지로 엄격한 선을 그었으므로, 생산설비의 단기적인 확대와 현대적인 물량전 상황에서 위급한 경우 무기와 탄약의 엄청난 사용을 위한 순조로운 보급이 불가능하였다.[5]

이 고찰로부터, 제국군대가 베르사유 조건들을 엄수하는 가운데 건

---

3) Friedensvertrag (주 IX/2), 개요 2와 3 (S. 98), 제 164～170조.

4) 제 164조는 예비군의 허용규모에 관해서 알려준다. 나아가서 1920년 7월 9일의 스파(Spa) 회의록은 약간의 예비군을 위한 보병무기 증강을 보장했다. 이른바 1925년 6월 6일의 "무장해제각서"(*Entwaffnungsnote*)에 대한 부록(*Berliner Tageblatt*, Nr. 264, 6. Juni 1925, 베를린판 조간)에 있는 연합국의 양보목록을 보라.

5) 독일군수산업에 관한 규정들은 (조약문의) 제 166, 168, 170조에 있다. 추가적인 개별사안들은 다음을 참조: Charles Nollet, *Une expérience de désarmement, cinq ans de contrôle, militaire en Allemagne* (Paris, 1932), S. 177ff., 특히 S. 183; Georges Castellan, *Le réarmement clandestin du Reich 1930-1935, Vu par le 2e Bureau de l'État-Major Français* (Paris, 1954), S. 254 f. 설비확장 문제에 관해서는 연합국의 전문가들도 독일산업이 총기류와 탄약부문에서 1918년의 최고생산을 달성하기 위해서는 만 1년이 필요할 것이라고 계산하였다. 여기에 관해서는 Scheele, *The Weimar Republic* (주 IV/59), S. 111f. 를 참조. 여기서는 연합국의 전문가들이 독일의 조약위반에 관한 자신의 계산을 통지한 반면에, 이 글에서는 평화조약의 엄격한 준수가 기초에 놓여 있다는 점이 고려되어야 한다. 또한 Rolf Wagenführ, ed., *Kriegswirtschaft* (Berlin, 1935), S. 37과 passim (Debeney 프랑스 장군의 설명); Hans Rohde, "Die Umstellungsdauer der Industrie", *Ibid.*, S. 90～93; Max Graf Montgelas, "Das Kriegspotential B", *in der von der Interparlamentarischen Union angestellten Untersuchung Wie würde ein neuer Krieg aussehen?* (Zürich/ Leipzig, 1932), S. 130～152, 특히 S. 148ff. 을 참조. 이 모든 조사들은 제 1차 세계대전 당시 미국의 사례에 기초해 있는데, 여기서는 이행소요기간(*Umstellungsdauer*)이 12 ～ 20개월에 달했다.

설되었다면, 가장 유리한 경우에도—즉, 스스로가 변변찮은 공군과 전차를 전혀 사용하지 않으면서, 어떠한 화학무기를 투입하지 않는 적에 대해서—초기단계를 넘어서서까지 심각한 전투를 계속할 전망이 없다는 결과가 나온다. 아마도 기껏해야 대략 8~10일 정도의 조직적인 저항이 고려될 수 있을 것이다.[6] 요컨대 적어도 제 1차 세계대전까지 지배적이었던 구식의 대외정책의 조건하에서가 아니라, 베르사유 형식으로는 제국군대가 외관상으로 거의 투입능력이 없었다. 이러한 사실은 베르사유 조약의 창조자들이 제국군대에 대하여 어떠한 목적을 생각하였는가라는 문제로 이끈다. 나아가서 조약의 원문을 꼼꼼히 읽어 보면, 제 160조 "군대는 독일 영토 내에서 그리고 국경경찰에 이르기까지 질서유지를 위해서만 정해진다"에 그 대답이 있다. 이에 따르면 제국군대는 거의 본래의 전쟁수행에 참여한 것이 아니라, 다만 오늘날 독일연방 국경수비대와 유사하게 일종의 확대된 기동경찰대일 수 있다. 이 목적규정에 비추어 볼 때, 제국군대는 놀라울 정도로 광범위하게 "군사화되었다."[7]

---

6) 이 계산은 오토 리비케〔Otto Riebicke, *Was brauchte der Weltkrieg? Tatsachen und Zahlen aus dem deutschen Ringen 1914/1918* (Leipzig, 1936), S. 92〕가 제시한 값에 기초한 제 1차 세계대전에서의 탄약소비량 추정에 의거한 것이다. 이에 따르면 스와송(Soissons)과 렝스(Reims) 사이에서 이루어진 독일의 공세에서 1918년의 첫 공격일에 38㎞의 전선에서 약 4시간 30분 사이에 포병중대당 약 천 8백 발의 포탄이 발사되었다. 이에 비하여 제국군대에 대해서는 베르사유조약에 의거할 경우 포병중대당 약 3천 6백 발의 포탄이 사용되었다. 우리는 이 분량이 일주일 이상에 달할 수 있었을 것이라고 가정해서는 안 된다.

7) 제 160조의 관점에서는 예컨대 대포와 박격포의 비율(323:252)이 목적에 부합하지 않았다. 박격포가 대포보다 내전용에 더 잘 이용될 수 있었으므로, 그 역이 바람직했을 것이다. 또한 경찰부대와 국경수비대에 대해서도 독립적인 부처와 사단편성이 필요했는지에 대한 의문도 제기될 수 있다. 일반적으로는 Otto Geßler, "Der Aufbau der neuen Wehrmacht", *Zehn Jahre*

이 모순점을 이해하기 위해서는 베르사유 조약의 형성사와 이 조약에 규정적인 전체 정치적 구상에 대한 간략한 개관이 필요하다. 베르사유 조약은 서로 배치되는 두 세력의 결과물이었다. 한편에서는 19세기처럼 특히 실질적 혹은 자칭의 민족적 이익이라는 신성한 이기주의(*sacro egoismo*)[8]를 지향했던 프랑스의 대외정책적 구상이 있었다. 다른 한편에서는 윌슨(Wilson)의 구상이 있었는데, 그는—민족적 이기주의 정책이 반드시 국제적인 무정부 상태로 나아갈 것임에 틀림없다는 인식에서 출발하여—국제연맹의 형식으로 초국가적 기구를 만들고자 하였다. 우리가 이미 알고 있듯이, 파리 평화회의는 이들 두 구상들 사이의 투쟁의 역사이다. 이 투쟁에서 프랑스는 영국과 이탈리아의 후원을 등에 업고 윌슨을 고립시키는 데 성공함으로써, 광범위하게 자신의 견해를 관철시킬 수 있었다.

그렇지만 프랑스의 승리는 완벽하지 못했다. 그래서 국제연맹은 실제로 창설되었고 그 창설문서는 조약의 원문에 동시에 삽입되었지만, 많은 세부규정들은 이중적인 모습을 띠었다. 이 사실은 조약의 군사적 부분에도 그대로 적용될 수 있다. 그 유명한 전문(前文)에 독일의 무장해제가 "모든 국가의 전반적인 군비제한을 가능하게" 해야 한다고 되어 있지만, 이는 윌슨의 14개항의 제 4항에 있는 요구사항 "여러 민족들의 무장이 내적인 안전과 일치할 수 있는 최저수준으로 낮추어지

---

deutsche Geschichte 1918-1928(Berlin, 2판, 연대미상〔1928?〕), S. 87~102, 특히 S. 88.

8) 〔역주〕 이탈리아의 정치가 살란드라(Antonio Salandra, 1853~1931)가 1914년에 이탈리아 외무부 관료들 앞에서 거행한 한 연설에서 처음 사용한 표현. 그는 이 연설에서 조국에 대한 무제한적이고 배타적인 헌신, 즉 이탈리아를 위한 신성한 이기주의를 요구하였다. 이후 sacro egoismo는 제 1차 세계대전 기간과 그 이후에도 오직 민족적 이익에 의해서만 이끌어질 수 있는 표어로 간주되었다. 이 표현은 누군가에 의해서 각인된 이기주의를 지칭하기 위해서 비판적인 의미로 더 자주 사용되었다.

는 데 대한 적절한 보증계약의 교환"과 일치한다.[9] 이렇게 볼 때 제 160조에 부여된 독일군의 목적규정은 윌슨의 일반적인 지침을 구체적인 경우에 적용한 것에 불과하다. 그러나 상세한 내용을 결정했던 파리회의의 군사위원회는 영국 장성들과 포쉬(Foch)라는 개인으로 대표되는 프랑스의 장성들이 지배하였다. 그러나 그들은 물론 민족적·군사적 이익이라는 개념 속에서 사고하였으며, 윌슨의 구상에 따르면 일종의 확대된 경찰이어야 할 것이 장성들에게서는 기형적인 군대의 형식으로 받아들여졌다.

국내정책적인 문제는 이러한 대외정책적인 문제로 되었다.[10] 프랑스와 영국의 장성들에게 시급한 문제는 독일의 새로운 군대를 가능한 한 민주화시키는 것이었다. 왜냐하면 이들 양측은 이렇게 하여 독일의 정치생활에서 위험하고 역동적인 요소들 중의 하나를 제거하고 싶어 했기 때문이다. 그러나 양측은 전혀 다른 수단으로 이 목표를 달성하려고 하였다. 영국인들은 장기 근무하는 소규모 직업군인으로 구성된 영국식의 군 기본법을 제안했다. 그들은 그러한 군대의 장교들이 영국에서처럼 일정 정도의 기간이 지나면 "공무원으로" 되고 이를 통하여 전쟁과 같은 모험을 꺼리게 될 것이라고 생각했지만, 영국의 민주적 헌법이 바이마르공화국과는 반대로 적어도 장식적인 군주제에 의해서 씌워져 있고, 이로 인하여 "군주제적" 직업군대와 민주국가의 결합이

9) 저자의 강조. 또 내적인 안전에 대한 제한을 제외시킬 수 있는 국제연맹 규약 제 8조도 참조. Karl Ludwig v. Oertzen, "Das Abrüstungsproblem", Heinrich Schnee/ Hans Draeger, eds., *Zehn Jahre Versailles*, vol. II (Berlin, 1929), S. 105ff. 를 참조. 슈벤데만(Karl Schwendemann, *Abrüstung und Sicherheit, Handbuch der Sicherheitsfrage und der Abrüstungskonferenz*, 2판, vol. 1 (Leipzig, 연대미상〔1933〕)) 은 포괄적인 정보를 제공한다.

10) 아래에 대해서는 Jacques Benoist-Méchin, *Histoire de l'armée allemande*, vol. I (Paris, 1936), S. 352ff. 를 참조.

가능하게 되었다는 것을 잊었다. 이와는 달리 포쉬의 제안은 자유주의적 이념에 의거했고, 따라서 놀랍게도 동일한 근거에서 흘러나온 독일 사민당의 국방정책적 요구들과 조화를 이루었다.[11] 포쉬는 국민개병제에 입각하여 처음에 약 50만 명, 이어서는 20만 명의 단기 근무하는 시민군(*Milizheer*)을 요구하였다. 그는 이렇게 해서 부여된 광범위한 부르주아층의 군사훈련이 갖는 위험성이 "급속히 프로이센 정신의 아성이 되어, 자신의 전통적인 독일과 동일시하고, 결국에는 자신의 (요구) 조건들을 정부에 강요하게 될 직업군대로부터 생겨날 위험보다는 훨씬 더 적을 것"이라고 생각했다.[12]

회고해 보건대 우리는 포쉬가 "직업군대"(*armée de métier*)의 이데올로기적 · 사회적 · 정치적인 결과들에 대하여 후일 그대로 들어맞는 예언을 했던 예리한 시야에 놀라지 않을 수 없다. 그렇지만 포쉬는 로이드 조지(Lloyd George)를 상대로 한 최종심의에서 자신의 견해를 관철시킬 수 없었다. 왜냐하면 클레망소(Clémenceau)가 그를 배신하고 영국을 지지했기 때문이다. 브누아-메생(Benoist-Méchin)은 "그 결정은 엄청난 결과를 초래할 것이다. 즉, 신생 독일공화국에 군주정의 군대를 제공하는 격이 될 것이다"라고 언급한다.[13]

---

11) 1891년 에어푸르트 강령 제 3항: "일반적 방위능력의 육성. 기존의 군대 대신에 인민군 …" 등. *Sozialistische Dokumente: Das Erfurter Programm. Sein Werden und seine Kritik*(Offenbach/M., 1947), S. 130. Benoist-Méchin도 이 연관관계를 언급한다(주 IX/10), I, S. 355, 주 1. 이 언급은 특이하게도 1939년에 발간된 독일어판에 포함되어 있지 않다. Jacques Benoist-Méchin, *Geschichte des deutschen Heeres seit dem Waffenstillstand 1918-1938*, ed. by Carl Henke, vol. I(Berlin, 1939) (이 시리즈는 더 이상 출판되지 않음), S. 223.

12) *Note Fochs vom 1. Januar 1919*, gerichtet vom Großen Hauptquartier der Allierten Armeen an die französische Regierung, Benoist-Méchin(주 IX/10, I, S. 354f.

13) *Ibid.*, S. 359. 포쉬는 자신의 계획을 관철시키지 못했으므로, 이제 실병력

이 언급으로 베르사유 조약의 군사적 조건들은 거의 다르게 표현되었다. 한편으로는 군대와 경찰 2개의 축 사이에서의 변동, 다른 한편에서는 군대의 민주화 시도에 대한 지속적인 저항에 맞설 수 있는 군대 기본법이 그것이다. 따라서 역사적 결과들 — 은밀한 군비확장과 제국군대의 반민주적인 정신 — 은 불가피했는가? 베르사유의 틀 내에 놓여 있는 여러 다양한 가능성들을 크게 축소하지 않는다면, 그렇게 주장할 수 없을 것이다. 오히려 이 틀 내에서 모든 진영을 적어도 절반 정도까지 만족시키는 해결책이 발전될 수 있었다고 충분히 가정해 볼 수 있을 것이다. 이 문제의 대외정책적인 측면과 관련해서 하나의 해결책은 오직 두 가지 전제조건 아래서만 이루어질 수 있었을 것이다. 그 첫 전제조건은 국제연맹이 제대로 기능하는 국제정치의 도구로 형성되어, 이 틀 속에서 효과적인 군비축소의 이념이 적어도 개략적으로 그리고 그리 오래 지나지 않은 시기에 실현될 수 있어야 했었다는 것이다. 그러나 여기에는 특히 국제연맹 이념의 원산지 국가인 미국이 강력한 기둥으로서 국제연맹에 가입하는 것이 필요했을 것이다. 두 번째 전제조건은 독일에 있었다. 독일은 윌슨의 구상을 정책의 기초로 하여 국제연맹 내에서 중소 중립국가들 및 미국과 하나의 블록을 형성하여 국제연맹 내에서 결정화의 핵을 마련하고 군축정책을 추진했어야만 했을 것이다. 군사적인 면에서 볼 때 그것은 독일이 물질적으로뿐만 아니라 정신적으로도 독자적인 군비축소를 실행하고 제국군대에 제160조의 목적규정에 상응하는 하나의 형식을 부여했어야만 했다는 것을 의미할 것이다.[14)]

을 20만 명으로 확정하는 데 반대하였고, 협상과정에서는 먼저 14만 명으로, 이어 4천 명의 장교를 포함하여 10만 명으로 감축시켰다. 같은 곳 참조.

14) Erich Kordt, *Nicht aus den Akten …Die Wilhelmstraße in Frieden und Krieg, Erlebnisse, Begegnungen und Eindrücke 1928-1945* (Stuttgart, 1950), S. 42ff. 도 이와 동일한 방향에서 주장한다. 그는 정당하게 아마도

이들 두 전제조건들은 충족되지 못했다. 윌슨의 실각과 뒤이은 고립정책의 시기는 미국의 국제연맹 가입에 대한 희망을 파괴하였고,[15] 독일에서 윌슨의 구상안을 환영하였던 민주세력들은 법률상으로(*de jure*) 권력을 장악하고 있었음에도 불구하고 자신의 뜻을 관철시킬 수 없었다. 미국과 마찬가지로 영국도 주저하였으므로, 민족적 이기주의들을 초국가적인 조직으로 결합시키려던 기대 대신에 대륙을 각인하고 있던 구래의 권력정책이 등장하였다. 이 틀 속에서 프랑스는 국제연맹을 자신의 이중적인 "안보"정책과 헤게모니 정책의 도구로 만들고 일반적인 군비축소 프로젝트를 그 실현을 심각하게 위협하는 정도로 지연시키는 데 결정적인 역할을 하는 데 성공하였다.

당시의 상황에서 국제연맹 정책의 실패에 대한 원인들이 개별국가의 대외정책적인 야망과 공격적인 경향에서 보다는 오히려 각 민족의 정치지도부가 혁명적인 국제연맹 이념의 실제의 실행에서 백일하에 드러낸 광범위한 무능력에서 찾아져야 한다는 점은 특징적이다. 바이마르공화국의 방위정책은 거기에 대한 하나의 모델이다. 평화조약 체결 직후 독일의 대외정치적인 상황은, 객관적으로 볼 때, 새로운 독일 제국군대의 목적적합성에 의문을 제기할 수 있었다.[16] 확실히 무시될

이렇게 비군사적인 조약규정들의 수정도 더 쉽게 이루어질 수 있었을 것이라는 점에 주목한다.

15) 미국의 후퇴에 대하여 연합국은 즉각 유감을 표명했다. Lloyd George, *Die Wahrheit über Reparationen* (주 VIII/50), S. 39 f. (배상에 관한 협상 결과)와 Nollet (주 IX/5), 12 (군사적 통제에 대한 결과들)를 참조. 미국에서 이 사실에 대한 인지는 제 2차 세계대전에서 크게 진전되었다. 특히 Walter Lippmann, *U. P. Foreign Policy, Shield of the Republic* (New York, 1943), 특히 S. 55. 리프맨은 국제연맹의 핵심으로 미 - 영 - 불 삼국동맹을 옹호하였다. 제 2차 세계대전 이후 미국 고립주의 정책의 불리한 결과들은 독일에서도 강조되었다. Ludwig Dehio, *Gleichgewicht oder Hegemonie. Betrachtungen über ein Grundproblem der neueren Staatengeschichte* (Krefeld, 1948), S. 210ff.

16) 독일 대외정책 전반에 관해서는 Ludwig Zimmermann, *Deutsche Außenpolitik*

수 없는 위험들이 있었다. 프랑스 평화조약의 결과에 전혀 만족하지 않는다는 것은 명백했으며, 동부의 폴란드에서는 유사하게 생각하는 강력한 영향력을 지닌 세력들이 있었다. 양측으로부터 채워지지 못한 희망을 후에 충족시키려는 시도가 있으리라는 것을 고려해야만 했다. 이러한 상황에서 만약 군사적으로 동맹세력이 없는 독일이 충분한 방위력을 갖춤으로써 안전을 보장받으려고 했다는 것은 이해할 수 있을 것이다. 그러나 독일은 군사적으로 동맹국이 없었으며, 독일에 부과된 동맹관계들은 효과적인 국토방위를 배제했다. 그렇지만 군사적 안전 원리를 고수하려 한다면, 비밀무장조치를 통한 길밖에 없었다. 그러나 이 길에는 문제가 있었다. 왜냐하면 연합국의 철저한 감독에 비추어 볼 때,[17] 은밀한 준비는 군사적으로 충분하지 못했고, 게다가 외국에서 절대적인 비밀유지가 어려워서 독일 대외정책에 심대한 부담이 될 수 있는 불신을 야기할 것임에 틀림없었기 때문이다. 그러나 이로써 군사적인 안전조치라는 본래의 목적 — 독일의 대외정책적 지위 강화 — 은 실패로 돌아갔을 것이다.

게다가 위험한 국내정책적인 역작용이 가해졌다. 제국군대는 반(反)공화국적인 방위단체들이 의도하는 바의 신뢰할 만하고 입이 무거운 조력자를 얻기 위하여 이 단체들에 호소하지 않을 수 없었다. 또한 제국군대는 심각한 법적인 갈등에 휩싸였다. 왜냐하면 평화조약은 독일제국법이었고, 비밀무장조치들은 국제법적 기반뿐만 아니라 다른 어떠한 법적 기반도 필요로 하지 않았기 때문이다. 제국군대는 위법적

---

in der Ära der Weimarer Republik, Göttingen 1958; 자료가 풍부하지만 여기저기서 편집한 것으로는: *Heinrich Euler, Die Außenpotitik der Weimarer Republik, 1918～1923*, Aschaffenburg, 1957; 균형 잡힌 평가를 하는 것으로는: 아익〔Eyk, *Geschichte der Weimarer Republik*(주 I/18)〕의 탁월한 평가.

17) 여기에 관해서는 Friedensvertrag(주 IX/2), 제 203～210조와 Nollet(주 IX/5)를 참조.

인 조치들을 "개인적 작업", 그리고 거기에 가담한 사람들을 "자발적 협력"이라고 선언함으로써 스스로를 도왔다. 그러나 법적으로 중요한 것은, 군사전문가들이 스스로 확인하였듯이, "공동의 위법을 위한 개인들의 결합"이었다.[18] 위법성과 음모를 위한 교육은 법과 도덕 개념에 대한 심각한 혼란을 가져왔다.

이러한 상황에서 군사적 안전을 먼저 포기하고 정치적 수단으로 위험을 피하려는 것이 권고할 만한 것이어야 하는가? 정치상황은 거기에 극복할 수 없는 어떠한 장애물과 마주치지도 않았다. 심지어 우리가 당시상황을 이전 및 오늘날의 상황과 비교해 보면, 거기에는 그러한 정책을 실행하기 위한 한 차례의 기회가 있었다고 말할 수 있을 것이다. 1914년 이전처럼 명백한 제국주의적 노력들도 없었고, 1947/1948년 이후 오늘날처럼 이데올로기적 전선 사이의 "냉전"도 없었다. 가장 큰 어려움은 전쟁이 남긴 경제적 심리적인 폐허상태에 있었으며, 바로 그 어려움에 대응하여 흔들림 없는 화해정책은 유일하게 적합한 수단이었다. 비록 시기적으로 제한적이긴 했지만, 1925년 이후 슈트레제만 정책의 명백한 성공은 거기에 대한 증거이다.[19] 그러나 이러한 방식으로 지속적인 결과들이 달성되어야 한다면, 거기에는 두 가지 전제조건들이 필수불가결했다. 첫째, 정부는 구체적인 상황에 관련된 명백한 구상을 발전시키고, 전술적인 노련함, 인내, 결연함을 갖고 그것을 실현시키려고 노력해야만 했다. 둘째, 이러한 정부의 정책은 일반국민 대다수의 확고한 지지를 필요로 했다.

이러한 조건들은 독일에서 1919년 여름에도 그 이후에도 없었다.

---

18) Rechtsgutachten vom 7. 1. 1927과 Memorandum des Oberstleutnants v. Bonin vom 18. 1. 1927. 이 책의 제 3권 부록 IV(S. 348ff) 도 참조.

19) 루어점령기에 쿠노(Cuno) 내각이 취한 저항정책의 명백한 실패는 이와 극적으로 대비된다. 1923년에 제국군대의 존재도 제크트의 의구심을 받은 군비증강노력도 프랑스에 거의 전혀 압력이 되지 못했다.

독일의 정당들 중에서 비무장 화해정책을 가장 선호하였던 사민당이 당시 재임중이던 바우어(Bauer) 내각에서 지배적인 역할을 수행했음에도 불구하고,[20] 이른바 "평화군을 위한 예비위원회"(Vorkommission für das Friedensheer)를 설치함으로써 평화조약에 서명한 지 불과 일주일 후에 새로운 제국군대의 재건을 위한 첫 조치를 취한 것도 바로 이 내각이었다.[21] 그리고 당시 "임시 제국군대"의 형태로 대부분 내전용으로 결성되었으나, 이미 경찰부대의 계속교육을 위한 실질적인 맹아를 내포한 도구가 존재하고 있었음에도 불구하고,[22] 이런 일이 벌어졌다. 그럼에도 불구하고 정부가 새로운 군대의 창설을 결정했다면, 여기서 무엇보다 중요한 것은 명백히 정부 내의 사민당 당원들 스스로가 — 여기서는 특히 노스케(Noske)를 생각해 볼 수 있다 — 군사적 안전을 생각한 고전적인 대외정책 개념들 속에서 생각해 볼 수 있다는 점이었거나 또는 그렇다고 할지라도 이미 강력하게 팽창하는 민족주의적 선전에 비추어서 인기하락을 감수한 용기를 지녔다는 점이었다.[23]

---

20) 문제가 되는 책임부서 — 외무부와 국방부 — 는 사민당 인사들로만 채워졌다. 외무부는 헤르만 뮐러(Hermann Müller)가, 국방부는 노스케가 맡았다. 게다가 그르체진스키(Grzesinski)(후에 베를린 경찰총장)는 차관으로 프로이센 전쟁성에서 일하고 있었다. 그의 보고서 Albert Grzesinski, *Inside Germany*(New York, 1939)를 참조.

21) 이 위원회는 특히 Friedrich v. Rabenau, *Seeckt. Aus seinem Leben 1918-1936*(Leipzig, 1940), S. 196, S. 466ff.를 참조.

22) 실제로 훗날의 보안경찰(Schutzpolizei)은 여기서 유래했다. 여기에 관해서 일반적인 것으로는 Friedensburg(주 I/41), S. 245. 개별사례들은 다음을 참조: Gustav Noske, *Von Kiel bis Kapp. Zur Geschichte der deutschen Revolution*(Berlin, 1920), S. 133과 Edgar v. Schmidt-Pauli, *Geschichte der Freikorps 1918-1924*(Stuttgart, 1936), S. 357, S. 362. 프랑스 측에 대해서는 Nollet(주 IX/5), S. 208f.

23) 국방부 장관으로서의 노스케에 대해서는 그의 두 회고록 *Von Kiel*(주 IX/21)과 *Erlebtes aus Aufstieg und Niedergang einer Demokratie*(Offenbach/M, 1947)을 참조. 헤르만 뮐러에 관해서도 Nollet(주 IX/5), S. 135f.

게다가 군사적 기술적인 전문성 문제와 관련하여 일련의 사민당 고위 간부들 속에서는 무지라고 부를 수 있는 지식수준이 지배적이었다. 따라서 이들에게서는 확실히 새로운 제국군대의 재건이 다른 방식으로 의미를 지니고, 새로운 군대가 납세자들의 희생으로 군사적으로 쓸모없이 단순한 병사놀이라는 부정적 평가를 받지 않으려면, 어쩔 수 없이 베르사유 조건의 틀을 넘어서야만 했고, 위에 언급된 대외정책적 분규를 초래하게 될 것임에 틀림없다는 점에 대해서 분명하지 않았다. 그 상대자들은 정부에 결여되어 있던 것 모두 — 명확한 목표설정, 단호함, 결연함 그리고 경제적으로 강력한 주민계층의 후원 — 를 예전에 제국장교단의 형태로 더욱더 많이 보유하였다. 제국장교단은 1918년 11월의 붕괴로부터 놀라울 정도로 빨리 회복되었으며, 특히 "임시 제국군대"의 건설에서 필수불가결한 것으로 증명됨으로써 이미 다시금 제 1급 압력단체로 상승하였다. 그러나 장교들은 새로운 군대를 창설하고자 했으며, 따라서 매우 신속하게 새로이 형성된 군대를 내부투쟁에 휘말리지 않게 하였다.[24] 그리고 군사정책면에서 곤혹스러운 상황에 처해 있던 정부가 전혀 대안을 제시할 수 없었으므로, 장교들의 노력도 성공을 거두었다. 군사적 안보체제냐 또는 정치적 안보체제냐라는 근본적인 문제의 진지한 설명에는 이르지 못했던 듯하다.[25] 정부

---

24) 라인하르트 장군(General Reinhardt)이 1919년 2월 19일 국민의회에서 거행한 연설과 Eduard Heilfron, ed., *Die deutsche Nationalversammlung* (Berlin, 1921), vol. 1, S. 416ff; Fritz Ernst(ed.), "Aus dem Nachlaß des Generals Walther Reinhardt", *Welt als Geschichte* 18(1958), S. 61 등을 참조.

25) Kordt(주 IX/14), S. 42ff. 는 1928년 이후 외무부에서 이 문제에 관한 논의들을 언급한다. 이 논의는 순전히 학문적인 수준에 머물렀다. Geßler(주 IX/7), S. 88과 그뢰너(Groener)의 *Denkschrift vom November 1928*; Wolfgang Wacker, *Der Bau des Panzerschiffes "A" und der Reichstag* (Tübingen, 1959), S. 35ff. 를 참조.

는 주도권을 "책임부처", 즉 자신의 군사적 보좌관에 크게 의존하고 있던 국방부 장관 노스케에게 위임하였으며, 그 결과는 군대의 창설이었다. 그러나 그 순간에는 이 군대가 독일에 어떠한 서비스를 제공해야 할 것인지에 관해서 장교들 이외에는 어느 누구도 말할 수 없었다.[26]

2. 전통과 혁명

바우어 내각은 장교단의 압력 아래서 새로운 독일제국군을 건설하기로 결정하였다. 그렇지만 본래 사민당에서도 또 바이마르 연립정당들의 어느 편에서도 군대 기본법의 민주적인 형성에 영향력을 행사하게 하려 하지 않았다. 그리고 이것은 사실상 결정적인 문제점이었다. 새로운 독일제국군을 창설하고자 한다면, 그것이 최소한 새로운 국가의 수중에서 기꺼이 원하는 도구가 되도록 배려해야만 했다. 베르사유 조약이 직업군인의 형식을 규정함으로써, 이러한 계획에 인정할 만한 커다란 걸림돌이 되었다. 그러나 믿을 만한 공화국 장교단을 만들어 내는 데 성공할 경우 이 걸림돌은 극복 불가능한 것이 아니었다.

이로써 바이마르공화국의 국내 군사정책 영역에서 해결되어야 할 핵심문제인 장교단과 전체 국가 사이의 이익유대 형성은 명확히 되었다.[27] 장교는 군지도자, 즉 투쟁과 그 투쟁을 준비하는 기술적인 지도자이며, 나아가서 ― 적어도 절대주의 이후 근대의 국가체제에서 ― 정치적 관직 보유자이다. 왜냐하면 그는 폭력의 사용과 대규모의 파괴가 가능하게 하는 국가의 유일한 권력수단의 관리자이기 때문이다. 당

26) 문헌에서는 비밀무장에 대한 의구심이 계속 인정되지만, 여기 개관된 대안적인 해결책은 "유토피아적"인 것이라는 이유로 받아들여지지 않았다.

27) 이하는 Max Weber, *Wirtschaft und Gesellschaft*(주 II/13), 13판, 특히 S. 154와 S. 686ff. (이익유대 개념)를 참조. 또한 Mosca(주 II/13).

연히 폭력의 사용과 파괴는 독자적인 국가의 보호와 유지에만 이용되어야 하지만, 역사는 무기나 파괴수단에서 잠재적인 "부메랑 효과"가 있어서 파괴적인 작용도 자주국가 자신에 지향될 수 있다는 것을 보여준다. 빌헬름 시기부터 1945년까지 독일사는 거기에 대한 고전적인 사례를 제공한다. 따라서 이 위험한 권력수단의 관리자인 장교단을 자신에게 밀접히 결합시키고, 군부의 해방을 가능한 한 방지할 수 있는 그와의 경제적 이념적인 이익유대를 만드는 것은 정부의 가장 중요한 관심사였다.

프로이센-독일제국에서 이 문제에 대해서 찾아낸 해결책은 장교단에 의해서 이상적인 것으로 간주되었다. 이 해결책은 본질적으로 ① 장교단이 경제적으로가 아니라, 위신에 맞게 사회계서 피라미드의 최정상에 위치한 군국주의화 된 사회질서와 ② 개인적 충성에 기초한 왕조와의 유대라는 두 가지 중심축에 의거했다.

우리는 군국주의 개념을 한 국가 (또는 정치인)의 현실정책이 군사적 기술적인 고려에 일방적으로 의존하는 것 내지 정규적인 군사독재의 존속을 포괄하는 것으로 정의하려고 하였다.[28] 그러나 이 정의는 너무 협소하다. 즉, 이 정의는 현상의 일면만을 포함할 뿐이다. 최소한 그와 마찬가지로 중요한 다른 한 측면은 사회질서 내부의 군부(또는 군사적 구조형식들)의 우위라는 사회적 사실 속에서 찾을 수 있다.[29] 따라서 군사화된 사회질서의 창출 또는 유지를 목표로 하는 그

---

28) 리터는 〔G. Ritter, "Das Problem des Mailitarismus in Deutschland", *HZ* 177(1954), S. 21ff. ; *Staatskunst und Kriegshandwerk*, vol. I (München, 1954)〕 전통 속에서 자신의 테제를 상론하고 이를 자료로 뒷받침하려 하였다.

29) 물론 여기서는 역사적으로 다양한 단계들이 관찰될 수 있다. 예컨대 신분제사회의 구조는 군신분 자체의 높은 위신과 자신 및 군사정책적인 필요성을 시급히 충족시키도록 허용하지만(18세기의 프로이센), 프랑스 혁명 이후처럼 나머지 신분이나 계급의 군사화를 허용하지는 않는다. Hans Speier, "Militarism in the Eighteenth Century", *Speier, Social Order and the*

러한 정책은 군국주의적인 것으로 지칭되어야만 한다. 이는 우리가 첫번에 언급한 군국주의 개념으로 작업할 경우 인지하지 못하게 되는 한 측면이다.[30] 그렇게 군사화된 사회질서는 프로이센-독일 제국에서 전형적인 형식으로 존재한다. 그 질서 속에서 장교단은 "제 1신분", 즉 특권적인 엘리트였다. 게다가 장교단은 나머지 사회계층에 대해서도 군국주의적 영향력을 행사하였다. 그리하여 사회적 상승은 본질적으로 오직 장교단의 사회행위 규범에 적응함으로써만 가능하게 되었다.[31] 19세기 동안 부르주아 자유주의의 공격을 방어하는 과정에서 장교단의 이러한 엘리트적 지위는 이데올로기적으로도 점차 확고해졌다. 군복무의 높은 윤리적 가치에 대한 프로이센 개혁가들의 낭만적 사고에 연결되면서 "국가를 형성하는 군대의 힘" 이념에서 절정에 달

Risks of Wars (New York, 1952), S. 230~252를 참조.

30) 리터는 프리드리히 빌헬름 1세 치하의 프로이센이 군국주의적이지 않았다는 결론에 도달한다. 왜냐하면 그는 전쟁을 원치 않았기 때문이라는 것이다. 여기에 관해서는 데히오의 비판을 참조. Ludwig Dehio, "Um den deutschen Militarismus", *HZ* 180, S. 43~64. 추가적인 문헌은 Bracher (주 I/39), S. 63, 주 48을 참조. 또한 Otto Hinze, "Staatsverfassung und Heeresverfassung", *Gesammelte Schriften*, vol. II와 "Militarismus und Hitlerismus", Friedrich Meinecke, *Die deutsche Katastrophe* (주 I/5), 2판, S. 64~75; Wolfgang Sauer, *Artikel "Militarismus"*, Ernst Fraenkel/Karl Dietrich Bracher (ed.), *Staat und Politik* (Frankfurt a. M., 1957) (Fischer-Lexikon, vol. 2), S. 190~192.

31) 주제와 관련한 많은 문헌들 중 다음의 것들만 언급하겠다. Ernst Troeltsch, "Das Ende des Militarismus", *Spektator-Briefe* (주 I/44), 1~12; Heinz-Erich Fick, *Der deutsche Militarismus der Vorkriegszeit. Ein Beitrag zur Soziologie des Militarismus* (Potsdam, 1932); Herbert Rosinski, *The German Army* (Washington, 1944). 아직 성숙되지 않은 최근의 서술 Walter Görlitz, *Der deutsche Generalstab. Geschichte und Gestalt 1657-1945* (Frankfurt a. M., 1950). 현재 Gordon A. Craig, *The Politics of the Prussian Army 1640~1945* (Oxford, 1955)가 더 뛰어나다.

한 독자적인 국가이론이 발전되었다. 이는 무엇보다도 사회교육적으로 이해되어야만 한다. 장교와 병사들의 이상적인 이미지는 동시에 이상적인 정치적 인간을 위한 모델로서 유효해야만 했고, 군대는 "국가를 위한 민족의 학교"로 되어야만 했다.[32]

주지하다시피 이 체제는 이미 프로이센 왕조에서 자유주의자들의 격렬한 공격을 받았고, 제국 시기에는 사회민주주의자들에 계승되었다. 사회민주주의자들의 압력 아래서 장교단은 공격받았던 왕조와 밀접히 결합되었으며, 그리하여 프로이센-독일 군사체제의 두 번째 접점이 형성되었다. 장교단은 자유주의자들의 헌법선서 요구에 맞서 병사들에게 더 쉽게 이해될 수 있는, 왕조에 대한 개인의 신뢰에 기반을 둔 유대를 강력히 장려하였다. 주로 귀족적인 장교단 내에서 여전히 생생한 봉건적 미래상과 연결될 수 있었다. 그러나 그 상황에 의미있는 것은 모든 충성관계의 기본이 되는 유대의 이중성이라는 특징이 사라지고, 그 대신 점차 "최고사령관"에 대한 장교단의 정치적 절대복종이 들어서게 되었다는 점이다.[33] 이것은 군주의 신뢰를 얻기 위하여

---

32) 파그츠〔Alfred Vagts, *A History of Militarism. Romance and Realities of a Profession* (London, 1938)〕는 군국주의화의 이데올로기적 보조수단으로서의 낭만주의의 영향력을 강조한다. 물론 여기서 암시된 과정은 1914년까지 아직 그 절정에 이르지 못하였다. 전단계들("질서요소"로서의 군대; 사회교육적 기능은 먼저 학문적으로만 논의되었다)은 횐에게서 처음 설명되었다. Reinhard Höhn, *Verfassungskampf und Heereseid. Der Kampf des Bürgertums um das Heer(1815-1850)* (Leipzig, 1938). 횐은 자신의 서술에서 군국주의적 권위주의적 강조점을 오늘날에는 바로잡았다. 여기에 관해서는 Höhn, "Wehrordnung und moderne Gesellschaft", *Menschen-führung, Personalauslese, Technik in Wirtschaft und Armee* (Lebendige Wirtschaft, Veröffentlichungen der Volkswirtschaftlichen Gesellschaft e. V., vol. IV) (Darmstadt, 1954), S. 7~75를 참조. "국가를 형성하는 군대의 힘"이라는 이념은 다음에 완벽하게 형성되어 있다. Ernst Rudolf Huber, *Heer und Staat in der deutschen Geschichte*, 2판(Hamburg, 1938).

오직 반대급부만을 요구한 "비정치적인 장교"의 출생시점이었다. 그리하여 장교는 그 시대에 새로이 싹트기 시작한 정치적 사회적 세력의 치명적인 공격으로부터 군주를 보호하였다. 군주는 훗날 제크트가 "강력한 왕의 방패(*Königsschild*)"라고 불렀던 것으로 되었다. 장교단은 그를 보호할 때 자신의 전문과제에 전념하여 혁명적 시대변화에 눈감을 수 있기 위해서 전면방어자세(*Igelstellung*)를 취했다.[34]

---

33) 오해를 피하기 위해서 원칙적인 것으로 정상적인 상황에서 병사 대중이 당연히 정치적으로도 무조건 복종해야 한다는 점이 언급되어야 할 것이다. 그러나 그 의미는 개인으로서의 인간이 어느 누구도, 최소한 상급자도 빼앗아 갈 수 없는 결정을 요구받는 극단적인 경우에 대해서 평균적인 병사에게도 엄격해져야만 한다. 여기에 대해서는 Hermann Foertsch, *Schuld und Verhängnis. Die Fritsch-Krise im Frühjahr 1938 als Wendepunkt in der Geschichte der nationalsozialistischen Zeit*(Veröffentlichungen des Instituts für Zeitgeschichte Nr. 1) (Stuttgart, 1951), S. 16을 참조. 그 밖에도 1944년 7월 29일에 대한 논의는 예컨대 Herbert Kraus(ed.), *Die im Braunschweiger Remerprozeß erstatteten moraltheologischen und historischen Gutachten nebst Urteil*(Hamburg, 1953); Gerhard Ritter, "Zur Lage der militärischen Widerstandspflicht", *Merkur* 8(1954), S. 660~670을 참조. 오늘날의 복종에 관한 논의의 여러 가지 오해들은(예컨대 Walter Görlitz는 *Monat* 6〔1954〕, S. 407에 게재된 한 투고문에서 프로이센의 복종은 "항상 도덕적인 자유 속에서 이루어진 양심적인 결정"이었다고 표현했다) 군사적 전문적인 (다시 말해서 전투행위에서) 특히 복종이 정치적 복종과는 반대로 절대화된 것이 아니라, 몰트케(Moltke)의 "위탁전술"(*Auftragstaktik*)에 의해 느슨해졌다는 사실로부터 생겨났다. 여기에 관해서는 Hans Doerr, "Truppenführung und Freiherr", *Wehrwissenschaftliche Rundschau* 4(1954), S. 97~104, 특히 S. 99ff.

34) Rabenau(주 IX/21), S. 575에 있는 제크트의 명언. Gustav Hillard〔Gustav Steinbömer〕, *Herren und Narren der Welt*(München, 1954), 특히 II~VII장은 빌헬름 시기 장교단의 사회적 상황에 대한 훌륭한 개관을 제공한다. 그 밖에 Moriz v. Faber de Faur, *Macht und Ohnmacht. Erinnerungen eines alten Offiziers*(Stuttgart, 1953)과 기타 회고록들을 참조. 그 밖에 종합적인 연구로는 Karl Demeter, *Das deutsche Offizierkorps in seinen*

장교단의 정치적 기능위축과 사회적 특권요구 사이의 불균형은, 여기서도 이미 정치교육의 결함이 증대하고,[35] 순수 수공업적-기술적인 완벽성에 대한 일방적인 지향이 불리하게 감지되었음에도 불구하고, 평시에는 어느 정도 넘어갈 수 있었다. 그러나 모든 면에서 — 정치·군사·사회·경제적으로 — 혁명적인 과정이었던 제 1차 세계대전은 이 체제를 더 이상 성장하지 못할 시험대 위에 올려놓았다. 이미 전쟁의 손실이 장교단의 지도권에 의문을 제기한 것임에 틀림없었다면, 혁명의 발발은 더 나아가서 장교단이 내부의 공격에 대항하여 자신의 엘리트적 지위의 방어에도 실패했음을 보여주었다. 장교단은 왕관의 보유자에 대한 무조건적 복종에 익숙해 있었기 때문에 황제가 갈팡질팡하고 어떠한 결정도 내릴 수 없는 순간에 왕조를 구출하기 위한 독자적인 이니셔티브를 발전시킬 능력도 없었다. 또 정치적 교양의 부족으로 장교단은 혁명의 긍정적인 측면에 대한 인식도 가질 수 없었고, 따라서 혁명진영으로 넘어갈 것인지에 대한 결정을 내릴 수도 없었다. 장교단은 "국왕의 방패"라는 보호막을 박탈당한 채 구질서의 전반적인 붕괴와 새로이 화산과 같은 힘의 분출에 속수무책으로 방관하였다.[36]

---

historisch-soziologischen Grundlagen (Berlin, 1930). 여기서 장교 후임자들의 선발과정에서의 배타성의 경향에 관한 자료도 참조.

35) 전반적인, 특히 정치적인 교양의 결함에 대해서는 Meinecke (주 IX/30), S. 66f. 와 Hillard (주 IX/34), S. 48f. 및 S. 198ff. 무성찰적이지만 매우 인상적인 증거는 Otto Frhr. v. Dungern, *Unter Kaisern und Kanzlern* (Coburg, 1953), S. 15ff. 와 S. 19ff.

36) 이 문제의 핵심에 접근한 유일한 것은 Erich Otto Volkmann, *Revolution über Deutschland* (Oldenburg i. O., 1930), S. 48f., passim. 1919년 7월 27일의 베스타르프 프로토콜(Westarp-Protokoll)과 그 전사(前史)는 왜 프로이센 왕실의 측근들이 왕의 계단에서 자신의 의무에 맞게 군주를 위해서 죽지 않았는지를 사후에 설명하려는 믿기지 않는 시도들에 대한 깊은 통찰을 제공한다. Kuno Graf Westarp, *Das Ende der Monarchie am 9. Nov. 1918* (Stollhamm/ Berlin, 1952)를 참조. 보충으로 Dorothea Groener-

그 권력지위의 중요한 초석이었던 회원들 모두의 수십 년간 의식적으로 익숙해 있던 전통적 이데올로기적인 동일성은 해체될 위기에 처했으며, 발전이 일관되게 진행될 경우 그 날이 계산될 수 있는 듯이 보였다.

그러나 이러한 의미에서 발전은 "논리적으로" 진행되지 않았다. 왜냐하면 새 정권은 장교단 지위의 동요과정에서 그의 것으로 된 장점을 이용할 수 없었기 때문이다. 여기서는 확실히 상황의 어려움이 엄청난 역할을 했고, 그로 인하여 혁명적 정부는 시급히 무장력을 필요로 했다. 그러나 이것만으로는 황제의 장교단이 왜 이 무장력의 건설을 맡았는지 그리고 이 "군주주의적으로" 운영된 군대가—이른바 "임시 제국군"—이례적으로 1919년 봄 이후 국내의 강제기구로 투입되었는지를 설명하지는 못한다. 거기에 대한 근거—그리고 동시에 본래 이러한 발전의 "비논리성"에 대한 결정적 근거—는 1918년 11월 혁명이 거의 전혀 진정한 혁명이 아니었다는 점에서 찾을 수 있다. 11월 혁명은 국가와 사회질서의 의식적 시작이라기보다는 오히려 여러 세력의 붕괴였다. 놀랍게도 권력은 별다른 어려움 없이 사민당의 수중에 떨어졌다. 적어도 이 순간에 사민당은 권력을 거의 원하지 않았으며, 또한 권력을 감당할 수 있을 정도로 성장하지 못했음을 보여주었다.

군사적 영역에서 그것은 신정부의 잘못된 군사정책 또는 보다 더 적절하게 표현한다면 군사정책의 부재 속에서 등장했다. 분명한 군사정책의 구상도, 새로운 군사적 지도자단체의 결정화의 핵으로 기여할 수 있는 군전문인력의 참모도 준비되어 있지 않았다.[37] 이러한 실수들은

Geyer, *General Groener. Soldat und Staatsmann* (Frankfurt a. M., 1955), 177ff; Wilhelm Groener, *Lebenserinnerungen, Jugend, Generalstab, Weltkrieg* (Göttingen, 1957) 도 참조.

37) 로젠베르크의 비판을 참조: Arthur Rosenberg, *Geschichte der deutschen Republik* (주 I/44), S. 43ff. 오늘날 보다 더 상세하게는 Wolfgang Sauer,

특히 사민당에 부담이 되었지만, 에버트와 그의 동료들이 거기에 비교적 책임이 없었다는 점을 고려하는 것이 온당할 것이다.[38] 그들은 사민당 창당 세대가 책임을 져야 할 무관심에 대하여 벌을 받았다. 사민당은—보수적, 민족자유주의적, 군국주의적 논쟁가들과는 반대로—원칙적으로는 결코 "반국방적"이지 않았다. 그러나 사민당은 독일제국의 몇 10년 동안에 그들의 초기 자유주의적인 "인민무장" 이데올로기에 지향된 그들의 국방정책 구상을 현실주의적으로 변화된 상황에 적응시키는 데에는 주목할 만한 두려움을 보였다.[39] 여기에는 사민당의 정치적 입장에 처음부터 덧씌워져 있으면서 다른 문제에서도 그 정책을 마비시켰던 근본적인 분열이 영향을 미쳤다. 계급투쟁 조직인가 또는 민족적 노동자정당인가, 바로 이 문제는 사민당이 1918년까지 극복할 수 없었고, 근본적으로는 바이마르공화국에 와서도 극복하는 데 성공하지 못한 딜레마였다. 국방정책적인 측면에서 볼 때 그것은 계급투쟁 조직으로서의 사민당이 "국제적 프롤레타리아트"의 이익에 기여하지 않는 어떠한 전쟁도 거부한다는 것을 의미했다. 나아가서 그것은, 그들이 보기에 "계급지배"라고 말할 수 있는 체제가 존속하는 한, 독일의 군사적 강화를 위한 어떠한 기여도 거부한다는 것을 의미하였

Militär-und Zivilgewalt in der Revolution. Das Bündnis Groener-Ebert November-Dezember 1918(근간 예정).

38) 에버트가 1918년 12월 12일 "인민방위법(*Volkswehrgesetz*)의 정신적 주창자였다는 것은 그의 군사제도 구상에 빛을 던진다. Friedrich Ebert, *Schriften, Aufzeichnngen, Reden*(Dresden, 1926), vol. II, S. 110f. 와 Hermann Müller, *Die November-Revolution. Erinnerungen*(Berlin, 1928), S. 173f. 를 참조.

39) 일반적으로는 Rosenberg, *Entstehung der deutschen Republik*(주 I/12); 오늘날에는 특히 Reinhard Höhn, *Sozialismus und Heer*, 3판(Bad Homburg v. d. H./ Berlin/ Zürich)(vol. I과 II). Gerhard Schulz, *Die deutsche Sozialdemokratie und die Entwicklung der auswärtigen Beziehungen vor 1914*(Diss. Berlin, 1952).

다. 이와는 반대로 사민당은 민족적 노동자 정당으로서 전쟁이 가능한 한 국제적 프롤레타리아트의 느슨한 통합을 파괴하고, 그들의 다양한 민족적 "분파들"을 대립시킬 수 있다는 견해에 눈을 감을 수도 없었다. 그러나 전쟁에서 독일국가제도의 방위와 평시에 그에 대비하는 것은 독일 노동자들에게 이익이 되어야만 했다.

여기서 요구된 원칙적인 결정은 수십 년간 소심하게 처리되었으며, "인민무장"이라는 사실상 이용할 수 없는 애매한 타협문구로 대체되었다.[40] 사민당이 독일제국의 정치체제로 인하여 "영원한 야당"으로 쫓겨나 있는 한, 이는 어느 정도 실행될 수 있었다. 그러나 이어 제 1차 세계대전과 (제국의) 붕괴가 국제적 프롤레타리아트라는 환상의 취약성뿐만 아니라 인민무장 이데올로기의 의문성까지도 보여주었을 때, 당 지도부는 더 이상 현실주의적 반응으로 나아갈 수 없게 되었다. 장교단 내부의 긴장을 분열로까지 몰아붙이고, 새로운 국가에게 소화하기 어려운 인사들을 배제하면서 다른 사회계층으로부터 "새로운 피"를 수혈받아 타협할 준비가 된 인사들을 새로운 군지휘부를 건설하기 위하여 사용할 기회를 놓치고 말았다. 그리하여 내외적인 위험에 직면하자 장교단을 이제까지의 형식으로 완전히 넘겨받아 군대의 건설을 위임할 한 가지 가능성만이 남게 되었다.[41] 이 결과는 이 과정이 군사적 영역에 한정되지 않고 민간행정 영역에서도 동일했다는 점에서 더욱더 심각했다. 그래서 "혁명적" 정부가 독자적인 집행기구를 건설할 능력이 없어서 이미 존재하고는 있지만, 정치적으로는 왕조와 결합된 기관

---

40) 이 완고한 경향의 구조적 원인들에 대해서는 Michels, *Parteiwesen*(주 I/39)을 참조. 힐라르트(Hillard, 주 IX/34, S. 137)는 독일제국에서 "군대와 사민당의 내부의 구조적 유사성"을 언급한다. 앞의 S. 146ff. 도 참조.

41) 그 밖에도 노스케는 뚜렷한 근거도 없이 명확한 경우에도 선발조치들에 반대하였다. Noske, *Von Kiel*(주 IX/22), S. 170f.; Erlebstes(주 IX/23), S. 129ff.; 노스케에 대한 정당한 비판: Rosenberg(주 IX/37), S. 71.

을 물려받아야 하는 상황이 생겨났다. 그리고 새로운 정권이 국내에서 실제로 단결력 있는 인상적인 다수를 행사하는 상황이 생겨났기 때문에, 정부가 전제주의적 집행기구에 종속될 위험성이 발생했다.

이 위험은 전제주의적 집행기구가 스스로 독자적인 정치적 우연성을 발전시킴으로써 실제로 위협으로 되었다. 관리들과 장교들은 즉시 어느 정도 독자적인 정치적 목표를 추구하는 압력단체를 형성했다. 바이마르공화국 역사뿐만 아니라 정치학 일반에 대해서도 교훈적인 이 과정은 여기서 하나의 특수한 정치체제 속에서 형성되어 다른 정치체제로 이식된 간부층의 행위연구를 위한 가능성을 제공한다.

여기서 동시에 민간관료에 대표적이고 따라서 약간 더 상세히 다루어져야 할 장교단의 사례는 이 행위의 두 가지 특징을 보여준다. ① 그 하나는 구성원의 이상적이고 사회적인 통일성을 유지하려는 경향인데, 이는 자신의 진영으로부터 외관상 이익대표를 넘겨받을 수 있는 정치적 지도부를 배제하려는 노력과 관련되어 있다.[42] 또 ② 다른 하나는 독자적인 정치적 지위와 목표설정을 숨기려는 지속적인 일련의 시도들이다. 이들 두 특징들의 초기 형태는 이미 전쟁 이전 시기 장교단의 "비정치적"인 행위 속에 존재하였음에도 불구하고, 이러한 특징들이 혁명적 혼란 속에서 완전히 형성되고 관철되기까지는 약간의 시간이 걸렸다.

이것이 전반적으로 성공했다는 것은 장교단이 11월 9일이라는 "경악의 순간"을 재빨리 극복한 사실 덕택일 수 있다. 힌덴부르크가 군수뇌부에 머물기로 한 결정은 장교단에게 최소한 잠정적으로는 협력을 보

---

42) 막스 베버〔Max Weber(주 II/13), S. 154〕는 이것을 "주인"에 대한 "행정참모부"의 계획적인 방해조건이라고 지칭하였다. 그 밖에 베버는 다음의 기초를 위해서도 인용될 수 있다. 특히 엘리트 문제에 대해서는 Otto Stammer, "Das Elitenproblem in der Demokratie", *Schmollers Jahrbuch* 71(1951), S. 513~540.

증하는 "충성의 중심축"(*Loyalitäts-Pol*)을 제공했고,[43] 그뢰너가 신정권과 연락하기로 한 결정은 정치적 목표점을 제공했다. 이 목표점은 그뢰너가 새로운 국가의 건설에서 장교단의 참여를 독려함으로써 특별한 강조점을 획득했다. 그뢰너는 독일에서 왕조의 운명이 최종적으로 결정되었고, 민족적 엘리트로서 프로이센-독일 장교단의 능력이 장차 독일의 재건을 위해서 필수불가결하다고 확신했다. 이것이 성공한다면, 물론 왕조적인 부가물로부터 프로이센적인 전통을 벗겨내고, 공화국 정권이 공화제로 된 전통을 국가 속에 건설하도록 하는 계기가 되도록 하는 것이 가능한지에 대한 문제가 해명되어야 한다. 그뢰너는 민족이념을 동원함으로써 — 그는 민족의 운명 또는, 그가 표현했듯이, "제국"의 운명이 왕조의 운명보다 더 상위에 있다고 주장했다 — 또 자신을 장교단과 사회민주주의적 노동자들의 연결핀으로 이용함으로써 이 문제를 해결할 수 있다고 생각했다.[44] 이는 분명 즉각적이고 명확한 통합을 겨냥한 것이었는데, 이는 이미 1919년 봄에도 "프로이

43) Dietrich v. Choltitz, *Soldat unter Soldaten*(Konstanz/ Zürich/ Wien, 1951), S. 11: "그 자신은 동시에 군주를 대신한다." 유사하게 표현한 것으로는 *OKH*(주 IX/21), S. 3.

44) 그뢰너의 목표에 대해서는 먼저 그의 발언들 "Aussage im Münchener Dolchstoßprozeß 1925", Hans Herzfeld, *Die deutsche Sozialdemokratie und die Auflösung der nationalen Einheitsfront im Weltkriege*(Leipzig, 1928), S. 384ff.; Reginald H. Phelps, "Aus den Groener-Dokumenten", *Deutsche Rundschau*(주 I/52)와 Groener, *Lebenserinnerungen*(주 IX/34)를 참조. Volkmann(주 IX/36), S. 64ff. and passim(S. 65: Elite-Idee)와 Groener-Geyer(주 IX/36)의 서술은 그뢰너의 유고에 의거하고 있다. 에버트가 당시에 "동맹" 측과 어떠한 목표를 결합시켰는가, 그가 자신의 추종자들을 속였는가, 그렇다면 어느 정도나 속였는가라는 예전의 논쟁적인 문제는 — 예컨대 그뢰너의 1925년 주장들에 대한 로젠베르크의 의구심 *Geschichte*(주 IX/37), S. 45를 참조 — 오늘날 에버트에게 유리한 것으로 해명될 수 있다. 여기에 관해서는 Sauer, *Militär-und Zivilgewalt*(주 IX/35)를 참조.

센식 사회주의"[45] 라는 노스케의 실험형태로 시도된 바 있다.

그러나 이 실험은 실패로 돌아갔다. 11월 전복의 단순한 표피적 작용에 비춰볼 때, 그것은 너무 혁명적이어서, 독일제국 수십 년 동안의 투쟁에서 정체된 전선들을 극복할 수 없었다. 게다가 "다른 수단을 동원하여 독일제국을 지속"시키려는 그뢰너의 시도는[46] 민주주의와 독재 사이의 투쟁에 말려들었고, 그 속에서 박살이 나고 말았다. 사회민주주의적 노동자들이 노스케와 더 멀리 그리고 더 많이 거리를 두었고, 그뢰너가 장교단의 이름으로 넘겨받은 정치적 책임의 전체적인 비중이 명확히 되었을 정도로[47] 새로운 분열경향이 장교단에서 나타났다. 드러나지 않은 증오가 1918년보다 훨씬 더 심각한 상황을 초래한 여러 가지 그룹들이 형성되었다.[48]

여기서는 3개의 서로 다른 정치노선이 구별될 수 있는데, 이들 각각은 어느 정도 명확하게 형성된 한 장교 그룹을 대표했다. 첫 번째 그룹은 "반동주의자들"로 지칭될 수 있다. 이 그룹은 근본적으로 장교단의 전통을 왕조의 부가물과 분리시킬 가능성을 부인하고, 여기에 상응

---

45) 노스케가 스스로 슈펭글러(Oswald Spengler, *Preußentum und Sozialismus*)를 원용하여 이렇게 언급했다. Noske, *Erlebtes*(주 IX/21), S. 89.

46) 힌덴부르크의 대통령 당선에 즈음한 공화주의적 신문의 경구. Rabenau(주 IX/21), S. 416의 주 1.

47) 결정적인 전환점은 베르사유조약의 비준이었다. Volkmann(주 IX/36), S. 268ff., S. 298ff., S. 315ff.; John W. Wheeler-Bennet, *The Nemesis of Power. The German Army in Politics 1918-1945*(London, 1953), S. 45ff., S. 53ff., S. 60ff.; Reinhardt-Nachlaß(주 IX/24).

48) 물론 여기서 그룹의 개념은 제한적인 의미에서만 사용될 수 있다. "지배적인 상태"에 대한 정서적인 거부와 기회주의 사이에서 오락가락하는 수많은 장교들에게서 두드러진 것은 더 많은 흐름과 거의 드러내지 않는 경향성이었다. 게다가 상황은 새로운 군부의 고위직을 둘러싼 투쟁에서 (특히 뤼트비츠-라인하르트-제크트 사이의) 개인적인 경쟁관계로 인하여 변화되었다. Rabenau(주 IX/21), S. 187ff., S. 201f. 를 참조.

하여 왕정복고를 위하여 노력하였다. 이 그룹은 주로 옛 장교들 속에 그 지지기반을 갖고 있었는데, 가장 활동적인 대표자는 뤼트비츠 장군(v. Lüttwitz)이었다.[49] 두 번째 그룹은 왕정복고나 부르주아 민주주의에 대한 매우 감성적인 거부감에서 "완전히 새로운 것"을 추구하였으며, 대부분 젊은 참전장교들로 구성되었는데, 여기에는 로스바하(Roßbach) 중위나 에어하르트(Ehrhardt) 해군대령 같은 전형적인 자유의용군 지도자들이 있었다. 그들은 당시 유명한 정치적 전형인물들 어디에도 맞지 않았다. 그렇지만 이들이 계속 발전하였다는 것은 그들이 주로 파시스트적 특징을 강하게 지닌 현대적 대중급진주의, 즉 훗날 전체주의적 독재가 그 건물을 세우는 데 기반이 된 부분들의 선구적인 투사들이라는 것을 보여주었다.[50] 이 두 그룹은 감성에 좌지우지된 강력한 행동이 특징적이었으며, 따라서 곧 기존의 정치상황의 빠른 변화를 위한 노력과정에서 통합되었다. 이들 두 그룹 이외에 제3의 그룹이 등장하였는데, 그 구성원들은 이성의 목소리에 따르려는 경

---

49) Walther Frhr. v. Lüttwitz, *Im Kampf gegen die November-Revolution* (Berlin, 1934).

50) 자유의용군(*Freikorps*)에 관한 문헌은 무수히 많다. 몇 가지만 언급한다면, 먼저 나치적인 강조점을 둔 종합적인 서술로는 Schmidt-Pauli(주 IX/22)과 Friedrich Wilhelm v. Oertzen, *Die deutschen Freikorps 1918-1923*, 6판(München, 1939)이 있다. Curt Hotzel, "Der antibürgerliche Affekt", *Deutsche Aufstand, die Revolution des Nachkriegs*, ed. by Curt Hotzel (Stuttgart, 1934), S. 345~355는 자유의용군의 정치적 동기들을 조명한다. Robert G. L. Waite, *Vanguard of Nazism. The Free Corps Movement in Postwar Germany 1918~1923* (Cambridge, Mass., 1952)는 독일청년운동에서 "전선의 경험"을 거쳐 나치즘에 이르기까지의 연결선을 긋는다. 또한 Harold J. Gordon, *The Reichswehr and the German Republic 1919-1926* (Princeton, N. J., 1957)도 참조. 광범위한 여론동향(*Stimmungsbild*)과 상세한 사료모음집으로는 Ernst v. Salomon, *Das Buch vom deutschen Freikorpskämpfer* (Berlin, 1938)이 중요하다.

향이 좀더 강했고, 특히 일련의 총참모부 출신으로 충원되었다. 이 그룹은 두 가지 계열로 나뉘었다. 군지휘부의 책임자인 라인하르트는 그뢰너의 측근들과 — 이들 중에는 이미 당시 엄청난 역할을 수행했을 것으로 보이는 슐라이허도 있었다[51] — 함께 순응주의적 경향이 강한 "좌파"를 형성했다. 우파에는 1919년 7월 3일에 총참모부의 책임자 자리에 오른 제크트가 있었다. 누구보다도 전통과 강하게 결합되어 있던 정치사상에서 그는 그뢰너의 구상이 현존하는 정권과 협력 속에서 실행될 수 있을지에 대해 의구심을 가졌고, 따라서 기다리는, 다시 말해서 "대기주의"적인 경향을 지녔다.[52]

이러한 긴장관계는 결국 카프쿠데타(Kapp-Putsch)에서 표출되었다. 여기서 앞의 두 그룹은 무력으로 자신의 목적을 관철시키려고 하였으나, 세 번째 그룹은 제크트의 영향력 아래 "중립적"인 자제심을 유지하였다.[53] 반란의 실패는 군주정에 반대하고 민주주의를 지지하는 대중

---

51) 혁명기에 슐라이허의 역할에 관해서는 Phelps, "Groener-Dokumente"(주 IX/13), S. 531ff., 특히 S. 535. 또한 Volkmann(주 IX/36), S. 130, S. 149ff., S. 164도 참조. 베른도르프의 설명은 슐라이허의 역할을 과장한다. Hans Rudlof Berndorff, *General zwischen Ost und West* (Hamburg, 1951), S. 37ff.

52) 이 세 번째 그룹의 상황은 Rabenau(주 IX/21), S. 117ff. 가 1918년 12월 20일의 회의에서 슐라이허와 제크트 사이의 충돌에 관해서 제고하는 보고서가 특징적이다. 또한 Phelps, "Groener-Dokumente"(주 IX/44), S. 535f. 와 Görlitz(주 IX/31), S. 301. 여기서 괴를리츠는 대립을 현실정책과 권력정책이라는 공식으로 옮겨 놓는다. 나아가서 제크트와 라인하르트가 전통에 대한 입장에서도 차이를 보였다는 점도 특징적이다. Rabenau(주 IX/21), 484f. 를 참조. 물론 뤼트비츠의 공격적인 음모에 대해서는 제크트(같은 책, S. 216, S. 218~221, S. 225)도 거리를 두었다. Lüttwitz(주 IX/49), S. 101, S. 118f., S. 122f. 도 참조. 그뢰너와 라인하르트의 개인적인 대립은 Groener, *Lebenserinnerungen*(주 IX/36); Reinhardt-Nachlaß(주 IX/24)와 Groener-Geyer(주 IX/36), S. 147ff., S. 169f., S. 182f., S. 359f. 를 참조.

53) 물론 제크트의 영향력은 직접적으로는 베를린에서만 있었다. 총참모부가 자

의 선택을 장교단이 받아들여야 한다는 그뢰너의 견해가 인정되긴 했다. 그러나 동시에 이제까지 노동자들이 가졌던 불신이 쿠데타 사건으로 공공연한 적대관계로 전환되었다는 사실은 어떠한 타협의 가능성도 배제하였고, 이로 인하여 그뢰너-노스케 구상의 기반도 앗아가버렸다. 딜레마가 완전히 그 모습을 드러낸 것은 반란기도 직후 민주세력이 아직 군대의 공화국화를 위하여 정력적이고 성공을 약속해줄 만한 조치를 취할 수 없다는 것을 보여주었을 때였다.[54]

이는 곧 제크트의 시기가 도래했음을 의미했다. 제크트는 이제 군지휘부의 책임자 자리를 찬탈했고,[55] 제국군대 재건의 토대를 마련하기 위한 대기주의적인 프로그램을 만들었다. 이는 기본적으로 그뢰너의 목표를 — 이는 특히 제크트가 강조한 전통관에 의해서 다양해졌다 — 지키면서, 그것의 즉각적인 실현이 잠정적으로 중단되고, 점진적인 진행이라는 제크트의 계획으로 대체됨을 의미했다. 여기서 첫 조치로

신의 교육을 받은 사령관들과 동일한 입장을 취했다는 것은 총참모부 내에서 특수한 형식을 지녔던 정치적 세계상에의 공통점에 근거했다. Rudolf Stadelmann, *Moltke und der Staat* (Krefeld, 1950)과 아래의 S. 485를 참조. 이러한 정치사상의 사회학적 지점에 특징적인 것은 총참모부가 카프쿠데타에서 취한 입장으로 내각관료의 편을 들었다는 점이다. Borch, *Obrigkeit und Widerstand* (주 VII/30), 특히 S. 214ff. 를 참조.

54) 군부 보고서, 특히 "Die Wirren in der Reichshauptstadt und im nördlichen Deutschland 1918-1920", *Darstellungen aus den Nachkriegs-kämpfen deutscher Truppen und Freikorps*, vol. VI (Berlin, 1940)과 Rabenau (주 IX/21), S. 230을 참조. 예컨대 사회주의 측으로부터는 Grzesinski (주 IX/20), S. 102f. 민주적 이니셔티브의 실패원인은 Edward Hallet Carr, *German-Soviet Relations between the Two World Wars 1919-1939* (Baltimore, 1951), S. 30을 참조.

55) Rabenau (주 IX/21), S. 226ff. 를 참조. 제크트는 명백히 소규모이지만 활동적인 장교그룹을 지지하였는데, 이 장교들은 베를린 지부에서 핵심적인 자리들을 차지하고 있었고, 제크트의 "권력장악"을 심리적으로 준비했다 (*Ibid.*, S. 223f., S. 225f., S. 233).

서 광범위한 정치적 야망을 동시에 포기하면서 전통적인 지침에 따른 군대의 건설이 주목을 받았다.[56] 이를 기반으로 하여 현존하는 정권과의 타협이 이루어졌다. 이 타협에서 정권은 군지휘부에 있는 장교단을 승인하는 한편, 군대의 재건에 자유재량권을 보장해주었다. 정부는 군정책 영역에서 이렇게 보장된 자율성에 대한 대가로 장교단으로부터는 공식적인 충성선서를 받았고, 또한 정치적으로 더 이상 활동하지 않겠다는 약속도 받아냈다. 제국군대는 공식적으로 정치무대에서 물러났으며, "비정치적"임을 선언하였다. 제크트와 에버트는 카프쿠데타 직후 칙령의 교환에서 이 규정을 강화시켰다. 이 규정은 1921년 3월 21일의 방위법(*Wehrgesetz*)의 정치적 규정들 속에서 비록 완전하지는 않지만 그 최종적으로 명문화를 통하여 계속 유지되었다.[57] 이로써 장교단과 국가 사이의 이익유대를 재건시키려는 시도는 중단되고, 임시변통적인 해결책으로 대체되었다. 이 해결책은 일종의 휴전협정

---

56) Rabenau(주 IX/21), S. 234는 제크트의 전술적인 목표설정을 공식화한다. 그의 광범위한 정치적 목표들에 관해서는 주 IX/50과 Rabenau(*Ibid.*, S. 359ff., S. 369f., S. 394ff., S. 558f. 등)에 있는 언급들을 참조. 또한 Hans Herzfeld, *Das Problem des deutschen Heeres 1919-1945* (*Geschichte und Politik*, Heft 6 (Laupheim/ Württig, 연대미상[1952]); Wheeler-Bennett(주 IX/47), S. 95ff. 많은 자료를 포함하고는 있으나, 평가와 판단에서는 부족한 것으로 Gordon(주 IX/50). 또한 *Neue Politische Literatur* 4, 1(1959), S. 28ff.에 수록된 Wolfgang Sauer의 글도 참조. 제크트 자신의 저작들: *Gedanken eines Soldaten*, 2판(Leipzig, 1935); *Die Reichswehr* (Leipzig, 1933); *Die Zukunft des Reiches. Urteile und Forderungen* (Berlin, 1929); *Deutschland zwischen West und Ost* (Hamburg, 1933).

57) 에버트의 동기들인 장교들의 기술적인 필수불가결성과 "내적인 화해정책"에 관해서는 Geßler(주 IX/7), S. 93을 참조. 1920년 4월 18일의 제크트 칙령은 Rabenau(주 IX/21), S. 238ff.와 Gerhard Thomée, *Der Wiederaufstieg des deutschen Heeres 1918-1939* (Berlin, 1939), S. 47f.를 참조(양자는 서로 보충적인 발췌문을 수록하고 있다). 에버트의 칙령은 "Die Wirren"(주 IX/54), S. 140. 그 밖에 Ebert(주 IX/38), II, S. 198f., S. 203.

과 같은 성격을 지녔다. 즉, 자신의 순간적인 약점을 의식한 적대적인 두 형제는 국가유기체의 재건과 동시에 양측의 권력상 지위를 확고히 하기 위하여 휴전협정을 체결하였던 것이다.

3. 지휘부 조직의 건설

이 협정들을 실제로 실행하기 위해서는 또 다른 일련의 특별조치들이 필요했다. 제국군대는 이제 그뢰너-에버트 "동맹" 시기처럼 국내의 자립적인 권력요소로 등장하였다. 이는 제크트가 이 상태를 원칙적으로 임시적인 것으로 간주했으나, 이제 보다 더 긴 존속기간을 고려했다는 점에서만 차이가 있었다. 이로써 그뢰너와 노스케의 노력을 실패로 돌아가게 한 위험들도 배가되었음에 틀림없었다. 장교단 내부에서 새로운 정치적 그룹의 형성이능성이나, 제국군대가 새로운 혁명운동의 진행과정에서 다시금 본래부터 전혀 가능성이 없었던 인민재중과의 만남으로 나아가도록 강요할 수 있는 위험성들 또한 명백했다. 제크트는 복잡한 조치체계를 통하여 이 위험을 방지하려고 하였는데, 그 조치의 핵심은 제국군대와 국가 사이의 접촉을 가능한 한 행정적 차원에 제한시키는 것을 넘어섰다. 이것은 제한적이면서 상당히 쉽게 개관할 수 있는 장이었다. 사람들은 이 장에서 — 군대에서건 또는 민간영역에서건 간에 — 염려스러운 역동적 운동의 재등장을 일찍이 인지하고, 이 운동을 다른 방향으로 유도하여 정상상태로 복귀시킬 수 있기를 희망하였다. 오직 그렇게 함으로써만 제국군대를 본질적으로 자신에게 낯선 정치의 "불결한 노선"(*Drecklinie*) 으로부터 구출하여, 무한한 재건을 보장하는 일이 가능한 듯이 보였다.

이를 위해서는 세 가지 전제조건이 마련되어야만 했다. ① 제국군대(*Reichswehr*) 의 지휘부 조직을 육군지휘부(*Heeresleitung*) 의 정치적 지도 및 통제기관으로 전환하는 것, 이 기관을 통하여 군대에 대한 통제가 보장되고, "본질적으로 낯선" 정권의 정치적 영향력이 지켜지며, 그럼에도 불구하고 국가기관과 최소한의 필요한 접촉이 유지될 수 있어야만 했다. ② 장교단과 군대에 대한 군지휘부의 정치적 권위 세우기, ③ 국내의 정치를 둘러싼 투쟁에서 장교단의 정치적 목표에 유용한 전략과 전술의 교육 등이다. 이 전제조건들의 실현은 처음부터 제국군대 지휘부가 전혀 또는 간접적으로만 참여한 두 가지 상황에 의해서 유리해졌다. 첫째, 베르사유 조약에 규정된 소규모의 오래 근무하는 직업군대가 국민개병제에 의한 "인민군대"보다 군지휘부에 의해 더 쉽게 통제될 수 있었다. 둘째, 군대의 자기통제는 여전히 강력한 영향력을 미치는 그리고 황제의 군대가 의존했던 연방주의적 구조요소들이 바이마르 헌법과 1921년 3월 23일의 방위법에서 거의 장식적인 가치만을 지닌 잔해로 환원되었고, 그 결과 제국국방부가 평시에 직접적이고 배타적인 최고지휘권을 행사할 수 있게 됨으로써 유리해졌다.[58]

민주적 입법자들은 공화국 정규군의 최고조직을 국법에 기초하여 구성할 때 민간인의 영향력을 확보하여 공화국적인 국가기관에 의한 효과적인 통제를 보장하려고 노력하였다. 기본적인 두 법적인 도구들은 — 1919년 8월 11일의 제국헌법과 1921년 3월 21일의 방위법 — 제국대통령에게 전 제국군대에 대한 최고지휘권 및 장교에 대한 지명권이 (제국헌법 제 46조) 있도록, 그의 지휘 아래 그리고 제국국방부 장관의 위임으로 제국군(육군과 해군)에 대한 "명령권"을 행사하도록,[59]

58) 연방주의적 구조의 폐지에 대해서는 Geßler(주 IX/7), S. 90(그로 인하여 부여된 위장가능성에 대한 솔직한 언급과 함께)를 참조. Rabenau(주 IX/21), S. 385는 중앙화의 장점을 강조한다.

59) 공식명칭이 그랬다. 아래에서는 제국군대(*Reichswehr*)와 제국육군(*Reichsheer*)을 동일한 것으로 간주하는 일상적인 언어용법에 따랐다. 여기서 해군은 필요할 경우에만 다루어진다. 왜냐하면 해군지휘부는 정치적으로 육군보다 훨씬 더 조심스러웠기 때문이다. 또 해군지휘부는 순전히 수적인 면에서도 그

다시 말해서 실제로 업무를 책임지고 실행하도록 규정하였다. 그리고 양자가—제국대통령과 제국국방부장관—헌법상으로 군인개념에 포함되지는 않았으나, 법적인 상관의 개념에 포함되었으므로(방위법 제 8조), 이 명령권한의 규정으로 민간인의 제국군대에 대한 정치적 영향력은 보장된 듯이 보였다.[60]

그렇지만 국방부 내의 군 압력단체는 이 규정의 작성에서 이미 첫 번째 승리를 쟁취하였다. 왜냐하면 이 압력단체는 국방부에 의회가 지명하는 차관을 세우려는 초기의 시도를 수포로 돌아가게 하고, 거기에 상응하는 기능을 군부에 맡기는 데 성공하였기 때문이다. 후일인 1929년에 제국의회가 유사한 시도를 하였을 때, 제국군대 지휘부는 동일한 방식으로 실행하였다. 즉, 내각사무처(*Ministeramt*)가 설치되어, 그 지휘는 슐라이허 장군에게 위임하였다.[61]

렇게 중요성이 크기는 않았다(천 5백 명의 장교를 포함하여 총 1만 5천 명).

60) 바이마르 헌법에 대한 문헌에 관해서는 앞의 S. 82ff. 를 참조. 방위법에 관해서는 *RGBl.*(1921), S. 329, S. 787(Abänderungsgesetz v. 18. Juni 1921). 군의 주석에 관해서는 Friedrich Hossbach, *Zwischen Wehrmacht und Hitler 1934-1938*(Wolfen/ Hannover, 1949), S. 62ff., S. 88ff.; Foertsch(주 IX/33), S. 150ff.

61) 1919년에 대해서는 사실들이 아직 분명하지 않다. 몇몇 본질적인 언급들은 Grzesinski(주 IX/19), passim. 또한 Benoist-Méchin(주 IX/9), II (Paris, 1938), S. 128, S. 130f. 와 Bracher(주 I/41), S. 66f. 에 있는 문헌. 의회가 임명하는 차관제 사상은 이미 그뢰너의 초안 "Zur Organisation der Obersten Militärbehörden" vom 5. Mai 1919. Dorothea Groener-Geyer, "Groeners Entwurf", *Die Gegenwart* 9(1954), S. 108~110; idem, General Groener(주 IX/36), S. 146ff. 또한 Hans Meier-Welcker, "Die Stellung des Chefs der Heeresleitung in den Anfängen der Republik", *Vierteljahrshefte für Zeitgeschichte* 4(1956), S. 145ff. 그러나 전문가용 초안에서 위임받은 상관을 저자로 간주하곤 한다는 그뢰너의 저작권자 신분 주장에 대한 마이어-벨커의 비판은 논박될 수 있다. 즉, 이 주장은 초안이 "그뢰너의 견해를 적어도 부분적으로 포함한 듯하다"는 마이어-벨커의 (S. 147) 주장보다 더

군지휘부에 직접 영향력을 행사하려는 의회의 모든 시도가 받아들여지지 않자, 문제가 된 것은 간접적인 방법과 은밀한 길을 차단하는 것이었다. 민주국가의 가장 중요한 제도로서의 의회는 군사문제에서의 공동결정으로부터 가능한 한 멀리 배제되었다. 정부와 대통령에게만 책임을 넘겨 그들과만 협상하고자 했다. 제크트는 이 기본사상에서 출발하여 그리고 개인적인 공명심 없이 군 최고지도자의 수중으로 들어간 국방부 내의 정치적 군사적 권력을 가능한 한 행사하고, 이 지도자를 대통령 및 내각과 직접 접촉하게 하여, 본래 자신의 기능으로부터 크게 소외되어 있던 국방부장관을 육군지휘부의 도구로 만든다는 목적을 추구하였다.

그러나 이를 위해서는 먼저 군 최고지도자 자리가 마련되어야만 했다. 이 자리는 베르사유 조약에서 의식적으로 설치되지 않았고, 독일도 처음에 별로 주목하지 않았다. "육군지휘부의 사령관"은 본래 국방부장관의 전문보좌관이어야 했다. 군지휘관직에 대한 무제한적 명령권은 장관에게 있었다.62) 이제 제크트의 목표는 국방부장관과 육군지휘부 사령관 사이의 관계를 역전시키는 것이었다. 그러나 거기에 국가법적인 의구심이 있었으므로,63) 그는 "명령권"(*Befehlsgewalt*)과 "지휘

올바른 것으로 보인다. 1929년에 대해서는 아래의 446쪽을 참조.

62) 1920년 이전 군지휘부 책임자의 지위에 관해서는 1919년 9월 20일의 국방부장관령 "Vorläufige Regelung der Befehlsbefugnisse und Arbeitsgebiete der obersten Kommandostellen in der Reichswehr vom 1. 10. 1919 ab", Abschrift im BHSt. 이 규정은 후에 군사관련 저자들이 주장했듯이(예컨대 Burkhart Mueller-Hillebrand, Das Heer 1919-1945, vol. I: "Das Heer bis zum Kriegsbeginn"(Darmstadt, 1954), S. 100과 Hossbach(주 IX/58), S. 69f. 베르사유조약에 의해서 강요된 것만은 아니었다. 예컨대 1919년 5월 5일의 초안에 그뢰너가 순전히 국내정치와 관련시킨 주장들과 Groener-Geyer, "Groeners Entwurf"(주 IX/61)를 참조.

63) 제국대통령은 1919년 8월 20일의 행정령으로(*RGBl.*, S. 1475) 통수권의 행사를, 1919년 11월 16일의 영(令)으로 장교의 임면권 행사를 국방부장관에

권"(*Kommandogewalt*)에 대한 어느 정도 세련된 구별법을 이용하였다. 즉, 후자(지휘권)는 육군지휘부 책임자에게 속하는데, 이는 제국군대의 모든 부대와 기관에 대한 최고명령권 및 장교인사에 대한 결정적인 영향력을 포함해야 할 것이었다. 또한 전자(명령권)는 장관의 소관사항이나 본질적으로는 행정권에 한정되어야 할 것이었다. 이처럼 국방부를 "명령실행 참모부"와 행정당국으로 나누려는 노력은 제크트의 요구로 그 정치적 중요성을 획득했다. 그에 의하면 육군지휘부의 사령관은 "어떠한 정치적 속박도 없이 무조건적이고 단독으로 … " 제국군대의 이익을 대표해야 하는 반면에, 국방부 장관은 "무엇보다도 군부대의 정치적 혼란을 멀리할 수 있어야만"(라베나우의 메모) 했다.[64]

제크트는 실제로 이 목적을 달성하였으나, 특징적인 것은 이것이 공화국의 공식적 입법과정에서 거의 등장하지 않는다는 점이다. 국방부 장관의 지위와 기능에 관한 상세한 정보에 따르면 방위법은 강제성이 없는 확인에 한정되었다. "육군지휘부의 사령관으로서 1인의 장군이 육군의 최상부에 있다 … ."[65] 이는 우리가 순수하게 명령을 통하여 만들어진 내부의 규정을 알 때에만 비로소 그 의미를 이해할 수 있는 표

게 넘겼다. Anschütz, *Verfassung*(주 II/102), S. 238f.

64) 1919/1920년의 제크트 구상 발전과정은 Rabenau(주 IX/21), S. 466ff. 여기에는 동기의 전모를 알려주는 라베나우의 유용한 주석이 포함되어 있다. 반면에 다음과 같은 반론이 제기되었다(Meier-Welcker, 주 IX/59). 즉, 제크트가 여기서 전문적 이유와 개인적 공명심 때문에 행동했고, 정치적으로 제국군대의 특별한 지위를 부여하기 위하여 노력한 것이 아니라, 오히려 이는 1920년 이후에야 비로소 "제크트의 과도한 개인적 권위"로 만들어진 것이라는 것이다. 이는 ① 내적 근거에서 가능성이 없어 보이며(개인적 권위가 활성화 될 때에야 비로소 그 정치적 결과들이 생겨난다!), ② 마이어-벨커가 인용한 사료에는 전혀 증거가 없고(*Ibid.*, S. 155ff. 를 참조), 제크트의 계획이 동기와는 상관없이 모든 경우에 민간인의 통제로 환원되었다는 사실을 무시한다.

65) 방위법 제 8조, 제 2항.

현이다. 이 표현은 제크트의 의도에 너무도 잘 들어맞는 것이어서, 군통수권을 군지휘부 책임자의 수중에 맡겼을 뿐만 아니라, 이를 어느 정도까지 국방부장관의 정치적 보좌역으로 보이게 하는 해석까지도 허용하였다.[66]

거기에 표현된 국방부장관 지위의 약화는 군지휘부의 책임자가 내각회의에 참석하고[67] 특히 제국대통령에게 접근할 수 있는 길을 열었다. 바이마르 헌법에 의해서 강력해져 거의 군주제적인 부가물로서 제공되었던 대통령의 지위는 이미 일찍이 제국 군지휘부의 주목을 받았고, 또 여기서 장교단의 의도대로 변형할 수 있는 가능성이 생겨나는 듯했다. 따라서 제국군대를 특히 대통령과 결합시키려는 노력이 이루어졌던 것이다. 이렇게 하여 군사영역으로부터 그것을 넘어서서 대통령에 이르는 직무상의 위계체계에서 이른바 "직접적인 군사적 보고의 길"이라는 특별한 통로가 설치되었는데, 이는 군 지도부의 책임자가

66) 개별적인 경우에서와 마찬가지로 이 경우에도 해명되지 못하고 있다. 라베나우(주 IX/21)에 있는 언급을 참조. 이 — 그 국법상의 성격에서 라베나우가 더 상세하게 지칭하지 않은 — "규정"의 내용에 관해서는 *Ibid.*, S. 472f., S. 479를 참조. 로카르노 조약 및 1925년 연합국의 군사적 통제 종식에 관한 협상과의 연관관계 속에서 연합국들은 군지휘부 책임자 문제를 다시 한 번 제기하였다. "Entwaffnungsnote"(주 IX/4)와 Rabenau(주 IX/21), S. 421f.를 참조. 슈트레제만의 영향력 아래서 제크트는 1919년의 상황을 회복시키는 제국대통령의 1926년 1월 28일자 행정령(HVbl., S. 9)을 허용하였으나, 이는 곧 국방부장관 업무지침 제 5조를 통하여 다시 교정되었다. Groener-Geyer, "Groeners Entwurf"(주 IX/59). 나아가서 제크트는 1월 1일부로 육군대장으로 지명되었다. 이로써 그는 육군 최고위 장교가 되었다. Rabenau(주 IX/21), S. 427. 정치적 보좌문제에 관해서는 Rabenau, *Ibid.*, S. 473, 주 1을 참조. 총체적 문제에 관해서는 Rosinski(주 IX/29), S. 158ff를 참조.

67) Rabenau(주 IX/21), S. 341, S. 394, S. 436, S. 538, passim을 참조. 특징적인 대립 속에서 제크트가 제국의회 회의에 참석하지 않은 것은 아래의 444쪽을 참조.

국방부장관과 총리를 우회하여 직접 대통령에 이르는 길이었다.[68] 이 길은 공식적으로 군사적 기술적인 문제의 논의에만 이용되었으나, 진행중인 사안이 중요할 경우 장관에게 알리지 않고서도 이용될 수 있었다.[69] 그러나 대통령의 신뢰를 굳힐 수 있었던 공명심 높은 군 지도부의 책임자가 이 과정에서 어느 정도의 정치적 영향력을 전개할 수 있었다는 것은 금방 명백해진다. 제크트는 에버트의 신뢰를 확보했으며, 힌덴부르크의 재임기간부터는 자연스럽게 제국군대와 대통령 사이의 관계가 어디서 특별히 안정된 신뢰의 기반을 구축하였는지에 관해서 침묵하였다.[70]

이 상황에서 국방부장관이 헌법에 따른 공직수행을 위해서는 대통령과 제국의회의 신뢰를 똑같이 필요로 했다는 것은 중요하다(헌법 제 54조와 제 53조). 여기에 의회와의 연결을 더욱 느슨하게 할 수 있는 출발점이 있었다. 군부의 측근 법학자들은 대통령이 제국군대의 통수권자라는 사실로부터 국방부장관의 특별한 종속관계를 고안해냈다.[71]

68) Foertsch (주 IX/33), S. 219 (그래픽).

69) *Zeugenbefragung* Nr. 2 (General Foertsch, 28. und 31. Januar 1953). 다른 한편 "군사적 보고 시에는 … 원칙적으로 어떠한 정치적 보좌관들도 참석하지 않았다." Foertsch (주 IX/33), S. 26.

70) Severing, *Lebensweg* (주 I/33), S. 100f. 는 이러한 신뢰관계의 실제를 확인해 준다. 제크트와 에버트 관계의 군사적인 (설명) 판본은 Rabenau (주 IX/21), S. 365, S. 367, S. 410f., passim. 군 문제와 관련된 직접적인 보고통로의 이용에 대한 사례들도 참조. 마찬 가지로 Foertsch (주 IX/33), S. 26과 Werner Conze, "Zum Sturz Brünnings", *Vierteljahrshefte für Zeitgeschichte* 1 (1953), S. 267 (Aktennotiz von Erich Frhr. v. d. Bussche-Ippenburg v. 25. Januar 1952). 제크트와 힌덴부르크의 관계에 대해서는 아래의 주 IX/77을 참조.

71) 국방부 법무국(Rechtsabteilung) 책임자의 전문가 평가보고서(날짜 미상). 국방부장관과 대통령 사이의 상호 서명의무에도 불구하고(헌법 제 50조), 거기서 상급자 관계가 확인된다. 법무부장관의 헌법해석은 이미 일찍이 그에 반대하였다(Memorandum des Reichsjustizministers Radbruch v. 12.

이것이 완전히 위헌적이었음에도 불구하고, 정치 실제에서는 그에 따라 실행되었다. 국방부장관은 정치적으로 의회의 구성에 따른 내각구성의 변화와는 더욱 독립적인 일개 전문적인 장관으로 발전되었다.[72] 국방부장관은 군명령권을 군 지도부 책임자에게 빼앗기고, 대통령이 그의 정치적 책임영역을 약화시킴으로써 해임가능한 일종의 행정관리로 전락하였다. 그리고 이 행정관리는 최고위 군 지도자가 대통령과 좋은 관계를 유지할 수 있는 한 지도자의 은총에 의존하게 되었다.[73]

이로써 육군지휘부 사령관은 군통수권과 대통령의 신임을 기반으로 하여 군사적으로나 정치적으로나 국방부 내에서 핵심적 지위를 차지하게 되었다. 본래의 집주인이었던 장관은 일종의 "주변적 인물"로[74] 되었으며, 그러한 존재로서 그에게 남게 된 것은 의회와 여론에 대하여 제국군대의 이익을 대표성뿐이었다. 물론 그는 이 기능 면에서도 필수

Oktober 1923) ; Groener-Geyer, "Groeners Entwurf"(주 IX/61). 또한 Anschütz, *Verfassung*(주 II/104), S. 271ff., S. 276ff. 도 국방부장관의 특수한 지위에 대해서 아무것도 모르고 있다. 따라서 Foertsch(주 IX/33), S. 151가 국방부장관이 "제국군대의 최고통수권자로서 대통령의 특별한 신임을 받아야만 했다"고 서술할 경우, 그는 **군사적** 해석을 제공하는 것이다. 또한 대통령에게도 (논란의 여지가 있는) 군명령권이 부여되었다. 방위법 제 11조 참조.

72) 1919년에서 1933년까지 20개의 제국 내각은 4명의 국방부장관만을 세웠다. 여기에 관해서 그리고 다음을 위해서는 Otto Geßler, *Reichswehrpolitik in der Weimarer Zeit*(Stuttgart, 1958)을 참조. 또한 Thomée(주 IX/57), S. 97과 Heinz Brauweiler, *Generäle in der deutschen Republik Groener, Schleicher, Seekt*(Berlin, 1932), S. 64 참조.

73) Geßler(주 IX/7), S. 95는 그가 제크트 측에 의해서 해임되었다는 인상을 준다. "… (군사적 이익대표성에서) 완전한 방관적 자세는 군사령부 지휘에서 심각한 위험을 초래하였다." 이는 이전에 힌덴부르크와 루덴도르프가 전역지원서로 위협했듯이 제크트의 실행을 겨냥했다. Rabenau(주 IX/21), S. 245.

74) Groener-Geyer, "Groeners Entwurf"(주 IX/61).

불가결했다. 왜냐하면 제크트는 국방부 내에서 이런 방식의 권력배분이 여론에 드러나지 않을 경우에만 유지될 수 있다는 것을 잘 알고 있었다.[75] 따라서 그는 관습법적으로 육군지휘부의 사령관이 제국의회에 의해서 인용될 수 없다는 원칙을 세웠다.[76] 의회는 본래 결정적인 사람을 한 번도 세울 수 없었고, 그 대신 항상 "국방부장관"이라는 보호막에 부딪쳤다.

이와 더불어 이 체제는 두 번째 약점을 지니고 있었다. 그 존재는 계속 개인의 문제였다. 이처럼 육군지휘부의 사령관과 대통령 사이의 본질적인 신뢰는 각 현직자에 의존했으며, 육군지휘부 사령관의 직위를 항상 제크트와 마찬가지로 군사적 정치적인 권위를 통합시킬 수 있는 인사로 채우는 데 성공하였다는 사실이 결정적으로 중요하였다. 실제로 1926년 제크트의 퇴임은[77] 엄청난 운용상의 장애를 초래하였다. 왜냐하면 그의 후임자 하이예(Heye) 장군은 이 요구들을 충족시키지 못했기 때문이다. 당시의 국방부 장관 게슬러(Geßler)는 여기에 제공되는 기회를 알아차렸던 듯하다. 어쨌든 그는 자신에게 직속된 정책적 실행기관으로서 "국방군 분과"(*Wehrmachtabteilung*)를 설치함으로써 또 제크트의 실각에 결정적으로 참여함으로써 더 많은 활동여지를 만들기

75) Rabenau(주 IX/21), S. 244f. Geßler(주 IX/7), S. 95는 회고조로 "육군지휘부 사령관이 절대로 필요하다고 간주한 것은 허가되었고 정치적으로 보호되었다"고 적고 있다. 제크트도("Bemerkungen über meine Verabschiedung" v. 14. Oktober 1926) 도 마찬가지로 "그 〔게슬러〕가 방해하지 않고, 의회에서 군대의 이익을 기만적이지 않은 노련함으로 대표하는 한, 나는 다른 장관을 원할 이유가 전혀 없었다"고 서술하였다. Rabebau(주 IX/67).

76) Brauweiler(주 IX/72), S. 40. 또한 Rabenau(주 IX/21), S. 259(1921년 3월 20일자 제크트의 편지).

77) Rabenau(주 IX/21), 533ff. 의 중요한 장 외에 Reginald H. Phelps, "Aus den Seekt-Dokumenten", *Deutsche Rundschau* 78(1952), 881ff. 와 Geßler, *Reichswehrpolitik*(주 IX/72), 301ff. 제크트-힌덴부르크의 관계는 *Ibid.*, 888f.

위하여 주목할 만한 노력을 기울였다.[78] 그러나 곧바로 새로 설치된 국방군 분과는 게슬러 자신이 지명한 책임자인 슐라이허의 지휘 아래 독자적인 정치적 이니셔티브를 전개하였고, 게슬러를 제치고 군정책의 고삐를 점차 빼앗아갔다. 슐라이허에게 자금을 제공하여 게슬러를 실각시키고 그뢰너라는 인물에서 후임자를 찾기 위하여 "푀부스" 스캔들[79]을 필요로 하였다. 그뢰너는 슐라이허와 견해를 공유하였으나, 정치적 전술적으로도 그를 능가하지 못하였다.[80]

이로써 슐라이허가 향해 가던 목표는 분명했다. 그는 정치적 운영기관을—그 순간에는 분명히 기분이 썩 내키지는 않는—육군지휘부 사령관으로부터 이제 내각사무처[81]로 확대된 국방군 분과로 옮김으로

---

78) 국방군 분과는 그 구성과 과제설정에서 "군정책 그룹"과 거의 동일했다. 이 그룹은 처음부터 슐라이허의 지휘 아래 있으면서, 이제까지 "T 1 III"로서 병과사령부(*Truppenamt*: T), 육군분과(*Heeresabteilung*) (1)에 예속되어 있었으며, 육군지휘부 사령관을 위해서(공식적으로는 장관을 위해서도) 정치적인 문제를 처리해야만 했다. 국방군 분과는 병과사령부에서 분리되어 이제까지의 장관 공보처와 통합되어("*Nachrichtenstelle*") 그 담당영역을 해군으로까지 확대한 가운데 (따라서 "국방군" 분과) 내각사무처 직할에 소속되었다. Foertsch, *Befragung*(주 IX/69). 제크트의 지위에 대한 결과들은 그의 발언: Rabenau(주 IX/21), S. 559f.

79) 〔역주〕 푀부스 스캔들(*Phoebus-Skandal*): 푀부스 필름주식회사 사건으로, 이 회사가 제국군대의 불법자금으로 재정지원을 받았다가 1927년 8월에 알려진 기업의 파산사건을 지칭한다.

80) 블롬베르크(Blomberg)는 아직 출간되지 않은 자신의 회고록에서 게슬러의 실각에 슐라이허가 참여했다고 주장한다. Telford Taylor, *Sword and Swastika. The Wehrmacht in the Third Reich*(London, 1953), S. 60, S. 392 (주 13). 마찬가지로 Wheeler-Bennett(주 IX/47), S. 194f. Geßler, *Reichswehrpolitik*(주 IX/72), S. 423ff.는 이 설명을 공식 부정하였다. 슐라이허의 상승은 Hossbach(주 IX/60), S. 88ff.와 Görlitz(주 IX/31), S. 369. 그뢰너의 지명은 Wheeler-Bennett(주 IX/47), S. 195와 Groener-Geyer, General Groener(주 IX/36), S. 239, S. 241f.

81) 국방부장관 직할에는 부관(*Adjutantur*), 육군과 해군의 예산국, 법무국, 국

써,[82] 제크트의 퇴진으로 국방정책에서 야기된 운영상의 장애를 제거하고자 하였다. 여기서는 확실히 슐라이허의 공명심이 어느 정도 역할을 하였지만, 실질적인 동기들이 더 중요하였다. 그는 이미 제크트 아래서 그 폭에서 과소평가할 수 없는 중요한 영향력을 행사하였다.[83] 제크트가 실각한 뒤인 지금 그는 당연히 장교단 내에서 제크트 정책이라는 복잡한 경기를 지속시킬 능력을 보유한 유일한 인사로 간주되었다. 그리고 그가 근속연수나 군사적 교육경력 면에서도 육군지휘부 책임자 자리를 맡는 데 아무런 문제가 되지 않았으므로, 제크트 아래 있었던 군권력과 장교단 정치권력 사이의 인적 유대를 해체하는 것 이외에 다른 길이 없었다. 물론 그 전제조건은 육군지휘부 책임자 자리가 이러한 권한배분을 만족시키면서 독자적인 정치적 이니셔티브의 전개를 포기한 사람으로 채워진다는 것이었다. 그렇지 않으면 카프쿠데타 이후 장교단 내에서 금지된 분열의 위험이 새로이 발생할 수 있었다. 따라서 1929년에 하이예가 자신의 지위축소를 받아들이지 않으리라는 것이 분명하게 되자, 물러나야만 했으며(1930년 10월 1일),[84] 전망이 있었지만 함머슈타인-에쿼보트(Kurt v. Hammerstein-Equord) 소장이 보기에 슐라이허에게 불쾌한 지원자들을 피하여[85] 슐라이허의 절친한

방군 분과(1926년 이후), 그리고 방위국(*Abwehrabteilung*) (1928년 이후) 등이 있었다. 이들은 1929년 3월에 새로이 설치된 내각사무처로 통합되었다.

82) 내각사무처의 설치에 관해서는 Hossbach(주 IX/60), S. 88ff. 이것은 동시에 의회가 지명하는 차관의 도입시도에 대한 방어조치로서 간주되었다. Foertsch, *Befragung*(주 IX/69) 참조.

83) Rabenau(주 IX/21), S. 256, 주 4, S. 265, S. 413; Foertsch, *Befragung*(주 IX/69)는 자신의 회고담들을 통해서 이를 확인해 준다.

84) 한편에서 하이예와 다른 한편에서 슐라이허 및 그뢰너 사이에 1929년 11월 3일에서 1930년 1월 7일까지 개인적인 서신교환은 하이예의 퇴진과 그 전사에 관해서 잘 알려준다. 이 편지들의 원본은 뮌헨의 현대사연구소(Institut für Zeitgeschichte, München)가 소장하고 있다.

85) 여기에는 무엇보다도 슈튈프나겔(Stülpnagel) 장군이 해당한다. 그의 좌천

친구가 육군지휘부 사령관으로 지명되었다. 이로써 제국군대의 정치적 군사적 지도부의 옛 통일성은 사안별로 유지되었으나, 여러 사람들에 대한 그 국내정책적인 권력지위의 의존성은 더욱 심화되었다. 제크트 체제가 두 사람에—육군지휘부의 사령관과 대통령—의존했다면, 슐라이허체제는 내각사무처의 책임자 형태로 한 가지가 더 추가된 셈이었다.[86] 그럼에도 불구하고 그 체제가 1932년의 폭풍을 전체적으로 아무런 흔들림 없이 극복했다면, 그것은 본질적으로 수뇌부 인사들의—힌덴부르크, 슐라이허, 함머슈타인—상황이 1933년 1월까지 유지된 행운 덕택이었다.[87]

은 슈튈프나겔이 그뢰너의 증언 후에 공개적으로 나치즘으로 경도되는 경향을 보여주었다고 주장함으로써 흥미로운 해명을 얻게 된다. Phelps, "Groener-Dokumente"(주 IX/44), S. 27. 이 "파벌투쟁들"에 관해서는 Waldemar Erfurth, *Die Geschichte des deutschen Generalstabes 1918-1945* (Göttingen, 1957), S. 110ff.

86) 만약 우리가 국방부장관을 능동적인 공동경기자로 가산한다면, 근본적으로 심지어 4명이 있었던 셈이다. 그렇지만 1932년 4월 나치 돌격대(SA) 금지를 둘러싼 과정들은 이 갈등에서 내각사무처의 책임자가 더 유리한 입장에 있었음을 보여준다. 1933년 이후에야 비로소—Hossbach(주 IX/60), S. 68, S. 89ff. 가 강조하듯이—장관직위가 강화되었다. 그러나 여기서는 육군장관(*Reichskriegsminister*)인 블롬베르크가 정치지도부의 통제 아래 있었을 뿐 아니라, 후원을 받고 있었다는 점이 결정적이다. 이는 바이마르공화국의 오류에 중요한 빛을 던지는 상황이다.

87) 총체적 문제에 관해서는 Hossbach(주 IX/60), S. 64ff., S. 88ff. 에 있는 비판을 참조. 또한 *Ibid.*, S. 172: 육군지휘부 사령관의 정치적 영향력 배제와 정치적으로 연결된 국방부장관의 강화는 히틀러 아래서 군대의 지속적인 저항을 어렵게 한다. 이 주장은—바이마르 헌법을 무시하고 군대와 정치의 분리라는 클라우제비츠의 원칙을 포기한 것 이외에—기구의 중요성에 대하여 잘못 평가했다. 나름대로의 판단에 따르면 완전히 비정치적인 프리취(Fritsch) 장군이 설사 제크트의 권력상 지위를 그대로 지녔다할지라도, 히틀러를 능가하지는 못했을 것이다.

4. 제국군대 내부의 구조

장교단과 군대에 대한 군지휘부의 군사적 정치적 권위를 세우는 일은 수뇌부 조직의 권력정책적인 통제와 나란히 필수불가결한 보충으로 등장하였다. 정상적인 상황에서는 권력정책적인 통제로 충분했다. 이어 정치적 권위는 최고위 병사들에게 군지휘를 위임함으로써 국가지도층이 보여주는 신뢰에서 생겨난다. 그러나 제크트에게서 사정은 다른 데 있었다. 첫째, 그는 지배정권의 신뢰를 절대적으로 자신할 수 없었다. 앞에서 보았듯이, 그의 권력은 본질상 순전히 대통령과의 개인적 신뢰관계에 의존했다. 둘째, 그러나 설사 그에게 정권의 신뢰가 제공되었다고 하더라도, 그는 그것을 받아들일 수도 없었고, 또 받아들이려고 하지도 않았다. 왜냐하면 그는 제국군대의 정치적 존재를 가능한 한 독자적인 기반 위에 세우고자 했기 때문이다. 그래서 유일한 탈출구는 군지휘부에 자립적인 정치적 권위를 제공하는 것이었다.

제크트는 이 과제를 두 부분으로 나누었다. 첫째는 정치적 복종을 직접 강요하는 것이고, 둘째는 제국군대의 독자적인 정치 이데올로기의 발전이었는데, 이는 현 정권의 영향력에 대한 사회학적 · 논리적인 면역성을 부여하는 것과 관련되어 있었다. 군사적 도구의 구조가 어떠한 토론도 허용하지 않았으므로, 정치적 복종은 절대적일 뿐이었다. 정파인 "제국군대"는 전체주의적 정당들 중의 하나에 속해야만 했다. 따라서 제크트는 제정기부터 신뢰를 받았던 "비정치적인" 장교단의 행위를 되살리고자 노력하였다. 그는 수차의 칙령에서 분명히 제국군대에 속한 자들에게 무조건적인 정치적 복종을 요구하였고, 그들의 군대근무를 위해서 "공공의 복리와 조국을 위한 봉사에 충실한 의무수행과 희생적이고 말 없이 일하는" 길로 안내하였다.[88] 그러나 무조건적인 정치적 복종 자체가 너무도 의문스러웠기 때문에, 그것은 독일제국에서 적어도 국가원수에게 적용되었던 반면에, 이제 그것은 바로 군지휘부에게 표현되어야만 했다. 제크트의 칙령에서는 제국군대가 "그 지휘부의 수중에서 신뢰할 만한 도구"로 남기 위해서 그러한 복종이 병사들에게 필요하다고 매우 솔직하게 언급되어 있다.[89]

제크트는 인사정책을 통하여 이 원칙의 실현을 후원하였는데, 그 정책은 장교단 내에서 사고의 자립성과 정치활동의 전개로 나아가는 경향이 있는 불평분자들을 쫓아냈다. 카프쿠데타와 스파회의(Spa, 1920년 7월) 이후 불가피해졌고, 또 그 틀 안에서 거의 3만 4천 명에 달하는 옛 독일제국군 장교들을[90] 3,797명으로 줄여야만 했던 군대감축은 그러한 정화작업을 위한 안정적이고 눈에 띄지 않는 기회를 제공하였다. 제크트가 장교의 선발에서 특히 총참모부 장교들을 우대하였다는 것은 알려진 사실이다.[91] 여기에는 확실히 일차적으로 기술적인 동기들이

---

88) *Erlaß des Reichswehrministeriums, Chef der Heeresleitung*, v. 22. September 1924. 여기서도 비정치적인 태도의 전통에 대한 명백한 사례. Rabenau(주 IX/20), S. 492. 비판적인 것으로는 Foertsch(주 IX/33), S. 16도 참조.

89) *Erlaß Seeckt an die Kommandeure der Reichswehr* v. 4. November 1923; Rabenau(주 IX/21), S. 371(강조는 인용자). "국방군은 내 뒤에 있다!"는 제크트의 유명한 말도 이와 관련되어 있다. *Ibid.*, S. 341 참조. 1923년 1월 31일자의 유사한 칙령 및 1927년 4월 29일자의 강화된 판본에 관해서는 Abdruck des Reichsgerichtsurteils im Hochverratsprozeß gegen die Ulmer Reichswehroffiziere, *Die Justiz* 6(1930), S. 191ff. 를 참조. 이에 비해 방위법은 군인에게 오직 정치적 행위만을 금지시켰다. (제 3조) 분위기의 일면을 제공하는 것으로 Teske, *Die silbernen Spiegel* (Heidelberg, 1952), S. 27ff., S. 51. Hochbach(주 IX/60), S. 173f.; Choltitz(주 IX/43), S. 18도 참조.

90) Rabenau(주 IX/21), S. 457에 있는 수치.

91) 이미 1919년에 그뢰너와 특히 제크트는 노스케에게 적절한 영향력을 행사하려고 시도하였다. Rabenau(주 IX/21), 200f.; Groener, *Lebenserinnerungen* (주 IX/36), 513ff.; Groener-Geyer, *General Groener* (주 IX/36), 359f., S. 387등을 참조. 상세한 서술로는 Franz Woertz, "Die Verschwörung der

가장 중요했지만,[92] 정치적 관점도 동시에 작용하였다. 왜냐하면 총참모부에는, 흔히 기억되듯이, 다수의 순응주의자들과 대기주의자들도 있었기 때문이다. 그들과 "비정치적인", 다시 말해서 기술 및 전문성과 관련된 기회주의적인 인사들이 이제 제국군대 장교단의 대부분을 차지했던 반면에, 뤼트비츠의 영향을 받은 왕조주의자들과 특히 마음을 돌리게 하기 어려운 자유의용군 출신의 불평분자들은 제거되었다.[93]

정치적 권위라는 건물의 종석(宗石, *Schlußstein*)을 형성한 것은 제크트 개인이었다. 육군지휘부 사령관 직위를 넘겨받았을 때, 그는 군에서 아직 널리 알려지지 않았다. 그를 알고 있었던 사람들, 다시 말해서 특히 장성급들 중에서 그는 적이 많았고, 경쟁자들이나 정치적으로 다른 생각을 가진 사람들을 실망시켰다.[94] 그럼에도 불구하고 그

Offiziere", *Die Tat* 22(1930), S. 612(분명 국방부의 후원을 받아 신뢰할 만한 수치자료를 제공하는 '라이프치히 재판기의 장교단 상황'에 관한 논문).

92) 기술적인 사정들을 강조하는 것으로 Woertz(주 IX/91), 612; Rabenau(주 IX/20), 458; Seeckt, *Reichswehr*(주 IX/56), 65f. 제국군대 내부의 비판은 Choltitz(주 IX/43), S. 25f.를 참조. 다음을 통해서도 확인된다: Foertsch, *Befragungen*(주 IX/69)과 *Zeugenbefragung* Nr. 3(당시 젊은 세대에 속하는 제국군대 장교들 중의 한 사람).

93) Seeckt, *Reichswehr*(주 IX/54), S. 66은 선발에서의 정치적 관점을 암시한다. 제국군대 장교단의 "공무원적인" 성격에 대한 회고적인 비판에 관해서는 Leo Geyr v. Schweppenburg, *Gebrochenes Schwert*(Berlin, 1952), S. 54; Teske(주 IX/89), S. 20f., S. 27ff., S. 51 등을 참조. Hossbach(주 IX/58), S. 162ff.도 그것을 부인하지는 않지만, 특징을 강화시키는 참모본부의 교육과 제크트가 요구하고 후원한 공공성 교육을 대립항으로 평가하는 오류에 빠져 있다. 그러나 후자(공공성 교육)는 정치적으로 자립적인 사상의 영역을 다루지 않았다. 명백히 그런 경향을 지닌 것으로는 Choltitz(주 IX/43), S. 18과 Foertsch(주 IX/33), S. 16. 전자(참모본부의 교육)는 그 영역을 기술적 영역에 제한시킴으로써 정치적 복종개념과 군사적 복종개념 사이에서 마치 그가 이미 독일제국 시기의 군대에서 있었던 것과 동일한 적대주의로 이끌었다(앞의 주 IX/33을 참조).

94) Rabenau(주 IX/20), S. 227, S. 231. 여기에는 엄격히 프로이센적 군주주

가 매우 빠르게 자신의 계획을 관철시킬 수 있었다면, 그것은 앞서 설명한 바 있는 그의 인사정책뿐만 아니라 그가 장교단의 심성을 정확히 알고 있었다는 점과 그가 지닌 독특한 인성의 힘 덕택이었다. 인사정책은 수 세대 이전부터 왕조와의 개인적 유대에 익숙해 있던 장교단이 이제는 공화국에서의 실패로 크게 고통받고 있다는 것을 그에게 가르쳐 주었다. 두 번째 것(장교단의 심성에 대한 이해)은 이러한 결함을 최소한 일시적으로 바로잡을 수 있는 수단을 그의 손에 쥐어주었다. 옛날식의 교육을 받은 귀족이자 처세가, 장교들이 자신의 기준에서 볼 때 극히 비범한 것으로 간주되어야만 할 지적 음악적인 교양을 갖춘 인물, 게다가 전시와 평시에 널리 증명된 두루 인정받은 기술적 능력을 갖춘 군사적 전문가, 그는 이 모든 요소들로부터 자신의 지속적인 작업을 통하여 그리고 부하들에 대해서뿐만 아니라 외부로 적절하게 내보임으로써 프로이센적인 전통관념들에 상응할 정도로 탁월한 군사적 지도자상을 형성시켰다.[95] 그가 이러한 관념들에 상응하는 정책을 추진하였으므로, 장교들은 매우 빨리 그를 자신의 정치적 수장으로 인정하게 되었다. 제크트는 장교들에게서 1918년 11월 9일에 잃어버린 "국왕이라는 방패"(*Königsschild*)에 대한 일종의 대체물로 되었다.[96]

의적인 탈락한 장교 측으로부터의 공격에 대한 특징적인 사례들이 포함되어 있는데, 이들은 어느 정도 자연스럽게 제국군대에도 영향을 미쳤다.

95) 제크트가 보급시킨 교양교육의 인상에 대해서는 Rabenau(주 IX/21), S. 548에 있는 그의 부관인 쾨스트링(Köstring)의 보고서를 참조. 심리적으로 장교단에 대한 올바른 처리는 *Ibid.*, S. 277(군주에 대한 대체물로서 자신을 목적의식적으로 "내세우기"), S. 237, S. 262, S. 283ff. 또 민간의 환경에 대응한 그의 등장에 대해서는 *Ibid.*, S. 374, S. 312, S. 436. 종합적으로는 Choltitz(주 IX/43), S. 17. 고무적인 관점을 제시하는 것으로는 Faber du Faur(주 IX/34), S. 155f.

96) "정치적 수뇌"(*politisches Oberhaupt*)라는 표현은 *Befragung* Nr. 3(주 IX/92)에 나오는 말이다. 또한 Hossbach(주 IX/60), S. 173: "제크트는 군대의 군주였다"는 언급과 Faber du Faur(주 IX/34), S. 125f.를 참조.

그래서 제크트는 제국군대를 자신의 구상에 따라서 건설하고 거기에 프로이센의 전통에 상응하는 모습을 자유로이 부여할 수 있었다. 이로써 그는 자신과 장교단의 주요 관심사를 충족시켰다. 그 때문에 그가 예술적이면서, 흔히 인정되듯이 또 앞에서 서술되었듯이, 인위적인 건물 전체를 짓는 것이 목표였다. 그러나 동시에 전통의 습관은 이 건축물의 토대이기도 했다. 왜냐하면 그것은 제국군대에게 바이마르 국가에 대한 저항에 지원을 제공한 정치적 대체이데올로기와 같은 어떤 것을 전달했기 때문이다. 실천적인 조치들은 먼저 옛 군대의 전통적이고 내적인 구조를 재건시키는 것이었다. 특별한 상급자관계뿐만 아니라, 일반적 상급자관계의 유지,[97] 규율권과 청원권, 근무 이외의 시간에도 무기휴대, 장교용 명예령과 결혼령, 이 모든 것은 제크트가 장교단과 동일하게 군사적 기술적인 효율성에 필수불가결한 전제조건으로 간주한 사항들이었다. 여기서 그는 몇 가지 양보를 해야만 했고, 또 직업군대의 기술적 특수성들을 고려해야 했지만, 핵심사항에서는 자신의 견해를 관철시켰고, 몇몇 사항에서는 불가피한 양보사항들을 공식적으로는 유지하면서 은밀히 무효화시키는 데 성공하였다.[98] 또 그는 명백히 상징적인 가치가 있는 일련의 조치들을 통하여

97) "특별한 상급자 관계"는 하급자와 그의 직속상급자 사이에 존재한다. 말하자면 보병중대장, 대대장 등에게는 이 관계는 기능에 얽매여 있다. 반면에 "일반적인 상급자 관계"는 하급자와 그보다 지위가 위인 모든 상급자들 사이에 존재한다. 이는 신분제적 봉건제적인 사회질서의 잔재이다. 여기에 관해서는 "VO des Reichspräsidenten über das Rang und Vorgesetztenverhältnis der Soldaten des Reichsheeres" v. 10. 12. 20, *HVbl.*, S. 989를 참조.

98) 앞에 언급한 것에 대해서는 특히 다음에 있는 관련 장을 참조: Rabenau (주 IX/21), S. 454ff., 특히 S. 484(결혼령), S. 487, S. 490(군 재판권에 대한 비난을 약화시키기 위한 훈육권의 확대. Geßler, 주 IX/7, S. 99도 참조), S. 487ff. (장교에 대한 명예재판의 유지). 한 가지 특별한 사례는 "육군법정"과 "해군법정"의 중립화이다(방위법 제10조). Rabenau(주 IX/21),

자신이 해야만 했던 양보들이 장교단과 군대의 의식 속에서 자신이 그들에게 용인했던 일시적인 성격을 얻지나 않을까 염려하였다. 이러한 종류의 조치로서는 특히 "전통적인 군부대"의 설치가 평가될 수 있는데, 그 의미는 잘 알려져 있듯이 제국군대의 개별 보병중대, 기병중대, 포병중대가 독일제국군 특정부대의 전통을 이어받도록 위임받았다는 점에 있었는데,[99] 이는 동시에 정치적 군사적인 사상의 유산을 보호하기 위한 틀을 제공했다. 이 유산은 본래 옛 군대의 이데올로기적 토대를 이루었고, 이제는 '등 뒤에 칼 꽂기 전설'에서[100] 시대적 상황으로 인한 보충물을 발견하게 되었다. 이 보충물은 옛 군대의 이데올로기적 토대의 핵심이었고, 또 제1차 세계대전의 종식으로 인하여

S. 256 f. 과 das vertrauliche Schreiben des Generalmajor v. Lossow(당시 뮌헨의 보병학교 사령관) v. 16. November 1920(Abschrift ohne Angabe des Adressaten im BHSt). 병사들이 "육군전문학교"에서 민간직업을 준비하는 것은 직업군대의 결과 필요하게 된 특별조치에 속했다. 여기에 관해서는 Albert Benary, *Unsere Reichswehr. Das Buch von Heer und Flotte* (Berlin, 1932), S. 157ff. (이 책은 국방부장관 그뢰너의 서문으로 인하여 공식적인 성격을 지닌다) 과 Erich Marcke, "Das Reichsheer von 1919 bis 1935", Karl Linnebach, *Deutsche Heeresgeschichte*, 2판(Hamburg, 1943), S. 383을 참조.

99) 전통적인 군부대 전체의 목록은 Friedrich Stuhlmann, *Deutsche Wehrmacht* (Berlin, 1933), S. 35ff. (이 저작은 국방부 장관 슐라이허의 서문으로 인하여 마찬가지로 공식적인 것으로 특징지을 수 있다). 전통적인 군부대의 이론과 실제에 관해서는 Seeckt, *Reichswehr*(주 IX/56), S. 59ff. 를 참조.

100) 칼 꽂기 전설은 당연히 제국군대의 공식적인 이데올로기 구성요소는 아니었다. 그러나 자제력을 유지하기가 얼마나 힘들었는지를 잘 보여주는 것은 Horst v. Metzsch, *Wehrwende? Ein Buch für Soldaten und Nichtsoldaten* (Berlin, 1930), S. 75, S. 78ff., S. 91, S. 99ff. (메츠쉬는 1923~1927년에 교육 및 교양제도 감찰실의 책임자였다). 또한 Alexander Griebel, "Geschichte-Geheime Kommandosache", *Deutsche Rundschau* 78(1952), S. 1024~1927과 이에 대한 수정으로 Wolfgang Foerster/ Fritz T. Epstein, *Ibid.*, 79(1953), S. 187~197도 참조.

원칙적으로 의문시된 엘리트 이론의 유지에 도움을 주었다.[101]

이 연관관계 속에서는 사회적 측면이 특히 중요했다. 제크트의 견해에 따르면 장교 및 각 팀의 후속세대는 특히 제국군대의 전통적 관습에 대한 이해를 기대할 수 있는 일반주민들 속에서 선발되었다는 의미에서 사회적으로 동질적이어야만 했다.[102] 군의 규모가 작아지고 그 결과 후속세대 수요가 줄어들면서 상황이 유리해졌기 때문에, 예비장교들은 특히 독일제국 시기에 장교단의 대다수를 배출했던 계층인 장교들, 관리들, 교양중간계급 등에서 선발되었다. 특히 장교들은 우대되었기 때문에, 장교가문 출신 자녀의 비율은 전쟁 이전 시기에 비해 엄청나게 증가하였다. 이는 상인층 및 기업가층 출신의 쇄도가 약화됨으로써 현저히 강화된 근친혼 경향이었다.[103] 또 한 가지 현저한 현상

---

101) "Leitsätze für den Unterricht über die Berufspflichten der Wehrmacht" v. 8. November 1919, *HVBl.*, S. 377; Seeckt, Reichswehr(주 IX/54), S. 140; Thomée(주 IX/57), S. 98; Brauweiler(주 IX/72), S. 71(그러나). Marcke(주 IX/98), S. 371에 있는 회고에는(분명히 군대의 사회교육적 기능이라는 의미에서) 체계적으로 구축되어 있다.

102) 특히 Seeckt, *Reichswehr*(주 IX/56), S. 68f. 를 참조.

103) 여기에 관해서는 Woertz(주 IX/91), S. 611ff. 에 있는 통계를 참조. 이 통계에 의하면 예비장교들의 출신가문은 다음과 같았다.

	1912/1913	1926/1927
1. 활동중이거나 또는 퇴역한 장교 가문 출신	24%	48%
2. 고위관리, 성직자, 변호사, 민간의사 및 군의관 그리고 교수 가문 출신	40%	30%
3. 상인 및 공장소유자 가문 출신	15%	7%

주) Woertz가 전해준 수치를 종합하여 백분율로 환산한 것임.

이 자료는 1933년 이전에 장교로 되었거나 또는 이 시기에 예비장교가 된 장교들의 63개 인사증명서 표본을 통해서 확인되었다(지명일 내지 발령일자들은 1921~1932년의 시기에 걸쳐 있다). Personenstandsarchiv II des Landes Nordrhein-Westfalen, Kornelimünster. 여기에 의하면 위에 언급된 범주에 대하여 다음과 같은 비율이 나온다: 1. 34.93%; 2. 36.50%;

은 제국군대가 귀족출신 장교지원자가 점차 몰려들자 여기에 기꺼이 문호를 개방하였다는 점인데, 이로 인하여 바이마르 말기에 귀족출신 장교의 비율은 — 1920~1932년에 연평균 전체 인구의 0.14%에 비해 21.0%[104] — 크게 증가하였다(1932년에 23.8%, 장교단 전체의 거의 1/4).[105] 게다가 귀족출신 장교들은 군대 내에서 옛 군대와 거의 동일한 방식으로 배분되었다. 옛 근위대의 전통적인 부대들 및 “좋은 주둔지들”에 대한 우대, 기병 및 프로이센-북독일 부대에 집중, 기술부대 및 오지 주둔지에 대한 혐오(동프로이센!), 이들은 모두 제국시기 장교단에서 충분히 알려진 바 있는 특징들이다.[106]

---

3. 9.52%.

104) Wilhelm Karl Prinz zu Isenburg, “Zur Statistik des deutschen Adels”, *Deutsches Adelsblatt* 55(1937), S.33ff. 과 독일제국 영토 내의 거주자 수; *Statistisches Jahrbuch für das Deutsche Reich*(Berlin, 1936), S.5에 있는 독일귀족 전체 수에 대한 정보에 의거해 계산한 것임.

105) 이들 및 아래 수치들은 1920~1932년의 출판된 등급목록에 의거 계산된 것. 다음 참조: (1) *Stellenbesetzung für das Reichsheer*(10만 명) (Berlin, 1920, 1921); (2) *Dienstaltersliste der Generale und Staboffiziere; Dienstaltersliste der Hauptleute und Rittmeister, Oberleutnante und Leutnante*(모두 Berlin, 1922); (3) *Rangliste des deutschen Reichsheeres* (Berlin, 1923~1932). 귀족 비율의 증가는 통계상으로 엄청난 것이 아닌 듯하다. 그러나 그것은 그렇지 않다. 왜냐하면 그것은 새로 임용된 장교들 중에서 귀족 비율의 엄청난 증가에 의거했다. 1923~1929년에 연평균 17.4%; 1930년에 30.4%; 1931년에 25.7%; 1932년에 35.9%! 계급의 변화는 여기에 상응했다. 1920년: 장성 50.0%; 총참모부 장교 31.5%; 중대장 및 기병중대장 22.2%; 중위 및 소위 17.6%(소위만 16.8%), 1932년: 장성 50.0%; 중위 및 소위 24.0%(소위만 27.9%); 참모부 장교 20.1%; 중대장 및 기병중대장 17.4%

이에 반해 귀족의 비율이 감소했다는 고든(Gordon, 주 IX/50, S.201)의 확인표는 별로 대단하지 않다. 왜냐하면 그는 1907년에서 1925년까지의 등급목록 비교에 의거하고 있기 때문이다. 증가는 1925/1926년에야 비로소 시작되었다.

부대 내에서의 관계는 장교단 내에서의 그것과 마찬가지였다. 여기에는 주관적 요소들과 객관적 요소들—(질적으로) 가장 우수한 "병력자원" 및 자발적 지원자 공급에 대한 오래전부터 확고하게 정착된 관념들—이 함께 작용하여, 농촌 출신을 일련의 제국군대에 보충한 비율이 비정상적으로 높아지게 하였다.107) 게다가 이 비율은 눈에 띄지 않으면서도 꼼꼼한 선발과정을 통하여 모든 사회주의적 구성요소들로부터 정화되었다. 그리하여 다음과 같은 사실은 독일사의 가장 희귀한 패러독스들 중의 하나로 되었다. 즉, 반사회주의적인 독일제국이 국

106) 예컨대 1932년에 평균 23.8%. 병과들은 다음과 같다.
참모들 19.3%; 그러나 베를린 제3사단 42.9%
보병 17.3%; 그러나 제9보병연대(근위대 전통) 42.9%; 제2보병연대(동프로이센) 9.9%
기병 47.3%; 그러나 제4기병연대(근위대 전통) 61.1%; 제1기병연대(동프로이센) 31.5%
포병 12.8%; 공병 6.1%; 통신대 10.3%; 수송대 5.1%; 군의관 0.37%; 수의사 1.09%
각 주(州) 할당: 프로이센-북독일 25.3%; 중부독일(튀링엔, 안할트) 11.8%; 바이에른 12.6%; 작센 16.0%; 뷔르템베르크 12.1% 등.
1914년 이전 독일제국 군대의 유사한 상황에 관해서는 Demeter(주 IX/32), S. 35ff.

107) 농민층 내지 수공업자층 출신 자원자들의 우대에 관해서는 Severing, *Lebensweg*(주 I/33), II, S. 4; Choltitz(주 IX/43), S. 24f.를 참조. 공식적 평가로는 Kurt Hesse, *Miliz*(Hamburg, 1933), S. 22. 자원자의 쇄도에 대해서는 Benary(주 IX/98), S. 87(공병대대에서 기술적으로 사전에 예비교육을 받은 대체인력의 부족). 그 이외에 Geßler(주 IX/7), S. 96; Rabenau(주 IX/21), S. 478f.; Choltitz(주 IX/43), S. 27; Befragung Nr. 3(주 IX/92). 통계정보에 관해서는 Stuhlmann(주 IX/99), S. 87f.: 지원자의 54%가 도시 출신, 46%가 농촌 출신; 복무중인 하급장교 및 부대원들의 53%는 도시 출신, 47%가 농촌 출신. 독일제국에서 도시인구와 농촌인구의 전체 비율은 65.1% 대 34.9%. *Statistisches Jahrbuch für das Deutsche Reich*(Berlin, 1933), S. 14.

민개병제에 기초하여 사회민주주의적 노동자들을 군대에 받아들였던 반면에, 바로 이 노동자들에 의해서 지탱되었던 독일공화국은 어느 정도 "사회주의자 없는" 군대를 얻었다.[108)]

직무 이외의 사회적 교류에서도 제국군대는 유사한 길을 갔다. 제국군대가 의식적으로 옛 군대의 여러 전사단체들 및 참전자 단체들과의 밀접한 접촉을 추구하였다는 것은 이해될 수 있다.[109)] 또 장교단의 대부분이 왕조들 및 호헨촐레른가에 이르기까지 제국시기의 지도층과 다양한 개인적 관계를 유지했다는 것은, 비록 양측이 공화국 사상의 후원에 기여했다고는 하지만, 어떤 의미에서는 불가피했다.[110)] 그러나 이와 더불어 공화국의 담지자로 간주되어야 할 모든 사람들과 거리를 두려는 명확한 경향도 있었는데, 이는 강제적이지는 않았다.[111)] 왜냐

---

108) 일반적으로는 Seeckt, *Reichswehr*(주 IX/56), S. 94f., S. 97f. 상세한 내용은 *Befragung* Nr. 3(주 IX/92). 보증인은 바이에른 보병연대에 근무하는 접수담당 장교(*Annahmeoffizier*)였다. 여기서 — 바이에른에서는 우파에 속한 — 경찰과 적절한 협력을 통하여 그리고 성직자나 고향의 교사들에게 문의함으로써 사회민주주의자들 및 공산당과 나치당 당원들의 유입에 안전조치를 취하였다. 여기서 만약 대답이 일치하지 않으면 성직자가 결정적인 근거를 제공하였다. 아래의 주 IX/109와 Craig, *Prussian Army*(주 IX/29), S. 299를 참조.

109) Seeckt, *Reichswehr*(주 IX/56), S. 61f. 와 Thomée(주 IX/57), S. 43f.; 상세한 정보 Benary(주 IX/98). S. 145f. 이 연결들은 이데올로기적 동질성을 지닌 대체인력의 확보에도 이용되었다. 특징적인 개별사례는 *Ibid.*, S. 135.

110) 여기에 관해서는 Phelps, "Seeckt-Dokumente"(주 IX/77), S. 882ff.; Groener-Geyer, *General Groener*(주 IX/34), S. 400f. 원칙적인 것에 대해서는 다음에 있는 제크트의 발언: Rabenau(주 IX/21), S. 542. 이 주제에 관한 일반적인 것으로 Herbert v. Böckmann, *Die Wandlung des deutschen Soldaten*(Berlin, 1951), S. 37.

111) 사례는 Geyr v. Schweppenburg(주 IX/93), S. 39. 관련법규의 서로 다른 해석 내지 적용은 Brauweiler(주 IX/72), S. 61f. (우파에 찬성)와 Thomée(주 IX/57), S. 67(좌파에 반대).

하면 그것은 적어도 제크트가 제국군대 및 공화국과 상징적이거나 또는 실질적인 모든 연결시도에 접했던 계획적인 태업에 의해서 고무되었기 때문이다. 그가 공화주의적 훈장의 제정에 대해서뿐만 아니라 열병의 축소와 에버트 대통령의 작전참관에 성공적으로 저항하였다는 것뿐만이 아니었다. 그는 심지어 흑 - 백 - 적색의 깃발을 제국전쟁깃발로 관철시키는 데 성공하였고, 따라서 독일공화국의 국기와 전쟁기가 두 가지 서로 다른 색깔조합을 보여주었다. 이는 국가상징물의 역사에서 유례를 찾기 힘들 정도로 독특한 사례이다. 또한 제크트가 매년 8월 11일에 개최되는 제헌절 기념식을 노골적으로 멀리했다는 점도 동일한 맥락에 있었다.[112]

군인들의 정치교육에서도 유사하게 진행되었다는 것은 훨씬 더 심각했다. 현존하는 국가와 그 헌법의 관계문제에 대한 분명한 답변은 회피되었다. 그 대신 사람들은 국가형식들의 무상함을 언급하였고, 유일하게 남는 것으로서의 "국가의 이념"을 그들에 대비하였다. 이는 이 "이념"이 한 번도 정의된 적이 없는 것보다 더 위험한 추상개념 속으로의 도피였다.[113] 이러한 일탈정책의 불가피한 결과는 제국군대에서 정치적 의존관계에 관하여 적어도 불확실하고 불명확한 느낌이 형

---

112) Rabenau (주 IX/21), S. 199, S. 261f., S. 275와 Görlitz (주 IX/31), S. 322. 두 가지 깃발의 동시사용이 야기한 힘든 문제점들에 대해서는 Anschütz, *Verfassung* (주 II/104), S. 46ff. 을 참조.

113) 제크트가 그랬다. 여기에 관해서는 Rabenau (주 IX/21), S. 193, S. 199, S. 394, passim. 또한 그뢰너와 슐라이허는 이러한 처리방식을 계속 실행하였다. 여기에 관해서는 예컨대 그뢰너의 발언을 포함하고 있는 다음을 참조: Phelps, "Groener-Dokumente" (주 IX/44), S. 916ff. 와 Brauweiler (주 IX/72), S. 67f. 를 참조. 또한 "Leitfaden für Erziehung und Unterricht" (1931, ed. by Reichswehrministerium). 이 교과서는 "군인에게 낯선 개념들 — 헌법, 민주주의, 공화국 — 을 그에게 친숙한 관념들을 제국, 인민, 조국, 국가와 같은 개념으로" 대체하고자 노력하였다. 여기에 관해서는 Thomée (주 IX/57), S. 97f. 를 참조.

성되었고, 민간인 직업교육의 결합으로 인하여 그리고 노동시장의 만성적인 위기상황으로 국방군에서 조기퇴직하는 것이 경제적 생존이라는 과제와 동일한 중요성을 지니는 제국군대의 장기근속 직업군인이 맹목적으로 자신의 군상급자에게 순응하는 것이어야만 했고, 그들은 그를 자신이 원하는 방향으로 이끌고자 했다.[114]

그러나 이로써 새로운 것으로부터 프로이센적인 전통의 유지라는 문제가 제기되었다. 왜냐하면 그것은 병사들이 용병(*Landsknechte*), 용병대장(*Condottieri*), 정치적 약탈자(*Freibeuter*)가 아니라, 특정 국가에 봉사하는 자, 말하자면 탁월한 공복의 구현이어야 한다는 이 전통의 기본원칙들 중의 하나가 아니었던가? 그리고 전통을 유지한다는 앞에서 설명한 제크트식의 결과들은 바로 이 원리에 어긋나지 않았던가? 확실히 제국군대 군인들은 결코 15/16세기 내지 18세기적인 의미에서의 용병이 아니었다. 20세기의 인간은 다양화되었으며, 그의 상황은 더 복잡하다. 일정 형식의 국가의식이 없는 군인들은 거의 없다. 그러나 만약 제국군대가 너무도 분명한 심리유보를 가진 채 바이마르 국가에 봉직한다면, 또 그들의 국가의식이 나뉘어져 있었다면—이성적으로는 공화국에, 감성적으로는 군주정에 묶여 있는—, 그 속에는 지속적인 발전이 어쩔 수 없이 용병집단의 근대적 형태로 나아갈 수 있는 맹아가 있었다. 이것이 무엇을 의미하는지를 암시하기 위해서는 카이텔(Keitel)이나 슐라이허와 같은 이름들만이 인용될 필요가 있다. 정치적 결속이 없는 관료적 기술적인 전문가 유형, 그리고 계략과 음모

114) 다음의 언급들을 참조: Thomée(주 IX/57), S. 82; Teske(주 IX/89), S. 28; Faber 여 Faur(주 IX/34), S. 183. 나아가서 상급자의 불분명한 태도를 그 자체로부터 해석하려는 노력도 보인다: "그들 〔제크트의 하급자들〕 중 다수는 최고 상급자가 포고하긴 했으나, 아무도 진지하게 받아들이지 않은 엄중한 명령에도 불구하고 그의 화난 마음을 돌려놓는데 어느 정도 우파 급진주의적 사상이 적합하다고 생각할 것이다."(*Brief Groeners* v. 26. 4. 1931). Phelps(주 IX/44), S. 1016을 참조.

의 경향이 있는 정치적 군대의 상관개념으로서 콜레오니(Colleoni)와 발렌슈타인(Wallenstein). 제크트는 개인적으로 그 위에 있었으나, 그의 체제는 군부대, 참모부, 그리고 국방부에 그러한 유형들을 더욱더 많이 배출하는 데 겨냥되어 있었다.115)

이로써 프로이센의 전통과 정반대의 상황이 자리잡기 시작했다는 것은 명백하다. 그러나 이 전통의 유지를 명백히 겨냥했던 한 체제가 그토록 모순적인 결과로 나아가는 일이 어떻게 일어났던가? 그 대답은 제크트가 왕조의 붕괴 이후 장교단에게 부과했던 근본적인 과제를—즉, 비본질적인 것을 포기함으로써 프로이센적 전통의 본질을 유지하는 것—잘못된 방향에서 해결하려고 시도하였기 때문이다. 그가 취한 조치들에 대한 분석에서 드러나듯이, 그는 분명 일반적으로 인간적, 정치적, 도덕적인 원칙들과 군대의 직업정신을—본래 프로이센적 전통의 본질—군대의 특정한 사회구조와 결합 속에서만 유지할 수 있다고 생각했다. 그러나 이러한 사회적 구조는 낡은 것이 되었다. 이미 독일제국에서 그것은 절대적인 정치적 복종이라는 수단을 통해서만 유지될 수 있었고, 제 1차 세계대전에서는 한편으로 그 구조와 그에 상응하는 정치적 헌법, 그리고 다른 한편으로 변화된 실질적인 사회질서 사이의 차이가 파탄으로 이끌었다. 따라서 만약 장교단이 스스로뿐만 아니라 그 전통의 본질을 유지하고자 한다면, 그 운반체로서 내버려져야 할 것은 바로 사회적 구조였다. 대안으로서 오직 황제의 하야만이 남아 있었다.

제크트가 제 3의 길을 가고자 했다면, 그것은 근본적으로 여기서 요구된 결정 앞에서 회피를 의미하였다. 정확히 말하면 그것은 카프쿠데타 시기 및 그 이후 제크트의 정책에서 명백히 등장한 프로이센 전통의 본질적 가치들과의 단절이었다. 반란이 발생했을 때 제크트가 취했

115) 유사하게는 Herzfeld(주 IX/56), S. 9f.

던 것과 같이 국가에 대한 중립적인 태도가 프로이센 장교의 전통적인 개념체계 속에는 없었다. 그리고 라베나우 자신은 제크트가 적법한 장교혁명평의회(Offiziersjunta)의 후원을 받아 공화국의 군 최고위직을 찬탈한 것을 "프로이센-독일 군대의 역사가 거의 한 번도 본 적이 없는" 한 과정으로 지칭해야만 한다.[116] 그러나 만약 우리가 프로이센의 전통을 배신하기 시작한다면, 어떻게 우리가 그것을 유지한다고 기대할 수 있겠는가? 실제로 우리는 프로이센의 전통을 획득한 것이 아니라 전통주의에 안주했다. 제국군대는 마켄젠(v. Mackensen) 원수의 말로 표현한다면 "피와 살로 된 비할 수 없는 우리의 옛 군대의 기념비…"로 되었으며,[117] 동시에 블롬베르크 장군과 같은 장교들을 만들어 냈다. 블롬베르크 장군은 프로이센 장교의 명예란 올바르게 되는 것이며, 독일 장교의 그것이란 교활한 것으로 됨에 틀림없다고 감히 선언할 수 있었다.[118] 블롬베르크의 태도는 극단적인 것일 수 있으나, 그것은 또 제크트의 전통주의체제가 가져온 점진적인 본질상실과 가치의 저하를 암시하였다.[119] 그리고 바이마르공화국 시기에 잠복성 질병과 같았던 것은 나치정권 아래서 명백한 파탄으로 되었다. 그들은 모든

116) Rabenau(주 IX/21), S. 227. 또한 앞의 436쪽 참조.

117) *Brief Mackensens an Seeckt* v. 2. Mai 1925. Rabenau(주 IX/21), S. 415를 참조.

118) Hermann Rauschning, *Die Revolution des Nihilismus*, 4판(Zürich, 1938), S. 213.

119) 블롬베르크 개인에 대해서는 Foertsch(주 IX/33), S. 30f. 와 아래의 제 3권, S. 300ff. 에 있는 평가를 참조. 전통적 가치의 새로운 평가에 대해서는 "규율의 광신자" 제크트가 1923년의 뮌헨의 결투클럽 학생들에게 주었던 온건한 처리가 전형적이다. Rabenau(주 IX/21), S. 378과 관련자들의 관점에서 Teske(주 IX/89), S. 29f. 를 참조. 가치의 퇴화에 대해서 일반적으로는 Hans Ernst Fried, *The Guilt of the German Army*(New York, 1943), S. 235ff. 이 책에서는 나치와의 연관관계만이 너무 조야하게 끼워 맞추어져 있다.

결함에도 불구하고 여전히 법치국가였던 바이마르공화국에 대하여 전체 장교단은 그 반대입장을 유지하였다. 그러나 범죄적이었을 뿐만 아니라, 장교단 자신을 도덕적으로 파멸시킨 나치정권에 뒤이어 장교단은 파멸의 길로 갔다. 따라서 군대가 뉘른베르크 법정에서 옹호했던 국기선서에 대한 예증은 의문스럽다. 뉘른베르크 재판이 법률적으로 문제시 될 수 있다면, 그것은 항상 거기에 기소된 장교들이 프로이센 전통의 수호자가 아니라 그 파괴자에 속했다.

그러나 그것은 문제의 한 가지 측면에 불과하다. 제크트가 1918년 혁명에서 장교단에게 설정된 결정에서 벗어났다면, 그는 이로써 프로이센의 전통뿐만 아니라 장교단의 통합성을 유지하고자 했다. 그러나 이미 바이마르공화국 시기에 어려움은 점차 커졌다.[120] 이 어려움은 점차 커져서, 결국 1944년 7월 20일에 폭발하기에 이르렀다. 이는, 성공에 대한 전망도 없이 전도된 전선과 투쟁해야만 할 때, 법과 인권을 지지함으로써 장교단 내부에 제크트의 전통주의라는 무거운 저당을 떨어버리고 프로이센 장교단의 전통적 가치의 초시간적 핵심을 과시할 수 있는 인물이 없었음을 보여주는 것이었다. 물론 그 희생자들은 연합국의 법정을 막기에 너무 늦었다. 그러나 그것은 뉘른베르크 판결이 독일의 군인층 및 프로이센 전통이 아니라, 제크트의 체제를 겨냥하는 데 작용하였다. 만약 우리가 이 연관관계들을 주목한다면, 1945년 이후에 노스케가 제크트 장군에 대하여 내렸던 다음과 같은 중형판결에 맞서기는 어렵다. 제크트는 계속 제국군대의 유일한 창조자로 칭송될 수 있었으나, 실제로 그는 그것을 부패시켰을 뿐이라는 것이다.[121]

120) 아래의 473쪽과 491쪽을 참조.

121) Noske, *Erlebstes*(주 IX/23), S. 178.

5. 군부의 정치적 전술과 전략

제크트와 장교단이 앞에서 서술한 군사적 영역에서의 조치들을 통하여 만들어진 자율적인 권좌는 위기를 참고 견디기 위해서는 민간영역에 대해서도 보호되거나 이 영역 내에서 근거를 가져야만 했다. 이 정치적 전술적인 이중의 목표설정이 지닌 모순성은 바이마르 국가에 대한 제국군대의 이중적 태도가 초래한 논리적 결과였다. 즉, 이러한 태도는 제국군대에게, 마치 질서잡힌 국가제도 내에서 집행기구에게 요구되듯이, 정당정치적으로 독립적인, 오직 정부의 지시에만 따르는 충실한 국가공복의 태도를 지니도록 의무를 부과했지만, 다른 한편에서는 항상 이 충성에 기초한 유대의 해결가능성이 나타날 것을 기대하게 하였다.[122]

그것은 주지하다시피 공화국 말기까지 그리고 어느 정도까지는 심지어 나치시기에도 제국군대의 정책을 결정한 이른바 "초당파성의 원칙"의 내용이었다. 아래서 보게 되듯이, 그것은 바이마르 헌법의 기반 위에서 마무리된 "정당한" 이익투쟁에 대한 중립적 태도에 국한된 것이 아니라, 이 헌법 자체를 둘러싸고 여전히 계속되는 투쟁에 대한 중립적 태도를 포함했다. 그러나 그것은 더 이상 진정한 초당파성이 아니라—그러한 초당파성은 한마디로 불가능했다. 왜냐하면 합헌적인

122) Seeckt, *Überparteilichkeit-Erlasse*(앞의 448쪽 참조)와 바이마르공화국의 "차가운" 청산 시도. Rabenau(주 IX/21), S. 323~391, S. 398f., S. 401, S. 407f., S. 410ff.; Phelps, "Seeckt-Dokumente"(주 IX/77), S. 889, S. 1013ff.; George W. F. Hallgarten, *Hitler, Reichswehr und Industrie* (Frankfurt a. M., 1955), S. 20ff. (1923년에 제크트와 중공업 기업 간의 협력에 관한 새로운 자료 포함). 슐라이허의 시기에도 유사: Thilo Vogelsang, "Neue Dokumente zur Geschichte der Reichswehr 1930~1933", *Vierteljahrshefte für Zeitgeschichte* 2(1954), S. 397~436 참조.

정부와 반헌법적인 반대파보다 더 높은 기구는 없기 때문이다 —,[123] 한때 전술적 고려에서 자신의 관점에 대한 주장을 포기한 정당의 태도였기 때문이다.[124]

여기에 중요한 갈등의 원천이 있었다. 이 갈등에서 제국군대가 정부의 명령으로 내적으로 조화를 이루는 혁명운동에 반대하여 투입될 수 있는 경우는 하나의 극단에 불과했다. 이와 더불어 영구적 문제로서 민주적인 정권을 확고히 하기 위한 어떤 접근법에 반대하거나 또는 적어도 그 접근법들이 독자적인 권력지위를 위협하지 않을 정도까지만 허용할 필요성이 생겨났다. 바이마르공화국은, 보다 더 나은 어떤 것으로 대체될 수 없는 한, 더 이상의 약화나 강화 없이, 카프쿠데타에서 출발한 바로 그 형식에 머물러 있어야만 했다.[125] 우리가 이 정책

123) 대통령도 이 "정당들" 위에 있지 않았다. 왜냐하면 그 자신은 헌법상의 의무에 얽매여 있었기 때문이다. 그러나 제국군대의 이익과 관련된 헌법해석은 바로 여기서 출발하였고, 그럼으로써 대통령을 자신의 법적 기능에서 소외시켜, 왕조의 보충자 혹은 "대리자"로 만들려고 하였다. 국기선서의 형식(Anschütz, *Verfassung*, 주 II/102, S. 656)은 그러한 발전을 촉진시켰다. Thomée(주 IX/57), S. 97을 참조.

124) 제국군대가 현존 국가를 근본적으로 정당성이 없는 것으로 간주했다는 점이 여기보다 더 명확한 곳은 없다. 또 장교단 측에서 그토록 자주 사용했던 "정당국가"(*Parteienstaat*)라는 용어도 그렇게 이해될 수 있다. 이 용어는 모두에게 구속력이 있는 국가개념이 있다는 것을 부인한다. Rabenau(주 IX/21), S. 469f. : "군대는 잔존물이지만, 최선의 것〔엘리트 이론!〕이다. 군대는 이미 전전에 잔존물, 즉 입헌국가의 절대주의적 잔존물이었다. … 지금 그것은 … 의회주의적 정당국가 내에서 군주제적 잔존물이었다 … ." 유사하게는 *Ibid.*, S. 493f. 와 S. 287. 후자에는 다음과 같이 되어 있다: "군인은 이 정부를 위해서 임대된 것이지, 정부의 소유물이 아니다."

125) 제크트는 1923년 11월 5일 카르(Kahr)에게 보낸 편지에서 다음과 같이 썼다. 제국군대 지휘부에게 중요한 것은 오직 폭력적인 헌법개정을 막는 것이었다. 제국군대는 "그 본질에 낯선 정부를 위한 사상의 동지들에 맞서 투쟁할 수 있는 상태에 빠져서는 안 된다." 그러나 제국군대는 "무책임하고 소명의식이 없는 자들이 폭력으로 개정을 시도하게 될 것을 용인할 수도

을 실제에서 유지하려 한다면, 그것은 오직 두 가지 전제조건 아래서만 성공할 수 있었다. (1) 진정한 충성의 징후가 유지되고, 독자적인 모든 정치활동이 세심하게 위장되어야만 했고, (2) 국가의 기초를 둘러싸고 투쟁하는 여러 세력집단들 사이에 세력균형 체제를 수립하려는 시도가 있어야만 했던 반면에 국방군은 필요에 따라 이해관계가 없는 중립자로서 균형을 잡는 또는 최고의 중재자로서 등장할 수 있었다. 이것이 성공했다면, 장교단은 동시에 이제 시작되는 국가제도의 신질서가 자신의 참여 없이 완성될 수 있는 보장을 얻었다.[126)]

주로 이미 언급된 바 있는 국방군과 국가 사이의 정치적 접촉을 행정의 차원에 제한할 수 있는 수단은 정치활동의 위장에 이용되었다. 위에 언급되었듯이 군인의 제국군대 지휘부에 대한 무조건적인 복종강

없다." 여기에 관해서는 Phelps, "Seeckt-Dokumente"(주 IX/77), S. 1014. 매우 유사한 것으로는 자주 인용된 함머슈타인이 히틀러에게 행한 발언: "만약 당신이 합법적으로 권력을 장악하게 되면, 제가 보기에 그것은 정당합니다. 그렇지 않으면 나는 발포하게 될 것입니다"(Foertsch, 주 IX/33, S. 21). 말하자면 제국군대는 국가의 보호라는 자신의 의무를 순전히 형식적으로만 이해했던 반면에, 오직 그 사상적 동지들로부터 출발하여 바이마르 헌법의 민주적 요소들을 철폐하는 한, 동시에 "차가운" 헌법개정을 용인하거나 심지어는 조장할 준비가 되어 있었다. 말하자면 이것은 Wheeler-Bennett, Nemesis(주 IX/47)에 비해 강조되어야 한다. 그는(S. 105ff., S. 115ff.) 제크트에게 공화국의 강화의지가 있다고 생각하면서, 이와 관련하여 슈트레제만과의 호흡 속에서 그를 지목하였던 반면에, 그를 "바이마르 시기의 사악한 천재" 슐라이허와 극명하게 대비시킨다(S. 182, S. 200f., passim). 또한 다음의 비판도 참조: Otto-Ernst Schüddekopf, "Wehrmacht und Politik in Deutschland", *Politische Literatur* 3(1954), S. 232~241; Hans Herzfeld, "Das deutsche Heer als geschichtliches Problem", *Zeitschrift für Politik* 1(1954), S. 373~395. Craig, *Prussian Army*(주 IX/31)에 있는 좀더 신중한 판단에 기초한 서술은 주목할 만한 가치가 있다.

126) 제국군대는 "점차 권위주의적 국가운영 보호세력 역할로 미끄러져 들어갔다." Foertsch(주 IX/33), S. 37.

요 및 의회를 국방부에 대한 책임 있는 영향력 행사로부터 배제하는 것과 같은 조치들에 더하여 충분한 스칼라 속에서 냉혈적인 부인, 왜소화 시도, 여론의 의도적인 오도, 배후에서 영향력 행사가능성의 교묘한 이용,[127] 그리고 이 모든 것들이 도움이 되지 않을 경우, 사법부의 무자비한 투입(반역죄 재판!)[128] 등과 같이 각각의 상황에서 결정되는 다른 여러 조치들이 등장하였다. 주로 (모든 내정문제에서의) "초당파성" 또는 (군수기술 및 대외정책적 문제에서의) "민족적 이해관계"가 논거로 내세워졌다. 이것은 거의 항상 성공적이었다. 왜냐하면 바이마르공화국 정치가들의 강력한 형식주의적 사고경향은[129] 전자에, 또 사민당 내에서 완전히 꺼지지 않은 민족적 혐오는 후자에 가까이 다가왔기 때문이다.[130]

---

127) "흑색 제국군대"가 더 이상 존재하지 않는다는 게슬러의 수차에 걸친 선언은 여론 오도의 전형적 사례이다. 예컨대 Gumbel, *Verräter verfallen der Feme*(주 VII/119), S. 236f. 를 참조. 이는 말로만 적절했다. 왜냐하면 불법적인 군비확장조치들은 그 이후 다른 형식으로 계속되었기 때문이다(아래의 479쪽 이하 참조). 한 가지 애용되었던 수단은 의회의 조사를 지연시켜서 결국 흐지부지 되게 하는 것이었다. Rabenau(주 IX/21), S. 274f., S. 431f. 를 참조. 1923년의 게슬러-제버링 협정의 전사와 영향은 지속적인 저항 전술에 특징적이다. Severing, *Lebensweg*(주 I/33), II, S. 127ff., S. 129ff.

128) 반역재판은 특히 Emil Julius Grumbel, "Landesverrats-Statitistik", *Die Justiz* 3(1927), S. 386ff. 에 있는 유용한 수치 참조. 또 법정이 좌익과 우익을 불평등하게 처리한 것에 관해서는 Severing(주 I/33), II, S. 190f. 를 참조.

129) 사례들은 특히 게슬러(주 IX/7), S. 98과 Ebert이다. 앞의 주 IX/57 참조. 또한 그뢰너는 적어도 처음에는 초당파성 요구를 국방부 내의 보좌관들 보다 더 진지하게 받아들였던 듯하다. Phelps, "Groener-Dokumente"(주 IX/44), S. 916f. 참조.

130) 예컨대 제버링은 자신이 점진적으로 "장교들의 무오류성과 장점들에 대한 과도한 믿음을 바로잡았다"고 고백하였다. Severing(주 I/33), II, S. 111; Braun(주 I/41), S. 204f.

바이마르공화국이 그 국내정치적인 반대자들과의 투쟁에서 제국군대에게 독자적인 지위를 보장해 주고, 적 진영을 근접한 균형상태에서 유지하려는 과제는 훨씬 더 어려웠다. 제국군대 지휘부에게 특히 어려웠던 점은 명확하지 않은 목표설정에 있었으나, 이것은 한편으로는 시류에 순응하는 국내정치의 분위기, 즉 진정한 평화를 추구하였고, 따라서 모든 급진적인 실험들을 싫어하였으나, 다른 한편으로는 이 목표의 실현을 오직 — 적절하지 못한 — 권위주의적 관헌국가의 형식에서 상상할 수 있었다. 독일에서의 정치전선들은 명확했다. 즉, 한편에서는 사민당을 핵심으로 하는 온건 민주주의적 세력과 다른 한편에서는 좌파(KPD) 및 우파〔DNVP, 종족주의적 그룹들(*völkische Gruppen*) 및 후일 NSDAP, 방위단체들〕의 급진적이고 반헌법적인 반대파가 있었다. 그러나 이 분명한 노선들은 "좌우"라는 시대에 맞지 않는 의회지형도에 의해서 정해진 제국군대의 관점에서 볼 때 희미했다. 사민당은 공산당에 접근해 갔고, 볼셰비즘과 사회주의의 분산된 발전은 충분히 주목받지 못한 반면에, 동시에 볼셰비즘적 위협은 사민당 내에서의 급진화와 같은 요소들과 마찬가지로 너무 과대평가되었다. 이에 반해 사람들은 자신의 독자적인 이데올로기에 친근한, "민족적"인 강조점을 갖는 우익반대파의 권위주의적 경향 속에서 그러한 경향이 급진화의 위험에 맞서 오염되지 않고 남게 될 것이라는 사실에 대한 보증을 보았다.[131)]

이러한 상황 아래서 세력균형체제의 재생은 불완전하게만 성공할 수 있었다. 좌파와 우파의 급진주의에 대항해서뿐만 아니라, 국가를 지탱하는 민주적 중도세력들에 맞서서도 스스로를 보호하려고 시도하였다.

---

131) 공산주의의 위험의 과도한 강조에 관해서는 *Vogelsang*(주 IX/122), S. 406f., S. 410에 있는 슐라이허와 함머슈타인의 발언들과 홀첸도르프 소장에 의한 슐라이허의 공산당에 대한 태도의 평가를 참조. Conze(주 IX/70), S. 269. 우익급진주의와의 오락가락하는 관계에 대해서는 아래의 482쪽과 486쪽 이하를 참조.

그러나 사회주의와 민주주의에 대항하는 측면엄호(*Flankendeckung*)에 매우 많은 주의를 기울인 반면에,[132] 부르주아적-"민족주의적"인 세력에 대한 방어벽에는 구멍이 뚫려 있었다. 열광적인 불꽃은 바로 이 구멍을 통하여 제국군대로 퍼져나갔으며, 그 지휘부는 빈번히 자신이 불러낸 유령들을 더 이상 불러들이지 못하는 마술수련생(*Zauberlehrling*)의 상태에 빠지고 말았다.[133] 사람들은 모든 세력균형 정책이라는 과거부터 확인된 수단, 즉 "상호간에 부담을 분담"하여[134] 일하려 하였으나, 이는 민주적이고 온건한 세력들을 약화시킨 반면에, 우파급진주의자들의 시도에 대한 실질적인 통제를 달성하지는 못하였다.

본래 자신의 영역인 무기의 사용에서 제국군대 정책의 이러한 약점들은 가장 잘 표현되었다. 현존하는 국가에 대한 군사적 보호를 완전히 거부할 수는 없었으나, 제국군대가 유사한 이념을 가진 우익정당들

---

132) 여기 및 아래에 관해서는 Rudolf Fischer, Schleicher, *Mythos und Wirklichkeit*(Berlin, 1932)에 있는 제국군대 정책의 탁월한 해석을 참조. 전반적인 가능성으로 보아 슐라이허의 영감을 받은 이 해석은 슐라이허가 제크트의 책임하에 초당파성 정책의 구상과정에 주도적으로 참여하였다는 사상을 분명히 하였다(Foertsch, *Befragung*, 주 IX/69는, 제크트가 슐라이허의 이해관계에 항상 따랐는지 의심한다고 할지라도, 양자를 확인시켜 준다). 사회주의에 대항하는 측면엄호 노력은 나치에 대한 태도에서 제국군대 지도부를 적잖이 불안하게 하였다. *Ibid.*, S. 51과 *Vogelsang*(주 IX/122), S. 406.

133) 1923년 제크트의 정책은 그에 대한 전형적인 사례이다. 여기에 관해서는 Hallgarten(주 IX/122), 특히 S. 23ff.

134) Brauweiler(주 IX/72), S. 60ff. 에 있는 사례들. 또 1932년 3월 25일에 슐라이허가 그뢰너에게 보낸 편지 참조: "지난날의 사건 〔제국군대의 정책에 대한 사민당의 공격〕 이후 저는 전혀 절친한 친구도 아니면서 극히 조심스럽게 향유할 수 있는 나치라는 균형추가 있어서 매우 기쁩니다. 그들이 없었더라면, 우리는 발명해야만 했을 것입니다…." Gordon A. Craig, "Briefe Schleichers an Groener", *Die Welt als Geschichte* 11(1951), S. 130.

의 불신을 받지 않는 방식으로 보호하는 방향으로 나아갔다. 여기에 상응하여 그러한 보호조치를 대외정책적 위험, 즉 본래의 국토방위에 제한시키려 하였다.[135] 국내의 투입이 필요해진 곳에서는 좌파의 소요에는 신속히 준비하여, ― 때로는 정당하지 못한 ― 가혹할 정도로 엄격하게 단호한 조치를 취했으나, 우파의 소요는 매우 느슨하게 다루었으며, 무기 대신에 오히려 "저지"(*Abfangen*) 라는 방법을 이용하였다.[136] 제국군대 지휘부는 근대적 대중운동 속에서 발전될 수 있는 역동성이 군사적 행정적인 면에서도 발전될 수 있다는 것을 사실상 부정하면서, 그러한 경우에는 이 조직들 및 운동들의 지도자를 자신이 미리 마련해 둔 프로그램에 묶어두거나 또는 적어도 특정의 전술적 처방에 결합시키려 하였다. 이런 방식으로 지도자들과 함께 종자(*Gefolgschaft*: 나치시기 각 조직의 지도자들 제외한 구성원 전체 ― 옮긴이) 들을 수중에 넣고 중재할 수 있기를 희망했다. 지도적인 장교층에서 먼저 외적으로는 중립성을 유지하고, 이면에서는 조종적인 개입, 그리고는 마지막 순간에 온건한 독재의 수립을 확고히 하는 우익운동을 위한 공적인 선

135) 이 경향은 매우 일찍 시작되었고(앞의 418쪽 참조), 그 이후 제국군대 정책의 지속적인 목표였다. 여기서 매우 자주 그리고 공개적으로 "민족적" 이념의 동지들에 반대해야만 하는 위험과 더불어 평화조약 제 160조(앞의 409쪽을 참조) 의 의미에서 가능한 한 거의 선례를 만들지 않으려는 노력 또한 함께 언급되었다. Rabenau(주 IX/21), S. 231f. ("병사는 내부의 다툼을 중재하지 않는다. 그것은 경찰의 소관사항이다"), S. 258f., S. 267, S. 269. 이와는 반대: Nollet(주 IX/5), S. 215. 슐라이허 시기에 대해서는 아래의 제 3권, S. 236ff. 를 참조.

136) 맹아의 형태로는 이미 카프쿠데타에서 추적될 수 있다. Rabenau(주 IX/21), S. 234ff.; Severing, *Lebensweg*(주 I/33), I, S. 262ff.; Karl Brammer, *Verfassungsgrundlagen und Hochverrat. Beiträge zur Geschichte des neuen Deutschlands*(Berlin, 1922) 참조. 1923년에는 더욱더 엄격했다. 급진좌파적인 작센과 튀링엔에 대한 제국군대의 투입, 급진우파적인 바이에른에 대해서는 자제.

택이라는 국가의 궁극적인 신질서 확립에서 제국군대의 협력 또한 고려되었던 듯하다.

제국군대의 기본적 입장과 전술을 전반적으로 개괄해보면, 양측이 장교단의 정치적 목표들에 극히 교묘하게 적응했다는 점을 인정하지 않을 수 없다. 초당파성의 원리는 지배정권과 일종의 성의 평화를 맺을 가능성을 제공했는데, 이는 최소한 장교단에 대한 공개적이고 직접적인 공격을 매우 어렵게 하였으나, 동시에 제국군대 지도부에 자유로운 활동의 여지를 허용했고, 그 결과 주어진 가능성의 틀 내에서 의회민주주의의 약화와 권위주의적 개혁으로 나아가는 모든 경향을 후원하는 일을 할 수 있었다.137) 그러나 물론 이 체제도 결코 과소평가할 수 없는 일련의 위험을 포함했다. 여기서 문제점은 지도적인 장교들 중에서 제국군대 정책의 매우 복잡한 경기를 계속하는 데 적절한 인물들이 있을 것인가였다. 여기에는 심리적 부담감도 있었다. 그 부담감이란 모든 전통적 개념에 대립되는 제국군대의 정치적 태도로부터 장교들과 병사들에게서 자라난 것이었다. 마지막으로 특히 문제가 된 것은 정치게임을 계속 행정영역에 제한하고 감시중인 여론의 눈에서 숨기는 데 성공할 것인가였다.

그러한 상황 아래서 제국군대가 이 경기를 유지할 수 있는 시간은 결정적으로 중요함에 틀림없다. 이제 제크트는 바이마르체제가 극히 짧은 기간 동안만 유지될 수 있을 것이라는 점, 말하자면 그것이 자신이 가까운 장래에 기대했던 전쟁과 같은 소용돌이에 필적하지 않는다

137) 제국군대의 초당파성 정책이 대개 은폐전술이었으므로, 동시에 정규적인 은폐 전문용어를 주조하였다. "초당파성" 개념 및 "정당국가"(앞의 주 IX/124) 개념과 더불어 특히 "반국가적인 사상" 개념 또한(예컨대 Seeckt, *Reichswehr*, 주 IX/56, S. 98) 거기에 대한 한 가지 사례이다. 제크트는 자신이 관련되어 있는 국가개념을 다른 곳에서 직접 설명하였다(*Die Zukunft des Reiches*, 주 IX/56, S. 99) : 프로이센은 "형성과 성격 면에서 독일적인 국가, 즉 국가의 상 그 자체이다."

는 점, 그리고 장교단이 의도했던 대로 국가를 전환시킬 기회가 오게 되리라는 점 등을 기대했던 듯하다.[138] 그러한 가정은 제크트가 초당파적인 체제의 수립으로 감행했던 모험을 더 잘 이해할 수 있게 해준다. 그러나 1924/1925년에 바이마르 국가의 지속적인 약화나 새로운 전쟁과 같은 소용돌이에 비추어서 당장에 새로운 혁명적 발전에 대한 계산이 잘 풀리지 않았을 때, 왜 그가 이 체제를 유지했는가라는 문제가 여전히 남아 있다. 아마도 올바른 대답은 제크트가 주관적으로나 객관적으로나 자신의 정책에 대한 근본적인 변화를 추진할 수 없었다는 점일 것이다. 그 자신은 스스로를 변화시키기에는 너무 늙었다. 또 그 자신이 만든 전통주의와 초당파성의 체제는 존속기간에 너무도 확고히 정착되어 있어서, 머리와 사지에 대한 개혁을 제거하는 데 필요했을 것이다.[139] 그러나 이로써 위에 언급된 위험요소들이 일시적으로든 장기적으로든 하나의 위기로 상승되어야만 했다.

6. 슐라이허와 군수문제

제크트 체제의 결함의 원인들이 그 잠정적인 성격 속에서 설명된 것이 올바르다면, 거기에는 바이마르 정권에게는 이론적으로 혁명기의 오류들을 만회할 수 있는 기회가 있었음에 틀림없다. 제크트의 체제는, 우리가 기억하듯이, 공화주의적 권력자가 자신의 군사정책을 포기

138) Rabenau(주 IX/21), S. 195, S. 213f., S. 251ff., S. 255, S. 261, S. 283, S. 288ff., S. 298f., S. 302f., S. 318(러시아 문제에 대한 브록도르프-란차우 회고록에 대한 답변, 1922년 9월 9일), 그러나 특히 S. 324ff. (1923년 루어점령에 대한 제크트의 태도).

139) 1924년 이후 제크트의 정치활동 약화는 그것을 언급하는 듯하다. Rabenau (주 IX/21), S. 409f., S. 413, S. 422f. 라베나우(491ff.)는 동시에 초당파성체제의 공고화를 암시한다. *Ibid.*, S. 491ff.

하지 않고서 가능해졌다. 말하자면 국가의 전반적인 취약성 및 기술적으로 이용가능한 군사정책적인 구상의 결여로부터 생겨난 이러한 포기 속에 그것이 존속하게 된 본래의 조건이 있었다.[140] 공화주의 정권이 이러한 오류와 맹점들을 제거하는 데 성공했다면, 제국군대 정책의 초당파적이고 전통주의적인 체제를 뒤흔들 수 있었을 것임에 틀림없다.

이 관점에서는 공화국이 최대의 유대를 경험했던 것과 같은 기간에 동시에 제국군대가 취약한 시기를 경험하였다는 것은 중요하다.[141] 제크트의 실각 후 제국군대가 1925~1928년에 겪었던 지도부의 위기에 대해서는 이미 언급되었다. 지도부는 장교단의 전반적인 정치적 "패배주의"와 함께 붕괴되었다. 힌덴부르크의 대통령 당선 이후 다시금 강력한 부력을 얻었던 왕조주의에 대한 희망은 그가 엄격히 헌법에 합치된 직위수행에 제한된 후에 쓸데없는 것으로 된 듯하였다.[142] 또 경제적 안정은 외관상으로도 권위주의적인 의미에서의 공화국 개편에 대한 전망을 물거품으로 만들었다. 로카르노 조약과 독일의 국제연맹 가입 이후 주목할 만한 성공을 보여주기 시작한 슈트레제만의 화해정책은 대외정책 부문에서 이러한 상을 보완하였다. 이러한 사실에 비춰 볼 때, 당시 베르사유적인 지위의 무제한적인 기간에 맞게 적응하면

---

140) 이것은 제국군대의 초당파성 정책이 어느 정도의 강제성을 획득했다는 점에서 강조되어야 한다. 이 정책은 또한 권력정책적으로나 선전적으로 교묘하고 강력하게 추진된 나치의 공격을 견뎌내지 못하였다. 바로 여기서부터 현대민주주의에서 관료적 집행기구에 전체주의적 전복시도에 대한 저항의 기능이 덧붙여진다는 보르흐〔Borch, *Obrigkeit und Widerstand*(주 VII/30)〕의 테제는, 관헌국가적 전통을 갖는 대륙의 직업공무원층 및 직업군대를 근본적으로 개혁하는 데 성공한다고 할지라도, 의문시되어야만 한다.

141) 일반적으로 Severing, *Lebensweg*(주 I/16), II, S. 109; 특히(주. IX/21), S. 481ff. 앞에서 언급한 제크트의 권력약화는 이 위기의 첫 징후였던 듯하다.

142) 일반적으로 Brauweiler(주 IX/72), S. 22ff. 상세하게는 Phelps, "Seeckt-Dokumente"(주 IX/77), S. 1017; 또한 아래의 제 2권, S. 55ff. 와 1926년 3월 3일 제국의회에서 게슬러의 발언들 *Reichstagsprotokolle* 389, S. 5907.

서, 공화국과 평화를 맺는 것이 제국군대에게 적합하지 않았는가라는 문제는 제국군대의 독자적인 정책의 불리한 결과들도 기술적인 영역에서 암시적으로 드러나기 시작했을 때 훨씬 더 정당한 듯했다. 군비확장 — 여기에 관해서는 좀더 언급되어야만 할 것이다 — 은 바로 이 시기에 진퇴유곡에 빠졌고, 국방부에서는 장교단과 군대 내에서는 더욱 더 강력한 관료화 경향이 확정되어야만 했다.[143)]

이로써 공화국에는 다시 한 번 개입할 기회가 주어졌다. 그러나 이 기회가 인지되었던 듯이 보였음에도 불구하고, 또 행정부와 입법부 측으로부터 이 기회를 이용하려는 시도들이 확정될 수 있음에도 불구하고 — 여기서는 특히 이미 언급된 게슬러의 이니셔티브를 기억할 필요가 있다. 또한 헤르만 뮐러 내각 시기에 이루어진 비밀군비확장의 방지에 관한 협상들[144)] 및 여러 차례에 걸쳐 제국군대를 "공화국화"시키려는 사민당의 돌진 등도 여기에 나열될 수 있겠다[145)] —, 이 모든 것

143) 여기에 관해서 매우 잘 알려주는 것으로 현상유지에 제한할 것을 권유하는 라베나우(주 IX/21), S. 482f. 에 발췌 수록된 Denkschrift der Heeres-organisationsabteilung(Nr. 958/26 geh. v. 6. November 1926). 이로써 제크트의 퇴진 직후에(10월 8일) "반제크트파"(여기에 관해서는 Phelps, "Seeckt-Dokumente", 주 IX/77, S. 889f.)가 발언할 수 있었다. 다음으로 거기에 언급된 슐라이허, 요아힘 슈틸프나겔, 그리고 부셰-이펜부르크(Bussche-Ippenburg) 이외에 당시 군 조직부서의 책임자 보닌 대령도 고려되어야 할 것이다(그에 관해서는 주 IX/18 und IX/173). 이 집단의 핵심인물은 슐라이허였던 듯하다. *Ibid.*; Rabenau(주 IX/21), S. 413, S. 551. 흥미로운 시각 Erfurth(주 IX/85), S. 110ff.

144) 아래의 480쪽 참조.

145) 여기에 관해서는 초고의 형태로 나와 있는 박사학위논문 Gustav Adolf Caspar, *Die Sozialdemokratische Partei Deutschlands und das deutsche Wehrproblem in den Jahren der Weimarer Republik*(Berlin, 1954), 특히 S. 90ff. 와 S. 152f.; 그 밖에 Rabenau(주 IX/21), S. 431f., S. 496f.; Severing, *Lebensweg*(주 I/33), II, S. 103ff. 직접적인 인식을 제공하는 것으로는 Eggerstedt-Protokoll über eine Sitzung zwischen Mitgliedern

에도 불구하고 효과적인 통제에 이를 수는 없었다. 그 이유는 이 모든 조치들이 어느 정도는 개별적인 돌진에 머물렀고, 이제는 어떠한 유용한 군사정책적인 대안구상들도 제국군대의 구상으로 발전되지 못했다는 사실에 있다. 정당들 사이에 또 의회와 정부 사이의 통일에 대해서는 말할 필요도 없이, 개별정당들 내부에서 추구할 만한 목표에 — 사민당은 여기에 관한 전형적인 사례이다 — 관한 의견일치가 단 한 번도 없었다.[146] 양방향에서 단초들은 — 여기서도 다시 1929년에 당의 공식적인 방위정책 강령(*Wehrprogramm*)을 작성하려고 시도하였던[147] 사민당이 인용될 수 있다 — 있었으나, 1929년이라는 시기는 왜 이 단초들이 구체적으로 논의되지 못했는지에 대한 이유를 암시한다. 즉, 모든 측면에서 시간을 지체하였고, 문제의 시급성을 모른 채 너무 번

---

der Reichsregierung und SPD-Führern am 1. Dezember 1926 (zur Verfügung gestellt von Robert W. M. Kempner), *Der Monat* 1 (März 1949), S. 103ff. 추가적인 자료들은 Otto Ernst Schüddekopf, *Heer und Republik, Quellen zur Politik der Reichswehrführung 1918-1933* (Hannover-Frankfurt/M., 1955).

146) 사민당의 상황에 특징적인 것은, 베르사유조약의 규정들이 군헌법에 관한 논의를 허용하지 않았음에도 불구하고, 당이 군헌법에 대하여 명확한 입장을 취하는 데 단 한 번도 성공하지 못했다는 점이다. Caspar (주 IX/145), S. 21ff. 참조. 정당들 및 의회와 정부 사이에 통일성 결여에 대한 비판은 Severing, *Lebensweg* (주 I/33), II, S. 105f.

147) 여기에 관해서는 Caspar (주 IX/141), S. 221ff. 여기에는 1929년의 마그데부르크 당대회에서 방위프로그램을 둘러싼 논쟁으로 사민당 내부에서 생겨난 여러 그룹들에 대한 개관을 포함한다. 여기서는 사민당 지지자들의 대다수가 방위문제에서 깊숙이 분열되어 있었음을 보여준다. "기본지침" (통일적인 방위프로그램에는 합의할 수 없었다) 은 242 대 147로 최종적으로 통과되었다. 만약 우리가 자신의 대표성을 지역 당 조직으로부터 획득하지 않은 당간부들의 표(70)를 다수에서 제외하면, 그들의 표 차이는 25로 줄어든다. 여기에 관해서는 Julius Leben, *Ein Mann geht seinen Weg* (주 III/33), S. 139ff. 와 아래의 제2권, 27쪽.

거롭게 진행되었다. 이어 1930년 이후 결정적인 위기가 시작되었을 때, 오늘날 당시에 취해진 조치들의 성공전망에 관한 판단이 내려질 수 있을 정도로까지 나아가지 못하였다.[148]

그래서 제국군대의 약점 속에 내포되어 있었던 기회는 이용되지 못하였다. 이제 문제가 되는 것은 상황이 어떠한 방향으로 발전될 것인가라는 것이었다. 왜냐하면 1930년 이후 실질적인 역사적 발전 — 되돌아보면 — 이 나치의 권력장악으로 일직선으로 진행되는 듯이 보인다하더라도 당시의 관점에서 보면 아직 그것이 불가피한 것은 아니었다. 왜냐하면 민간 정치 지도부의 실패에도 불구하고 당시 장교단 내부에서는 여전히 직업군대의 관료화 및 정치적인 면에서의 체념에 대한 단초들이 계속 발전되었을 가능성이 있었기 때문이다. 마치 제국군대의 초당파적인 정책이 근대적 전문가 계층이라는 사회적 특징으로부터 획득한 충동이 과소평가되어서는 안 되는 것처럼 말이다.[149] 제크트의 체제는 임시적인 것이긴 했지만 안정된 정치상황 또한 흔히 임시적인 것에서 출발하는 것이다. 만약 여기에 암시된 가능성이 실현되지 못했다면, 그것은 특히 다음과 같은 두 가지 이유 때문이다. 첫째 이유는 제국군대 내부에 있었던 베르사유의 군수기술적인 지위에 제한하

148) 여기에 특징적인 것은 사민당 내에서 방위프로그램에 대한 진지한 논의가 앞에서 서술한 1926년의 사민당 이니셔티브보다 3년 뒤인 1929년에야 비로소 시작되었다는 점이다. 이로써 사민당이 기회가 있을 때마다 우선적으로 국내정치적인 목표를 추구하였다는 주장은 가능성을 얻는다. Vogelsang (주 IX/122), S. 398, 주 4.

149) 여기에 관한 케셀링(Kesseling)의 징후적인 발언: "나는 오랜 병사생활 동안에 심적으로 그토록 외부의 영향력으로부터 1933년 이후 공군의 건설시기보다 더 자유롭게 움직일 수 있었던 시절이 없었다"(괴링이 공군의 통수권자로서의 지위에서 "모든 정치노선의 개입에 반대하여" 케셀링의 공무활동을 보호해 주었다는 것이다). Vgl. Albert Kesselring, *Soldat bis zum letzten Tag* (Bonn, 1953), S. 26. 또한 거기에 관한 막스 베버의 일반적인 언급, 앞의 주 VII/61을 참조.

려는 경향이 관철될 수 없었다는 점이다. 비록 장교단이 지속적으로 국내정책적인 목표를 포기할 준비가 되어 있었을지라도, 베르사유의 제한을 제거해 달라는 요구를 포기하지는 않았다. 그리고 둘째 이유는 1929년의 세계경제대공황과 더불어 전반적인 국가위기가 엄습해왔는데,[150] 이 위기는 더 이상 절반의 해결책을 허용하지 않고, 명백한 결정을 요구하였다.

앞서 언급되었듯이, 제국군대는 이미 제크트 아래서 매우 독자적으로 재무장을 준비하기 시작하였다. 외교적 방식으로 정부의 합의와 후원으로 군 관련 조항들의 완전한 이행에 앞서 베르사유 조약의 개정을 달성하려는 시도가 스파회의에서(1920년 7월) 실패로 돌아간 후,[151] 제크트는 먼저 장교단에 대하여 조약의 엄정한 이행을 관철시켰는데, 여기서 특히 그에게 중요한 것은 가능한 한 빨리 평화조약에 규정된 군사적 통제(조항)를 제거하는 것이었다.[152] 그러나 그는 동시에 재무장을 위한 계획서를 작성하였는데, 이는 두 가지 길을 규정하였다.

---

150) 대외정책적인 관점들 — 독일의 군사적인 "동맹능력"의 기초 — 와 더불어 여기서는 경제적 사회적 목표들 — 물질적 상태의 개선, 특히 상승기회의 확대 — 도 동기로서 언급될 수 있다. 지면부족으로 상당히 중요한 몇 가지 점들은 여기서 상세히 분석될 수 없다. 장교단의 기본적 입장은 대략 1926년 9월의 작전회의에서 행한 제크트의 언급을 지칭할 수 있는데, 그는 여기서 프랑스와의 화해가능성에 관해서 회의적인 고찰들에 뒤이어 다음과 같이 확정적으로 발언하였다: " 장차 저의 과제는 어쨌든 군대의 생존의 필요성에 어떠한 손상도 생겨나지 않도록 감시하는 것이 될 것입니다." Rabenau(주 IX/21), S. 549 참조. 또한 다음에 포함된 언급들도 참조 Woertz(주 IX/91), S. 614f.; *Justiz*(주 IX/89), 6, S. 193; "Die Aufgaben der Armee"(anonym), *Die Tat* 24(März 1933), S. 1038.

151) 당시까지 지켜졌던 20만 명의 수준을 계속 유지하려는 시도가 문제가 되었다. Rabenau(주 IX/21), S. 279ff.; Nollet(주 IX/5), S. 137, S. 197f., S. 204; Eyck, *Geschichte der Weimarer Republik*(주 I/36), S. 224ff.,; Craig, *Prussian Army*(주 IX/29), S. 389ff., S. 397ff. 참조.

152) Rabenau(주 IX/21), S. 293f., S. 445, S. 451; Nollet(주 IX/5), S. 141f.

즉, 한편으로는 정치적인 방법으로 베르사유 조약을 수정할 가능성인데, 이어서 공개적이고 합법적인 무장을 한다는 것이며, 다른 한편으로 독일이 전쟁과 같은 소용돌이로 조약을 일방적으로 어기고, 일시적으로 그 군사적 수단의 증강을 실행하도록 강요당할 경우였다.153)

1923년 이전에 제크트는 사실상 첫 번째 길을 가려고 하였다. 그렇지만 그는 거기에 성공하지 못하였다. 왜냐하면 제국군대 지휘부가 계산에 기초하곤 했던 정치적 기술적인 기준들에 따르면 추구한 목표가 상당히 짧은 기간에 달성될 수 있어야 했기 때문이다. 그러나 이는 대외정책적인 상황으로 가능하지 않았다.154) 게다가 제크트는 제국군대 하급기관들에서 출발하는 베르사유 조약을 우회하려는 수많은 시도들을 — 이들 중에서 동부의 국경경비대를 만드는 것이 가장 중요했다155) — 부분적으로는 통제가능성의 부족으로, 부분적으로는 대외정

---

153) "Grundlegende Gedanken für den Wiederaufbau unscrer Wehrmacht", Januar 1921; 부분적으로는 Rabenau (주 IX/20), S. 474f. 에 수록. 전자를 위해서 제크트는 기간부대의 배가를 통해서 (7-14-21 등의 사단) 점진적으로 63개 사단으로까지 군대를 확대하려는 계획을 세웠다. 후자의 경우 Aufruf eines Volksaufgebots; Umwandlung der 7 vorhandenen Divisionen in Stämme 등.

154) Rabenau (주 IX/21), S. 456 ("군대는 유기적으로 성장해야만 한다." 따라서 옛 군대의 이상적이고 직업기술적인 군사적 자산을 새로운 건설의 기초로서 보존해야만 한다). 그리하여 제크트는 예컨대 이제까지의 기능으로 전혀 응용가능성이 없었던 수많은 장교들을 제국군대로 받아들였는데, 이는 명백히 단기적으로 계산된 조치였다. *Ibid.*, S. 527ff. (180명의 공군장교 인수); Seeckt, *Reichswehr* (주 IX/56), S. 65f (일반적), 82ff. (소규모 군대에서 최소한의 상승가능성을 유지하기 위한 즉각적인 퇴임의 필요성); Nollet (주 IX/5), S. 199f. 참조. 또 한 가지 문제점은 "백지상태"의, 다시 말해서 교육받지 못한 모집병들 문제였다. 여기에 관해서는 *Ibid.*, S. 143과 Mueller-Hillebrand (주 IX/62), S. 29ff., S. 141.

155) 당시대의 것이긴 하나 훌륭한 정보를 개괄적으로 전달해 주는 것으로 Friedrich Felgen, "Die Schwarze Reichswehr und Oberleutnant Schulz",

책적인 상황에 대한 과도한 염세주의적 평가로 관대하게 처리하였다.[156] 이것이 연합군 통제위원회에게 숨겨지지 못하고, 전승국(*Entente*)의 불신이 군사적 조약규정의 이행을 위한 독일의 준비 속에 유지되었으므로, 제크트의 단기적 목표 — 군사적 통제의 즉각적 철폐 — 는 달성될 수 없었다.[157]

이러한 상황 아래서 합법적인 길을 벗어나 극히 엄격하게 비밀을 유지하면서 외국에 대해서뿐만 아니라 독일정부에 대해서도 재무장을 위한 불법적인 준비를 시작하기로 한 이미 1923년에 작성된 결의안은 먼저 맹아의 형태로 묻혀 있었다. 왜냐하면 1923년의 발전은 제크트의 판단에 따르면 불가피하게 전쟁으로 나아가고, 이로써 본래 자신이 주목했던 두 가지 길 중에서 두 번째 길을 위한 문 — 평화조약의 공공연한 파괴 — 은 열리는 듯이 보였다. 그러나 이 일은 주지하다시피 생각대로 잘 풀리지 않았다. 게다가 이미 시작된 동원조치들이 기술적으로 충분하지 못하다는 사실이 명백해졌다.[158] 따라서 1924/1925년에는

F. Felgen u. a., *Die Femelüge* (München, 1928), S. 7ff. 유사하게는 Walther Luetgebrune, *Wahrheit und Recht für Feme, Schwarze Reichswehr und Oberleutnant Schulz* (München 1928), S. 15ff. 이를 보충하는 것으로 Rabenau (주 IX/21), S. 200; S. 266; Thomée (주 IX/57), S. 72f.; Severing, *Lebensweg* (주 I/33), II, S. 117ff. (매우 상세한 내용 포함).

156) 제국군대의 하위기구들뿐만 아니라 자유의용군의 후속조직들에서 출발하는 이니셔티브에 관해서는 — 이는 여전히 매우 어두운 장 — 특히 Thomée (주 IX/57), S. 68f., S. 72f.; Rabenau (주 IX/21), S. 292; S. 294; S. 300f. 참조.

157) 여기에 관해서는 Nollet (주 IX/5), S. 138ff.

158) Thomée (주 IX/57), S. 73ff. 와 Rabenau (주 IX/21), S. 321ff. 의 참고가 되는 장, 그리고 앞의 주 IX/155에 인용된 검은 제국군대에 관한 문헌 참조. 보충적으로 Gumbel의 저작들, 특히 *Verräter verfallen der Feme* (주 VII/119). 이 저작은 풍부한 세부지식에도 불구하고 기술적 문제를 제대로 소화해내지 못하였다. 제크트의 동원계획 실패에 관해서는 Rbenau (주

다시 장기적 비합법적인 무장준비계획으로 복귀하였으나, 이제는 그에 대한 정부의 동의를 얻으려고 노력하였다. 왜냐하면 정부의 동의 없이는 군기관이 작성한 매우 포괄적인 계획들을 실행하는 것이 불가능했기 때문이다. 여기서 자신의 외교정책의 위험성을 제대로 간파한 슈트레제만은 기본적 형식으로 무장준비를 계속할 수 있는 가능성만을 이용하였고, 제크트는 무장준비를 완전히 포기할 생각이 없었으므로, 자신의 입장을 견지하였다.[159]

이것 그리고 1926~1928년에 제국군대 지휘부의 비밀음모 및 그것의 대내외 정책적인 문제점들을 폭로한 일련의 공적 추문들—정치적 암살사건 재판, 러시아 정책에 대한 샤이데만의 폭로, 퇴부스 추문—은[160] 앞서 언급한 무장조치들의 위기로 이끌었다. 그러나 그사이에 슐라이허는 제국군대 정책의 책임자로 부상했는데, 위기를 극복하고 제국군대를 재무장을 위한 준비의 지속에 확고하게 자리잡게 하기도 하였다. 왜냐하면 제크트에게서 독일의 군사적 잠재력 확대동기가 전

IX/21), S. 327 참조. 전반적 문제는 Hallgarten(주 IX/122), S. 20, S. 23ff.

159) 여기에 관해서는 Rabenau(주 IX/21), S. 421f., S. 425, S. 480f., S. 496. Thomée(주 IX/57), S. 75f.; Mueller-Hillebrand(주 IX/62), S. 16f.; Hans W. Gatzke, *Stresemann and the Rearmament of Germany*, Baltimore 1954 참조. 세부적인 내용은 H. Ebeling, *The Caste, The Political Role of the German General Staff between 1918 and 1938*(London, 1948), S. 24f. (1925/26년에 한 증인의 정보에 의하면 에벨링은 "향토방위 조직"(*Landesschutz-Organisation*)에서 활동했다고 한다).

160) 비밀재판(*Femeprozeß*)에 관해서는 앞의 주 IX/155에 인용된 문헌 및 Rabenau(주 IX/21), S. 325ff, S. 424ff., S. 458ff를 참조. 또 Severing, *Lebensweg*(주 I/33), II, S. 135와 Braun(주 I/41), S. 208f. 를 참조. 퇴부스 추문에 관해서는 Kapitän z. S. Schüssler, "Der Kampf der Marine gegen Versailles 1919~1935"(Denkschrift 1937), *Nürnberger Dokumente* XXXIV, S. 530~607, 특히 S. 552ff. 와 Geßler, *Reichswehrpolitik*(주 IX/72), S. 443ff. 를 참조.

통의 유지와 불가분의 관계에 — 여기서부터 제크트의 수적으로 제한된 "엘리트 군대" 이론을 이해할 수 있는 길 또한 열린다[161] — 있었던 반면에, 슐라이허의 사정은 달랐다. 그의 근대적이고 냉정한 사고방식에 비춰볼 때, 제크트가 프로이센적 전통으로 이해했던 것의 완전한 보전은 군비확장문제의 해결과 마찬가지로 중요하지 않은 듯했다. 그는 그것을 해결하기 위해서, 성공이 보장된다면, 장교단의 전통적 관념들과 모순되는 수단과 형식들을 받아들일 준비가 되어 있었다.[162] 그 결과 군비확장문제는 이제 대략 1927/1928년 이후 제국군대 정책의 독자적인 동력으로 되었다.

1927년 1월 30일부로 법적으로도 실행된 연합국의 군사적 통제철폐는 그것을 위한 첫 번째 전제조건을 마련해 주었다.[163] 독일 내에서의 비밀조치들은 이제 훨씬 더 자유롭게 실행될 수 있었다. 그러나 나아가서 그러한 조치들은, 다른 방식으로 완전한 효력을 얻고자 한다면, 불법성이라는 족쇄로부터 해방되어야만 했다. 이를 위해서는 먼저 제크트의 지휘하에서 성공하지 못한 독일정부와의 화해가 보완되어야만 했는데, 독일정부는 두 번째 조치로서 베르사유 조약의 군사조항 수정을 외교적인 길에서 추진해야만 한다는 것이었다.[164]

---

161) Hans v. Seeckt, *Landesverteidigung* (Berlin, 1930)와 idem, "Moderne Heere"와 "Grundsätze moderner Landesverteidigung", 두 논문 모두 *Gedanken* (주 IX/56), S. 51ff., S. 62ff.

162) 이러한 사실은 이미 언급된 정치적 관점과 더불어 특히 필요할 경우에는 군헌법을 수용할 준비가 되어 있었다는 점과 관련된다. 여기에 관해서는 Rabenau (주 IX/21), S. 461f. 보다 더 상세한 내용은 아래의 주 IX/187.

163) Nollet (주 IX/5), S. 156; Benoist-Méchin (주 IX/9), II, S. 349f.; Rabenau (주 IX/21), S. 454.

164) 슐라이허는 1928년 9월 3일 그뢰너에게 보낸 한 편지에서 "가을에 향토방위 문제를 근본적으로 제기하고, 우리의 견해에 대한 내각의 동의를 받아내려는" 의도에 관해서 언급한다. Craig, "Schleicher-Briefs" (주 IX/134), S. 126 참조. 또한 Braun (주 I/41), S. 267f. 도 참조(국경경비대에 관한

그러나 이 계획의 실행은 몇몇 어려움에 봉착하였다. 독일정부와 의회는 추문사건들로 인한 무기력 상태로부터 깨어났으나, 그뢰너와 슐라이허에게서 출발한 이니셔티브가 그에 대항한 민간 측의 그것과 충돌하였다.[165] 따라서 처음에는 일종의 타협에 도달하였다. 이 타협에 의하면 제국군대 지도부는 정부에 대하여 이제까지의 조치들에 대한 충당금을 요구하였으나, 그 대신 계획된 구상의 제한을 약속하고,[166] 재무부, 회계감사원 그리고 제국의회의 예산위원회가 재정관리에 대한 세부적 통제를 허용해야만 했다.[167] 이어서 장갑순양함(*Panzerkreuz*) "A"를 둘러싼 논쟁이 제국군대 지도부 측에서 현재의 정부구성(대연정)에 비춰보아 더 이상의 타협을 계산할 수 없다는 것이 명확해지자, 슐라이허는 뮐러내각과 거리를 두면서 내각을 실각시키기 위한 작업을 시작하였다.[168]

물론 여기서는 또 하나의 요인이 동시에 작용했다. 제국군대의 비밀

프로이센 정부와의 합의를 위한 그뢰너와 슐라이허의 돌진).

165) 예컨대 당시 독일 내무부장관인 제버링은 그뢰너에게 카드를 밝히라고 몰아붙였다. Severing, *Lebensrweg*(주 I/33), II, S. 137. 푀부스 추문 또한 이 방향에서 영향을 미쳤다. Schüssler, *Nürnberger Dokumente*(주 IX/160), S. 98ff. 참조.

166) 1928년 10월 30일의 내각회의에 관해서는(Bericht Groeners und der Chefs der Heeres-und Marineleitung über Etatverschleierungen und formelle Verstöße gegen den Versailler Vertrag) *Nürnberger Dolcumente*, Bd. XIII, S. 684f. 와 Bd. XIV, S. 285f. 를 참조. 거기에 뒤이어 긴 협상이 있었던 듯하다.

167) Helm Speidel, "Reichswehr und Rote Armee", *Vierteljahrshefte für Zeitgeschich1te* 1(1953), S. 9~45, bes. S. 22ff.; Erich Frhr v. d. Bussche-Ippenburg, "Äußerung über die schwarzen Mittel der Reichswehr"(26. 11. 1951), *Niederschrift im Institut für Zeitgeschichte* (München); und Thomee(주 IX/57), S. 54f.

168) Craig, "Schleicher-Briefe"(주 IX/134), S. 126f., und Groener-Geyer, *General Groener*(주 IX/36), S. 305.

무장은 ① 군대 인원의 증강 및 교육받은 예비군의 상설화, ② 베르사유 조약으로 금지된 무기의 개발, 시험, 구입 및 독일군수산업의 생산설비 확장이라는 두 가지 과제를 해결해야만 했다. 후자가 주로 기술적인 문제였고, 오직 실험장을 러시아로 이전시킴으로써만 정치적 영역으로 확산되었던 반면에,169) 전자는 본질적으로 내정적인 성격이었다. 왜냐하면 비밀엄수의 필요성으로 제국군대는 국경수비와 예비군 교육을 위하여 필요한 자원자들을 자신의 의도대로 신뢰할 만한 것으로 간주할 수 있는 주민들 속에서 찾아야만 했기 때문이다. 그러나 그것은 우익적인 부르주아, 중간계급 그리고 농촌주민들에게서만, 즉 제국군대가 이미 사상적으로나 사회적으로 가까이 있었던 계층에게서만 그랬기 때문이다.

이로부터 바이마르 국가와 거리를 두려는 더욱 경직된 제국군대의 태도가 — 그리고 이로써 초당파성의 원리가 위협받는 상황 — 생겨났다면,170) 이미 제크트시기의 제국군대 지도부와 관련된 국방정책상의 문제점들은 명확하였다. 왜냐하면 은밀한 예비군 양성에 필요한 인력을 제국군대에 공급했던 사람들은 동시에 "민족적 단체들", 자유의용군의 후속조직들, 방위단체들의 인적 기초를 형성하였다. 즉, 제국군대는 그 정치적 독자성과 상이한 군사적 구조 때문에 자신에게 항상 눈에 가시였던 조직들에 대하여 근본적으로 이들로부터 자신과 경쟁하는 무장세력이 형성될 수도 있다는 점을 염려하였다. 이 위험을 피하기 위해서 제크트는 방위단체의 구성원들을 국경 및 지역의 방위과제를 수행하기 위한 개인으로서 획득하고, 단체들 그 자체를 협력에서

---

169) Craig, *Prussian Army*(주 IX/133), 5. 408ff.; Herbert Helbig, *Die Trager der Rapallo-Politik*(Göttingen, 1958); Hans W. Gatzke, "Russo-German Military Collaboration/During the Weimar RepublIc-, *The American Historical Recieso* 63(1956), S. 565~597.

170) Vgl. Brauweilers(주 IX/72), S. 61f.

배제하고자 하였다.[171] 그러나 이중적인 의미에서 반헌법적인 우익반대파에 대한 제국군대의 기본적 인식에 정확히 상응하는 이 전술은 전혀 만족할 만한 결과에 이르지 못하였다. 제국군대는 자주 그 결정들에서 자유롭지 못하였으며, 자신의 의지와는 상반되게 방위단체들을 이용하였고—가장 분명하게는 1923년에 결성된 "검은 제국군대"(*Schwarze Reichswehr*)의 모습에서—, 그 결과 이 단체는 제국군대의 초당파성을 크게 동요시키고 오직 무력을 사용해서만 그 경계로 퇴각될 수 있었다.[172]

나아가서 사람들은 제국군대 지도부에서 "민족적" 주민집단들과의 밀접한 결합을 다른 이유에서 불충분한 것으로 생각했다. 11월 혁명의 경험은 고통스럽지만 분명하게 20세기의 상황에서 효과적인 국토방위가 전 국민의 방위준비 자세에 의해서 실행될 경우에만 가능하다는 점에 눈을 돌리게 하였다. 이 관점에서 노동자들의 거리두기는 계획된 군비확장의 본질적인 약점으로 간주되었으며, 여기서 어떻게 변화가 이루어질 수 있는가라는 문제가 충분히 다루어졌다.[173] 제크트시기에 노동자층을 "민족적인" 목표를 위하여 민간의 정치운동으로 획득할 수 있을 것이라는 희망에서 이 문제에서도 대기적인 입장에 한정되었다. 여기서 슐라이허는 근본적인 방향전환을 시작하였다. 그 자신이—이미 언급되었듯이—제크트의 정치노선으로부터 떨어져 나온 후, 자신의 독자적인 강령을 발전시켰는데, 이 강령은 국내정치 면에서는 사민당에, 대외정책 면에서는 슈트레제만의 노선에 적응하려는 것이었다. 그뢰너의 국방부장관직 인수와 뮐러내각의 출범으로 처음에는 이 프로

---

171) Rabenau, 주 IX/21, S. 475.

172) Vgl. Craig, *Prussinn Army*(주 IX/31), S. 403f., und u. S. 248f.

173) Vgl. Caspar(주 IX/145), S. 148; vgl. Foertsch, *Befragung*(주 IX/69), und Herrnann Schüzinger, "Die 'Machtergreifung'", *Deutsche Rundschau* 70(1947), S. 97f. Groener-Geyer, *General Groener*(주 IX/36), 5. 254, S. 313.

그램을 실현시킬 가능성이 열리는 듯하였다. 그러나 군비확장정책의 근본적인 문제에서와 유사하게 이 희망도 "방위준비 자세" 문제에서 비관적인 것으로 확인되었다. 정반대로 점차 그 모습을 드러내면서 제국군대 지도부의 눈에 특히 나치 돌격대의 형태로 나치즘의 의미있는 등장은 우익운동의 전반적 팽창과 결합되었으며, 이로써 제크트시기에 장교단이 민족적인 대중운동의 형성에 걸었던 희망들이 이제 뜻밖에도 거의 충족되지 않았는가라는 물음을 제기해보게 하였다. 방위준비 자세의 기본사상을 일련의 노동자들 속으로 담지해내는 것이 나치즘의 도움으로 가능하게 될 것인가?

7. 위기에 처한 국가에서의 군부

슐라이허는 자신의 군비확장정책에 정부 측의 보다 더 지속적인 후원을 얻어내려는 의도에서 뮐러내각의 퇴진과 브뤼닝 정부의 출범에 협력하였다. 따라서 우리는 브뤼닝이 자신의 조각에 앞선 협상에서 슐라이허에게 적절한 약속을—방위준비 자세의 후원, 진행중인 군비확장조치들에 대한 국내외적인 보호, 독일의 군사정책적인 동등권을 회복시키는 방향으로 정력적인 외교적 노력—했다고 결론내려야만 한다. 실제로 이 사안들은 그의 재임시에 전방위적으로 진행되었으며, 그 결과 제국군대는 이미 1932년 봄에 군비확장 준비단계를 지나 그것의 효과적 실행을 시작할 시점이 된 것으로 생각했다.

그러나 이로써 슐라이허에게 그 문제가 해결되지는 못했다. 그 결과들—군대의 증강, 국민개병제 등—을 포함한 군비확장은 제크트가 제국군대와 바이마르 국가 사이에 설치했던 복잡한 세력균형 체제를 근본적으로 동요시킬 것임에 틀림없다. 따라서 군비확장 프로젝트는 국가질서의 적절한 변형을 동반하여, 그 틀 속에서 군대와 국가 사이의 관계가 새로운 기초를 획득해야만 했던 경우에만 성공할 수 있었다. 제크트도 이미 이 문제를 다루었는데, 거기서 슐라이허는 이미 결정적으로 협력했던 듯하다.[174] 그 출발점은 의회주의체제가 평시에도 전시에도 국가의 효과적인 역량집중을 보장하지 못한다는 가정이었으며, 따라서 이 체제는 거부되었다. 의지형성(결의안 작성)과 정치적 행위를 분리시키는 이 체제의 본질은 부정되었는데, 이는 이 체제가 통일적이고 명백한 의지형성을 전혀 허용하지 않는다는 것을 의미했다. 이 오류는 왕조적인 상상의 세계에서 유추된, 구래의 "강력한 국가"와 경직된 명령체계의 동일시에 의거했다.[175] 그러나 이 오류는 바이마르 국가에 대한 구체적인 경험을 통해서 상당히 뒷받침되었는데, 이 국가의 약점이 바로 의지형성 영역에 있었고, 따라서 이 국가는 항상 자신의 국내정책적인 목표들을 관철시키기 위해서 군사적 도구들을 이용해야만 했다.[176] 그 결과 제국군대 지도부에서는 민주적 의회주의체제로부터 완전히 등을 돌렸고, 이러한 결함이 완전히 모습을 드러낸 1923년의 위기 이후에는 민주주의 자체의 철폐를 위하여 노력하였으나, 급진적 해결에 대한 깊은 거부감으로 국가를 "강력한 지도부"를 갖는 국민투표에 의거하여 점진적으로 민주주의로 전환시키려고 노력하였다. 사람들은 그 출발점이 대통령에 있다고 생각했다. 국민투표로 선출되었다는 점에서 그 지위의 확고함은 그를 의회에 대항한 균형자로 만들었고, 헌법 제48조에서 — 제국군대에 대한 통수권과 함께 — 동시에 독재적인 전권을 행사할 수 있는 수단이 그에게 부여되었다.[177]

---

174) Vgl. o. S. 226.

175) Stadelmann(주 IX/53); Marcks(주 IX/98), S. 320ff.

176) Vgl. Emst Rudolf Huber, *Quellen zum Staatsrecht der Neuzeit*, Bd. II: "Deutsche Verfassungsdokumente der Gegenwart(1919~1951)"(Tübingen, 1951), S. 6 und S. 126ff.

177) Brauweilcr(주 IX/72), S. 43ff., und Fischer(주 IX/132), S. 39ff. Vgl. auch Schüdekopf, *Heer und Republik*(주 IX/145), S. 201ff.

물론 이렇게 제국군대 지도부 내에서도 형성된 "대통령제 정부"(*Präsidialregierung*)라는 구상은 안정기에 약간 밀려났다. 힌덴부르크의 대통령 선출도 처음에는 이 구상의 실현을 촉진하지는 않았던 것으로 보였다. 이로써 항상 매우 본질적인 한 가지 전제가 적어도 잠재적으로는 존재하였다. 즉, 대통령직은 제국군대의 절대적 신뢰를 향유한 개인의 수중에 있었으며, 제국군대는 그가 그렇게 할 수 있는 상황에 있다면 그들의 정치적 소망을 충족시킬 것이라고 기대할 수 있었다. 그러나 슐라이허가 자신의 군비확장정책을 활성화시키기로 결심했다가, 사민당과 의회정부의 저항에 부딪쳤을 때에야 비로소 제국군대에게 대통령제 정부 구상의 실현을 진지하게 주목할 필요성이 생겼다. 제국군대는 우익운동의 성장이 거의 동시에 감지되어 정당 내에 적절한 토대와 바람직한 사실상의 정당성이 대통령제 내각에도 부여될 수 있다는 전망이 있는 듯이 보였을 때 더욱더 고무되었다.[178] 이로써 민간부문에서 형성된 운동이 그 방향에서 유지되고 퇴행이 방지될 수 있도록 하기 위하여, 제크트가 만들어낸 제국군대의 초당적 지위를 포기하고 지금까지와 마찬가지로 경우에 따라서 그리고 우연히뿐만 아니라, 의식적이고 계획적으로 정치게임에 개입할 시점이 되지 않았느냐라는 중대한 물음이 슐라이허에게 떠올랐다.

슐라이허는 자신이 이 문제에 긍정적으로 답하기로 결심하였을 때, 자신이 무엇을 하는지 알지 못했다.[179] 의문의 여지없이 그는 제국군대를 공공연히 국내정치에 개입시킬 의사가 없었다. 오히려 그는 이제까지의 전술적인 원리들에 따라 초당파성의 원리를 잠정적으로 유지하

---

178) Vgl. Gordon A. Craig, "Reichswehr and National Socialism, The Policy of Wilhelm Groener", *Political Science Quarterly* 63(1948), S. 194~229.

179) 뒤이어 제 2부에서 제국군대 측으로부터 상세한 설명을 소개하기 위해서, 아래에서는 더 장기적인 발전의 간단한 개요만 제시된다.

면서 외적으로는 막후에서 작업하였다. 그는 또, 앞에서 언급했듯이, 결코 전체주의적 독재를 추구하지 않았고, 전반적으로 군사독재를 궁극적으로 하나의 이행상태로 파악했었던 듯하다. 그러나 이러한 목표설정과 거기에 사용된 전술은 곧 비현실적인 것으로 확인되었다. 왜냐하면 경제위기의 결과로서 이제 나치즘의 상승에서 가장 잘 표현된 독일 정치생활의 급진화가 시작되었기 때문이다. 경제위기는 맹렬히 제국군대 정책의 복잡한 경기를 파고들어, 슐라이허가 만들어낸 순수한 실타래를 갈기갈기 찢었으며, 그와 자신이 직접 이용하였던 도구가 감당하지 못할 결정을 강요하였다.

우익급진주의 현상은, 앞에서 언급했듯이, 제국군대의 지도부 장교들에게 잘 알려져 있었다. 말하자면 1920~1923년에 그들은 불법적인 군비확장을 통하여 여러 차례 이 급진주의와 접촉하였다.[180] 또한 나치당과의 관계가—이는 흔히 간과되고 있다—제국군대 측에서 뮌헨의 제7군관구 사령부에 제한하였으며, 실제로 있었던 광범위한 형식으로는 베를린의 군 지휘부에 의해서 용인되지 않았지만, 이 시기에는 나치당과의 관계도 있었다.[181] 그리고 뮌헨의 사령부 장교들은 1923년 11월 8~9일의 과정으로부터 그들이 얼마나 위험천만한 상대자로 선정되었는지를 배웠다. 그들은 "민족적인" 운동의 상으로부터 매료되었는데, 이 운동은, 그들이 생각했듯이, 그들 자신과 똑같은 목표를 추구하였고, 특히 하나의 대중운동이었다. 그러나 이러한 사실은 그들이 "노동자들"을 배경으로 하고 있다거나 또는 이를 달성할 전망을 제공한다는 중대한 오류를 야기하였다. 그러나 그들은 바로 그러한 운동을 추구하지 않았다.[182] 다른 한편 사람들은 이미 1923년에 히틀러

---

180) Wheeler-Bennett, *Nemesis* (주 IX/47), S. 157ff.

181) Rabenau: 주 IX/21, S. 347f.

182) Vgl. Denkschrift Der Putsch am 8. November 1923, *Vorgeschichte und Verlauf, die im Wehrkreiskommando* VII (München) (ebda., S. 3, redlte

의 정치가적 자질이 선동자로서의 능력과 뚜렷한 모순관계에 있다는 것, 그리고 그가 주도하는 운동의 급진적인 풍조 속에 위험이 있다는 것을 숨기지 않았다. 너무도 매혹적으로 보이는 기회를 놓치려 하지 않았으므로, 사람들은 이 딜레마에서 "저지"(*Abfangen*)라는 임시조치를 취하였다. 다시 말해서 사람들은 히틀러를 "고수"(*Trommler*)로 이용했다가, 결정적 순간에 그를 제거하고, 그의 운동을 정상적 궤도로 전환시키고자 했다.[183] 그 결과는 극히 과소평가되었던 선동자가 이 모든 계산들을 무너뜨리고 마침내 무력을 투입함으로써만 제지될 수 있었다는 것이다.

이로써 "저지"란 방식의 허약함은 본래 명백히 입증되었다. 그러나 이 사례가 다른 유사한 종류의 실패로 더욱 경직되었음에도 불구하고[184] ― 울름 출신의 세 포병장교들에 대한 라이프치히의 반역재판(*Hochverratsprozeß*)은 마지막 순간에 명백히 불길한 징조의 말을 하였다! ―, 제국군대 지도부는 이 모든 경험으로부터 전혀 교훈을 얻지 못하였다. 슐라이허는 오히려 1923년 뮌헨 장교들과 똑같은 딜레마에 빠졌다. 그는 위험을 알아차렸으나, 민족적인 대중운동에 대한 소망은 자신의 전망을 흐렸고, 그로 하여금 나치운동이 한편으로는 우연히, 다른 한편으로 의식적인 기만책략에서 과시했던 절제의 표시를 과소평가하게 하였다.[185] 게다가 그는 제크트의 시기에 책략과 음모의 방식에 익숙해 있었다. 당시 그러한 방식의 성공은 그를 오류에 빠뜨렸다. 즉, 그는 정치적 실제가 그런 경기에 한정되고, 인구 6천만 명

Spalte).

183) 히틀러와 그의 운동 그리고 군관구 사령관 Lossow의 정치적 목표설정.

184) Ernst Buchrucker, *Im Schatten Seeckts, Die Geschichte der Schwarzen Reichswehr* (Berlin, 1928).

185) Craig, "Reichswshr"(주 IX/44), und Phelps, "GroenerDokumente"(주 IX/44), bes. 76, S. 1016ff., und 77, S. 19ff., Vogelsang(주 IX/122), z. B. S. 110.

의 국가를 계속 그러한 수단으로 움직일 수 있을 것이라고 (잘못) 생각하였다.[186)]

그래서 슐라이허는 또한 계속 그사이 정력적으로 추진된 군비확장에 대한 고려를 먼저 언급하고, 특히 나치즘 현상을 이 관점하에서 평가할 수 있는 권리가 있다고 생각하였다. 그는 1932년까지 계속 이런 생각에 — 예컨대 나치 돌격대의 금지에 대한 그의 태도는 프랑스 측의 사료로부터 알려진 사실, 즉 병과사령부의 조직분과가 작성한 군대의 세 배 증강을 위한 계획이 1932년 3월 2일에 제출되어 육군지휘부 사령관에 의해서 3월 또는 4월에 승인되었던 사실을 통해서 주목할 만한 해명이 이루어졌다[187)] — 사로잡혀 있었다. 또 슐라이허가 1931년과 1932년에 국내정치가 긴장되어 있을 때, 민주주의의 기초뿐만 아니라 법치국가의 기초가 문제시되고 따라서 군비정책적인 고려의 철회를 요구한 위기가 문제가 된다는 인식에 이르렀다면, 이러한 인식은 어쨌든 너무 늦은 것이었다. 제국군대에게는 이제 어느 장관직이나 또는 군고위 사령부로부터 조종될 수 있는 것이 아니라, 일단 운동을 시작하여 자신의 독자적인 법칙을 따랐고, 따라서 국가의 권력수단 투입을 위한 결정적 의지로써 맞설 때에만 멈추게 할 수 있는 세력들이 나치즘의 형태로 대립하였다. 시간이 있는 한, 슐라이허는 이러한 결단력을 갖고 있지 못하다고 판단되었으므로, 이니셔티브를 상실하고, 점차 자신이 마침내 의도했던 것과는 전혀 다른 조치를 취하도록 강요당하는 상황으로 몰렸다. 초기에 그가 제국군대의 비중을 의학적 캡슐 속에

---

186) Fischer (주 IX/132), S. 14ff.; Braun (주 I/41), S. 432. Groener-Geyer, *General Groener* (주 IX/36), 5. 248f.; 5. 336f.

187) Vgl. Castellan (주 IX/5), S. 82ff. Mueller-Hillebrands (주 IX/62), S. 16ff. Castellan (주 IX/5), S. 84f.; Heinrich Brüning, "Ein Brief", *Deutsche Rundschau* 70 (1947), S. 3f.; Hans Mcier-Welcker, *Deutsches Heerwesen im Wandel der Zeit* (Arolsen, 1954), S. 102.

넣어 둔 채, 정치적 투쟁에서는 조심스럽게 위장하여 투입하려고 하였다면, 나치의 엄청난 돌진 및 정당을 포함한 모든 다른 국가기관들의 기능정지로 그는 배후로부터 자신을 드러내지 않을 수 없게 되었다. 그는 여러 해 동안 국가가 확실하게 의존하는 "강심장의 사나이"(*rocher de bronce*) 로서의 제국군대에 대한 테제를 자신의 대변자들을 통해서 알려지게 하였다. 1932년에 그것은 사실상 너무도 멀었다. 다른 모든 "국가의 받침대들"은, 슐라이허의 도움이 없지는 않았지만, 약화되거나 또는 심지어 파괴되었고, 오직 제국군대만이 겉으로는 동요 없이 있었다. 이제 제국군대는 투쟁에 가담해야 했는데, 이 투쟁이 무기의 사용이라는 자신에게 적합한 수단으로 수행되지 않는다면, 제국군대는 무조건 굴복해야만 했다.[188]

그러나 무력의 사용은 이루어지지 않았다. 왜냐하면 슐라이허는 궁극적으로 군대가 자신에게 부과된 과제를 감당할 수 있을지 확신하지 못했기 때문이다.[189] 이러한 의구심들은 슐라이허가 품고 있었다는 의미에서, 즉 역관계 속에서도 극히 정당한 것이었다. 좌우 급진주의자들의 — 나치당(NSDAP) 과 공산당(KPD) — 공격에 대한 제국군대의 수적 우위는 그 심리적인 투쟁할 준비가 되어 있다는 것이 아직 동요되지 않았을 경우에 기꺼이 만회될 수 있었을 것이다. 그러나 바로 이 측면에서 제크트 시기 이후 심각한 변화가 시작되었다. 제크트의 권위는 장교단과 각 팀이 적어도 그 자신에게는 무조건 정치적으로 복종하는 상황에 이르렀으나, 그의 실각 이후에는 상황이 바뀌었다. 제크트의 후임자들 중 어느 누구도 그와 동일한 권위를 얻을 수 없었고, 특

---

188) Carr(주 IX/54), S. 107. Helmut Krausnick, "Vorgeschichte und Beginn des militärischen Widerstands gegcn Hitler", *Das Parlament, Beilage: "Aus Politik und Zeitgeschichte"*, B XXXXVII/54, S. 614.

189) Vogelsang(주 IX/122), S. 427(Ausfliihrungen Schleichers als Reichskanzler vor den Gruppen-und Wehrkreisbefehlshabern im Dezember 1932).

히 악명 높은 "군에 소외감"을 가졌던 슐라이허에 와서 그 권위는 최악이었다.[190] 그래서 1926/1927년 이후에는 다시 장교단 내에서 집단 및 전선이 형성되기 시작하였는데, 그것의 주목할 만한 표지는 젊은 세대의 급진화, 그리고 혁명시절부터 제크트가 자유의용군의 축출을 통해서 최종적으로 제거되었다고 생각했던 저 노선의 재생이었다.

이 일들은 1930년에 앞서 언급된 라이프치히 반역재판에서 그리고 집중조명을 통해서 관찰되었다.[191] 왜냐하면 깊이 관찰하는 사람에게 본래의 기소사항 — 울름 포병연대의 세 젊은 장교가 나치당과 가졌던 반역적인 관계들 — 은 피고인들의 본래의 동기가 특히 젊은 세대 군장교들과 국방부 사이에 점차 커지는 소외감에서 찾아질 수 있다는 사실에 비해 뒷전으로 밀려났다. 피고인들을 행동하게 했던 것은 그들이 정당하게 불완전한 관념을 갖고 있었던 독일의 전반적인 정치적 상황이 아니라, 오히려 정치적 지도기구로서의 국방부가 기능을 상실하고 따라서 양심의 가책에서 자구수단을 강구해야만 한다는 명확한 감정이었다.[192] 이것이 뮐러내각 초기에 그뢰너와 슐라이허가 바이마르체제에 대하여 실행했던 접근시도의 한 결과였다는 것은 슐라이허를 어리둥절하게 했을 것임에 틀림없다. 상황이 이러했으므로, 제국군대 지휘부는 분명 자신의 결정에서 자유롭지 못했으며, 가장 의심스러웠던

---

190) Foertsch, *Befragung* (주 IX/69); v. Holtzendorff, Conze (주 IX/70), S. 267; Hossbach (주 IX/60), S. 89; Groener-Geyer, *General Groener* (주 IX/36), S. 273f. u. a.

191) Phelps, "Groener-Dokumente" (주 IX/44), S. 915ff.; Vogelsang (주 IX/11B), S. 401ff. (Bericht Schleichers v. 25. Oktober 1930) und Schüdekopf, *Heer und Republik* (주 IX/145), S. 265ff. Groener-Geyer, *General Groener* (주 IX/36), S. 270ff.; S. 397ff.

192) Justiz (주 IX/89), S. 192ff.; Vogelsang (주 IX/122), S. 404; *Befragung* Nr. 3 (주 IX/92) und Foertsch, *Befragung* (주 IX/69). Vgl. Krausnick (주 IX/188), S. 612f.

것, 특히 힌덴부르크의 위신은 특정의 상황에서 아마도 전혀 버팀목을 제공할 수 없었던 듯하다.[193]

확실히 우리는 거기서 우선 제크트 정책의 영향을 보게 되겠지만, 슐라이허 정책의 본래의 잘못이 어디에 있었는가는 바로 거기서 분명해진다. 이제 제국군대의 운명은 명백한 결함을 지닌 제크트의 전통주의적이고 유사 초당파적인 체제를 근본적인 개혁으로 이끄는 데 성공했느냐의 여부에 달려 있었다. 슐라이허는 이 과제를 회피하고, 그 대신 자신의 군비계획을 위하여 민주주의-독재라는 현실적인 전선들 사이에서 깊이 생각해서 짜낸 그리고 실제로 논쟁의 여지가 없는 중도를 계속 추구하였으므로, 군대와 국방부 사이에 벌어져 있던 간극을 더 이상 중재할 수 없게 되었다. 이른바 자신의 "순회설교자들"을 통해서 분위기를 자신과 정책에 유리하게 만들려던 모든 노력은 성공하지 못하였다. 왜냐하면 그는 여기서 선전한 정책을 다른 사람들에게 이해시키지 못했기 때문이다.[194] 물론 이로써 군대식 복종이 1932년의 내전을 견뎌냈을까라는 물음은 아직 대답되지 못했다. 또한 이 물음은 단정적으로 대답될 수도 없다. 왜냐하면 이 사실은 구체적인 사례를 통해서 검증되지 못했기 때문이다. 다만 내전시에 복종을 유지할 수 있는 유일한 기회가 슐라이허의 권위가 아니라, 힌덴부르크의 권위에 달려 있었다고 언급될 수 있다. 그리고 라이프치히 재판의 경험으로 인하여 예측불가능한 내전의 결과에 비춰볼 때 이 기회가 매우 적었다는 점은 첨가되어야 한다.[195]

---

193) Justiz, 주 IX/89, S. 206, und passim.

194) Foertsch, *Befragung* (주 IX/69). Vogelsang (주 IX/122), S. 402, und Hossbach (주 IX/60), S. 173. Foertsch, *Befragung* (주 IX/69). Groener-Geyer, *General Groener* (주 IX/36), S. 260f.; S. 268; S. 273f. Fischer (Anm, IX/132), S. 19ff. 와 앞의 주 IX/91, 94 u. 95.

195) Hossbach (주 IX/60), S. 173. Phelps, "Groener-Dokumente" (주 IX/44), S. 922; Conze (주 IX/70), S. 274 (Urteil von Schleichers ehemaligem

바이마르공화국에서 제국군대의 역사에 대한 개관은 1918년의 혁명으로 시작된 정치적 사회적 변화를 청산하는 것이 장교단에게 이루 말할 수 없는 노력을 요구했다는 사실을 보여준다. 그러나 또한 그것은 장교들이 단순히 가르치기 불가능하지는 않았고, 깊숙이 뿌리내린 정치적 사회적 이해관계로부터 초래된 민주적인 국가질서와 사회질서에 대한 저항을 극복할 기회가 여러 차례 있었음을 보여준다. 이러한 기회들이 이용되지 못한 것은 무엇보다도 유용한 방위정책적 대안을 제국군대 지도부의 그것으로 발전시키고, 여기에 기초하여 인사정책을 추진할 수 없었던 민주적 세력들에게 부담이 되었다. 이 인사정책이란 장교단 내에서 개방적인 인사들과 완강한 인사들을 구별하여, 후자를 점진적으로 퇴진시키면서 전자를 민주적 장교단의 건설을 위한 핵심으로 사용하는 것이었다.

그러나 정치적 지도부의 무능으로 장교단은 공동책임에서 벗어나지 못하였다. 장교단은 "초당파적"이고 중립적인 태도를 취함으로써, 공화국의 내외적 단결을 방해하였고, 또 내부의 적에 대한 방어력을 약화시킨 표석(*erratischer Block*)처럼 작용하였다. 게다가 장교단은 이런 식으로 자신의 존재기반인 전통의 가장 훌륭한 가치들을 부정하였고, "제3제국" 시기에 내적인 붕괴를 위한 기초를 놓았다. 따라서 공화국에 적대적인 장교들이 군인의 본래 전통을 따랐더라면, 그들이 인정하고 싶지 않았던 국가에 대한 봉사를 스스로 중단했더라면, 장교단을 위하여 더 나았을 것이다. 장교들이 그렇게 하지 않았다는 것은 그들이 자신의 군사적 직업에 몰두할 뿐만 아니라, 정책까지 추진하고자 했거나 또는 물질적이거나 순수히 전문적인 이해관계에서 이끌리게 했

Adjutanten v. Noeldechen); Foertsch(주 IX/33), S. 21f.; S. 31f.; S. 33f.; *Befragung* Nr. 3(주 IX/92); Eugen Ott(Notizen im Institut für Zeitgeschichte, München); Teske(주 IX/89), S. 31; Faber du Faur(주 IX/34), S. 128ff.

다는 것을 보여준다.

그러나 장교단은 새로이 등장하는 나치에 대한 자신의 태도로 인하여 가장 무거운 책임을 지고 있다. 물론 진지한 고찰은 단 한 번도—1945년 이후 국내외에서 자주 일어났던 것처럼—장교단에게 나치의 권력장악에 대한 유일한 책임을 씌우거나 또는 거기에 책임을 전가하는 그러한 일반화에 연결될 수는 없다. 즉, 장교단이 나치독재의 수립으로 나아가는 계략을 꾸몄고, 그리하여 1933년 1월 30일이 동시에 제국군대가 1918년 이후 끊임없이 건축했던 한 건물의 종석에 불과하다고 주장하는 견해가 그것이다. 이러한 테제들은 다르게 보면 특히 1930년 이후의 마지막 단계에, 민간인이 맡았던 모든 국가기구들이 취약한 것으로 확인된 이후, 유일하게 기능하고 있던 권력이 미지의 영역에서 나치와의 불평등한 투쟁을 시작해야 함으로써 형성된, 따라서 제국군대의 입장에서 불가피했던 측면을 간과한다. 그러나 제국군대가 비록 다른 의도에서이긴 하더라도 국가기구의 약화에 협력했다는 사실 이외에 특히 그 지휘부가 1923년 뮌헨과 1930년 라이프치히의 경험으로부터 전혀 또는 제대로 된 교훈을 얻지 못한 것은 태만이었다. 그 결과 제국군대는 결정적인 순간을 위해서 미리 준비하지 못하였고, 다른 모든 국가기관들과 마찬가지로 작동하지 않았다.

찾아보기

(용 어)

ㄷ ~ ㄹ

ㅅ ~ ㅇ

ㅈ ～ ㅊ

기 타

찾아보기

(인 명)

ㅅ ~ ㅇ

ㅈ ~ ㅊ

ㅋ ~ ㅌ

ㅍ ~ ㅎ

칼 디트리히 브라허 (Karl Dietrich Bracher, 1922~)

1922년 슈투트가르트에서 태어났으며 제2차 세계대전 때 아프리카 전투에 참전했다가 3년간의 미국 포로생활 중 학문의 길을 시작했다. 종전 후 귀국하여 튀빙엔대학에서 1948년 "초기 로마 황제시대의 사상에서 쇠락과 진보"라는 논문으로 박사학위를 받았다. 베를린자유대학의 정치학연구소에서 일했으며, 1955년 교수자격 논문으로 《바이마르공화국의 해체》를 발표했다. 1959년부터 1987년 정년퇴직할 때까지 그는 본대학의 정치학 교수로서 왕성한 활동을 하였다.

그의 주요 저서로는 교수자격논문 외에도 《독일의 독재》(*Deutsche Diktatur*, 1960), 《현대사의 성찰》(*Zeitgeschichtliche Kontroversen*, 1976), 《이데올로기의 시대》(*Zeit der Ideologien*, 1982) 등이 있다. 그가 공동저자로 집필했던 《나치의 권력장악》(*Die nationalsozialistische Machtergreifung*, 1960)도 현대적 고전의 반열에 올랐다.

이병련

독일 빌레펠트대학에서 독일사를 전공하여 1990년에 "1차대전 기간 동안의 독일 노동운동의 사회사"로 박사학위를 취득하였다. 1992년부터 현재까지 고려대 사범대학 역사교육과 교수로 재직하고 있다.

저서로는 《독일 노동운동의 사회사(1914~1919)》, 《동아사상의 보수와 개혁》, 《분단의 두 얼굴》이 있다. 번역서로는 볼프강 쉬벨부쉬의 《기호품의 역사》(공역), 에드가 볼프룸의 《무기가 된 역사. 독일사로 읽는 역사전쟁》(공역)이 있다. 그리고 역사교육에 관하여, 그 중에서도 독일 역사교과서와 독일 역사교육 이론에 관한 논문들을 발표하였다. "독일 통일 이후 신연방주(구동독지역)의 역사교육", "독일 역사교과서에 나타난 제2차 세계대전", "독일 역사교과서에 나타난 나치독재와 홀로코스트(1)", "독일 역사교육의 새로운 경향: 환경의 역사", "역사교육과 인권: 아메리카 혁명에서의 인권" 등의 논문이 있다. 최근의 관심사는 역사교육과 인권의 문제인데, 권력과 지배를 위한 역사교육을 탈피하고 어떻게 하면 인권을 존중하는 역사교육이 가능할 것인가에 관해 연구하고 있다.

이 대 헌

고려대에서 역사학을 전공하였고, 1991년 "루르지방 철강산업의 성장(1870~1914): 혼합기업과 수평적 기업결합의 발전 및 그 결과에 관한 연구"로 석사학위를 취득하였다. 1996년부터 독일 보쿰대학에서 역사학을 전공하였으며 2002년 "Die Betriebsvertretungen auf den Staatszechen im Ruhrrevier 1905~1933"(루르지역 국영광산의 종업원 대표제도)에 대한 논문으로 박사학위를 취득하였다. 고려대 아세아문제연구소 연구교수를 역임한 바 있으며 고려대 등에서 서양사를 강의했다.
역서로 벨러(Hans-Ulrich Wehler)의 《독일제2제국》이 있으며, "독일 루어광산업에서의 노동시장의 발전과 노동시장 당사자들의 대응(1900~1933)", "1920년 '종업원 평의회법'의 도입과정", "1933년 이전 독일의 '사회화' 문제와 석탄광산업" 등 독일 광산업과 노동자의 역사에 대한 논문들 외에도 폴란드의 전후 나치 과거 청산과 부역자의 문제 그리고 1989년 이후 공산당의 과거사 극복문제에 대한 논문들을 발표하였다.

한 운 석

고려대 사학과 대학원을 졸업하고 DAAD 장학생으로 독일의 빌레펠트대학에서 역사학을 전공하였으며, 1995년 "맑스와 엥겔스의 사상에서의 민족국가와 민족주의: 3월 전기와 1848/1849년 혁명기 독일문제에 대한 그들의 태도를 중심으로"라는 논문으로 박사학위를 취득하였다. 현재 고려대 역사교육과 겸임교수로 재직하고 있다.
분단시대 동서독 관계와, 독일 통일과 그것이 한반도 통일에 주는 교훈에 대해 연구하였으며, 이에 대한 저서로 《하나의 민족, 두 개의 과거: 20세기 독일민족과 통일문제》가 있다. 유럽과 동아시아의 과거청산, 역사갈등과 화해, 평화를 위한 역사교육의 문제들에 대해서도 연구하고 있으며, 이 분야의 저서로는 《가해와 피해의 구분을 넘어: 독일·폴란드 역사화해의 길》(공저), 《유럽과 미국의 동아시아사 교육》(공저), 《독일의 역사화해와 역사교육》이 있으며 독일과 한국 학자들 간의 학문적 협력을 위한 가교역할을 활발히 하고 있다.